KRÖNERS TASCHENAUSGABE BAND 472

WALTER SCHERF

LEXIKON DER ZAUBERMÄRCHEN

Mit zwanzig ausgewählten Textillustrationen

ALFRED KRÖNER VERLAG STUTTGART

Auswahl und Erläuterung der Abbildungen
durch Elisabeth Scherf

CIP-Kurztitelaufnahme der Deutschen Bibliothek

Scherf, Walter
Lexikon der Zaubermärchen. – Stuttgart: Kröner, 1982.
(Kröners Taschenausgabe; Bd. 472)
ISBN 3-520-47201-5

Satz und Druck: Süddeutsche Verlagsanstalt
und Druckerei GmbH, 7140 Ludwigsburg.

Für Elisabeth

Inhalt

Einführung XI
Abkürzungsverzeichnis XVII
Allerleirauh *1*
Der arme Müllerbursch und das Kätzchen *6*
Aschenputtel *9*
Die beiden Königskinder *14*
Die Bienenkönigin *18*
Der Blaubart *21*
Das blaue Licht *25*
Der blaue Vogel *30*
Die Bremer Stadtmusikanten *37*
Brüderchen und Schwesterchen *42*
Cendrillon *47*
Dornröschen *50*
Die drei Federn *56*
Die drei Hunde *61*
Drei Königskinder *65*
Die drei Männlein im Walde *71*
Die drei schwarzen Königstöchter *75*
Die drei Schwestern *76*
Die drei Spinnerinnen *80*
Die drei Vögel *82*
Das Dukaten-Angele *83*
Einäuglein, Zweiäuglein, Dreiäuglein *87*
Der Eisenhans *91*
Der Eisenofen *97*
Das Erdkühlein *102*
Das Erdmännchen *105*
Das Eselein *111*
Die Feen *115*
Ferdinand Getreu und Ferdinand Ungetreu *117*
Das Feuerzeug *121*

Fitchers Vogel *124*
Frau Holle *128*
Der Froschkönig oder Der eiserne Heinrich *133*
Der Fundevogel *138*
Die Gänsehirtin am Brunnen *142*
Die Gänsemagd *146*
Geh ich weiß nicht wohin, hol ich weiß nicht was *150*
Der gelernte Jäger *157*
Der gestiefelte Kater *160*
Der Gevatter Tod *165*
Die goldene Gans *168*
Der goldene Rehbock *171*
Der goldene Vogel *173*
Das Goldhähnchen *177*
Die Goldkinder *180*
Das goldne Königreich *182*
Hänsel und Gretel *186*
Hans, der Grafensohn, und die schwarze Königstochter *191*
Hans mein Igel *196*
Hans Wunderlich *199*
Hasenbraut *203*
Der Hasenhirt *204*
Herr Korbes *208*
Hirsedieb *210*
Der Hirt *211*
Höckerrößlein *214*
Der Hünentöter *216*
Jorinde und Joringel *218*
Jungfrau Maleen *220*
Der kleine Däumling *224*
König Lindwurm *228*
Der König vom goldenen Berge *234*
Königssohn Katt *241*
Die Königstochter auf dem Baum *244*
Der Krautesel *250*

Die Kristallkugel 253
Das Lämmchen und das Fischchen 256
Der liebste Roland 258
Das Mädchen ohne Hände 260
Märchen von einem der auszog, das Fürchten zu lernen 267
Mann und Frau im Essigkrug 271
Marienkind 273
Marja Morevna 277
Das Meerhäschen 282
Der Meisterkater 286
Östlich von der Sonne, westlich vom Mond 289
Die Putenmagd 292
Die Rabe 295
Das Rätsel 298
Der Räuberbräutigam 303
Rapunzel 305
Der Reisekamerad 310
Rotkäppchen 313
Rumpelstilzchen 317
Der Schiffer und die drei Königstöchter von Engelland 323
Die schlafende Schöne im Wald 330
Schneeweißchen und Rosenrot 333
Der schnelle Soldat 335
Die Schöne mit den goldenen Haaren 338
Die Schöne und das Tier 340
Die sechs Schwäne 343
Die sieben Raben 348
Simson, tu dich auf! 350
Der singende Knochen 354
Das singende springende Löweneckerchen 358
Sneewittchen 364
Der Teufel mit den drei goldenen Haaren 369
Tischchen deck dich, Goldesel und Knüppel aus dem Sack 375
Der treue Johannes 380
Der Trommler 387

Der unsterbliche Koščej *392*
Die verwünschte Königstochter *397*
Vogel Phönix *401*
Vom Mann ohne Herz *406*
Von dem Fischer und seiner Frau *409*
Von dem Machandelbaum *415*
Die wahre Braut *419*
Das Waldhaus *421*
Das Wasser des Lebens *423*
Die Wassernixe *426*
Das weiße Hemd, das schwere Schwert und der goldene Ring *427*
Die weiße Katze *433*
Die weiße Schlange *436*
Die weiße und die schwarze Braut *439*
Wie aus einem Schweinehirten ein König ward *444*
Die zertanzten Schuhe *449*
Der Ziegenhirt *451*
Zitterinchen *454*
Die zwei Brüder *456*
Die zwölf Brüder *463*
Verzeichnis der Märchentypen *469*
Zu den Abbildungen *473*
Motivregister *481*
Register der Personen, anonymen Werke, Gattungen und Formen *521*

Einführung

Dies ist ein Lexikon der Zaubermärchen: Es stellt alle wichtigeren Typen vor und bezieht Grenz- und Zweifelsfälle aus dem Bereich der Tiermärchen, der religiösen und der Novellenmärchen ein. Anhand von rund 120 allgemein bekannten Leitfassungen wird eine typologische Übersicht des europäischen Zaubermärchens geschaffen – ein bewußt auf das Wesentliche beschränktes, handliches Nachschlagewerk, wie es bisher nicht bestand und, so hoffe ich, auch neben der vielbändigen und ein wesentlich umfassenderes Gebiet erschließenden Enzyklopädie des Märchens seine Berechtigung hat.

Zum Begriff

Zaubermärchen sind im wesentlichen zweigliedrige Erzählungen, in deren erstem Teil sich die Hauptgestalten als Heranwachsende von ihren Eltern lösen, um ihren eigenen Weg zu gehen. Die erste Partner-Bindung, die sie auf ihrem Weg zu sich selbst erleben, zerbricht jedoch wieder an ihrer Unreife; es bedarf eines außerordentlichen Einsatzes, Thema des zweiten Teiles, um sich endlich doch als verläßlicher Partner zu erweisen und die Bindung für ein Leben tragfähig zu machen.

Diese Erzählungen heißen mit Recht Zaubermärchen, weil sie wie in einem Traum oder Tagtraum zauberisch Irreales mit Realem verbinden und sich niemand über Sprünge und scheinbar Ungereimtes wundert. Sie bleiben also Zaubermärchen, auch wenn der eine oder andere Erzähler wunderbare Motive durch Rationalisierungen ersetzt.

Diese Definition ist funktional zu verstehen; sie gründet auf dem Erzählvorgang. Der Zuhörer oder Leser kann der vom Erzähler gebotenen Möglichkeit folgen, unbewußt seinen Ablösungskonflikt durchzuspielen und in der Imagination den Weg zu sich selbst und seiner zukünftigen Partnerschaft zu erarbeiten.

Zaubermärchen sind also Erzählungen, deren Formgesetz bis zu einem gewissen Grade durch die unbewußte Erwartung des Zuhörers oder Lesers und das ebenso unbewußte Verständnis des Erzählers bestimmt ist, individuelle Ablösungs- und Selbstfindungskonflikte auf Figurenkonstellationen zu übertragen und während des Verlaufs der Erzählung den eigenen Konflikt durch unreflektiertes Miterleben durchzuarbeiten. Als psychodramatische Spielmaterialien zeigen diese Erzählungen charakteristische Aufbaustrukturen – als Zeugnisse der Volksüberlieferung zeigen sie eine typologisch überaus reiche Untergliederung.

Zu den Artikeln

Die Artikel sind alfabetisch nach den deutschen bzw ins Deutsche übertragenen Titeln der Leitfassungen geordnet; von den Titeln wichtiger Varianten oder den französischen, dänischen, russischen usw Originaltiteln wird im allgemeinen Alfabet auf die jeweilige Leitfassung verwiesen, ggf auch auf den Abschnitt 3 eines Artikels, wenn dort unter den Parallelen Ausführlicheres über dieses Märchen gesagt worden ist.
Jeder Artikel gliedert sich, im allgemeinen jedenfalls, in vier Abschnitte: 1. in die Angaben über die erste Buchveröffentlichung der für diesen Erzähltyp ausgewählten Leitfassung; 2. in den kurzgefaßten Inhalt des benutzten Textes – oft mit ersten Anmerkungen zu seiner Besonderheit im Vergleich mit anderen, möglicherweise vollständigeren Fassungen des Typs; 3. in den Vergleich mit aufschlußreichen weiteren Fassungen, Parallelen, gegensätzlichen Redaktionen und literarischen Bearbeitungen – dabei tritt die erzählpsychologische Kommentierung hervor; 4. Literaturangaben zum Erzähltyp, wobei international annähernd Vollständigkeit der auf volkskundlichen oder literaturwissenschaftlichen, gelegentlich auch psychologischen oder anthropologischen Methoden beruhenden Arbeiten erstrebt, auf spekulative Deutungen aber durchweg verzichtet wird. Es ist die Auffassung des Verfassers, daß Märchen nicht gedeutet, sondern erlebt und unbewußt verarbeitet werden müssen.

Auswahl und Funktion

Der Begriff Zaubermärchen ist der international üblichen, unverzichtbar gewordenen Klassifikation nach Antti AARNE und Stith THOMPSON entnommen, aber erzählpsychologisch interpretiert. Antti AARNES genialer Entwurf ging im wesentlichen vom Material der GRIMMschen Sammlung aus, erweiterte auf Grund des reichen finnischen Bestandes und ordnete nach deutlich erkennbaren äußeren Merkmalen – freilich unterschiedlicher Kategorien. Als die ungeheure Fülle einer weltweit sich entwickelnden Forschung hinzukam, wurde der alte, noch überschaubare Rahmen gesprengt und äußerlich Verschiedenes, aber

innerlich Verwandtes, auf weit auseinander liegende Ordnungsnummern verteilt.
Die von Vladimir PROPP auf Grund der AFANAS'EV-Sammlung vorgeschlagene radikale Zurückführung auf die erzählerischen Strukturformeln, von manchem als Stein der Weisen begrüßt, unterschätzt jedoch die ursprüngliche Erzählsituation, den nur psychologisch verstehbaren Vorgang zwischen Erzähler und Zuhörer, vollständig, ganz zu schweigen von den natürlichen Zufälligkeiten, denen wirkliches Erzählen und Zuhören ausgesetzt ist – was aber kein Schreibtischforscher erfassen kann.
Das Lexikon versucht deshalb, in der internationalen Klassifizierung Getrenntes, aber im Erzähl- und Aufnahme-Vorgang Verwandtes, wieder zusammenzuführen und die Zaubermärchentypen funktional zu definieren – obgleich es dem Verfasser bewußt ist, daß sich weder ein Erzähltyp absolut fassen und eindeutig beschreiben läßt, noch daß ein Märchen ausschließlich einer einzigen, allgemein verbindlichen Funktion dienen kann: So viele Zuhörer oder Leser, so viele völlig voneinander verschiedene Aufnahme-Vorgänge.
Dennoch gibt es eine funktional bestimmte Ausprägung überlieferter Stoffe und ihrer Formen – ja, diese Prägekraft hat das eigentliche Zaubermärchen erst geschaffen.[1]
Um das Lexikon auch für den Laien ohne Umstände zugänglich und benutzbar zu machen – jedermann weiß, welch ungeahnter Beachtung sich heutzutage das Märchen wieder erfreut –, wird stets von dem am besten bekannten Text ausgegangen. Liefern die großen deutschen Sammlungen, vorweg die GRIMMsche, keine überzeugenden Beispiele, so sind Texte aus anderen Sprachen herangezogen – sofern sie ohne größere Schwierigkeiten in deutscher Übersetzung erreichbar sind. Besonders berücksichtigt wurden die im 18. und 19. Jahrhundert sowohl im Originaltext als auch in Übertragungen in Deutschland weit verbreiteten französischen Märchen. Auch die Beziehungen zum volkstümlichen Druck, zum Bilderbogen, Volksbuch, zur Kinderliteratur und zum Kolportagehandel sind an markanten Stellen berücksichtigt.
Auf diese Weise wird ein Korpus von Texten vorgestellt, der durch die Welt des Buches und der volkstümlichen Druckerzeug-

1 Dazu ausführlicher in der kleinen Schrift des Verfassers: Bedeutung und Funktion des Märchens. München: Internationale Jugendbibliothek 1982. Auch als Sonderdruck für die Mitglieder der Europäischen Märchengesellschaft.

nisse zum Allgemeinbesitz geworden ist. Neben die primäre mündliche Überlieferung ist seit langem die sekundäre schriftliche getreten. An dieser Tatsache kann niemand vorbeisehen: Unser Märchenerlebnis beruht fast ausschließlich auf dieser schriftlichen Überlieferung. Und wenn sich heute eine neue und höchst bemerkenswerte Erzähltradition in Jugendgruppen herausbildet, so ist sie tertiär: Gelesenes wird zurückübersetzt. Wie sollte das Märchen auch anders wieder zu seiner natürlichen Rolle zurückfinden. Überdies leben wir in einer Zeit, in der man sich der sekundären Überlieferung mit dem ungeheuren Aufgebot der Massenmedien bemächtigt – wobei verständlicher-, aber nicht immer erfreulicherweise auch eine Flut von Umdeutungen und Verfälschungen über uns hereinbricht. Ein Grund mehr, sich auf die ursprünglichen Funktionen zu besinnen.

Weil dem so ist, benutzt dieses Lexikon die nächstliegende schriftliche Überlieferung: die Texte, auf die ein jeder unbewußt zurückgreift, wenn das Stichwort Märchen fällt. Das Lexikon knüpft an die »Lieblingsmärchen« an, an das, was haften geblieben ist – aber es führt weiter, reichert an und versucht, den Anschluß an die Materialfülle und die Spezialforschung zu finden. Es versucht, Verständnis für den tragenden Grund des Erzählvorganges zu wecken – und damit auch für die dahinter liegende ursprüngliche mündliche Überlieferung.

Zu den Registern

Der Hauptteil entwickelt die Typologie der Zaubermärchen – das ausführliche Register erschließt die Motive, insbesondere die erzählpsychologisch bedeutsamen Motive. Bisher steht dem Fachmann lediglich das bewundernswerte, aber nur in großen Bibliotheken zugängliche sechsbändige Werk von Stith THOMPSON zur Verfügung, dessen englisches Schlagwortregister auf Motive verweist, die durch einen überwältigenden Schatz an Volkserzählungen belegt werden. Wirklich benutzbar sind diese Hinweise aber nur, wenn gleichzeitig eine entsprechend große Bibliothek von Volkserzählungen in allen erdenklichen Sprachen der Welt zur Verfügung steht bzw der Anschluß an den internationalen Leihverkehr der Bibliotheken gegeben ist.

Mit dem vorliegenden Register ist deshalb der Versuch gemacht worden, ein bescheidenes, aber überschaubares Nachschlagewerk auch für das erzählerische Bauelement der Motive vorzulegen – im Rahmen einer ggf sogar als Privatsammlung aufzubauenden Bibliothek. Dieses Register verweist auf die Zaubermär-

chentypen, in denen das jeweilige Motiv eine tragende Rolle spielt (mit * gekennzeichnet), bzw auf die Artikel, in denen das Motiv lediglich erwähnt wird (ohne *). Es wird also nicht auf die Seite, sondern auf die Märchen selber verwiesen – und damit gleichzeitig ein erster Hinweis auf die Rolle dieses Motivs als wesentliches, teils aber auch auswechselbares Element des Erzählens in verschiedenen, mehr oder weniger verwandten Zaubermärchentypen gegeben.
Ein zweites Register faßt die Titel anonymer Werke, Gattungen, Formen, Begriffe und insbesondere die Namen aller im Text erwähnten Sammler, Übersetzer, Illustratoren sowie der Verfasser monografischer und allgemeiner Arbeiten der Märchenforschung zusammen. Es verweist auf die Seiten. Die biografischen Daten sind nach bestem Vermögen zusammengetragen.

Zur Illustration

Ein dritter, wenn auch zunächst nur ganz knapp eingesetzter, zukünftig aber vielleicht erheblich auszubauender Bestandteil dieses Lexikons stellen die beispielhaft ausgewählten und im Anhang kommentierten Proben der Märchenillustration dar – ein willkommener Beitrag von Elisabeth SCHERF. Gehen wir im Hauptteil von dem allgemein Vorgefundenen aus, knüpfen wir damit also unbewußt an Kindheitserinnerungen an und zeigen wir die gesellschaftlich bedingten Prägungen insbesondere vom ausgehenden 17. Jahrhundert bis auf unsere Zeit auf, so ist die erzählerische Überlieferung aber nicht nur an den Wortlaut des gelesenen oder gehörten Textes gebunden: Die Wirkung wird wesentlich auch vom Gesehenen und Vorgestellten bestimmt. Und an dieser Wirkung haben künstlerisch bedeutende ebenso wie volkstümliche Gestaltungen ihren nicht unerheblichen Anteil. Dem sollte zukünftig weit mehr Aufmerksamkeit gewidmet werden, als es bisher geschah. Auch die Illustrationsgeschichte hat ihre Wirkungsgeschichte und gibt volkskundliche und psychologische Aufschlüsse.

Weitere Nachschlagehinweise

Das alfabetische Inhaltsverzeichnis des lexikalischen Teiles wird durch eine Übersicht nach der internationalen Klassifikation ergänzt, aus der beispielsweise abgelesen werden kann, daß der Märchentyp AT 923 durch zwei verschiedene Fassungen dargestellt wird: durch die von den Brüdern GRIMM aufgenommene literarisierte *Gänsehirtin am Brunnen* und die südfranzösische,

volkstümliche aus der BLADÉschen Sammlung entnommene *Putenmagd.*
Abkürzungen einzuführen für die häufiger zitierten Grundlagenwerke, kritischen Ausgaben und bedeutenderen Sammlungen ist vor allem notwendig, um die Abschnitte mit den Literaturangaben nicht aufzuschwemmen. Aber für die häufiger herangezogenen Märchensammlungen sind zugleich Zählweisen eingeführt nach dem Muster der Letzten-Hand-Ausgabe der GRIMMschen *Kinder- und Hausmärchen* (KHM). Für Ludwig BECHSTEIN ist die von mir seinerzeit vorgeschlagene Zählweise nach der 2. illustrierten Ausgabe (DMB bzw NDMB) ja bereits von der Forschung übernommen worden. Ähnliches empfiehlt sich beispielsweise auch für Josef HALTRICHS Siebenbürger Sammlung nach der 3. Auflage (DVSS). Und was A. N. AFANAS'EV betrifft, so sollte man sich der von V. PROPP vorgeschlagenen Zählweise allgemein bedienen (NRS).

Dank

Mein Dank gilt einer großen Zahl von Fachkollegen und Freunden in aller Welt, die mir großzügig bei der Beschaffung von schwer zugänglichen Veröffentlichungen, teilweise auch mit Übersetzungen, geholfen und unermüdlich behilflich waren, fehlende Lebensdaten zahlreicher Sammler und Märchenforscher zu ermitteln. Was wäre jedoch aus diesem ganzen Unternehmen geworden, hätte es die Bayerische Staatsbibliothek nicht gegeben, über die ich im Lauf von etwa zwei Jahrzehnten so gut wie die gesamte Literatur aus ihren eigenen Beständen oder über die internationale Fernleihe erhalten habe – und was ohne meine Mitarbeiter in der Internationalen Jugendbibliothek, insbesondere Erika v. ENGELBRECHTEN, Leiterin der Referenz, Charlotte Gräfin BOSSI Fedrigotti und Irmgard JANKA, meine Sekretärin. Dem Verlag und insbesondere Walter KOHRS habe ich nicht nur für die vortreffliche Ausstattung, die ständige Ermutigung und sorgfältige Lektorierung zu danken, sondern auch für die außergewöhnliche Geduld – der Vertrag wurde bereits 1977 geschlossen! Doch mindestens ebenso viel Geduld und tägliche Hilfe beim Ordnen und kritischen Sichten, Schreiben und Korrigieren verdanke ich meiner Frau, die mich auch mit der Auswahl beispielhafter Märchenillustrationen überrascht hat.

Walter Scherf, Petershausen April 1982

Abkürzungsverzeichnis

Andersen	H. C. Andersen: Samlede eventyr. Hrsg.: E. Nielsen. Bd 1–3. København 1958. – Dt. von T. Dohrenburg: Sämtliche Märchen. München 1959.
ASO	L. Strackerjan: Aberglaube und Sagen aus dem Herzogtum Oldenburg. Hrsg.: K. Willoh. Bd 1. 2. Oldenburg 1909
AT	A. Aarne/S. Thompson: The types of the folktale. Helsinki ²1964.
Barchilon	J. Barchilon: Le conte merveilleux français de 1690 à 1790. Paris 1975.
Basile	G. Basile: Lo cunto de li cunti, trattenemiento de li peccerille. Bd 1. 2. Napoli 1634–1636 (Il Pentamerone). – Dt. von F. Liebrecht: Der Pentamerone. Bd 1. 2. Breslau 1846. – Ital. von B. Croce: Il Pentamerone, ossia La fiabe delle fiabe. Bari 1957.
Bîrlea	O. Bîrlea: Mică enciclopedie a poveştilor româneşti. Bucureşti 1976.
BP	J. Bolte/J. Polívka: Anmerkungen zu den Kinder- und Hausmärchen der Brüder Grimm. Bd 1–5. Hildesheim ²1963.
Briggs	K. Briggs: A dictionary of British Folk-tales in the English language. T. A. Bd 1. 2. London 1970.
CdF	M. C. Le Jumel de Barneville, baronne d'Aulnoy: Contes de fées. Bd 1–4. Paris 1697 (verschollen); Nouveaux contes de fées ou Les fées à la mode. Bd 1. 2. Paris 1698; Suite des contes nouveaux ou Les fées à la mode. Bd 1. 2. Paris 1698. Dt. von F. Jacobs: Feen-Mährchen der Frau Gräfin von Aulnoy. In: F. J. Bertuch: Die blaue Bibliothek der Nationen. Bd 3. 4. 9. 10. Gotha 1790. 1790. 1791. Weimar 1796.
CPG	J.-F. Bladé: Contes populaires de la Gascogne. Bd 1–3. Paris 1886.
Dégh	L. Dégh: Märchen, Erzähler und Erzählgemeinschaft. Berlin (Ost) 1962.
DHM	J. W. Wolf: Deutsche Hausmärchen. Göttingen, Leipzig 1851. Neuausg. Hildesheim, New York 1972.
Delarue 1	P. Delarue: Le conte populaire français. Bd 1. Paris ²1976.

Delarue/Tenèze 2	P. Delarue/M.-L. Tenèze: Le conte populaire français. Bd 2. Paris ^{2}1977.
DMB	L. Bechstein: Märchenbuch. Leipzig ^{13}1857 (Titel der Erstausgabe von 1845: Deutsches Märchenbuch). Neuausg. von W. Scherf u. d. Titel: Sämtliche Märchen. München 1965.
DMDW	K. v. Spieß/E. Mudrak: Deutsche Märchen, deutsche Welt. Berlin ^{2}1939.
Deulin	C. Deulin: Les contes de ma mère l'oye avant Perrault. Genève 1969.
DVS	E. Meier: Deutsche Volksmärchen aus Schwaben. Stuttgart 1852. Nachdr. Hildesheim, New York 1871.
DVSS	J. Haltrich: Deutsche Volksmärchen aus dem Sachsenlande in Siebenbürgen. Wien 1882. Neuausg. von H. Markel u. d. Titel: Sächsische Volksmärchen aus Siebenbürgen. Bukarest 1973.
EFT	J. Jacobs: English fairy tales. London 1890. – J. Jacobs: More English fairy tales. London 1894. Neuausg. u. d. Titel: English fairy tales. London, Sydney, Toronto 1968.
EM	K. Ranke: Enzyklopädie des Märchens. Bd 1 –. Berlin, New York 1977 –.
EV	A. Stöber: Elsässisches Volksbüchlein. Straßburg 1842.
Fink	G.-L. Fink: Naissance et apogée du conte merveilleux en Allemagne 1740–1800. Paris 1966.
FLJ	Folklore Journal.
Frenzel: Stoffe	E. Frenzel: Stoffe der Weltliteratur. Stuttgart ^{5}1981.
GdM	S. Grundtvig: Gamle danske Minder i Folkemunde. Bd 1–3. København 1854. 1857. 1861. Nachdr. København 1970.
GG 2	M. Montanus: Das Ander theyl der Gartengesellschaft. Straßburg um 1559.
Hagen	R. Hagen: Der Einfluß der Perraultschen Contes auf das volkstümliche deutsche Erzählgut und besonders auf die Kinder- und Hausmärchen der Brüder Grimm. Bd 1. 2. Diss. Göttingen. (Maschinenschr.)
HCTP	C. Perrault: Histoires ou contes du temps passé, avec des moralitez. Paris 1697.
HdA	H. Bächtold-Stäubli: Handwörterbuch des deutschen Aberglaubens. Bd 1–10. Berlin, Leipzig 1927–1942.

HdM	J. Bolte/L. Mackensen: Handwörterbuch des deutschen Märchens. Bd 1. 2. (Nicht mehr erschienen.) Berlin, Leipzig 1930–1940.
HessBfV	Hessische Blätter für Volkskunde.
HMB	A. Ey: Harzmärchenbuch. Stade 1862. Nachdr. Hildesheim, New York 1971
JAFL	Journal of American Folklore.
KHM	J. L. C. Grimm/W. C. Grimm: Kinder- und Hausmärchen. Bd 1. 2. Göttingen ^{7}1857. Neuausg. Zürich. ^{10}1977.
KHMS	I. V. Zingerle, Edler v. Summersberg/J. Zingerle: Tirols Volksdichtung und Volksgebräuche. Bd 1: Kinder- und Hausmärchen. Innsbruck 1852. – Bd 2: Kinder- und Hausmärchen aus Süddeutschland. Regensburg 1854. Nachdr. Hildesheim, New York 1975.
KHMSch	O. Sutermeister: Kinder- und Hausmärchen aus der Schweiz. Aarau 1869.
KLL	Kindlers Literatur Lexikon im dtv. Bd 1–25. München 1974.
Krüger	K. K. F. Krüger: Die Märchen der Baronin Aulnoy. Diss. Leipzig 1914.
LexKJL	K. Doderer: Lexikon der Kinder- und Jugendliteratur. Bd 1–3. Weinheim, Basel 1975. 1977. 1979.
Liungman	W. Liungman: Die schwedischen Volksmärchen. Berlin (Ost) 1961.
Meyer	M. de Meyer: Vlaamsche Sprookjesthema's. Leuven 1942.
MSH	C. Colshorn/T. Colshorn: Märchen und Sagen. Hannover 1854. Nachdr. Hildesheim, New York 1975.
NDMB	L. Bechstein: Neues deutsches Märchenbuch. Leipzig, Pest 1856. Neuausg. von W. Scherf u. d. Titel: Sämtliche Märchen. München 1965.
NFE	P. C. Asbjørnsen/J. E. Moe: Norske Folke-Eventyr. Christiania ^{3}1866. Neuausg. Bd 1–3. Oslo 1975.
NdZfV	Niederdeutsche Zeitschrift für Volkskunde.
Nitschke	A. Nitschke: Soziale Ordnungen im Spiegel der Märchen. Bd 1. 2. Stuttgart-Bad Cannstatt 1976. 1977.
NRS	A. N. Afanas'ev: Narodnye russkie skazki. Lieferg 1–8. St. Peterburg 1855–1863. Wichtigste Neuausg. von V. J. Propp. Bd 1–3. Moskva 1957.

PV	W. Wisser: Plattdeutsche Volksmärchen. Bd 1. 2. Jena 1914. 1927.
Ranke	K. Ranke: Schleswig-holsteinische Volksmärchen. Bd 1–3. Kiel 1955. 1958. 1962.
Röhrich: ErzSM	L. Röhrich: Erzählungen des späten Mittelalters und ihr Weiterleben in Literatur und Volksdichtung bis zur Gegenwart. Bd 1. 2. Bern, München 1962. 1967.
Röhrich: MuW	Märchen und Wirklichkeit. Wiesbaden ³1974.
Röhrich: SuM	L. Röhrich: Sage und Märchen. Freiburg, Basel, Wien 1976.
Rölleke	H. Rölleke: Die älteste Märchensammlung der Brüder Grimm. Cologny-Genève 1971.
Rouger	G. Rouger: Notices. In: C. Perrault: Contes. Paris 1967.
RTP	Revue des arts et traditions populaires.
SAfV	Schweizerisches Archiv für Volkskunde.
Şăineanu	L. Şăineanu: Basmele române în comparaţiune cu legendele antice clasice şi în legătură cu basmele popoarelor învecinate şi ale tuturor popoarelor romanice. Bucureşti ²1978.
Saintyves	P. Saintyves: Les contes de Perrault et les récits parallèles. Paris 1923.
Scherf: Bechstein	L. Bechstein: Sämtliche Märchen. Hrsg. von W. Scherf. München 1965. Vgl DMB, NDMB.
Schoof: Entstehung	W. Schoof: Zur Entstehungsgeschichte der Grimmschen Märchen. Hamburg 1959.
Simrock	K. Simrock: Die Quellen des Shakspeare in Novellen, Märchen und Sagen. Bd 1. 2. Bonn ²1872.
Singer	S. Singer: Schweizer Märchen. T. 1. 2. Pullach, Berlin ²1971.
SLL	N. Gredt: Sagenschatz des Luxemburger Landes. In: Publications de la section historique de l'Institut R. G.-D. de Luxembourg. Bd 37. Luxembourg 1885.
SML	K. Müllenhoff: Sagen, Märchen und Lieder der Herzogtümer Schleswig, Holstein und Lauenburg. Neuausg. von O. Mensing. Schleswig 1921.
SMSGH	K. Seifart: Sagen, Märchen, Schwänke und Gebräuche aus Stadt und Stift Hildesheim. Göttingen 1854.
Soriano: Perrault	M. Soriano: Les Contes de Perrault. Paris 1968.
SSO	F. X. v. Schönwerth: Aus der Oberpfalz. Bd 1–3. Augsburg 1857. 1858. 1859.

SSR	J. Polívka: Súpis slovenských rozprávok. Bd 1–4. Sv. Martin 1923. 1924. 1927. 1930.
Straparola	G. F. Straparola: Le piacevoli notti. Bd 1. 2. Venezia 1550. 1553. Ital. Neuausg. von G. Rua. Bd 1. 2. Bari ²1927. Dt. u. d. Titel: Die Nächte des Straparola von Caravagozin. Bd 1. 2. Wien 1791. Dt. von Hanns Floerke u. d. Titel: Die Novellen und Mären der Ergötzlichen Nächte. München ²1920.
UoW	W. Busch: Ut ôler Welt. München 1910. Neuausg. Münster 1981.
VdD	J. K. A. Musäus: Volksmährchen der Deutschen. Bd 1–5. Gotha 1782. 1783. 1784. 1786. 1787. Neuausg. von N. Miller. München 1976.
ViO	E. Lemke: Volksthümliches in Ostpreußen. Bd 1–3. Mohrungen 1884. 1887. Allenstein 1899.
VPR	U. Jahn: Volksmärchen aus Pommern und Rügen. Bd 1. (Mehr nicht erschienen.) Norden, Leipzig 1891. – Nachdr. Hildesheim, New York 1973.
Weil	G. Weil: Tausend und eine Nacht. Hrsg. von L. Fulda. Bd 1–4. Berlin 1913.
Wesselski: DMvG	A. Wesselski: Deutsche Märchen vor Grimm. Bd 2. Brünn, München, Wien 1942.
Wesselski: MdM	A. Wesselski: Märchen des Mittelalters. Berlin 1925.
Wesselski: Versuch	A. Wesselski: Versuch einer Theorie des Märchens. Reichenberg i. B. 1931.
ZfDPh	Zeitschrift für deutsche Philologie.
ZfRPh	Zeitschrift für romanische Philologie.
ZfS	Zeitschrift für Slawistik.
ZfV	Zeitschrift des Vereins für Volkskunde. – Zeitschrift für Volkskunde.
ZfvLG	Zeitschrift für vergleichende Litteraturgeschichte.

Allerleirauh

AT 510 B KHM 65

1. Schon in der Erstausgabe der Grimmschen *Kinder- und Hausmärchen* von 1812 steht als Nr 65 das Märchen vom Allerleirauh, das heute üblicherweise nach der Ausgabe letzter Hand von 1857, in der es den alten Platz unverändert behalten hat, als KHM 65 zitiert wird. Die am 9. 10. 1812 von der damals 19jährigen Henriette Dorothea WILD (1793–1867), der späteren Frau Wilhelm GRIMMS, übermittelte Erzählung hatte einen Vorläufer, aus dem Einzelheiten übernommen wurden: eine Binnenerzählung aus Carl NEHRLICHS (geb. 1773 Eisenach), des Wunderhorn-Beiträgers Roman *Schilly* von 1798 (Bd 1, S. 144–154). In der handschriftlichen Urfassung der KHM von 1810 ist ein knapper, vermutlich vom Ende 1807 stammender Inhaltsauszug Jacob GRIMMS erhalten. H. RÖLLEKE hat den Text aus dem verschollenen Roman 1972 wieder zugänglich gemacht. Das Märchen vom Allerleirauh hat mancherlei Ähnlichkeit mit dem Märchen vom → *Aschenputtel* (AT 510 A), aber es gehört doch zu einem ganz anderen Märchentyp. Die Aschenputtel-Handlung entwickelt sich aus dem Tochter-Mutter-Konflikt – der Ausgangspunkt der Allerleirauh-Handlung dagegen ist der Tochter-Vater-Konflikt. Während im Märchentyp 510 A die Stiefmutter das Mädchen unterdrückt, will im Typ 510 B der Vater das Mädchen nicht freigeben. Er beansprucht es für sich selbst. Auch der Ort der Handlung ist charakteristisch. Es ist weder der heimliche Zufluchtsort des Zweiäugleins (AT 511 → *Einäuglein, Zweiäuglein, Dreiäuglein*), noch das zur Stätte der Bedrängnis gewordene Elternhaus Aschenputtels (AT 510 A) – sondern die selbständig aufgesuchte Fremde, in der um die Anerkennung und Selbstfindung gerungen wird und sogar der Spott des Geliebten durchgestanden werden muß. Allerleirauh findet die Zuflucht nicht in der Wendung rückwärts, sondern in der entschlossenen Ablösung vorwärts.

2. Der Konflikt entsteht, als die Königin auf dem Totenbett ihrem Mann das Versprechen abnimmt, eine zweite Frau nur dann zu nehmen, wenn diese ihrer Schönheit gleichkommt und ebensolches Goldhaar besitzt. Ebenso schön ist aber nur die Tochter – jedenfalls in den Augen des Vaters. Dieser Vater steht nicht auf eigenem Boden, weder gegenüber seiner Frau, noch

gegenüber seiner Tochter. Diese Ausgangslage ist erschreckend – aber es sind nicht wenige junge Menschen, die mit einem derartigen Konflikt fertig werden müssen. Das Mädchen, von dem hier erzählt wird, stellt zum Selbstschutz und um seine äußere Ablösung vorzubereiten, drei scheinbar unlösbare Aufgaben. Der Vater soll drei zauberisch schöne Kleider beschaffen – was dem König in seinem blinden Besitzverlangen natürlich gelingt. Ebenso löst er die vierte, ganz andersartige Aufgabe: die unmittelbar der Flucht dienende Verkleidung aus allerlei Rauhwerk anzufertigen. Doch damit ist die engere Verbindung zu ihm endgültig gelöst.
In einigen Fassungen sucht das Mädchen Rat bei einer weisen Frau oder seiner Patin. Auch hat der Engländer Andrew LANG angenommen, daß sich hinter dem schützenden Rauhwerk die tote Mutter verberge – aber das sind Vorstellungen, die zum Aschenputtel-Typ gehören. Allerleirauh muß ohne mütterliche Hilfe auskommen. Es bringt den Vater selbst dazu, unwissentlich die Hilfsmittel für die Flucht herbeizuschaffen: die helle Verkleidung ebenso wie die dunkle.
In der Grimmschen Fassung nimmt Allerleirauh nicht nur die drei das ganze Weltall zu Hilfe holenden Kleider mit (Verwandlungskleider, die sie wie Sonne, Mond und Sterne erstrahlen lassen); das Mädchen nimmt auch aus dem goldenen Spielzeug seiner Kindheit einen Ring, ein Spinnrad und eine Haspel mit. Allerleirauh schläft in einem hohlen Baum, es wird von den Hunden der königlichen Jäger verbellt und mit in die Küche genommen, wo es niedrigste Dienste tut. Diese Jäger geben ihm den Namen: Rauhtierchen, Allerleirauh. Der Koch, bei dem es dient, der ihm erlaubt, dreimal das Fest aufzusuchen, und der Allerleirauh sogar aufträgt, die Suppe für den Königssohn zu kochen, ahnt etwas von den inneren Zusammenhängen. »Du bist eine Hexe, Rauhtierchen«, sagt er. Und wirklich – im Wechsel der Verkleidungen von Ruß und Asche einerseits und festlich kosmischem Glanz anderseits macht dieses Mädchen den Königssohn liebeskrank. In anderen Fassungen verbietet die Mutter des Prinzen sogar, daß sich das Allerleirauh auf dem Fest von ihrem Sohn erblicken läßt. Und in wieder anderen Fassungen verlangt der Königssohn drei Gegenstände vom aufwartenden Allerleirauh – etwa Reitpeitsche, Zaum und Sporen. Herausfordernd führt das Mädchen nicht aus, was ihm aufgetragen, und der Geliebte wirft ihm die drei Dinge an den Kopf – Anlaß, ihm auf seine Frage, woher es eigentlich stamme, verschlüsselt zu

antworten: aus Stiefelschmeiß beispielsweise, oder aus Bürstenschmeiß. Entweder dieses Rätsel-Versteckspiel oder, wie bei den Brüdern Grimm, Ring und anderes Gold-Spielwerk in der Brotsuppe führen beim drittenmal zur Entdeckung. In der Grimmschen Fassung werden gleich mehrere Erkennungsmotive bemüht: ein stumpfes (die goldene Haspel in der Suppe) und drei, die sich als wirksam erweisen: der heimlich angesteckte Ring und der wegen der Hast nach allzu langem Tanz weiß gebliebene Finger. Außerdem konnte (oder wollte?) Allerleirauh das Sternkleid unter dem Rauhwerk nicht mehr in die Zaubernußschale zurücklegen. Der Pelz öffnet sich ein wenig, und der Königssohn reißt ihn ganz ab. »Du bist meine liebe Braut«, sagt er, und die Hochzeit wird gerichtet.

3. Eine gründliche Untersuchung des Allerleirauh-Märchens steht noch aus. Es ist verständlich, daß mancher Bearbeiter vor der Wahrheit des Ausgangskonfliktes zurückgeschreckt ist und die leidenschaftliche Liebe, die der plötzlich alleinstehende König von seiner sterbenden Frau auf die schöne Tochter überträgt, entstellt oder durch ganz andere Ablösungsauslöser ersetzt hat. In einigen Fassungen wird der Vater am Ende bestraft: Da heißt es, daß er sich das Urteil selbst sprechen müsse und nicht länger König bleiben dürfe. Die ironischen Bemerkungen über die in Rom erwirkte Heiratserlaubnis sind Anspielungen nicht erst aus der Zeit Ludwig XIV. Charles PERRAULT, der 1694 seine *Peau d'asne* in Versform veröffentlichte, ist möglicherweise durch eine Erzählung LAFONTAINES von 1678 angeregt worden, kannte gewiß auch die Erwähnung in MOLIÈRES *Der eingebildete Kranke*. Und da er mit der Kolportageliteratur und anderen volkstümlichen Schriften vertraut war, mag ihm die Erzählung von der *Schönen Helena* bekannt gewesen sein, die Legende der *Hl. Diphna* (aus der Sammlung des Jesuiten Pierre RIBADENEIRA), vor allem aber die Fassungen von Giambattista BASILE und dem hundert Jahre älteren Gianfrancesco STRAPAROLA. Wer weiß, ob er nicht auch aus mündlicher Überlieferung geschöpft hat, denn das Märchen von der Eselshaut ist bis zurück ins 16. Jahrhundert in Frankreich häufig erwähnt – und die zeitgenössische Kritik warf PERRAULT gerade die Nähe zur Erzählweise des Volkes vor. Er habe, so hieß es, ebenso dunkel und ungeschliffen vorgetragen wie einstmals seine Amme, wenn sie ihn zu Bett brachte. Wie man versucht hat, die Grimmsche Fassung auf PERRAULT HCTP 10 zurückzuführen, so hat man PERRAULTS Fassung als

abhängig von BASILE darzustellen versucht. Marc SORIANO war der erste, der sich in PERRAULTS Lage versetzte und nachwies, was ein solch geistreicher Verfasser Ende des 17. Jahrhunderts aus der Lektüre des *Pentamerone* machen mußte, wenn er Zuhörer finden wollte. Wie hätte er seinen Zeitgenossen bei Hofe die derbe Basilesche Burleske von dem Mädchen erzählen können, das sich in eine halbwilde Bärin verwandelt (2, 6: Ll'orza), ihrem liebeskranken Prinzen die Suppe kocht und ihm das Gesicht abschleckt? Da PERRAULT jedoch die Eselshaut-Verkleidung bekannt war und er obendrein bei BASILE andernorts den Dukatenesel gefunden hatte, vereinte er höchst amüsant beide Züge und ließ den Esel Goldtaler mit König Ludwigs Bildnis »fein geprägt« hervorbringen.
Ebensowenig wie PERRAULT unmittelbar von BASILE übernahm, stützten sich die Brüder GRIMM auf PERRAULT oder auf eine Wiedergabe der Perraultschen Fassung etwa durch ihre »Gewährsleute«, die Töchter HASSENPFLUG. Gewiß, die Ausgangslage ist in beiden Fassungen gleich – aber mit der Übernahme der geringen Dienste am fremden Hof entwickeln sich die Motivketten, die zur Erkennung der Königstochter führen, auseinander. Von einer Ringprobe (der Königssohn schenkt seiner unbekannten Tänzerin drei Ringe oder Edelsteine, die sie ihm, verborgen in dem von ihr zubereiteten Gericht, wieder zusendet) ist in KHM 65 nichts zu finden. Die sonst häufigere Ringprobe scheint übrigens der Schuhprobe im Aschenputtel-Märchen angepaßt zu sein. Da die Brüder Jacob und Wilhelm GRIMM aber eine ziemlich reiche Ernte volkstümlicher Fassungen einbrachten, ist ihr *Allerleirauh* recht gut ausgestattet worden – bis auf die Herkunftsrätsel, die bei *Perrault* fehlen, und den Zauberspruch, mit dem sich Allerleirauh von den Verfolgern löst.
Der Zauberspruch, der auch bei Johann Karl August *Musäus* (1735–1787) seine Rolle spielt (*Die Nymphe des Brunnens*), ist bereits in einem Gedicht des J. H. VOSS als Kindheitserinnerung bezeugt (*Der Riesenhügel*, 1777 verfaßt): »Spring in die schwellende Weser! Ja schreit in magischen Stiefeln, vor dir Tag und hinter dir Nacht, neun Meilen auf Einmal!« Gewiß ist auch der hohle Baum, in dem Allerleirauh von den Jägern des Königs gefunden wird, einmal Zufluchtsstätte und geheimer Aufbewahrungsort der zauberischen Kleider gewesen (man vergleiche die von dem Mecklenburger J. *Mussäus* übernommene Fassung BECHSTEINS, NDMB 1: *Aschenpüster mit der Wünschelgerte*, und das Märchen von der *Manekine*) und konnte nur mit einem

Spruche oder Zauberstab geöffnet werden. Von daher werden auch die Verkleidungen in einen Holzkasten verständlich. In der Saga-Überlieferung ist das Mädchen Aslög sogar in Heimirs Harfe versteckt, und in einem färingischen Lied treibt Osla in einem Kasten an. Die Entlehnungen von Motiven des Allerleirauh-Märchens für die *Ragnar-Lodbrok*-Saga bzw das färingische Lied gehen noch weiter; die rechte Braut ist, wem die Kleider der verstorbenen Königin passen. Aber umgekehrt haben spätere Märchenfassungen des Nordens auch einen auffälligen Namen aus der Saga- und Liedüberlieferung ins Märchen übernommen: Die böse Ziehmutter Kråka (Krähe), die Aslög bzw Osla zu einem Aschenputteldasein erniedrigt, mußte ihren Namen für einen Verwandlungsmantel aus Krähenfell hingeben. Übrigens erzählt bereits *Herodot*, daß ein König seine Tochter in einer goldenen Kuh begraben habe. Merkwürdig ist, daß das Allerleirauh-Märchen auf Europa beschränkt ist. Seine Erzähler stellen gern Verbindungen zum → *Aschenputtel* her (AT 510 A), aber auch zu *Lieb wie Salz* (AT 923 → *Die Gänsehirtin am Brunnen*, → *Die Putenmagd*) oder zum → *Mädchen ohne Hände* (AT 706), gelegentlich sogar zum → *Rumpelstilzchen* (AT 500, vgl Zingerle KHMS 1, 2: *Cistl im Körbl*).
Von ganz besonderem Interesse für die weitere Forschung sollte jedoch sein, daß manche Erzähler die Hochzeit des Allerleirauhs mit seinem Geliebten nur als eine erste, vorläufige und bald wieder gestörte Vereinigung betrachten und schwere Prüfungen folgen lassen. Die Mutter des Geliebten wird zur lebensgefährlichen Gegenspielerin. Das klingt bereits an, wenn die Königin fragt, ob das Küchenmädchen beim Fest von ihrem Sohn erblickt worden sei. Wenn dem armen Allerleirauh aber gar die Kinder weggenommen werden, wie das etwa bei dem Schwaben E. Meier der Fall ist (DVS 48: *Die junge Gräfin und die Wasserfrau*) und vor ihm bei J. K. A. Musäus (*Die Nymphe des Brunnens*), dann knüpfen sich Verbindungen zum → *Marienkind* an (AT 710, vgl *Colshorn* MSH 44: *Aschenpöling*), zu den → *Drei Vögeln* (AT 707) oder zu dem Märchen von der Schwester, die ihre Brüder sucht (AT 451 → *Die sechs Schwäne*, → *Die sieben Raben*, → *Die zwölf Brüder*). Das Rauhtierchen ist nämlich gelegentlich ebenfalls zwölftes oder gar blindes Kind, das zunächst bei einem jenseitigen Wesen tief im Wald aufwächst – und dann wundert es uns auch nicht mehr, daß die Legende diese Motivketten aufgegriffen und damit die Anteilnahme der Zuhörer auf die *Hl. Odilia* gelenkt hat, die freilich ihr Augenlicht in

einem Kloster bei der Taufe wieder erhält, aber vor dem zornigen Vater flüchtend in einem sich magisch schließenden Felsspalt Zuflucht findet (vgl das Zwiefaltener Martyriolog aus dem 12. Jahrhundert).

4. BP 2, 45–56. – M. R. Cox: Cinderella. London 1893. – Delarue/Tenèze 2, 256–267. – Deulin 83–126. – Hagen 1, 139–171; 2, 111–141. – Liungman 125–126, 362. – Ranke 2, 125–127. – H. Rölleke: Allerleirauh. Eine bisher unbekannte Fassg vor Grimm. In: Fabula. 13. 1972. 153–159. – Rölleke 52–59, 352–353. – A. B. Rooth: The Cinderella cycle. Lund 1951. – Rouger 53–56. – Şăineanu 446–453. – Saintyves 187–208. – Scherf: Bechstein 842–843. – Soriano: Perrault 113–124. – K. Voretzsch in HdM 1, 47–49.

Der alte Turm zu Bus → *Das weiße Hemd* (Abschnitt 3)

Amicus und Amelius → *Der treue Johannes* (Abschnitt 3)

Der arme Müllerbursch und das Kätzchen

AT 402 KHM 106

1. KHM 106 *Der arme Müllerbursch und das Kätzchen*, eine weitverbreitete und besonders beliebte Fassung des Märchens von dem verkannten jüngsten Sohn, der die Königstochter in unscheinbarer Dunkelgestalt findet und als die Beste und Schönste heimführt, wurde am 23. Juni 1813, wie es in den Grimmschen Anmerkungen heißt, in Zwehrn erzählt. Das läßt darauf schließen, daß Dorothea Viehmann, geb. Pierson (1755–1815) das Märchen übermittelt hat. Die hugenottische Abstammung der Viehmännin deutet möglicherweise auf eine Beziehung der Grimmschen Fassung zu Baronin d'Aulnoys *La chatte blanche* (→ *Die weiße Katze*). Die Erzählung erschien 1815 im zweiten Band der *Kinder- und Hausmärchen* als Nr 20; 1819 erhielt sie in der zweiten Auflage die in heutiger Zählweise übliche Nr 106.

2. Ein alter Müller will seine Mühle einem seiner drei Knechte übergeben – und zwar an den, der das beste Pferd heimbringt. Heißt es auch in KHM 106, daß der Müller weder Frau noch Kinder habe, so erlebt sich der Zuhörer doch in der in so gut wie allen sonst bekannten Fassungen angebotenen Sohn-Vater-Beziehung – zumal Hans, der Kleinknecht, als Jüngster für albern gehalten wird und aus dem Spiel gedrängt werden soll. Die älteren Knechte lassen den dummen Hans in einer Höhle zurück. Als er in der Frühe erwacht, ist er allein. Als gute Zuhörer wissen wir jedoch im voraus, wie es weitergeht: Die Älteren werden schlechtere Pferde heimbringen.

Der verlassene Hans begegnet einer kleinen Katze, und die Katze nimmt ihn für sieben Jahre als Knecht in ihren Dienst. Hans geht es gut in dem verwunschenen Schloß, in dem es von Kätzchen wimmelt. Sie musizieren und warten ihm auf. Er macht Holz, mäht eine Wiese und baut sogar ein kleines Haus – alles mit silbernem Werkzeug.

Wilhelm WISSER, der selbst zwei wichtige Fassungen des Märchentyps von der Katze als Braut veröffentlicht hat, erarbeitete auch den ersten Ansatz zu einer Monografie. Seinen Erzählern war der Inhalt der beiden ersten Aufträge meist nicht so wichtig; aber Gewebe, Geld, ein gutes Pferd oder ein ungewöhnlicher Hund spielen die vorherrschenden Rollen – dagegen lautet der dritte Auftrag eindeutig, die schönste Braut heimzubringen. Der verkannte jüngste Sohn erweist sich stets als der erfolgreiche. Wilhelm WISSER stellt fest: Der Kontrast zwischen Nicht-Zutrauen und tatsächlichem Vermögen wird offenbar.

WISSER stellt auch die Frage, was Hans denn eigentlich bei der Katze leiste? In der Grimmschen Fassung ist mit dem Holzmachen lediglich eine Andeutung geblieben (vgl W. WISSER: *De lütt wit Katt*). Doch aus anderen Fassungen könnte man schließen, daß seine eigentliche Aufgabe das Holzmachen, das Aufschichten eines Scheiterhaufens und das Verbrennen des Katzenfells oder der abgehauenen Pfoten, des Schwanzes oder Katzenkopfes ist.

Dorothea VIEHMANN hat anders erzählt, womöglich von Baronin d'AULNOYS → *Die weiße Katze* beeinflußt. Ihr kam es auf die Überraschung in der Mühle an. Hans schaut zwar mit seiner Katzen-Herrin wunderschöne Pferde an, kehrt aber ohne Pferd und in einem abgerissenen Rock heim und fordert den Spott der beiden Mitknechte erst recht heraus. Obendrein mag ihn der alte Müller nicht mehr bei Tisch sehen, und anstatt eines Bettes wird

Hans der Gänsestall zugewiesen. Doch dann fährt die ehemalige kleine weiße Katze als Königstochter sechsspännig vor der Mühle vor, läßt Hans holen, waschen und einkleiden. Sie kehrt den Spott um, sie verlangt die Pferde der Mitknechte zu sehen: Das eine ist blind, das andere lahm. Der alte Müller spricht jetzt zwar Hans die Mühle zu – aber die Braut läßt dem Müller seine Mühle, gibt ihm das von Hans erworbene Pferd hinzu, lädt Hans ein, in ihre Kutsche einzusteigen und fährt mit ihm davon – zu dem kleinen Haus, das Hans mit silbernem Werkzeug erbaut hat, und das inzwischen ein herrliches Schloß geworden ist. Dort halten die beiden Hochzeit. Dem Zuhörer und Leser muß auffallen, daß die Erzählung vom verkannten Jüngsten zu einer Erzählung von einer auf ihren Erlöser wartenden Braut geworden ist (verwandt also mit AT 400 → *Der König vom goldenen Berge*, dort weitere Hinweise und Literaturangaben). Ob man die Erzählerin Marie-Catherine Le Jumel de Barneville, Baronin d'AULNOY für den Wechsel von einer männlichen Hauptfigur am Anfang zu einer weiblichen Hauptfigur am Schluß verantwortlich machen darf?
Es bleiben genug Fassungen, in denen der mißachtete Jüngste am Ende staunende Anerkennung findet und gelegentlich auch Stolz zeigt auf seinen Dienst, durch den er die Verwandlung der unscheinbaren Katze in eine schöne Königstochter bewirkt hat. Freilich, hier gilt ebenso wie bei dem Märchen vom Frosch als Braut (→ *Die drei Federn*): Ein zweiter Teil, ein ernsthafter Einsatz, ein wirklicher Kampf um den geliebten Partner fehlt.

3. 4. Über andere Fassungen und zur Literatur dieses Märchentyps → *Die drei Federn;* zum Katzenbraut-Märchen der Baronin d'AULNOY → *Die weiße Katze;* und zu dem in Baronin d'AULNOYS Katzenbraut-Märchen eingeflochtenen Märchen von dem Mädchen, das in einen Turm eingeschlossen wird → *Rapunzel* (AT 310).

9

Aschenputtel

AT 510 A KHM 21

1. Zu den Märchen, die durch das Buch, durch Bilderbogen, Kolportageliteratur und andere Medien die weiteste Verbreitung gefunden haben, die also wohl besonders genau den Erwartungen des Lesers entsprechen, gehört die Erzählung von der verkannten und zu den niedrigsten Arbeiten gezwungenen Tochter. Die Brüder Jacob und Wilhelm GRIMM nahmen das *Aschenputtel* bereits 1812 als Nr 21 in den ersten Band der Erstausgabe ihrer *Kinder- und Hausmärchen* auf. Dabei fügten sie Elemente mehrerer verschiedener Fassungen ineinander: die von der sogenannten Marburger Märchenfrau übermittelte Erzählung, Charles PERRAULT HCTP 6 → *Cendrillon ou La petite pantoufle de verre* und schließlich *Laskopal und Miliwka*, der ältesten Aufzeichnung des Aschenputtel-Märchens in deutscher Sprache, in der von Rolf HAGEN entdeckten, von den GRIMMS nirgends erwähnten Quelle *Sagen der böhmischen Vorzeit aus einigen Gegenden alter Schlösser und Dörfer* (Prag 1808, S. 1–66). Für die zweite Auflage von 1819 tilgten sie die Übernahmen aus PERRAULT und erweiterten zugleich erheblich um allerlei Motive aus drei anderen, hessischen Fassungen – darunter einer aus Zwehren, die also vermutlich von Dorothea VIEHMANN, geb. PIERSON, stammt.

2. Ein Mädchen hat seine gute und geliebte Mutter verloren und muß von nun an von einer bösen Stiefmutter und deren überheblichen Töchtern alles »gebrannte Herzeleid« erfahren. Doch auf dem Sterbebett hat die Mutter dem Aschenputtel (und damit dem Leser) die Gewißheit gegeben, daß sie ihm auf wunderbare Weise beistehen wird. Mag das Motiv vom verreisenden Vater, der seinen Töchtern mitbringt, was sie sich gewünscht haben, und dabei für das Aschenputtel ein Haselreis bricht, das ihm den Hut vom Kopf stößt, auch von dem Märchentyp AT 425 A entlehnt sein (→ *Das singende springende Löweneckerchen*) – im Aschenputtel-Märchen hat dieses Haselreis eine ganz andere Aufgabe übernommen. Aus dem Haselreis erwächst auf dem Grab der Mutter ein wunderbarer Baum, der zu Aschenputtels Zuflucht und Beistand wird. Ein weißer Vogel, und später die weißen Tauben, nehmen dieselbe Aufgabe wahr.
Ebenso wichtig und tief bewegend wie die Konfliktmotive des

Anfangs sind die Motive des Hoffnung-Schöpfens, des Durchstehens der schier unlösbaren Aufgaben und des Anerkennung-Findens (wenn auch zunächst nur in einer Verkleidung), Motive, die durch die Ankündigung des großen Festes der Brautwahl des Königssohnes ins Spiel gebracht werden. Die Stiefmutter, die Stiefgeschwister und selbst der Vater kommen erst gar nicht auf den Gedanken, daß man dieses »kleine verbuttete Aschenputtel« als Braut des Königssohnes in Betracht ziehen könnte. Als Aschenputtel anfangs versucht, mit wunderbarer Hilfe die Aufgabe des Linsen-Auslesens zu bewältigen und ihre Peiniger zufriedenzustellen, kommen ihr zweimal die Vögel zu Hilfe. Aber vergebens. Sie muß durch die Hintertür schlüpfen. Und wenn sie bisher in einer Dunkelgestalt gelebt hat, so muß sie jetzt dreimal und in immer kostbarerer Verkleidung um die entscheidende Anerkennung ringen. Die Kleider werfen ihr, eines schöner als das andere, die weißen Vögel vom Baum herab. Aber ebenso heimlich wie sie in diese Verkleidung schlüpft, muß sie sich heimlich auch wieder zurückverwandeln. Zweimal folgt ihr der Königssohn bis zum Taubenhaus oder zum Birnbaum – und jedesmal zerstört der Vater diesen Durchgangsort der Rückverwandlung. Ahnt er etwas? Aber beim drittenmal hat der Königssohn den goldenen Schuh in der Hand. Damit ist die Verbindung zwischen ihm und Aschenputtel endgültig geworden.

Die Motive des letzten Aktes spielen nur noch scheinbare Gefährdungen aus. Aschenputtel kann gelassen zuschauen, wenn sich die wertlosen und nichtswürdigen Schwestern auf den Rat der geschäftigen Stiefmutter Zehen und Fersen abschneiden, um die Probe des goldenen Schuhs zu bestehen – die Tauben bezeugen den Betrug. Schließlich hacken sie den falschen und neidischen Schwestern die Augen aus. Die Trennung ist für immer vollzogen. Aschenputtel aber hat nicht nur die dunklen und die hellen Verkleidungen abgelegt. Sie ist ganz sie selbst geworden – und zwar in dem Augenblick, als ihr der Königssohn ins Gesicht schaut und sie erkennt.

3. Samuel SINGER hat 1906 in seinem Kommentar der Schweizer Märchen darauf hingewiesen, daß der große Straßburger Prediger GEILER VON KAISERSBERG (1445–1510) nicht nur das Aschenputtel-Märchen gekannt hat, sondern auch eine Heiligenlegende aus dem 5. Jahrhundert, in die wesentliche Zusammenhänge übernommen worden sind: In einem Wüstenkloster dient ein

»Eschengrüdel« getreulich in der Küche. Aber die Nonnen spielen ihm übel mit; sie begießen es mit Wasser, schlagen es und schmieren ihm Senf in die Nase. Das wird offenbar, als ein Engel einen heiligmäßig lebenden alten Mann in das Kloster weist, um ihm ein Beispiel von Vollkommenheit vorzuführen. Alle Jungfrauen werden vor ihn gerufen – aber das Mädchen, das ihm im Traum gezeigt worden ist, sieht er nicht. Und dann heißt es: Alle sind hier – ausgenommen eine Närrin in der Küche. Das Eschengrüdel wird geholt und erscheint mit verbundenem Kopf, offenbar will es nicht verraten, welch schönes Haar es hat. S. SINGER zieht den Schluß, daß ein damals bekanntes Märchen zur Ausgestaltung einer Legende oder eines Beispiels verwandt worden ist.

Adolf Münzer: Aschenputtel (Mainz. Scholz 1905)

Umgekehrt hat Anna Birgitta ROOTH wahrscheinlich gemacht, daß unser Aschenputtel-Märchen zunächst gar nicht selbständig war, sondern als Fortsetzung zum Märchen vom → *Einäuglein, Zweiäuglein, Dreiäuglein* (AT 511) erzählt wurde – wobei man das Motiv vom kostbaren Schuh hinzufügte; der Schuh stellt die Verbindung der Schönsten der Schönen zu einem Königssohn her und führt zur Hochzeit der beiden. Von der Geschichte des kostbaren Schuhs berichtet STRABO bereits vor fast 2000 Jahren: Einer schönen Hetäre namens Rhodope wird von einem Adler der Schuh entführt und einem König überbracht, der gerade zu Gericht sitzt. Der König ist hingerissen, denn er schließt von der Form des Schuhs auf die Besitzerin, läßt sie überall suchen und findet sie auf Naukratis. Sie wird seine Frau. Ein Erzähler, der diese Geschichte an das Märchen von der verfolgten Stieftochter anfügen will, die auf geheimnisvolle Weise den Beistand ihrer toten Mutter erhält, muß einerseits den König als Hauptgestalt aus dem Spiel nehmen, anderseits muß er der in Armut lebenden Märchengestalt zu kostbaren Kleidern und dem goldenen Schuh verhelfen. Der Baum auf dem Grab der Mutter wird zum Schatzspender. Und A. B. ROOTH zeigt weiter, daß auf diese Weise nicht nur die Verbindung des → Erdkühlein- oder → Einäuglein-, Zweiäuglein-, Dreiäuglein-Märchens (beide AT 511) mit dem Aschenputtel-Märchen als geschlossene Erzählung entstanden sein dürfte, sondern auch die spätere Verselbständigung dieses zweiten Teiles ermöglicht worden ist. Die Ausgestaltung des selbständig gewordenen Aschenputtel-Märchens bringt dann die epische Stilisierung der dreifachen Begegnung während des Festes und den völligen Verzicht auf die alten, im → *Erdkühlein* so trefflich erzählten Motive von der Verwandlung und vom Fortleben der toten Mutter in Tiergestalt.

Viele Fassungen des eigentlichen Aschenputtel-Märchens (das fast ganz auf Europa beschränkt ist) zeigen, daß sie auf Nacherzählungen von Giambattista BASILE (*La gatta cennerentola*), Charles PERRAULT (→ *Cendrillon*), Baronin d'AULNOY (*Finette Cendron*) oder Jacob und Wilhelm GRIMM zurückgehen. Fassungen, in denen beispielsweise der geheimnisvolle Helfer eine Ratte ist, haben diese Gestalt vermutlich bei PERRAULT entlehnt, der sich einen Spaß daraus gemacht hat, eine schnauzbärtige Ratte zum Kutscher Cendrillons zu befördern. Gewiß haben die Schillingdrucke, Chapbooks und Bilderbogen in nicht geringem Maße zur Verbreitung von Bearbeitungen dieser literarischen Texte beigetragen. Den Namen Aschenputtel konnte man freilich erst einführen, als das ältere Märchen vom Hüten der mütterlichen Kuh oder Ziege ins Haus geholt und in die Küche verwiesen wurde. Über den Namen ist viel gerätselt worden; wahrscheinlich stammt er aus dem Griechischen und soll besagen, daß das Aschenputtel mit der Scham in der Asche sitzt (achylia = Asche, puttos = weibliche Scham).

Schwierig ist die Lage für einen Erzähler in Ländern, in denen europäische Festbräuche unbekannt sind, in denen ein Fest oder ein Kirchgang keineswegs dazu geeignet sind, junge Männer und Mädchen zusammenzuführen. Dann muß der goldene Schuh oder ein goldenes Armband wieder wie seinerzeit bei STRABO verloren und zufällig vom Richtigen gefunden werden – beispielsweise weil das Pferd des Königssohns vor dem glänzenden Gold scheut. Daß solchen Erzählern die europäische Fassung bekannt war, ist daran zu erkennen, daß keineswegs auf das Körnerlesen verzichtet wird. Nur hat es jetzt nicht mehr die Aufgabe, den Besuch des Festes zu verhindern, sondern das Erscheinen zur Schuhprobe zu vereiteln.

4. H. BAUSINGER: Aschenputtel. Zum Problem d. Märchensymbolik. In: ZfV. 52. 1955. 144–155. – BP 1, 165–188. – R. T. CHRISTIANSEN: Cinderella in Ireland. In: Béaloideas. 20. 1950 [1952]. 96–107. – M. R. COX: Cinderella. London 1893. – DELARUE/TENÈZE 2, 245–255, 278–280. – P. DELARUE: La pantoufle de Cendrillon. In: Le monde. 7. 2. 1951. – DEULIN 263–308. – P. GOSWAMI: The Cinderella motif in Assamese folk-tales. In: Indian historical quarterly. 23. 1947. 311–319. – HAGEN 1, 54–85; 2, 60–94. – O. HUTH: Die religionsgeschichtliche Bedeutung des Aschenputtelmärchens. Jugenheim 1951. – LIUNGMAN 125–126, 362. – H. LÜDEKE: Das Aschenbrödel als griechische Volksballade. In: ZfV. 46. 1938. 87–91. – M. LÜTHI: Deutung eines Märchens: Aschenputtel. In: Süddeutsche Zeitung. 1967. 24, 89. – D. S. LUKATU: To paramythi tes Stachtoputas stis xenes kai stis ellenikes parallages. In: Parnassos. 2. 1959. 461–485. – J. B. RAEL: The proof of identity element in two New Mexican Cinderella versions. In: Modern language forum. 18. 1933. 125 ff. – RANKE 2, 121–125. – RÖLLEKE 298–317, 387–388. – H. RÖLLEKE: Die Marburger Märchenfrau. Zur Herkunft der KHM 21 und 57. In: Fabula. 15. 1974. 87–94. – A. B. ROOTH: Askungen i öst och väst. Uppsala 1977. – ROOTH: The Cinderella cycle. Lund 1951. – ROUGER 153–156. – ŞĂINEANU 474–484. – SAINTYVES 113–164. – SCHERF: Bechstein 820–821. – W. SCHERF: Aschenputtel in aller Welt. In: Westermanns Monatshefte. 105. 1964. 12, 66–75. – SINGER 2, 1–31. – S. SINGER in HdM 1, 125–126. – SORIANO: Perrault 141–147. – K. v. SPIESS in DMDW 282–290. – Naitung TING: The Cinderella cycle in China and Indo-China. Helsinki 1974. – A. USSHER: The slipper on the stairs. An interpretation of Cinderella. In: World review. 25. 1951. 50–52. – A. WALEY: The Chinese Cinderella story. In: Folk-lore. 58. 1947. 1, 226–238. – R. WEHSE in EM 3, 39–57.

La barbe-bleue → *Der Blaubart*

Die beiden Försterskinder → *Das weiße Hemd* (Abschnitt 3)

Die beiden Königskinder

AT 313 C KHM 113

1. Die in Bökendorf beheimatete Familie v. HAXTHAUSEN hatte für den zweiten Band der Erstausgabe der Grimmschen Sammlung den in Niederdeutsch aufgezeichneten Text *De beiden Künigeskinner* zur Verfügung gestellt. Das sehr lebendig erzählte Märchen vom Dienst bei den zauberkundigen Eltern der Braut, der Verwandlungsflucht, dem Vergessen und Wiederfinden, wurde 1815 als Nr 27 veröffentlicht und erhielt in der Zweitauflage von 1819 seinen endgültigen Platz als Nr 113 (KHM 113). Dadurch, daß die Fassung in paderbörnischer Mundart belassen wurde, ist das Märchen nicht so bekannt geworden, wie es das verdient.

2. Einem König wird vorausgesagt, daß sein Sohn mit 16 Jahren von einem Hirsch ums Leben gebracht wird. Der 16jährige verfolgt auf einer Jagd auch in der Tat einen Hirsch, der ihn von seinem Gefolge trennt und ihm außerhalb des Waldes in seiner wahren Gestalt als ein Zauberkönig entgegentritt. Der fremde König erklärt, daß er ihm schon lange nachgestellt habe. Er nimmt ihn mit durch ein großes Wasser zu seinem Schloß und führt ihn an seinen Tisch zum Essen. Dann stellt er ihm die Aufgabe, je eine Nacht der Reihe nach bei seinen drei Töchtern zu wachen und droht ihm den Tod an, falls er ihn bei seinem stündlichen Anruf schlafend findet (vgl AT 302 C* → *Marja Morevna*, und AT 580, ASBJØRNSEN und MOE: *Det har ingen nød med den som alle kvinnfolk er glad i*).
Die Töchter haben jedoch, wie es in der Erzählung heißt, steinerne Christoffel an der Tür stehen, denen sie den Auftrag geben, an der Stelle des jungen Königssohnes dem Anruf des Vaters zu antworten. Das geschieht, der Königssohn schläft unbehelligt auf der Schwelle, und der ahnungslose König ist morgens zufrieden. Aber von Mal zu Mal schiebt er seine Zusage auf, den jungen Mann eine seiner Töchter heiraten zu lassen. Schließlich stellt er drei mit eigener Kraft unlösbare Aufgaben: einen Wald umzuhauen, einen Teich auszuräumen, einen Berg von Dornen zu befreien und ein Schloß darauf zu bauen. Das Gerät, das er mitgibt, ist untauglich und geht sogleich zu Bruch (es ist aus Glas). Mittags wird dem entmutigten jungen Mann jedoch von der jüngsten Tochter seines Widersachers Essen gebracht – nachdem sich die beiden älteren Schwestern geweigert haben.

Die jüngste spricht ihm Mut zu, veranlaßt ihn, etwas zu essen, laust ihn, läßt ihn einschlafen und ruft Erdmännchen herbei, die Arbeit zu bewältigen. Dabei schlägt sie mit einem Tuch, in das sie einen Knoten macht, auf den Boden. Innerhalb von jeweils drei Stunden ist der Wald geschlagen und geklaftert, der Teich spiegelblank ausgeräumt und mit Fischen besetzt, das Dorngebüsch ausgehauen und ein schönes Schloß erbaut – aber jedesmal hat der Vater bei Tisch eine andere Ausrede. Schließlich sollen zuerst die älteren Schwestern verheiratet werden. Kurz entschlossen laufen die jüngste Schwester und der Königssohn in der Nacht davon.

Als sich das Mädchen umblickt, sieht es, daß der Vater sie verfolgt. Das Mädchen verwandelt den Liebsten und sich in einen Dornbusch und eine Rose, beim zweiten Mal in eine Kirche mit einem Pfarrer darin. Der Alte will zwar die Rose brechen, wird aber von den Dornen gestochen; er kehrt unverrichteter Dinge heim – ebenso, nachdem er der Predigt des Pfarrers in der Kirche zugehört hat.

Von seiner Frau muß er Schelte einstecken. Als sich das Mädchen zum drittenmal umdreht, sieht es, daß die Mutter die Verfolgung aufgenommen hat. Nun muß die zauberkundige Tochter das Schlimmste fürchten. Sie verwandelt ihren Liebsten und sich in einen Teich und einen Fisch und fordert die Mutter mit ihren Sprüngen geradezu heraus. Da beginnt die Mutter, den Teich auszutrinken – wonach ihr verständlicherweise so speiübel wird, daß sie aufgeben muß. Sie gesteht es ein: Ihre Macht über die Tochter ist zu Ende. Zum Abschied gibt sie ihr jedoch drei Nüsse für die höchste Not (ganz ähnlich der zauberkundige Vater in Wolf DHM 29: *Grünus Kravalle*).

Als die beiden das Dorf vor dem Schloß des Königssohnes erreichen, bittet er seine Liebste, hier auf ihn zu warten. Er will einen Wagen und Bediente holen. Die Freude daheim ist groß. Er berichtet, daß seine Braut im Dorf wartet, läßt einspannen, steigt auf, gibt der Mutter noch einen Kuß – aber mit diesem Kuß ist alles vergessen und ausgelöscht. Da läßt die Mutter, die mit der im Dorf wartenden Braut offensichtlich nicht einverstanden ist, wieder ausspannen. Das Mädchen ist vergessen. Es muß sich in der Mühle verdingen. Zwar kommt der Königssohn gelegentlich vorbei, sieht die Schöne, aber erkennt sie nicht. Inzwischen rüstet die Mutter zur Hochzeit mit einer von ihr ausgesuchten Braut. Die wahre Braut findet jedoch in dem Geschenk ihrer vorausschauenden Mutter ein wunderschönes Kleid. Sie stellt

sich damit neben den Altar. Ihr Plan gelingt: Die von der Königin ausgesuchte Braut schaut bei der Einsegnung zur Seite – und bricht die Trauung ab. Erst will sie ein ebenso schönes Gewand wie die »Dame« neben dem Altar besitzen. Das Motiv ist bekannt.
So geht es zweimal, denn sie handelt der wahren Braut die beiden Kleider für eine Nacht vor der Tür des Königssohnes ab. Aber die Bedienten, die dem jungen Mann den Schlaftrunk geben müssen und die vergeblichen Klagen hören, berichten und geben ihm für die zweite Nacht einen Wachtrunk. So hätten die Liebenden noch in dieser Nacht zueinander gefunden – wenn die Mutter die Tür nicht versperrt hätte. Aber am folgenden Morgen kann sie es nicht länger verhindern. Die wahre Braut holt das allerschönste Kleid aus der dritten Walnuß, sie fahren zur Einsegnung in die Kirche und halten schließlich Hochzeit. Aber, so stellt der Erzähler fest, nicht nur die Ungeliebte, Kleidersüchtige – auch die Mutter muß weg.

3. Der Eingang lautete ursprünglich wohl vollständiger so, daß der Königssohn bereits vor der Empfängnis oder im Mutterleib seinem zukünftigen dämonischen Herrn und Meister versprochen wurde. Darauf deutet die Bemerkung des Zauberkönigs hin, daß er hinter ihm bereits sechs Paar Schlittschuhe zuschanden gejagt habe. Über verschiedene andere Formen des Märchentyps von der magischen Flucht: → *Der Fundevogel* (KHM 51), → *Der Trommler* (KHM 193, verbunden mit dem Schwanjungfraumärchen, AT 400). Man vergleiche aber auch → *Die Wassernixe* (KHM 79), → *Der liebste Roland* (KHM 56), → *Die wahre Braut* (KHM 186) und eine besondere, nur durch Ludwig BECHSTEIN bekanntgewordene Form → *Der goldene Rehbock* (DMB 14). Daß der Zauberkönig in Gestalt eines Hirsches auftritt und so den jungen Mann von seinem Gefolge trennt, könnte ein letzter Anklang an das Märchen von der Erlösung einer verzauberten Königstochter in drei Qualnächten sein, eingeleitet von der Jagd auf die als weiße Hinde ihren Erlöser auf die rechte Spur bringenden Königstochter (AT 401), wozu es in der Grimmschen Sammlung kein Beispiel gibt – wohl aber bei Johann Wilhelm WOLF (DHM 5 → *Das goldne Königreich*).
Sehr merkwürdig ist das Motiv von den Wachnächten in den Schlafkammern der drei Königstöchter und dem stündlichen Anruf des Vaters. Möglicherweise ist dies einer Sonderform des näher verwandten Zaubermärchens von der Erlösung eines schö-

nen Mädchens aus der Gewalt eines dämonischen Gegenspielers entnommen (AT 302 C*) – jedenfalls in den Fassungen, in denen mit dem Mädchen ein sonderbarer Zweikampf ausgefochten werden muß: Der Königssohn darf seine Liebste während der Nacht nicht berühren. Einzelne hierher gehörige Züge gibt es auch in den Motiven der erkauften Nächte und der drei Qualnächte (im Schwanjungfraumärchen AT 400 → *Der König vom goldenen Berge*).
Am nächsten steht wohl das norwegische Märchen (AT 580) *Es hat keine Not für den, der von den Frauen geliebt wird* (ASBJØRNSEN und MOE) – aber diese Erzählung wendet sich bereits dem Schwankhaften zu. Und dann eröffnet sich mit dem Typ AT 580 eine ganz andere Erzählabsicht: der Bereich des derb erotischen Schwankes (worüber Heikki PAUNONEN gearbeitet hat, vgl die Literaturangaben beim Artikel → *Die Kristallkugel*, AT 552 A + 302).

4. Literaturangaben zum Märchentyp von der magischen Flucht (AT 313 ABC) beim Artikel → *Der Fundevogel*.

La belle au bois dormant → Die schlafende Schöne im Wald

La belle aux cheveux d'or → Die Schöne mit den goldenen Haaren

La belle et la bête → Die Schöne und das Tier

Die Bienenkönigin

AT 554 KHM 62

1. Albert Ludwig GRIMM (1786–1872), während seines Hauslehrer-Aufenthaltes in Heidelberg eifriger Mitarbeiter am *Wunderhorn*, veröffentlichte 1809 im Verlag des *Wunderhorns* Mohr und Zimmer seine *Kindermährchen* und darin als Nr 6 *Die drei Königssöhne* – mit dem Vermerk: »Durch eine Erinnerung an ein ähnliches Volksmährchen veranlaßt.« Offenbar hat Jacob GRIMM noch im Erscheinungsjahr 1809 den Inhalt, häufig in wörtlicher Übereinstimmung, wie A. WESSELSKI und mit ihm H. RÖLLEKE betonen, aus der unliebsamen Konkurrenz-Sammlung des Namensvetters herausgeschrieben – und ohne ein Wort über die Quelle zu verlieren. Fortgelassen wurde dabei der übliche Eingang, der von der Ausfahrt der beiden älteren Königssöhne und der anfänglichen Weigerung des Vaters erzählt, auch den Jüngsten folgen zu lassen. Jacob GRIMM schickte 1810 diesen Auszug sogar Clemens BRENTANO zu. Die erweiterte Druckfassung für den ersten Band der Erstausgabe der *Kinder- und Hausmärchen* 1812 erstellte Wilhelm GRIMM. Sie erschien als Nr 64 II unter dem Titel *Die Bienenkönigin* und wurde bereits in der zweiten Auflage von 1819 unter der später beibehaltenen Nr 62 geführt (KHM 62 der Ausgabe letzter Hand). Von der Herkunft ist weder in den Anmerkungen der Brüder Jacob und Wilhelm GRIMM, noch in Johannes BOLTES und Jiří POLÍVKAS Nachschlagewerk die Rede.

2. Ein jüngster und für einen Dummling gehaltener Königssohn sucht seine älteren Brüder, die in der Fremde ein wüstes Leben führen. Sie verspotten den Jüngsten, folgen ihm aber dennoch. Dreimal verhindert der Jüngste, daß sie mutwillig Tieren Schaden zufügen oder sie gar töten: Ameisen, Enten, Bienen schließlich. Als sie zu einem verwunschenen Schloß gelangen und der Reihe nach die drei auf eine Tafel geschriebenen Erlösungsaufgaben durchzuführen versuchen, scheitern die beiden älteren Brüder bereits an der ersten Aufgabe, die unter dem Moos verborgenen Perlen der Königstochter zu sammeln. Sie werden zu Stein – wie offenbar zahlreiche andere Freier vor ihnen. Dem Jüngsten helfen zunächst die Ameisen. Die zweite Aufgabe, das Herbeischaffen des Schlüssels zur Schlafkammer der Königstochter, bewältigt er mit der Hilfe der Enten. Die letzte Aufgabe, die

liebste, jüngste unter den völlig gleich erscheinenden, in Zauberschlaf versunkenen drei Königstöchtern herauszufinden, löst die dankbare Bienenkönigin für den Helden – dem doch weder der Vater noch die Brüder etwas zugetraut hatten. Dadurch wird das ganze Schloß erlöst. Die zu Stein Gewordenen kehren ins Leben zurück, der jüngste Königssohn heiratet die jüngste Königstochter – und wird nach dem Tod ihres Vaters König.

3. Das Märchen vom Auszug des jüngsten Sohnes, der sich durch seine Gutherzigkeit Tiere der drei Reiche Erde, Wasser und Luft zu Freunden macht und mit ihrer Hilfe die schöne Königstochter gewinnt, ist einteilig im Aufbau und beschränkt sich auf eine Motivik, die andere, voll ausgebaute Zaubermärchen in einen größeren Zusammenhang stellen. Im Märchen von den Tierschwägern (AT 552 A + 302 → *Die Kristallkugel*, → *Die drei Schwestern;* vgl aber auch AT 303 A + 302 + 554 → *Vom Mann ohne Herz*) geht es im zweiten Teil um die Vernichtung des dämonischen Widersachers, dessen Herz in geheimster Verschachtelung an einem scheinbar unauffindbaren Ort verborgen ist; in der besonderen russischen Form (AT 552 A + 302 C* → *Marja Morevna*, → *Der unsterbliche Koščej*) übernehmen die Tierschwäger dagegen die Aufgabe, bereits im ersten Teil dem Helden beizustehen und ihn wieder ins Leben zurückzuführen, nachdem ihn der Widersacher zunächst einmal vernichtet hat. Gelegentlich taucht das Motiv auch am Ende des zweiten Teils dieses bei uns nur ausnahmsweise vertretenen Märchentyps auf (AT 317 + 302 C* → *Die Königstochter auf dem Baum*), wenn der Held die Zauberpferde der Baba Jaga hüten muß und ohne Hilfe dankbarer Tiere verloren wäre.
Dann wiederum ist die Motivkette der hilfreichen Tiere in den zweiten Teil des Zaubermärchens vom treuen Vasallen (AT 531) eingebunden, der seinem Herrn die schöne Königstochter mit dem goldenen Haar zuführt, aber noch einmal ausgesandt wird, scheinbar Unmögliches zu vollbringen – die Schöne will der Hochzeit mit dem ungeliebten alten König ausweichen (→ *Ferdinand Getreu und Ferdinand Ungetreu*, → *Höckerrößlein*, → *Die Schöne mit den goldenen Haaren*). Nur lose aus zwei wesensverschiedenen Bestandteilen zusammengefügt ist das Märchen von der → *Weißen Schlange* (AT 673 + 554). Es ließen sich noch weitere Zusammenhänge aufzählen (zB mit AT 560 → *Der Hirt*, AT 665 → *Der schnelle Soldat* oder AT 329 → *Das Meerhäschen*). Wahrscheinlich zeigt sich in den Formen des

Märchens von den nicht verschwägerten Tieren, wie es in der *Bienenkönigin* (KHM 62) oder in Ludwig BECHSTEINS *Verzauberter Prinzessin* (DMB 5) erzählt wird, eine Loslösung aus größerem Zusammenhang, eine kindertümliche Begrenzung und Verselbständigung. Diese Form des Märchens hat freilich schon den Kern zu einem Volksbuch des 16. Jahrhunderts abgegeben: Johannes BOLTE wies darauf hin, daß hinter den romantisch modischen Ritterabenteuern und den allegorischen Renaissanceschnörkeln des Versromans *Vom edlen Ritter Brissoneto* (Erstausgabe vermutlich Straßburg 1559) von Georg MESSERSCHMID das Volksmärchen von der Bienenkönigin steht, wie es 250 Jahre später von Albert Ludwig GRIMM aufgezeichnet, zuerst veröffentlicht und von Jacob GRIMM übernommen wurde. Einzeln genommen finden sich die Hilfen dankbarer Tiere jedoch viel früher und auch lange vor den großen Sammlungen des Orients (etwa in dem persischen und dem türkischen Papageienbuch) in griechischer Überlieferung. Es ist das große Verdienst von August MARX, in unzähligen Bruchstücken der griechischen Literatur den Nachklang der älteren Märchenmotivik von dankbaren Tieren nachgewiesen zu haben.

Diese Motivik reicht vermutlich jedoch bis in die Zeiten der großen Jägervölker zurück und spiegelt ihr Verhältnis zum Tier, das als lebenswichtige Beute mit großer Achtung und tiefem Verständnis betrachtet wurde. Es war in einem heute nicht mehr begriffenen Ausmaß Daseinspartner. Die ethische Grundeinstellung ist freilich erhalten geblieben, und es scheint, daß sie uns in einer von technischen und wirtschaftlichen Entwicklungszwängen gesteuerten Welt wiederum bewußt wird. Im Zaubermärchentyp von den dankbaren Tieren (AT 554) und in den entsprechenden Episoden zahlreicher anderer Typen (AT 300, 302, 302 C*, 303, 313, 314, 316, 317, 329, 400, 410, 425, 432, 465, 480, 502, 511, 531, 550, 551, 552 A, 555, 560, 561, 570, 612, 613, 665, 673) wird der Held daran gemessen, welches Verhältnis er zu den Tieren der drei Reiche, welche Achtung er vor dem Gesamt des belebten Kosmos bewahrt hat und die Abhängigkeit voneinander versteht.

4. BP 2, 19–29. – BP 3, 424–443. – J. BOLTE: Georg Messerschmid und sein Roman. In: Alemannia. 21. 1893. 13–15. – DELARUE/TENÈZE 2, 370–375. – C. LINDAHL: Dankbare ‹hilfreiche› Tiere. In: EM 3, 287–299. – LIUNGMAN 160–161, 364. – M. LÜTHI: Die weisse Schlange. In: Süddeutsche Zeitung. 1967. 102. – A. MARX: Griechische Märchen von dankbaren Tieren und Verwandtes. Stuttgart 1889. – E.

MUDRAK: Herr und Herrin der Tiere. In: Fabula. 4. 1961. 163–173. – L. RÖHRICH: Europäische Wildgeistersagen: In: Rheinisches Jahrbuch für Volkskunde. 10. 1959. 79–162. – RÖLLEKE 102–105, 358–359. – ŞĂINEANU 409–422. – SCHERF: Bechstein 784–785. – WESSELSKI: DMvG 2, 99–103.

Das Bildnis der Schwester → Die weiße und die schwarze Braut

Der Blaubart

AT 312 Perrault HCTP 3

1. 1697 erschien bei BARBIN in Paris in den *Histoires ou contes du temps passé* als Nr 3 unter dem Titel *La barbe-bleue* eine Fassung des Märchens von der jungen Frau, die sich nicht bezähmen kann, die Mordkammer ihres Mannes zu betreten, und in dramatischer Steigerung im letzten Augenblick von ihren Brüdern gerettet wird. Aufgezeichnet wurde dieses kunstvoll aller zauberischen Züge entkleidete Märchen, das offenbar zuvor im Familienkreis des Generalkontrolleurs der königlichen Bauten, Charles PERRAULT (1628–1703), erzählt wurde, von dessen damals 14–16jährigem Sohn Pierre Darmancour PERRAULT (1678–1700) zur vergnüglichen pädagogischen Übung. Es war bereits in der ersten Abschrift der Originalaufzeichnung enthalten, die 1953 entdeckt wurde. Diese Abschrift, von einem berufsmäßigen Kopisten angefertigt, in Maroquin-Leder gebunden und mit dem Wappen Elisabeth-Charlottes von ORLEANS, der Nichte LUDWIG XIV. versehen (der die Erstausgabe von 1697 gewidmet wurde), ist datiert: 1695. Die Abweichungen zwischen Manuskript und Druckfassung sind gering, aber sie zeigen die Handschrift eines um Klarheit bemühten Stilisten. Durch Kolportagehefte und Bilderbogen hat das Blaubart-Märchen bald nach seinem ersten Erscheinen eine ungeheure Verbreitung gefunden.

2. Ein reicher, aber häßlicher Mann, der wegen seiner früheren Ehen ein wenig verdächtig ist, heiratet die jüngste Tochter einer

alleinstehenden Dame, nachdem er durch eine lustige Gesellschaft auf einem seiner Landgüter, das mit größtem Luxus ausgestattet ist, alles Unbehagen zerstreut hat. Doch kurz nach der Hochzeit verreist der Mann mit dem sonderbaren Bart. Er übergibt seiner Frau sämtliche Schlüssel, verbietet ihr jedoch, eine bestimmte Kammer zu betreten. Während sich bei einer Gesellschaft die Gäste voll Neugier die Schätze Blaubarts anschauen, kann die junge Frau der übermächtigen Versuchung nicht widerstehen und hastet über eine Hintertreppe zu der verbotenen Kammer. Sie öffnet die Tür und entdeckt die Leichen ihrer ermordeten Vorgängerinnen. Dabei fällt ihr der Schlüssel aus der Hand und sie muß feststellen, daß dieser Schlüssel magische Kraft besitzt: Das Blut läßt sich nicht mehr abwischen. Der Blaubart kehrt unvermittelt zurück, überführt sie der Übertretung seines Verbotes und kündigt ihr den sofortigen Tod an. Es bleibt ihr nur ein kurzer Aufschub für ein letztes Gebet. Die junge Frau läßt jedoch ihre Schwester Ausschau halten nach den Brüdern, die ihr Kommen angemeldet haben. Die drei Anrufe der in Todesängsten harrenden jungen Frau an ihre Schwester und die drei grausigen Anrufe des sein Messer wetzenden Blaubarts steigern die Spannung aufs höchste. Aber als er den Hirschfänger erhebt, dringen die Brüder in den Schloßhof ein und töten den Blaubart. Die Erlöste, die nun immerhin über den reichen Besitz des Unholdes verfügt, sorgt für ihre Schwester und ihre Brüder und heiratet schließlich einen anderen Mann.

Die Ausgangslage dieser Blaubart-Fassung ist von Charles PERRAULT und seinem Sohn auf dramatisch wirkungsvolle Weise in die gesellschaftliche Wirklichkeit ihrer Zeit und ihrer näheren Umgebung übertragen worden – in weit größerem Maße als bei den anderen Märchen der Perraultschen Sammlung. Bei der Entstehung der Ausgangslage spielt die Mutter eine recht äußerliche Rolle. Die Ehe-Entscheidung treffen die Töchter, und sie verlassen sich dabei auf einen Kreis offenbar Gleichaltriger, in dem sie sich zu Hause fühlen. Die junge und etwas leichtfertige Frau läßt sich zunächst vom oberflächlichen Gerede im vertrauten Kreis sorglos machen. Durch den Empfang des geheimnisvollen Schlüssels wird sie von diesem Kreis abgesondert. Sie ist nunmehr so sehr auf sich selbst gestellt, daß ihr nicht einmal der Gedanke kommt, ihre Schwester ins Vertrauen zu ziehen. Wenn der Erzähler von unwiderstehlicher Neugier spricht und das Ganze als ein Beispiel hart bestrafter Neugier herausstellt (man vergleiche die Moral am Schluß), so mag das ein Versuch sein,

ein archaisches Drama so aufzuputzen, daß es in der Gesellschaft seiner Zeit angenommen wurde. Aber was hier wirklich geschieht, und was auch der Zuhörer und Leser jener Zeit miterlebt, ist die Erfahrung einer jungen Frau, die zum erstenmal in ihrem Leben und völlig unvermittelt ganz und gar auf sich selbst und auf ihre eigene, niemand mitteilbare Ahnung und Furcht

Franz Graf Pocci: Blaubart (München. Braun & Schneider oJ)

gestellt ist. Die Entdeckung in dem verbotenen Zimmer trifft sie wie ein Schock. Auch wenn sie danach suchen würde: Einen Weg zurück gibt es nicht. Die Enthüllung läßt sich nicht mehr aus der Welt schaffen, das blutige Zeichen nicht mehr auslöschen.

Sogleich ist auch Blaubart wieder zur Stelle, der vorgegeben hatte, sie wochenlang allein lassen zu müssen. Ihr Bemühen, ihn besonders herzlich zu empfangen, bricht wie ein Kartenhaus zusammen. Jeder Aufschub, den sie erwirken kann, ist zu kurz, sich zu fassen. Mit anderen Worten: Die junge Frau, und mit ihr die Zuhörer und Leser des Märchens, müssen nach einem langen, scheinbar in der äußeren gesellschaftlichen Wirklichkeit

unverbindlichen Luxuslebens angesiedelten Vorspiel und nach immer sorgloser herabgespielten Vorahnungen unvermittelt in kurzen, höchst dramatisch-grausamen Augenblicken den so lange hinausgeschobenen Prozeß der Selbstfindung durchstehen. Hier wird eine bemerkenswerte Regie geführt. Die drei Anrufe der Schwester und die drei Anrufe des Dämons vor der Rettung entsprechen in äußerst verknappter Form den lang ausgeführten, formelhaften Wechselgesprächen in der vorperraultschen Überlieferung, die das Umkleiden der jungen Frau vor ihrem Tod, das Ablegen aller Kleidungsstücke und zuletzt das Anlegen des Brautkleides begleiten.
Als der Blaubart von seinem Opfer läßt und von den Brüdern erstochen wird, ist die junge Frau ein anderer Mensch geworden. Sie hat aus der Namenlosigkeit ihrer vergnüglich oberflächlichen Umgebung zu sich selbst gefunden – ein Drama, das uns heute wieder recht nahe gerückt ist. Erläuterungen seitens des Erzählers wären falsch. Entweder gehen wir als Zuhörer oder Leser unbewußt den entscheidenden Schritt mit, oder nicht.

3. Paul DELARUE hat das große Verdienst, den Nachweis erbracht zu haben, daß es eine von PERRAULT unabhängige französische Überlieferung des Blaubart-Märchentyps gibt. Damit ist die häufig weitergegebene Auffassung hinfällig, PERRAULT habe auf der Grundlage der Erzählung von den drei aus den Fängen des Menschenfressers erretteten Schwestern (AT 311 → *Fitchers Vogel*, dort auch Literaturhinweise sowohl zu AT 311, als auch zu AT 312) ein Kunstmärchen geschaffen, das eine eigene Volksüberlieferung begründet habe. Es gibt beides nebeneinander: eine Überlieferung, die auf vorperraultsche Fassungen zurückgeht, und eine, die auf der Fassung PERRAULTS gründet. Offenbar glaubten auch die Brüder Jacob und Wilhelm GRIMM, daß die von Jeanette HASSENPFLUG gehörte Fassung, die sie 1812 im ersten Band ihrer Erstausgabe als Nr 62 unter dem Titel *Blaubart* brachten (jetzt als KHM 62 a gezählt), auf einer vom Perraultschen Text unabhängigen Überlieferung beruhte. Wilhelm GRIMM ergänzte in der ihm üblichen Weise und nahm seine Anregungen sowohl aus Ludwig TIECKS Märchendrama *Ritter Blaubart* von 1797 als auch aus der einen oder anderen Fassung der Halewijn-Ulinger-Balladen. Damit fügte er beispielsweise den bedeutsamen Zug der drei Schreie ein, mit denen die junge Frau ihre Brüder zu Hilfe ruft. In der vorperraultschen Überlieferung wird zuweilen ein Hund oder ein Vogel mit der Hilfe

heischenden Botschaft ausgeschickt – was Charles PERRAULT aber offensichtlich verwarf, um jeden ans Wunderbare erinnernden Zug zu löschen; vielleicht konnte er auch aus anderen Gründen die in der Überlieferung vorhandene unveräußerliche innere Bindung zwischen der jungen Frau und ihren Brüdern nicht nachvollziehen. Die Grimmsche Blaubartfassung, von der Rolf HAGEN sagt, sie sei »in dem Ton gehalten, der den besten Grimmschen Stücken eigen ist«, wurde bereits für die zweite Auflage von 1819 ausgeschieden. Doch, wie HAGEN nachgewiesen hat, beruhen selbst in den verwandten Märchen vom → *Räuberbräutigam* (AT 955, KHM 40) und → *Fitchers Vogel* (AT 311, KHM 46) Einzelzüge bis hin zum Wortlaut auf dem Perraultschen Text, den Ludwig BECHSTEIN übrigens, ohne sich allzu große Mühe zu machen, unmittelbar aus dem Französischen übernahm und lediglich auf seine Weise bearbeitete (DMB 70: *Das Märchen vom Ritter Blaubart*; vgl auch MEIER DVS 38: *König Blaubart*). Der Vorstellungskreis von dem Mädchen, das sich in die Gewalt eines Dämons begibt, ist weit gezogen. Eine wichtige Seite zeigt sich in den Balladen von dem mythischen Mädchenräuber Halewijn, Rymer, Ulinger – wie auch immer er heißen möge, der durch sein Lied »von dreierlei Stimmen« seine Opfer dazu verlockt, mit ihm zu ziehen. Die Ballade erzählt von dem letzten Mädchen, das ihm zwar gefolgt ist, ihn aber überwindet und tötet.

4. Literaturangaben beim Artikel → *Fitchers Vogel* (AT 311).

Das blaue Licht

AT 562 KHM 116

1. Im zweiten Band der Erstauflage ihrer *Kinder- und Hausmärchen* veröffentlichten die Brüder Jacob und Wilhelm GRIMM 1815 als Nr 30 unter dem Titel *Das blaue Licht* eine Fassung der Erzählung vom zauberischen Feuerzeug, dessen dienstbarer Geist einen ausgedienten Soldaten reich macht und ihn die Tochter des Königs gewinnen läßt. In der zweiten Auflage von 1819 erhielt das Märchen die Nr 116, nach der es heute zitiert

wird: KHM 116. In den kurzen Anmerkungen von 1815 ist angegeben, daß die Fassung aus Mecklenburg stammt; mehr ist nicht bekannt.

2. Kernstück dieses Märchens ist zweifellos die Vorstellung, daß es einen Zauber gebe, mit dem die sonst unerreichbare Liebste in der Nacht heimlich herbeizuschaffen ist. In dem Augenblick, als sich das magische Wunschmotiv mit dem Gedanken vom Vor-die-Tür-gesetzt-Werden durch die Vatergestalt des Königs verband, entwickelte sich das Märchen. Der in treuen Diensten verwundete Soldat muß sich nicht nur den Abschied gefallen, sondern auch sagen lassen, daß er sich seinen Lohn in den Schornstein schreiben könne. Der Zuhörer – und wenn man die verschiedenen Aufzeichnungen vergleicht, stellt man rasch fest, daß dieses Märchen zu den Lieblingsstücken beim Erzählen in den Kasernen gehört haben muß – fühlt sich sofort durch das Eingangsmotiv angesprochen: trotz treuer Dienste davongejagt zu werden. Es ist die große Vater-Sohn-Herausforderung, auf die ein jeder von uns gewöhnlich mit dem Gegenbeweis antwortet und die eigenen, bisher nicht anerkannten Fähigkeiten zu entwickeln sucht. Der verachtete Soldat macht sich auf und verdingt sich bei einer Hexe. Drei Aufgaben hat er zu erfüllen: den Garten umzugraben, ein Fuder Holz zu spalten und das in den Brunnen gefallene Feuerzeug heraufzuholen. Mag sein, daß wir es hier mit einem aus der Werbung um die Tochter der Hexe oder des Zauberers entlehnten Motiv zu tun haben (AT 313 C → *Die beiden Königskinder*) – unlösbare Aufgaben, die Hilfe von der zauberkundigen Liebsten erfordern, sind es jedoch nicht. Im Gegenteil, die dritte Aufgabe scheint ganz leicht zu sein. Aber der Soldat ist auf der Hut. Als ihn die Hexe mit dem Korb aus dem Brunnen zieht und ihm, noch ehe er sich auf festen Boden zu stellen vermag, das aus der Tiefe geholte Feuerzeug abzunehmen versucht, erkennt er ihre Tücke, gibt das Feuerzeug nicht heraus und läßt sich lieber im Korb in den Brunnen zurückstürzen. Nun scheint seine Lage ganz aussichtslos geworden zu sein. Aber den Tod vor Augen, verschafft er sich ein letztes Vergnügen und zündet an dem geheimnisvollen Feuerzeug seine Tabakpfeife an. Da erscheint der dämonische Helfer. Die Lage des Davongejagten und völlig Verlassenen kehrt sich von Grund auf um. Er hat einen Zaubergegenstand in der Hand, der ihm die Befehlsgewalt über den Dämon des blauen Lichtes, des aus einem Stein geschlagenen Feuers, die Hilfe des stählernen Knechtes

verschafft, wie es in anderen Fassungen erzählt wird (vgl ANDERSEN: *Fyrtøjet*, von 1835, → *Das Feuerzeug;* BUSCH UoW 32: *Der Soldat und das Feuerzeug;* JAHN VPR 58: *Das Wunderbuch;* STRACKERJAN ASO 633: *Die Zauberflöte*). Sein erster Auftrag: ihn aus dem Brunnen zu führen (wobei er sich aus den Schätzen der Hexe mit Gold versorgt); der zweite: die Hexe dem Gericht

Otto Ubbelohde: Das blaue Licht (Marburg. Elwert 1918)

zu überantworten; der dritte, nachdem er sich im besten Gasthof eingemietet und mit schönster Kleidung versehen hat: ihm nachts des Königs Tochter zu bringen. Zwar heißt es in der Grimmschen Fassung zunächst, daß die Königstochter dreimal nächtens geholt wird, um Magddienste zu verrichten (zB wie in 510 B → *Allerleirauh* dem Soldaten die Stiefel auszuziehen, die er ihr ins Gesicht wirft), aber offensichtlich rächt sich der Soldat an seinem König, indem er mit dessen Tochter schläft. Nicht umsonst gibt der Vater seiner Tochter schließlich den Rat, wenn sie sich zu Bett lege, die Schuhe anzulassen und in des Soldaten Schlafkammer beim Weggehen einen Schuh zu verstecken. Der dämonische Helfer warnt und macht die erste List des Königs, Erbsen zu streuen, durch eine Gegenlist zuschanden. Merkwürdigerweise weiß der Dämon des blauen Lichtes jedoch keine Gegenlist gegen das Schuhverstecken. Obendrein läßt es der Soldat darauf ankommen, entdeckt zu werden, ja er legt es geradezu darauf an. Bei seiner Gefangennahme vergißt er freilich das blaue Licht und wartet im Kerker darauf, zum Vollzug des Todesurteils abgeholt zu werden. Ist dieser dritte Fall in die Tiefe der Verlorenheit gleich gewichtig wie das Fortgejagtwerden eingangs und die vermeintliche Aussichtslosigkeit auf dem feuchten Boden des Brunnens? Der Soldat hat immerhin noch einen letzten Dukaten in der Tasche und kann damit einen früheren Kameraden bewegen, ihm das vergessene blaue Licht zu holen. Und als er es in den Händen hat, kann er sich als angeblich letzte Gnade vom König die Erlaubnis erbitten, beim Hinrichtungsgang eine Pfeife anzustecken. Nun, darauf hat der Zuhörer ja gewartet. Noch einmal kehrt sich die Lage von Grund auf um – und diesmal für immer. Der Dämon erscheint gleich mit dem Knüppel, schlägt die falschen Richter nieder und zahlt dem Vater-König die Ungerechtigkeit heim, liefert den Beweis, daß in dem verachteten Jungen ein Mann steckt, der sich durchgekämpft hat. Und so gewinnt er sowohl die Königstochter als auch das Reich.

3. Seit Antti AARNES grundlegender Untersuchung von 1908 über das Märchen vom Zauberring oder Zauberstein (AT 560 → *Der Hirt*), das auch den Aladdin-Stoff einschließt (AT 561), wird das Märchen von dem Zaubergegenstand und seinem dienstbaren Geist (AT 562) in engster Beziehung zum Märchen vom zaubermächtigen Ring oder Stein gesehen. Aber diese Beziehung beschränkt sich auf die Verwandtschaft der Requisiten. Nicht nur die Ausgangslage des Märchentyps, in dem ein zaubermächtiger Ring oder Stein gewonnen wird, ist eine ganz andere als die Ausgangslage des Märchentyps vom Zauberfeuerzeug und dem dazu gehörigen dämonischen Helfer – auch der Aufbau der beiden Märchentypen ist grundverschieden: Im Märchen vom Zauberstein kauft ein armer Junge mit seinem letzten Geld drei unscheinbare Tiere frei (merkwürdig ähnlich dem Märchen vom dankbaren Toten, AT 507 A → *Die verwünschte Königstochter*), errettet sie vom Tod und erhält als

Lohn den Zauberstein, mit dem er sich ein wunderbares Haus verschafft und eine schöne Königstochter gewinnt. Aufbau und Motivik des ersten Teils zeigen eigentliche Zaubermärchenstruktur – und das gilt verstärkt für den zweiten Teil, in dem ein Gegenspieler den Zauberstein an sich bringt, Schloß und Liebste entrückt und erst mit Hilfe der dankbaren Tiere überlistet werden kann. Das Märchen vom magischen Feuerzeug dagegen hat keinen zweiteiligen Aufbau. Es ist eine abgeleitete Märchenform, in der ein zentrales Motiv mit der Ausgangslage eines übertragenen Sohn-Vater-Konflikts verschmolzen wurde. Gewiß, auch im Zaubermärchen vom magischen Stein kommt der Königstochter keine wesentliche Rolle zu – im Gegenteil, es hat viele Erzähler gegeben, die sie mehr oder weniger im Bunde mit dem Gegenspieler sehen. Aber im Märchen vom Zauberfeuerzeug hat die Königstocher, abgesehen davon, daß sie dem Rat des Vaters zu folgen hat, nicht die geringste eigene Aufgabe durchzuführen.
Anlaß, die Entstehung des Märchens im Faszinosum der Möglichkeit eines zauberischen nächtlichen Herbeischaffens der Liebsten zu suchen, besteht in ausreichendem Maße. Ältestes Zeugnis scheint die Sage von *Albertus Magnus* zu sein, der Mitte des 13. Jahrhunderts nach dem Bericht seines Zeitgenossen, des Minnesängers und Mitbegründers des Meistersangs, des MARNERS, nächtens durch Zauberei die Tochter des Königs von Frankreich in sein Bett geholt und durch eine List des Vaters überführt worden sei. Der Vater habe ganz Paris weiß streichen und seiner Tochter die Hände rot färben lassen, damit sie auf diese Weise die Tür ihres geheimen Entführers bezeichne. Die Sage war also bereits im 13. Jahrhundert in Schwaben bekannt und hat möglicherweise auch eine Entsprechung in der Sage von *Kaiser Karl*, der seine verstorbene Frau nachts zu sich habe bringen und durch einen Zauberstein, den er ihr in den Mund gelegt, zum Leben habe erwachen lassen (vgl Abschnitt 3 des Kapitels → *Hans, der Grafensohn, und die schwarze Königstochter*). Schließlich gibt es Sagen, in denen es Zauberkundigen zwar gelingt, die geliebte Frau zu sich zu holen – aber sie stirbt in dem Augenblick, da sie angerührt wird. In den Erzählungen von *1001 Nacht* steht ebenfalls eine hierher gehörige Fassung, nach der ein Arzt einen Jüngling die Zauberformel lehrt, die Geliebte von dienstbaren Geistern herbeitragen zu lassen – aber der junge Mann wird durch eine verräterische Hirsespur überführt, denn an das Bett der Schönen hat man einen aufgeschlitzten Sack

Hirse gebunden. Die List der gleichgefärbten Türen ist ebenfalls in den Erzählungen aus *1001 Nacht* zu finden (AT 950: im *Rampsinit*märchen; und AT 954: *Ali Baba und die vierzig Räuber*). Doch die Vorstellungen von der Möglichkeit einer solchen Wunscherfüllung und die Art des Zaubergegenstandes, der meist ein Feuerzeug ist, ein zauberischer Stein, aus dem mit Stahl Feuer geschlagen wird – und wohl kaum ein Irrwisch, wie die Brüder GRIMM vermuteten –, sind für den Erzähler nur das Spielmaterial, um daraus ein Märchen zu entwickeln. Am weitesten bekannt wurde es wohl durch Hans Christian ANDERSENS 1835 zuerst veröffentlichte Erzählung.

4. A. AARNE: Das Märchen vom Zauberring. In: AARNE: Vergleichende Märchenforschungen. Helsingfors 1908. 1-82. – BP 2, 535-549. – DELARUE/TENÈZE 2, 408-413. – K. KROHN: Die Zaubergaben. In: KROHN: Übersicht über einige Resultate der Märchenforschung. Helsinki 1931. 48-53. – LIUNGMAN 163-167, 364-365. – RANKE 2, 242-245.

Der blaue Vogel

AT 432 Aulnoy Bd 1

1. Unter dem Titel *L'oiseau bleu* hat die Baronin d'AULNOY (vgl Abschnitt 1 zu → *Die weiße Katze*) 1697 im ersten Band ihrer Sammlung *Les contes des fées* (im *Cabinet des fées* Bd 2, S. 62–121 nachgedruckt) ihre besondere Fassung des Zaubermärchens vom Königssohn in Vogelgestalt veröffentlicht, der von der Mutter seiner Geliebten verfolgt und tödlich verletzt wird. Anfang des 19. Jahrhunderts wurde das Märchen durch den Kolportagehandel stark verbreitet, nachdem es vorher durch mehrere Sammelwerke in französischer und deutscher Sprache bekannt geworden war. Die wichtigste deutsche Fassung dürfte *Der blaue Vogel* in der *Blauen Bibliothek aller Nationen* sein, Bd 3, Gotha 1790, S. 67–126.

2. Ein König, scheinbar untröstlich über den Verlust seiner Frau, heiratet ein zweites Mal – wodurch seine schöne Tochter eine böse Stiefmutter und eine ebenso böse Stiefschwester erhält. Als sich ein junger König in die schöne Tochter verliebt und die andere verschmäht, setzt die Stiefmutter das arme Mädchen in

einem Turm gefangen. Der junge König, der glaubt, mit der rechten Tochter fliehen zu können, wird beim Stelldichein überlistet und von der häßlichen Tochter zu ihrer Feen-Patin entführt. Als er erkennt, wer ihn entführt hat, und sich standhaft weigert, die Häßliche zu heiraten, verwandelt ihn die Fee in einen blauen Vogel.
Nach dem Mißlingen des Anschlags steigert sich die Peinigung der wahren Braut; ihre Stiefmutter behauptet, der junge König habe die häßliche Tochter geheiratet; ein erschwindelter Ring dient als Beweis. Dennoch finden die klagenden Liebenden eines Nachts zueinander. Das Lügengebäude der schlimmen Stiefmutter bricht zusammen. Der in einen blauen Vogel verwandelte König bringt Geschenke, darunter ein paar Armreife. Offenbar vermeidet die Erzählerin bewußt, das eigentlich hierher gehörige Märchenmotiv einzufügen: Daß der Königssohn nämlich bei der Geliebten die Vogelgestalt abzulegen vermag. Die Königin entdeckt eines Tages die Geschenke – aber ihre Anschläge, die Stieftochter ganz aus dem Weg zu räumen, mißlingen zunächst. Erst als eine Spionin (die anfangs noch überlistet wird) sich schlafend stellt und den Einladungsspruch für den blauen Vogel hört, nimmt die schlimme Gegenspielerin blutige Rache: Der blaue Vogel zerschneidet sich an den Messern, mit denen sie den Abflugbaum versehen läßt. Ein Zauberer-Freund, ein Feind aller Frauen, rettet den Verwundeten, der in seiner Verzweiflung glaubt, die Geliebte selber habe ihn ins Unglück gestürzt. Die ahnungslose Braut aber ruft von nun an vergeblich nach ihrem Geliebten.
Der Vater stirbt. Die Stiefmutter erleidet einen gewaltsamen Tod (sie wird von dem aufbegehrenden Volk erschlagen), die häßliche Tochter der Stiefmutter flüchtet zu ihrer Feen-Patin, die rechte Tochter des Königs wird Königin und begibt sich verkleidet auf die Suche nach dem Geliebten.
Inzwischen hat freilich eine Absprache zwischen dem Zauberer und der Feen-Patin der häßlichen Schwester stattgefunden: Dem jungen König wird die menschliche Gestalt zurückgegeben, wenn er sich dazu bereitfindet, die Häßliche an seinen Hof zu nehmen. Die rechte Braut aber erhält unterwegs bei der Rast an einer Quelle ebenfalls Feenhilfe: Wegweisung und vier zauberische Eier. Das erste und das zweite Ei helfen ihr über ein Elfenbeingebirge und eine breite Spiegelfläche. Das dritte und vierte braucht sie, als sie zum Schloß ihres Geliebten gefunden hat.

Unerkannt bietet sie der Stiefschwester, die kurz vor ihrer Vermählung steht, drei Kostbarkeiten im Tausch gegen eine Nacht vor des jungen Königs Tür an: die Armreifen (die der König erkennt) und zwei Feen-Spielwerke aus den beiden letzten Eiern (das eine eine Zauberkutsche mit sechs Mäusen bespannt, wie in PERRAULTS *Cendrillon* (AT 510 A); das andere eine zauberische Pastete mit singenden und sprechenden Vögeln, wie sie gelegentlich im Schluß des Märchens → *Von einem der auszog, das Fürchten zu lernen,* auftaucht (AT 326).
Da der König stets ein Schlafmittel erhält, hört er zwei Nächte nichts; ein Diener, Zeuge der Klage, setzt auf Bitten der rechten Braut das Schlafmittel aus, und endlich hört der junge König die Klage. Die Liebenden finden wieder zueinander, obgleich die falsche Braut den Raum, in dem die rechte Braut die Nächte verbrachte, verschlossen gehalten hat. Die Macht der Feen-Patin kann gegenüber der Macht des Zauberers und der hilfreichen Quellenfee nichts mehr ausrichten: Die falsche Braut wird zum Gelächter aller, ihrem Namen (Truitonne = Forelline, mit roten Flecken im Gesicht) und ihrer animalischen Natur entsprechend, drastisch in eine Sau verwandelt. Die Erzählerin schließt mit einer sie selbst betreffenden Moral: Nur auf der Grundlage gegenseitiger Liebe kann eine Ehe geführt werden.

3. Ob der Ursprung des Zaubermärchens vom Königssohn, der in Vogelgestalt zu seiner Liebsten fliegt, in Liedern sehnsüchtiger Vorstellung zu suchen ist (ERK/BÖHME Nr 512), in Balladen von einer Liebeswerbung in Vogelgestalt (ARWIDSSON Nr 112, CHILD Nr 270, GRUNDTVIG Nr 68), oder ob umgekehrt ein voll entwickeltes Zaubermärchen Anlaß zur Gestaltung des irischen Buches von *Lecau* oder beispielsweise zu MARIE DE FRANCES um 1150 aufgezeichnetem Lai von *Yonec* gaben, wird kaum zu klären sein. Das vollausgebaute Zaubermärchen, das vor allem in Italien, Griechenland und in der Türkei zu Hause zu sein scheint, beginnt mit den Peinigungen, die ein gutes und schönes Mädchen durch seine schlimme Mutter oder hexenhafte Stiefmutter zu erdulden hat. Aber mag es auch, ähnlich → *Rapunzel* (AT 310) oder der → *Weißen Katze* (AT 402 + 310), in einen unzugänglichen Turm eingesperrt werden – der Liebste findet doch zu ihm. Diese Ausgangslage einer grundlegenden und oft verzweifelt erlebten Tochter-Mutter-Auseinandersetzung ist offenbar wesentlich für die natürliche und unentstellte Volksüberlieferung. Aber sie bietet sich in ebenso natürlicher Weise

ihren Erzählern zur Aufnahme eigener, zwar eng verwandter, aber doch abgeleiteter Konflikte an. Mit solchen abgeleiteten Konflikten haben wir es zu tun, wenn es nicht die Mutter ist, die das Mädchen quält und deren Geliebten aus der Welt zu schaffen versucht, sondern der Vater oder der ungeliebte Mann. Der Vater: Er hält die Tochter in einem Turm (vgl → *Jungfrau Maleen* AT 870), häufig auch in einem unterirdischen Kristallschloß oder auf unzugänglicher Insel verborgen – aber um ihr eine Freude zu machen, schenkt er ihr ein kunstvoll geschaffenes Spielwerk, in dem sich, ohne daß er etwas davon ahnt, ein Königssohn verborgen hat (AT 854). Der ungeliebte Mann: Im Lai von *Yonec* und den davon abhängigen Erzählungen stellt er vor dem Fenster seiner Frau eine Falle auf. Der aus dem Feenland stammende, in einen Jagdfalken oder Habicht verwandelte Königssohn gerät in diese Falle vor dem Fenster seiner Liebsten, wird verwundet und fliegt heim, um zu sterben. Aber als der Sohn herangewachsen ist, den er mit seiner Liebsten gezeugt hat, rächt der junge Mann seinen Tod.

Eine besonders gut und farbig erzählte Fassung der Volksüberlieferung hat Aleksandr Nikolaevič AFANAS'EV im Gouvernement Vologda aufgezeichnet: *Periško Finista Jasna-Gokola* (Nr 129 b = NRS 235 der neuen Zählung). Als Kunstdichtung wurde das nie vollendete Märchenspiel des schwedischen Romantikers Per Daniel ATTERBOM (19. 1. 1790 Åsbo, Östergötland – 21. 7. 1855 Stockholm) berühmt: *Fågel Blå*, zuerst 1814 erschienen in *Poetisk Kalender*, später mit Prosa-Ergänzungen, die den Gesamtplan aufzeigen, nach seinem Tod in den *Samlade dikter* von 1858, Band 3.

Wie hat dagegen die Baronin d'AULNOY das Märchen umgestaltet? Ein seiner Vorzüge wegen von der Stiefmutter verfolgtes und von seinem Vater verkanntes Mädchen wird eingemauert und findet dennoch Verbindung mit seinem Liebsten – auch wenn die häßliche Stiefschwester jedes Mittel einsetzt, um ihm den schönen jungen König abzujagen. Die ausführlich geschilderte Rivalitätshandlung ist wohl eine Zutat der Erzählerin, die von eigenen Erlebnissen herrührt. Dabei bringt sie die zu jener Zeit auffällig verbreitete, auch bei Charles PERRAULT übliche Vorstellung von Schutz und Hilfe der Feen-Patinnen ausgiebig ins Spiel (nach diesen Feen ist schließlich eine ganze Epoche des Märchenerzählens benannt). In bemerkenswerter Weise zeit- und gesellschaftsbedingt sind auch zwei weitere Züge, die man vergeblich in volkstümlicher Überlieferung suchen würde: Der schwerverwundete blaue Vogel wird von seinem Freund, einem Frauenfeind, dazu gebracht, sich aus seiner scheinbar tragisch endenden Liebesbeziehung zu lösen. Und: Die schlimme Stiefmutter wird nach dem Tod des alten Königs vom aufbegehrenden Volk erschlagen. Man vergegenwärtigte sich, daß dies in den Salons der Hofgesellschaft von Versailles erzählt wurde! Ob die Baronin d'AULNOY der Einführung des frauenfeindlichen Freundes halber oder um einer Fortführung der Frauen-Rivalität willen den zweiten Teil des Märchens als Suchwanderung über scheinbar unüberwindliche Hindernisse hinweg erzählt und mit dem Schluß von drei erkauften Klagenächten versehen hat (dieses Motiv kommt in zahlreichen Märchen vor, etwa vom Typ AT 425 B → *Östlich von der Sonne, westlich vom Mond,* oder vom Typ AT 441 + 425 A in der Fassung *Das Borstenkind* von Josef HALTRICH DVSS 44)?

Es ist aufschlußreich, die individualisierte Fassung der Baronin d'AULNOY mit einer neueren Aufzeichnung (August 1964) aus der türkischen Provinz Çorum[1] zu vergleichen: *Şemsi Bani, Padişah der Tauben* (Nr 11 im ersten Teil von W. S. WALKER und A. E. UYSAL: *Tales alive in Turkey,* Cambridge, Mass. 1966), eine Fassung, die noch deutlich den kunstvollen Aufbau einer in wechselnden Perspektiven echohaft wiederholenden Sing-Erzählung aufweist: Der einzigen Tochter eines Padischahs werden Nadel und Fingerhut von einer Taube gestohlen, worauf sie so sehr erkrankt, daß kein Arzt ihr zu helfen weiß. Ein alter Mann rät dem Vater, ein Bad einzurichten, in dem jeder Besucher seiner Tochter eine Geschichte erzählen muß – aber keine der Geschichten kann dem Mädchen helfen.

Der Erzähler wechselt an dieser Stelle die Erzählperspektive und berichtet von einer alten Frau, die beladene Kamele ins Meer ziehen sieht, sich am Schwanz eines Tieres festhält und auf dem Boden des Meeres in ein Schloß gelangt, in dem rund um einen Teich gedeckte Tische stehen. Eine Stimme verbietet ihr, von den Speisen zu kosten. Sie verbirgt sich bei den von unsichtbaren Händen entladenen Kamelen und beobachtet, wie der Reihe nach zwei- oder dreihundert Tauben ihre Schwingen ins Wasser tauchen, zu schönen jungen Männern werden und schließlich

[1] Erzählt von Sukru DARIJI im Dorf Kavshit, Caza Sungurlu, Provinz Çorum, im August 1964 – vgl. WALKER/UYSAL S. 104–111, 272–273 (Anmerkungen Nr 109–112).

mit dem als letzter erschienenen Padischah der Tauben zu Tisch sitzen. Nach dem Mahl bleibt der junge Padischah allein zurück, nimmt zuerst die Nadel, dann den Fingerhut und bittet, daß rings alles um ihn mit ihm über die feinen Hände weint, die diese zierlichen Geräte benutzt haben. Die alte Frau, die genau beobachtet hat, hält sich am Schwanz eines der wieder davongeführten Kamele fest, erreicht so den festen Boden, wenn auch in einem unbekannten Land, und gelangt so in das Bad, in dem jeder eine Geschichte erzählen muß. Sie erzählt, was sie erlebt hat, erregt die Aufmerksamkeit der kranken Padischahtochter und führt sie auf dem gleichen Weg in das unterirdische Schloß. Wiederum spielt sich alles so ab, wie beim ersten Besuch der Alten. Die Tochter des Padischahs gibt sich dem jungen Padischah der Tauben zu erkennen und heiratet ihn. Als die Zeit der Niederkunft naht, bringt ihr Mann aus Furcht, daß sie von den anderen Tauben entdeckt werden könnte, seine Frau auf das feste Land und trägt ihr auf, Zuflucht bei seinen Eltern zu erbitten: um ihres verlorenen Sohnes willen. Das geschieht, und die junge Frau bringt im Haus der Eltern ihres Mannes das Kind zur Welt. Ihr Mann besucht sie in Taubengestalt. Als ein Diener die Zwiegespräche belauscht, die der Erzähler in gebundener Form und vermutlich singend zum Spiel der Saz vorträgt, werden die Eltern aufmerksam. Die junge Frau läßt die Eltern heimlich das Erscheinen und das Verwandeln ihres Sohnes erblicken, ja, sie bringt ihren Taubenmann sogar dazu, ihr sein Geheimnis und das Mittel zu offenbaren, seinen Zauber zu lösen: Sein Federkleid muß verbrannt werden – aber er muß daran gehindert werden, sich in die Flammen zu stürzen.

Als der Taubenpadischah in menschlicher Gestalt bei ihr schläft, nimmt die junge Frau das Federkleid und übergibt es dem Vater ihres Mannes, der es in die Flammen wirft und seinen vom Geruch der verbrannten Federn erwachten Sohn von drei Reihen um das Feuer aufgestellter Soldaten abfangen läßt. Der junge Padischah wird auf diese Weise von seiner Dunkelgestalt befreit, und die Feen, die ihn als sieben Tage altes Kind entführt und zu ihrem Taubenpadischah gemacht haben, lassen ihn fortan unbehelligt sein Menschenleben führen.

Das zweiteilig erzählte Zaubermärchen ist offensichtlich aus sehr lebendiger dramatisch-musikalischer Überlieferung aufgezeichnet. Die Identifikation des Zuhörers findet beim zweimaligen Perspektivwechsel vom Erlebnis der abgeschlossen lebenden Tochter zum Erlebnis der alten Frau und, nach einem Zwischenspiel aus der Sicht des Vaters, zurück zum weiteren Schicksal der Padischahtochter, keine Unterbrechung. Im Gegenteil: Die dreimalige Erzählung der Szene im unterseeischen Schloß als Erlebnis der alten Frau, dann als Bericht mit dialogischem Bezug und schließlich als Erlebnis der Padischahtochter selber werden vom Zuhörer als höchst kunstvolle Spiegelung miterlebt und ausgekostet. Der erste Teil des Zaubermärchens, der mit dem Raub des Handarbeitszeuges beginnt und bis zur ersten Vereinigung der Liebenden führt, endet mit ihrer Trennung, ohne daß ein deutliches Tabuverletzungsmotiv benutzt wird – aber die geheime Verbindung ist wegen des Kindes nicht länger geheimzuhalten. Der zweite Teil rollt das Thema des verlorenen und von Jenseitigen entführten Sohnes auf und läßt den Zuhörer die Anstrengungen mit durchleben, die notwendig sind, um den Sohn aus seiner Dunkelgestalt zu erlösen und ihm als erwachsener Mensch Anerkennung bei seinen Eltern zu verschaffen. Sowohl das Mädchen als auch der junge Mann haben, jeder in seinem Teil der Erzählung, eine grundlegende Entwicklung an sich selbst zu vollziehen – um in bezug auf ihre Elternbindungen zu erwachsenen Menschen und gegenüber dem anderen zum in sich selbst ruhenden Partner zu werden.

Wie auch immer man die Abhängigkeit dieser Erzählung vom Typ des Märchens vom blauen Vogel betrachten mag: In ihrer erzählerischen Funktion sind die beiden verschieden voneinander und eigenständig; man sollte sie auch in der internationalen Klassifikation sondern. Das Märchen von dem von Feen geraubten Taubenpadischah steht jedenfalls mit seinem zweiten Teil dem Erzähltyp vom Königssohn mit der Igelhaut (AT 441 → *Hans mein Igel*) näher als irgendeiner anderen Form aus dem Amor-Psyche-Kreis.

Der eigentlich zum Zaubermärchen vom Königssohn in Vogelgestalt gehörige Schluß scheint dagegen zwar eine regelrechte Suchwanderung der jungen Frau zu sein – aber eine Wanderung, bei der sie das Heilmittel für ihren tödlich verwundeten Mann finden muß.

Es ist verständlich, daß man früher dieses Märchen mit Vorliebe dem Amor-und-Psyche-Kreis zuzurechnen versuchte. Doch wenn auch der junge Mann in Gestalt eines Vogels erscheint, so ist dies keineswegs eine Dunkelgestalt, wie das beim → *Eisenofen* (AT 425 A), dem Löwen im → *Singenden springenden Löweneckerchen* (AT 425 C), beim Bären des gerade genannten norwegischen Märchens (*Östlich von der Sonne, westlich vom*

Mond, AT 425 B), bei dem Ungeheuer der Mme LEPRINCE de Beaumont (→ *Die Schöne und das Tier,* AT 425 C) oder, weiter ausgreifend, beim → *Froschkönig* (AT 440), bei → *Hans mein Igel* (AT 441), beim → *König Lindwurm* (AT 433 B) oder dem steinalten Mann im → *Waldhaus* (AT 431) der Fall ist (vgl auch → *Schneeweißchen und Rosenrot,* AT 426). Es geht hier nicht um ein Mädchen, das einem halb dämonischen Wesen versprochen wird oder den Vater um ein Geschenk von der Reise bittet, durch das die Verbindung zu dem geliebten ganz Anderen hergestellt wird – es geht um eine aus Haß und Eifersucht Eingemauerte, zu der der Liebste in magischer Gestalt Zugang findet. Und es geht nicht um selbstverschuldete Tabuverletzung, sondern um eine tückische Falle und einen Mordanschlag der Bewacher des Mädchens, der durch eine Suchwanderung nach den Heilmitteln, einer Trennung also und einem ganz auf sich selbst gestellten Einsatz wiedergutgemacht werden muß.

4. BP 2, 261–266. – DELARUE 1, 112–114. – K. F. K. KRÜGER: L'oiseau bleu. In: KRÜGER: Die Märchen der Baronin Aulnoy. Diss. Leipzig 1914. 55–57. – LIUNGMAN 99, 361. – R. PECHER: Fågel blå. In: Kindlers Literatur-Lexikon. Zürich 1970. 3396. – W.-E. PEUCKERT in HdM 1, 270.

Das Borstenkind → *Hans mein Igel* (Abschnitt 3)

Die Bremer Stadtmusikanten

AT 130 B KHM 27

1. Die Erzählung von den Tieren, die sich aus Angst, geschlachtet zu werden, auf Wanderschaft begeben (manchmal auch, weil sie fürchten, das Ende der Welt stehe vor der Tür – doch das ist aus anderem Zusammenhang genommen, AT 20 C), ist von den Brüdern Jacob und Wilhelm GRIMM 1819 zum ersten Mal in der zweiten Auflage der *Kinder- und Hausmärchen* als Nr 27 veröffentlicht worden, zusammengefügt aus zwei paderbörnischen Fassungen. Während das Motiv der musizierenden Tiere aus mittelalterlicher Schwankmotivik entlehnt ist – der Laute spie-

lende Esel ist sogar das bestimmende Motiv eines eigenen Märchentyps geworden (AT 430 → *Das Eselein*) –, ist die Erzählung von der Besetzung eines leerstehenden Hauses und der Vertreibung der wiederkehrenden Besitzer, die sich in der Dunkelheit falsche Vorstellungen machen, älter. Ob das Märchen von den Tieren auf der Wanderschaft, die sich ihren eigenen Lebensort schaffen, das Bruchstück eines Zaubermärchens ist oder durch Umwandlung von Fabeln entstanden ist, läßt sich nicht klären. Antti Aarne hält einen engen Zusammenhang mit den in Asien beheimateten Erzählungen vom Rachezug der unbeseelten Gegenstände für gegeben (AT 210 → *Der Herr Korbes*).

2. Ein Esel soll geschlachtet werden, weil seine Kräfte nachlassen. Er läuft davon und nimmt sich vor, es in Bremen zum Stadtmusikanten zu bringen. In anderen Erzählungen will der Esel Chorsänger werden. Die älteren Fassungen erzählen von Pferd und Ochs – von einem Esel ist in ihnen nicht die Rede, er ist wegen des Musikantenmotivs eingeführt, möglicherweise sogar aus mittelalterlichen Bilddarstellungen übernommen. Unser Erzähler bleibt bei der Sache: Der zukünftige Stadtmusikant sammelt drei weitere vertriebene Tiere auf und weist jedem eine passende Rolle beim gemeinsamen Spiel zu: dem Hund das Trommeln, der Katze das Singen, dem Hahn das Krähen. Es fällt auf, daß die Tiere nicht gleichermaßen für die ihnen zugedachten musikalischen Aufgaben geeignet sind. Wie auch immer – die Gesellschaft, die im allgemeinen eher aus einem Hahn als Anführer besteht, aus Katze, Gans, Widder, Ochse und Pferd, übernachtet im Wald. Aber der Hahn erspäht nach altem Märchenbrauch ein Licht, und sie gelangen zu einem einsamen Haus, in dem ein Tisch reich gedeckt ist. Daran tafeln Räuber. In anderen Fassungen mögen freilich ein altes Weib, eine Hexe, irgendein Ungeheuer oder Wölfe durchs Fenster zu erspähen sein (ist es eine ganze Zahl wilder Tiere, so macht sich der Einfluß der Fabeln vom Gegensatz der Haus- zu den wilden Tieren geltend).
In der Grimmschen Fassung kommt nun die schauerliche Darbietung der »Musikanten« zum Zuge – und die eigentlichen Bewohner werden in die Flucht geschlagen. Aber man erzählt auch, daß die Tiere ein leeres Haus besetzen oder gar zu Gast geladen werden – jedenfalls müssen sie Gelegenheit finden, sich einen ihrem Wesen angemessenen Platz zu suchen; das ist die Voraussetzung für die endgültige Vertreibung der wiederkeh-

renden oder aus dem Schlaf erwachenden Hausbewohner (ähnlich wird von den unbeseelten Gegenständen in AT 210 erzählt: → *Der Herr Korbes,* vgl auch KHM 10: *Das Lumpengesindel*). Die Katze legt sich auf den Herd, der Hund hinter die Tür, der Esel auf den Mist, und der Hahn setzt sich auf den Balken. Dem Kundschafter der geflüchteten Räuber geht es schlecht. Als er die Katzenaugen für glühende Kohlen hält und ein Schwefelholz daran entzünden will, springt ihm die Katze ins Gesicht (ein Zug, der auch in einem lateinischen Roman des ausgehenden 17. Jahrhunderts vorkommt). Als der Kundschafter durch die Tür flüchten will, beißt ihm der Hund ins Bein, der Esel keilt aus,

Wilhelm Busch: Die Bremer Stadtmusikanten (München. Joachim 1910)

und der Hahn schreit vom Balken. Die schwankhafte Wirkung der Erzählung beruht also wesentlich auf dem lächerlichen Mißverhältnis, das sich aus dem Wissen des Zuhörers und der irregeleiteten Vorstellung des Kundschafters ergibt, der seinen Genossen Bericht erstattet. Das Gefauch der Katze hat er für den Anhauch einer Hexe gehalten, den Hundebiß für einen Messerstich, den ihm ein Mann an der Tür versetzt, das Auskeilen des Esels für den Keulenschlag eines Ungetüms und das Hahnenkrähen für den Ruf eines Richters: »Bringt mir den Schelm her!« Merkwürdig ist, daß in auffällig vielen Fassungen der Kundschafter das natürliche Verteidigungsverhalten der Tiere für die lebensgefährliche Angriffsweise bestimmter Vertreter des Handwerks hält: Die Katze, die dem Räuber das Gesicht zerkratzt, hält er für ein altes Weib mit Wollkämmen, die mit dem Schnabel zwickende Gans für einen Schneider, der mit der Schere angreift, der hornbewehrte Widder wird in der Vorstellung des Räubers zum Schuster, der ihm mit dem Leistensack links und rechts eines versetzt, das keilende Pferd ist zum Schmied geworden, der mit dem schweren Hammer zuschlägt, während der Hahnenschrei gewöhnlich als ein letzter Drohruf gedeutet wird. Jedenfalls: Auf Grund solch schrecklicher Berichte ziehen es die bisherigen Bewohner vor, ihr Haus den Eindringlingen zu überlassen, denen es dort gut gefällt und die von nun an dort ungeschoren ihr eigenes Leben führen. Mit dem auflösenden Kundschafterbericht hat der Erzähler die Lacher auf seiner Seite; mit dem Schluß schafft er Befriedigung, daß die Ausgetriebenen ein Zuhause gefunden haben. Nach dem Plan, Stadtmusikant in Bremen zu werden, fragt wohl kaum noch einer.

3. Von den Erzählungen unseres Märchentyps lassen sich die vorwiegend aus dem slavischen Osten stammenden Erzählungen unterscheiden, in denen die Tiere (meist der Ochse allein) ein eigenes Haus bauen, in das der Gegner (beispielsweise ein Wolfsrudel) dann eindringen möchte (AT 130 A). Eine weitere Untergruppe unseres Typs berichtet von einem Menschen, der die verstoßenen Tiere anführt (AT 130 C); zu dieser Gruppe gehört eine von Ernst MEIER aus der Schweiz übernommene Fassung (MEIER DVS 3: *Der Räuber und die Haustiere;* auch bei BECHSTEIN NDMB 35 und bei SUTERMEISTER KHMSch 29). Zur nächsten Verwandtschaft ist aber auch der Märchentyp von den wandernden Gegenständen zu rechnen, etwa von Ei, Nadel, Kot und Mörser. Sie suchen ebenso wie die verstoßenen Haustiere ihren Platz und quälen die heimkehrenden, zurückkehrenden oder aus dem Schlaf erwachten Besitzer und treiben sie gar in den Tod (AT 210 → *Der Herr Korbes*). Antti AARNE hat bereits 1913 in seiner sorgfältigen Untersuchung auf diese Zusammenhänge hingewiesen.

Da in den literarischen Zeugnissen die Fabelelemente vorherrschen, wird oft angenommen, daß einzelne Tierfabeln die Grundlage zum Ausbau des Märchens gegeben hätten. Dabei werden einerseits die Fabeln von ÄSOP, PHAEDRUS und ROMULUS genannt (der Löwe bricht bei Hahn und Esel ein; der Esel beweist dem Löwen, daß er durch sein Geschrei Schrecken verbreiten kann), anderseits entsprechende Erzählungen im *Ṭūṭī-Nāmé* des Persers NACHSHABĪ (gest. 1350), in dem von ihm benutzten Sanskritwerk *Śukasaptati* (dem indischen Papageienbuch) und dem *Pañcatantra* (der um 300 n. Chr. entstandenen altindischen Sammlung) – man vergleiche vor allem die Fabel von der prahlerischen Ziege in der Höhle des Löwen). Aber gerade die großen Fabeldichter haben häufig auf Volkserzählstoffe zurückgegriffen und sie für ihre Zwecke umgeschrieben. Wirklich bedeutende Teile unseres Märchentyps kommen im lateinisch geschriebenen *Ysengrimus* des Genter Magisters NIVARDUS vor (um 1148). Tiere, die für eine Hochzeit geschlachtet werden sollen, machen sich dort auf eine Pilgerfahrt und übernachten in einem leerstehenden Haus, aus dem ein eindringender Wolf vertrieben wird (weil ihm der Widder den Kopf eines angeblich von seinen Genossen getöteten Wolfes zeigt – eine Erzählung, die sonst unter AT 125 verzeichnet wird). Daß am Ende gar ein versehentlich herabstürzender Esel zwei Wölfe erschlägt, erinnert daran, daß NIVARDUS möglicherweise auch die Volksüberlieferung vom Rachezug der unbeachteten kleinen Gegenstände und Wesen gekannt hat: Ei, Nadel und Mörser, denn am Ende erschlägt hier der herabstürzende Mörser den Besitzer des Hauses (AT 210 → *Der Herr Korbes*). Gleichzeitig erzählt auch der *Roman de Renart* (ebenfalls aus dem 12. Jahrhundert) in seiner achten Branche von einer Wanderschaft der Tiere, einem Übernachten im Wolfshaus, und dem Erschlagen zweier Wölfe durch versehentlich herabstürzende Tiere. 300 Jahre später erscheint unsere Erzählung so gut wie voll ausgebildet in einem Meisterlied des Hans SACHS (1551) und kurz darauf im *Froschmäuseler* des Georg ROLLENHAGEN (1571; zuerst gedruckt 1595). Vielleicht erzählt die Volksüberlieferung unter dem Einfluß dieser beiden literarischen Fassungen, daß der Kundschafter die sich wehrenden Tiere für Handwerker mit gefährlichen Waffen hält, zB den Ochsen mit seinen Hörnern für einen Bauern mit seiner Heugabel. Im übrigen: Auch am Meisterlied des Hans SACHS wird deutlich, daß unsere in ihrer Funktion unentschiedene Erzählung sich bei literarischer Gestaltung leicht in den Dienst einer bestimmten Absicht stellen läßt. Hans SACHS wollte in der Rolle des Kundschafters (des »Keckleins« unter den Wölfen) den dummdreisten Tölpel beschämen. Die Erzählung läßt sich auch als Beispiel für die Nützlichkeit des Zusammenstehens der Schwachen und Verfolgten benutzen; ein Beleg dafür aus unserer Zeit ist das marxistische Lehrstück *Die roten Bremer Stadtmusikanten.*

4. A. AARNE: Die Tiere auf der Wanderschaft. Hamina 1913. – A. AHLSTRÖM: Djuren på vandring. In: Folkminnen och folktankar. 21. 1934. 2, 76–91. – M. W. BECKWITH: Hunter, Guinea-hen and Fish. In: BECKWITH: Jamaica Anansi Stories. New York 1924. 63–64, 260–261. – BP 1, 75–79; 237–259; 375. – J. BOLTE: Das käcklein vnder 12 wolfen. In: ZfvLG. 7. 1894. 454–455. – LIUNGMAN 19–21, 355; 28, 356. – E. POLAIN: Les musiciens de Brême. In: Bulletin de folklore. 3. 1893. 14–17, 60–72. – RÖLLEKE 334–337, 389, 392. – SCHERF: Bechstein 860–861.

Brüderchen und Schwesterchen

AT 450 KHM 11

1. Das Märchen von Schwester und Bruder, die ausgetrieben werden und fliehen müssen, wobei sich der Bruder auf der Flucht in ein Tier verwandelt, die Schwester aber von einem jungen König zur Frau genommen wird, ist in der deutschen und erst recht in der skandinavischen Überlieferung nur in Bruchstücken und verflochten mit Elementen anderer Märchentypen zu finden.

In der Urfassung der *Kinder- und Hausmärchen,* dem Manuskript, das Clemens BRENTANO zur Verfügung gestellt wurde, lag von Jacob GRIMMS Hand das Blatt *Goldener Hirsch* bei. In kürzester Form ist der Gang der Geschwister in den Wald verzeichnet und der zweimalige Verzicht des Bruders, seinen Durst zu stillen. Denn an der ersten Quelle ist zu lesen, daß er in einen Tiger, an der zweiten, daß er in einen Wolf verwandelt würde. Trotz der Warnung, ein goldener Hirsch zu werden, trinkt er an der dritten Quelle. Ganz gerafft ist dann von der Jagd des Königs auf den Hirsch und der Belauschung des Gesprächs der Geschwister die Rede, sowie von der Unterschiebung einer falschen Braut, die die böse Mutter des Königs anzettelt. Im ersten Band der Erstausgabe von 1812 steht jedoch als Nr 11 eine von Marie HASSENPFLUG (1788–1856) – nicht von der alten Marie, wie bisher behauptet – erzählte Fassung, zu der Marie HASSENPFLUG zwei Jahre später noch eine andere, zweite Version lieferte (vom 10. März 1811 die erste, vom 8. März 1813 die zweite). In der einen wird der Bruder zum Reh, in der anderen, wie in der Urfassung, zum goldenen Hirsch verwandelt.

2. Für den Zuhörer macht es keinen wesentlichen Unterschied, ob erzählt wird, die Eltern seien gestorben, die eigene Mutter oder die Stiefmutter verfolge die Kinder, oder der Vater trachte ihnen nach dem Leben. In der Grimmschen Fassung heißt es, die Mutter sei tot und bei der Stiefmutter hätten sie keine gute Stunde mehr. In manchen südost- und osteuropäischen Fassungen ist davon die Rede, daß der Bruder die Pläne der Eltern belauscht, die Kinder zu verkaufen oder zu schlachten, weil die Familie Hunger leidet. Zuweilen hat dieser Zug auch ein ausgiebiges Vorspiel: Das Fleisch, das dem hungrigen Vater vorgesetzt werden soll, holen sich die ebenfalls hungrigen Kinder vorher aus dem Topf, oder es wird von der Katze gestohlen – worauf die Mutter ihre Waden oder ihre Brüste abschneidet, dem Vater vorsetzt und damit sein Gelüst auf Menschenfleisch anregt. Jedenfalls fliehen die Kinder aus einem solchen Haus, und der Bruder wird so durstig, daß er beim erstbesten Brunnen trinken möchte. Doch der Fluch der Mutter verfolgt ihn. Zwar wird er zweimal von der Schwester zurückgehalten, denn die Schwester hört aus dem Rauschen des Wassers die Warnung, daß, wer hier trinkt, zum Tiger oder zum Wolf werde. Bei der dritten Quelle bezähmt sich der Bruder jedoch nicht mehr. Er wird zum Reh. In den urtümlicheren Fassungen will der Bruder Wasser aus den Trittsiegeln von allerlei Tieren trinken: von Bär und Wolf, aber auch von Pferd und Kuh. Schließlich trinkt er aus einer Hirsch- oder Reh-, Lamm- oder Ziegenfährte und wird in das entsprechende Tier verwandelt. Die Schwester verspricht, ihren Bruder, der zum Reh geworden ist, nie zu verlassen. Die beiden leben in einem Waldhaus – bis rings die königliche Jagd anhebt und das Reh es nicht lassen kann, in die Jagd zu springen. Damit leitet der Bruder (als Goldhirsch in der Urfassung noch um einiges augenfälliger) den jungen König auf die Spur zum Waldhaus und zu der schönen Schwester. Es ist also der Bruder, der die Rolle des Mittlers übernimmt (→ *Die weiße und die schwarze Braut*, AT 403 A); in anderen Erzählungen ist es der Vater (zB in → *Die Schöne und das Tier*, AT 425 C). Der junge König erlauscht den Einlaßspruch des Bruders. Er wendet ihn selbst an und steht der schönen Schwester gegenüber. Andere Fassungen lassen die Schwester sich in einem Heuschober oder hoch in einem Baumwipfel verbergen, bis der junge König aufmerksam wird. Er nimmt das schöne Mädchen mit in das Schloß und heiratet es. Und auch das Reh hat es dort gut.

Doch dann beginnen die neuen Verfolgungen. In der Grimmschen Erzählung ist es die hexenhafte Stiefmutter, die voll Neid und Mißgunst das Glück zerstören und ihre eigene häßliche Tochter unterschieben möchte. Ebenso häufig zeigt sich aber auch die Mutter des jungen Königs als gefährliche Widersacherin, oder es taucht von irgendwo eine alte Hexe auf, und selbst die Köchin im Schloß oder eine Kammerfrau erweisen sich als geeignet, die mörderische Rolle zu übernehmen. Doch dann hört die Einhelligkeit der Motive auf. Die verschiedenen Erzähler sind sich nicht länger sicher, auf welche Weise und bei welcher Gelegenheit die junge Königin aus dem Weg geräumt wird; die Unsicherheit gegenüber dem Bruder in seiner Tiergestalt ist eher noch größer. Bei den Brüdern GRIMM wird die junge Königin als Wöchnerin in der Badstube erstickt, und die einäugige Hexentochter legt sich, halb verhüllt, zu dem Kind in das Wochenbett. Hier sind, wie deutlich zu merken, Motive aus den → *Drei Männlein im Walde* (AT 403 B) eingefügt worden. In anderen Fassungen hat die junge Königin noch gar nicht geboren. Ihre Verfolgerin stürzt sie in einen Brunnen oder ins Meer, und bei der heimlichen Zwiesprache mit dem Bruder klagt die Ermordete, daß sie das Kind des Königs, das sie in ihrem Schoß trägt, nicht zur Welt bringen kann. In allen gut ausgebauten Fassungen wird erzählt, daß es auch dem Bruder an das Leben geht und daß es der junge König ist, der ihn töten soll (nach seiner Rückkehr von der Jagd oder aus dem Krieg, nach der von ihm noch gar nicht entdeckten Unterschiebung der Hexenfrau also). Nur in der Grimmschen Fassung ist dieser Zug vergessen (das Märchen vom → *Lämmchen und Fischchen*, KHM 141, ebenfalls AT 450, enthält allerdings noch einen Anklang). Das Grimmsche *Brüderchen und Schwesterchen* ist ganz auf die Motivfolge des Märchens von den drei Männlein eingeschert. Da sieht die Kinderfrau, viele Nächte lang, die rechte Königin erscheinen und wortlos ihr Kind stillen – bis sie die letzten drei Nächte in gleichbleibenden Versen nach ihrem Kind und ihrem Bruder fragt, in der dritten jedoch, auf den Bericht der Kinderfrau hin, vom König belauscht und erlöst wird. In anderen Fassungen belauscht der König die Zwiesprache der Geschwister, die einander ihr Leid klagen – wobei die junge Königin zur Hälfte aus dem Wasser auftaucht. Oder er wird Zeuge davon, daß der Bruder der jungen Frau das Kind zum Stillen ans Ufer bringt. Jedenfalls greift der König ein: Er holt die an einen Stein gefesselte Frau aus dem Brunnen oder aus dem Meer, und in den Erzählungen, in denen seine Frau bereits geboren hat, spricht er sie entschlossen an oder ergreift sie, als sie am Strand ihr Kind stillt. Der König führt seine Frau in das Leben zurück. Dabei (oder bei dem Tod der Verfolgerin und ihrer Hexentochter) wird auch der Bruder aus seiner Tiergestalt erlöst. In jedem Falle bleiben Bruder und Schwester während des gesamten Märchens miteinander schicksalsverbunden. Einige griechische Fassungen freilich haben einen merkwürdig weltflüchtigen Schluß: Der Bruder wird tatsächlich getötet, und die Geschwister kehren nicht mehr in diese Welt zurück, in der es für sie nichts als Haß und Verfolgung gibt. Sie werden als Sterne an das Himmelsgewölbe versetzt.

3. Das Märchen vom Brüderchen und Schwesterchen, das uns als liebenswürdige Kinderstubenerzählung so vertraut ist, liest sich ganz anders in den Aufzeichnungen unmittelbarer Volksüberlieferung. Ja, die Unterschiede erweisen sich geradezu als Schulbeispiel dafür, in welchem Ausmaß unser Buchmärchen domestiziert, verfeinert, oft auch verniedlicht wurde. Man lese einmal das nach drei Tonbandaufnahmen aufgezeichnete ungarische Märchen *Das Rehbrüderchen* (Nr 10 in Gyula ORTUTAY: *Ungarische Volksmärchen,* Budapest ³1966) oder das von Georgios A. MEGAS auf Samos aufgenommene *Pulia und der Morgenstern* (Nr 20 in Felix KARLINGER: *Märchen griechischer Inseln,* Düsseldorf und Köln 1979). Aus den Erzählungen von den beiden unauflöslich miteinander verbundenen Geschwistern, die gemeinsam Haß und Verfolgung erleiden, wird in diesen Fassungen verständlich, warum die Eingangslage zu Entlehnungen aus dem Märchentyp von → *Hänsel und Gretel* drängt (AT 327 A), oder warum wesentliche Motive aus dem Märchen von der magischen Flucht (AT 313) eingebaut werden (→ *Der Fundevogel,* dort weitere Hinweise und Literaturangaben). Gelegentlich erhalten die beiden Kinder wie das Mädchen im → *Erdkühlein,* im → *Einäuglein, Zweiäuglein, Dreiäuglein* (beide AT 511) oder in dem von Leo FROBENIUS aufgezeichneten, vortrefflich erzählten Kabylenmärchen *Die Stiefkinder* (AT 511 + 450, in: *Volksmärchen der Kabylen,* Bd 3, Nr 36) ersten Beistand von einem die tote Mutter verkörpernden Tier. Häufig finden Brüderchen und Schwesterchen auch erste Zuflucht bei einem männlichen Tier, dem Stier oder Widder der ihrer Familie gehörenden Herde. Er steht ihnen bei, er rät ihnen rechtzeitig zur Flucht und er trägt sie davon wie der goldene Rehbock in der *Bechstein*schen Sammlung (DMB 14 → *Der goldene Rehbock*) – eigentlich ein Märchen von der magischen Flucht (AT 313 B). Aus dem Motiv

vom Widder mit dem goldenen Horn oder dem goldenen Fell und der Folge der drei zauberischen Hindernisse (dem Messer, das zum breiten Feld; dem Kamm, der zum Dorngestrüpp; und der Handvoll Salz, die zum Meer wird) schloß Waldemar LIUNGMAN auf engste Verwandtschaft unseres Bruder-und-Schwester-Märchens mit der griechischen Mythe von Phrixos und Helle, die von der Stiefmutter verfolgt wurden und auf dem Widder mit dem Goldvließ nach Kolchis flohen (worauf allerdings A. H. KRAPPE bereits hinwies).

Schließlich ist noch zu vermerken, daß die Bruder-und-Schwester-Erzählung schon früh als Buchmärchen im Bildungsbürgertum bekannt war und tiefgreifenden Einfluß entfaltete: Das älteste Zeugnis verdanken wir dem polnischen Dichter Christopher KOBYLIEŃSKI mit seiner 1588 in lateinischen Hexametern veröffentlichten, mit Renaissance-Allegorien ausgeschmückten, aber gleichwohl auf mündlicher Überlieferung fußenden Verserzählung *Metamorphoseos puellae et parvuli liber unus*. Giambattista BASILE brachte *Nennillo e Nennella* (5,8 in seinem *Pentamerone*). Und die Baronin d'AULNOY schrieb *La biche au bois*, eine vielgestaltige Erzählung, in der sich das Mädchen in ein Reh verwandelt und sich als Reh von ihrem geliebten Königssohn jagen lassen muß.

4. P. ARFERT: Das Motiv von der unterschobenen Braut in der internationalen Erzählungsliteratur. Diss. Rostock 1896. – BP 1, 79–96. – BP 3, 137. – DELARUE/TENÈZE 2, 123–128. – W. GOLTHER in HdM 1, 307–311. – I. KÖHLER in EM 2, 919–925. – A. H. KRAPPE: The story of Phrixos and modern folklore. In: Folk-lore. 34. 1923. 2, 141–147. – K. K. F. KRÜGER: La biche au bois. In: KRÜGER: Die Märchen der Baronin Aulnoy. Leipzig 1914. 23–24. – J. KRZYŻANOWSKI: Brother lamb and his sister. In: Fabula. 2. 1959. 1/2, 83–91. – LIUNGMAN 103–105, 361. – RANKE 2, 57–59. – RÖLLEKE 188–191, 370.

Caterinella → *Rotkäppchen* (Abschnitt 3)

47

Cendrillon

AT 510 A Perrault HCTP 3

1. Nicht in dem berühmten, sehr spät aufgefundenen Manuskript von 1695, vielmehr erst in der zwei Jahre später erschienenen Erstausgabe der *Histoires ou Contes du temps passé, avec des moralitez* von 1697 steht Charles PERRAULTS (1628–1703) scheinbar so leichthin erzählte Fassung der → *Aschenputtel*-Märchens als Nr 6: *Cendrillon ou La petite pantoufle de verre.*

2. Es ist die gleiche Ausgangslage wie im *Aschenputtel*-Märchen der Brüder Jacob und Wilhelm GRIMM: Ein schönes und herzensgutes Mädchen findet sich einer hassenden Stiefmutter und zwei böswilligen, überheblichen Stiefschwestern gegenüber. Beim Vater kann es sich nicht ausweinen; er steht ganz unter dem Regiment seiner zweiten Frau. Von der gestorbenen Mutter aber heißt es sehr nachdrücklich, daß sie die beste Frau der Welt war. Merkwürdig, daß PERRAULT an keiner Stelle auf den weiterwährenden Beistand dieser Mutter hindeutet. Die zauberkundige Patin scheint nichts mit der Mutter zu tun zu haben – aber sie schickt Cendrillon zweimal in den Garten, in dem in anderen Fassungen der Baum auf dem Grab der Mutter steht.
Als der Ball zur Brautwahl des Königssohnes angekündigt wird, fangen die geschäftigen Vorbereitungen der sich selbst weit überschätzenden Schwestern an. Es ist, als ob Cendrillon nicht nur traurig zuschaute, sondern als ob das Mädchen (zusammen mit dem Erzähler) den ganzen Aufwand für völlig nutzlos hielte. So naiv wie das *Grimm*sche Aschenputtel ist Cendrillon nicht. PERRAULT beschreibt die erwartungsvollen Vorkehrungen der Schwestern als lächerliches Gegenbild zum Verhalten von Cendrillon, die zu Recht hoffen kann. PERRAULTS Erzählweise nimmt deutlich ironische Züge an, wenn es etwa heißt, daß die »Damen« auf dem Ball die Hälse recken und Cendrillons Haarkünste und Kleider genauestens beobachten, um sich am anderen Tag ebenso frisieren und kleiden zu lassen – falls solch geschickte Künstler und solch schöne Stoffe überhaupt zu finden wären. Denn Cendrillon hat, mit Hilfe der liebevoll beschriebenen Künste der Patin, unerkannt als die Allerschönste den Ball besuchen können, einmal, und am folgenden Tag noch einmal. PERRAULT, der gewiß die mündliche Überlieferung kannte, aber aus unterschiedlichen Gründen auf gewisse Motive verzichtete,

vermeidet die dreimalige Steigerung von Cendrillons Auftritt, um auch hier zu spiegeln, um den erstaunlichen Auftritt einmal aus der Sicht der Hauptgestalt und ein anderes Mal aus der Sicht ihrer törichten Schwestern schildern zu können. Es ist auffällig, wie Cendrillons Selbstbewußtsein erstarkt, wie sie die Schwestern immer deutlicher herausfordert. Am ersten Abend setzt sie sich unerkannt zu ihnen und schenkt ihnen Apfelsinen und Zitronen, während der Königssohn vor lauter Verliebtheit den Imbiß nicht anzurühren vermag. Daheim aber bittet sie anderntags, nach dem Bericht der Schwestern, um eines von deren Alltagskleidern, scheinbar mit großem Verlangen. Als sie schließlich den einen ihrer Glaspantoffeln in der Hand des Königssohnes weiß und den anderen selber als Unterpfand besitzt, nimmt sie belustigt an der Schuhprobe teil und erklärt, sie möchte es auch einmal versuchen. PERRAULT spielt geschickt mit den Erwartungen des Lesers: Obwohl die Patin warnte, daß nach dem Glockenschlag zwölf die sechsspännige Goldkutsche samt Kutscher, Lakaien und den schönen Kleidern sich wieder in Kürbis und Ratte, Mäuse, Eidechsen und abgelegte Lumpen zurückverwandeln, obwohl Cendrillon auch, wie zu erwarten, beim zweitenmal unachtsam das Gebot übertritt, und obwohl sich die Warnung der Patin bewahrheitet, verwandeln sich die gläsernen Schuhe keineswegs zurück. Sie bleiben Wirklichkeit, sowohl in der Hand des Königssohnes als auch in der Hand des mittlerweile seiner Sache sicheren Mädchens.

Etwas von dem Versuch der Aschenputtel-Schwestern, sich Zehen und Fersen abzuschneiden, ist geblieben, wenn es heißt, Cendrillons Schwestern versuchten »alles mögliche«, um sich hineinzuzwängen. In PERRAULTS Märchen von der Eselshaut heißt es bei der ähnlichen Ringprobe, daß eine Bewerberin ihren Finger wie ein Rübchen schabt, um ihn für den Ring passend zu machen. Aber hier gilt es, herzensgut und versöhnlich zu sein. Nach dem großen Erstaunen, dem Fußfall und der Bitte um Verzeihung nimmt Cendrillon die von ihrem hochtrabenden Anspruch geheilten Schwestern ins Schloß auf. Was will dieses gute Mädchen denn anderes, als zutiefst im Wesen erkannt und geliebt werden.

3. Es ist viel darüber gestritten worden, wie weit das → *Aschenputtel* der Brüder GRIMM von PERRAULTS *Cendrillon* abhängig sei. Seit Rolf HAGENS sorgfältiger Untersuchung sind die Verhältnisse geklärt. In der Erstfassung von 1812 haben die Brüder GRIMM

vor allem jene, den Leser durch ihre feine Ironie belustigende Szene übernommen, in der Cendrillon den hochnäsigen Schwestern beim Kämmen und Bürsten und beim Schnallen der Schuhe hilft – eine willkommene Gelegenheit, das Aschenputtel verspotten zu lassen, obgleich der Leser doch ahnt oder weiß, wie rasch das Kartenhaus der Schwestern zusammenstürzt. Dieser Zug ist von PERRAULT frei erfunden. Wilhelm GRIMM hat ihn deshalb von der zweiten Auflage an zurückgenommen. Auch das Motiv vom verspäteten Aufbruch Cendrillons, vom Verschwinden der sechsspännigen Kutsche und vom Weg nach Hause in Aschenputtelkleidern, in die Erstfassung der KHM von 1812 aufgenommen, wurde später getilgt. Eine Perraultsche Erfindung ist auch der Glaspantoffel, in dem Honoré de BALZAC einen Wildlederpantoffel sehen wollte, weil »verre« (= Glas) und »vair« (= graues Wildleder) ähnlich ausgesprochen werden; doch dieser Irrtum ist lange aufgeklärt (durch Paul DELARUE). Indessen hat Marc SORIANO den Blick wieder auf den stillen Erzähler Charles PERRAULT und seine heitere Ironie gelenkt. PERRAULT brauchte die Absurdität eines Motivs, das man eher in einem Lügenmärchen vermuten sollte, für eine Verbindung, die zwischen Cendrillon und ihrem Geliebten doch so ganz und gar wirklich ist: ein Pantoffel aus Glas.

Obwohl das psychodramatische Grundgefüge gleich ist, sind die Einzelheiten und natürlich auch die Erzählhaltungen bei PERRAULT und den Brüdern GRIMM sehr verschieden. Seiner Akzentuierung zuliebe hat PERRAULT dabei offensichtlich auf manchen ihm durchaus bekannten, im Volk überlieferten Zug verzichtet – so auf die Verstümmelung der Füße, auf die Mithilfe der Tiere bei der Entdeckung der falschen Braut und, eingangs, auf den Baum und das Lesen der Linsen, Körner oder Mohnsamen aus der Asche, sowie auf das altertümlich-ländliche Motiv, wonach Cendrillon Salz ins Feuer wirft, um die anderen glauben zu machen, es verbrenne die Beute einer Lausejagd.

Anregungen hat Charles PERRAULT gewiß auch aus Giambattista BASILES *Gatta cennerentola* (1, 6) empfangen – aber er hat, ebenso wie bei seiner früheren *Peau d'asne* (→ *Allerleirauh*, AT 510 B) auf seine eigene Weise und für seine besondere Zuhörerschaft erzählt. Sonderbar ist, daß die Perraultsche Fassung, obgleich sie in mehreren deutschen Übersetzungen verbreitet war, so gut wie gar nicht in die deutsche mündliche Überlieferung aufgenommen wurde – wahrscheinlich war das Märchen in den Formen, in denen es dann später bei den Brüdern Jacob und

Wilhelm GRIMM und anderen Sammlern auftauchte, allzugut bekannt. In der englischen Überlieferung dagegen sah es anders aus. Und obwohl es in England und den USA mehr GRIMM- als PERRAULT-Ausgaben für die Hand des Kindes gibt, ist das Perraultsche Cendrillon mit seinem Glaspantoffel heute um vieles populärer als das Grimmsche Aschenputtel, wozu nicht erst der DISNEY-Film beigetragen hat. »Cinderella dressed in yella« (yellow) reimen sogar die Kinder in Australien.

4. Die allgemeinen Literaturangaben zum Erzähltyp 510 A stehen beim Kapitel über das Aschenputtel. Zur französischen Überlieferung vgl jedoch insbesondere DELARUE/TENÈZE 2, 245–255, 278–280. – DEULIN 263–308. – HAGEN 1, 54–85, 172–173; 2, 60–94. – K. K. F. KRÜGER: Finette Cendron. In: KRÜGER: Die Märchen der Baronin Aulnoy. Diss. Leipzig 1914. 14–17. – ROUGER 153–156. – SAINTYVES 113–164. – W. SCHERF: Charles Perraults Märchen und ihre pädagogische Bedeutung. In: Die Freundesgabe. Rheine 1966. 36–48. – SORIANO: Perrault 141–147.

La chatte blanche → Die weiße Katze

Cinderella → Cendrillon

Der dankbare Tote → Der Reisekamerad

Dornröschen

AT 410 KHM 50

1. Das Märchen vom Dornröschen, KHM 50, zeichnete Jacob GRIMM in Kassel nach der Erzählung von Marie HASSENPFLUG (1788–1856) auf; die alte Marie in der Wildschen Apotheke, der es immer wieder zugeschrieben wird, hat nichts damit zu tun. Bereits Jacob GRIMM war es klar, daß die Erzählung der damals höchstens 23jährigen Marie HASSENPFLUG aus Charles PERRAULTS HCTP 1 *La belle au bois dormant* (1697) übernommen war (→ *Die schlafende Schöne im Wald*). Aber wichtige Züge des Einganges waren gleichzeitig aus Baronin d'AULNOYS *La biche au bois* (1698) entlehnt (wo gerade die gefährliche Fee, in Krebsge-

stalt, die Geburt des Kindes ankündigt). Die sehr knappe Niederschrift von Jacob GRIMM (Nr 19 in den Clemens BRENTANO übersandten Aufzeichnungen) arbeitete Wilhelm GRIMM zu der reich ausgestatteten und wegen ihrer Erzählweise so oft gepriesenen Erzählung Nr 50 im ersten Band der Erstausgabe von 1812 aus. Er hat dann ständig daran weitergearbeitet und sein *Dornröschen* immer mehr der Perraultschen Erzählung angenähert – denn aus der mündlichen deutschen Überlieferung war, außer dem Lied vom Röslein auf der Heiden, so gut wie nichts zu gewinnen. Ja, er tat noch ein übriges: Da Jacob und Wilhelm GRIMM in dem schlafenden Mädchen, das von einer Dornenhecke umgeben war, die von Odins Schlafdorn in Zauberschlaf versetzte und von einem Flammenwall beschützte Brunhild sahen, trennte er den bei BASILE und PERRAULT vorgefundenen zweiten Teil über die Verfolgungen durch die menschenfresserische Schwiegermutter ab, brachte ihn 1812 als eigene Erzählung (Nr 84: *Die Schwiegermutter*) und verwies ihn später ganz in die Anmerkungen. Seitdem wird dieser zweite Teil, am 18. April 1811 nach einem Bericht der HASSENPFLUGS in Kassel aufgezeichnet, dort als KHM 215 *Die böse Schwiegermutter* geführt – obendrein mit dem Zusatz, dieses Bruchstück stimme mit dem Schluß der Dornröschen-Erzählungen von Giambattista BASILE und Charles PERRAULT überein, fehle aber in der deutschen Überlieferung (die es ja gar nicht gibt, muß man hinzufügen).

2. Das Märchen von der sehnsüchtig erwarteten, dann zum gnadenlosen Tod, doch schließlich zu 100jährigem Zauberschlaf verwünschten Tochter hat einen bemerkenswerten Anfang: Die Eltern versuchen, die dunkle Seite des Lebens von ihrer Tochter fernzuhalten, das Unberechenbare, Bedrohliche und Dämonische. Aber dieses Dämonische verschafft sich Zutritt in Gestalt der dreizehnten weisen Frau bei Wilhelm GRIMM (der siebten, uralten, bereits vergessenen Fee bei Charles PERRAULT) und der Göttin Themis in dem altfranzösischen Prosaroman des 16. Jahrhunderts *Perceforest.* Ihre Todesverwünschung kann durch die Gaben einer anderen weisen Frau nur noch gemildert werden. Noch einmal versucht der Vater, die Gefährdungen aus der Welt zu schaffen. Da nach den Verwünschungen der böswilligen Frau das Mädchen sich an einer Spindel stechen und tot umfallen soll, ordnet er die Vernichtung aller Spindeln im Lande an. Doch vergebens: Als die Eltern das Mädchen eines Tages allein zu Hause lassen, findet es, innerlich unwiderstehlich angezogen,

den alten Turm und schließt die, wohlgemerkt: von außen und mit verrostetem Schlüssel, versperrte Turmstube auf. Dahinter sitzt eine spinnende Alte – wer anders als die Dreizehnte, die Unberechenbare, Dämonische. Das Mädchen sticht sich an der Spindel, oder es dringt ihm, wie bei BASILE oder im *Perceforest*, eine Flachsfaser in den Finger. Und augenblicks fällt es in Schlaf.

Es ist viel darüber geschrieben worden, wie sehr sich die Grimmsche von der Perraultschen Umwelt unterscheide, mit welcher Einfühlsamkeit Wilhelm GRIMM den höfischen Prunkstil der Bescheidenheit eines Bürgerhaushaltes angepaßt habe. Das ist zweifellos richtig. Aber der eigentliche Detailzeichner ist stets der Zuhörer und Leser. Er versetzt sich in seine eigene mehr oder weniger behütete Kindheit, sieht seine Umwelt zu einem Bild gerinnen und sich selbst in abgrundtiefen Zauberschlaf fallen. Wer stößt die stehengebliebene Welt wieder an? Wer erweckt sie zu neuem, anderem Leben? In den älteren, schriftlichen oder mündlichen Überlieferungen, auf die Giambattista BASILE zurückgreift, ist es der fremde, aus einem anderen Reich kommende junge König, der der Schlafenden beiwohnt, den Ring mit ihr tauscht, davongeht und erst wieder zu ihr findet, als sie zwei Kinder geboren hat. Bei Wilhelm GRIMM und Charles PERRAULT muß ein Kuß genügen, um die Schlafende aus der Verwünschung zu wecken. Doch während PERRAULT das erste Glück des Zueinanderfindens zu einer heimlichen Ehe im verborgenen Schloß verlängert (→ *Die schlafende Schöne im Wald*), bis der junge König es wagt, seine Frau und seine beiden Kinder heim zu sich und damit auch zu seiner schlimmen Mutter zu holen, ist die ältere Überlieferung geradlinig und drastisch geblieben: Der junge König kehrt zu seiner verlassenen Geliebten zurück, verrät aber zu Hause im Traum sein Geheimnis und gibt damit Anlaß zur Verfolgung der jungen Frau und der Kinder. Wilhelm GRIMM jedoch trennt den ersten von dem zweiten Teil. Er macht aus dem ersten Zueinanderfinden das endgültige – womit er, wenn auch aus anderen Gründen, ähnlich wie beim → *Froschkönig* gehan delt hat.

Den abgetrennten Verfolgungsteil muß man in den Anmerkungen suchen. Die junge, ehemals so wohlbehütete Königin, sieht sich plötzlich allein und ohne ihren Mann der schrecklichen Schwiegermutter gegenüber. Sie muß um ihre Kinder und schließlich um ihr eigenes Leben kämpfen. Ihre Standhaftigkeit rührt den Koch (bei PERRAULT den Haushofmeister), der anstelle der Kinder ein Schweinchen und ein Spanferkel schlachtet, um es der menschenfresserischen Alten vorzusetzen; anstelle der jungen Königin schlachtet er eine Hirschkuh. Weiter reicht das Bruchstück nicht. Es wird lediglich erwähnt, daß die im Keller gefangene Königin große Sorge hat, die alte Schwieger nicht das

Felix Hoffmann: Dornröschen (Aarau. Sauerländer 1959)

Schreien der Kinder hören zu lassen. Soll das heißen, daß sich Marie HASSENPFLUG oder ihre Angehörigen nicht mehr an den Ausgang erinnerten? Die völlige Abhängigkeit von PERRAULT war doch bekannt. Haben die Brüder GRIMM ein Versteckspiel betrieben? Ergänzen wir also nach PERRAULTS → *Schlafender Schönen im Wald:* Die Alte hört die Kinder schreien, sieht sich getäuscht, läßt in ihrer Wut einen Bottich mit Giftgewürm herrichten – aber als sie ihres Sohnes verhaßte junge Frau samt den Kindern hineinstoßen will, kehrt der Sohn unerwartet zurück. Da stürzt sie sich selbst in den Tod. Damit hätten wir ein in sich geschlossenes, vollständiges Zaubermärchen vor uns. Der erste Teil gilt dem Durchstehen des Ablösungskonfliktes, während der zweite die Bewährung verlangt, welche die eigentliche Selbstfindung begleitet und den Partner aus seiner unausgereiften Mutterbindung herausführt. Sollte die Erzählung, wie manche Forscher annehmen, auch ganz und gar von literarischen Texten abhängig sein, so ist sie ein Schulbeispiel der Um- und Anverwandlung.

3. Darüber, wie die Übereinstimmungen zwischen dem Dornröschen-Märchen und der nordischen Heldensage oder den griechischen Mythen zustandegekommen sind, kann man nur Vermutungen anstellen. Gewiß, die von Zeus vor Hera verborgen gehaltene Thaleia, des Hephaistos Tochter, gebar in der Abgeschiedenheit dem Göttervater Zwillinge (die Paliken) – und Odin strafte eine Walküre, stach sie mit dem Schlafdorn und versenkte sie in einen Zauberschlaf, aus dem sie nur der furchtlos die Waberlohe Durchschreitende sollte erwecken können. Zieht man in Betracht, wie unangemessen es für den Odin der Heldensage gewesen wäre, eine Walküre mit einer Spindel zu stechen anstatt mit dem überlieferten Schlafdorn, oder um wieviel heldischer das Durchschreiten der Waberlohe erschien als das Eindringen in einen Wald oder eine Dornenhecke (auch wenn Schlafdorn und Dornenhecke etwas miteinander zu tun haben), so liegt die Erklärung für die Umwandlung des Stoffs in der neuen Funktion, die die Erzählung erfüllen sollte. Die nordische Heldensage hat, wenn überhaupt, den Schluß des ersten Märchenteils einbezogen; der griechische Mythos nahm zwar die gleichen Ereignisse in Anspruch – aber im Hinblick auf die Fortführung im zweiten Märchenteil. Kein Wunder: Die am Ende des ersten Teils sich abspielenden Geschehnisse, die Erwekkung aus dem Zauberschlaf, haben viele Erzähler mit höchst unterschiedlichen Erzählabsichten beschäftigt – bis hin zum Romanverfasser, der vom Schicksal unschuldig Verfolgter berichtet, von Schlafenden, denen die Unschuld geraubt wird und den daraus sich ergebenden Verwicklungen. Ebenso willkommene Züge fanden sich, gerade für spätmittelalterliche Erzähler, in → *Sneewittchens* (AT 709) totenähnlichem Schlaf oder in den Motiven vom Flug des Vogelliebhabers zu der in einem Turm gefangenen Schönen (→ *Der blaue Vogel*). Der aus dem Märchentyp AT 432 übernommene Vogel spielt auch im Dornrös-

chenmärchen und in der Brunhildsage eine Rolle. Und die Anschläge, mit der Sneewittchens Verfolgerin ihrer Tochter nach dem Leben trachtet, kehren bruchstückhaft und überlagert von Dornröschenmotiven in der nordischen Heldensage wieder. Wer will das je entwirren? Als ebenso schwierig erweist sich der Versuch, die Überlieferung für den selten belegten Namen Dornröschen zu erschließen. Bei PERRAULT ist nur von der im Wald schlafenden Schönen die Rede. Stützen sich die Brüder GRIMM nur auf das Lied oder gibt es einen Zusammenhang mit einer Szene des Märchens von der magischen Flucht (AT 313 A → *Fundevogel*), auf der sich das Mädchen in eine Rose, ihr Geliebter aber in einen Dornbusch verwandelt? Darauf könnte die oft genannte, in ihrer Ausführung recht künstlich erscheinende, aber doch auf Märchenmotivketten beruhende Erzählung des Grafen Antoine (Anthony) HAMILTON (1645–1720) hinweisen: *L'histoire d'épine* (Utrecht 1731), oder wie sie im zweiten Band (Gotha 1790) der von Friedrich Justin BERTUCH herausgegebenen und in den bürgerlichen Bildungsschichten weit verbreiteten *Blauen Bibliothek der Nationen* hieß: *Dornröschen.*
Offen bleibt vor allem die Frage, ob sich die Erzählung vom Dornröschen einseitig aus schriftlicher Überlieferung (dem *Perceforest*-Roman) oder aus mündlicher Überlieferung (wogegen die Seltenheit der Aufzeichnungen und ihre nachweisbare Abhängigkeit sprechen, ableitet, oder ob das Dornröschenmärchen sowohl auf schriftlicher als auch auf mündlicher Überlieferung beruht. Marc SORIANO glaubt, eine Erklärung für spärliche Zeugnisse mündlicher Überlieferung in dem zentralen Motiv der jungfräulichen Empfängnis im Zauberschlaf zu finden, einem Motiv, das in der alten Mythologie von Unschuld und Fruchtbarkeit eine große Rolle spielte, aber spätestens im Zeitalter der Gegenreformation zu einem Sakrileg wurde und deshalb nur noch in rationalisierten Roman- und Novellenstoffen ein Fortleben finden konnte (vgl auch AT 304 → *Der gelernte Jäger,* → *Der Hünentöter;* und AT 551 → *Vogel Phönix,* → *Das Wasser des Lebens*).

4. BP 1, 434–442. – BP 3, 488. – DELARUE/TENÈZE 2, 68–71. – DEULIN 127–157. – L.-F. FLUTRE: Etudes sur le roman de Perceforêt. In: Romania. 70. 1948. 474–522. – W. GOLTHER in HdM 1, 408–411. – HAGEN 1, 106–119; 2, 101–106. – R. HAGEN: Perraults Märchen und die Brüder Grimm. In: ZfdPh. 74. 1955. 392–410 (insbesondere 406–407, 409–410). – H. HALPERT: Singing game variants of The sleeping beauty. In: JAFL 60. 1974. 421–423. – LIUNGMAN 91, 360. – J. LODS: Le roman de Perceforest. Genève, Lille 1951. – M. LÜTHI: Dornröschen. In: Lüthi: Es war

einmal. Göttingen ³1968. 5–18. – P. MEYER: Nouvelles Catalanes inédites. In: Romania. 13. 1884. 264–284. – R. PETSCH: Dornröschen und Brynhild. In: Beiträge zur Geschichte d. dt. Sprache u. Literatur. 42. 1916. 1, 80–97. – RANKE 2, 18–19. – A. ROMAIN: Zur Gestalt des Grimmschen Dornröschenmärchens. In: ZfV. 42. 1932 (1933). 2/3, 84–116. – RÖLLEKE 106–111, 359. – ROUGER 93–96. – SAINTYVES 71–101. – SCHERF: Bechstein 813–814. – SORIANO: Perrault 125–134. – R. SPILLER: Zur Geschichte des Märchens vom Dornröschen. Progr. Frauenfeld 1893. – F. VOGT: Dornröschen – Thalia. In: Beiträge zur Volkskunde. Festschrift f. K. Weinhold. Breslau 1896. 195–235. – J. de VRIES: Dornröschen. In: Fabula. 2. 1959. 1/2, 110–121.

Drachentöter-Märchen → Die drei Hunde

Drei-Brüder-Märchen → Königssohn Katt

Die drei Federn

AT 402 KHM 63

1. Das Märchen von dem verkannten jüngsten Sohn, der seine Königstochter als Frosch oder Kröte in der Erde verborgen findet und ihr zu ihrer wahren Gestalt verhilft, steht bereits als Nr 17 in den ersten Aufzeichnungen der Brüder GRIMM, von denen Clemens BRENTANO eine Abschrift erhielt: *Die drei Königssöhne;* 1812 erschien es unter dem Titel *Die drei Federn* als drittes der unter Nr 64 zusammengefaßten Dummlingsmärchen. Aber 1819 wurde es unter der Nr 63 durch eine aus Zwehrn stammende, also offenbar auf einer Erzählung der Dorothea VIEHMANN geb. PIERSON (1755–1815) beruhenden Fassung ersetzt.

2. Ein König, der sein Reich übergeben will, schickt seine Söhne aus, damit sie ihm ihre Tüchtigkeit beweisen. Er trägt ihnen auf, den feinsten Teppich, den schönsten Ring und schließlich die schönste Frau heimzubringen. Die ersten beiden Aufträge lauten häufig auch ganz anders. Besonders der kleinste Hund oder das feinste Gewebe spielen eine bemerkenswerte Rolle – und das ist ja auch in der stilistisch reich ausgebauten Fassung der Baronin d'AULNOY der Fall (AT 402 + 310 → *Die weiße Katze*), die zweifellos mit ihren Märchen zumindest im 18. Jahrhundert

einen großen Einfluß in den literarisch gebildeten Kreisen hatte. Die beiden älteren Söhne sind überheblich und anmaßend und trauen dem angeblichen Dummling nichts als Albernheiten zu. Ja, sie warten nur darauf, sich schadenfroh am Ungeschick des Jüngsten weiden zu können. Der Vater der GRIMM-Fassung ist ein gerechter Mann; in anderen Erzählungen jagt er den Jüngsten wegen seiner vermeintlichen Dummheit aus dem Haus. Aber hier überläßt er nach uraltem Brauch dem Wind die Entscheidung. Dreimal bläst er die Federn in die Luft, und dreimal fliegt die erste nach Ost, die zweite nach West, die dritte aber fällt in der nächsten Nähe zu Boden. Ja es gibt eine Fassung, in der die Feder den Jüngsten dazu verurteilt, zu Hause zu bleiben und nicht auf Abenteuer auszuziehen. In einer ganzen Gruppe von Erzählungen wird das Windorakel der Federn durch das Abschießen von Pfeilen ersetzt. Wie auch immer: Der Jüngste gerät in eine Erdhöhle oder wird auf eine Falltür, eine Treppe hinab zu verborgenen Gewölben verwiesen. Und dort trifft er auf eine große Kröte mit vielen kleineren Kröten, Dienerinnen – »Itschen« heißt es mundartlich bei den Brüdern GRIMM. Es können auch Frösche sein und allerlei anderes Getier; in einer ganzen Gruppe von Erzählungen sind es Mäuse; noch eigenständiger erscheint die Erzählgruppe, in welcher der Jüngste in das Haus verwunschener Katzen gelangt (wie in KHM 106 → *Der arme Müllerbursch und das Kätzchen*, oder in Baronin d'AULNOYS *La chatte blanche* → *Die weiße Katze*).

Im Grimmschen Märchen von den drei Federn wird dem Jüngsten nicht viel abverlangt. Er braucht nur anzusagen, was er begehrt – und schon erhält er auf Geheiß der dicken Kröte, was er zu Hause vorweisen möchte: den feinsten Teppich, den schönsten Ring. Eine der Dienerinnen, in merkwürdigen Reimen als »Hutzelbeins Hündchen« angesprochen, schafft es auf der Stelle herbei. Die Ausführung des dritten Auftrages ist allerdings weniger klar, denn zunächst gibt die dicke Kröte eine ausgehöhlte gelbe Rübe und sechs Mäuse heraus. Auf die abermalige Frage nach der schönsten Frau folgt die Aufforderung, »aufs Geratewohl« unter den dienenden Itschen eine zu nehmen und in die Rübe zu setzen. Aber vielleicht ist es gar nicht dem Zufall überlassen, vielleicht ist es doch wieder Hutzelbeins Hündchen? Kaum sitzt die kleine Kröte in der Rübe, so wird sie nämlich zu einem wunderschönen Mädchen; die Rübe wird zur Kutsche, die sechs Mäuse zu Pferden; die Szenerie erinnert ein wenig an den Zauber der Perraultschen Feenpatin (AT 510 A → *Cendrillon*).

Gewiß sind diejenigen Fassungen näher am Kern des Märchens, in denen der jüngste Sohn es nur mit einem einzigen Froschmädchen zu tun hat. Auf das Geheiß des Froschmädchens packt er es, um sich mit ihm ins Wasser zu stürzen, es zu umschlingen, zu küssen, mit ihm zu schlafen – und augenblicks wird es aus der Froschgestalt erlöst. In den Märchen von der Katze als Braut (→ *Der arme Müllerbursch und das Kätzchen*) muß der junge Mann gelegentlich Kopf und Schwanz abschlagen, das Fell aufschlitzen, oder es sogar verbrennen. Läßt sich daraus schließen, daß die Erzählgruppe vom Frosch als Braut nur eine Spiegelung des → Froschkönigmärchens ist (AT 440)? Sonderbarerweise taucht sogar ein Titel auf, in dem von »Hendrich und der Kröte« die Rede ist – dem eisernen Heinrich also, mißverstanden und in der Rolle vertauscht? Nirgends findet sich schließlich eine Spur von einem etwa vergessenen zweiten Teil ernsthafter Erprobung. Unser Dummling bringt die schönste Frau nach Hause, auffälligerweise fast ohne sein Zutun. Die erste Vereinigung ist bereits die endgültige. Es wird Hochzeit gefeiert, und der Jüngste erhält das Reich, über das er, wie Wilhelm GRIMM schließt, lange und »in Weisheit« herrscht. Es gibt nur einen kaum nennenswerten Aufschub: Den drei erfolgreich bestandenen Proben wird auf Drängen der aufgebrachten Brüder noch eine vierte angehängt: Die Frauen müssen durch einen Ring springen. Aber dieses Motiv betrifft den Helden bereits nicht mehr. Es hat lediglich die Aufgabe, die Gegenspieler seiner schönen Frau endgültig auszuscheiden. In ihrer Tölpelhaftigkeit zerbrechen sich die »Bauernweiber« Arme und Beine (oder sie stürzen sich sogar zu Tode). Dabei ist anzumerken, daß die älteren Brüder, die meist weniger vortreffliche Dinge und keineswegs so schöne Bräute mitbringen, von Dorothea VIEHMANN in einen anderen, nicht minder wirkungsvollen, ja grotesken Gegensatz zu dem Jüngsten gebracht wurden: Da sie ihm nichts zutrauen (und offenbar auch den Vater wenig ernst nehmen, denn das Königreich, meinen sie, falle ihnen sowieso zu), geben sie sich nicht die geringste Mühe. Sie nehmen einem Hirtenweib die grob gewebten Kleider weg und schlagen einem Wagenring die Nägel aus, um das eine zum feinsten Teppich, das andere zum schönsten Ring zu erklären. Als die schönste Frau bringen sie erstbeste Bauernweiber. Am Ende haben sie sich durch ihre Mißachtung und ihre Schadenfreude selbst am meisten geschadet. Aber der alte Zuhörerwunsch, als jüngster und verkannter, im Schatten gescheiterer Brüder stehender Sohn der Bessere und endlich auch der Glücklichere zu sein, kommt mit diesem Märchen deutlich, ja fast ausschließlich zum Zuge – auch wenn zur Erfüllung dieses Zuhörerwunsches lediglich der erste Teil eines anderen Märchens aufgegriffen und der gewünschten Handlung angepaßt wurde, in dem statt von einem Königssohn in Froschgestalt von einer Braut als Froschmädchen erzählt wurde.

3. Die älteste bekannt gewordene Aufzeichnung des Märchens von dem verkannten Jüngsten, der die beste und schönste Braut heimbringt und auch bereits vorher mit ihrer Hilfe über seine Brüder hinausgewachsen ist und die vom Vater gesetzten Aufgaben bei weitem am besten erfüllt hat, verdanken wir dem Florentiner Geistlichen, Drucker und Vielschreiber Anton Francesco DONI (1513–1574). 1552 brachte A. DONI in allegorisch-fantastischer Einkleidung in seinen *Mondi* im Abschnitt *Mondo misto* in Gesprächsform seine Märchenfassung, die mit der Szene beginnt, in der die drei Brüder mit der Armbrust schießen und damit die Verbindung zu ihren künftigen Frauen herstellen; der Jüngste trifft in einen Froschteich.
Die nächst älteste Veröffentlichung erscheint eineinhalb Jahrhunderte später in Frankreich: 1698 als Rahmen zu einem → Rapunzelmärchen (AT 310) unter dem Titel *La chatte blanche* in der Baronin d'AULNOYS Sammlung (→ *Die weiße Katze*). Ein Jahrzehnt danach taucht 1709 auch in Antoine GALLANDS *1001-Nacht*-Übersetzung die hierher gehörige Pari-Banu-Erzählung auf, die freilich nicht in dem arabischen Manuskript, das er übersetzte, stand, sondern GALLAND von einem durchreisenden Maroniten übermittelt worden war (in der Übersetzung von Gustav WEIL: *Geschichte des Prinzen Ahmed und der Fee Pari Banu;* Bd 3, S. 235–282 nach der Ausgabe von 1913).
In den GRIMMschen *Kinder- und Hausmärchen* ist der Märchentyp zweimal vertreten; abgesehen von unserem KHM 63 *Die drei Federn,* auch mit KHM 106 *Der arme Müllerbursch und das Kätzchen,* zu dessen volkstümlicher Beliebtheit in der zweiten Hälfte des 19. Jahrhunderts hierzulande zweifellos der von dem Genremaler Max ADAMO mit unzähligen Einzelheiten erzählerisch gestaltete Münchener Bilderbogen Nr 836 erheblich beigetragen hat. Auch die Bilder des Petersburger Jugendstilmalers Ivan Jakovlevič BILIBIN tragen zur Berühmtheit dieses Märchens bei; er übernahm es aus der Sammlung Aleksandr Nikolaevič AFANAS'EVS: *Carevia Ljaguška.* Dort ziehen die Brüder aus, nachdem jeder einen Pfeil abgeschossen hat. Ein weiteres Zeugnis des

großen Einflusses französischer Buchfassungen auf die mündliche deutsche Überlieferung findet sich, abgesehen von Johann Gustav Gottlieb BÜSCHINGS *Mährchen von der Padde* (1812 Nr 60), in der sogar der Baronin d'AULNOYS Verquickung des Rapunzel- mit dem Katzenbraut-Märchen beibehalten ist, auch in August EYS *Harzmärchenbuch* von 1862, das, wie er glaubwürdig versichert, ohne Zuhilfenahme gedruckter Texte ausschließlich »den Alten abgelauscht« wurde. *Die schöne Prinzessin* (EY HMB 29) erweist sich rasch als etwas vereinfachende Nacherzählung von Baronin d'AULNOYS → *Weißer Katze* – mit einigen Anleihen aus LEPRINCE de Beaumont: → *Die Schöne und das Tier.*
Die drei Söhne eines Königs streiten sich um das Erbe und werden deshalb von ihrem Vater dreimal ausgeschickt, das Beste zu bringen: zuerst einen Hund, dann eine Stiege Leinen, schließlich eine Braut. Den jüngsten, den Dummling, lassen die Brüder im Wald im Stich. Aber er steigt auf einen Baum, sieht ein Licht, findet ein sonderbares Haus, in dem er von lauter Händen bedient wird, und speist schließlich zusammen mit einer weißen Katze, die mit ihren Pfoten, weiß der Erzähler zu berichten, von seinem Teller nimmt. Am zweiten Abend zerteilt der Jüngste das Fleisch dann doch lieber gleich auf dem Teller der Katze. Im Katzenschloß ist er gut aufgehoben, erhält auch abends ein prächtiges Katzenkonzert und kann gleich nach dem dritten Abend mit einem allerliebsten, in einer Walnuß verborgenen Hund heimziehen, während die Brüder nur einen lahmen und einen blinden Hund mitbringen. Ebenso geht es mit dem Leinen. Damit die Reisen abgekürzt werden, und vor allem, damit sich der Jüngste den Nachstellungen seiner Brüder entziehen kann (sie wollen ihn töten), erhält er von der Katze einen Flugring. Beim dritten Besuch bittet sie ihn schließlich, ihr den Schwanz abzuhacken. Das geschieht trotz anfänglichen Zögerns – und schon fliegt ein aus seiner Katzengestalt erlöstes schönes Mädchen, eine Königstochter versteht sich, dem Jüngsten an den Hals. Er bringt die schönste Braut heim. Und so wird der Dummling König. Aber jetzt ist er so klug, bemerkt der Erzähler, wie die anderen nie waren. (Man vergleiche auch die gut erzählte hannoversche Fassung aus der Sammlung der Brüder Carl und Theodor COLSHORN: *Grindköpfchen*, MSH 15).

4. BP 2, 30–38. – BP 2, 466–468. – DELARUE/TENÈZE 2, 36–46. – S. LILJEBLAD/C. W. v. SYDOW in HdM 2,72–74. – LIUNGMAN 85–86, 360. – RANKE 1, 319–350. – RÖLLEKE 96–101, 358. – WESSELSKI 131–134. – WESSELSKI: DMvG 2, 42–49. – W. WISSER: Musche. In: NdZfV. 5. 1927. 1, 8–13.

Die drei Hunde

AT 300 Bechstein DMB 49

1. In dem *Deutschen Märchenbuch,* das Ludwig BECHSTEIN (1801–1860) 1845 bei Georg WIGAND in Leipzig herausgab und das es innerhalb eines Jahrzehnts auf 12 Auflagen brachte, steht als Nr 52 ein Drachentöter-Märchen, das Ludwig KÖHLER beigesteuert hat. Ludwig KÖHLER (1819–1862) erzählt ein wenig trocken, aber BECHSTEIN beließ es dabei und änderte für die zwölfte Auflage von 1853, die erste von Adrian Ludwig RICHTER illustrierte, nur geringfügig. Das Märchen erhielt nunmehr die Nr 49. Vier Jahre später erschien die 13. Auflage, die Ausgabe letzter Hand, ebenfalls von RICHTER illustriert, nach deren Reihenfolge heute zitiert wird: DMB 49.

2. Ein armer Schäfer stirbt und hinterläßt einem Sohn und einer Tochter drei Schafe und ein kleines Haus. Der Sohn zieht mit den Schafen in die Welt und tauscht sie an einem Kreuzweg bei einem Fremden gegen drei schwarze Hunde ein: »Bring Speisen«, »Zerreiß ihn«, »Brich Stahl und Eisen«. Der Fremde sagt, er werde sein Glück damit machen. Der Junge erprobt sogleich den ersten der drei Hunde und wird reich mit Speisen versorgt.
Eines Tages begegnet ihm eine schwarz verhängte Kutsche und er erfährt von dem Kutscher, daß einem schrecklichen Drachen jedes Jahr ein Mädchen geopfert wird; diesmal sei das Los auf die Königstochter gefallen. Der junge Schäfer folgt dem Mädchen auf den Drachenberg, und als das Untier erscheint, läßt er es von seinem zweiten Hund zerreißen. Der Hund frißt den Drachen bis auf die Zähne, die der Retter einsteckt. Den Lohn, den er bekommen soll, wenn er dem dankbaren Mädchen heim zu ihrem Vater folgt, schlägt er aus – kündigt aber an, daß er in drei Jahren wieder zur Stelle sein wird. Kaum ist er mit seinen drei Hunden fortgezogen, erpreßt der Kutscher die Gerettete, indem er ihr den Tod androht. Er nimmt ihr einen Schweige-Schwur ab und gibt sich vor dem König als Drachentöter aus – woraufhin ihn der König zum Edelmann macht und ihm seine Tochter zur Frau verspricht.
Die Tochter erreicht einen dreimaligen Aufschub. Als die drei Jahre vergangen sind, wird die Hochzeit gerichtet. Dem Fremden, der mit drei Hunden in die Stadt kommt, erzählen die Leute,

der Drachentöter führe des Königs Tochter heim. Der Fremde nennt den früheren Kutscher einen Betrüger – und wird eingekerkert. Da hört er seine Hunde. Als er den dritten ruft, zerbricht und zerbeißt dieser Gitter und Ketten und befreit seinen Herrn, der darauf »Bring Speisen« ausschickt. Die Königstochter legt dem Hund die Speisen in ein Tuch, bricht den erzwungenen Schwur vor ihrem Vater, und der Vater läßt den wahren Drachentöter holen. Daß der Kutscher schon beim Erscheinen des Drachentöters, bevor dieser die Drachenzähne vorzeigt, das Spiel aufgibt, läßt erkennen, wie wenig sich der Erzähler seiner dramatischen Möglichkeiten bewußt ist. Der betrügerische Kutscher wird in den Kerker geworfen. Dann wird Hochzeit gefeiert. Als der Drachentöter auch die Schwester hat herbeiholen lassen, spricht ihn plötzlich einer der wunderbaren Hunde an: Du brauchst uns nicht mehr. Die Hunde verwandeln sich in Vögel und fliegen davon.

3. In der Grimmschen Sammlung ist das *Drachentöter*-Märchen, wie so häufig, in das → *Zwei-Brüder*-Märchen eingefügt (AT 303, KHM 60). Aber es besteht auch als eigener Märchentyp und dürfte in deutscher Sprache durch die Fassung in Ludwig BECHSTEINS *Deutschem Märchenbuch* am weitesten bekannt geworden sein – wenn auch Wilhelm WISSERS niederdeutsche (*Der Drachentöter,* PV 2, S. 8–16) und Georg MARTZOLFFS aus dem Elsaß mitgeteilte (*Der Mann mit den drei Hunden,* in: Jahrbuch für Geschichte, Sprache und Literatur Elsaß-Lothringens, 18. 1902. S. 206–208) besser erzählt sind. Kurt RANKE, der sich gründlich mit dem *Zwei-Brüder-* und damit auch dem *Drachentöter*-Märchen beschäftigt hat, konnte allein aus Schleswig-Holstein 34 Fassungen des *Drachentöter*-Märchens nachweisen, das trotz aller Wechselhaftigkeit in den Einzelzügen einen festgefügten Aufbau zeigt: Wesentlich sind die drei Hunde, der Kampf mit dem Untier und der am Ende überführte Betrüger. Bemerkenswert ist jedoch auch die am häufigsten zu hörende Eingangsmotivik: Ein Junge muß die Schafe seines Vaters hüten, aber ein Mann aus dem Wald, ein graues Männchen, ein Jenseitiger jedenfalls, schlägt ihm einen Tausch vor: Für die drei Schafe erhält er drei Hunde, die wunderbare Gaben besitzen – was bereits aus ihren Namen hervorgeht. Oder der Junge erhält eine Pfeife, mit der er die drei Hunde herbeiholen kann, oder beides zugleich. Eine erzählerisch gelungene Steigerung ist es, wenn der Junge dreimal tauscht und abends Schelte und Prügel ein-

stecken muß – bis er mit seinen drei Hunden den Vater endgültig verläßt. Gelegentlich ist auch der Vater tot, und es ist die Mutter, die den Jungen zum Hüten schickt. Oder es wird erzählt, daß die Mutter ihm den Hund des verstorbenen Vaters mit auf den Weg gibt, der Hund von Räubern oder Riesen getötet wird, und eine merkwürdige alte Frau, die feststellt, daß dem Jungen der Hund des Vaters sehr viel wert war, ihm dafür drei andere gibt. Mit diesen drei Hunden muß der Junge nun keineswegs gleich den Kampf mit dem Drachen führen – er gerät in ein oft dramatisch erzähltes Bewährungsabenteuer für sich und die Hunde, das möglicherweise aus einem anderen, in deutscher Sprache sonst recht seltenen Zaubermärchen entlehnt ist: aus dem Märchen von der treulosen Schwester (AT 315 – möglicherweise ist die treulose Schwester aber nur ein Ersatz der ursprünglicheren verräterischen, hassenden Mutter, wie im Typ AT 590 geschildert; vgl auch AT 851 → *Das Rätsel*). Recht drastisch erzählt wird das in dem BECHSTEIN-Märchen, NDMB 19: *Der Wandergeselle:* Der Held, ein junger Metzgergeselle, gerät in das Haus eines Menschenschlächters und befreit sich und seine Hunde nicht nur daraus, sondern tötet auch die ganze dazugehörige, im unterirdischen Unterschlupf verborgene Raub- und Mordbande. Dann folgt BECHSTEIN freilich einer Gruppe von Drachentöter-Märchen, in denen die Königstochter nicht einem Drachen, sondern dem Teufel überantwortet wird und der Held keinen blutigen Kampf gegen ein Ungeheuer mit sieben Häuptern führt, sondern den Teufel mit einer magischen Schnupftabaksdose überlistet: Er bannt ihn fest, wie der Schmied von Jüterbogk den Tod auf dem Birnbaum festmacht (AT 330).

Betrüger, die vorgeben, eine Königstochter errettet zu haben, kommen auch in ganz anderen Märchentypen vor, so in den Märchen vom → *Gelernten Jäger* oder dem → *Hünentöter* (beide AT 304). Hier wie dort wird der Betrüger, der sich nur die Häupter des Drachen oder der Riesen sichert, dadurch überführt, daß der Held und wahre Retter die ausgeschnittenen Zungen vorweist. Dieser Zug fehlt in der Legende vom *Hl. Georg.* Sie baut zwar ganz auf dem *Drachentöter*-Märchen auf, hat aber weder die Motive vom Betrüger noch die von den drei Hunden und den Beweisstücken des Kampfes übernommen. Für die Legende (die übrigens den wichtigen Zug erhalten hat, daß der Drache den Zugang zum Wasser sperrt) war die Befreiung der zum Opfer bestimmten Jungfrau und der Kampf mit dem Untier das Wesentliche – und sie fügte die besondere Wendung hinzu, daß der tapfere, während der Christenverfolgung des Kaisers DIOKLETIAN Anfang des 4. Jahrhunderts ums Leben gekommene Held den unterworfenen Drachen an einem Halsband in die Stadt führte und so den König dazu bewog, sich zum Christentum zu bekehren. Aber das liest man am besten in der *Legenda aurea* (1263–1288) des Dominikaners JACOBUS de Varagine nach. Im Zaubermärchen dagegen spielen die Hunde am Ende noch einmal eine wichtige Rolle: Sie geben der Königstochter Nachricht, daß der wahre Retter und Held eingetroffen ist. Weitere nachlesenswerte Fassungen: COLSHORN MSH 43: *Die Querpfeife; JAHN VPR 62 (mit 302 und 316): *Der Kaufmann und die Seejungfrau;* MEIER DVS 58: *Der Drachentödter;* STRACKERJAN ASO 630: *Die drei Hunde;* ZINGERLE KHMS 1, 8: *Geschwind wie der Wind, Packan, Eisenfest.*

4. J. B. AUFHAUSER: Das Drachenwunder des Hl. Georg in der griechischen und lateinischen Überlieferung. Leipzig 1911. – R. BAUMANN: A sixteenth century version of the dragonslayer. In: Fabula. 11. 1970. 137–143. – BÎRLEA 23–28. – F. BROMMER: Die Königstochter und das Ungeheuer. Marburg 1955. – DELARUE 1, 101–108. – U. DUKOVA: Das Bild des Drachen im bulgarischen Märchen. In: Fabula. 11. 1970. 209–252. – S. ERDÉSZ: Drachentypen in der ungarischen Volksüberlieferung. In: Acta ethnografica Academiae scientiarum hungaricae. 20. 1971. 85–128. – F. M. GOEBEL in HdM 1, 240–248. – E. S. HARTLAND: The legend of Perseus. 1–3. London 1894–1896. – W. HIERSE: Das Ausschneiden der Drachenzunge und der Roman von Tristan. Hannover 1969 (Diss. Tübingen). – W. LANGE: Der Drachenkampf. Diss. München 1939. – S. LILJEBLAD: Perseusmyten. In: Saga och sed. 1935. 31–32. – LIUNGMAN 38–43, 356–357. – M. LÜTHI: Der Drachentöter. In: LÜTHI: Es war einmal. Göttingen ³1968. 31–41. – RANKE 1, 15–57. – K. RANKE: Die zwei Brüder. Helsinki 1934 (FFC 114). – L. RÖHRICH in EM 3, 787–820. – ŞĂINEANU 312–316. – SCHERF: Bechstein 810–811; 853. – L. SCHMIDT: Sichelheld und Drachenzunge. In: SCHMIDT: Die Volkserzählung. Berlin 1963. 41–47, 367–368. – R.-R. SCHNEIDER: Ludwig Köhler. In: SCHNEIDER: Bechsteins Deutsches Märchenbuch. Diss. Wuppertal 1980. 168–170. – SINGER 1, 38–40. – C. W. v. SYDOW in HdM 1, 411. – A. R. VELIE: The dragon killer, the wild man and Hal. In: Fabula. 17. 1976. 269–274. – F. VETTER: Der Heilige Georg des Reinbot von Durne. Halle 1896. – Weitere Literatur beim Artikel → *Die zwei Brüder.*

Drei Königskinder

AT 707 Busch UoW 25

1. Wilhelm BUSCH (1832-1908) sammelte in den Jahren 1853 bis 1856 Volkserzählungen seiner Heimat, die erst zwei Jahre nach seinem Tod in München bei JOACHIM unter dem Titel *Ut ôler Welt* 1910 von W. BUSCHS Neffen Otto NÖLDEKE veröffentlicht wurden. Unter den Märchen findet sich dort als Nr 25 eine Fassung des Parizademärchens von den geheimen Wünschen dreier Schwestern, von denen die jüngste sagt, sie werde dem König drei Kinder mit goldenen Sternen gebären. Wilhelm BUSCHS *Drei Königskinder* ist besser und reicher erzählt als die entsprechende GRIMMsche Fassung → *Die drei Vögel* (KHM 96).

2. Das Märchen beginnt mit dem Erlaß des Königs, daß nach zehn Uhr nicht mehr gearbeitet werden darf. Drei Mädchen, die dagegen verstoßen, werden vom König belauscht, und dabei erfährt er ihre geheimen Wünsche: Das eine Mädchen will den Koch, das zweite den Minister des Königs heiraten, das dritte aber den König selber. Weil dem König diese Wünsche »so drollig« vorkommen, beschließt er, sie zu erfüllen. Und als seine junge Frau schwanger wird, bestimmt er auf ihren Wunsch hin die älteste Schwester zur Geburtshelferin. Die Königin bringt einen Knaben mit einem goldenen Stern auf der Stirn zu Welt – aber die neidische Schwester klebt ein Pechpflaster darauf und setzt das Kind im Kasten auf einem Strom aus (W. BUSCH notiert: »Eine Art Nilstrom, wie die Erzählerin bemerkte« – das ist kein unwichtiger Hinweis auf die Nähe der Fassung von *1001 Nacht*). Dem König erklärt die Schwägerin, seine Frau habe einen Hund geboren. Ebenso geschieht es bei der Geburt des zweiten Knaben. Aber als die Königin ein Mädchen gebiert, und es heißt, sie habe nichts als eine Katze zur Welt gebracht, wird der König »seines Zornes nicht mehr Meister« und läßt seine Frau lebendig einmauern. Die ausgesetzten Kinder aber sind inzwischen von einem Gärtner gefunden und zusammen mit dessen eigenen Kindern aufgezogen worden.
Die Geschichte der zwei neidischen Schwestern in *1001 Nacht* in der Ausgabe von Gustav WEIL (Berlin 1913, Bd 3, S. 282-319), weist auffällige Übereinstimmungen zum ersten Teil unseres Märchens in der Fassung bei BUSCH auf: Der Sultan von Persien

liebt es, nachts verkleidet umherzustreifen und belauscht im Armenviertel drei Schwestern, von denen die älteste sich wünscht, den Bäcker des Sultans, die zweite seinen Oberkoch, die dritte aber den Sultan selber zu heiraten: Sie will ihm einen Sohn mit goldenen und silbernen Haaren schenken. Der Sultan erfüllt die Wünsche – und als die Zeit der Niederkunft naht, werden die neidischen Schwestern zu Hebammen bestellt. Sie setzen den Knaben in einem Korb aus, der Gärtner findet ihn, und die Frau des Aufsehers der königlichen Gärten nimmt den Knaben an Kindes Statt auf. Ebenso geschieht es bei der zweiten und dritten Geburt. Die neidischen Schwestern behaupten, die Sultanin habe von einem Hund, einer Katze und einem Stück Holz entbunden. Und dann heißt es in der Weilschen Übersetzung: »Der Sultan Chosru Schah aber konnte, als er von dieser neuen Mißgeburt vernahm, seinen Zorn nicht mehr bezähmen«. Die Sultanin wird neben der Tür der Hauptmoschee eingesperrt, damit jeder, der zum Gebet geht, ihr ins Gesicht speie.

Während Wilhelm BUSCHS Erzählerin berichtet, daß die Kinder des Gärtners sterben und die Findlinge zu dessen Erben eingesetzt werden, haben in *1001 Nacht* der Aufseher der Gärten und seine Frau, die kinderlos sind, die beiden Knaben und das Mädchen als Geschenk des Himmels angenommen. Sie lassen die drei sorgfältig erziehen, ziehen mit ihnen in ein Landhaus, sterben aber bald und lassen die Kinder allein zurück.

In der von Wilhelm BUSCH mitgeteilten Fassung wird nach der völligen Trennung der Kinder von dem irregeleiteten Vater und der tief erniedrigten Mutter folgendermaßen weitererzählt: Ein alter Mann erscheint und sagt den drei Herangewachsenen, daß ihnen zu ihrem Glücke der Vogel der Wahrheit, das Wasser des Lebens und der Apfel Sina fehle. Sie seien auf einem Berg zu finden, doch werde zu Stein verwandelt, wer sich beim Aufstieg beirren lasse und sich umschaue. Die drei Geschwister ziehen einer nach dem anderen aus (und hinterlassen als Lebenszeichen ein Messer, das sie wie im → *Zwei-Brüder*-Märchen AT 303 in einen Baum stoßen). Die Messer der beiden Brüder rosten und zeigen deren Tod an; da zieht als letzte das Mädchen aus, läßt sich durch Donner, Wetterleuchten und bebende Erde nicht beirren und holt den Apfel, das Lebenswasser und den Vogel. Beim Abstieg besprengt es mit dem Wasser die verstreut umherliegenden Steine und macht die Versteinerten, darunter auch ihre beiden Brüder, wieder lebendig. Singend ziehen die Scharen vom Berg herab.

Davon ist die Erzählung aus *1001 Nacht*, wenn auch in den Einzelheiten reicher und bunter entwickelt, nicht allzu weit entfernt: Als die Brüder bei der Jagd sind, erscheint eine alte Frau im Haus der drei Geschwister, um zu beten[1]; sie erklärt der Schwester Parizade, als diese ihr das Anwesen zeigt, daß es unvergleichlich wäre, wenn der sprechende Vogel, der singende Baum und das goldgelbe Wasser noch hinzugefügt würden. Erst zieht der ältere, dann der zweite Bruder aus; ein jeder hinterläßt ein Messer als Lebenszeichen. Sie treffen auf einen Derwisch, der ihnen eine Kugel gibt, die vor ihnen herläuft, aber er warnt vor den Stimmen, dem Umblicken und erklärt, daß die schwarzen Steine auf dem Weg zur Höhe verwandelte Menschen seien. Die Brüder scheitern – das Mädchen aber, das sich wie ein Mann kleidet, scheitert nicht. Es achtet nicht auf die Stimmen, bringt Vogel, Wasser und Baum, besprengt die schwarzen Steine, findet unter den so Belebten auch ihre Brüder und zieht an der Spitze der Wiederbelebten vom Berg herab und zurück in die Heimat.

Der Schluß des Märchens in der Fassung von Wilhelm BUSCH ist rasch erzählt. Der Vogel der Wahrheit rät den Geschwistern, den König zum Mahl zu laden. Aus den Stückchen des wunderbaren Apfels entstehen die erlesensten Speisen. Der Vogel aber erläutert dem König, daß er nicht mit den Kindern des Gärtners, sondern seinen eigenen zu Tisch sitzt. Die Pechpflaster werden abgezogen, und die Goldsterne erscheinen. Die unschuldig eingemauerte Mutter wird mit dem wunderbaren Wasser ins Leben zurückgerufen, und es wird eine zweite Hochzeit gefeiert.

In der *1001-Nacht*-Fassung wird erheblich weitschweifiger erzählt. Aber auf das Wesentliche zurückgeführt, geschieht folgendes (ähnlich wie in der oft recht unklaren Fassung des Märchens in der Grimmschen Sammlung, → *Die drei Vögel*): Die Sultanssöhne treffen bei der Jagd mit ihrem Vater zusammen, und der Vogel, der die Wahrheit sagt, rät ihnen, den Sultan zu sich nach Hause einzuladen und mit einer besonderen Speise zu bewirten. Der Sultan kommt und staunt über das goldgelbe Wasser und den singenden Baum. Als sich der Sultan aber über

[1] Die alte Frau ist vermutlich niemand anders als die geheime Gegenspielerin, die hassende, hexenhafte Mutter des jungen Königs; sie versucht, die Kinder zu verderben – wie es ganz ähnlich der Zisterziensermönch JOHANNES vom Kloster Alta Silva 1195 in seinem *Dolopathos* erzählt hat.

das sonderbare Gericht, das ihm vorgesetzt wird, verwundert, fragt ihn der Vogel, warum er sich nicht verwundert habe, als man ihm sagte, seine Frau habe einen Hund, eine Katze, ein Stück Holz geboren? Die Wahrheit kommt zutage, der Sultanin geschieht Genugtuung und ihre neidischen Schwestern werden gerichtet.

3. Paul DELARUE, ein guter Kenner dieses Märchens, sah durch die immer wieder nachweisbaren Abhängigkeiten der Aufzeichnungen aus mündlicher Überlieferung von den literarischen Fassungen vor allem Gianfrancesco STRAPAROLAS, der Baronin d'AULNOY, Antoine GALLANDS oder Aleksandr Sergeevič PUŠKINS und durch die Existenz der von d'AULNOY und GALLAND abhängigen, überaus zahlreichen populären Drucke seine Auffassung bestätigt, daß das Märchen vom Vogel der Wahrheit, wie er es nannte, »einen großen Einfluß auf die mündliche Überlieferung ausgeübt, wenn nicht gar sie beinahe vollständig bewirkt hat« (P. DELARUE in seinen Anmerkungen zu A. de FÉLICE: *Contes de Haute-Bretagne*, Paris 1954).
Das ist eine sehr weitgehende Annahme, die man zum mindesten in zweifacher Hinsicht einschränken muß: Erstens beruhen die erwähnten Buchmärchen ihrerseits gewiß selber auf mündlicher Überlieferung. Zweitens zeigen die zahlreichen slavischen Fassungen mehr oder weniger deutlich ihre von literarischer Überarbeitung unabhängige Ursprünglichkeit, und gerade die im Osten neben der üblichen allgemeinen Form zahlreich belegte besondere slavische Redaktion ist eigenständig und unabhängig. A. S. PUŠKINS Fassung ist deutlich von dieser besonderen slavischen Überlieferung getragen.
Einzelne Motive und verwandte Motivketten findet man bereits in Zeugnissen des 3. Jahrhunderts, etwa im *Tipiṭaka* (vor 280 n. Chr.) oder in dem aus derselben Zeit stammenden Roman *Apollonius von Tyrus*, doch die älteste vollständige Fassung, die bekannt ist, steht in Gianfrancesco STRAPAROLAS Sammlung (4,3; um 1550): *Ancilotto, König von Provino, heiratet die Tochter eines Bäckers und zeugt mit ihr drei Kinder. Von der Mutter des Königs verfolgt, werden sie, dank der Kraft eines Wassers, eines Apfels und eines Vogels von ihrem Vater erkannt* (so der Titel nach der Übersetzung von Hanns FLOERKE, 1920). Eine von STRAPAROLAS *Ancilotto* unabhängige Fassung des Märchens veröffentlichte 1566 der Schauspieler und Komödiendichter Andrea CALMO (1510?-1571) in seinen *Lettere* (4, Nr 42). Auch in

Portugal gibt es ein frühes Zeugnis und zwar bei dem meistgelesenen portugiesischen Novellendichter seiner Zeit, Gonçalo Fernandes TRANCOSO (um 1520 bis vor 1596), der sich gern an die mündliche Überlieferung hielt, in seiner vermutlich 1575 zuerst herausgekommenen zweibändigen (später dreibändigen) Sammlung *Contos e histórias de proveito e exemplo*. Die nächste Buchmärchenfassung veröffentlichte die Baronin d'AULNOY 1698 im dritten Band ihrer *Contes nouveaux ou Les fées à la mode* unter dem Titel *La princesse Belle-Etoile et le prince Chéri* – eng angelehnt an STRAPAROLA, aber das Ganze aus bürgerlicher Umgebung ins höfisch Romantische der Gesellschaft von Versailles übertragen. Auf die Baronin d'AULNOY folgt die Gallandsche *1001-Nacht*-Übersetzung (vgl HABICHT, von der HAGEN, SCHALL Bd 7 oder WEIL Bd 3: *Geschichte der beiden neidischen Schwestern*) und 1712 Eustache LE NOBLE in *Le gage touché* mit seiner Fassung *L'oiseau de vérité*. Mehr als ein Jahrhundert später schrieb Aleksandr Sergeevič PUŠKIN (1799-1837) nach dem Diktat seiner alten Kinderfrau das Märchen vom Zaren Saltan, von seinem Sohn, dem berühmten und mächtigen Fürsten Gvidon, und von der wunderschönen Schwanenprinzessin[1] (*Skazka o care Saltane*).

Die deutsche Überlieferung ist vor allem von *1001 Nacht* beeinflußt, wie der Vergleich von Wilhelm BUSCHS aus mündlicher Überlieferung Mitte des vorigen Jahrhunderts aufgenommener Erzählung mit dem Parizade-Märchen zeigt. Einer weiteren Verbreitung von KHM 96 *De drei Vügelkens* (→ *Die drei Vögel*) stand die ungeschickte Erzählweise und die niederdeutsche Mundart im Wege. Das GRIMMsche Märchen ist so gut wie in keinem Auswahlband zu finden - die BECHSTEINsche Fassung DMB 65 *Die Knaben mit den goldnen Sternlein* wurde von

[1] Vollständiger Titel: *Skazka o care Saltane, o syne ego slavnom i mogučem bogatyre knaze Gvidone Saltanoviče i o prekrasnoj carevne Lebedi.*
Ivan Jakovlevič BILIBIN illustrierte diesen Text PUŠKINS mit zehn vollfarbigen Jugendstilbildern und einigen Schmuckleisten, ein Bilderbuch, das sich bis auf den heutigen Tag großer Beliebtheit erfreut und in mehreren Sprachen verbreitet ist. I. J. Bilibin, der seine Bilder dem Komponisten Nikolaj Andreevič RIMSKIJ-Korsakov (1844–1908) gewidmet hatte, war wie so mancher andere Jugendstilkünstler seiner Zeit deutlich von dem japanischen Farbholzschneider Katsushika HOKUSAI (1760–1849) beeinflußt (vgl das im Victoria und Albert Museum in London aufbewahrte Blatt aus der Reihe der 36 Ansichten des Berges Fuji).

Bechsteins Mitarbeiter Ludwig KÖHLER in solch trockenem Papierdeutsch vorgetragen, daß sie sich gewiß nicht viele Freunde gemacht hat; außerdem ist der zweite Teil von der Suchwanderung der verstoßenen Frau nach ihren Kindern eine Verlegenheitslösung. Es gibt jedoch eine ganze Reihe anderer deutscher Fassungen, die größere Beachtung verdienen: COLSHORN MSH 14: *Die gläserne Kugel*, HALTRICH DVSS 1: *Die beiden Goldkinder*, MEIER DVS 72: *Der König Auffahrer des Meeres*, und WOLF DHM 16: *Die drei Königskinder*. Die Fassung bei dem Tübinger Orientalisten Ernst MEIER, der ausschließlich aus schwäbischer mündlicher Überlieferung sammelte, weist einen Zug auf, der für die slavische Überlieferung charakteristisch ist: Die verfolgte Mutter lebt bei ihren Kindern. In der slavischen Überlieferung hat die Mutter beispielsweise dreimal drei Kinder zur Welt gebracht und ist in der bekannten verleumderischen Art von ihnen getrennt worden. Es gelingt ihr jedoch, das letzte Kind in ihrem Ärmel zu verstecken. Und als sie in einer Tonne ausgesetzt wird (sie wird nicht im Schloß ihres Mannes eingemauert oder eingegraben), hat sie dieses letzte Kind dabei, das übernatürlich schnell wächst und dem es mit seinen besonderen Kräften gelingt, die Verbindung mit den anderen Geschwistern herzustellen. Dabei spielt ein eigentümliches Motiv eine Rolle: Der Jüngste nimmt Fladen mit, die in der Milch der Mutter gekocht sind. Am Geschmack dieser Fladen erkennen die Geschwister, daß ihre Mutter lebt und der Überbringer ihr jüngster Bruder ist. Diese, sonst aus der besonderen slavischen Form bekannten Eigentümlichkeiten, sind jedoch auch in indischen Erzählungen buddhistischer Prägung überliefert - worauf Emmanuel COSQUIN hingewiesen hat.

4. W. A. BERENDSOHN in HdM, 1, 351-354. – BP 2, 380-394. – E. COSQUIN: Le lait de la mère et le coffre flottant. In: Revue des questions historiques. 42. 1908. 353-425. - DELARUE/TENÈZE 2, 633-648. - A. M. ESPINOSA: Los niños coronados. In: JAL. 27. 1914. 230-231. – E.-D. GÜTING in EM 2, 1050-1053. – J. HERTEL: Zu den Erzählungen von der Muttermilch und der schwimmenden Lade. In: ZfV. 19. 1909. 83–92. – G. HUET: Le conte des sœurs jalouses. In: Revue d'ethnographie et de sociologie. 1. 1910. 210-218; 2. 1911. 189-201. – KÖHLER 1, 571. – KRÜGER 26–31. – R. LENZ: Un grupo de consejas Chilenas. In: Revista de folklore Chileno. 3. 1912. 1–152. – LIUNGMAN 196–198, 367. – E. MUDRAK in DMDW 109-136. – RANKE 3, 55-62. – SCHERF: Bechstein 821-822.

Die drei Männlein im Walde

AT 403 B KHM 13

1. Am 9. Oktober 1812 erzählte die damals 19jährige Henriette Dorothea WILD (1793–1867) dem Freundeskreis der Geschwister GRIMM das Märchen von den drei Männlein im Walde, die das von der Stiefmutter verfolgte gute Mädchen belohnen, das schlechte aber bestrafen, und dafür sorgen, daß das gute Mädchen sich von der hinterhältigen Stiefmutter trennen kann und von dem jungen König als Frau heimgeführt wird. Die von Dortchen WILD im Oktober erzählte Fassung wurde noch im selben Jahr im ersten Band der Erstauflage der *Kinder- und Hausmärchen* als Nr 13 veröffentlicht. Für die zweite Auflage von 1819 wurde eine Erzählung aus Zwehren eingearbeitet (also wohl von Dorothea VIEHMANN, geb. PIERSON beigesteuert). Das Verwünschungsmotiv ist einer dritten, von Amalie HASSENPFLUG erzählten Fassung entnommen. Die Einordnung änderte sich bis zur Ausgabe letzter Hand nicht mehr – daher wird das Märchen als KHM 13 zitiert.

2. *Die drei Männlein im Walde* hat wie zahlreiche Märchen dieses Typs eine Ausgangslage, die den meisten Zuhörern oder Lesern aus ihren Tagträumen nur allzu vertraut ist: Ein schönes und gutes Mädchen wird von seiner Stiefmutter gehaßt und verfolgt, während die unerfreuliche Stiefschwester überall vorgezogen und verwöhnt wird. Die Brüder GRIMM schildern diese Ausgangslage allerdings nicht in der Erlebnisweise des Haß und Verfolgung leidenden Mädchens, sondern berichten knapp und sachlich über das Entstehen der Konfliktsituation, sie erläutern die Verwandtschaftsverhältnisse. Die Peinigungen des Mädchens, das sich vorwerfen muß, selbst diejenige gewesen zu sein, die den verwitweten Vater zu einer neuen Ehe gedrängt hat, gipfeln zunächst darin, daß es im strengen Winter im Papierkleid und lediglich mit einem Stück harten Brotes versehen von der Stiefmutter ausgeschickt wird, um Erdbeeren zu suchen. Die Stiefmutter will sich damit ein für allemal von dem guten Mädchen befreien; das verhaßte Geschöpf soll verhungern und erfrieren. Sie weiß natürlich nicht, was der Zuhörer weiß und worauf er vertraut: daß der Verstoßenen und Verfolgten Hilfe zuteil wird. Es ist also gleichgültig, wohin das Mädchen in den verschiedenen Fassungen des Märchens geschickt wird, zu einer

Quelle, an der Gefahr durch außerweltliche Wesen droht; in den einsamen Wald, um die vergessene Axt zu holen; auf die verlassene Weide, wo nach dem Spinnen die Schere liegen geblieben ist; oder in eine Kirche, um das vergessene Gesangbuch zu holen: Die austreibende Stiefmutter will das gute Mädchen vernichten. Aber der Zuhörer weiß, daß das gute Mädchen am Ort der Gefahr Bestätigung und die entscheidende Unterstützung für die Zukunft von den Jenseitigen erfahren wird.

In der Grimmfassung stößt das gute und schöne Mädchen auf ein Häuschen, aus dem drei »Haulermännerchen« herausschauen. Es teilt mit ihnen das harte Stück Brot und als es, wie es ihm die drei Männlein auftragen, den Schnee vor der Hintertüre wegkehrt, findet es Erdbeeren. Darüber hinaus wird das Mädchen mit drei Gaben ausgestattet, die sein weiteres Schicksal bestimmen: täglich zunehmende Schönheit; Goldstücke, die ihm beim Sprechen aus dem Mund fallen; und einen König zum Mann. Mit anderen Worten: Durch diese unbeirrt aufgesuchte Begegnung hat sich das Mädchen ganz auf sich selbst gestellt, es hat den Weg zu sich selbst gefunden. Als es, seiner selbst sicher geworden, nach Hause zurückkehrt, erkennen die Widersacher natürlich sogleich den neuen Reichtum. Der Neid treibt sie dazu, das gleiche zu versuchen – aber die häßliche Stiefschwester kennt keinen eigenen Einsatz. Im Pelz, und reichlich mit Mundvorrat versehen, muß sie weder frieren noch hungern. Ihren Kuchen teilt sie mit niemandem. Und das Schneefegen vor der Hintertür lehnt sie als beleidigendes Ansinnen ab. Sie wird niemals und niemandem dienen, sie macht sich nicht zur Magd. Kein Wunder, daß sie von der Begegnung nichts als Häßlichkeit mit nach Hause bringt und die ihr noch unbekannte Bestimmung dazu, eines unnatürlichen Todes zu sterben.

Die beiden Häßlichen, die zurückbleiben und tatenlos zuschauen müssen, als der junge König die gute und schöne Tochter als Braut mit nach Hause nimmt (und das gerade, als sie zum Garnwaschen auf das Eis hinausgeschickt worden ist), sinnen auf Rache und fühlen ihre Stunde gekommen, als übers Jahr die junge Königin im Wochenbett liegt und ihr Mann sie für eine kurze Weile allein lassen muß. Sie werfen die junge Königin durchs Fenster in den Strom; die häßliche Tochter wird untergeschoben; dem zurückkehrenden König wird ihre Häßlichkeit notdürftig erklärt: Das Kindbett habe sie so sehr geschwächt.

Doch ebenso wie die wahre Braut im Märchen von dem Bildnis,

das ihr Bruder bewahrt (AT 403 A → *Die weiße und die schwarze Braut*, vgl auch → *Zitterinchen*), gibt auch die junge Königin des Märchens von den drei Männlein im Walde (AT 403 B) selbst in aussichtslos erscheinender Lage nicht auf. Sie kehrt noch entschiedener – denn sie weiß ja ihr Kind, das gestillt werden muß, im Königsschloß – in drei Nächten zurück. Im Gossenstein und in Gestalt einer Ente fragt sie den Küchenjungen nach dem König, nach ihren Verfolgerinnen und nach ihrem Kind. Schließlich gibt sie eine Anweisung, wie sie ihre Menschengestalt zurückgewinnen kann: Der König muß dreimal sein Schwert über ihr schwingen. Auch in dieser wie in zahlreichen anderen Fassungen spricht die Verfolgerin unwissentlich das Urteil über sich selbst und ihr schlimmes Werkzeug, ihre eigene Tochter: Sie werden im Nagelfaß den Berg hinab in den Strom gerollt. Den gleichen Schluß hat auch das nahe verwandte Märchen von der → *Gänsemagd* (AT 533) und einige Erzählungen, die zum Märchen von der Jungfrau in der Erdhöhle gehören (AT 870 → *Jungfrau Maleen*).

3. Rolf HAGEN hat sich in seiner Dissertation von 1954 (*Der Einfluß der Perraultschen Contes auf das volkstümliche deutsche Erzählgut und besonders auf die Kinder- und Hausmärchen der Brüder Grimm*) ausgiebig mit dem ersten Teil des Märchens von den drei Männlein im Walde beschäftigt und die Behauptung widerlegt, die Grimmfassung sei von PERRAULTS Erzählung von den beiden Feen abhängig (AT 480 → *Die Feen*). Das Perraultsche Stiefmuttermärchen berichtet zwar vom Gang der beiden so gegensätzlichen Mädchen zum Brunnen, wo das eine von einer Fee belohnt, das andere bestraft wird – aber dieser Eingang ist so allgemein verbreitet und überdies charakteristisch für das → *Frau-Holle*-Märchen (AT 480, was Warren E. ROBERTS 1958 weltweit nachgewiesen hat), daß von keiner Abhängigkeit gesprochen werden kann, zumal die Grimmsche und die Perraultsche Erzählung nicht einen einzigen auffälligen Zug gemeinsam haben. Richtig ist indessen, daß die Eingänge des Märchens von den drei Männlein im Walde und der *Frau-Holle*-Erzählungen, die W. E. ROBERTS allgemeiner »Erzählungen von dem freundlichen und dem unfreundlichen Mädchen« genannt wissen will, geradezu als austauschbar erscheinen. Doch bei genauerem Hinschauen wird ein wesentlicher Unterschied deutlich: Die drei Überweltlichen unserer Erzählung, die gelegentlich christlich legendär durch Gott Vater, Sohn und den Hl. Geist

oder durch Christus, Petrus und Paulus ersetzt werden, anderseits aber auch durch die Jahreszeiten oder die zwölf Monate, gehören ganz sicher nicht zum Märchentyp von der Frau Holle oder dem Thürschemann, von dem Ludwig BECHSTEIN in DMB 11 erzählt: *Die Goldmaria und die Pechmaria* (vgl auch HALTRICH DVSS 35: *Die beiden Mädchen und die Hexe*). In den urtümlicheren Fassungen sitzen die Überweltlichen um ein Feuer im Wald. Es kommt auch häufiger vor, daß die Mädchen gefragt werden, welche Jahreszeit ihnen lieber sei; bei Giambattista BASILE (5,2: Li mise) werden nicht Mädchen, sondern zwei Brüder befragt; es gibt sogar Fassungen, in die das Brauchtum vom Streit des Winters mit dem Frühling hineinspielt.

Unser Märchen von den drei Männlein im Walde, dessen zweiter Teil mit dem scheinbaren Triumpf der Verfolgerin durch die Unterschiebung der schlimmen Stiefschwester im Wochenbett eingeleitet wird, kommt in allen wesentlichen Motiven auch in der Aufzeichnung eines Jaina-Mönchs spätestens vom Ende des 17. Jahrhunderts vor – woraus Albert WESSELSKI allzu voreilig schloß, daß es indischen Ursprungs sei. Freilich berichtete er auch von einer lateinisch-tschechischen Handschrift mit der Randbemerkung von einer Mutter, die ihre Tochter im Februar aussendet, um Erdbeeren zu suchen; dabei trifft das Mädchen zwölf Glatzköpfe, zwölf Weise. Diese frühe Randbemerkung beweist, daß mindestens der charakteristische Anfangsteil des Märchens mit den im Winterwald Lohn und Strafe austeilenden Übernatürlichen bereits in der Mitte des 14. Jahrhunderts in Mitteleuropa bekannt war.

Ob unser Subtyp AT 403 B des Märchens von der weißen und der schwarzen Braut bei der Ausbildung der *Katharina*-Legende Pate gestanden hat (Katharina von Alexandrien), kann hier nicht verfolgt werden. Aber es gibt mindestens drei gemeinsame Motive: die mystische Verlobung, das Gespräch mit den zwölf Weisen und die Verurteilung zum Rad, das mit Messern und Nägeln gespickt ist – in den schwedischen und dänischen *Katharina*-Liedern wird sogar von einem Nagelfaß berichtet.

4. Die Literaturangaben finden sich beim Artikel zu dem in mancherlei Hinsicht sehr ähnlichen anderen Subtyp des Märchens von der weißen und der schwarzen Braut, den man auch »Das Bildnis der Schwester« nennen könnte (AT 403 A → *Die weiße und die schwarze Braut*).

Die drei schwarzen Königstöchter

AT 400 KHM 137

1. Die niederdeutsche, aus dem Münsterlande stammende Fassung des Märchens von der Erlösung dreier schwarzer Königstöchter wurde von der Familie v. HAXTHAUSEN mitgeteilt und von Jacob und Wilhelm GRIMM 1815, also im zweiten Band der Erstauflage, als Nr 51 veröffentlicht. In der zweiten Auflage von 1819 erhielt die Erzählung ihre endgültige Nummer: KHM 137.

2. Die Geschichte von den drei schwarzen Königstöchtern ist der Rest eines Märchentyps, der durch einen sagenartigen zweiten Teil ergänzt ist. Ein armer Fischer wird durch den Verkauf seines Sohnes an »den Feind« Bürgermeister. Wie der Sohn dem Feind, womit ursprünglich wohl der böse Feind gemeint ist, wieder entkommt, wie der Berg sich auftut und der Fischerssohn in ein verwünschtes Schloß eintritt – das ist eindrucksvoll märchenhaft erzählt. Im Schloß findet er drei schwarze Königstöchter, die von ihm die Erlösung erhoffen; im Gesicht haben sie bereits einen weißen Fleck. Der junge Fischer verspricht zu tun, was für die Erlösung nötig ist. Doch es zieht ihn noch einmal nach Hause. Von hier an entgleitet dem Erzähler die Geschichte. Nach der Auseinandersetzung mit dem Vater, die im Vergleich zu anderen Sohn-Vater-Auseinandersetzungen umgedreht ist (der Vater will von seiner armen Herkunft nichts mehr wissen, während der Sohn sogar den Tod am Galgen riskiert, um den Großen der Stadt zu beweisen, daß er eines armen Fischers Kind ist), berichtet der Sohn, was ihm widerfahren ist. Er läßt sich von der Mutter beschwatzen, den drei Königstöchtern zu mißtrauen und nimmt sich vor, ihrem Rat zu folgen und den Königstöchtern das heiße Wachs einer geweihten Kerze ins Gesicht zu träufeln – ein Motiv, das zweifellos aus einem Amor-und-Psyche-Märchen entlehnt ist (AT 425 B → *Östlich von der Sonne, westlich vom Mond*). Der Fischerssohn kehrt mit diesem unerfreulichen Vorsatz, der aus Gespensterglaube genährt wird, in sein verwunschenes Schloß zurück – die Königstöchter sind bereits zur Hälfte weiß. Daß der »Held« einen gespenstischen Ausgang seines Abenteuers mit den verzauberten Königstöchtern erwartet, wird ganz deutlich, wenn es bei seiner Rückkehr in das Schloß heißt: »un do gruelte em so«. Der Fischerssohn tut, was die Mutter ihm gesagt. Er verdirbt das Erlösungswerk für ewig

und allezeit, hört von den außer Rand und Band geratenen Königstöchtern, die ihn als »verfluchten Hund« beschimpfen, daß sie auf der Stelle ihre angeketteten Brüder loslassen, damit sie ihn zerreißen – und springt im letzten Augenblick, ehe der Berg sich verschließt und das Schloß in den Grund sinkt, aus dem Fenster.

3. Nach der grundlegenden Untersuchung des Schwanjungfraumärchens von Helge HOLMSTRÖM gehört diese münsterländische, wenig bekanntgewordene Fassung zu dem Untertyp von dem Jungen, der bereits im Mutterleib dem Teufel versprochen ist, aber sich dessen Gewalt zu entziehen weiß (AT 400 → *Der König vom goldenen Berge*). Der Eingang vom Sohn des armen Fischers, der durch seinen Vertrag mit dem Teufel reich wird, ist häufig – er ist beispielsweise auch bei Ulrich JAHN: *Die Maränen* (VPR 54 mit AT 569) und dem italienischen Volksbuch *Storia di Liombruno* zu finden. Josef HANIKA möchte das gestufte Weißwerden der drei Königstöchter mit bestimmten Reifungsriten für Mädchen verknüpfen, die ihrerseits wieder mit den Erscheinungsformen des Mondes in Verbindung stehen. Doch ob wir hier Gemeinsames oder gar Abhängigkeiten erkennen oder nicht: Für den Vorgang des Märchenerzählens und der Aufnahme durch den Zuhörer, ist das gleichgültig. Verwandt ist natürlich auch ein weiterer Untertyp, der in der GRIMMschen Sammlung durch KHM 93 → *Die Rabe* vertreten ist und durch KHM 193 → *Der Trommler.*

4. Literaturangaben finden sich beim Artikel → *Der König vom goldenen Berge.*

Die drei Schwestern

AT 552 A + 302 Musäus VdD 1.1

1. Im ersten Band der Erstausgabe der *Kinder- und Hausmärchen* von Jacob und Wilhelm GRIMM stand 1812 als Nr 82 eine bereits in der zweiten Auflage wieder ausgeschiedene Fassung des Zaubermärchens von den Tierschwägern, den Herren der drei Reiche Erde, Luft und Wasser, verbunden mit dem Märchen vom Herzen des Unholdes. Obgleich die Brüder GRIMM in ihrer

Anmerkung darauf hinwiesen, daß das Märchen »oft gehört« werde, stützten sie sich doch vorwiegend oder ausschließlich auf Karl August MUSÄUS' (1735–1787) *Die Bücher der Chronika der drei Schwestern,* das, seiner stilistischen Eigentümlichkeiten allerdings entkleidet, vom Ende des 18. bis über die Mitte des 19. Jahrhunderts hinaus einen bemerkenswerten Erfolg als Volksbuch hatte (teilweise als *Reinold das Wunderkind*). MUSÄUS veröffentlichte 1782 seine Fassung als Eingangsmärchen zum ersten Buch seiner *Volksmährchen der Deutschen.* Es unterliegt keinem Zweifel, daß ihm *Li tre rri anemale* von Giambattista BASILE (1575–1632) zugrunde liegt – aber auf welche Weise und in welcher Form MUSÄUS die Fassung bekannt wurde, ist ungeklärt (BASILE 4, 3).

2. Wer die eigentlichen Handlungslinien dieses reich mit fantastisch-realistischen Zügen ausgestatteten, oft auch liebenswürdig ironisierenden Buchmärchens nachzeichnet, das seine stilistischen Vorbilder aus der Zeit von Marie-Catherine Le Jumel de Barneville, Baronin d'AULNOY nicht verleugnen kann, findet eine klare, nahezu unbeschädigte Form des Märchens von den Tierschwägern und der Erlösung einer Schönen aus der Macht eines Dämons. Lediglich der Anfangsteil über den König, der seinen Reichtum verspielt hat und sich in ärmlichen Verhältnissen zurechtfinden muß, gehört eher in den Bereich des Märchens von der → *Schönen und dem Tier* (AT 425 C). Dafür sprechen auch des Königs drei Begegnungen mit den zukünftigen Männern seiner Töchter, die ihm in ihren Dunkelgestalten als Bär, Adler und Wal entgegentreten und ihn zu vernichten drohen, falls er ihnen die Töchter verweigert. Der Reichtum, den sie ihm hinzugeben, ist ein blindes Motiv, das seinen sinnvollen Platz in einem anderen Märchen mit ähnlicher Ausgangslage hat, nämlich im Märchen von dem Königssohn, der unwissentlich vor seiner Geburt dem Bösen versprochen wird (AT 400 → *Der König vom goldenen Berge*). Und der Ort der Begegnung, der Umkreis des Zauberwaldes, erinnert an den König, der sich auf der Jagd verirrt, wie es in zahlreichen Fassungen des Amor-und-Psyche-Märchens geschildert wird (AT 425 A → *Der Eisenofen*). Doch das Wesentliche des Märchens von den Tierschwägern und der Erlösung einer Schönen aus der Macht des Dämons ist erhalten: Ein Vater muß seine drei Töchter rätselhaften Unbekannten zur Frau übergeben, die teils in Tier- und teils in Menschengestalt auftreten. Der Bruder dieser drei Schwestern,

in diesem Fall der Jüngste, Nachgeborene, macht sich auf, die Schwestern zu suchen. Keine Frage, es besteht eine enge und herzliche Beziehung zwischen den Schwestern und ihrem jüngeren Bruder. Sie verstecken ihn vor ihren Männern – jedenfalls solange die Männer Bär oder Adler oder Wal sind. Doch von dem Augenblick an, da sie Könige sind, und das ist der Bär von sieben Tagen der Woche an einem, der Adler von sieben Wochen eine, und der Wal von sieben Monaten einen, da herrscht eitel Glück und Herzlichkeit. Und beim Abschied begaben die Schwäger den jungen Königssohn mit einem Teilchen ihres tierischen Wesens, damit sie blutsbrüderlich miteinander verbunden sind und er sie in ihrer Tiergestalt zu Hilfe rufen kann, wenn er in Not gerät. Haben sie ihm das Ziel seiner weiteren Wanderung genannt? Es heißt nur, daß sie ihm den Weg gewiesen hätten. Dieser Weg führt zu einem stahlbewehrten Schloß in eben dem Zauberwald, in dem die Brüder mit der Tiergestalt hausen. Hier hat der Erzähler einen Zusammenhang gestiftet, der wohl kaum aus mündlicher Überlieferung stammt: Die drei Tierschwäger und die in Zauberschlaf versunkene Königstochter im stählernen Schloß sind samt dem ganzen Zauberwald von einem und demselben Unhold verwünscht worden. Der junge Königssohn soll zum Erlöser aller werden. Doch noch steht er vor dem stählernen Tor, das von einem schwarzen Stier aus Stahl bewacht wird, an dem seine Waffen zersplittern. Er rettet sich auf einen Baum, erinnert sich an die drei Haare seines Bärenschwagers, reibt sie und erhält auf der Stelle Hilfe: Der Bär reißt den Stier. Als aus dem Getöteten eine Ente auffliegt, jagt der Adlerschwager die Ente. Sie wird zerfleischt, läßt ein goldenes Ei in einen See fallen, und der Walschwager speit das Ei an Land. Der junge Königssohn, der diese wilde Verwandlungskette mit angeschaut hat, zerschlägt das Ei an einem Stein, findet darin einen Schlüssel und öffnet das stahlbewehrte Schloß. In der siebten Kammer steht er vor einer in Zauberschlaf versunkenen Schönen. Die Erzählung von der Erlösung endet mit einem sonderbaren Zug: Neben der Schönen steht eine schwarze Tafel. Als er, wie es heißt, vor Zorn, daß sie nicht aufzuwecken ist, gegen die Tafel stößt, erwacht die Schöne für einen Augenblick. Da zerschmettert er die Tafel auf dem Boden, und die Schöne wacht vollends auf, denn der Fluch des Zauberers ist mit dem Zerschmettern der Tafel gelöst – hier im Schloß ebenso wie bei den Schwägern, die nicht länger mehr in Tiergestalt leben müssen. Der junge Königssohn heiratet ihre schöne Schwester.

3. Das Johann Karl August MUSÄUS nacherzählte Märchen blieb nur für eine einzige Auflage in der Grimmschen Sammlung. Doch 38 Jahre später trat → *Die Kristallkugel* seine Nachfolge an. Beide Fassungen lassen allerdings den vollen Ausbau des Märchens von den Tierschwägern vermissen, der doch für die innere Teilnahme des Zuhörers entscheidend ist. In besser erhaltenen Fassungen wird das so erzählt: Ein Vater stirbt und hinterläßt drei Töchter und einen jüngeren Sohn, dem er den Auftrag erteilt, seine Schwestern zu verheiraten. Vielleicht gerade weil ein sehr herzliches Verhältnis zwischen den Geschwistern besteht und weil in manchen Fassungen auch der Vater den merkwürdigen Rat erteilt hat, den ersten sich einstellenden Freiern die Töchter zur Frau zu geben, überläßt sie der jüngste Bruder merkwürdigen Gestalten, teils Tier, teils Mensch, mächtigen Wesen, die mit den Elementen im Bunde stehen (AT 552 A + 302 C* → *Der unsterbliche Koščej,* → *Marja Morevna*). Die starke innere Bindung, die sich zwischen dem jüngeren Bruder und den Tierschwägern herausbildet, gibt ihm den Rückhalt, seinen eigenen Weg und die Werbung um ein sehr schönes, aber in der Gewalt eines Dämons befindlichen Mädchens zu wagen. Eine voll ausgebaute Fassung dieses Märchentyps findet sich in der deutschen Überlieferung nicht, wohl aber im slavischen Bereich – daher der Hinweis auf zwei Fassungen, die hierzulande hinlänglich in Übersetzungen bekannt wurden. Es besteht jedoch eine Verwandtschaft zwischen dem zweiten Teil unseres Märchens und dem zweiten Teil des von Karl MÜLLENHOFF aufgezeichneten Märchens → *Vom Mann ohne Herz* (AT 303 A + 302 + 554), in dem die Macht des Widersachers gebrochen und sein in einem Ei verborgenes Herz erjagt wird. Eine bedeutsame Parallele stellt auch das von Ulrich JAHN VPR 3 aufgezeichnete Märchen von der → *Königstochter auf dem Baum* dar (AT 317 + 302 C*).

4. Ausführliche Literaturangaben finden sich beim Artikel → *Die Kristallkugel.* Zur Frage, ob eine Abhängigkeit der MUSÄUS-Fassung von G. BASILE angenommen werden darf, vgl Erwin JAHN: *Die Volksmärchen der Deutschen von Johann Karl August Musäus.* Leipzig 1914. S. 23–27. Sowie Gonthier-Louis FINK: *Naissance et apogée du conte merveilleux en Allemagne.* Paris 1966. S. 427–431.

Die drei Spinnerinnen

AT 501 KHM 14

1. Im zweiten Band der Erstausgabe der *Kinder- und Hausmärchen* von 1815 stand als Nr 14 unter dem Titel *Von dem bösen Flachsspinnen* eine Erzählung, die Johanna Isabella, genannt Jeanette HASSENPFLUG (1791–1860) beigesteuert hatte; in den dazugehörigen Anmerkungen war ergänzend der Inhalt eines hierher gehörigen Märchens aus dem *Abentheuerlichen Glücks-Topf* von 1669 (S. 404–406) des Johannes PRAETORIUS, der eigentlich Hans SCHULTZE hieß (1630–1680), hinzugefügt. Für die zweite Auflage von 1819 wurde der Rahmen einer aus dem Fürstentum Corvey stammenden, sonst ohne nähere Herkunftsbezeichnung übernommenen Fassung verwandt, die freilich große Ähnlichkeit mit dem Text des J. PRAETORIUS besitzt. Von Jeanette HASSENPFLUGS Beitrag blieben jedoch sowohl die grotesken Häßlichkeitsbeschreibungen der drei sonderbaren Jungfrauen erhalten, als auch das komische Frage- und Antwort-Spiel zwischen dem König und den drei Helferinnen – das die Pointe vom Ende der unliebsamen Spinnaufgaben vorbereitet.

2. Ein faules Mädchen, das sich vor dem Spinnen drücken will, wird von seiner Mutter so geschlagen, daß es laut weint. Das hört die vorbeifahrende Königin – sonst ist es gewöhnlich ein Königssohn – und erkundigt sich nach der Ursache des Geschreis. Die Mutter, von der es in der Grimmschen Fassung heißt, daß sie sich schäme, antwortet, das Mädchen sei ganz versessen aufs Spinnen; aber so viel Flachs könne sie bei ihrer Armut einfach nicht herbeischaffen. Als die Königin das gehört hat, nimmt sie das Mädchen mit auf das Schloß – zur teils mitleidigen, teils schadenfrohen Anteilnahme der Zuhörer, die man sich ursprünglich wohl als Spinnstubengesellschaft denken kann. Im Schloß wird das Mädchen in drei randvoll mit Flachs gefüllte Kammern geführt. Wenn sie es fertig bringt, alles zu Garn zu spinnen, soll sie den ältesten Königssohn zum Mann erhalten. Fleiß geht der königlichen Mutter vor Stand – und wieder spürt man als Zuhörer die Spinnstubenironie heraus.

Vor der völlig unmöglichen Aufgabe bricht das Mädchen, das offensichtlich eine schwankhafte Spiegelung ihrer in ganz anderer Weise geforderten Schwester im Märchen vom → *Rumpelstilzchen* ist (AT 500), in Tränen aus und rührt drei Tage nicht einmal die Hand. Sehr zur Verwunderung der Königinmutter,

versteht sich, so daß wenigstens eine Entschuldigung fällig ist: Die Betrübnis, fern dem Haus der Mutter zu sein, sei schuld daran. Mit nachdrücklicher Ermahnung wird dem Mädchen noch einmal die Aufgabe gestellt. Es wird ernst. Rat- und hilflos tritt das Mädchen ans Fenster – und siehe, da erscheint, ganz ähnlich wie im Märchentyp vom Rumpelstilzchen, unerwartete Hilfe. Aber es kommt kein Kobold, kein unheimliches Bergmännchen, sondern es erscheinen drei eher gutmütige, wenn auch unwahrscheinlich häßliche Weiber. Sie fragen, was dem Mädchen fehle, hören seine Klage und versprechen Hilfe unter der Bedingung – und wieder sind die existenzbedrohenden Bedingungen des Dämons schwankhaft umgewandelt –, daß es die drei als seine Basen zur Hochzeit einlädt.
Rasch sind die drei Kammern zu Garn versponnen. Die Helferin mit dem großen Platschfuß tritt das Rad, die mit der übers Kinn herabhängenden Lippe netzt den Faden, und die mit dem schrecklich breiten Daumen dreht den Faden. Die Königin und ihr braver Sohn geizen nicht mit Lob. Die Hochzeit wird gerichtet, und die Braut schämt sich auch keineswegs, ihre Helferinnen einzuladen und sie laut und deutlich als ihre lieben Basen zu begrüßen. Doch der Königssohn erschrickt zutiefst über diese »garstige Gesellschaft«. Er fragt die drei Weiber der Reihe nach: Woher der Platschfuß rühre? Vom Treten, wird ihm zur Antwort. Die herabhängende Lippe? Vom Lecken. Der breite Daumen? Vom Fadendrehen. – Den Genuß der Zuhörer dieser Ironie auf Kosten der allzu haushälterischen Königinmutter und ihres bisher so folgsamen Sohnes kann man sich lebhaft vorstellen. Und so tief fährt diesem künftigen König der Schreck in die Glieder, seine schöne Braut könne vom Spinnen ebenso verunstaltet werden (bei G. BASILE legt sie sich Nüsse ins Bett und behauptet, von der Spinnarbeit knackten ihr die Knochen im Leibe), daß er ihr den Umgang mit dem Flachs ein für allemal verbietet. Wie sehr er damit seiner jungen Frau entgegenkommt, ahnt er freilich nicht.

3. Der Märchentyp von den drei ungewöhnlich häßlichen Spinnerinnen kann im weiteren Sinne auch zu den Schwänken von den hinters Licht geführten Freiern gerechnet werden (AT 1450–1974). Er ist die ins Schwankhafte umgemünzte Form des Zaubermärchens von der dämonischen Spinnhilfe (AT 500 → *Rumpelstilzchen*).

4. Literaturangaben finden sich beim Artikel → *Rumpelstilzchen*.

Die drei Vögel

AT 707 KHM 96

1. Im zweiten Band der Erstausgabe der Grimmschen *Kinder- und Hausmärchen* von 1815 erschien als Nr 10 eine nicht sehr glücklich erzählte Fassung des Parizade-Märchens in westfälischer Mundart: *De drei Vügelkens,* das von der zweiten Auflage von 1819 an als Nr 96 gezählt wurde. Dahinter steht das aus *1001 Nacht* bekannte Zaubermärchen von den drei Schwestern, von denen die eine dem König verspricht, ihm Kinder mit goldenen Sternen zu gebären.

2. Drei Hütemädchen sagen im Scherz, sie wollten den König und seine beiden Minister zum Mann. Der König, der ihr Gespräch gehört hat, erfüllt ihren Wunsch, und als seine Frau niederkommt, ruft er ihre Schwestern. Aber die beiden werfen voller Neid der Reihe nach die drei Kinder der jungen Königin in den Fluß und behaupten, sie habe zwei Hunde und eine Katze geboren. Daraufhin wird die Königin eingekerkert. Aber ein Fischer hat die Kinder gerettet und zieht sie auf. Als der Älteste von anderen Jungen als »Findling« von ihren Unternehmungen ausgeschlossen wird, erfährt er, daß der Fischer keineswegs sein Vater ist und zieht aus, seinen wahren Vater zu suchen. Er gelangt zu einer alten Frau, die an einem großen Wasser fischt. Er begegnet ihr hochfahrend. Sie trägt ihn zwar durch das Wasser, hilft ihm aber nicht weiter. Ebenso ergeht es dem zweiten Sohn. Da das Mädchen jedoch freundlich gegenüber der Alten ist, erhält es eine Rute und den Rat, schweigend an einem schwarzen Hund vorbei- und durch ein Schloß hindurchzugehen, die Rute auf der Schwelle liegenzulassen und vom Brunnen im Garten Wasser und aus dem Baum daneben ein Bauer mit einem Vogel zu holen (ähnlich in AT 550 → *Der goldene Vogel*), auf dem Rückweg aber den Hund mit der Rute ins Gesicht zu schlagen. Das Mädchen folgt diesen Anweisungen, bringt den Vogel (der der Vogel der Wahrheit ist) und das Wasser (das das Wasser des Lebens ist) und erlöst mit dem Rutenschlag einen Königssohn. Obendrein findet es die beiden vergeblich ausgezogenen Brüder. Die alte Frau trägt alle vier in die diesseitige Welt zurück, und der westfälische Erzähler sagt, daß sie damit erlöst sei – vielleicht ein Anklang an das Motiv von dem abgelösten Fährmann aus dem Märchen vom → *Teufel mit den drei goldenen Haaren* (AT 461).

In der Grimmschen Fassung des Parizade-Märchens (vgl dagegen die besser erzählte deutsche Fassung → *Die drei Königskinder,* UoW 25 bei W. BUSCH) fehlt nicht nur das charakteristische Motiv von den goldenen Sternen, die die drei Königskinder auf der Stirn tragen, sondern auch der Schluß ist entstellt. Der Erzähler läßt die drei Königskinder und den aus seiner Hundegestalt erlösten Königssohn zu den Fischersleuten zurückkehren und fährt fort, daß der zweitälteste Sohn eines Tages jagt, mit dem König zusammentrifft und ihn ins Fischerhaus bringt, wo einerseits der Fischer, anderseits der Vogel das Geschick der Kinder enthüllen. Der glückliche Vater nimmt seine Kinder mit heim, er holt seine Frau aus dem Kerker (die Tochter heilt die Elende mit dem Wasser des Lebens), die neidischen Schwägerinnen läßt der König verbrennen, und seine Tochter heiratet den jungen Mann, den sie aus der Hundegestalt erlöst hat.

3. 4. Alle weiteren Angaben im dritten und vierten Abschnitt des Artikels → *Die drei Königskinder.*

Das Dukaten-Angele

AT 571 C Bechstein NDMB 50

1. Ludwig BECHSTEIN (1801–1860) veröffentlichte das ganz auf kindliche Zuhörer und Leser eingestellte Märchen von der zauberischen Puppe, die Dukaten ins Töpfchen macht, 1856 als Schlußerzählung Nr 50 in der Erstausgabe seines *Neuen deutschen Märchenbuches* mit dem knappen Vermerk »mündlich im Saaltale« und der Angabe, daß er allzu Derbes getilgt oder gemildert und die Eigennamen hinzugegeben habe.

2. Drei ungleiche Schwestern leben miteinander und sorgen für sich selbst, denn die Eltern sind tot. Als das kluge, älteste Mädchen die jüngere, unkluge Schwester auf den Markt schickt, bringt diese statt Brot eine Puppe mit und handelt sich dafür Schläge und Schelte ein. Sie tröstet sich mit der Puppe und nimmt sie mit ins Bett. Mitten in der Nacht verlangt die Puppe, daß sie aufs Töpfchen gesetzt wird und legt einen Golddukaten. Jetzt ist die Freude groß. Die drei Schwestern, von denen die

jüngste noch ganz klein ist, kommen zu Wohlstand, und die Leute wundern sich. Ja, die reichen Nachbarn wissen sich vor Neid nicht zu lassen, die Frau fragt das unkluge Mädchen aus und entführt, nachdem sie angeblich von ihrem Mann geprügelt worden ist und bei den Schwestern Zuflucht suchen mußte, die goldspendende Puppe. Aber den Nachbarn spendet die Puppe kein Gold. Sie beschert ihnen vielmehr eine ganze Schüssel voll Kot – worauf sie samt Schüssel auf den Mist geworfen wird. Ein Lumpensammler findet die Puppe, wäscht sie am Brunnen, und als das unkluge, aber gute Mädchen seine Puppe in der Hand des Lumpensammlers entdeckt, ist die Wiedersehensfreude so groß, daß die Puppe auf der Stelle ihrer Puppenmutter, der sie an den Hals fliegt, einen Dukaten unters Halstuch legt. Der Lumpensammler erhält ihn als Finderlohn. Die Puppe aber bleibt bei den Schwestern, die reich werden, aber einträchtig miteinander leben und sich besonders darum kümmern, daß die Jüngste etwas Rechtes lernt.

3. Die Märchensammlung von Ludwig BECHSTEIN ist die einzige deutsche Sammlung, die das Zaubermärchen von der goldspendenden – und beißenden! – Puppe enthält. Aber sowohl bei Gianfrancesco STRAPAROLA als auch bei Giambattista BASILE findet sich eine vorzüglich erzählte, drastische Fassung. Und LISELOTTE von der Pfalz (ELISABETH CHARLOTTE, Herzogin von Orléans, 1652–1722) hat es ebenfalls gekannt und in ihren Briefen, in denen sie häufig auf Märchen anspielt, offenherzig derb in einen aktuellen Zusammenhang gebracht (den Hinweis verdanke ich Emily GERSTNER-Hirzel). Mag sein, daß dieses Märchen, für dessen Einordnung die internationale Systematik irreführenderweise gleich zwei Nummern anbietet (AT 560 C* und 571 C), eine Ableitung vom Goldvogelmärchen ist (AT 567 → *Das Goldhähnchen*), oder daß ihm, wie L. BECHSTEIN vermutete, die Sagenvorstellung vom Galgenmännlein zugrunde liegt. Andererseits ist auch denkbar, daß das Schwankmärchen von der → *Goldenen Gans* (AT 571) einen Seitentrieb unseres Märchens von der beißenden Puppe darstellt, eine derb schwankhafte Ausmünzung – nicht so sehr weil G. BASILE (5, 1: *La papara*) von einer goldspendenden, aber gelegentlich auch beißenden Gans erzählt, sondern weil diese Gans ausgerechnet den Königssohn beißt und zwar gerade dann, wenn dieser sein Geschäft verrichtet, und ihn nicht wieder losläßt – bis die liebenswerte Besitzerin der zaubermächtigen Vermittler-Gans das erlösende Wort sagt.

Ein Vergleich der bekanntgewordenen Fassungen (sie sind vorwiegend in den Mittelmeerländern aufgezeichnet worden[1] – aber eine zuverlässige Untersuchung steht noch aus) legt die Vermutung nahe, daß die Zielform folgendermaßen aussieht: Eine arme Frau stirbt und hinterläßt zwei Mädchen, die sich redlich fortzubringen suchen. Als die Not groß wird und die ältere Tochter die jüngere mit dem geringen Erbe (bei STRAPAROLA 5, 2: Garn, aus dem hinterlassenen Werg gesponnen) zu Markte schickt, um Brot zu kaufen, folgt die jüngere ihrer Eingebung und ersteht von einer Frau eine unscheinbare Puppe (gelegentlich heißt es auch, daß nach einem Gebet in der Not die heilige Jungfrau die Dame mit der Puppe geschickt habe). Der Zorn der älteren Schwester verraucht, als sich die von der jüngeren liebevoll versorgte (und sogar um Magen und Lenden gesalbte) Puppe erkenntlich zeigt und so viel Gold spendet, daß alle Not ein Ende hat. Aber der Wohlstand erregt Neugier und Neid einer Nachbarin, die in der STRAPAROLA-Fassung ganz die gleiche List anwendet wie bei BECHSTEIN. Sie wird auch in der gleichen Weise bestraft. Aber die wohlanständig bürgerliche, eigentlich völlig unmärchenhafte Schlußwendung Ludwig BECHSTEINS lautet eben anderswo ganz anders. Die auf den Mist geworfene Puppe (bei BASILE: die Gans, der man den Hals umgedreht hat) wird von dem zufällig vorüberkommenden jungen König, der sich erleichtern muß, zum Abwischen verwandt – worauf sie sich in die Hinterbacken oder die Hoden (BASILE) festbeißt und dem bedauernswerten Mann das öffentliche Versprechen abzwingt, das halbe Königreich demjenigen zu geben, der ihn aus dieser Lage befreit. Kann ihm eine Frau helfen, so will er sie heiraten. Keine Frage: Die liebevoll aufgenommene Puppe hat im ersten Teil der Erzählung zwar die Aufgabe übernommen, die Armut und Verlassenheit zu überwinden. Aber im zweiten Teil sorgt sie dafür, daß das gute Mädchen keinen geringeren als den König zum Mann erhält. Wir haben ein voll ausgebildetes Zaubermärchen vor uns. Merkwürdigerweise rückt damit die Erzählung von der beißenden Puppe in die Nähe des Märchens von dem unschuldigen Mädchen, das ein Ungeheuer zur Welt bringt (AT 708 → *Hans Wunderlich*). Das Ungeheuer spielt eine ähnli-

[1] Es gibt jedoch auch eine im April 1900 aufgezeichnete kurze finnische Fassung: *Pureva nukka,* Nr 129 in Pirkko-Liisa RAUSMAA: *Suomalaiset kansansadut.* Bd 1, S. 427. Helsinki: Suomalaisen kirjallisuuden Seura 1972.

che Vermittlerrolle wie die beißende Puppe: Es bringt den Königssohn mit der unschuldig in Not geratenen Mutter zusammen. Auch die Verwandtschaft mit dem Märchen vom Zauberstein (AT 560 → *Der Hirt*) darf nicht übersehen werden; insofern ist die vorgeschlagene Klassifizierung 560 C* verständlich: Ein Junge, der für das letzte Geld seiner Mutter Brot kaufen soll, löst statt dessen gequälte Tiere frei und erhält dafür einen Zauberstein oder Zauberring. Aber die Verwandtschaft bezieht sich im wesentlichen auf die Eingangsmotivik. Das Goldvogel-Märchen schließlich ist vor allem durch das Motiv des goldspendenden Vogelherzens verwandt (AT 567 → *Das Goldhähnchen*, vgl auch → *Die Goldkinder*) und die zauberische Hilfe des gestorbenen Vaters, die den ausziehenden Söhnen zuteil wird (zum Goldspende-Motiv vgl auch AT 563 → *Tischchen deck dich, Goldesel und Knüppel aus dem Sack*, sowie AT 566 → *Der Krautesel*).

Abgesehen davon, daß STRAPAROLAS Erzählung von Adamantina und ihrer beißenden Puppe (5, 2) bereits 1684 (und 1732) ins Deutsche übersetzt wurde, verdanken wir die erste Erwähnung des aus der mündlichen Überlieferung aufgenommenen Märchens, wie bereits eingangs gesagt, LISELOTTE von der Pfalz. In einem Brief an die Raugräfin LOUISE (vom 3. Oktober 1720) stellt sie recht drastisch dar, daß der Minister Jean Baptiste COLBERT (Marquis de TORCY) und der Erzbischof von Cambrai (Guillaume DUBOIS) ihre Briefe abgefangen, zensiert und möglicherweise nicht besonders erquicklichen Zwecken zugeführt haben: »Es geht doch noch woll hin, wen man doch die brieffe nicht verliehrt, wie es mitt meinem von 7, no 7, gangen undt Eweres von no 67. Gott weiß wo die 2 schreiben hingekommen sein, ob sie ein altministerischen oder neüen ertzbischofflichen hindern gewischt haben. Wen daß were, wolte ich, daß unßere brieffe beißen könten, wie in dem merchen von Kacka maman ...« (nach der Ausgabe von Wilhelm Ludwig HOLLAND, Tübingen 1879, S. 293).

4. A. AARNE: Das märchen vom zaubervogel. In: Vergleichende Märchenforschungen. Helsinki 1908. 143–200. – DELARUE/TENÈZE 2, 478–480. – H. MARZELL in HdA 1, 312–324. – SCHERF: Bechstein 866. – A. SCHLOSSER: Die Sage vom Galgenmännlein im Volksglauben und in der deutschen Literatur. Diss. Münster 1912.

Einäuglein, Zweiäuglein, Dreiäuglein

AT 511 KHM 130

1. In der zweiten Auflage ihrer *Kinder- und Hausmärchen* veröffentlichten die Brüder Jacob und Wilhelm GRIMM 1819 als Nr 130 ein Märchen aus der sorbischen Lausitz, das zum Aschenputtelzyklus gehört. Das Märchen erzählt vom verborgenen leibseelischen Beistand der durch die Stiefmutter verdrängten, aber in Tiergestalt noch immer vorhandenen wirklichen Mutter, von Ablösung und schließlich von Selbstfindung. Nach der Aufzeichnung von Theodor PESCHEK schrieb Wilhelm GRIMM das Märchen um, wie er das stets, seinen erzählerischen Stilvorstellungen folgend, getan hat. T. PESCHEK hatte seine Fassung 1816 in Johann Gustav Gottlieb BÜSCHINGS *Wöchentlichen Nachrichten für Freunde des Mittelalters*, Bd 2, S. 17–26 veröffentlicht, von wo es 1863 auch Karl HAUPT für den zweiten Band seines *Sagenbuches der Lausitz* nahm. In der Grimmschen Sammlung blieb die Zählung des Märchens bis zur Ausgabe letzter Hand von 1857 erhalten, so daß es seitdem als KHM 130 zitiert wird.

2. *Einäuglein, Zweiäuglein, Dreiäuglein*, das zum selben Zaubermärchentyp wie das wesentlich früher von Martin MONTANUS aufgezeichnete → *Erdkühlein* gehört, erzählt von einer Frau und ihren drei Töchtern. Die mittlere, das Zweiäuglein, ist ein verkanntes, umhergestoßenes und später beneidetes Aschenputtel. Dem Zuhörer oder Leser bietet sich als Ausgangskonflikt Elend und Leiden eines von Mutter und Schwestern unterdrückten Mädchens dar. In der Grimmschen Fassung ist es nicht die Jüngste. Es ist auch von keiner Stiefmutter die Rede – dennoch ist das Zweiäuglein ausgesondert von den Schwestern. Sein Trost ist die Ziege, die es draußen hütet. Von dieser Ziege empfängt Zweiäuglein den eigentlichen, leibseelischen mütterlichen Beistand: Auf geheimnisvolle Weise verschafft sie ihm Nahrung und verhilft ihm nach der Verwandlung in einen Baum zur Erlösung aus der Aschenputtelgestalt und zur Erfüllung des Lebens.

Zunächst hat das Zweiäuglein aber mit Hunger und Elend und bald darauf auch mit der listenreichen Belauerung durch die Bedränger fertig zu werden. Eine weise Frau sagt ihm den Zauberspruch, auf den hin die mütterliche Ziege einen gedeckten Zaubertisch herbeischafft. Nach dieser Wohltat (»das ist ein schöner Haushalt«) fühlt sich das Zweiäuglein zum erstenmal bestätigt, läßt daheim das schlechte Essen stehen und fordert damit, wissentlich oder unwissentlich, ihre Peiniger heraus (»es ist nicht richtig mit dem Zweiäuglein«). Der Reihe nach werden die beiden falschen Schwestern mit ihm hinausgeschickt, um sein Geheimnis zu erkunden (in anderen Fassungen sind es drei Schwestern oder gar sieben, von denen jede ein Auge mehr besitzt). Das Auge auf der Stirn, das Einäugleins einziges Auge ist und das Dreiäuglein neben zwei anderen, gewöhnlichen besitzt, ist das Auge des bösen Blickes. Zweiäuglein schläfert es bei seiner Schwester Einäuglein mit einem Zauberspruch ein – aber beim nächstenmal wird das Zweiäuglein zu selbstsicher und unbedacht. Beim Dreiäuglein schläfert es nur die beiden alltäglichen Augen ein. Auch hier fragen wir uns: wissentlich oder unwissentlich? Die böswillige Mutter jedenfalls, die begriffen hat, was des Zweiäugleins heimlicher Beistand ist, schlachtet die Ziege auf der Stelle. »Willst du es besser haben als wir?« fragt sie. Damit verrät sie, daß sie und ihre beiden anderen Töchter zu den Menschen gehören, die nie genug haben – weil sie sich selber nicht gefunden haben, und die denjenigen, der zum Glück der Selbstfindung bestimmt ist, hassen. Und wiederum erhält das Zweiäuglein Hilfe: Die weise Frau rät, daß es sich die Eingeweide der toten Ziege geben lassen und sie unter der Schwelle vergraben solle. Daraus wächst ein wunderbarer Baum mit silbernen Zweigen und goldenen Früchten. Und wenn auch Mutter und Schwestern erklären, der Baum gehöre ihnen – sie haben keine Macht über den Baum. Es gelingt ihnen nicht, die Goldfrüchte zu brechen. Als ein schöner Jüngling kommt und um einen Fruchtzweig bittet, zeigt sich die Unfähigkeit der an sich selbst gescheiterten Schwestern. Das Zweiäuglein dagegen kann jetzt seinen Wert und seine Reife beweisen. Es heiratet den edlen jungen Mann – und der wunderbare Baum folgt ihm nach.

3. Wilhelm GRIMM hat die von Theodor PESCHEK veröffentlichte Fassung gründlich umgestaltet. Dennoch sind einige Züge erhalten geblieben, die gewiß nicht aus mündlicher Überlieferung stammen – so der Schluß, nach dem sich Zweiäuglein von der Reue der arm gewordenen Schwestern rühren läßt; oder die Erklärung, warum dem zweiäugigen Mädchen solcher Haß entgegenschlägt: Es sähe mit seinen zwei Augen wie jeder gemeine Mensch aus.
Das älteste literarische Zeugnis des Märchentyps AT 511 ist das

→ *Erdkühlein* des Martin MONTANUS (um 1559). Nahe verwandt sind das → *Aschenputtel* (AT 510 A) und das → *Allerleirauh* (AT 510 B) der Brüder GRIMM (KHM 21 und KHM 65 – man vergleiche aber auch Giambattista BASILE 1,6: *La gatta cennerentola,* Charles PERRAULT HCTP 6 → *Cendrillon,* PERRAULT HCTP 10: *Peau d'asne,* Baronin d'AULNOY: *Finette Cendron,* und HALTRICH DVSS 36: *Das Zauberhorn*). Auffällig ist, daß in vielen orientalischen Fassungen des Märchens gar nicht vom Stiefmutterkonflikt und der Austreibung einer individuellen Heldin die Rede ist, sondern von einer anonymen Schar von Geschwistern, die ihre Mutter verlieren, die am Ende gar selbst an ihrem Tod schuld sind. Anna Birgitta ROOTH nimmt an, daß unser Zaubermärchen aus dem Orient stammt. Der scharf herausgearbeitete Ablösungskonflikt und die dreifache Steigerung beim Auflauern wären demnach das Ergebnis späterer europäischer Ausgestaltung und Stilisierung. Doch darüber kann man geteilter Meinung sein. Die über Jahrhunderte währende große Bedeutung der europäischen Fassungen ist jedenfalls nicht zu leugnen.

Das Motiv der Wandlung der rechten Mutter in eine das Mädchen heimlich nährende Kuh ist gewiß ursprünglich. Dafür spricht auch, daß in Indien die Kuh durch ein anderes Tier ersetzt wird, einen Fisch beispielsweise oder eine Schildkröte – denn Kühe dürfen in Indien nicht getötet werden. Auf Madagaskar wird von einer mütterlichen Nährerin erzählt, die halb Kuh, halb Mensch ist. In manchen Fassungen leckt die Kuh das Gesicht des Mädchens, um es schöner zu machen. Durch die Erzählung von den weisen Frauen mit ihrem Rat (vgl die Patin im → *Erdkühlein;* gelegentlich tritt in dieser Rolle auch die Gottesmutter auf) und dem gedeckten Zaubertisch (vgl → *Tischchen deck dich, Goldesel und Knüppel aus dem Sack,* AT 563) wird das ursprüngliche Motiv von der nährenden Kuh oder Ziege lediglich abgewandelt. Dieses Märchenmotiv findet man auch in der griechischen Mythologie: Als Kind wird Zeus aus dem unerschöpflichen Horn der Amaltheia genährt. Amaltheia aber ist entweder eine Königstochter, die eine Ziege besitzt, oder sie ist die Ziege selber, die in einer Höhle Kretas verborgen gehalten wird. Übrigens heißt es, daß Zeus die Ziege Amaltheia tötete, weil ihr Fell ihn unverwundbar machte.

Auch ein anderes Motiv des Zweiäuglein-Märchens ist in die griechische Mythologie eingegangen: Die in eine Kuh verwandelte Io wird von dem scharfäugigen Argos bewacht, den Hermes auf das Geheiß des Göttervaters einschläfert. Umgekehrt scheint auch ein mythisches Motiv in eine Fassung des Märchens aufgenommen worden zu sein: Bei Josef HALTRICH heißt es im *Zauberhorn* (DVSS 36), daß eine Viehbremse die Kuh von einer Brücke in den Fluß jagt und zu Tode stürzen läßt. Im Mythos treibt Hera in Gestalt einer Bremse die in eine Kuh verwandelte Io in den Bosporus.

Das Vergraben des toten Muttertieres kann mancherlei Formen annehmen. So kann es heißen, daß der Kopf unter der Schwelle, die vier Füße aber in den vier Ecken des Raumes einzugraben sind. Das Mädchen kann auch auf ganz verschiedene Weise Hilfe durch das tote Tier finden: So kann etwa in den Eingeweiden ein zauberisches Goldkorn verborgen sein, das weiterhin Beistand leistet; oder beim Waschen der Eingeweide schwimmt ein Teil davon, das Mädchen taucht, um es zu finden – und gelangt in das Haus eines jenseitigen Wesens von der Art der Frau Holle. So jedenfalls wird das → *Frau-Holle*-Märchen (AT 480) gelegentlich ins *Zweiäuglein*- (AT 511) oder ins → *Aschenputtel*märchen (AT 510 A) eingebaut. Eine andere Überleitung ist die davonschwimmende oder in einen Brunnen fallende Kunkel – denn alltägliche Aufgabe eines Hütemädchens ist das Spinnen mit der Kunkel. Und statt daß es von der schlimmen Mutter hungrig zum Hüten geschickt wird, kann es auch schier unlösbare Aufgaben des Flachsspinnens erhalten. Die Kuh, die nährt, hilft in solchen Märchen zauberisch auch beim Spinnen.

Das *Zweiäuglein*- oder → *Erdkühlein*märchen hängt, wie A. B. ROOTH gezeigt hat, mit dem → *Aschenputtel*märchen (AT 510 A) eng zusammen; die Verbindung beider, sagt die schwedische Forscherin, sei die vollständige Erzählung. Im abgetrennten und sich verselbständigenden *Aschenputtel*märchen ist von der Wandlung der Mutter in eine Kuh oder von der Kuh in einen Baum nichts mehr zu finden – wohl aber wächst ein helfender Baum auf dem Grab der Mutter. Er trägt freilich keine Goldäpfel mehr, die Reife und Wert der Verfolgten bezeugen und die Ermittlung der rechten Braut ermöglichen – diese Rolle haben die ebenfalls vom Baum stammenden Goldschuhe übernommen. Aber der Baum oder seine Vögel müssen zeugen, wenn es neben der rechten Braut auch eine falsche Braut gibt. Der Baum »spielt«, oder die singenden Vögel, die in seinen Zweigen sitzen, schweigen plötzlich. Merkwürdig ist auch die Verwandtschaft zum Märchen vom → *Waldhaus* (AT 431). Sie zeigt sich deutlich beim → *Erdkühlein*. Das Erdkühlein bewohnt ein einsames Haus im Wald. Und im Märchen vom *Waldhaus* fragt das Mädchen: »Und du, schöne bunte Kuh, was sagst du dazu?« – »Hier ist Hülle und Fülle«, heißt es weiter – die gleiche Fülle wie die aus dem Horn der Kuh oder der Ziege Amaltheia.

4. Literaturangaben beim Artikel vom → *Erdkühlein*.

Der Eisenhans

AT 502 + 314 KHM 136

1. 1850 erschien in der sechsten Auflage der *Kinder- und Hausmärchen* der Brüder GRIMM zuerst jene Fassung des *Eisenhans*, die wir heute kennen und die uns als ein vorzügliches Beispiel für die innere Entwicklung eines jungen Menschen erscheint, der unter der Anleitung eines mit dämonischen Zügen behafteten Lehrers seine Selbständigkeit findet. Die nahezu ideale Form dieser Fassung darf aber nicht darüber hinwegtäuschen, daß sie, nach den eigenen Angaben des damaligen Herausgebers Wilhelm GRIMM aus »einer Erzählung aus den Maingegenden« (was auf die Familie HASSENPFLUG als Quelle deutet) und dem Märchen *Der eiserne Hans* (entnommen aus Friedmund von ARNIM: *100 neue Mährchen, im Gebirge gesammelt*, Charlottenburg 1844) zusammengesetzt ist. Außerdem war den Brüdern GRIMM eine münsterländische Fassung vertraut, *De wilde Mann*, die sie von der Familie v. HAXTHAUSEN erhalten und in Mundart bereits im 2. Band der Erstausgabe von 1815 als Nr 50 veröffentlicht hatten. Es fehlt eine auf sorgfältigem Variantenvergleich fußende Untersuchung dieses bemerkenswerten Märchentyps, der in der mittelalterlichen Dichtung viele Parallelen aufzuweisen hat. Ein Blick in das internationale Typenregister belehrt uns, daß derjenige Motivanteil, bei dem der goldhaarige Königssohn im Vordergrund steht, zum Märchentyp AT 314 gerechnet, der Motivanteil mit der Hauptgestalt des wilden Mannes aber als Märchentyp AT 502 geführt wird. Die Zersplitterung ist freilich nicht zufällig. Andererseits steht eine so in sich geschlossene Erzählung wie der *Eisenhans* der Brüder Jacob und Wilhelm GRIMM auch nicht allein.

2. Ein König besitzt einen wildreichen Wald, in den er keinen Jäger mehr hineinzusenden wagt, weil ein wilder Mann sein Unwesen darin treibt. Das erinnert an die Märchen, in denen von einem Vater erzählt wird, dessen Garten jede Nacht verwüstet wird und der daraufhin der Reihe nach seine Söhne ausschickt, den Garten und insbesondere den Baum mit den Goldäpfeln zu bewachen (AT 530 → *Simson, tu dich auf!* und AT 531 → *Ferdinand Getreu und Ferdinand Ungetreu*). Doch in unserem Märchen ist von Söhnen zunächst gar nicht die Rede. Der Vater wird geschildert. Er will, wie aus anderen Fassungen zu schließen ist, den wilden Mann als seinen Gefangenen zur Schau stellen, in einem Käfig auf dem Schloßhof. Vermutlich will er von dem Dämon die Zukunft wissen. Ein fremder Jäger überlistet den wilden Mann. Er holt ihn aus einem Wasserloch oder macht ihn trunken. Aber die Hoffnung des Königs erfüllt sich nicht. Der Gefangene bleibt stumm, jedenfalls ihm gegenüber. Da legt der König fest, daß, wer es wagen sollte, den wilden Mann aus seinem Käfig zu lassen, sein Leben verwirkt habe.
Jeder Zuhörer oder Leser weiß, daß er selbst mit diesem Urteil gemeint ist; er weiß, daß die Rolle des Befreiers ihm selbst zukommt. Und schon berichtet der Erzähler, wie der Sohn des Königs auf dem Hof spielt, und wie sein Ball in den Käfig des wilden Mannes rollt. Warum spielt er auch in seiner Nähe? Der bisher stumm Gebliebene antwortet dem Knaben: Er soll ihm den Käfig öffnen, dann erhält er sein Spielzeug zurück. Aber der Knabe fürchtet das Gebot des Vaters – einmal und ein zweites Mal. Doch am dritten Tag ist der Vater auf die Jagd geritten. Die Ausflucht des Knaben, er wisse nicht, wo der Schlüssel liege, weist der wilde Mann zurück. Er kennt den Aufbewahrungsort genau: bei der Königin. Da holt der Sohn des Königs heimlich den Schlüssel, schließt auf, erhält seinen Ball und sieht den wilden Mann dem Wald zuschreiten. In diesem Augenblick begreift der Knabe, daß er den entscheidenden Schritt fort von seiner behüteten Kindheit getan hat. Der Schritt ist unwiderruflich. Da bittet er den wilden Mann, ihn mitzunehmen. Der Dämon setzt den Knaben auf den Nacken und trägt ihn fort in den wilden Wald. Er macht ihm ein Lager aus Moos, nimmt ihn in die Lehre, erlegt ihm Proben auf und setzt ihn als Wache an einen goldenen Brunnen. Wieder gilt ein Gebot: In den goldenen Brunnen darf nicht das geringste hineinfallen. Der Knabe blickt in den klaren Spiegel und sieht wunderbare Dinge: einen goldenen Fisch, dann eine goldene Schlange. Da schmerzt ihn sein Finger. Er kann nicht widerste-

hen, greift in den Wasserspiegel und zieht erschrocken die Hand zurück: Sein Finger ist golden geworden. Abends weiß der wilde Mann bereits, was geschehen ist. Er warnt und erinnert an sein Gebot – aber was geschehen ist, läßt er noch einmal hingehen. Das gleiche ereignet sich am zweiten Tag, als sich der Knabe mit dem schmerzenden Finger über den Kopf fährt und ein Haar in den Brunnenspiegel fällt. Aber als der Knabe am dritten Tag zwar den Finger nicht rührt, auch wenn er ihn noch so schmerzt, so fällt ihm doch beim Hinabbeugen das volle Haar in den Brunnenspiegel. Als er sich aufrichtet, gleißt es golden wie die Sonne. Da muß er seinen Pflegevater verlassen und allein in die Welt ziehen. Der wilde Mann verspricht ihm allerdings Beistand, wann immer er ihn braucht.

Der Goldhaarige bedeckt den Kopf mit einem Hut und behauptet, grindköpfig zu sein. Deshalb wird er als Küchenjunge von einem empörten König davongejagt. Als er jedoch als Gärtnerjunge unvorsichtigerweise einmal den Hut absetzt, entdeckt die Königstochter das Gleißen, beauftragt den Knaben, Blumen zu bringen, und vergewissert sich: Der Gärtnerjunge hat goldene Haare. Sie gibt ihm eine Handvoll Dukaten – aber er gibt das Geld achtlos den Kindern des Gärtners als Spielzeug. Damit unterstreicht er, wie weit seine eigene Kindheit hinter ihm liegt und wie sehr er sich seiner Aufgabe und Rolle als besonders Gezeichneter bewußt geworden ist. Die Szene wiederholt sich dreimal. Doch dann wird das Land mit Krieg überzogen und der König weiß nicht, wie er sich der Feinde erwehren soll. Für den verlachten Gärtnerjungen bleibt nur ein hinkender Gaul. Aber jetzt erweist sich, wie bedeutend der Beistand des wilden Mannes ist. Er schafft ihm ein Streitroß und Kriegsvolk. Der Goldhaarige entscheidet die Schlacht, kehrt jedoch auf dem lahmenden Gaul heim. Mag ihn der Gärtner auch auslachen und fragen, hinter welcher Hecke er geschlafen habe – der Verkappte beansprucht den Sieg für sich. Nur die Königstochter ahnt den Zusammenhang. Der König, der wissen will, wer der Fremde war, der wie ein Wetter in die Schlacht einbrach, veranstaltet ein dreitägiges Fest, auf dem seine Tochter dem Besten einen goldenen Apfel zuwerfen soll. Und abermals hilft der wilde Mann. Dreimal schafft er dem Pflegesohn Rüstung und Roß, und dreimal erringt der Goldhaarige als roter, weißer oder schwarzer Ritter den Preis. Der König, außer sich, daß der Fremde zweimal unerkannt entkommen konnte, erteilt beim dritten Mal den Auftrag, ihn zu verfolgen und notfalls zu verwunden. Der schwarze Ritter wird am Bein verletzt und verliert seinen Helm; das Goldhaar wird sichtbar. Nun ist die Königstochter ihrer Sache sicher: Sie hat den Gärtner gefragt und vernommen, daß der angeblich grindköpfige Gärtnerjunge den Kindern die drei beim Fest gewonnenen Äpfel gezeigt hat. Er muß vor dem König erscheinen. Die Königstochter nimmt ihm den Hut ab, und alle staunen über seine Schönheit. Der Goldhaarige erhält die Königstochter, die längst seinen wahren Rang kennt, zur Frau. Bei der Hochzeitstafel wird es plötzlich still. Ein großer König tritt herein und beschenkt den Goldhaarigen mit allen seinen Schätzen. Es ist der wilde Mann, der durch die Selbstfindung seines Ziehsohnes aus der eigenen Verwünschung zur Menschengestalt zurückgefunden hat.

3. Die Erzähler des Zaubermärchens vom wilden Mann beginnen oft mit der Erzählung vom Vater, der ein übernatürliches Wesen in seine Gewalt gebracht hat, und mit dessen Befreiung durch den Sohn, den der Jenseitige mit sich in die Wildnis nimmt. Teile dieser Erzählung sind bereits im Altertum bekannt, beispielsweise in der Sage von König Midas. Aber auch die mittelalterliche nordische Überlieferung ist damit vertraut. Am ausführlichsten erzählt das *Flateyrbók* von 1380, wie König Halfdan den Riesen Dovre, der in sein Schatzhaus einbrach, in einer Falle fing, und wie Halfdans Sohn, Harald Haarschön, als 5jähriger den Riesen freiließ, mit ihm ging und von ihm erzogen wurde. Nah verwandt ist ein anderer Eingang, der das enge Verhältnis zwischen dem Knaben und dem Jenseitigen noch unterstreicht: Einem kinderlos gebliebenen Ehepaar verspricht ein Jenseitiger einen Sohn unter der Bedingung, daß er ihm nach einer gewissen Frist zur Erziehung übergeben wird. Oft wird die Bedingung verschlüsselt ausgesprochen. Der Vater muß geloben, dem Jenseitigen den zu übergeben, der ihm zuerst zu Hause begegnet oder in seinem Hause als erster geboren wird. Das aber ist der leibliche Sohn, der dann im Märchen »Ich-weiß-nicht-Wer« oder »Wer weiß?« oder ähnlich heißt. Verbirgt sich dahinter das Brauchtum einer Jünglingsweihe? Für den Märchenhörer ist das freilich belanglos. Was zählt, ist das Miterleben, wie die Bindung zum Vater aufgegeben wird zugunsten einer neu eingegangenen Bindung zu einem Erzieher mit dämonischen Zügen. Dämonisch bedeutete jedoch erst in späterer Zeit teuflisch – so in den Märchen → *Der König vom goldenen Berge* (AT 400, KHM 92) und → *Der gelernte Jäger* (AT 304, KHM

111). Am stärksten prägt sich diese Entwicklung in dem aus dem 12. Jahrhundert stammenden und zu einem Volksbuch gewordenen Legendenroman von *Robert dem Teufel* aus, in dem unser ganzes Märchen zur Darstellung der Macht des Teufels und der Überlegenheit der rückhaltlosen Buße umgestaltet wurde. Eine dritte Einleitung schließlich schildert die Flucht vor der treulosen, buhlerischen Mutter.

Legt der Erzähler Gewicht darauf, die Gefährlichkeit des Dämons herauszustellen, so schildert er die Übertretung eines Gebotes, beispielsweise des Gebots, eine geheime Kammer nicht zu betreten, und die Rettung durch unverzügliche Flucht – so in der vortrefflich erzählten Fassung Wilhelm BUSCHS (UoW 38: *Friedrich Goldhaar*). Unversehens greift der Erzähler dabei auf einen anderen Typ zurück und entlehnt andere Motive (wie in den Märchen von der magischen Flucht → *Der Fundevogel*, AT 313 A). Dabei wird zB aus dem Spiegel des goldenen Brunnens (dessen Berührung den inneren Rang des Knaben sichtbar macht) eine Kammer mit den Leichen der vom Unhold Erschlagenen, in der aber vielleicht bereits das Wunderpferd oder der goldene Hirsch steht, auf dem der Held entfliehen wird. Doch den eigentlichen Sinn erhält das Märchen vom wilden Mann durch die selbständige Bewährung des Helden und den freundschaftlichen Beistand des Ziehvaters in der Gefahr.

Es wird häufig angenommen, daß der zweite Teil unseres Märchens außer dem Dienst in der Verkleidung und unter der Grindkappe (was auch als männliches Seitenstück zu → *Allerleirauh*, AT 510 B, verstanden werden könne) wenig Eigenständiges aufzuweisen habe. Da die Königstochter den wahren Wert des Verkappten entdeckt hat, wirft sie ihm dreimal den Apfel zu. Oder er siegt, mit Hilfe des wilden Mannes, dreimal im Reiterspiel. Das Motiv vom dreimaligen Erscheinen eines unbekannten Ritters ist im Mittelalter zum Allerweltsmotiv zahlloser Romane geworden. Oft werden nach der Erwählung durch die Königstochter weitere Beweise des Ranges gefordert. Die dreimalige Hilfe in der Schlacht nebst der Entlarvung eines Betrügers durch die zugefügte Wunde ist im Volksbuch von *Robert dem Teufel* zu einem der beliebtesten Kapitel geworden. Damit wird der betrügerische Seneschall zu Fall gebracht. Gelegentlich werden auch die spottenden Schwäger bloßgestellt. Den Zufügungen und Abschweifungen sind Tür und Tor geöffnet: ein Drache muß erschlagen werden (wie im Drachentötermärchen, AT 300, → *Die drei Hunde*), drei kostbare Dinge müssen beschafft werden

(AT 531 → *Ferdinand Getreu und Ferdinand Ungetreu,* → *Höckerrößlein*), oder der König verlangt ein Heilmittel (AT 551 → *Das Wasser des Lebens,* → *Vogel Phönix*). An die Stelle der Reiterspiele kann auch der Ritt auf den Glasberg getreten sein (AT 530 → *Simson, tu dich auf!*). Schließlich muß es nahegelegen haben, den Auszug auf dem hinkenden Pferd oder bereits die Flucht aus dem Haus des Jenseitigen mit dem Motiv vom sprechenden Pferd zu verbinden, dem → *Höckerrößlein* Pëtr Pavlovič ERŠOVS (AT 531, auch → *Ferdinand Getreu und Ferdinand Ungetreu*). Dann freilich wird am Ende das sprechende Pferd enthauptet und dadurch die Verwünschung eines Freundes aufgehoben – ein Geschehen, das die bedeutende erzieherische Rolle des wilden Mannes mißachtet und ihn, sinnwidrig, zu einem gefährlichen Gegenspieler macht, dem der Held nur durch die Hilfe eines bereits früher in die Fänge dieses Dämons Geratenen zu entkommen vermag.

Unter den Märchen mit weiblichen Hauptgestalten gibt es ein Gegenstück, in dem die Lehrzeit beim Dämon einerseits verteufelt und anderseits christlich legendenhaft umgemünzt wird: das Märchen vom → Marienkind (AT 710).

Aufschlußreich ist, was ein Novellenschreiber der Renaissance, Gianfranceso STRAPAROLA (5, 1), aus dem Stoff von der Erziehung durch den Dämon machte: *Guerrino, der einzige Sohn Filippo Marias, Königs von Sizilien, befreit einen Waldmenschen aus der Gefangenschaft seines Vaters. Die Mutter schickt den Sohn aus Furcht vor dem König ins Exil, und der zu einem schönen Jüngling gewordene Waldmensch befreit Guerrino aus vielen schrecklichen Gefahren* (so übersetzte Hanns FLOERKE den Titel ins Deutsche). Schließlich sei auf einen der schönsten Märchen-Zeichenfilme dieses Erzähltyps verwiesen: *Prinz Bajaja* nach dem Märchen in Božena NĚMCOVAS tschechischer Sammlung.

Das Zaubermärchen von dem goldhaarigen Königssohn, oft auch Grindkopf genannt, weil er sein Haar unter einer Grindkappe verbirgt, und von seinem in der Wildnis verborgenen Lehrmeister, der in manchen französischen Fassungen auch Merlin genannt wird (was gewiß kein Zufall ist), wurde von Wilhelm GRIMM in eine einprägsame dichterische Form gebracht. Wilhelm GRIMM sah hinter den ihm bekanntgewordenen Fassungen der Überlieferung, wie Ludwig DENECKE in einem Brief schrieb, »die Gestalt des geheimnisvollen, gütigen Alten, der einem ihm und sich selbst vertrauenden Jungen zur Bewährung verhilft«.

4. A. AARNE: Die magische Flucht. Helsinki 1930 (FFC 92). – I. M. BOBERG: Sagnet om Harald Hildetands fødsel. In: Festskrift til museumsforstander Hans P. Hansen. København 1949. 208–212. – BP 3,94–114. – K. BREUL: Sir Gowther. Oppeln 1886. – DELARUE 1,242–263. – DELARUE/TENÈZE 2,221–227. – W. HEILIGENDORFF in HdM 1,396–399. – R. A. J. KÖHLER: Der Grindkopf. In: Jahrbuch für romanische und englische Literatur. 8.1867.253–270. – LIUNGMAN 60–61,358; 119–120, 362. – E. MUDRAK in DMDW 506–516. – F. PANZER: Hilde-Gudrun. Halle 1901. – RANKE 1,169–175. – L. RÖHRICH in EM 3, 655–657. – E. TEGETHOFF in HdM 2,648–651. – A. R. VELIE: The dragon killer, the wild man and Hal. In: Fabula. 17. 1976. 269–274. – A. WESSELSKI: MdM 146–148, 241–242.

Der Eisenofen

AT 425 A KHM 127

1. Die Erzählung von dem in einen Eisenofen verwunschenen Königssohn, 1815 im zweiten Band der Erstausgabe der *Kinder- und Hausmärchen* als Nr 41 veröffentlicht und von 1819 an unter der heute üblichen Nummer gezählt, ist ein reich entwickeltes Zaubermärchen von einer Königstochter, die sich als geliebtes und einziges Kind auffallend schwer aus ihrer Vaterbindung löst. Den von ihr aus seiner Dunkelgestalt befreiten, aber um des Vaters willen wieder vergessenen Geliebten findet sie erst nach langer und unter großen Schwierigkeiten durchgestandener Suchwanderung wieder, dann jedoch für immer. Erzählt wurde das Märchen den Brüdern Jacob und Wilhelm GRIMM am 7. Juli 1813 von Dorothea VIEHMANN, geb. PIERSON aus Niederzwehren (1755–1815). J. Ö. SWAHN gliederte das nach Antti AARNE und Stith THOMPSON unter AT 425 A einzuordnende Märchen, nach seinem eigenen Vorschlag, dem neuen Subtyp 425 B ein und zwar in der Gruppe der charakteristischen deutschen Überlieferung.

2. Der eigentlichen, die Identifikation des Hörers begründenden Einleitung, ist der Bericht von dem Königssohn vorangestellt, den eine Hexe in einen einsam im Wald stehenden Eisenofen verwünscht. Die eigentliche Einleitung indessen – während des ganzen Märchens steht ausschließlich die liebste Tochter eines alten Königs im Vordergrund – erzählt von einem Mädchen, das sich im Wald verirrt und, wie es ausdrücklich heißt, den Weg

heim in das Reich seines Vaters verloren hat. Da findet es den Eisenofen – ein Motiv, das möglicherweise an die Stelle des Motivs einer einsamen Esse getreten ist. Eine Stimme aus dem Inneren des Ofens verspricht zu helfen unter der Bedingung, daß sich das Mädchen zur Heirat mit dem Verwunschenen bereitfindet. Die sonderbare Begegnung und das Zwiegespräch erinnern an das Zusammentreffen der jüngsten Königstochter mit dem in einen Frosch verwunschenen Königssohn (AT 440 → *Der Froschkönig*).

Das einleitende Geschehen, die allererste Begegnung, wird in unserem Märchen, das läßt sich rasch herausfinden, sehr unterschiedlich erzählt. Meist ist davon die Rede, daß ein Vater zu Markte fährt und sich die Wünsche seiner drei Töchter sagen läßt (AT 425 A → *Das singende springende Löweneckerchen*, und AT 425 C → *Die Schöne und das Tier*). Oder es erscheint ganz einfach ein Bär oder ein Hund und fordert von einem Vater, ihm die jüngste Tochter zu geben (AT 425 B → *Östlich von der Sonne, westlich vom Mond*). Auch heißt es häufiger, daß der Vater einem in seiner Dunkelgestalt auftretenden Freier verspricht, was ihm zu Hause zuerst begegnet. Ja, die Tochter setzt sich sogar in einen Stuhl, der zauberische Kräfte besitzt, und spricht einen sonderbaren Wunsch aus, der die Verbindung mit ihrem künftigen Geliebten herstellt. In unserer Fassung des Märchens ist das Heiratsversprechen ausdrücklich damit erkauft, den Weg heim zum Vater gewiesen zu erhalten.

Das Mädchen, das dem Verwunschenen versprochen hat, mit einem Messer wiederzukommen, um das Eisen des Ofens durchzuschrappen, berichtet daheim zwar, was ihm begegnet ist – aber im Gegensatz zu dem klar und unbeirrt denkenden Vater im *Froschkönig*märchen, befällt den Vater unserer noch allzu kindlichen Heldin ein großes Erschrecken. Er sucht nach einem Ausweg. Zuerst glaubt er, die schöne Müllerstochter, dann, die noch schönere Schweinehirtentochter unterschieben zu können. Abgesehen davon, daß beide mit ihrem Messer nicht das geringste ausrichten, verraten sie sich obendrein in dem Zwiegespräch mit dem Eingeschlossenen. Die erste entgegnet in der Frühe: »Mich deucht, ich höre meines Vaters Mühle rappeln«; die andere: »Ich höre meines Vaters Hörnchen tüten«. Sie werden heimgeschickt, und der Eingeschlossene droht, es werde kein Stein auf dem anderen bleiben, wenn der König versuche, ihn ein drittes Mal zu täuschen. Dieses Motiv ist in den skandinavischen *Königssohn-Weißbär*-Märchen und im *Weißen Wolf* von Ulrich

JAHN (VPR 60) ausgiebig nachzulesen, ebenso in Wilhelm WISSER (PV 1, 75): *De witt Wulf*, sowie im Grimmschen KHM 68a von 1812: *Hurleburlebutz*.
Erst die letzte Drohung bringt die Königstochter dazu, endlich Abschied zu nehmen und die ihr gestellte Aufgabe zu übernehmen. Ihrem Schrappen gibt das Eisen sogleich nach. Keine zwei Stunden vergehen, und sie hat ein Loch in den Ofen gekratzt. Sie sieht einen schönen Jüngling darin sitzen – und sie befreit und erlöst ihn. Der erlöste Königssohn will sie sogleich heim in sein Reich führen. Aber noch einmal ist ihr die nicht ausgereifte Vaterbindung im Wege. Sie bittet um einen letzten Besuch zu Hause, erhält auch die Erlaubnis dazu, muß jedoch versprechen, nicht mehr als drei Worte mit dem Vater zu wechseln. Wir wissen schon im voraus, daß sie das Versprechen nicht halten und damit alles Erreichte aufs Spiel setzen wird.
Die Übertretung des Tabus ist ein wichtiges Kennzeichen unseres Märchens. Die Liebenden werden auf der Stelle getrennt – wie es scheint, für alle Zeit. Gläserne Berge, scharfe Schwerter, reißende Ströme richten sich auf zwischen ihnen. Als die Königstochter in den Wald zurückkehrt, ist der Eisenofen verschwunden. Doch jetzt ist sie entschlossen. Sie schaut nur noch vorwärts, es kommt ihr gar nicht erst in den Sinn, noch einmal das Haus ihres Vaters aufzusuchen – auch wenn sie tagelang nichts zu essen und zu trinken erhält. Eines Nachts sieht sie endlich ein Licht. Vermutlich hat sich die VIEHMÄNNIN geirrt, als sie die Szene im Haus der zu einer dicken Kröte verwandelten Königstochter samt ihrem Gefolge kleiner Itschen einfügte (AT 402 → *Die drei Federn*). In den meisten Suchwanderungen deutscher Überlieferung sind die Stationen Sonne, Mond und Sterne, oder es sind die Winde, und das Mädchen trifft auf Trollweiber wie im Norden, oder es findet wie im Russischen eine Baba-Jaga in ihrem unheimlichen Haus – stets überfällt den Zuhörer ein gewaltiger Schrecken: Die drei Stationen sind Orte wachsender Gefahr. Zwar tun die Alten ihr Bestes, um dem tapferen Mädchen zu helfen. Aber ihre Männer oder Söhne sind Menschenfresser, und der erste Satz, den sie heimkehrend aussprechen, heißt: »Ich rieche Menschenfleisch.« Die VIEHMÄNNIN indessen erzählt von den etwas grauslichen, aber doch recht freundlichen Itschen, die dem Mädchen drei wichtige Dinge mitgeben: drei Nadeln, ein Pflugrad und drei Nüsse. Damit wird es die sonst unüberwindlichen Hindernisse überwinden: den Glasberg jedenfalls und die schneidenden Schwerter; wie es das

reißende Wasser bezwingt, wird nicht gesagt. Hier ist die Überlieferung unsicher geworden. Meist erhält die Wandernde, die besonders in den nordischen Fassungen sieben Paar eiserne Schuhe zerschleißen muß, auf den drei gefährlichen Stationen drei wunderbare Gaben, die zum Spinnen taugen: ein Rad, eine Weife, eine Haspel – alles aus purem Gold. Jenseits des großen Wassers verdingt sie sich in einem Schloß als Küchenmagd. Denn in diesem Schloß am Rande der Welt lebt ihr Geliebter nunmehr und ist im Begriff, eine falsche Braut zu heiraten. Schimmert hindurch, daß es ein Hexenschloß ist, daß die eingangs erwähnte Zauberin, die den Königssohn in den Eisenofen verwünschte, die Hand im Spiel hat? Wie auch immer: Die wahre Braut hat ihren Geliebten gefunden und erkauft mit den wunderbaren Kleidern, die sie in den Nüssen findet, drei Nächte in der Kammer des Geliebten. Natürlich hat ihm die falsche Braut einen Schlaftrunk gegeben, und er hört die lange Klage von der Erlösung und der Suchwanderung nicht – bis ihm die Bedienten davon berichten, und er in der dritten Nacht den Schlaftrunk vorbeilaufen läßt. Jetzt hört er die Klage, und jetzt erkennt er die rechte Braut (wie im Märchen von der magischen Flucht, AT 313 C → *Die beiden Königskinder*). Noch in der Nacht verlassen die beiden das Trugschloß (wobei die Erzählerin nicht umhin kann, der falschen Braut wenigstens die schönen Kleider wieder wegzunehmen). Sie fliehen über das reißende Wasser, die schneidenden Schwerter und den Glasberg, lassen die unbewohnbare Dämonenwelt hinter sich und kehren in dem kleinen Waldhaus der Itschen ein – das sich unterdes freilich in des Königssohnes herrliches Schloß zurückverwandelt hat. Die beiden Liebenden vermählen sich. Und die Erzählerin fügt hinzu, daß hier sogar Platz für den in seiner Einsamkeit jammernden alten Vater ist. Er wird aufgenommen und übergibt sein Reich dem Schwiegersohn. Die möglicherweise von der VIEHMÄNNIN selbst verwandte Schlußformel »Da kam eine Maus, das Märchen war aus« läßt sich als überzeugender Beweis dafür verstehen, daß Zaubermärchen Einladungen zum Tagträumen sind, zum Durchspielen der in dem eigenen Konflikt vom Zuhörer ergriffenen Rolle. Mit einem kleinen Spaß holt ihn der Erzähler am Ende des Spiels wieder zurück in die äußere Wirklichkeit. Anzumerken ist jedoch, daß einzelne Züge der Szenen im Waldhaus der Itschen den Verdacht erhärten, es könnten Erinnerungen an eine Erzählung der Baronin Marie-Catherine d'AULNOY im Spiel sein (AT 402 + 310 → *Die weiße Katze*). Und das dürfte bei der hugenottischen Familie der Erzählerin oder überhaupt bei dem französischen Einfluß in deutschen Bürgerkreisen nicht wunder nehmen.

3. Im ersten Band der Erstausgabe von 1812 stand als Nr 59 das Märchen *Prinz Schwan*, bereits 1807 als eines der ersten überhaupt, nach einer Erzählung von Gretchen WILD aus Kasselaner Überlieferung von Wilhelm GRIMM aufgezeichnet. Einem Mädchen begegnet mitten im Wald in der Gestalt eines Schwans ein junger König. Dem Mädchen geschieht das Unglück, daß der Faden reißt, an den gebunden der junge König sein Land und zugleich seine Erlösung erreichen kann. Damit beginnt die Suchwanderung des Mädchens, die zu Sonne, Mond und Sternen führt, zu alten, freundlichen Frauen. Sie schenken dem Mädchen ein Spinnrad, eine Spindel und eine Haspel aus Gold und retten es vor ihren menschenfressenden Männern. Die letzte alte Frau gibt dem Mädchen obendrein Brot und Speck, damit es die Wächter des Schlosses auf dem Glasberg – einen Drachen und einen Löwen – besänftigen kann. Die drei Nächte erkauft sich das Mädchen mit den drei Gaben der Alten. Dreimal singt es einen Vers, der an das Versprechen und die Suchwanderung erinnert. Aber erst, als es den Diener dazu bringt, dem jungen König etwas anderes als den Schlaftrunk der listigen Königin zu geben, gelingt es ihm, gehört und erkannt zu werden. Bemerkenswerterweise entscheidet die Königin unwissentlich selbst, wer die älteren Rechte besitzt, als ihr nämlich das Gleichnis von dem verlorenen und wiedergefundenen Schlüssel vorgelegt wird. Im Märchen vom Eisenofen wird dieses Gleichnis nicht erwähnt, die Liebenden verlassen »noch in der Nacht« das Haus der falschen Braut (vgl auch HALTRICH DVSS 44: *Das Borstenkind*, erwähnt bei AT 441 → *Hans mein Igel*). Aber das Gleichnis vom Schlüssel, das nur ein Allerweltsmotiv zu sein scheint, ist erstaunlich fest mit unserem Märchentyp verbunden (und der Rückkehr des jungen Mannes im Schwanjungfraumärchen AT 400, vgl Abschnitt 3 → *Der König vom goldenen Berge*). Das Schlüsselmotiv tritt regelmäßig im gesamten Verbreitungsgebiet unseres Suchwanderungsmärchens auf.
Das Märchen vom Eisenofen gehört zu einem Typ, über den es eine kaum noch zu überschauende Literatur gibt und eine ungewöhnlich reichhaltige Fülle von Aufzeichnungen, deren Einordnung freilich umstritten ist. Schließlich gehören auch die Märchentypen AT 430 (→ *Das Eselein*, KHM 144), AT 432 (→ *Der*

blaue Vogel), AT 433 B (→ *König Lindwurm*), AT 440 (→ *Der Froschkönig*), AT 441 (→ *Hans mein Igel*) zur selben Familie. Und innerhalb des Märchentyps AT 425 müssen Subtypen unterschieden werden, zu deren Neugliederung Jan-Öjvind SWAHN den weitestführenden Vorschlag gemacht hat. Da unsere Einteilung stets von den bekanntesten Fassungen ausgeht und anhand ihrer Struktur und Einzelzüge auf verwandte und auf gegensätzliche Ausprägungen hinweist, gelegentlich auch im selben Kapitel, wie es hier mit dem *Eisenofen* und dem *Prinzen Schwan* geschehen ist, so zieht man am besten auch gleich die Darstellungen des → *Singenden springenden Löweneckerchens* hinzu (AT 425 A, dort auch die Literaturangaben zum Kreis der Amor-und-Psyche-Märchen), des eindrucksvoll von P. C. ASBJØRNSEN erzählten norwegischen Märchens → *Östlich von der Sonne, westlich vom Mond* (AT 425 B, hierzulande vor allem durch Lisa TETZNERS Veröffentlichungen bekanntgeworden), sowie der einflußreichsten literarischen Ausprägung, die das Amor-und-Psyche-Märchen seit über 200 Jahren durch die in England wirkende, aus Frankreich stammende Gouvernante Jeanne-Marie LEPRINCE de Beaumont erfahren hat: → *Die Schöne und das Tier* (AT 425 C; dort auch einige Bemerkungen zum ältestbekannten Text in den Metamorphosen des APULEIUS).

4. Literaturangaben beim Artikel → *Das singende springende Löweneckerchen.*

Die eisernen Stiefel → *Der König vom goldenen Berge* (Abschnitt 3)

Das Erdkühlein

AT 511 Montanus GG 2,5

1. Albert WESSELSKI (1871–1939) veröffentlichte 1938 in seinen *Deutschen Märchen vor Grimm* unter dem Titel *Das Erdkühlein* das allererste literarische Zeugnis jenes Märchentyps, in dem vom Elend und der Drangsal eines Mädchens erzählt wird, aber auch von dem heimlichen Beistand, den es durch seine rechte Mutter in Tiergestalt erfährt. Er nahm die Erzählung aus dem

etwa 1559 erschienenen zweiten Band der *Gartengesellschaft* von Martin MONTANUS (geb. um 1537 in Straßburg), wo sie das fünfte Kapitel bildet: *Ein schöne History von einer Frawen mit zweyen Kindlin.*

2. Diese Frau ist die Stiefmutter. Sie zieht das ältere Mädchen, das Annelein, auf ihre Seite und berät mit ihm, wie es das jüngere Mädchen, das Margaretlein, vernichten kann. Der Vater, von dem es heißt, daß er ein armer, guter Mann sei, ist machtlos. Aber das Margaretlein erlauscht die Pläne zu seiner Vernichtung. Es soll im Wald ausgesetzt und von den Wölfen zerrissen werden. In seiner Not holt es dreimal Rat bei der Taufpatin. Die Patin rät, Sägemehl zu streuen, dann Spreu, endlich Hanfsamen und getrost heimzukehren. Ob sie weiß, daß beim drittenmal die Vögel den Hanfsamen auffressen werden? Ob sie annimmt, daß ihr Patenkind dann ausreichend darauf vorbereitet ist, in der Wildnis, im Draußen, im ganz anderen Bereich eine neue Zuflucht zu finden? Zweimal findet das Margaretlein den Weg zurück, beim drittenmal gibt es kein Zurück mehr. In seiner Not steigt es auf einen Baum, sieht einen unscheinbaren Rauch und findet das verborgene Haus des Erdkühleins. Es muß dem Erdkühlein jedoch versprechen, sein Lebtag bei ihm zu bleiben und es nicht zu verraten, auch die eigene Schwester nicht einzulassen. Für eine Weile lebt es in »innerer Emigration«.
Von nun an geht es dem Margaretlein gut. Es lebt von der Milch der Kuh, wird von dem mütterlichen Tier fürstlich gekleidet – und läßt sich doch dazu bewegen, der falschen Schwester die Tür zu öffnen und das Geheimnis preiszugeben. Zwar hat die Schwester ihre Tat bereut. Sie ging und suchte die Gebeine des verstoßenen Margaretleins im Wald. Dabei verirrte sie sich und erkletterte in der aufkommenden Nacht einen Baum. Und dann entdeckte sie den Rauch des verborgenen Hauses. Aber als das Annelein dem in seiner Zuflucht köstlich gekleideten Margaretlein gegenübersteht, überwältigt es der Neid der ewig Unfertigen. Es läßt sich aus dem Wald geleiten und verrät, was ihm die Schwester anvertraut hat.
»Damit nicht verraten werd, daß ich an diesem End sei!«, hatte das Erdkühlein gewarnt. Damit hat es nicht mehr und nicht weniger gesagt, als daß sie die rechte Mutter ist und keineswegs tot, daß sie aber an einem heimlichen Ort verborgen lebt und daß ein unbedachtes Wort diese Zuflucht zerstört. Und so geschieht

es auch, durch Margaretleins Geschwätzigkeit. Das Erdkühlein und die jüngere Tochter müssen für immer voneinander Abschied nehmen. Die schlimme Mutter holt die beiden aus dem Wald und läßt das Erdkühlein schlachten. Aber sie weiß nicht, daß das Margaretlein den Rat erhalten hat, drei scheinbar wertlose Teile des Tieres zu vergraben: den Schwanz, ein Horn und einen Huf. Am dritten Tag wächst daraus ein wunderbarer Apfelbaum.
Ein »gewaltiger Herr« reitet mit seinem kranken Sohn vorbei: Den Sohn verlangt es nach den Äpfeln. Weder die untreue Schwester noch die hassende Mutter können ihm den Wunsch erfüllen – nur das Margaretlein. Es bricht einen Apfel, erzählt seine Geschichte und wird gefragt, ob es mitgehen will. So wird wahr, was das Erdkühlein bei seinem Abschied vorausgesagt hat: Das Margaretlein wird zu einer »großen mächtigen Frawen«. Von einer Hochzeit ist nicht die Rede, aber das kann für ausgemacht gelten. Den Vater nimmt das Margaretlein mit.

3. Was zu anderen Fassungen dieses Märchens zu sagen ist, steht bei → *Einäuglein, Zweiäuglein, Dreiäuglein.* Die Brüder GRIMM kannten das *Erdkühlein* nicht, und der streitbare Albert WESSELSKI warf ihnen vor, daß sie T. PESCHEKS gefühlsüberfrachtete Fassung aus der Oberlausitz übernommen und überarbeitet hatten, eine »aufgelegte Verschlechterung eines alten deutschen Märchens«. (Er machte seinem Unmut auch an der falschen Stelle Luft und behauptete, aus dem unheimlich erscheinenden Erdkühlein sei eine Fee geworden und eine Ziege und allerlei anderer Unsinn sei hinzugekommen. Aber was hilft's: Sogar bei MONTANUS muß eine Patin herhalten, um Rat zu schaffen.) Daß GOETHE das *Erdkühlein* in seiner Straßburger Zeit entdeckte und daß er es besonders liebte, ist bekannt. Er schrieb an Charlotte von STEIN: »... und nun Erdkulin für ewig«. Was andere Fassungen und Einzelzüge des Erdkühlein-Märchens betrifft: → *Einäuglein, Zweiäuglein, Dreiäuglein.*

4. BP 3,60–66. – M. R. COX: Cinderella. London 1893. – DELARUE/TENÈZE 2,268–280. – A. H. KRAPPE: The story of Phrixos and modern folklore. In: Folklore. 34.1923.2,141–147. – LIUNGMAN 126–135,362. – M. LÜTHI: Das Erdkühlein. In: LÜTHI: Es war einmal. Göttingen ³1968.42–53. – E. MUDRAK in DMDW 109–136. – NITSCHKE 1, 51–80, 207–210. – RANKE 2,127–129. – A. B. ROOTH: The Cinderella cycle. Lund 1951. – S. SCHMIDT in EM 3, 1197–1203. – WESSELSKI: DMvG 2,32–37. – H. WETTER in HdM 1,477–484.

Das Erdmännchen

AT 301 A KHM 91

1. Das Märchen von der Befreiung der verschwundenen Königstöchter wird in der internationalen Klassifikation in zwei Formen unterteilt, A und B. AT 301 A stellt die allgemeine Form dar, AT 301 B die Form, in welcher der Retter mit übernatürlichen Kräften begabt ist (zB von einem Bären abstammt) oder von Gefährten begleitet wird, die groteske Einzelfähigkeiten besitzen. Dann sind wie in KHM 166: *Der starke Hans* wesentliche Motive aus AT 650 mit im Spiel (*Der junge Riese*, KHM 90) oder aus AT 513 A (*Sechse kommen durch die ganze Welt*, KHM 71). Das Märchen von der Befreiung der verschwundenen Königstöchter ist zwar in zahlreichen Fassungen in der ganzen Welt verbreitet, blickt aber (außer in China) nur auf ein einziges, bisher unbeachtetes Zeugnis zurück (die Romanze von *Torec*). Hierzulande wurde das Märchen recht bekannt und ist in der Grimmschen Sammlung am leichtesten zugänglich. Die niederdeutsche Fassung, *Dat Erdmänneken*, trug die Familie v. HAXTHAUSEN bei. Die Erzählung erschien 1815 im zweiten Band der Erstausgabe der *Kinder- und Hausmärchen* als Nr 5 und erhielt 1819 die Nummer der endgültigen Zählweise: KHM 91. Freilich, die niederdeutsche Mundart schloß das Märchen von den meisten Auswahlbänden aus. Eine weitaus größere Verbreitung fanden Ludwig BECHSTEINS verschiedene Fassungen: *Die drei Musikanten* (DMB 40), *Die Nonne, der Bergmann und der Schmied* (DMB 80a) und *Das winzige, winzige Männlein* (NDMB 13).

2. Ein König hat drei Töchter – aber was er über alles liebt, ist sein Apfelbaum. An diesem Baum hängt er so sehr, daß er eine schreckliche Verwünschung ausspricht: Wer ihm einen der Äpfel stiehlt, wird hundert Klafter tief in die Erde versenkt. Wir hören diesen Eingang und ahnen in der Drohung den Schicksalszusammenhang zwischen den Töchtern, den Äpfeln und der starren, fehlgerichteten Anhänglichkeit des Vaters. Gerade deshalb werden ihm die Äpfel, die so rot wie Blut sind, gestohlen. Aus dem Motiv der kostbaren Äpfel entwickelt sich gelegentlich auch jener andere, vor allem aus dem Märchen vom → *Goldenen Vogel* (AT 550) und dem → *Glasberg*-Märchen (AT 530) bekannte Eingang von der nächtlichen Verwüstung und der Wache

der drei Söhne im Garten des Vaters. Aber damit ändert sich das erzählerische Angebot entscheidend. Statt eines Tochter-Vater-Konfliktes wird ein Sohn-Vater-Konflikt durchgespielt. Dieser Identifikationswechsel ist in keinem anderen Märchentyp so häufig anzutreffen wie im Märchen von den verwunschenen Königstöchtern. Er führt dazu, daß es oft zwei Eingänge nacheinander gibt – beispielsweise zuerst die Motivierung des Auszugs der drei Brüder und später, nachgeholt, die Motivierung der Verwünschung der Töchter. Doch in unserem paderbörnischen *Erdmänneken* herrscht die Tochteridentifikation bis zum Schluß vor. Der Zuhörer übernimmt die Perspektive der Jüngsten, die es nach den roten Äpfeln gelüstet. Sie vertraut auf des Vaters Liebe und pflückt für sich und ihre Schwestern einen Apfel. Augenblicks sind die drei Mädchen hundert Klafter tief in die Erde entrückt.

Der König bietet auf zu der als unerfüllbar erscheinenden Aufgabe, seine Töchter zu finden. Viele ziehen vergeblich aus, schließlich drei Jäger. Manchmal sind es auch drei Brüder, von denen der Jüngste als dummer Hans verlacht wird. Doch merkwürdig häufig zeichnen die Erzähler ihre drei Ausziehenden deutlich als nicht miteinander verwandte, als rein zufällige Weggenossen, ja als Menschen betont ungleicher Eigenschaften und Berufe. Das weist bereits hin auf den Märchentyp vom übernatürlich starken Helden (AT 301 B: *Bärensohn*, AT 650: *Der starke Hans*) und seinen wunderbaren Helfern (AT 513: *Sechse kommen durch die ganze Welt; Die sechs Diener*).

Im Grenzland der bewohnten Welt erreichen die drei paderbörnischen Jäger ein menschenleeres Schloß; dort ist der Tisch gedeckt. Da sich niemand blicken läßt und der Hunger groß ist, greifen die drei schließlich zu. Als Hörer wissen wir, daß wir an der Schwelle des Geheimnisses stehen. Die drei werfen das Los. Der Älteste bleibt allein in dem sonderbaren Haus, um für das Mittagessen zu sorgen; die beiden anderen gehen auf die Jagd, wie es in den weitaus meisten Fassungen heißt (hier freilich: Sie suchen weiter nach den verschwundenen Königstöchtern). Das Wesentliche geschieht jedoch in dem leeren Haus. Mittags bettelt ein sonderbares Männlein um Brot. Als ihm der älteste Jäger ein Stück gibt, läßt er es fallen und bittet, scheinbar bescheiden, es ihm aufzuheben. Kaum hat sich der Jäger gebückt, so wird er erbärmlich verprügelt. Das gleiche geschieht am nächsten Tag mit dem zweiten Jäger – und die beiden Verprügelten freuen sich hämisch darauf, daß am dritten Tag der verachtete Jüngste seine Tracht erhält. Das wird allerdings nicht geschehen. Die Begegnungen mit dem listigen und doppelgesichtigen Abgesandten der Unterwelt sind Prüfungen. Nur der Jüngste besteht sie. Er dienert nicht, er geht sein Ziel aufrecht an. Der Jüngste verprügelt vielmehr seinerseits den unverschämten Zwerg und macht ihn sich untertan.

Das Erdmännchen verspricht daraufhin, ihn zu den verschwundenen Königstöchtern zu führen, und zeigt ihm den Abstieg – einen tiefen, wasserlosen Brunnen. Natürlich haben sich die guten Erzähler ganz besonders der dreimaligen, etwas unheimlichen Prügelei mit dem Mittler zwischen Ober- und Unterwelt angenommen und der Weise, in der er den Weg zeigt hinab in die unterirdischen Kammern. Sie schildern schließlich einen richtigen Kampf; der alte Zwerg wird verwundet; der jüngste Wachhabende reißt ihm den Bart aus und folgt der Blutspur zu einem Loch. Auch werfen die drei das Los vor dem Abstieg. Zwar sind die Älteren krank vor Neid, daß der Jüngste sich das Erdmännchen untertan gemacht und von ihm den Weg erfahren hat – doch abermals können sie ihre Unzulänglichkeit nicht verbergen. Als sie im Korb die Abfahrt antreten wollen, überwältigt sie die Angst. Nur der Jüngste bringt den Mut auf, sich hinabhieven zu lassen und die von vielköpfigen Drachen bewachten Königstöchter aufzusuchen. Vor der ersten Tür hört er den Drachen schnarchen. Er tritt ein und schlägt ihm die Köpfe ab. Es ist vorbei mit dem Lausen und dem unterirdischen Schlaf im Schoß der gebannten Töchter. Von Kammer zu Kammer zieht der Befreier. Die Mädchen küssen und herzen ihn, sie schenken ihm goldene Kleider und Ringe – sie werden ihn dennoch vergessen, bis auf die Jüngste. Der tapfere Drachenbezwinger muß nämlich die befreiten Königstöchter den feigen Gefährten anvertrauen. Dreimal heben sie den Korb aus der Tiefe. Als der jüngste Jäger selbst an der Reihe ist, gedenkt er der Warnung des Erdmännchens. Er legt einen Stein in den Korb. Und richtig, die heimtückischen Gefährten kappen den Strick und lassen den Korb hinabstürzen. Sie fliehen mit der Beute und zwingen den Königstöchtern den Eid ab, sie als Befreier anzugeben. Sind die beiden älteren Königstöchter einverstanden, trauert die Jüngste dem betrogenen Befreier nach? Zumindest das Letztere ist für den Zuhörer selbstverständlich und sichert die im Eingang begründete Identifikation mit der jüngsten Tochter.

Sie muß den tapferen, geliebten Jüngsten in der Unterwelt zurücklassen. Aber wir sind gewiß, daß er den Weg hinaus

finden und im rechten Augenblick wieder auftauchen wird, ähnlich wie es im Drachentötermärchen (AT 300 → *Die drei Hunde,* und AT 303 → *Die zwei Brüder*) der Fall ist. Als er betrübt durch die drei Kammern wandert, findet er eine Flöte. Und als er sie bläst, erscheinen unzählige Erdmännchen. Sie fassen ihn bei den Haaren und fliegen mit ihm hinauf zur Oberwelt. Natürlich ist dieser Zug leicht austauschbar; jedem Erzähler sind ausreichend Motive zur Hand. Oft ist der Retter ein Adler, dem der Held freilich auf dem langen Flug von seinem eigenen Fleisch zu fressen geben muß. Oder es erscheint ein dienstbarer Geist wie in dem deutsch-skandinavischen Volksbuch vom *Lukentus.* Oder es ist das zwischen Ober- und Unterwelt vermittelnde Männchen mit dem langen Bart selber, das den Helden über einen reißenden Fluß bringt (hinreißend erzählt und weit entfernt von allen Buchmärchenstilisierungen: *Mannche von Spannanche,* mitgeteilt von dem verdienstvollen Alfred CAMMANN in seinen *Westpreußischen Märchen* 1961).
Der Held aber geht in das Schloß der geretteten Königstöchter, gerade rechtzeitig zur Hochzeit. Ob er nun als Schneider und Goldschmied anstelle der neuen Brautkleider und Ringe die Geschenke der befreiten Königstöchter schickt, oder ob er wie hier, unmittelbar vor den König und seine Töchter tritt, ist unerheblich. Die Töchter werden ohnmächtig, und der Vater läßt den Befreier zunächst einmal ins Gefängnis werfen. Aber die Töchter bitten für den fälschlich Verdächtigten, so daß der Vater in sie dringt. Er will die Wahrheit wissen. Und als er erfährt, daß sie nicht sprechen dürfen, läßt er die Wahrheit dem Ofen anvertrauen. Die Betrüger werden gehängt, der tapfere Jüngste heiratet die jüngste Königstochter. Und die älteren Schwestern, müssen wir hinzufügen, gehen leer aus.

3. In der Grimmschen Fassung werden die Königstöchter entrückt, weil der Vater sie verwünscht hat. Es kommt auch vor, daß der Vater seine Töchter zwar bewahren will oder sogar einzuschließen versucht, daß die Töchter aber von einem Drachen vom offenen Fenster entführt werden.
Und damit sind wir in der Nähe zahlreicher anderer Erzählungen, in denen ein Mädchen von außerweltlichen Mächten entführt wird und der Geliebte sich auf den Weg macht, sie zu suchen und zu befreien. Das früheste, mit wesentlichen Zügen unseres Märchens ausgestattete Zeugnis steht im 11. Kapitel des *Sou shen chi* von Kan PAO aus dem frühen 4. Jahrhundert: Einem

jungen Mann entführt ein Dämon die Verlobte. Ein Weiser gibt an, wo er sie suchen soll. Der junge Mann macht sich, zusammen mit seinem befreundeten Nachbarn, auf den Weg, entdeckt in einem Hügel eine bodenlose Höhle und läßt sich an einem Tau hinab. Er findet seine Verlobte. Der Nachbar holt zuerst das Mädchen aus der Höhle, weigert sich aber, dem jungen Mann ebenfalls herauszuhelfen. Die sagenhafte Erzählung endet tragisch. Die Verlobte schwört, keinem anderen zu gehören und kehrt immer wieder zu dem Hügel zurück, um nach ihrem Geliebten Ausschau zu halten. Nai-tung TING, der 50 neuere chinesische Fassungen untersucht hat, teilt dieses älteste Zeugnis mit und schließt (aus der Hälfte der untersuchten Erzählungen) auf einen Prototyp, der offenbar im eigentlichen China, also bei dem Volk der Han, weit verbreitet war und noch ist und so gut wie keine Abhängigkeiten von westlichen Einzelzügen erkennen läßt: Ein junger Mann fällt Holz in den Bergen und sieht in einer Sturmwolke ein Untier vorüberziehen. Er wirft seine Axt danach. Aus der Wolke fällt Blut; in einigen Fassungen fällt auch ein bestickter Frauenschuh aus der Wolke oder gar ein Nadelkissen. Der junge Mann folgt der Blutspur und erfährt, daß eine Königstochter entführt und eine Belohnung ausgesetzt wurde. Mit einem Freund (auch mit dem älteren Bruder, oder mit einem Fremden) betritt er eine Höhle, steigt an einem Tau ab, findet die Entführte bei dem Dämon und tötet ihn; die Königstochter hat den Dämon trunken gemacht oder ihn sonstwie behindert oder zum Einschlafen gebracht. Als Erkennungszeichen schenkt sie ihrem Befreier die Hälfte eines Schmuckes, zB eine Haarnadel. Dann wird sie mit dem Tau hochgezogen. Aber der Helfer ist ein Verräter. Er versperrt den Ausgang, nimmt die Königstochter mit und überläßt den jungen Mann seinem Schicksal. Der Zurückgebliebene befreit jedoch einen Drachen (oder Wassergeist) und kehrt auf dem Rücken des dankbaren Drachen oder Geistes in die Oberwelt zurück; oft erhält er überdies eine Zaubergabe. Bei Hof wird er auf Grund des Erkennungszeichens als Retter empfangen und erhält die Königstochter zur Frau, der Verräter wird bestraft.

Dieses Urbild ist eine Konstruktion, denn keine neuere Fassung entspricht ihr in allen Zügen. Aber es vermittelt das Bild einer alten, reichen und in sich geschlossenen Überlieferung. Bemerkenswerterweise findet Nai-tung TING gleichzeitig heraus, daß die andere Hälfte der untersuchten Erzählungen auffallend heterogen durchweg bei Randgruppen des eigentlichen Chinas aufgezeichnet wurde, dem Erzähltyp 301 B zuzurechnen ist, in nicht zu übersehender Weise von Überlieferungen aus dem Mittleren Orient geprägt ist und nur teilweise Züge der eigenständigen Han-Überlieferung aufweist. Das Bestreben der westlichen Erzähler, stellt er fest, gehe unübersehbar zur Heroisierung, zum Herausstellen der übernatürlichen Kräfte und, formal gesehen, zur Dreizahl. Aus einer Königstochter werden drei, aus dem jungen Mann, der mit einem falschen Freund zur Rettung auszieht, drei Brüder oder zumindest drei ungleiche Gefährten. Ob unser Märchen auf der tragisch endenden Erzählung des Kan PAO beruht, die wie ein Tatsachenbericht anmutet, aber am Ende doch wohl als ätiologische Sage von einem merkwürdigen, als Landmarke einst weithin sichtbaren Hügel zu verstehen ist, bleibt dahingestellt. Vielleicht haben sich auch die Erzähler früher Entführungsgeschichten jener Erzählungen bemächtigt, die wir heute als Typ 301 F gesondert betrachten. Die ältesten Zeugnisse sind im *Rig Veda*, bei KONON oder bei Pei T'ING (13. Jahrhundert) zu finden. Im 1. Jahrhundert v. Chr. erzählte KONON bereits von zwei Hirten aus Ephesus, die auf der Suche nach einem Bienenschwarm eine Schatzhöhle entdecken. Als der in die Höhle Abgestiegene den Schatz hat emporhieven lassen, wirft der Verräter das Tau hinab und verweigert die Rettung. Aber dem Unglücklichen erscheint Apollo im Traum und rät ihm, seinen Leib zu verletzen und sich tot zu stellen. Er tut es, und ein Geier trägt ihn ans Tageslicht. Eigentlich fehlt der Erzählung nichts weiter als die von einem Dämon entführte Königstochter – und nach der westlichen Überlieferung das einsame Haus im Wald und die Begegnung mit dem zweigesichtigen Mittler zwischen Ober- und Unterwelt. Übrigens wird in einer Reihe von Erzählungen ein zusätzliches Abenteuer in einer noch tiefer gelegenen Unterwelt eingeschaltet. Als der Held die Königstochter befreit hat, selbst aber im Stich gelassen worden ist, entführt ihn ein schwarzer Widder in eine noch größere Tiefe, wo er einen Kampf ähnlich wie im Drachentötermärchen (AT 300 → *Die drei Hunde*, oder AT 303 → *Die zwei Brüder*) zu bestehen hat. Danach bringt ihn ein weißer Widder zurück. Bleibt nur noch hinzuzufügen, daß der mit Hilfe einer Flöte herbeigerufene rettende Geist des Volksbuches, *Lukentus*, einerseits an den Helfer aus H. C. ANDERSENS Märchen vom → *Feuerzeug* erinnert, bzw an der Brüder GRIMM → *Blaues Licht* (AT 562), anderseits an *Aladins Wunderlampe* (AT 561). Aber für denjenigen, der sich in die Lage des Zuhörers versetzt und seine Konfliktprojektionen zu erfassen sucht, erhebt sich eine letzte Frage, zu der eine ganze Reihe von Fassungen Anlaß gibt: Stehen der seine Tochter nicht freigebende Vater und das sie in die Unterwelt entführende »liebeskranke« Ungeheuer in geheimer Verbindung miteinander?

4. R. A. BARAKAT: The bear's son tale in Northern Mexico. In: JAFL. 78. 1965. 330–336. – M. BARBEAU: Bear mother. In: JAFL. 59. 1946. 1–12. – BP 2, 297–318. – P. N. Boratav: Les histoires d'ours en Anatolie. Helsinki 1955 (FFC 152). – C. CLAUDEL: Some comments on the bear's son tale. In: Southern folklore quarterly. 16. 1952. 186–191. – B. COLGRAVE: A Mexican version of the bear's son folktale. In: JAFL. 64. 1951. 409–413. – DELARUE 1, 108–133. – U. DUKOVA: Das Bild des Drachen im bulgarischen Märchen. In: Fabula. 11. 1970. 209–252. – C.-M. EDSMAN: The story of the bear wife in Nordic tradition. In: Ethnos. 21. 1956. 36–56. – H. FINDEISEN: Mensch und Tier als Liebespartner in der volksliterarischen Überlieferung Nordeurasiens und in der amerikanischen Arktis. Augsburg 1956. – A. I. HALLOWELL: John the bear in the new world. In: JAFL. 65. 1952. 258, 418. – J. IPSEN: Die Einleitungen zu dem Unterweltmärchen bei Grimm KHM 91 und 166. In: NdZfV. 5. 1927. 2, 65–88. – R. A. J. KÖHLER: Die drei Brüder und die befreiten Königstöchter. In: Jahrbuch für romanische und englische Literatur. 8. 1867. 241–246. – LIUNGMAN 43–47, 357. – MEYER 20–38. – E. MUDRAK in DMDW 376–384. – F. PANZER: Beowulf. München 1910. – W. E. PEUCKERT in HdM 1, 157–169. – H. SCHERB: Das Motiv vom starken Knaben in den Märchen der Weltliteratur. Seine religionsgeschichtl. Bedeutg u. Entwicklg. Stuttgart 1930. – SCHERF: Bechstein 806–807; 840–841; 849–850. – SINGER 1, 63–77. – N.-t. TING: AT type 301 in China and some countries adjacent to China. A study of a regional group and its significance in world tradition. In: Fabula. 11. 1970. 54–125. – D. WARD in EM 1, 1232–1235.

Das Eselein

AT 430 KHM 144

1. In einer Straßburger Handschrift aus der zweiten Hälfte des 15. Jahrhunderts hatte Jacob GRIMM 1814 das in mittellateinischen Distichen geschriebene Gedicht vom *Asinarius* entdeckt und abgeschrieben. 1815 übernahmen die Brüder Jacob und Wilhelm GRIMM ihre Prosafassung als Nr 58 in den zweiten Band der Erstausgabe der *Kinder- und Hausmärchen* unter dem Titel *Das Eselein.* Nach der Ordnung der Ausgabe letzter Hand von 1857 wird das Märchen heute als KHM 144 gezählt.
Die Originalhandschrift ist 1870 bei der Belagerung von Straß-

burg verbrannt. Ein Teil der Abschrift Jacob GRIMMS ist erhalten. Während 1918 beim Erscheinen des dritten Bandes der von J. BOLTE und J. POLÍVKA herausgegebenen Anmerkungen zu den KHM insgesamt acht Handschriften bekannt waren, verzeichnet der erste Band der Enzyklopädie des Märchens 1977 bereits 20 inzwischen aufgefundene Handschriften (aus Deutschland, Italien, Frankreich – nach BP auch aus Polen). Die mythologischen, an OVID erinnernden Anspielungen des aus 201 Distichen bestehenden mittellateinischen Gedichtes (das zuletzt Karl LANGOSCH neu herausgab), sind in die Grimmsche Prosafassung verständlicherweise nicht übernommen worden.

2. Ein Königspaar klagt sehr, daß es kinderlos geblieben ist. Aber als der innigste Wunsch der beiden endlich doch erfüllt wird, bringt die Königin einen Esel zur Welt. Da klagt sie noch mehr und möchte das kleine Graufell am liebsten den Fischen zum Fraß ins Meer werfen. Der Vater nimmt das Kind jedoch ohne Vorbehalt als Sohn und Erben an. Hier wird also nicht von einer unbedachten Verwünschung erzählt – etwas anderes fällt schwer ins Gewicht: Die Mutter nimmt ihr Kind in seiner Tiergestalt nicht an, während der Vater ihm liebevoll zugetan ist. Der Rahmen für diese Geschichte ist, wie Fritz WAGNER sagt, ein vornehm höfischer aus spätstaufischer Zeit – kein Zweifel, daß hier ein volkstümliches Märchen ebenso umgewandelt wurde wie 500 Jahre später am Hof von Versailles überlieferte Erzählungen zu hochstilisierten Buchmärchen im Sinne einer fantastischen Feenromantik ausgestaltet wurden. Aber das äußere Gewand ändert den eigentlichen Erlebnisgehalt nicht: Das Kind, dem unsere Anteilnahme gilt, weiß, daß es von dem einen Elternteil gehaßt, von dem anderen geliebt wird, eine Lage, die den jungen Menschen zu eigenen Anstrengungen besonders herausfordert. Das Eselein geht zu einem berühmten Spielmann und läßt sich die Kunst des Spiels auf der Laute lehren. Doch dann kommt der Tag, an dem das Eselein begreift, daß es seinen eigenen Weg gehen muß: Bei einem Blick in einen Brunnen sieht es sein Spiegelbild. Es zieht in die Welt, landauf, landab, und dabei gerät es in ein Reich, in dessen Schloß man es zunächst nicht einläßt. Aber als das Eselein vor dem Tor des Schlosses sein Lautenspiel beginnt, will der König den sonderbaren Meister sehen. Und wieder geschieht etwas sehr Bemerkenswertes: Alles lacht beim Anblick des Esels mit der Laute – aber der König ist ihm zugetan. Er nimmt ihn mit an den Tisch. Als der lautenspie-

lende Esel weder bei den Knechten noch den Kriegsleuten sitzen will, sondern, da er kein gewöhnlicher Stallesel sei, verlangt, beim König selber zu sitzen, willigt der verständnisvoll ein. Er fragt ihn sogar, wie ihm seine Tochter gefalle. Und als der Esel antwortet, daß sie über die Maßen schön sei, darf er neben ihr zu Tisch sitzen. Und er ißt und trinkt und zeigt das feinste Betragen. Eine Weile fühlt sich das Eselein recht wohl am Hof des alten Königs. Aber dann wird es traurig und läßt sich von dem Gefühl überwältigen, daß hier seines Bleibens nicht sei. Da fragt der König, ob es seine schöne Tochter zur Frau haben wolle. Und schon wird von der Hochzeit und der Verwunderung erzählt, die das ungleich erscheinende Paar auslöst. An die Stelle der Tabuverletzung in den Tierbräutigamsmärchen (AT 425 B → *Östlich von der Sonne, westlich vom Mond*) ist die Szene getreten, in der der König einem Diener aufträgt, sich in der Schlafkammer zu verstecken; der Diener sieht den Esel seine Haut ablegen und einen schönen jungen Mann aus der Dunkelgestalt hervortreten. Er berichtet dem König, der König vergewissert sich – und er tut das gleiche, was die Mutter der Braut in dem Zaubermärchen → *Hans mein Igel* (AT 441, KHM 108) tut: Er läßt die Eselshaut in einem großen Feuer verbrennen. Zugleich wacht er, bis es Tag wird, und tritt dem heillos erschrockenen schönen jungen Mann, der glaubt fliehen zu müssen, entgegen und bestätigt ihn als seinen Sohn und Erben.

3. Es ist ein Glücksfall, daß ein in mündlicher Überlieferung weitergegebenes Zaubermärchen auch in der Gestalt einer höfischen Anverwandlung aus der Zeit um 1200 erhalten geblieben ist. Es sind inzwischen genug Handschriften gefunden worden, die davon zeugen, wie ungemein beliebt die lateinische Verserzählung vom *Asinarius* gewesen sein muß. Aus dem 13. Jahrhundert gibt es bereits ein Zeugnis des HUGO von Trimberg, wonach der Asinarius oft und insbesondere auch in den Schulen gelesen wurde. Gewiß, der unbekannte Erzähler hat den überlieferten Stoff, stilistisch gesehen, vollkommen eingeschmolzen. Aber das Psychodrama des Zuhörers ist das gleiche geblieben und bleibt auch für den heutigen Leser und Zuhörer in seiner tieferen Schicht gleich – ob wir es mit dem viel deftigeren Igel- oder liebenswert feinen Eselmärchen zu tun haben.
Erzählungen, in denen ein tiergestaltiger junger Mann nachts seine Esel-, Igel- oder Schlangenhaut ablegt und der Vater oder die Mutter der Braut diese Haut ins Feuer wirft und ein für

allemal aus der Welt schafft, sind häufig genug – wenn das Zerstören der Dunkelgestalt auch meist nicht ohne Folgen bleibt. Es kann etwa eine Trennung der Liebenden bewirken (was aber möglicherweise nur dem Erzähltyp AT 425 B nachgebildet ist – wie im kalmükischen Märchen aus dem *Siddhi-Kür: Der weiße Vogel*), oder es kann unter großen Mühen von der Braut selbst durchgeführt werden (so bei dem Abziehen der sieben Häute des → *Königs Lindwurm*, AT 433 B), oder es kann auch bewirken, daß die Menschengestalt erheblich in Mitleidenschaft gezogen wird (wie bei → *Hans mein Igel*, AT 441, der schwarz-verbrannt im Bett liegt und erst wieder geheilt werden muß). Bereits im *Pañcatantra* gibt es eine hierher gehörende Erzählung: *Der verzauberte Brahmanensohn*. Doch brauchen wir nicht nur nach alten Zeugnissen zu suchen: Das Märchen ist auch in neueren Aufzeichnungen aus der Volksüberlieferung bekannt – wobei es sich nicht gerade durch deutlich ausgebaute und eindeutige Formen auszeichnet. Typisch ist Svend GRUNDTVIGS Fassung aus der Gegend von Horsens in Ostjütland, die er von der Baronesse Elisa KRAG-Juel-Wind übernommen hat: *Die kleine Schindmähre* (Bd 2, Nr 2: *Det lille Øg*). Darin wird ein hochfahrender Königssohn, weil er einen Troll beleidigt, in einen jämmerlich ausschauenden Gaul verwandelt und kann erst erlöst werden, wenn eine Königstochter ihn ihren allerliebsten Freund nennt. Vom Lautenspiel wird in diesem Märchen, in dem es auch auf dem Königshof recht bäurisch zugeht, nichts gesagt. Dafür hat die unansehnliche, abgeschundene Mähre in einem Bauernjungen jemanden gefunden, der ahnt, daß in ihr mehr steckt, als es scheint. Die Treue und Anhänglichkeit dieses Bauernjungen, der bald Stallknecht am Königshof wird, bringt den verwunschenen Königssohn nicht nur mit der Königstochter zusammen: Seine Ahnung von der Besonderheit überträgt sich auch sofort auf das liebenswürdige Mädchen.

Als der alte Gaul den überaus wertvollen Goldring der älteren Schwester findet (womit eigentlich das Pferd, stellvertretend dann aber der Stalljunge die Hand der älteren Königstochter gewinnt), nennt die jüngere Königstochter leidenschaftlich den Finder ihren allerliebsten Freund. Da steht plötzlich der erlöste und keineswegs mehr hochfahrende Königssohn vor ihr.

Wie weit der die Laute schlagende Eselprinz aus dem *Asinarius* etwas mit den zahlreichen mittelalterlichen Darstellungen musizierender Esel, mit Scherzliedern und komischen Sprichwörtern zu tun hat, steht auf einem anderen Blatt (in Polen sagt man, es sei vergebliche Liebesmühe, einen Esel das Lautenspiel zu lehren). Merkwürdigerweise geht es aber auch häufig um den Dudelsack – und der einzige Wunsch, den → *Hans mein Igel* bei seinem Vater anmeldet, ist der, einen Dudelsack zu erhalten. Auf dem Dudelsack aber musiziert er, stolz auf seinem Hahn reitend, wie Maurice SENDAK in seinen GRIMM-Illustrationen unvergeßlich dargestellt hat.

4. BP2, 234–241; 3, 152–166. – Asinarius. In: STAMMLER/LANGOSCH: Die deutsche Literatur des Mittelalters. Verfasserlexikon. 5. 1955. 66–69. – F. J. MONE: Gotfrit von Thienen. In: Anzeiger f. Kunde d. dt. Mittelalters. 3. 1834. 159–164. – K. SCHENKL: Das Eselein. In: Germania. 11. 1866. 450–453. – F. WAGNER in EM 1, 865–867. – WESSELSKI: Versuch 193–195.

Die Feen

AT 480 Perrault HCTP 5

1. Vermutlich liegt den beiden zuerst veröffentlichten Fassungen dieser besonderen französischen Untergruppe des → *Frau-Holle*-Typs eine gemeinsame Quelle zugrunde: Nichte, Sohn und Vater PERRAULT haben dieselbe Erzählerin gehört, und Marie-Jeanne L'HERITIER de Villandon einerseits und Charles und Pierre Darmancour PERRAULT anderseits haben, jeder auf seine Weise, das Gehörte aufgezeichnet. Marie-Jeanne L'HERITIER veröffentlichte ihre Fassung bereits 1695 in ihren *Œuvres meslées* bei GUIGNARD in Paris (S. 163–298) unter dem Titel *Les enchantements de l'éloquence ou Les effets de la douceur;* von Vater und Sohn PERRAULT ist das aus demselben Jahr stammende Widmungsmanuskript 1953 aufgefunden worden (vgl Abschnitt 1 im Artikel zum → *Blaubart*). Zwei Jahre später erschien die Druckfassung als Nr 5 unter dem Titel *Les fées* in den *Histoires ou contes du temps passé, avec les Moralitez* 1697 bei BARBIN in Paris (und auf diese Fassung bezieht sich der vorliegende Artikel).

2. Eine schlimme Witwe mit einer ebenso schlimmen Tochter quält ihre zweite, jüngere, gute und schöne Tochter, die das Ebenbild des Vaters ist (im Manuskript von 1695 war das gute

Mädchen eine Stieftochter). Beim Wasserholen wird das gute Mädchen am Brunnen von einer als alte Bäuerin verkleideten Fee auf die Probe gestellt. Es wird für gut und liebenswert befunden und damit belohnt, daß ihr Blumen und Edelsteine aus dem Mund springen.
Angesichts dieser sehr nützlichen Gabe schickt die Mutter natürlich ihre hoffärtige ältere Tochter ebenfalls zum Brunnen. Aber gegenüber der nunmehr als Königin prachtvoll verkleideten Fee (der Titel *Die Feen* trifft nur die äußere Erscheinung) erweist sich die Torheit und Anmaßung der unerquicklichen Tochter. Sie wird bestraft: Es springen ihr Schlangen und Kröten aus dem Mund.
Die Witwe beschuldigt die ungeliebte jüngere Tochter, und das Mädchen flieht in den Wald. Da begegnet ihm freilich der Königssohn, der sich sogleich in das Mädchen verliebt und die Schöne als seine Frau heimführt (nicht ohne vorher bedacht zu haben, daß ihm auch die reichste Königstochter kein größeres Vermögen in die Ehe bringen kann – eine feine, Perraultsche Ironie, mit der er häufig seine höfische Gesellschaft bedenkt). Weil sich die gestrafte ältere, früher hemmungslos bevorzugte Tochter indessen völlig verhaßt macht, wird sie von ihrer Mutter davongejagt. Sie stirbt allein und verlassen.

3. Ob Charles PERRAULT die beiden neapolitanischen Barockfassungen des → *Frau-Holle*-Märchens gekannt hat (Giambattista BASILE 3, 10: *Le tre ffate*, und 4, 7: *Le dose pizzelle*), ist nicht sicher. Aber er, der auch auf seinen Reisen mit seinem Bruder Claude PERRAULT stets ein Ohr für Volksüberlieferung hatte, kannte gewiß die frommen Fassungen, in denen die Fee durch die heilige Jungfrau ersetzt wird, und die drastischen, in denen es den Erzählern nicht genügt, daß der Häßlichen Schlangen und Kröten aus dem Mund springen: Sie hängen dem immer häßlicher werdenden Geschöpf an, daß ihr beim Reden Furze aus dem Mund entweichen. Es ist bezeichnend, daß PERRAULT weder den einen, noch den anderen Zug einzufügen versuchte.
Einfluß auf die deutsche Überlieferung hat die Perraultsche Fassung, abgesehen von einigen Zügen in dem Grimmschen → *Die drei Männlein im Walde* (AT 403 B, KHM 13) offenbar nicht genommen.

4. Alle weiteren Anmerkungen zu diesem überaus reich belegten Märchentyp, sowie Literaturangaben beim Artikel zum → *Frau-Holle*-Märchen.

Les fées → *Die Feen*

Ferdinand Getreu und Ferdinand Ungetreu

AT 531 KHM 126

1. Ein Mädchen hat das Märchen vom Zauberpferd als Patengeschenk, dem verleumderischen Gegenspieler und dem Auszug zur Gewinnung des Goldvogels, der goldenen Königstochter und des Schlüssels zum goldenen Schloß in paderbörnischem Niederdeutsch der Familie v. HAXTHAUSEN erzählt. Jacob und Wilhelm GRIMM erhielten die Niederschrift und veröffentlichten die leider nicht besonders vollständig erzählte Fassung 1815 im zweiten Band der Erstauflage der *Kinder- und Hausmärchen* als Nr 40 unter dem Titel *Ferenand Getrü un Ferenand Ungetrü*. Ab der Zweitauflage von 1819 wurde das Märchen als Nr 126 gezählt.

2. Ein kinderloses, reiches Ehepaar verarmt. Als ein kleiner Junge zur Welt kommt, ist niemand bereit, Gevatter zu stehen. Der Eingang ist bekannt, er leitet auch das Märchen vom → *Gevatter Tod* ein (AT 332), aber auch andere Märchen, in denen das Kind einem Paten, einem Lehrmeister besonderer Art, einem Dämon übergeben wird. Der Vater trifft einen Bettler auf der Straße. Bei der Taufe gibt der Bettler dem Kind den Namen Ferdinand Getreu und hinterläßt ihm einen Schlüssel, der dem Knaben ausgehändigt werden soll, wenn er vierzehn Jahre alt ist. Wie er sagt, paßt der Schlüssel zu dem Schloß, das der Knabe einmal auf der Heide finden wird. Doch mehr gibt der Fremde nicht zu erkennen. Als Zuhörer können wir freilich ahnen, daß der scheinbar Arme für seinen Patensohn im entscheidenden Augenblick von großer Bedeutung sein wird – ähnlich wie der → *Eisenhans* für den Königssohn (AT 502 + 314). Zwischen beiden Erzähltypen gibt es nicht zufällig Übergänge.
Als Ferdinand Getreu sieben Jahre alt ist, prahlen seine Spielkameraden mit ihren Patengeschenken. Da fragt auch er den Vater, erhält den Schlüssel – aber die Heide ist leer. Er muß noch sieben Jahre warten. Als er freilich vierzehn ist, findet er das Schloß, schließt es auf – und ein Pferd steht vor ihm, ein Schimmel. Die Freude ist so groß, daß Ferdinand Getreu aufsitzt und auf der

Stelle Abschied von seinem Vater nimmt. Er zieht in die Welt. Als er auf dem Weg eine Feder erblickt, will er daran vorbeireiten, hört aber eine Stimme, die ihn mahnt, die Feder mitzunehmen. Hier ist die Erzählung verdunkelt. Bei Wilhelm BUSCH (UoW 36: *Der Herrgott als Pate*) steht das besser: Bei Busch handelt es sich um eine Feder, die wie Gold und Silber glänzt, und das Pferd rät ab, sie aufzunehmen. Mit dieser außergewöhnlichen, im Dunkeln strahlenden Feder wird der Knabe Schreiber beim König – aber gerade weil sie so hell scheint, wird er zum erstenmal verleumdet.

In Jacob und Wilhelm GRIMMS paderbörnischer Fassung hat die auf den goldenen Vogel, die zauberisch schöne Königstochter und ihr goldenes Schloß hinweisende Feder ihre Funktion verloren. Ferdinand Getreu, der noch nicht weiß, daß es die Stimme seines Pferdes war, die ihn mahnte, nimmt die Feder mit. Kurz darauf (ein Ereignis, das eigentlich in die spätere große Ausfahrt gehört) findet er einen Fisch auf dem Ufer, verzweifelt nach Luft schnappend. Er hat Mitleid, wirft den Fisch ins Wasser und erhält eine Pfeife, mit der er in der Not die Hilfe des Fisches herbeirufen kann. Dann trifft er Ferdinand Ungetreu, seinen verleumderischen Gegenspieler, mit dem zusammen er in den Dienst des Königs tritt.

Das in der Grimmschen Fassung eingeschaltete Motiv vom Gasthaus und dem hilfreichen Mädchen, das den beiden ihre Stelle am Hof vermittelt, erhält später keine weitere Bedeutung. Vielleicht war es die paderbörnische Erzählerin selber, die diese Rolle übernahm, weil sie nur zu gut wußte, in welche Gefahren Ferdinand Getreu durch den Gegenspieler gestürzt wurde. Beide werden jedenfalls angestellt, der eine als Vorreiter, der andere als Bedienter. Da hört der Bediente täglich vom König, wie sehr sich dieser nach »seiner Liebsten« sehnt. Er redet ihm ein, den Vorreiter auszuschicken, um sie zu holen. Mit anderen Worten: Die Verkettung von Goldvogel und zauberisch schöner Königstochter, wie sie am besten in dem russischen Versmärchen → *Höckerrößlein* des Pëtr Pavlovič ERŠOV (1815–1869) auftaucht, ist in der Grimmschen Fassung vergessen worden.

Bemerkenswert ist, daß die paderbörnische Erzählerin die Rede des hinterlistigen Gegenspielers in Hochdeutsch wiedergibt. Der König droht dem getreuen Ferdinand den Tod an, wenn er ihm die Schöne nicht bringt. Erst jetzt entdeckt der Junge, daß sein Schimmel spricht und ihm helfen kann. Auf seinen Rat verlangt er ein Schiff voll Fleisch und eines voll Brot, um unterwegs die

Riesen zu sättigen und die großen Vögel zu besänftigen. Zwei Riesen begleiten ihn und tragen die schlafende Königstochter samt ihrem Bett auf das Schiff. Bei Wilhelm BUSCH, in dessen Fassung leider auch ein wenig gerafft wird, ist der Junge ausgezogen, den durch die nachts hell leuchtende Feder bereits angekündigten Goldvogel herbeizuschaffen. Als er in das Schloß tritt, sieht er jedoch neben dem goldenen Vogel die überaus schöne Königstochter schlafen – gegen den Rat seines Pferdes nimmt er nicht nur den goldenen Vogel, sondern trägt auch die schlafende Schöne davon.

Rätselhaft an der Grimmschen Fassung ist nun, daß die Königstochter verlangt, auch ihre im Schloß zurückgebliebenen Schriften herbeizuholen. In den vollständigeren Fassungen gilt der dritte (hier der zweite) Auszug meist den Schlüsseln zum goldenen Schloß oder dem Herbeischaffen des goldenen Schlosses selber. Daß der getreue Ferdinand auch diesen Auftrag durch die Hinterlist des Gegenspielers erhält, bedarf keiner Erläuterung. Wieder rät der Schimmel, was zu tun ist. Daß bei der Rückfahrt dem getreuen Ferdinand die Schreibfeder ins Wasser fällt und dafür der dankbare Fisch bemüht werden muß, beruht wohl auf der Hilflosigkeit der Erzählerin. Bei Wilhelm BUSCH ist gerade der Freundschaftsdienst des Fisches zu einer köstlichen Szene erweitert worden. Es geht hier, richtiger, um den Schlüsselbund, den die zauberisch schöne Königstochter beim Erwachen auf der Brücke in das Wasser hat fallen lassen. Der König der Fische ruft bei BUSCH alle seine Untertanen herbei, die Schlüssel zu suchen. Als ihm gemeldet wird, daß ein riesiger Wal darauf liege, schickt er den Sägefisch, dem Wal notfalls in den Bauch zu sägen, um ihn zum Wegrücken zu bewegen – und das tut der Sägefisch auch, zum Vergnügen der Zuhörer.

Wilhelm BUSCH hat auch einen besonderen Schluß bereit; die paderbörnische Fassung dagegen folgt der allgemeineren Erzählweise. Die junge Königin liebt den König nicht, der sie hergezwungen hat. Sie sinnt auf seinen Tod (vgl die auch in Deutschland in französischer Sprache und in deutscher Übersetzung seit dem Ende des 18. Jahrhunderts verbreitete Fassung der Baronin d'AULNOY: → *Die Schöne mit den goldenen Haaren*). Vor dem versammelten Hof zeigt sie, daß sie die Kunst beherrscht, einen Kopf abzuschlagen und wieder aufzusetzen, als sei nichts geschehen. Natürlich meldet sich auch hier der hinterlistige Gegenspieler, der den getreuen Ferdinand vorschiebt, es als erster zu versuchen. Die Königstochter versteht, wie sich zeigt, ihre Sache. Es bleibt nur ein roter Faden um den Hals zurück. »Mein Kind«, sagt der erstaunte und etwas törichte König in bestem Hochdeutsch zu seiner Frau, »wo hast du denn das gelernt?« Als er es selber versucht, findet er den Tod, und die zauberische Königin heiratet den getreuen Ferdinand. Andere Erzähler haben hier das Verjüngungsbad in kochender Stutenmilch eingefügt (→ *Höckerrößlein*). Der Junge muß zuerst hineinsteigen. Es geschieht ihm nichts, weil sein Zauberschimmel Kühlung hineinbläst. Strahlend schön steigt er aus dem Bad – ein verständlicher Antrieb für den alten, eitlen und tyrannischen Zaren, es ihm nachzutun. Aber er kommt elendiglich dabei um. Der Zauberschimmel, in der paderbörnischen Erzählung das wunderbare Geschenk des merkwürdigen Paten, hat also dem jungen Mann durch alle Gefahren zu seinem Glück verholfen. Nach dreimaligem Umreiten einer Heide richtet er sich auf und verwandelt sich in einen Menschen. Er war, ganz ähnlich wie der Fuchs in dem nahe verwandten Märchen vom Auszug nach dem goldenen Vogel, dem goldenen Pferd und der goldenen Jungfrau (AT 550 → *Der goldene Vogel*), ein verwunschener Königssohn.

3. Wesentliche Motivverbindungen unseres Märchens haben wohl auch Einfluß auf die Heldensage vom Argonautenzug und die Erzählung von Tristan und Isolde genommen. Spätere Zeugnisse finden sich bei STRAPAROLA 3, 2, in einem jüdisch-deutschen Volksbuch von 1602, bei BASILE 4, 5, und vor allem bei der Baronin d'AULNOY (→ *Die Schöne mit den goldenen Haaren*). In der Sammlung Josef HALTRICHS ist es gleich zweimal vertreten (DVSS 10: *Das Zauberroß*, und DVSS 21: *Der Knabe und die Schlange*); auch Ulrich JAHN teilt zwei bemerkenswerte Fassungen mit (VPR 2: *Der Jäger und der Sohn des Zwergenkönigs*, und VPR 9: *Der Schlüssel*), von denen sich die letztere eingangs eng an das Märchen vom → *Gevatter Tod* anschließt (AT 332). Der Tod gibt den Schlüssel zum fliegenden Zauberschimmel, der Schimmel erscheint jedesmal, wenn der Junge, der sich als Stallknecht beim König verdingt, das Zaumzeug schüttelt. Viermal muß der Junge wegen der beim ersten Flug herausgeschossenen Goldfeder ausziehen: um den goldenen Vogel, die Königstochter, ihr Schloß und schließlich den im Zorn fortgeworfenen Schlüssel zu beschaffen – wobei ihm der auf einer Sandbank gestrandete Karpfen hilft, während das Schloß bereits von Riesen an den gewünschten Ort getragen wurde. Aber das alles reicht nicht. Er erhält noch einen fünften Auftrag: das Wasser

des Lebens, der Schönheit und des Todes herbeizuholen – wozu ihm ein dankbares Storchenpaar verhilft, dessen Junges er in einem Unwetter beschützt hat. Mit diesen Zaubermitteln verleiht die Königstochter dem Patenkind des Todes Schönheit, dem König aber gibt sie den Tod. Diese reich ausgestattete Erzählung aus Pommern geht bei der Verschränkung der drei Güter Vogel, Königstochter und Schloß noch zwei Schritte weiter, kostet gewissermaßen alle Möglichkeiten aus, denn die Verschränkungsgesetze sind lockerer als in dem nahe verwandten Märchen des Erzähltyps 550 (→ *Der goldene Vogel*). Pëtr ERŠOV dagegen faßte 1834 den Stoff in Verse und benutzte die auch sonst häufiger vorkommende Einleitung von des Vaters nächtlich verwüstetem Feld. *Konëk-Gorbunok* (→ *Höckerrößlein*) ist mehrfach auch ins Deutsche übersetzt worden.

4. A. AARNE: Der reiche Mann und sein Schwiegersohn. Helsinki 1916. 125–126 (FFC 23). – BP 3, 18–37. – O. DÄHNHARDT: Die versenkten Schlüssel. In: ZfV. 17. 1907. 141–142. – DELARUE/TENÈZE 2, 316–337. – W. GOLTHER: Die Sage von Tristan und Isolde. München 1887. – R. A. J. KÖHLER: Tristan und Isolde und das Märchen von der goldhaarigen Jungfrau und von den Wassern des Todes und des Lebens. In: Germania. 11. 1866. 389–406. – S. LILJEBLAD: Argonauterna och sagorna om flykten från trollet. In: Saga och sed. 1935. 29–48. – LIUNGMAN 147–149, 563. – G. A. MEGAS: Der Bartlose im neugriechischen Märchen. Helsinki 1955 (FFC 157). – RANKE 2, 177–186. ŞĂINEANU 335–343. – SCHERF: Bechstein 796–797.

Das Feuerzeug

AT 562 Andersen 1835 1,1

1. Hans Christian ANDERSEN (1805–1875) veröffentlichte 1835 als Nr 1 in dem insgesamt vier Erzählungen enthaltenden Heft 1 seiner ersten Sammlung *Eventyr, fortalte for Børn* die auf Kindheitserinnerungen beruhende Fassung des Märchens vom magischen Feuerzeug, mit dem ein ausgedienter Soldat die Königstochter gewinnt. Seine Fassung, die kurz darauf auch in deutscher Sprache erschien (H. C. ANDERSEN wurde mit seinen Erzählungen in Deutschland außerordentlich beliebt und zunächst auch in ganz anderem Ausmaß bekannt als in seiner Heimat Dänemark) trägt den Titel *Fyrtøjet*. Bereits vier Jahre später kam *Das Feuerzeug*, von Georg Friedrich v. JENSSEN-Tusch

übersetzt, als Nr 1 in *Mährchen und Erzählungen für Kinder* heraus (Braunschweig: Vieweg 1839).

2. Ein Soldat kehrt heim und trifft auf der Landstraße eine Hexe, die ihn dazu veranlaßt, in einen hohlen Baum zu steigen, sich mit den dort verborgenen Schätzen wohl zu versorgen und für sie ein altes Feuerzeug mitzubringen. Die drei Kammern mit den Truhen voll Kupfer, Silber und Gold sind von drei Hunden mit schrecklich großen Augen bewacht, aber wenn er die Hunde auf die Schürze der Hexe setzt, geschieht ihm nichts und er kann sich Taschen und Tornister mit den Schätzen vollstopfen. Als er begreift, daß es mit dem Feuerzeug eine besondere Bewandtnis hat, die Hexe es ihm aber nicht erklären will, enthauptet er sie kurzerhand. Er steigt im besten Gasthof ab, kleidet sich ein und hört, daß der König seine schöne Tochter in einem kupfernen Schloß streng bewachen läßt. Er fürchtet nämlich eine alte Weissagung: Ein gemeiner Soldat werde sie heiraten. Damit steht dieser Vater in der Überlieferung ja keineswegs allein. Es gibt viele Märchen, in denen sich die Könige vor nichts mehr fürchten, als daß ihnen die Lieblingstochter genommen wird. Der Soldat, der die Schöne gern einmal sehen möchte, hat allerdings bald seine Schätze aufgezehrt und wird wieder bettelarm. Als er sich jedoch mit dem alten Feuerzeug Licht schlägt, steht plötzlich der erste Hund vor ihm und erwartet seinen Auftrag. Jetzt weiß er, was es mit dem alten Feuerzeug auf sich hat. Er läßt sich zuerst einen Beutel Geld schaffen – und dann drei Nächte die Königstochter bringen. In der Frühe erzählt sie, daß ihr geträumt habe: von einem Hund, der sie geholt, und einem Soldaten, der sie geküßt hat. Die alte Hofdame, die in der zweiten Nacht am Bett des Mädchens wacht, ist gewitzt. Sie folgt nicht nur dem Hund, sondern zeichnet mit Kreide ein Kreuz an das Haustor, in dem der Hund mit der Königstochter verschwindet. Das ist ein alter Zug, der auch in der Sage von *Albertus Magnus* und seinem Zauberstück in Paris erzählt wird (→ *Das blaue Licht,* Abschnitt 3). Und ebenso wird auch diese erste List durchkreuzt: Der zauberische Helfer zeichnet weiße Kreuze an alle Haustore in der Stadt. Aber die zweite List, diesmal von der Königin ersonnen, entdeckt er nicht: Sie heftet ihrer Tochter einen Beutel mit Buchweizen an den Rücken, die Häscher folgen der Spur, und der Soldat wird ins Gefängnis geworfen. Doch es gelingt ihm, einen Schusterlehrling das vergessene Feuerzeug holen und sich unter dem Galgen die Gnade einer Pfeife Tabak

gewähren zu lassen. Als er dreimal Feuer schlägt, sind seine Helfer zur Stelle. Sie räumen gewaltig auf – und da sie auch König und Königin nicht verschonen, wird der Soldat zum König ausgerufen. Bei der Hochzeit lädt der junge König auch die drei Hunde zu Tisch.

3. H. C. ANDERSENS Text klingt wie die Niederschrift einer mündlichen Erzählung. Es ist, als wende er sich unmittelbar an seine kleinen Zuhörer in einem bürgerlichen Familien- und Freundeskreis vor der Mitte des 19. Jahrhunderts. Mehr noch: Es ist sein eigenes Erleben herauszuhören, wie er als Kind das Märchen aufnahm, als es ihm zuerst erzählt wurde – vielleicht von einer der alten Frauen im Spital von Odense. Zwei Züge haben sich ihm dabei tief eingeprägt, und man geht gewiß nicht fehl, in ihnen den Grund zu suchen, warum dieses Märchen ihn sein ganzes Leben begleitet hat. Bei Andersen heißt es eingangs keineswegs wie in der üblichen, etwas bitteren Kasernenüberlieferung, daß ein alter Soldat von seinem König ausgemustert und als armer Teufel davongejagt wird. Es heißt vielmehr, daß ein Soldat mit festem Schritt nach Hause zieht, daß er zu Hause ein Ziel hat. H. C. ANDERSEN hat bei dem Eingang des Märchens gewiß voll Hoffnung an die Heimkehr seines eigenen Vaters gedacht.
Der zweite Zug (nach der Übersetzung von Thyra DOHRENBURG) ist der wehmütige Gedanke an die Königstochter; von dem Soldaten, der sie so liebhatte und nachts auf geheimnisvolle Weise holen läßt, heißt es, daß er »so gern ein Prinz gewesen wäre, damit er sie zur Frau bekommen könnte«. Aber das ist des Erzählers H. C. ANDERSEN Lebenstraum selber. Die Fassung, die Wilhelm BUSCH (1832–1908) in seiner hannoverschen Heimat aufgezeichnet hat und die erst nach seinem Tode als Nr 32 unter dem Titel *Der Soldat und das Feuerzeug* in dem Nachlaßband *Ut ôler Welt* 1910 in München herausgebracht wurde, ist eng verwandt mit H. C. ANDERSENS Erzählung. Bei BUSCH ist es ein abgedankter Soldat, der an ein verwünschtes Schloß gerät und schlafenden Riesen Kupfer-, Silber- und Goldgeld fortnimmt, wobei er wie bei ANDERSEN stets das Mindere fortwirft, wenn er das Bessere entdeckt. Mit seinem Reichtum spielt er sich gewaltig auf – so sehr, daß ihn die drei Königstöchter der Reihe nach zu Gast bitten, um ihm im Kartenspiel auch den letzten Heller abzugewinnen. Dann schlägt er Feuer, erhält von den Riesen neues Geld und läßt sich nachts die jüngste Königstochter

bringen. Und als diese ihren Traum der Mutter erzählt, wird der Soldat mit ausgestreuten Erbsen überlistet. Aus dem Gefängnis kommt er, als ihm seines Wirtes Dienstmagd das Feuerzeug bringt und die Riesen den Kerker aufbrechen. Der Schluß ist freilich anders als bei GRIMM oder ANDERSEN: Der Soldat läßt sich samt der jüngsten Königstochter in das verwunschene Schloß bringen und erlöst seine Helfer, die Riesen, indem er ihnen das Haupt abschlägt.

4. Weitere Anmerkungen und die Literaturangaben zu diesem Märchentyp finden sich in den Abschnitten 3 und 4 des Artikels zum → *Blauen Licht.* Beiträge insbesondere zu ANDERSENS Märchen: B. HOLBEK in EM 1, 490–493. – H. MÜLLER in LexKJ 1, 35–38. – SCHMITZ in HdM 1, 67–73. – H. TOPSØE-JENSEN: Omkring Levnadsbogen. 1945.

Fitchers Vogel

AT 311 KHM 46

1. 1812 veröffentlichten Jacob und Wilhelm GRIMM im ersten Band der Erstauflage der *Kinder- und Hausmärchen* als Nr 46 eine Fassung des Märchens von den drei Mädchen, die von einem Dämon auf die Probe gestellt und durch die List der Jüngsten gerettet werden. Dabei stützten sie sich auf zwei Beiträge: der erste von der Allendorfer Pfarrerstochter Friederike MANNEL (1783–1833) – ihre Niederschrift ist erhalten –, der zweite von Wilhelm GRIMMS späterer Frau Henriette Dorothea WILD (1793–1867). Außer einer norwegisch-dänischen Vergleichsuntersuchung gibt es keine monografische Arbeit über den Märchentyp von den drei Mädchen, die von einem Dämon auf die Probe gestellt und durch die List der Jüngsten gerettet werden.

2. Ein Hexenmeister fängt, als Bettler verkleidet, schöne Mädchen. So kommt er auch zu einem Mann mit drei Töchtern. Als ihm die älteste Brot zur Tür bringt, rührt er sie an, sie muß in seine Kiepe springen, und er nimmt sie mit in den Wald und in sein Haus. Dort hat sie es gut. Aber der Hexenmeister verreist, übergibt ihr die Schlüssel sowie ein Ei, das sie ständig bei sich tragen muß, und verbietet ihr, eine bestimmte Kammer zu

öffnen. Keine Frage, das Verbot wird übertreten. Da sieht die älteste der drei Schwestern ein blutiges Becken mit zerstückelten Leibern, läßt vor Schreck das Ei hineinfallen und kann die Spuren nicht tilgen. Der Hexenmeister kehrt zurück, fordert die Schlüssel und das Ei, erkennt was geschehen ist, schlägt dem schönen Mädchen in der Blutkammer das Haupt ab und zerstükkelt es. Ebenso ergeht es der mittleren Schwester. Die jüngste freilich ist listig. Sie verwahrt erst das Ei, ehe sie das Haus des Hexenmeisters erkundet. Und als sie die Blutkammer betritt und die zerstückelten Schwestern findet, läßt sie sich vom Grausen nicht übermannen. Sie wächst über sich hinaus, fügt sorgsam die Glieder der Zerstückelten wieder zusammen und gibt den Schwestern damit das Leben zurück (ein ganz altertümliches Motiv, das auch beim Märchen vom → *Singenden Knochen,* AT 780, und beim → *Machandelbaum,* AT 720, eine entscheidende Rolle spielt). Das alles ist in der Grimmschen Fassung gut erzählt. Anderwärts entdeckt das Mädchen, auf welche Art auch immer, eine zauberische Heilsalbe – zB wenn eine Ziege in die Höhle des Trolls stürzt, sich den Hals bricht und der Troll auf den Wunsch des Mädchens hin die Ziege wieder lebendig macht.

Der Hexenmeister kehrt heim, fordert Schlüssel und Ei und, so heißt es im Märchen, hat keine Macht mehr über das Mädchen, das nun seinerseits verlangt, der Hexenmeister solle den Eltern eine Kiepe voll Gold heimtragen. Es setzt die verborgen gehaltenen Schwestern hinein, deckt sie mit Gold zu und gebietet dem machtlos gewordenen Dämon, die Kiepe ohne abzusetzen heimzutragen. Es werde ihn beobachten. Und richtig, kaum versucht er unterwegs sich auszuruhen, da hört er auch schon eine Stimme, die ihn ermahnt. Daß es eine der Schwestern ist, die er in der Kiepe nach Haus trägt, ahnt er nicht.

Indessen bereitet die selbstbewußt gewordene Jüngste, wie sie es angekündigt hat, in des Hexenmeisters Haus die Hochzeit vor und lädt seine Freunde ein. Aber es wird eine andere Hochzeit, als es der Mädchenräuber erwartet. Seine Braut schmückt einen Totenkopf und läßt ihn aus dem Bodenfenster schauen. Dann taucht sie sich in ein Honigfaß – in anderen Fassungen, drastischer, in das Blutgefäß –, wälzt sich in Federn und verläßt das Haus. In dieser gespenstischen Vogelmaskerade begegnet es zuerst den Hochzeitsgästen, dann dem heimkehrenden Bräutigam selber. Es findet eine merkwürdige Wechselrede statt, in der die Verkleidete als »Fitchers Vogel« angeredet wird und auf die Frage nach der Braut antwortet, sie habe das Haus bestellt und schaue aus dem Bodenfenster. Der Bräutigam sieht den geschmückten Totenschädel und grüßt »seine Braut«. Kaum hat er jedoch, zusammen mit den Gästen, das Haus betreten, da wird es von außen zugesperrt und von den Brüdern und Angehörigen der drei entronnenen Mädchen angezündet.

3. Das Märchen, der Struktur nach ein Bewährungsauszug in eine andere, tödlich gefährliche Welt, und eine Wiederkehr nach Selbstfindung und entschlossenem Einsatz für andere, ist eng verwandt einerseits mit dem von Charles PERRAULT erzählten → *Blaubart* (AT 312), andererseits mit den älteren Balladen von der mythischen Gestalt des Mädchenräubers Halewijn (Ungerer, Rymer usw). Man vergleiche auch die ganz auf einen kindlichen Zuhörerkreis abgestimmte Fassung von der → *Hasenbraut* (KHM 66) und vor allem die Erzählungen von der Braut im Raubmörderhaus (AT 955 → *Der Räuberbräutigam*) und der kühnen Müllerstochter, die den eindringenden Räubern der Reihe nach den Kopf abschlägt (AT 956 B).
Das Märchen ist weit in der Welt verbreitet. Die Eingänge wechseln, aber die Hauptmotive, Bewährung in der Blutkammer, Wiederbelebung und Rettung der Schwestern verborgen im Sack oder in der Kiepe des Unholdes selber und endlich die Flucht der Jüngsten, halten sich überall mit bemerkenswerter Festigkeit. Es gibt ja manches Märchen, in dem eine Tochter, in welcher Form auch immer, einem Dämon überantwortet wird – also können die Eingänge, die dieser Aufgabe dienen, fast nach Belieben ausgewechselt werden. Die Erzähler bevorzugen jedoch das Herausrufen der Tochter durch den im Wald arbeitenden Vater (auch in AT 431 üblich → *Das Waldhaus*) und das Hinausschicken, um Vergessenes vom Arbeitsplatz oder aus der Kirche heimzuholen (auch in AT 480 → *Frau Holle*), das Hinaussenden durch die Mutter, um nachzuschauen, wo eine Henne ihre Eier fremd ablegt (eine mehr auf kindliche Zuhörer eingestellte Formel, die in Dänemark und Norwegen häufiger zu sein scheint), oder um im Garten ein Tier zu vertreiben (→ *Hasenbraut*). Ist es ein Vogel, zB eine goldene Elster, die das Mädchen vom Weg zum Vater ableitet, so ist dieser Vogel durchweg ein Abgesandter des Trolls, Riesen oder Räubers. Ist es ein Pferd, ein Schwein oder ein Hase, so verbirgt sich der Dämon selber in dieser Gestalt. Die angebliche Unsicherheit, wer denn nun eigentlich der Dämon sei, den man hinter den ständig wechselnden Formen vermuten darf (wenn er nicht einfach wie in den neueren

Fassungen ein Räuber ist), erklärt sich leicht durch das Projektionsbedürfnis der jeweiligen Zuhörer. Der Erzähler muß ihnen eine ihnen bekannte Schreckgestalt anbieten, damit sie wirkungsvoll ihre grausigen Erwartungen darauf werfen können. Kein Wunder, daß sich hier auch Verbindungen zum Vampirmärchen auftun (AT 363; im Märchen von *Marusja* beobachtet die Braut, wie ihr Verlobter in einer Kirche eine Leiche verzehrt). Ein Zug, der die erzählerische Absicht besonders deutlich macht, wird gelegentlich von der Heimkehr des dem Unhold überlegenen Mädchens erzählt. Es hat zwar die Schwestern wiederbelebt und gerettet, und es hat sich auch selbst aus der Gewalt des Trolls befreit – aber der Troll verfolgt sie bis zur Schwelle ihres Hauses. Und als sie die Tür zuschlägt, schlägt sie sich die Ferse ab. Das Mädchen ist reifer und selbstsicherer heimgekehrt – aber es muß zugleich einen Verlust hinnehmen, der es stets an dieses Erlebnis erinnern wird.

4. BP 1, 370–375; 1, 398–412; 2, 56. – E. Bossard: Gilles de Rais, maréchal de France dit Barbe-bleue, 1404–1440. Paris 1885. – R. T. Christiansen: The sisters and the troll. In: Studies in folklore. Bloomington 1957. 24–39. – P. Christophersen: The ballad of Sir Aldingar. Oxford 1952. – Delarue 1, 182–199. – Deulin 173–189. – J. Grimm / W. Grimm: Zu dem Blaubart. In: Panzer: Die Kinder- und Hausmärchen der Brüder Grimm. Urfassg. Wiesbaden oJ. 317–318. – Hagen 1, 120–138; 2, 107–110. – E. Heckmann: Blaubart. Ein Beitr. zur vergleichenden Märchenforschg. Diss. Heidelberg 1930. – J. Herzog: Die Märchentypen des Ritter Blaubart und Fitchervogel. Diss. Köln 1929. – F. Holz: Die Mädchenräuberballade. Eine kritische Betrachtg. von 120 Fassgn. aus dt. u. fremdländ. Sprachgebieten als Beitr. zur vergleichenden Literaturgeschichte. Diss. Heidelberg 1929. – I. Kemppinen: The ballad of Lady Isabel and the false knight. Helsinki 1954. – O. Krack: Das Urbild des Blaubart. Berlin 1909. – C. Lemire: Le barbe-bleue de la légende et de l'histoire. Paris 1886. – Liungman 56–57, 357; 57, 357. – E. Mudrak in DMDW 137–168. – H. O. Nygard: The ballad of Heer Halewijn. Its forms and variations in Western Europe. Helsinki 1958 (FFC 169). – H. O. Nygard: Narrative change in the European tradition of the Lady Isabel and the elf knight ballad. In: JAFL. 65. 1952. 255, 1–12. – M. Ramondt: Heer Halewijn en Blauwbaard. In: Miscellanea J. Gessler. Deurne 1948. 2, 1030–1043. – Ranke 1, 149; 1, 150; 3, 341–357; 3, 357–386. – Saintyves 353–396. – Scherf: Bechstein 798–799; 826–827; 841–842. – W. Scherf: Mädchenräuber. In: Scherf: Räuber- und Landsknechtslieder. Frankfurt 1981. 13–21. – V. Smith: La chanson de Barbe-bleue dite romance de Clotilde. In: Romania. 6. 1877. 428–432. – Soriano: Perrault 161–170. – K. v. Spiess: Die drei Stimmen des Ulinger. In: Das deutsche Volkslied. 33. 1931. 8, 117–124. – C. Voretzsch in HdM 1, 266–270.

Frau Holle

AT 480 KHM 24

1. Die 18jährige Henriette Dorothea WILD (1793–1867), die spätere Frau Wilhelm GRIMMS, erzählte ihm am 13. 10. 1811 im Garten in Kassel das Märchen von der Frau Holle. Johannes BOLTE vermutet im ersten Band der *Anmerkungen zu den Kinder- und Hausmärchen der Brüder Grimm*, daß neben der Erzählung von Dortchen WILD auch eine Fassung des hannoverschen Pfarrers G. A. F. GOLDMANN zur Erstveröffentlichung von 1812 im ersten Band der Erstausgabe herangezogen wurde. Das Märchen erhielt bereits 1812 die Nr 24, nach der es heute als KHM 24 zitiert wird.

2. Die Grimmsche Fassung ist schlicht und kindlich erzählt, verzichtet auf die eigentlich hierher gehörende Härte und unausweichliche Ablösungsmotivik und endet vielmehr mit der Heimkehr »zu den Meinigen«. Das ist aber niemand anders als eine Witwe, die ihre eigene häßliche und faule Tochter der schönen und fleißigen Stieftochter vorzieht, die sie die niedrigsten Dienste tun, vor allem so hart spinnen läßt, bis ihr die Finger bluten. Als das gute Mädchen das Blut von der Spule abzuwaschen versucht, fällt die Spule in den Brunnen. Es wird ausgescholten und zurück zum Brunnen geschickt, um die verlorene Spule zu holen. In seiner Verzweiflung springt es in den Brunnen – und findet sich in der Unterwelt auf einer sonnigen Wiese wieder. Es trifft auf einen Backofen, der bittet, das Brot herauszunehmen, und auf einen Apfelbaum, der bittet, geschüttelt zu werden. Das gute Mädchen tut beides – und als es an ein Haus kommt, aus dem eine alte Frau herausschaut und es einlädt, bei ihr die Hausarbeit zu verrichten, überwindet es seine anfängliche Furcht und tut fleißig und ordentlich seinen Dienst. Dazu gehört auch das Aufschütteln von Frau Holles Bett (wenn die Federn fliegen, heißt es, schneit es auf der Erde). Das Mädchen hat ein gutes Leben, aber eines Tages wird es von Heimweh erfaßt. Daß es trotz aller Not an denen daheim hängt, gefällt der alten Frau. Sie belohnt das Mädchen, indem sie es durch ein Tor führt, unter dem es ganz von Gold überschüttet wird. Als es heimkehrt (es bringt auch die Spule zurück), wird das gute Mädchen als »goldene Jungfrau« vom Hahn begrüßt. Wegen seines Reichtums wird es gut aufgenommen.

Aber die Stiefmutter möchte solchen Reichtum auch der eigenen Tochter zuwenden. Das faule Ding wirft die Spule in den Brunnen, springt hinterher, macht sich die Hände am Backofen nicht schmutzig, schüttelt auch keine Äpfel und tut den Dienst bei Frau Holle von Tag zu Tag nachlässiger – so daß es bald nach Hause geschickt wird. Beim Abschied wird die Faule mit Pech übergossen, und daheim begrüßt sie der Hahn als »unsere schmutzige Jungfrau«.

Reinhard Michl: Die beiden Mädchen und die Hexe
(Bayreuth. Loewe 1980)

Mit der Heimkehr der beiden Mädchen ist die Geschichte zu Ende. Daß der Guten und Fleißigen die goldene Gabe dazu gereicht, einen Königssohn zu heiraten und das ungeliebte Haus zu verlassen, hat Dortchen WILD, aus welchen Gründen auch immer, nicht zu berichten gewußt.

3. Große Volkstümlichkeit und in der zweiten Hälfte des vorigen Jahrhunderts im Vergleich zur Fassung der Brüder GRIMM eine vielfache Verbreitung hat die von Ludwig BECHSTEIN veröffentlichte, von der jungen Wilhelmine MYLIUS (1823–1852 oder 1853) nacherzählte Fassung *Die Goldmaria und die Pechmaria*

erfahren (DMB 11), die mit ihrem barschen Thürschemann und seinen Hunden und Katzen zugleich an das sonst nur wenig belegte Märchen vom → *Waldhaus* (AT 431) erinnert. Auch hier wird von einer Witwe und zwei ungleichen Mädchen erzählt. Aber während bei den Brüdern GRIMM das gute Mädchen die in den Brunnen gefallene Spule suchen muß, erzählt W. MYLIUS, daß es aus dem Haus geschickt wird, um sich einen Dienst zu suchen. Von Backofen und Apfelbaum, oder (wie in anderen Fassungen) von einer Kuh, die gemolken werden will, ist nicht die Rede. Dafür teilt das gute Mädchen sein dürftiges Mahl mit den Vögeln, während das hochfahrende die Vögel wegjagt. Überhaupt sind die Gegensatzpaare des Verhaltens stark herausgearbeitet. Das eine Mädchen bittet den die Frau Holle ersetzenden, wild aussehenden Thürschemann bescheiden um Herberge, meidet das goldglänzende Eingangstor, ist zufrieden, bei Hunden und Katzen zu schlafen und mit ihnen zu essen; als es heimkehrt, wählt es wiederum das Pechtor statt des Goldtores. Doch für dieses Mädchen schlägt alles zum Guten aus, und der Thürschemann überschüttet es mit reinem Gold. Das unbescheidene dagegen kehrt voller Pech nach Hause zurück. Ein goldenes Tor und im Gegensatz dazu eine bescheidene Stalltür kamen übrigens bereits bei Giambattista BASILE vor (3, 10: *Le tre ffate*). Lohn und Strafe bestehen meist darin, daß dem einen Mädchen Rosen, Gold oder Edelsteine aus dem Mund fallen (wie in der von Vater und Sohn PERRAULT mitgeteilten Erzählung HCTP 5 → *Die Feen*), dem anderen aber Kröten und Schlangen oder Schlimmeres, wenn es einem Erzähler gefällt, seine Zuhörer mit kräftigen Bildern zu erheitern. Das ist natürlich ganz ähnlich der Fall, wenn die beiden Mädchen beim Abschied von ihrem so unterschiedlich durchgeführten Dienst einen Schrein erhalten – der eine voller Kostbarkeiten, der andere voller böser Überraschungen. So kann es sogar sein, daß aus dem Schrein der Hochfahrenden Feuer schlägt und sie selbst samt ihrer gierigen Mutter und dem ganzen Anwesen verzehrt.

Warren E. ROBERTS hat sich 1958 sehr ausgiebig mit dem Märchentyp befaßt, den er nach den ungleichen Mädchen benennt: Die Erzählung von dem freundlichen und dem unfreundlichen Mädchen. Statt der beiden Verhaltensrollen wird häufig auch die dämonische, zweigesichtige Gestalt der anderen Welt als Kern des Ganzen betrachtet, also die Austreibung, der Gang hinab durch den Brunnen und die unterweltliche Begegnung, in der es sich zeigt, welchen Kräften in uns selbst wir den Vorzug geben.

Je stärker das zweigesichtig Rätselhafte ist, je surrealer die Begegnungen auf dem Weg, desto stärker das Erleben des Zuhörers und die unbewußte Verarbeitung. Je mehr die Erzählung jedoch rationalistisch auf Verhaltensprüfung verengt wird, desto mehr wird vordergründige Moralität gepredigt, zumal das Märchen ja sehr knapp damit schließt, daß ein Königssohn das gute Mädchen mit heimnimmt. Es kommt nicht von ungefähr, daß L. BECHSTEIN am Ende den Zeigefinger erhebt. Die Zweigesichtigkeit der alten Frau Holle oder des wilden Thürschemanns in der Unterwelt führt gelegentlich dazu, daß die gefährlichen, hexenhaften Züge überwiegen, daß das gute Mädchen flüchten muß (wie das bei HALTRICH DVSS 35 geschildert wird: *Die beiden Mädchen und die Hexe*). Dann erweisen sich Ofen, Baum und Kuh, denen es auf dem Weg in die andere Welt beigestanden hat, als dankbare Helfer; es kann entkommen. Dem faulen und hochfahrenden Mädchen dagegen wird keine Hilfe zuteil; es wird ergriffen und zerfetzt. Wilhelm GRIMM ist die Frau Holle zweifellos zu gutmütig mütterlich geraten. Wie unheimlich die Begegnung mit der anderen Welt ist, zeigt beispielsweise eine Erzählgruppe, in der die beiden Mädchen nacheinander zu einer Quelle hinausgeschickt werden: In der Quelle treiben die Häupter dreier Trolle. Die Aufgabe der Mädchen lautet nicht, dem Dämon das Haus zu führen, sondern die Häupter der Dämonen zu lausen und zu kämmen. Welch ein Unterschied zu Vater und Sohn PERRAULTS harmloser Erzählung, in der die Mädchen zum Brunnen geschickt werden und einer Fee begegnen, die sie um einen Trunk Wasser bittet (→ *Die Feen*). Übrigens unterscheidet ROBERTS im wesentlichen zwei große Gruppen: den Untertyp der Begegnungen (die Begegnungen sind Vorprüfungen des Dämons; je nachdem wie das Mädchen handelt, wird es auf dem Rückweg belohnt oder bestraft); und den Untertyp, in dem die Mädchen dem Fluß folgen (der ihnen beispielsweise die Spindel, ein Knäuel oder dergleichen entführt hat) oder indem sie hinaus zu der Trollquelle gehen.

Es versteht sich, daß den Austreibungsmotiven gelegentlich andere vorangesetzt werden, in denen die Konfliktbeziehung des guten Mädchens zu seiner Stiefmutter dadurch vertieft wird, daß die Mitschuld am Tod der eigenen Mutter deutlich gemacht wird – eine Entlehnung aus dem Zaubermärchen von → *Einäuglein, Zweiäuglein und Dreiäuglein* (AT 511). Andererseits wird die Erzählung aus der Gegensätzlichkeit der Mädchen gern fortgeführt mit den Schlußmotiven des → *Aschenputtel*märchens

(AT 510 A) oder Erzählungen aus dem Bereich der Märchen von der → *Weißen und der schwarzen Braut* (AT 403 A). Eng verknüpft wird vor allem das Märchen von der Erdbeerensuche im Schnee (AT 403 B → *Die drei Männlein im Wald*). Die Beziehungen zu dem seltenen Märchen vom Gang der drei Schwestern zum → *Waldhaus* (AT 431) wurde bereits erwähnt. Wenn das Mädchen aus dem Haus des Dämons flüchten muß und Hilfe von Ofen, Baum und Kuh erhält, ist möglicherweise das Märchen von der magischen Flucht mit im Spiel (vgl vor allem AT 313 B → *Der goldene Rehbock*).
Am Ende bleibt aber die Frage offen, ob wir die Erzählungen von dem freundlichen und dem unfreundlichen Mädchen, deren erstes literarisches Zeugnis (1595) in der Märchen und Wirklichkeit satirisch einander gegenüberstellenden Komödie *The old wives' tale* des genialen Bohemiens Georges PEELE (1558–1597?) zu finden ist, überhaupt zu den Zaubermärchen rechnen können. Innere Verwandtschaft besteht zu allen Märchentypen, bei denen das Mädchen einem dämonischen Wesen überantwortet wird, gewissermaßen eine Lehrzeit außerhalb des Elternhauses durchzumachen hat, um zu seiner eigenen, inneren Gestalt zu finden. Am Ende dieser Erfahrung liegt stets die erste Vereinigung mit dem der jungen Frau für die Zukunft bestimmten Mann. Meist ist das ja hier ebenfalls so – auch wenn die vorläufige Rückkehr in das keineswegs liebevolle Zuhause nichts anderes als den Beweis erbringt, eine andere geworden zu sein – eine mit Schätzen aus einer selbständig erschlossenen Welt Begabte. Damit wird, von kindlichen Fassungen wie bei den Brüdern GRIMM abgesehen, das Bleiben daheim erst recht unmöglich. Es erfolgt eine zweite und endgültige Austreibung – und kurz darauf die Begegnung mit dem Königssohn, der die schöne und reich Begabte mit sich nimmt. Von einem eigenständigen zweiten Teil partnerschaftlichen Aufeinander-Zugehens findet sich aber in unserem Märchen keine Spur, abgesehen von dem Bedürfnis, durch Anschluß an die Motivik anderer Märchen einen solchen zweiten Teil zu schaffen. Eigenständig ist tatsächlich nur die einteilige Erzählung von dem freundlichen und dem unfreundlichen Mädchen.

4. BARCHILON 13, 24, 33. – BP 1, 207–227. – R. T. CHRISTIANSEN: A Norwegian fairytale in Ireland: In: Béaloideas. 2. 1930. 3, 235–245. – DELARUE / TENÈZE 2, 188–199. – DEULIN 229–262. – HAGEN 1, 6–37; 2, 1–45. – H. HEMPEL: Das Frau Hollemärchen und sein Typus. Diss. Greifswald 1922. – LIUNGMAN 115–117,

361–362. – M. PFISTER: The old wives' tale. In: KLL. 16, 6954–6955. – RANKE 2, 90–96. – W. E. ROBERTS: The special forms of Aarne-Thompson type 480 and their distribution. In: Fabula. 1. 1958. 1/2, 85–102. – W. E. ROBERTS: The tale of the kind and the unkind girls. Berlin 1958. – L. RÖHRICH in EM 3, 655–657. – ROUGER 145–146. – ŞĂINEANU 463–474. – SAINTYVES 9–57. – SCHERF: Bechstein 790, 836, 838–839. – SINGER 1, 35–38. – SORIANO: Perrault 135–140. – R. WAGNER: Einige vorder- und hinterindische Fassungen des Märchens von der Frau Holle. In: ZfV. 42. 1932. 1933. 2/3, 163–178.

Der Frosch als Braut → Die drei Federn

Der Froschkönig

AT 440 KHM 1

1. Schon seit der ersten Ausgabe der *Kinder- und Hausmärchen* ist das Zaubermärchen vom Königssohn in der Froschgestalt die Eröffnungserzählung der Grimmschen Sammlung. Als Nr 1 der Erstausgabe des ersten Bandes von 1812 trägt es den Titel *Der Froschkönig oder der eiserne Heinrich.* Es wird vermutet, daß die erste handschriftliche Fassung Wilhelm GRIMMS auf einer Erzählung aus der Familie des Apothekers Rudolf WILD beruht (Wilhelm GRIMM hat 1825 die Tochter Henriette Dorothea, genannt Dortchen, geheiratet). Am 8. 3. 1813 erzählte auch Marie HASSENPFLUG (1788–1856) ein zweites hierher gehöriges Märchen, das dann im zweiten Band der Erstausgabe von 1815 als Nr 13: *Der Froschprinz,* erschien, ab 1822 aber in den Anmerkungsband verwiesen wurde. Schließlich war den Brüdern GRIMM während der Anfangszeit ihrer Märchenarbeit noch eine dritte, von der Familie v. HAXTHAUSEN aus dem Paderbörnischen übermittelte Fassung bekannt – und sie wußten von der schottischen Überlieferung der Quelle vom Rande der Welt. Aber obgleich ihnen damit die wichtigsten Elemente einer vollständigeren Zielform zur Hand waren, folgte Wilhelm GRIMM mit seiner stilistischen Ausgestaltung anderen Absichten. So kommt es, daß unser *Froschkönig* sowohl in der Eingangsmotivik als auch im kurzge-

schlossenen zweiten Teil keineswegs der mündlichen Überlieferung entspricht.

2. Die jüngste, unvergleichlich schöne Tochter eines Königs spielt mit ihrer Goldkugel am Rand eines Brunnens. Als ihr das erlesene Spielzeug ins Wasser rollt und sie zu weinen und klagen beginnt, gibt ihr ein Frosch die Kugel gegen das Versprechen zurück, mit ihm Tisch und Bett zu teilen. Das ist, im Vergleich zu anderen Fassungen, eine erhebliche Verkürzung – offensichtlich zugunsten einer im Rungeschen Sinne wunderbaren, romantischen Szene. Die 24jährige Marie HASSENPFLUG hatte bereits von drei Königstöchtern erzählt, die der Reihe nach Wasser schöpfen wollen. Aber das Wasser ist trüb, und der Frosch im Brunnen verspricht klares Wasser nur der, die bereit ist, seine Liebste zu werden. Aber das weisen die beiden älteren Töchter weit von sich.
Eine wichtige Rolle spielt das Motiv des Brunnens aber erst, wenn der Brunnen – wie das beispielsweise in einer von Joseph JACOBS (1854–1916) veröffentlichten Fassung der Fall ist – am Rande der Welt liegt, und der Vater der Reihe nach seine drei Töchter aussendet, um einen Becher vom Wasser des Lebens für ihn zu holen. Der Frosch im Brunnen am Rande der Welt läßt nur die jüngste reines Wasser schöpfen, denn sie verspricht, ihn zum Mann zu nehmen (EFT 1, 41: *The well of the world's end*). Wie in der Grimmschen Fassung weiter von der Ankunft des Frosches im Königshaus erzählt wird, stimmt, von der Akzentuierung abgesehen, mit den voll ausgebauten Erzählungen der mündlichen Überlieferung überein – die Mahnung des Vaters, das gegebene Wort zu halten, ist jedoch vermutlich eine Zutat Wilhelm GRIMMS, und auch der Umgang mit dem sonderbaren Frosch wird in der mündlichen Überlieferung gewöhnlich als selbstverständlicher erzählt und ohne die Versuche, die bei wohlerzogenen Leserinnen vorausgesetzten Ekelgefühle zu überspielen.
Der Frosch will mit an der Tafel essen, er will in des Mädchens Schlafkammer, und schließlich will er auch in ihr Bett. Bei Karl MÜLLENHOFF (SML 593: *Ode un de Slang*) hört sich das so an: As se nu awer to Bett gaan wull, so röppt doch de Slang wedder un seggt: »Och Ode, lewe Ode, schall ik man in dien Bett?« »Nu wart et awer to dull«, seggt se, »mien Vader hett di bet an de Huusdoer mitnamen, ik heff di eerst op de Dęl brocht, do vör de Kamerdoer, do in de Kamer liggen laten, un nu willst du gaar

noch bi mi int Bett? Awerst bistu verfraren, arm Ding, so kumm man herin un warm di.« Un do neem se de Slang bi sik int Bett. As de Slang awerst eerst bi ęhr leeg, do verwandelt se sik mit enen Maal un word to'n voernęmen Prinzen un Ode word sien Fru.

Daß die wunderschöne Königstochter aus KHM 1 den Frosch mit zwei Fingern in eine Ecke der Schlafkammer setzt, und daß sie, als er droht, es dem Vater zu sagen, böse wird und den Frosch an die Wand wirft, ist bekannt. Aber gerade damit nimmt sie dem verwunschenen Königssohn die Tiergestalt – und dem Zueinander-Finden steht nichts mehr im Wege. Es wird Hochzeit gefeiert. Daß Wilhelm GRIMM jedoch fortfährt und gleich am anderen Morgen anspannen läßt, damit der Königssohn seine schöne junge Frau heim in sein Reich holen kann, ist wiederum eine bedauerliche Verkürzung. Die aus Bökendorf von der Familie v. HAXTHAUSEN übermittelte Fassung erzählt an dieser Stelle, daß der Königssohn Abschied nimmt und seiner Liebsten ein Tuch mit seinem Namen in roter Schrift hinterläßt. Werde es schwarz, so sei er tot oder ihr untreu geworden. Noch deutlicher kann der Hinweis auf einen auch in anderen Fassungen anzutreffenden zweiteiligen Aufbau doch wohl nicht sein. Die Liebenden werden getrennt, oder sie trennen sich, aus welchen Gründen auch immer. Und dabei vergißt der junge Königssohn seine Braut – in manchen Fassungen heißt es, daß sein Vater ihm auf dem Sterbebett das Versprechen abnimmt, eine von ihm ausgesuchte Braut zu heiraten. Der folgende zweite Teil mag ähnlich erzählt werden wie in anderen Formen des Amor-und-Psyche-Kreises (AT 425 B → *Östlich von der Sonne, westlich vom Mond*), oder wie im zweiten Teil des Zaubermärchens von der magischen Flucht und der vergessenen Braut (AT 313 C → *Die beiden Königskinder*). Charakteristisch für den Erzähltyp AT 440 ist jedoch die Verkleidung der verlassenen Braut als Mann. In der paderbörnischen Fassung verkleiden sich alle drei Schwestern und treten als Reiter in den Dienst des Königssohnes, der im Begriff ist, eine andere zu heiraten. Auch heißt es gelegentlich, daß sich die verlassene Braut als Leibjäger ausgibt – aber damit sind wir bereits bei den Erzählungen, die im internationalen Verzeichnis, vermutlich nach der in der Grimmschen Sammlung vorgefundenen Trennung, unter AT 884 geführt werden. Aber weshalb wurde dort getrennt? Bereits in der Erstausgabe von 1812 stand ein Märchen von Jeanette HASSENPFLUG, das für die zweite Auflage von 1819 noch einmal überarbeitet und unter den

Titel *Die zwölf Jäger* gestellt wurde (KHM 67)[1]. Es wäre der Mühe wert, das Froschkönig- und das Leibjägermärchen, AT 440 und AT 884, in den bekannt gewordenen Fassungen im Zusammenhang zu untersuchen. Man darf mit Recht vermuten (und das hat Walter A. BERENDSOHN 1922 bereits angedeutet), daß die beiden Märchen Teil 1 und Teil 2 eines einzigen Märchentyps sind und daß Wilhelm GRIMM, der zumindest durch die paderbörnische Fassung den Zusammenhang erkennen mußte, aus Gründen, die uns unbekannt sind, die beiden Teile getrennt aufnahm.

Damit klärt sich endlich auch die Rolle des so oft genannten, aber trotz aller sprachkundlichen Hinweise unverständlich gebliebenen treuen Heinrich. Im *Froschkönig* Wilhelm GRIMMS springen auf dem Weg heim in des Vaters Reich die drei Eisenbande, die der Diener sich um das kummervolle Herz hat legen lassen. Und es entwickelt sich die berühmte Wechselrede, als der Königssohn das Zerspringen der drei Bänder als das Zerbrechen des Wagens deutet. W. GRIMM endet also mit der Freude des treuen Dieners über das Glück seines erlösten Herren.

Aber ein solcher Schluß ist doch wohl ein Mißverständnis, wer auch immer ihn zuerst erdacht hat. Das Motiv der zerspringenden Eisenreifen spielt sonst im Märchen eine ganz andere Rolle: Die verlassene Braut läßt sich drei oder gar sieben Reifen um den Leib schmieden, damit sie das Kind nicht eher zur Welt bringt, als sie ihren Liebsten wieder gefunden hat. Der eigentliche Schluß des Froschkönigmärchens lautet vermutlich so: Die verlassene Braut begleitet unerkannt den Liebsten zur Hochzeit mit einer anderen, von seinem Vater ausgewählten Braut. Mag sein, daß ihr dabei die ebenfalls verkleideten Schwestern folgen. Als die Reifen, die sie um ihren Leib trägt, springen, entwickelt sich eine Wechselrede – ähnlich wie im Märchen von der → *Jungfrau Maleen* (AT 870). Diese Wechselrede ruft die Erinnerung des Königssohnes an die wahre Braut wach – und er trennt sich von der unrechten Braut.

[1] Im ersten Band der Erstausgabe der KHM von 1812 stand als Nr 67 die im Sommer 1812 von Jeanette HASSENPFLUG gehörte Fassung *Der König mit dem Löwen,* die für die zweite Auflage um 1819 noch einmal bearbeitet und unter den Titel *Die zwölf Jäger* gestellt wurde (AT 884, KHM 67). Der Erzählung fehlt deutlich der erste Teil; sie beginnt damit, daß ein Königssohn seiner Braut verspricht, wiederzukehren und sie zu heiraten. Vgl auch LEMKE ViO 2, 139: *Die schöne Königstochter.*

3. Die heutzutage auffällig häufige entstellende Verwendung des Grimmschen *Froschkönigs* für die unterschiedlichsten Zwecke, für Werbung, Parodierung oder für schadenfrohe Witze über die lächerliche Diskrepanz zwischen Erwartung und Wirklichkeit weist darauf hin, daß an der uns bekannten Fassung selber Wesentliches auszusetzen ist. Der *Froschkönig* ist geradezu ein Schulbeispiel dafür, wie sehr gewisse Märchenfassungen, bestimmte Einzelelemente oder Akzente weithin bekannter Erzählungen als Einladungen verstanden werden zur Änderung, Aufhebung oder gar Verkehrung ihrer Funktion. Dabei spielt natürlich die persönliche äußere oder innere Konfliktlage des Ändernden eine wesentliche Rolle – sei es auch nur das Ärgernis an Form, Inhaltsverschiebung oder Akzentuierung eines Buchmärchens. Wer freilich seine inneren Schwierigkeiten zu verdrängen sucht, der Auseinandersetzung mit sich selbst in Traum und Imagination ausweicht, ist notwendigerweise märchenfeindlich eingestellt – dh er wird heftig angezogen vom Märchen, haßt es aber gleichzeitig, wie man jemanden haßt, der einem unliebsame Wahrheiten sagt, oder der uns gar vor anderen demaskiert. In diesem Sinne ist manche neuere Parodie oder Travestie eines Märchens nichts als ein schlecht verhülltes Eingeständnis, empfindlich betroffen zu sein. Kehrt sich der Haß nach außen, so werden am Ende Intoleranz und Hexenjagd daraus. Wie weit bei der heute erreichten Lage auf dem Markt der Massenmedien der meist anonym tätige Autor, Zeichner oder Fotomonteur mit der Entstellung der Funktion der Zaubermärchen zu gehen gewohnt ist, hat Lutz RÖHRICH mit seiner aufschlußreichen Zusammenstellung von Froschkönigwitzen gezeigt. Diese Witze leben von der Schadenfreude über die Enttäuschung, die derjenige erfährt, der ein wirkliches Märchen erwartet. Er stellt sich innerlich auf das Durchspielen einer Erlösungserzählung ein und überträgt seine eigene Liebesbeziehung zum Partner auf die Gestalten des Zaubermärchens, das in seiner Vorstellung bereits lebendig ist. Er überträgt seine Hoffnungen auf den anderen, seinen Einsatz für den, der ihm in seiner Dunkelgestalt gegenübersteht – doch unvermittelt reißt ihn das Gelächter aus seinem Tagtraum: Die Wirklichkeit, sagt der Zeichner oder Texter, ist anders. Der Froschkönigwitz führt die Erlösungssehnsucht ad absurdum. Er stellt sie der hoffnungslos platten, nicht verwandlungsfähigen Wirklichkeit gegenüber, er reduziert Eros zu sexuellem Bedürfnis. Der Frosch bleibt ein Frosch – oder der Frosch springt entsetzt davon, als er die

Wirklichkeit seiner fetten »Erlöserin« gewahrt. Oder der bereits in einen hübschen Königssohn verwandelte Frosch stellt – in einer Karikatur der Zeitschrift *Playboy* – fest, was für eine hängebusige, schreckliche Alte da aus den Hüllen steigt und zu ihm ins Bett will. »Das Ganze zurück«, lautet der Text dazu, »ich möchte sofort wieder ein Frosch sein.«
Lesenswerte weitere Fassungen des Märchens vom Königssohn Frosch: BUSCH UoW 34: *Der verwunschene Prinz;* JAHN VPR 6: *Die Königstochter und die Schorfkröte;* SEIFART SMSGH 1: *Der Mullkönig.*

4. BERENDSOHN 44–45; 52. – BP 1, 1–9; 2, 56–59. – DELARUE/TENÈZE 2, 119. – A. GUTTER: Es ist ein Band von meinem Herzen... Zur Bedeutg. d. Märchens Der Froschkönig oder der eiserne Heinrich für die Psychohygiene. Solothurn 1976. – RANKE 2, 55–57. – L. RÖHRICH: Der Froschkönig und seine Wandlungen. In: Fabula. 20. 1979. 1/3, 170–191. – RÖLLEKE 144–153, 365–366. – SCHERF: Bechstein 803–804. – W. SCHOOF: Der Froschkönig oder der eiserne Heinrich. In: Wirkendes Wort. 7. 1956/1957. 45–49. – WESSELSKI: Versuch 116–117, 120, 179.

Fürchten lernen → Märchen von einem der auszog, das Fürchten zu lernen

Der Fundevogel

AT 313 A KHM 51

1. Die kindlich erzählte Fassung des Märchens von den beiden Kindern bei der Hexe, die sich dem Mordanschlag auf den Jungen durch magische Flucht entziehen, wurde Jacob GRIMM vermutlich gegen Ende 1808 aus Allendorf von der damals 25jährigen Pfarrerstochter Friederike MANNEL (1783–1833) übermittelt. Die Niederschrift der möglicherweise aus der Schwalm stammenden Fassung ist vom Brentanoschen Stil der *Wunderhorn*-Redaktion geprägt. Jacob GRIMM, der auch sonst die Verbindung mit der Pfarrersfamilie MANNEL hielt, hat wohl den Titel hinzugefügt und den Knaben »Fundevogel« genannt (in der Niederschrift hieß er noch Karl). Das Märchen wurde 1812 im ersten Band der Erstausgabe als Nr 51 veröffentlicht.

2. Ein Förster geht in den Wald. Da hört er ein Kind schreien und findet es auf einem Baum, der Mutter entführt von einem Raubvogel. Merkwürdigerweise heißt es in der ersten Niederschrift (später von Jacob GRIMM gestrichen), daß die Mutter noch unter dem Baum schläft. Der Förster aber nimmt den kleinen Knaben mit heim, damit er zusammen mit seiner eigenen Tochter erzogen werde. Die Kinder lieben einander sehr. Doch offenbar ist nicht nur die Köchin eine alte Hexe, sondern auch der Vater des Mädchens, der Förster, hat düstere dämonische Züge. Denn erstens trifft die Köchin Anstalten, den Knaben zu kochen (doch wohl, um ihn dem menschenfresserischen Vater vorzusetzen), und zweitens wirft sie den zur Verfolgung der geflüchteten Kinder ausgeschickten Knechten vor, daß sie den Rosenstrauch und die Kirche, in die der Knabe verwandelt worden ist, nicht entzweigeschlagen, Rose und Krone dagegen, deren Gestalt des Hexenmeisters Tochter angenommen hat, nicht mitgebracht haben. Es war die Tochter, die dem Knaben das Leben retten will und ihm die gemeinsame Flucht vorgeschlagen hatte – falls er sich ihr unverbrüchlich verspräche. Bemerkenswert ist, daß dieses gegenseitige Versprechen noch dreimal wiederholt wird und zwar stets dann, wenn die Verfolger sichtbar werden und bevor das zauberkundige Mädchen die für beide geltende Verwandlungsformel ausspricht. So verwandelt sie beim erstenmal den Knaben in einen Rosenstock – mit ihr als Rose darauf, und beim zweitenmal in eine Kirche – mit ihr als Krone darin. Bei der dritten Verwandlung, die aus dem Knaben einen Teich macht und aus dem Mädchen eine Ente, die auf dem Teich schwimmt, nimmt die Hexe selber an der Verfolgung teil und beginnt, den Teich auszusaufen. Aber nun wendet sich das Blatt. Die Ente schießt hinzu und reißt die Alte ins Wasser, so daß sie ertrinken muß. Und darauf, so heißt es, kehren die beiden »herzlich froh« heim. Das mehrfache gegenseitige Versprechen unverbrüchlicher Treue bleibt ein blindes Motiv – es wird nichts von Vergessen und Trennung erzählt.

3. Wie der Knabe in die Gewalt eines Unholds gerät, berichten die verschiedenen Eingänge unterschiedlich. Manchmal ist er vom Vater versprochen worden, manchmal ist er es selbst, der das Hexen lernen will. Gelegentlich werden, mehr oder weniger ausführlich, Teile der Schwanjungfrauerzählung eingefügt. Dann sucht er das Haus in der anderen Welt auf, um das Mädchen aus der Macht einer Hexe, eines Zauberers, des Teufels

zu lösen (AT 400 + 313 C + 518 → *Der Trommler*). Was im *Fundevogel*-Märchen ganz fehlt, sind die drei Arbeiten, die nur durch die Zauberhilfe der Tochter des Unholds verrichtet werden können: etwa mit durchlöchertem Gefäß einen See auszuschöpfen, mit einer Axt aus Blei einen Wald umzuschlagen und einen Stall voller Gewürm zu reinigen. Und da es sich ursprünglich ja nicht um Kinder, sondern um Liebende handelt, wird manchmal als letzte Aufgabe das Erkennen der Geliebten unter drei gleich ausschauenden Gestalten angefügt. Auch der Beginn der Flucht ist meist reicher ausgestattet. Das zauberkundige Mädchen hinterläßt einen Tropfen Speichel oder Blut oder gar eine Puppe, die an seiner Stelle antwortet, wenn der Unhold sich der Anwesenheit des Mädchens versichern will oder wissen möchte, ob das Feuer bereits angezündet ist und das Wasser bald kocht, in das der Knabe geworfen werden soll (vgl auch AT 313 C + 1119 + 592 + 652 → *Der liebste Roland*). Allzu lange hält der Zauber jedoch nicht vor. Dann wird die gemeinsame Flucht entdeckt, und die Verfolgung beginnt, der sich die beiden entweder durch Verwandlung oder das Herbeischaffen von Hindernissen zu entziehen suchen, wenn sie nicht gleich auf einem Zauberpferd davonreiten. Häufige Verwandlungsformen sind Rosenstock und Rose, Kirche und Pfarrer, Garten und Gärtner (der sich gelegentlich schwerhörig stellt und völlig unpassende Antworten gibt) und schließlich See und Ente. Hindernisse werden gern durch einen hingeworfenen Spiegel geschaffen, aus dem ein See entsteht; aus einem Kamm wird ein Wald, aus einem Stein ein Berg. Marie His weist auf die Verbindung der Fluchtverwandlungen zu dem Wettverwandeln hin (in KHM 68, AT 325: *Der Gaudieb und sein Meister;* AT 545 B → *Der gestiefelte Kater*). Das Ende des Zauberkampfes zwischen den Fliehenden und dem Unhold ist jedenfalls, wenn nicht gerade die Grenze des Machtgebietes erreicht wird, daß der Unhold zerspringt oder im Wasser zugrundegeht. Im internationalen Verzeichnis wird mit diesem für die Liebenden glücklichen Ausgang der Märchentyp 313 A für beendet erachtet, während man zu AT 313 C rechnet, falls der Geliebte nach geglückter Flucht ein Tabu verletzt und die wahre Braut vergißt (dazu → *Die beiden Königskinder,* → *Der liebste Roland;* mit AT 400 → *Der Trommler*). Für den, der sich mit den inneren Strukturgesetzen der Zaubermärchen und ihrer erzählerischen Funktion beschäftigt, ist es jedenfalls klar, daß die unter AT 313 A zu rechnenden Märchen nur verkürzte Formen sind. Zur voll entwickelten Erzählung gehören Tabuverletzung und ein erneuter Einsatz unter schwereren Bedingungen.

Das voll ausgebaute Märchen von der magischen Flucht wird zu den allerältesten gerechnet. In der *Argonauten*sage kommt es gleich zweimal vor (Jason und Medea: sowohl mit drei schwierigen Arbeiten in Kolchis als auch mit der Flucht – wobei als Hindernis der zerstückelte Knabe den Verfolgern in den Weg geworfen wird; Phrixos und Helle: mit dem übernatürlichen Reittier – Zeus schickt ihnen den Widder mit dem goldenen Vlies, um sie vor den Nachstellungen der Stiefmutter zu retten. Vielleicht ist der goldene Rehbock im Bechsteinschen Märchen (DMB 14, AT 313 B → *Der goldene Rehbock*) ein ferner Nachklang, oder beide Erzählungen gehen auf ein älteres Zauberpferdmotiv zurück. Auch in Giambattista BASILES *Pentamerone* erscheint das Märchen zweimal (2,7 *La palomma*; 3,7 *Corvetto*) und Marie-Catherine Le Jumel de Barneville, Baronin d'AULNOYS Fassung *L'oranger et l'abeille* wird, da sie sowohl in französischer Sprache als auch in Übersetzung gelesen wurde, erheblich zur Verbreitung unter den Märchenbuchlesern beigetragen haben.

4. A. AARNE: Die magische Flucht. Helsinki 1930 (FFC 92). – W. ALY in HdM 158–160. – J. R. BACON: The voyage of the argonauts. London 1925. – BP 1, 442–443; 1, 498–503; 2, 60–69; 2, 77–79; 2, 121–128; 2, 140–146; 2, 516–527; 3, 338–339; 3, 406–417. – R. T. CHRISTIANSEN: A Gaelic fairytale in Norway. In: Béaloideas. 1. 1927. 2, 107–114. – DELARUE 1, 199–241. – J. GRIMM: Kleine Schriften 8, 473. – M. HAAVIO: Der Etanamythos in Finnland. Helsinki 1955 (FFC 154). – M. HIS: Die magische Flucht und das Wettverwandeln. In: SAfV. 30. 1930. 2/3, 107–129. – K. HORÁLEK: Zur typologischen Charakteristik der tschechischen Volksmärchen: In: ZfS. 14. 1969. 85–109. – J. R. KLÍMA in EM 1, 963–972. – G. KNAPP: The motifs of the Jason and Medea myth in modern tradition. (A study of Märchentypus 313). Stanford Univ. Abstracts 8, 59–67. – R. A. J. KÖHLER: Von der schönen Nzentola. In: ZfV. 6. 1896. 64–65. – A. H. KRAPPE: The legend of Walther and Hildegund. In: Journal of English and Germanic philology. 22. 1923. 75–78. – A. H. KRAPPE: The story of Phrixos and modern folklore. In: Folk-lore. 34. 1923. 2, 141–147. – S. LILJEBLAD: Argonauterna og sagorna om flykten från trollet. In: Saga och sed. 1935. 29–48. – M. PANCRITIUS: Die magische Flucht. In: Anthropos. 8. 1913. 854–879; 929–943. – RANKE: 1, 150–169. – G. RUA: La sposa dimenticata. In: RUA: Novelle del Mambriano del Cieco da Ferrara. Torino, Firenze, Roma 1888. 84–101. – SCHERF: Bechstein 788–790. – W. SCHOOF: (Fündling). In: ZfdtPh. 74. 1955. 424–433. – SIMROCK: Shakspeare 2, 335–341. – K. v. SPIESS in DMDW 77–88. – WESSELSKI: DMvG 2, 49–55.

Fyrtøjet → *Das Feuerzeug*

Die Gänsehirtin am Brunnen

AT 923 KHM 179

1. 1843 nahmen die Brüder Jacob und Wilhelm GRIMM in den zweiten Band der fünften, stark vermehrten Auflage ihrer *Kinder- und Hausmärchen* eine Erzählung von Andreas SCHUMACHER (1803–1868) aus Wien auf, die zuerst in Mundart 1833 im *Wiener Gesellschafter* erschienen war. Der eifrige Herausgeber Hermann KLETKE (1813–1886), der spätere Chefredakteur der Vossischen Zeitung, Berlin, brachte seine hochdeutsche Bearbeitung 1840 als Nr 2 in seinem *Almanach deutscher Volksmährchen* unter dem Titel *Die Gänselhüterin* heraus; die Mundartfassung ließ er bald darauf, 1845, im zweiten Band seines *Märchensaals* unter dem Titel *D' Ganslhiaddarin* folgen. In der Grimmschen Sammlung erhielt die stark literarisierte Fassung den Titel *Die Gänsehirtin am Brunnen.*

2. Eine Alte, die mit einer Herde Gänse in der Einöde haust (in anderen Fassungen sind es Truthühner), wird als Hexe gemieden. Aber eines Tages begegnet ihr ein junger Mann im Wald (wie es die österreichische Fassung will: der Sohn eines reichen Grafen) und nimmt höflich ihre Traglast auf den Rücken. Doch diese Last hat es in sich. Sie wird immer schwerer, sie läßt sich auch nicht mehr abwerfen, ja, die Alte springt selbst darauf, und der junge Mann muß sich schrecklich abschinden und Hohn und Spott erdulden, bis er das kleine Haus der Alten erreicht hat. Dort wird die Alte bereits von ihren Gänsen und einer unerquicklich ausschauenden Hirtin erwartet, die sie als »Töchterchen« anredet. Indessen scheint es die Alte mit dem jungen Mann gut zu meinen. Sie läßt ihn ausruhen und gibt ihm als Lohn eine kleine Büchse aus Smaragd. Merkwürdigerweise wird sie plötzlich schroff und schickt ihn davon. Der junge Mann irrt drei Tage verloren durch den Wald.
Die mit spätromantischer Breite ausgemalte Erzählung ist nicht besonders klar. Obendrein handelt es sich offenbar um den Rest eines aus der Kindheit erinnerten, von der Großmutter erzählten

Märchens, das in seinem Aufbau völlig verändert worden ist. Wie auch immer: Der junge Mann findet schließlich doch aus dem Wald, gelangt an einen Königshof, und als er der Königin das smaragdene Behältnis gibt, entdeckt sie darin ein Zeichen ihrer von ihrem Mann unbedacht verstoßenen jüngsten Tochter. Und damit sind wir bei der sonst üblichen Eingangsmotivik des Märchens. Der Vater wollte von seinen drei Töchtern wissen, wie sehr sie ihn lieben. Doch während die erste ihm mit leerer Schmeichelei antwortet, sie liebe ihn wie den süßesten Zucker, und die zweite nichts Besseres zu sagen hat, als daß sie ihn wie ihr schönstes Kleid liebe, nimmt die Jüngste, des Vaters liebstes Kind, die Frage in ihrem vollen Ernst und verweigert zunächst, für ihre Liebe einen Vergleich zu suchen. Als der Vater in sie dringt, sagt sie, sie liebe ihn wie das Salz. Der Vater ist nicht in der Lage, den Sinn der Antwort zu erkennen. In seinem blinden Zorn verstößt er die jüngste Tochter. Aber gerade dieses Motiv zeigt, daß zwischen dem Vater und der jüngsten Tochter eine wesentliche, wenn auch von seiten der Tochter und des Vaters ganz unterschiedlich bewertete, tiefgehende Bindung besteht – während die Bindungen zwischen den älteren Töchtern und dem Vater wert- und sinnlos sind, denn die beiden älteren verhalten sich nicht nur schönrednerisch oberflächlich gegenüber ihrem Vater, sondern auch herzlos und eigensüchtig. In seiner Verblendung nimmt der Vater die Beteuerungen der beiden älteren jedoch für wahr. Dagegen vermag er die selbstlose Liebe der Jüngsten vor seiner eigenen Vernarrtheit in sie nicht zu erkennen.

Andreas SCHUMACHER aus Wien hat also den eigentlichen Eingang des Märchens nicht an den Anfang, sondern in die Mitte seiner Erzählung gestellt. Danach fährt er fort und läßt den jungen Mann zusammen mit der Königin und dem inzwischen reumütigen König ausziehen, das bei der Erbteilung verstoßene Kind zu suchen. Die Alte in dem Einödhaus, meinen sie, muß mehr wissen.

Aber nun ist der Märchengang völlig außer Kraft gesetzt. Der Erzähler muß den Grafensohn von dem Königspaar trennen – gut, er läßt ihn sich verirren. Aber er glaubt, gleichzeitig berichten zu müssen, was bei der sonderbaren Alten geschieht. Er trennt also nicht nur die Ausziehenden, sondern wechselt sogar die Erzählperspektive, hinüber zu der Alten, die in ihrem Einödhaus die Besucher erwartet. Die Alte spinnt, und als es dunkel wird, schickt sie die sonderbare Gänsehirtin hinaus in das Tal, wo sie am Bach im Mondschein die alte Haut ablegt, sich wäscht und ihr wunderbares Goldhaar löst. Dabei wird das schöne Mädchen offenbar belauscht. Es flüchtet zu der dämonischen Pflegemutter, die jedoch alles weiß und die Fäden in der Hand hält (ähnlich wie M.-C. d'AULNOYS Feen). Die Alte macht das Haus rein und erklärt der Jungen, die vor drei Jahren zu ihr kam, daß die Zeit des Beieinanderseins um sei.

Was wir als Leser bereits ahnen, erweist der nächste Wechsel der Erzählperspektive: Das Mädchen wurde von dem im Wald verirrten Grafensohn belauscht, der ihm nun in der Dunkelheit folgt. Dabei trifft er unversehens das Königspaar wieder; vereint erreichen sie das Einödhaus – und stellen verwundert fest, daß sie von der Alten bereits erwartet werden. Die Alte meint, die Eltern seien genug dafür bestraft, daß der Vater die jüngste Tochter verstoßen habe, führt die Getrennten wieder zusammen und hat zum Abschied auch noch ein Erbteil, das das daheim verlorene Erbe mehr als aufwiegt: Das Einödhaus mit den Gänsen verwandelt sich nicht nur in ein Schloß mit zahllosen Bediensteten; die Alte hat auch alle Tränen des Mädchens gesammelt, die in Wirklichkeit Perlen waren – ein Zug, der wohl aus der besonderen Form des → *Frau-Holle*-Märchens (AT 480) übernommen ist, wie man sie zB bei Charles PERRAULTS → *Feen* findet. So recht erinnert sich der Erzähler nicht mehr – aber er meint, das Märchen ende mit der Vermählung der für drei Jahre unkenntlich in der Einöde lebenden Königstochter mit dem jungen Mann, der unwillentlich, aber doch mit traumwandlerischer Sicherheit der alten Fee über den Weg und damit in sein Glück gelaufen sei.

3. Das Märchen von der verkannten und verstoßenen jüngsten Königstochter hat manches gemeinsam mit → *Allerleirauh* (AT 510 B); es entwickelt sich aber aus einer anderen Eingangsmotivik und verfolgt das gegensätzliche Verhältnis dreier ungleicher Töchter zu ihrem Vater bis zum Ende der Erzählung, bis zum Offenbarwerden der wahren Verhältnisse. Außerdem verbindet es Eingang und Ausgang mit einer unverwechselbaren erzählerischen Klammer, einem auffallenden Vergleich, der möglicherweise aus dem Bereich der Beispiele oder Predigtmärlein rührt: jemanden zu lieben wie das Salz. KHM 179, die Wiener Erzählung, ist weit entfernt vom märchenhaften Ursprung; und auch die von Ludwig BECHSTEIN 1856 in seinem *Neuen deutschen Märchenbuch* veröffentlichte Fassung *Das Unentbehrlichste*

(NDMB 24) ist nicht besonders glücklich; er entnahm die von den Brüdern Ignaz Vinzenz ZINGERLE von Summersberg und Joseph ZINGERLE erzählte Fassung dem 1852 erschienenen ersten Band *Kinder- und Hausmärchen,* wo sie als Nr 31 noch den Titel *Nothwendigkeit des Salzes* trug (vgl auch die ganz kurze Fassung bei E. H. MEIER DVS 27: *So lieb wie das Salz*)[1]. Weitaus besser, sehr lebendig und mit Humor erzählt ist die Fassung von dem Mädchen, das die Truthühner hütet → *Die Putenmagd,* die Jean-François BLADÉ aus der Gascogne mitteilte.
William SHAKESPEARES Tragödie *König Lear* (1606) fußt auf unserem Märchen. Shakespeare hat wohl auch GEOFFREYS of Monmouth um 1135 verfaßte *Historia Regum Britanniae* oder andere von diesem Werk abhängige sagenhafte Erzählungen und Reimchroniken von dem unglücklichen König gekannt, der sein Reich unter die beiden älteren Töchter aufteilte und kaltherzig entrechtet wurde. GEOFFREY of Monmouth war vermutlich der erste, der die Märchenmotivik mit Llyr, dem Meergott der Briten, verband und aus einer mythischen keltischen Gestalt einen frühen König Britanniens machte. Dieser König versucht, die Liebe seiner drei Töchter auf die Probe zu stellen. Aber gerade sein Lieblingskind Cordeilla verstößt er in seiner Verblendung.

4. F. de BACKER: Over Koning Lear. In: Micelleana J. Gessler. Deurne 1948. 1, 141–145. – E. BODE: Die Learsage vor Shakespeare. Mit Ausschluß d. älteren Dramas u. d. Ballade. Halle 1904. – BP 3, 305–308. – A. DUNDES: To love my father all. In: Southern folklore quarterly. 40. 1976. 353–366. – FRENZEL: Stoffe 376–379. – E. S. HARTLAND: The outcast child. In: FLJ. 1886. 308–349. – R. A. J. KÖHLER: (Lieb wie Salz.) In: KÖHLER: Aufsätze über Märchen und Volkslieder. Berlin 1894. 14–15. – LIUNGMAN 242, 371. – W. PERRETT: The story of King Lear from Geoffrey of Monmouth to Shakespeare. Berlin 1904. – ŞĂINEANU 109–114. – SCHERF: Bechstein 855. – SIMROCK: Shakspeare 2, 215–234. – SINGER 2, 26–28.

[1] Zu Joseph WENZIG: *Westslawischer Märchenschatz.* Prag: TAUSSIG & TAUSSIG; Leipzig: LORCK 1857 findet sich S. 276–277 eine mährische Ballade in Wenzigs deutscher Bearbeitung unter dem Titel *Die drei Töchter.* Ein Vater verteilt sein Erbe an die drei Töchter. Als er alt geworden um Aufnahme bittet, gibt ihm die älteste einen Strick zum Erhängen, die mittlere einen Bettelsack und nur die jüngste, die er am strengsten gehalten, nimmt ihn herzlich auf: »Eure Strenge, die frommte mir.« Alle märchen- oder sagenhaften Züge sind gelöscht und die Erzählung ist in ein moralisierendes Beispiel umgewandelt.

Die Gänsemagd

AT 533 KHM 89

1. Die Grimmsche Fassung des Märchens von der auf der langen Reise zu ihrem Verlobten erniedrigten und in die Rolle der Magd verdrängten Königstochter, der nur noch die heimliche Zwiesprache mit dem enthaupteten Pferd Falada bleibt, ist eine der schönsten und reichsten Erzählungen der ganzen Grimmschen Sammlung. Sie wurde von Jacob GRIMM mit dem Vermerk »aus Zwehrn« aufgezeichnet und 1815 im zweiten Band der *Kinder- und Hausmärchen* als Nr 3 veröffentlicht; offenbar erhielt er sie von der aus einer Hugenottenfamilie stammenden Dorothea VIEHMANN (1755–1815), der Tochter des Gastwirtes auf der Knallhütte, Isaak Johann PIERSON.

2. Der Vater ist tot, die liebevolle Mutter ist alt; sie schickt ihr Kind weit über Land in ein anderes Reich, wohin das Mädchen bereits vor langer Zeit verlobt worden war. Das Mädchen kennt den zukünftigen Mann nicht. Die Mutter läßt ihr Kind schweren Herzens ziehen. Sie tut jedoch, was in ihren Kräften steht, um es zu schützen: Sie gibt ihm das sprechende Pferd Falada mit und ein Läppchen mit drei Tropfen ihres eigenen Blutes. Dennoch gelingt es der hartherzig hochmütigen Kammerjungfer, die Königstochter auf dem Weg zu erniedrigen und die Stelle der Königstochter einzunehmen. Fern vom Elternhaus ist die Tochter der alten Königin trotz der mitgesandten Schutzkräfte ihrer selbst nicht sicher und unterliegt in der ungleichen Auseinandersetzung.
Als sie ihrem Durst nachgibt und die Magd um einen Dienst bittet, gewinnt die ehrgeizige, aber sich ihrer Möglichkeiten bewußte Begleiterin Macht über sie. Die Königstochter erniedrigt sich selbst vor dem Willen der Magd. Sie verzagt. Sie verliert sogar die Blutstropfen der Mutter, denen sie gerade noch ihr Leid geklagt hat. Die letzten Schritte des Rollentausches sind rasch vollzogen, und beim Eintreffen auf dem Königshof wird nicht nur die Königstochter als Magd dem Gänsejungen zugeteilt, es wird auch die letzte Verbindung zur Heimat zerstört: Dem Pferd Falada wird der Kopf abgeschlagen.
Doch gerade in dieser äußersten Erniedrigung erwachen die Widerstandskräfte. Die Königstochter erkennt das Unveräußerliche: Sie läßt das Haupt ihres geliebten Pferdes in dem düsteren

Ludwig Emil Grimm: Die Gänsemagd (Berlin. Reimer 1825)

Torweg annageln, den sie täglich durchschreitet. Und sie macht sich nicht mit dem Hütejungen gemein. Sie ruft, im Gegenteil, den Wind, der dem Jungen den Hut vom Kopf weht, sobald er versucht, der Königstochter ein goldenes Haar auszuraufen. Aber mit diesen entschlossenen Schritten zu sich selbst und der stetigen Bekräftigung durch die Zwiesprache im finsteren Tor auf dem Weg zur täglichen Arbeit, wird die Richtigstellung eingeleitet. Hatte der alte König bereits vom Fenster aus bei der Ankunft der angeblichen Braut beobachtet, daß die Begleiterin schöner und feiner war, so nährt nun auch die Beschwerde des Hütejungen seine Vermutung. Die Gänsemagd ist nicht nur aus anderem Stoff, sie hat in der Erniedrigung ihre Eigenständigkeit entwickelt – ihre Tugend ist sichtbar geworden. Der alte König überzeugt sich, indem er die Zwiesprache mit dem Haupt des toten Pferdes erlauscht und heimlich die Macht beobachtet, mit der das Hütemädchen die Annäherungsversuche des Hütejungen abwehrt. Schließlich veranlaßt der König das Hütemädchen, sein Leid in einem eisernen Ofen zu klagen. Daß die falsche Braut so verblendet ist und die Wandlung und Erhöhung der bei der Trennung von ihrem Elternhaus noch ganz Verzagten nicht erkennt, obendrein unwissentlich über sich selbst ein grausames Urteil fällt, ist keineswegs nur eine im Zaubermärchen häufig benutzte Formel. Sie kennzeichnet den Gegenspieler in seiner kalten Anmaßung und berechnenden Herzlosigkeit genau, vor allem aber in seinem blinden Machtstreben. Die rechte Braut indessen, die seit ihrem Eintreffen auf dem Königshof, also seit dem Beginn des erzählerischen zweiten Teils, die ausschlaggebende Wendung zu sich selbst vollzogen hat, ist längst von dem alten, weisen König und von der Liebe ihres anfangs getäuschten jungen Gemahls auf den ihr zukommenden Platz gesetzt worden.

3. Die Beschäftigung mit dem Märchen von der Gänsemagd (vgl auch BASILE 4, 7: *Le dose pizzelle*) ist bisher in doppelter Hinsicht unbefriedigend verlaufen. Die einen sind den mythischen Anklängen nachgegangen, die anderen den oft allzu eng erscheinenden Beziehungen zu den nächstverwandten Erzählungen: zu den beiden Subtypen des Märchens von der weißen und der schwarzen Braut (AT 403 A → *Die weiße und die schwarze Braut* und AT 403 B → *Die drei Männlein im Walde*), insbesondere den Formen, in denen die wahre Braut unterwegs verstümmelt und geblendet wird (so W. LIUNGMAN), und schließlich dem Märchen

→ *Brüderchen und Schwesterchen* (AT 450). Gewiß ist es nicht ohne Belang, daß der Name des sprechenden Pferdes in ähnlich klingenden Formen auch anderwärts auftaucht, so im altfranzösischen Rolandslied; daß es ein alter Brauch ist, in der Verzweiflung oder unter der Last eines erzwungenen Eides sein Leid einem scheinbar toten Gegenstand zu klagen; daß Blutstropfen und Windsprüche magische Kräfte entfalten, Goldhaare als bedeutende Symbole verstanden werden und daß die unterschiedlichen Rollen, die Gänse zuweilen in der Überlieferung spielen, bemerkenswert sind – aber den wesentlichen Schritt zum Verständnis, warum ein solches Märchen wie *Die Gänsemagd* bis auf den heutigen Tag lebendig geblieben ist, tun wir mit diesen Erkenntnissen nicht. Wesentlich ist, was zwischen Erzähler und Zuhörer vor sich geht. Hier und nur hier wird das Besondere und Einmalige des Märchens von der Gänsemagd offenbar: die ungleiche Machtprobe; die Wegnahme aller Schutzkräfte, soweit sie nicht bereits in das innerste Wesen der Königstochter aufgenommen sind; die ganz aus sich selbst handelnde und von jeglicher Hilfe seitens einer hexenhaften Mutter unabhängige Gegenspielerin. Ganz gleich, wann und aus welchen Elementen das Märchen von der Gänsemagd entstanden ist und ob zahlreiche oder nur wenige Fassungen bekannt sind, ob diese eindeutig erzählt worden sind oder ob sie Bestandteile aus verwandten Märchentypen weitergeben (die Gestalt des Bruders aus dem Bildnis-Märchen, AT 403 A, die Gestalt der Stiefmutter aus dem Märchen von den durch außerweltliche Wesen mit Schönheit oder Häßlichkeit ausgestatteten ungleichen Schwestern, AT 403 B) – das Märchen von der Gänsemagd erhält im Erzählvorgang nach wie vor seine unverwechselbare Funktion. Und es ist bezeichnend, daß nicht nur zwei völlig wesensverschiedene Gestalten einander gegenüberstehen, die in keiner Weise als gute oder schlimme Schwester verstanden werden können. Sie unterscheiden sich auch darin, was ihnen an Hilfen zur Verfügung steht. Die Magd ist nichts als Anmaßung; die Königstochter aber lebt in mannigfachen Beziehungen, die sie sich im zweiten Teil der Erzählung erarbeitet und anverwandelt (und mit ihr der Zuhörer). So wird ihr auch die entscheidende Hilfe des alten Königs zuteil.

Daß das Märchen von der Gänsemagd bereits im Mittelalter eine bedeutende Rolle gespielt haben muß, ist offenkundig. Es hat die erzählerische Grundlage zum deutenden Zusammenfügen der wenigen geschichtlichen Tatsachen und der zahlreicheren Vermutungen geliefert, die über die Lebensgeschichte BERTAS, der Frau König PIPPINS und Mutter Kaiser KARLS, landläufig bekannt waren.

4. P. ARFERT: Das Motiv der unterschobenen Braut in der internationalen Erzählungsliteratur. Diss. Rostock 1896. – B. ARNOLD: Die Gänsemagd. Vers. e. Besprechg. Ms 1980. – B. BETTELHEIM: Die Gänsemagd. Autonomie gewinnen. In: BETTELHEIM: Kinder brauchen Märchen. München ²1980. 157–165. – BP 2, 273–285. – A. FEIST: Zur Kritik der Bertasage. Marburg 1886. – FRENZEL: Stoffe 82–84. – W. GOLTHER in HdM 1, 307–311. – W. LIUNGMAN: Två folkminnesundersökningar. Brud icke mö och Liten Åsa Gåspiga samt Kung Ingewalls dotter. Göteborg 1925. – LIUNGMAN 149–151, 364. – M. LÜTHI: Die Gänsemagd. In: Süddeutsche Zeitung. 8. 2. 1968. – M. LÜTHI: Von der falschen und der rechten Braut, vom Tierkind und vom Tiergemahl. In: LÜTHI: So leben sie noch heute. Göttingen 1969. 117–130. – K. A. MEMMER: Die altfranzösische Bertasage und das Volksmärchen. Halle 1935. – E. MUDRAK in DMDW 169–200. – RANKE 2, 187–189. – J. REINHOLD: Über die verschiedenen Fassungen der Bertasage. In: ZfRPh. 35. 1911. 1, 1–30; 2, 129–152. – A. WALLENSKÖLD: Le conte de la femme chaste convoitée par son beau-frère. Helsingfors 1907.

Geh ich weiß nicht wohin, hol ich weiß nicht was

AT 465 A + 569 — Afanas'ev NRS 212

1. Das Zaubermärchen von dem Soldaten, den sein König zu verderben trachtet, damit er ihm die wunderschöne Frau fortzunehmen vermag – er schickt ihn an das Ende der Welt, um das Ich-weiß-nicht-Was zu holen –, kommt in der deutschen Überlieferung nicht vor, auch nicht in der französischen. Die bekannteste Fassung steht in Aleksandr Nikolaevič AFANAS'EVS (1826–1871) achtbändiger, im Laufe von 1855–1863 in Moskva veröffentlichter Sammlung *Narodnye russkie skazki* als Nr 212 (nach der früheren Zählung Nr 122 a) unter dem Titel *Pojdi tuda – ne znaju kuda, prinesi to – ne znaju čto* (Geh dorthin – ich weiß nicht wohin, bring das – ich weiß nicht was). Ursprünglich stand das Märchen in der siebten Lieferung als Nr 4 a (neben den ebenfalls zu unserem Typ gehörenden Fassungen Nr 213 = 122 b = Bd 7, Nr 4 b; Nr 215 = 122 d = Bd 8, Nr 3; Nr 214 gehört zum Typ 465 C, früher Nr 122 c, zuerst in Bd 8 als Nr 3 a).

2. Ein Zar hat einen tüchtigen Jäger, den besten Schützen im Regiment. Eines Tages schießt er eine Taube, die bittet, sie nicht

zu töten, sondern daheim auf das Fensterbrett zu setzen und ihr, sobald sie einschläft, einen Schlag zu versetzen. Der Soldat tut es – da steht ein wunderschönes Mädchen vor ihm. Sie heiraten. Da das Jagen allmählich über die Kräfte ihres Mannes geht, heißt sie ihn Seide kaufen und läßt daraus von zwei Helfern einen Teppich weben, der alle Reiche der Welt zeigt. Sie schickt ihren Mann damit auf den Markt und trägt ihm auf, keinen Preis zu nennen. Weil die Kaufleute miteinander um den festzusetzenden Preis streiten, wird der Palastaufseher des Zaren aufmerksam. Er kauft den Teppich, ohne zu feilschen, für 10 000 Rubel, überläßt ihn dem Zaren für 25 000 Rubel und versucht, von der Frau des Soldaten einen noch reicher gewebten Teppich zu erhalten. Als er der Teppichwirkerin jedoch gegenübersteht, entbrennt er in Begierde. Das hinwiederum entgeht dem Zaren nicht. Er schaut sich ebenfalls die Teppichwirkerin an – und befiehlt seinem Palastaufseher, einen Weg zu finden, den Soldaten beiseitezuräumen. Der Palastaufseher spürt eine Baba Jaga auf und erhält den Rat: Der Zar möge fünfzig versoffene Seeleute anheuern und den gemeinen Soldaten mit einem morschen Schiff ins dreimal zehnte Königreich schicken, den Hirsch mit den Gold- und Silberstangen zu holen. Denn der Soldat ist einfältig, aber sein Weib ist klug.

Der Zar folgt dem schlimmen Rat, droht seinem Schützen mit dem Tod und schickt ihn aus, den Wunderhirsch lebendig zu fangen. Als die Frau den Kummer ihres Mannes erfährt, schickt sie ihn schlafen: »Der Morgen ist klüger als der Abend.« Dann ruft sie mit Hilfe ihres Zauberbuches zwei Helfer zu sich, die den Hirsch mit einem Wirbelwind herbeischaffen müssen. Der Hirsch wird in einem verschalten Käfig aufs Schiff gebracht, die Fahrt beginnt zum Schein. Am fünften Tag läßt der Soldat jedoch seiner Mannschaft ein Gelage ausrichten und steuert, als sie betrunken sind, wieder heim. Der Zar, der mit dem Tod des Soldaten gerechnet hat oder mindestens mit einer Abwesenheit von sechs Jahren, hat zwar seinen Wunderhirsch – aber den Soldaten hat er auch wieder im Land. Er läßt seinen Zorn am Palastaufseher aus, und dieser macht sich abermals auf den Weg zur Baba Jaga. Die Baba Jaga weiß nur noch einen äußersten Auftrag (in anderen Fassungen ist dies der dritte und letzte): Der Soldat soll ich weiß nicht wohin geschickt werden, um das Ich-weiß-nicht-Was zu holen.

Als der zornige Zar seinem Soldaten diesen Auftrag gibt und die kluge Frau davon erfährt, können die beiden herbeigerufenen

Helfer das Rätsel nicht lösen. Aber die kluge Frau schickt ihren Mann zum Zaren, sich Gold für eine Reise von achtzehn Jahren aushändigen zu lassen. Beim Lebewohl gibt sie ihrem Mann einen Ball mit, der ihm den Weg weisen wird, und ein gesticktes Tuch. Kein anderes Handtuch darf er benutzen. Der Zar indessen läßt nach einem Monat die wunderschöne Frau des Soldaten zu sich schaffen und erklärt ihr, daß er sie zu seiner Zarin machen wolle. Sie verwahrt sich gegen dieses Ansinnen; auch einem gemeinen Soldaten dürfe der Zar die Frau nicht fortnehmen. Als er sie zu zwingen versucht, lacht sie ihn aus, verwandelt sich in eine Taube und fliegt davon. Unterdessen folgt der Soldat dem Ball und gelangt zu einem Schloß, in dem ihn drei liebliche Mädchen bewirten. Als er nach dem Waschen das angebotene Handtuch ausschlägt, erkennen die Mädchen an der Stickerei des von dem Soldaten mitgebrachten Tuches, daß die Stickerei von der Hand ihrer Schwester herrührt.

Die alte Mutter begrüßt den Soldaten als ihren Schwiegersohn und ruft, als sie von dem rätselhaften Auftrag gehört hat, die Vögel der Luft und die Tiere des Waldes zusammen. Keines der Tiere weiß, wo Ich-weiß-nicht-Wo liegt und was das Ich-weiß-nicht-Was ist. Da läßt die alte Frau sich und ihren Schwiegersohn von zwei Riesen hinaus auf das Meer tragen, um die Fische zu fragen. Auch die Fische wissen des Rätsels Lösung nicht – bis eine alte, lahme Kröte erscheint. Sie verspricht, den Weg zu weisen. Der Soldat nimmt Abschied; er trägt die Kröte in einem Krug Milch, bis sie zum Feuerfluß am äußersten Rande der Welt gelangen. Dort bläht sich die Kröte ungeheuer auf und bringt den Soldaten mit einem Riesensatz an das andere Ufer vor eine Felswand, in die eine schmale Tür führt. Sie erklärt, daß er sich in der dahinterliegenden Höhle verstecken, die beiden nach ihm kommenden alten Männer belauschen und nach ihrem Weggehen beherzt ihr Tun nachahmen solle.

Kaum hat sich der Soldat in der finsteren Höhle versteckt, als zwei alte Männer eintreten und von einem unsichtbaren Helfer, den sie »Gevatter Šmat« rufen, ein gewaltiges Mahl auftragen lassen; sie verzehren es bis zum letzten Bissen und verlassen die Höhle wieder. Da faßt sich der Soldat ein Herz, ruft ebenfalls nach Gevatter Šmat und bestellt zu essen und zu trinken. Aber im Gegensatz zu den Alten lädt er den Unsichtbaren zum Mithalten ein. Das ist dem wunderbaren Helfer noch nie widerfahren. Obgleich er dem Soldaten dankbar ist, kann er seiner Bitte, sich zu zeigen, nicht folgen: Er ist der Ich-weiß-nicht-

Was; der gute Mensch, der Soldat, ist in das Ich-weiß-nicht-Wohin geraten. Der Soldat nimmt den Gevatter Šmat Gerufenen in Dienst, läßt sich von der aufgeblähten Kröte wieder über den Feuerfluß setzen und erreicht das Haus der alten Mutter, die die Kröte mit drei Krügen Milch belohnt. Nach einem Festmahl, das der unsichtbare Helfer ausrichtet, begibt sich der Soldat auf den Heimweg. Als er nach langer Zeit darüber klagt, wie sehr er erschöpft sei, trägt ihn das Ich-weiß-nicht-Was mit solcher Windesschnelle davon, daß er seine Mütze verliert. Mitten im Meer baut das Ich-weiß-nicht-Was ein Schlößchen zum Ausruhen und kündigt dem Soldaten drei Kauffahrer an, die ihre Zaubergegenstände gegen seinen dienstbaren Geist tauschen wollen. Er solle nur darauf eingehen und sich keine Sorgen machen, das Ich-weiß-nicht-Was zu verlieren. Und in der Tat: Nach der fantastischen Bewirtung der drei begehrlichen Kaufleute erhält er eine Schachtel, aus der sich ein wunderbarer Blumengarten ausbreitet, eine Axt, mit der ein einziger Hieb ein bemanntes Kriegsschiff herbeizaubert, und ein Horn, in das man nur zu blasen braucht, um ein Regiment aus dem Boden zu stampfen. Als sich die drei Kauffahrer im Besitz des Gevatters Šmat wähnen, richten sie ein großes Gelage auf ihren Schiffen an – aber als sie aus dem Rausch erwachen, hilft ihnen keiner bei ihrem Katzenjammer.
Unser Soldat landet in seiner Heimat. Das Ich-weiß-nicht-Was baut ihm ein Schloß, herrlicher als das des Zaren. Kaum hat sich der wunderbare Garten aus der Zauberschachtel entfaltet, als eine Taube herbeifliegt – die Taube verwandelt sich in seine schöne Frau. Die Liebenden sind wieder vereint. Aber die letzte Auseinandersetzung mit dem Zaren läßt nicht lange auf sich warten. Der Zar erspäht das Schloß, erfährt, wer darin wohnt – und führt einen Feldzug gegen seinen früheren Soldaten. Doch in diesem Feldzug kommt der Zar um, denn sein Soldat hat sich mit Zauberaxt und Zauberhorn eine unüberwindliche Streitmacht geschaffen. Als der alte Zar aber gefallen ist, bittet das Volk den einfachen Soldaten Fedot, die Krone anzunehmen. Er wird Zar, und seine ebenso schöne wie kluge Frau wird Zarin.

3. Der Eingang erzählt vom Zaren und seinem einfachen, aber tüchtigen Soldaten, der seine Sache versteht: Er ist des Zaren bester Jäger. Und weil er ein solch geschickter Jäger ist, gewinnt er seine außergewöhnlich schöne Frau. Diese zauberisch schöne Frau gibt den Anstoß, die Ausgangslage zu ändern. Sie führt

ihren Mann aus seiner inneren Abhängigkeit heraus. Als erstes muß er 100 Rubel beschaffen und Webseide für seine Frau kaufen. Sie webt einen verführerisch schönen Teppich, lenkt damit die Begierde eines schlimmen Ratgebers und schließlich des Zaren selber auf sich – und stürzt so ihren Mann in eine Kette von scheinbar unlösbaren Aufgaben. Die Liebenden werden für längere Zeit getrennt: Die Frau verwandelt sich zurück in ihre Schutzgestalt, der Mann zieht bis zum Ende der Welt.
Der erste Teil, die nur angedeutete Ablösung, das vorläufige Zueinanderfinden der Liebenden und der Beginn des Weges zu sich selber, ist vom Erzähler wenig ausgestaltet worden. Mit großem Bedacht wird dagegen der Zusammenstoß des einfachen, guten Menschen mit seinem Herrn, der Vaterfigur eines begehrlichen Zaren, entwickelt. Es ist offenkundig, daß die Frau für ihren Mann das Spiel in Szene setzt, in dem er entweder untergehen oder zu sich selber finden muß.
Dieses Spiel ist der zweite Teil des Zaubermärchens. In manchen Fassungen wird es in drei Anläufen geführt. Die beiden ersten Aufträge sind mit Hilfe des Rates der klugen Frau verhältnismäßig leicht zu erfüllen. Der ausgesandte Soldat kann jedesmal weit rascher von der Ausfahrt zurückkehren, als es sich der Zar ausgerechnet hat. Aber während für die beiden ersten Ausfahrten faßbare Ziele gesetzt wurden (hier: den wunderbaren Hirsch aus dem dreimal zehnten Zarenreich zu bringen), bleibt das Ziel der letzten Ausfahrt rätselhaft, mit Menschenwitz nicht zu fassen. Selbst das Zauberwissen der Frau reicht nicht weiter als bis zum fernen Haus ihrer Mutter, der Herrin über die drei Reiche des Waldes, der Luft und des Meeres. Auf dem letzten Weg hilft eine alte, lahme Kröte über den Rand der Welt hinaus. Und jenseits des Feuerflusses ist der Held völlig auf sich gestellt. Doch jetzt fällt ihm das Unsagbare seines rätselhaften Auftrags fast mühelos in den Schoß: weil er ein guter Mensch ist und den unsichtbaren Wunscherfüller zu Gast lädt und an seinem Mahl teilhaben läßt. Mit sich selbst im Bunde fällt ihm alles zu, was er für sein weiteres Leben mit seiner Frau braucht: das Haus, der Garten, und wenn es not tut, das Durchsetzungsvermögen gegenüber dem zu seiner und seiner Frau Vernichtung ausziehenden alten Zaren.
Wir haben ein vollausgebautes, zweiteiliges und besonders reich ausgestattetes Zaubermärchen vor uns von einem Typ, der in der deutschen Überlieferung unbekannt ist. Man könnte ihn wegen der Auseinandersetzung zwischen dem einfachen Soldaten und

seinem König als verwandt mit dem Märchen vom → *Blauen Licht* ansehen (AT 562), nicht zuletzt auch weil hier wie dort der Held einen geheimnisvollen Helfer gewinnt (man vgl auch *Lasse mein Knecht* in der Sammlung von Nils Gabriel Frhr v. DJURKLOU[1]). Aber die Rolle der Frau ist eine von Grund auf andere. Im Märchen vom *Blauen Licht* oder in H. C. ANDERSEN: → *Das Feuerzeug* (ebenfalls AT 562) gewinnt der Soldat die Tochter seines Königs, ohne daß ihm diese auch nur in geringster Weise ihre Liebe zeigt und ihm hilft.

Die Fassung A. N. AFANAS'EVS ist nicht das älteste Zeugnis des Märchentyps von dem wegen der Schönheit seiner Frau beneideten einfachen Menschen. Fast ein Jahrzehnt vorher veröffentlichte Eero SALMALAINEN im zweiten Band seiner *Suomen kansan satuja ja tarinoita* (Märchen und Sagen des finnischen Volkes) in Helsinki als Nr 3 *Ei niin mitä* (Das Nichtda) nach einer Aufzeichnung aus Finnisch-Karelien. (In deutscher Übersetzung erschien diese Fassung in dem von Robert KLEIN herausgegebenen Band *Das weiße, das schwarze und das feuerrote Meer* in Kassel 1966 bei RÖTH.) Die Ähnlichkeiten gehen so weit, daß die schöne Frau ihren Mann mit den gleichen Worten tröstet, wenn er vom König die unmöglichen Aufgaben erhält: »Der Morgen ist klüger als der Abend.« Aber der Eingang ist dem Schwanjungfraumärchen nachgebildet: Drei Enten verwandeln sich in schöne Mädchen, die baden wollen, und ein Jäger nimmt der Jüngsten das Federkleid fort. Bezeichnenderweise lautet die erste Aufgabe des neidischen Königs, eine Tischplatte mit dem Mond und den Sternen zu bemalen – was an den Teppich mit allen Reichen der Welt erinnert. Statt eines gestickten Handtuches muß der Jäger in den sonderbaren Häusern, die er unterwegs betritt, deutlich ein Taschentuch vorzeigen – aber er gelangt nicht in das Haus der Schwestern seiner Frau, sondern der Reihe nach in drei grausige Baba-Jaga-Häuschen aus Menschenknochen, wo er beinahe gefressen, aber dann doch als Verwandter erkannt wird. Das Ende freilich ist ganz verschieden und wiederum dem Schwanjungfraumärchen nachgebildet (AT 400 → *Der Königssohn vom*

[1] N. G. Frhr v. DJURKLOU: *Lasse min dräng*. Als zweites Märchen, aufgezeichnet in der Mundart von Närke, in: *Sagor och äfventyr, berättade på svenska landsmål*. Stockholm: FRITZE 1883. S. 12–32 (mit einer Illustration von Carl LARSSON – der man freilich die Handschrift des späteren Jugendstilmalers noch nicht ansieht).

goldenen Berge): Als der Jäger unerkannt als Spielmann mit dem unsichtbaren Helfer und einer weiteren Zaubergabe heimkehrt, ist seine Frau gerade im Begriff, den Sohn des Königs zu heiraten. (Man vergleiche auch *Das Märchen vom roten Meer* in derselben finnischen Sammlung, eine Aufzeichnung von Kaarle KROHN, 1884).

Wenn Helge HOLMSTRÖM, der die Fassung AFANAS'EVS nicht kennt, unseren Märchentyp als Untergruppe der Schwanjungfrau-Märchen sehen will, so urteilt er lediglich nach äußeren Motivgleichheiten. Statt des Motivs der vom Jäger verfolgten und vom Baum herabgeschossenen Taube wird häufig das aus dem Schwanjungfraumärchen entlehnte Motiv der Wegnahme eines Schwankleides vom Badeplatz eingesetzt, das ist richtig. Aber dieses Motiv ist nur sinnvoll, wenn sich durch das ganze Märchen die Gefahr zieht, daß die aus der anderen Welt stammende schöne Frau ihr Federkleid wiederfindet und damit entflieht. Und gerade diese Gefahr besteht nicht im Märchen vom Ich-weiß-nicht-Was. Daß es sich um zwei von Grund auf verschiedene Märchen handelt, ergibt sich vor allem aus dem Vergleich des Ortes, an dem die Liebenden miteinander leben und leben wollen. Im Schwanjungfraumärchen ist es das Schloß am Rande der Welt – im Märchen vom Ich-weiß-nicht-Was ist es die Heimat des einfachen Soldaten. Das eine Märchen ist weltflüchtig, das Glück liegt außerhalb, auf einer Insel der Seligen. Das andere Märchen, obgleich auch in ihm vom Schloß am Rande der Welt erzählt wird, in dem die lieblichen Schwestern wohnen und die alte Mutter, die Herrin der Tierreiche, führt mitten in die wirkliche Welt der Menschen. Die Jenseitsfahrt hat ihren Sinn in der Rückkehr als ein anderer, reicher gewordener. Der Märchentyp vom → *Teufel mit den drei goldenen Haaren* (AT 461) steht also wesentlich näher, zumal beide Ausfahrten von Königen veranlaßt werden, die den jungen Mann aus dem Weg räumen wollen. Vergleichbar im weiteren Sinne sind auch die Ausfahrten, bei denen der → *Goldene Vogel* (AT 550) gewonnen werden muß, das → *Wasser des Lebens* (AT 551, vgl vor allem → *Vogel Phönix*) oder die *Schöne mit den goldenen Haaren* (AT 531 → *Ferdinand Getreu und Ferdinand Ungetreu*, → *Höckerrößlein*). In diesem letztgenannten Märchentyp steht neben dem alten Zaren auch der schlimme Ratgeber auf der Gegenseite. Aber das Schlüsselmotiv der Eigenständigkeit des Märchens von der Ausfahrt, das Ich-weiß-nicht-Was zu gewinnen, ist die unbeirrbare Hilfe, welche die liebende Frau ihrem aus dem Namenlosen kommenden Mann auf dem Weg zu sich selbst gewährt.

4. E. COSQUIN: L'épouse-fée. In: COSQUIN: Les contes indiens et l'Occident. Paris 1922. 246–316. – H. HOLMSTRÖM: Typen Aa 465. In: HOLMSTRÖM: Studier över svanjungfru-motivet i Volundarkvida och annerstädes. Malmö 1919. 172–182. – G. A. MEGAS: Der um sein schönes Weib Beneidete. In: Hessische Blätter für Volkskunde. 49/50. 1958. 135–150.

Der gelernte Jäger

AT 304 KHM 111

1. Die Erzählung von dem Jungen, der als Lohn für seine Lehrzeit eine unfehlbare Windbüchse erhält, als tüchtiger Schütze von Riesen oder Räubern zur Entführung einer Königstochter mitgenommen wird, sich in die Schlafende verliebt, ihr beiwohnt, die Riesen oder Räuber tötet und sich erst auf Grund seines Berichtes und der mitgenommenen Wahrzeichen gegenüber einem Betrüger als der wahre Retter und Vater des Kindes ausweist, wurde Jacob und Wilhelm GRIMM in vier Fassungen bekannt. Sie wählten eine Fassung aus Zwehren, die ihnen am 29. 6. 1813 zukam, und veröffentlichten sie 1815 in der Erstausgabe des zweiten Bandes als Nr 25. Von der zweiten Auflage an, 1819, erhielt die Erzählung die Nr 111. Leider verzichteten die Brüder GRIMM, vermutlich weil sie fürchteten, Anstoß zu erregen, auf den hier jedoch nicht unwesentlichen Zug, daß der junge Mann der schönen Schlafenden beiwohnt und daß sie ein Kind zur Welt bringt, ohne zu wissen, wer der Vater ist. In der Grimmschen Fassung heißt es dagegen – und es war wohl Wilhelm GRIMM, der es betonte: »Doch tat er das alles, ohne sie anzurühren.«

2. Ein Junge zieht von seinem Vater fort, um ein besonderes Handwerk zu lernen. Er geht bei einem Jäger in die Lehre. Als er ausgelernt hat, erhält er nichts weiter als eine offensichtlich ganz unscheinbare »Windbüchse« zum Lohn, womit wohl – man vergleiche die sehr gut erzählte Fassung von Josef HALTRICH (DVSS 23 → *Der Hünentöter*) – ein Blasrohr gemeint ist. Aber

diese Windbüchse ist unfehlbar. Der Jäger gerät in einen nicht endenden Wald, erspäht um Mitternacht ein fernes Licht und findet drei Riesen bei einem Feuer, die er durch Scharfschießen neckt (er schießt ihnen dreimal das Fleisch aus der Hand). Die Riesen zwingen ihn, an ihrem Raubzug teilzunehmen, mit dem sie die Königstochter aus ihrem Turm entführen wollen. Er muß den kleinen, aber wegen seines Bellens gefürchteten Hund erschießen und erkundet den Turm. Dabei findet er in der ersten Kammer ein unfehlbares Schwert und in der zweiten die schlafende Schöne. Die andere Zwehrener Fassung, die Jacob und Wilhelm GRIMM bekannt war, erzählt von drei Räumen: In den ersten beiden schlafen Kammerjungfern – er küßt sie und geht weiter. Aber in dem dritten Zimmer schläft die schöne Königstochter, nackt. Da legt er sich zu ihr. Merkwürdig sind die drei Wahrzeichen, die er in der Grimmschen Fassung mit sich nimmt: einen Pantoffel, einen Zipfel des Halstuches und ein Stück von ihrem Hemd, in das sie rundum eingenäht ist – ein Zug, der auch im Märchen vom → *Wasser des Lebens* vorkommt (AT 551, vgl auch Wilhelm WISSER PV 1, 52: *Vagel Fenus*). Und noch eine Besonderheit ist bemerkenswert: Das unfehlbare Schwert ist mit dem Zeichen des Vaters versehen; von den Pantoffeln trägt der rechte, ebenso wie der rechte Halstuchzipfel ebenfalls das Zeichen des Vaters, während der linke Pantoffel und der linke Zipfel das Zeichen der Tochter tragen. Der junge Jäger nimmt die auf den Vater hinweisenden Wahrzeichen mit. Dann überlistet er die Riesen, enthauptet sie der Reihe nach und schneidet ihnen die Zungen aus.

Als der König erwacht, entdeckt er die erschlagenen Riesen. Seine Tochter stellt zwar fest, daß jemand in ihrer Kammer war, aber wer es war und wer die Riesen erschlagen hat, weiß sie nicht. Den einäugigen Hauptmann, der behauptet, ihr Retter zu sein, heiratet sie nicht – so sehr auch der Vater drängt. Wenig überzeugend berichtet die Grimmsche Fassung, an *König Drosselbart* (AT 900) angelehnt, daß die Königstochter einen Geschirrhandel anfangen muß und daß der Vater Wagen dingt, um ihr das Geschirr kurz und klein fahren zu lassen. Auch daß er sie zwingt, im Wald ein Wirtshaus zu führen und ohne Bezahlung zu kochen, ist wohl nicht richtig und es sollte eher wie im Ritterroman von der *Schönen Magelone* heißen, daß sie sich selbst eine Frist ausbedingt und in ihrem Gasthaus gegen das Erzählen der Lebensgeschichten frei bewirtet, um ihren Retter und zugleich den Vater ihres Kindes zu ermitteln. Der junge

Jäger, der nicht weiß, wer das Gasthaus im Wald führt, wird durch das Schild verlockt, das freie Kost verheißt. Die schöne Wirtin fragt ihn, wie er in den Besitz des Säbels gelangt sei, der das Zeichen ihres Vaters trägt? Da berichtet er, und sie erfährt, was geschehen. Sie erkennt auch ihre drei anderen Zeichen wieder und bringt den wahren Retter zu ihrem Vater. Der König aber lädt zu einem Gastmahl, setzt den einäugigen Hauptmann links und den jungen Jäger rechts von seiner Tochter und stellt die aus dem Drachentötermärchen (AT 300 → *Die drei Hunde*; AT 303 → *Die zwei Brüder*) bekannte Rätselfrage nach den fehlenden Zungen der Riesen. Der Betrüger spricht sich selbst das Urteil – und wird zerrissen. Der junge Jäger aber heiratet die Königstochter und erbt nach des Königs Tod das Reich.

3. Es scheint, als veranlasse die Erzählung von dem unfehlbaren Schützen manchen Erzähler, sie in ein anderes Märchen wie in einen Rahmen einzufügen. Die von Josef HALTRICH veröffentlichte Fassung (DVSS 23 → *Der Hünentöter*) setzt sie in den Rahmen einer Wallfahrt ein, die drei Brüder zusammen mit ihrer Mutter unternehmen, weil sie es dem sterbenden Vater so versprochen haben. Und da der Jüngste als der Dumme und Nicht-Ernstzunehmende behandelt wird, erweist er sich mit seinem nächtlichen Abenteuer, von dem die ungläubigen Brüder und die ebenso ungläubige Mutter erst am Ende der Pilgerfahrt in der Herberge von der Königstochter erfahren, als der Held, der mit Recht über alle anderen zum König erhoben wird. Auch bei der allerdings nicht ganz nahtlos geglückten Einfügung der Erzählung vom unfehlbaren Schützen in das Märchen von den Tierschwägern und der Überwindung des Widersachers mit Hilfe des schnelleren Zauberpferdes (AT 552 A + 302 C* → *Der unsterbliche Koščej*), wird ausdrücklich festgehalten, daß alle die abenteuerlichen Ereignisse in einer einzigen Nacht stattfinden. Und deshalb wird dann häufig der Zug eingebracht, daß der Jüngste auf dem Weg zu dem fernen Lichtschein, ehe er zu dem Feuer der Riesen oder Räuber gelangt, einen Greis (oder eine Alte) trifft, der ein schwarzes Knäuel auf- und ein weißes abwickelt: Tag und Nacht. Der verkannte Jüngste fesselt den über Tag und Nacht Bestellten, damit er selbst unbemerkt noch vor Tagesanbruch von seiner Unternehmung zurückkehren kann. Mehrere balkanische Tierschwägerfassungen (AT 552 A) stimmen darin überein, daß statt einem Bruder drei Brüder ihre Schwestern aufsuchen wollen und der Reihe nach bei ihrer

Nachtwache von wilden Tieren oder Drachen überfallen werden. Sie töten die Angreifer – aber dem Jüngsten erlischt dabei das Feuer. Das ist der Grund, weshalb er Ausschau nach einem Lichtschein hält, also die Ansatzstelle zur Einfügung eines ganzen Zaubermärchens. Damit erledigt sich aber leider auch die Rolle der Tierschwäger, die gemeinsam dem jüngeren Bruder ihrer Frauen helfen, seine Schöne, und zwar eine ganz besondere Schöne, zu gewinnen (AT 552 A + 302 C* → *Marja Morevna*). Die Nahtstelle an der anderen Einfügungsseite dieser balkanischen Tierschwägerfassungen sieht dann so aus, daß der König, der dem Retter seine Tochter zur Frau gegeben, vor einem Dämon warnt, der dann auch tatsächlich erscheint und die eben erst Vermählte entführt; oder daß zur Hochzeit nach Landesbrauch Eingekerkerte freigelassen werden, der junge Vermählte aber gegen den Willen des Schwiegervaters auch den gefährlichen Gegenspieler entläßt, den »Mann halb aus Eisen«, oder daß er ganz einfach unwissentlich den Drachen entläßt. Wer den größeren Zusammenhang überblicken will, vergleiche AT 552 A → *Die Kristallkugel* (mit AT 302), → *Die drei Schwestern* (ebenso) → *Der unsterbliche Koščej* (mit AT 302 C*).

4. BP 2, 503–506. – DELARUE 1, 161–167. – F. M. GOEBEL in HdM 2, 240–248. – K. HORÁLEK: Der Märchentypus AaTh 302 (302 C*) in Mittel- und Osteuropa. In: Deutsches Jahrbuch für Volkskunde. 13. 1967. 1, 260–287 (insbesondere 273–276, 280–281, 285). – LIUNGMAN 53–54, 357. – E. MOSER-Rath in EM 2, 230–238. – RANKE 1, 138–146.

Der gestiefelte Kater

AT 545 B KHM 33a

1. Die 21jährige Johanna Isabella, genannt Jeanette HASSENPFLUG (1791–1860) hat im Herbst 1812 den Brüdern GRIMM das Märchen vom gestiefelten Kater erzählt. Jeanette HASSENPFLUG stammte aus einer stark französisch beeinflußten Familie. Bei Tisch wurde Französisch gesprochen, die Mutter kam aus einer in der Dauphiné beheimateten Hugenottenfamilie. Von den HASSENPFLUGS wurden den Brüdern Jacob und Wilhelm GRIMM auch die Märchen vom Rotkäppchen, vom Blaubart und von der Mäusebraut mitgeteilt – alles aus französischer Überlieferung,

wie wir seit Rolf HAGENS sorgfältiger Dissertation wissen. Aber wir wissen nicht, ob die Märchen im Hause HASSENPFLUG erzählt oder aus Büchern entnommen wurden. Die im ersten Band der Erstausgabe der *Kinder- und Hausmärchen* von 1812 als Nr 33

Otto Speckter: Der gestiefelte Kater (Hamburg. Broschek 1860)

unter dem Titel *Der gestiefelte Kater* veröffentlichte und bereits in der zweiten Auflage von 1819 wieder gelöschte Fassung geht auf PERRAULT zurück (→ *Der Meisterkater*, PERRAULT HCTP 4), das ist nachgewiesen. Aber sie zeigt auch eindeutig Wilhelm GRIMMS Handschrift und ist so vortrefflich erzählt, daß sie bis auf den heutigen Tag in zahlreichen Auswahlsammlungen erscheint und zum Grimmschen Märchenschatz gerechnet wird. Zu ihrer Beliebtheit mögen auch Otto SPECKTERS Radierungen von 1843, zahlreiche preiswerte Drucke und insbesondere der von Moriz v. SCHWIND gezeichnete Münchener Bilderbogen Nr 48 von 1850 beigetragen haben. Aber KHM 33a, wie man heute die lediglich in der Erstauflage aufgenommene Fassung zitiert, geht nicht nur auf Vater und Sohn PERRAULT zurück; die liebenswürdige, fast kindliche Bearbeitung Wilhelm GRIMMS folgt auch mehreren wesentlichen Anregungen aus Ludwig TIECKS unter dem Pseudonym Peter LEBERECHT 1797 bei NICOLAI in Berlin veröffentlichtem Märchenspiel: *Der gestiefelte Kater, ein Kindermärchen in drey Akten.* Überall wo TIECK von PERRAULT abweicht, folgt ihm Wilhelm GRIMM – zB wenn der Kater die Stiefel nicht braucht, um besser durchs Gestrüpp laufen zu können, sondern weil er sich damit vor den Leuten ein Ansehen verschaffen möchte.

2. Ein Müller verteilt das Erbe an seine drei Söhne: Der eine erhält die Mühle, der andere den Esel, der Jüngste lediglich den Kater. Wenn sich die älteren Brüder zusammentun, können sie ein ordentliches Müllerleben führen – aber wovon soll der Jüngste leben? Aus dem Kater, so meint er, kann er höchstens ein Paar Pelzhandschuhe machen. Aber der Kater sagt dem scheinbar völlig arm und verlassen dastehenden Jüngsten überraschend: Wenn er Stiefel erhielte und sich unter den Leuten sehen lassen könne, so werde dem bei der Erbteilung leer Ausgegangenen geholfen. Da der Schuhmacher gerade vorbeigeht (ein Zug, den Wilhelm GRIMM dem Tieckschen Märchenspiel entnahm), läßt der Müllerssohn dem Kater Stiefel anmessen und gibt dafür sein letztes Geld. Der Kater aber, der weiß, daß der König gern Rebhühner ißt, fängt ihm ein paar in einem Sack, bringt sie ihm als Geschenk seines Herrn, den er für einen Grafen ausgibt, und macht sich beliebt. Als er eines Tages von einer Spazierfahrt des Königs und der Königstochter erfährt, veranlaßt er den Müllerssohn, ein Bad zu nehmen. Der Kater läßt die Kleider verschwinden, macht großes Geschrei, als der König vorbeifährt, behauptet, seinem Herrn seien die Kleider gestohlen worden, und stellt befriedigt fest, daß der König den nackten Müllerssohn prächtig einkleiden läßt und zu sich in die Kutsche holt – wo sich die Königstochter in den hübschen Burschen verliebt. Derweil läuft der Kater voraus. In Wiese, Feld und Wald prägt er den Leuten, die er bei der Arbeit trifft, ein, daß

sie den Besitzer der Ländereien nicht, wie sie ihm antworten, einen Zauberer, sondern einen Grafen zu nennen haben. Da sich die Leute vor dem aufrecht in Stiefeln daherkommenden Kater fürchten, folgen sie ihm aufs Wort – und der König wundert sich über den Reichtum des neben ihm sitzenden »Grafen«. Doch noch fehlt das Wichtigste, das Schloß des Zauberers. Der Kater fordert den Besitzer heraus, zu zeigen, was er als Zauberer vermag, stellt sich erst ungläubig, daß er sich in sehr große, dann in ein wie eine Maus kleines Tier verwandeln könne, und da es immer töricht ist, sich bei der Eitelkeit fassen zu lassen, ist der auf seine Zauberstückchen stolze Schloßbesitzer im Handumdrehen aufgefressen – und der Kater kommt auch noch zurecht, den König an der Tür zu empfangen und ihm das gerade erjagte Schloß seines Schützlings vorzustellen. Der zum Grafen gewordene Müllerssohn verlobt sich mit der Königstochter, sie heiraten, er wird Nachfolger des Königs und der ungewöhnliche Kater wird Minister.

3. Weder die Brüder Jacob und Wilhelm GRIMM noch Ludwig TIECK waren die ersten, die PERRAULTS *Gestiefelten Kater* in Deutschland bekanntgemacht hatten. Ganz abgesehen von der Tatsache, daß die Kinder der Bildungsschicht zahlreiche französische Märchen und Kunstmärchen der im Gefolge von GALLANDS *1001-Nacht*-Übersetzung entstandenen Feenmode durch Originalausgaben und durch in Deutschland in französischer Sprache gedruckte Bücher kennenlernten, erschienen im letzten Viertel des 18. Jahrhunderts auch die ersten Übersetzungen. Der *Meisterkater* im ersten Band (1790) der insgesamt 11bändigen, von Friedrich Justin BERTUCH herausgegebenen *Blauen Bibliothek aller Nationen* dürfte von diesen Übersetzungen die wichtigste und am weitesten verbreitete gewesen sein.
Das Märchen vom gestiefelten Kater (in deutscher Sprache, ebenfalls von PERRAULT abhängig, auch bei J. HALTRICH als DVSS 13: *Der Federkönig*) hat erst vor kurzem eine eingehende Darstellung erfahren – durch die sehr umfangreiche, dreibändige Dissertation von Denise ESCARPIT, die sich freilich nur mit den französischen und englischen Fassungen beschäftigt. Obgleich es insgesamt gar nicht so sehr viele Aufzeichnungen gibt (Paul DELARUE und M. L. TENÈZE zählen für Frankreich nicht mehr als 15) und obgleich von den literarischen Texten von BASILE und PERRAULT ein überaus starker Einfluß ausgegangen sein muß, ist die mündliche Überlieferungsgrundlage doch nicht zu leugnen –

die übrigens in Skandinavien zur Verbindung mit der schwankhaften Erzählung von der Königstochter auf der Erbse neigt (AT 704). Im zweiten Teil geht es dort nämlich darum, ob die angebliche Königstochter, die sich der arme Müllerssohn durch seinen gewitzten Helfer erworben hat, auch tatsächlich von solch hoher Abkunft ist, wie anfangs angenommen wird. Aber es gibt auch Fassungen, in denen der Helfer weder Kater noch Fuchs oder Schakal ist, sondern ein dankbarer Toter (AT 505). Aber was ist der wirkliche Hintergrund des Märchens, ist es nur die Geschichte eines listigen Helfers und eines blindlings folgenden und sich am Ende, jedenfalls in zahlreichen Fassungen, doch als undankbar erweisenden und des Erreichten nicht werten Emporkömmlings? Der Eingang entspricht fraglos der üblichen Zaubermärchenthematik: Die älteren Brüder haben ihren gesicherten Platz im Leben, aber der Jüngste ist ausgestoßen und allein. Da nimmt sich seiner ein übernatürlicher Helfer an. Aber was tut der Jüngste dazu? Nichts. Er läßt sich mitziehen, während wir uns als Zuhörer (oder Leser) an den Listen des Helfers ergötzen. Es ist, als schweiften die Erzähler von einer uns alle beschäftigenden ernsthaften Konfliktlage ab, um mit uns die Komödie von Schein und Sein zu spielen – die einen, wie Vater und Sohn PERRAULT, mehr liebenswürdig ironisch, die anderen Erzähler kritischer, ja unbarmherzig entlarvend. Ein eigentliches Zaubermärchen wäre die Meisterkater-Erzählung also keinesfalls. Aber sie wäre eine gesellschaftskritische Paraphrase eines Ablösungs- und Selbstfindungskonfliktes, der für die »Kinder dieser Welt« ja schließlich eine quantité négligeable ist.

4. BARCHILON 13–36. – BP 1, 325–334; 3, 487. – DELARUE/TENÈZE 2, 339–346. – DEULIN 191–227. – D. ESCARPIT: Histoire d'un conte. Le chat botté en France et en Angleterre. Bd 1–3. Diss. Aix-Marseille 1979. – HAGEN 1, 97–105; 2, 98–100. – B. HEMMERDINGER: Karabas ou l'origine alexandrine du Chat botté. In: Chronique d'Egypte. 38. 1963. 147–148. – LIUNGMAN 151–153, 364. – RANKE 2, 189–190. – ROUGER 133– 136. – SAINTYVES 467–498. – W. SCHERF: Über das Märchen vom gestiefelten Kater. In: PERRAULT: Der gestiefelte Kater. Bayreuth 1971. 16. – SCHERF: Bechstein 803. – SORIANO: Perrault 171–179. – WESSELSKI: Versuch 80–82.

Der getreue Johannes → *Der treue Johannes*

165

Der Gevatter Tod

AT 332 KHM 44

1. Am 20. Oktober 1811 erzählte Wilhelmine v. SCHWERTZELL (1794–1849), falls die Eintragungen so verstanden werden dürfen, Wilhelm GRIMM das Märchen *Der Gevatter Tod,* das 1812 als Nr 44 in den ersten Band der Erstausgabe der *Kinder- und Hausmärchen* aufgenommen und für die Zweitauflage von 1819 noch einmal nach der Bearbeitung von F. G. SCHILLING erweitert wurde. Möglicherweise geht es, wie L. RÖHRICH feststellt, auf eine Fassung H. W. KIRCHHOFFS in seinem siebenbändigen *Wendunmuth* von 1563–1603 zurück. Die *Gevatter-Tod*-Erzählung kann nicht zu den Zaubermärchen gezählt werden, sondern gehört eher zu den Beispielgeschichten mit sagenhaften und gelegentlich auch mit schwankhaften Zügen. Trotzdem ist das Märchen vom Gevatter Tod hier aufgenommen: In der mündlichen Überlieferung wird es deutlich den Zaubermärchen von der Lehrzeit bei einem übernatürlichen Paten angeglichen.

2. Ein armer Mann sucht einen Paten für sein 13. Kind. Er lehnt sowohl Gott ab (weil er den Reichen gibt und die Armen hungern läßt), als auch den Teufel (weil er betrügt und verführt). Aber das Angebot des Todes nimmt er an – denn der Tod, so stellt er fest, ist gerecht. Als der Knabe herangewachsen ist, gibt ihm der Tod als Patengeschenk ein Heilkraut, das jeden gesund macht – falls der Tod seinem Patenkind zu Häupten des Kranken erscheint. Steht er zu Füßen, ist der Kranke des Todes. Das Patenkind, das bald zu dem berühmtesten Arzt der Welt wird, erhält eine Warnung mit auf den Weg: niemals das Kraut gegen den Willen des Todes zu brauchen. Und doch tut es der Arzt, als er zu einem kranken König gerufen wird und den Tod am Fuße des Bettes erblickt. Er dreht den Kranken um und rettet ihn durch seine List. Der Tod verzeiht seinem Patenkind für dieses eine Mal, erklärt ihm jedoch, daß er sterben werde, falls er es noch einmal versuche. Die Herausforderung läßt nicht lange auf sich warten, denn die schöne Tochter des Königs erkrankt, und der König verspricht dem, der sie rettet, ihre Hand und das Reich. Trotz der Drohung des am Fußende stehenden Todes dreht der Arzt die Kranke um und gewinnt auch ihr das Leben zurück. Der Tod aber führt sein Patenkind in die Höhle, in der die Lebenslichter der Menschen brennen. Das Licht des Arztes ist nur noch ein kurzes

Endchen. Inständig bittet er seinen Paten, ihm ein neues Lebenslicht aufzusetzen, damit er König werden und die schöne Königstochter zur Frau nehmen könne. Aber der Tod rächt sich dafür, daß er ein zweites Mal überlistet wurde, und läßt beim Umstekken das kleine Endchen Licht zu Boden fallen.

3. Neben den zahlreichen Fassungen, die mit der Suche nach einem gerechten Paten beginnen, gibt es auch *Gevatter-Tod*-Erzählungen, bei denen ein junger Mann auf andere Weise die Gabe des Heilens empfängt, zB weil er sein Mahl mit dem Tod teilt oder eine Lehrzeit bei einem alten weisen Mann verbringt, von dem sich später herausstellt, daß er der Tod ist – so in der ältesten Aufzeichnung dieser Erzählung bei einem Isländer, dem Bischof Jón HALDÓRSSON, der 1339 starb und höchstwahrscheinlich aus lateinischen Quellen schöpfte: *Der Königssohn und der Tod*. Auch kommt es vor, daß die Gabe zunächst dem Vater des Patenkindes übergeben wird. Er macht weisen Gebrauch davon. Doch als der Vater die Gabe dem Sohn aushändigt, versucht dieser, den Tod zu überlisten, und muß sterben. Der Ort, an dem der Tod die Lebenslichter aufbewahrt, wird recht unterschiedlich dargestellt. In KHM 44 ist es eine einsame Höhle – aber es kann auch vom Friedhof ein Schacht hinabführen, der mit einem eisernen Deckel verschlossen ist. Oder es ist ein von Mauern umgebenes, unzugängliches Haus im Wald. Bei WOLF DHM 36 sind alle Läden geschlossen. Die Vorstellung vom Lebenslicht geht übrigens bis zur Antike zurück und spielt in der Sage von *Meleagros* eine wichtige Rolle (da ist es die Mutter, die das Holzscheit, an dem des Meleagros Leben hängt, ins Feuer wirft) – während der zu Häupten oder Füßen stehende Todesengel altjüdischer Vorstellung entspricht.
Größere Unterschiede zeigen die Ausgänge. Es versteht sich, daß manche Erzähler darauf bedacht waren, den großen Arzt den Tod auch bei der letzten Begegnung überlisten zu lassen. So wurde das Motiv des Festbannens auf einen Baum, eine Bank, in einen Ranzen aus dem Schwankmärchen vom Schmied und dem Teufel eingefügt (AT 330) – oder das Motiv von der Frist für ein letztes Vaterunser, das dann freilich nicht zu Ende gesprochen wird (vgl WOLF DHM 36: *Das Schloß des Todes*). Das ist auch in der ältesten Aufzeichnung des Jón HALDÓRSSON bereits geschehen. Der Königssohn, den sein Lehrer, der Tod, zu einem berühmten Arzt gemacht hat, wird durch diese List noch einmal hundert Jahre alt. Im Kreis der Seinen scheidet er endlich – nach

einem 200jährigen, erfüllten Leben, indem er das Gebet zu Ende spricht. Doch hier setzt sich wiederum gern der Gedanke durch, daß der Tod dennoch der Mächtigere sei und auch den Listigsten zu überlisten wisse – womit gerade der Beispielcharakter unserer Erzählung unterstrichen wird. Dann schafft der Tod beispielsweise eine Tafel mit dem Vaterunser herbei, und ahnungslos buchstabiert der Arzt den Text – oder er wird auf andere Weise, etwa durch ein Kind oder einen kranken Bettler, dazu verleitet, das Gebet zu sprechen.

Aber es gibt auch die Verbindung mit dem Schwank vom Teufel, der sich mit einem so schlimmen Weib vermählt, daß er am Ende Reißaus nehmen muß (AT 1164 B, vgl STRAPAROLA 2, 4 oder BECHSTEIN DMB 71: *Die drei dummen Teufel*). Seinem Sohn hinterläßt der Teufel – oder der Todesengel, der in der jüdischen Überlieferung an dessen Stelle getreten ist – die Gabe des Heilens. Am Ende erlistet sich der Sohn das Leben, indem er den Teufel oder Todesengel mit dem Ruf schreckt: »Mutter kommt!« Von der isländischen Fassung ist nachzutragen, daß die Krankheit von dem Vogel Karadrius aufgenommen und zum Verbrennen zur Sonne getragen wird – ein Motiv aus der Antike. In seinen Tischgesprächen erwähnt PLUTARCH bereits um das Jahr 100 n. Chr. den heilkräftigen Vogel Charadrios, dessen Blick zugleich Leben oder Tod anzeigt.

Mag sein, daß W. LIUNGMAN recht hat, wenn er annimmt, die Erzählung sei erst im Mittelalter aus unterschiedlichen Motivgruppen zusammengefügt worden. Tatsache ist, daß sie ungewöhnlich häufig in literarische Form ausgemünzt wurde, vor allem in Deutschland – so in einem Meisterlied des Hans SACHS von 1547: *Der Bauer und der Tod,* und einem Fasnachtsspiel des 1605 gestorbenen Jacob AYRER: *Der baur mit seim gefatter Tod.* Vor allem das 19. Jahrhundert ist reich an Bearbeitungen des Stoffes. Aber in der Volksüberlieferung ist er mindestens ebenso lebendig.

Eine der besterzählten Fassungen stammt aus Pommern und ist mit dem Märchen vom treuen und ungetreuen Vasallen verschmolzen (AT 531 → *Ferdinand Getreu und Ferdinand Ungetreu*): JAHN VPR 9: *Der Schlüssel.* Die eigentliche Arzterzählung ist ausgelassen, das Patengeschenk des Todes ist ein Zauberschimmel. Der Märchenheld – 24. Sohn eines Taglöhners, der Gott und den Teufel als Paten abgelehnt, den gerechten Tod dagegen gern genommen hat – erhält vom Tod, ebenso wie in anderen Zaubermärchen vom dämonischen Paten, mit 14 Jahren einen Schlüssel. Dieser Schlüssel öffnet das Haus mit den Lebenslichtern. Eine Nacht behält der Tod sein Patenkind bei sich. Dabei gewährt er ihm die Bitte, das erlöschende Licht des Vaters zu ersetzen. Die eigentliche Gabe des Todes ist jedoch der Schimmel, mit dem zusammen der Held wie im → *Höckerrößlein* den Goldvogel, die goldene Königstochter und das goldene Schloß herbeischafft.

4. J. BOLTE: Das Märchen vom Gevatter Tod. In: ZfV. 4. 1894. 34–41. – BP 1, 377–388. – R. T. CHRISTIANSEN: Nogen iagttagelser over et par episke love indenfor to eventyrgrupper. (Aarnes Märchentypen 332 og 613.) In: Danske studier. 1915. 1, 71–89 (72–78). – DELARUE/TENÈZE 2, 367–372. – R. A. J. KÖHLER: Von Glück und Unglück. In: KÖHLER: Aufsätze über Märchen und Volkslieder. 1894. 99–117. – LIUNGMAN 73–75, 359. – E. PETERS: Der griechische Physiologus und seine orientalischen Übersetzungen. Berlin, Leipzig 1898. – J. POLÍVKA: Legenda o spravedlivé smrti. In: Národopisný sborník českoslovanský. Praha. 10. 1904. 2, 188–195. – RANKE 1, 265–270. – ŞĂINEANU 575–581. – SCHERF: Bechstein 790–792; 827–828. – WESSELSKI: MdM 53–56, 211–213.

Die goldene Gans

AT 571 KHM 64

1. Das Schwankmärchen von der goldenen Gans, an der auf lächerliche Weise eine ganze Kette Unbedachter hängen bleibt, erschien in seiner landläufig bekannten Form zuerst 1812 als Nr 64, IV im ersten Band der Erstausgabe der von Jacob und Wilhelm GRIMM herausgegebenen *Kinder- und Hausmärchen.* In den Anmerkungen von 1822 ist lediglich vermerkt, daß es aus Hessen stamme. Nach H. RÖLLEKES Vermutung wurde es von der Familie v. HAXTHAUSEN beigesteuert. In der zweiten Auflage von 1819 erhielt die Erzählung ihre endgültige Nr 64.

2. Ein Mann schickt seine beiden älteren Söhne der Reihe nach zum Holzschlagen in den Wald, und die Mutter gibt ihnen Eierkuchen und Wein mit. Aber dem hungrigen Graumann erteilen die beiden Burschen eine Abfuhr. Sie wollen Kuchen und Wein ungeteilt selber verzehren. Da haut sich der erste die Axt in den Arm, der zweite haut sie sich ins Bein. Aber den zurückgesetzten Jüngsten, den angeblichen Dummling, will der

Vater nicht ins Holz gehen lassen, er muß erst darum betteln. Die Mutter packt ihm auch nur einen Aschenkuchen und eine Kanne saures Bier ein. Doch der Jüngste teilt mit dem Graumann, und das geringe Mahl verwandelt sich in Eierkuchen und besten Wein.

Das ist ein Allerweltseingang. Er ist ohne Frage einem überlieferten Schwank vorangesetzt (ebenso wie die drei unlösbaren Aufgaben angefügt sind), um eine märchenhafte Erzählung daraus zu machen. Bei Ludwig BECHSTEIN ist das ähnlich erzählt (DMB 53: *Schwan, kleb an*).

Als der Graumann den Dummling geprüft und für gut befunden hat, verhilft er ihm zu seinem Glück. Er bezeichnet ihm einen alten Baum, den er fällen soll, und der jüngste Sohn findet in den Wurzeln eine Gans mit goldenen Federn. Als er im Wirtshaus übernachtet, werden die drei Wirtstöchter auf die goldenen Federn lüstern und bleiben die ganze Nacht an der Gans hängen – der ursprünglich erotische Sinn des Schwanks schimmert noch hindurch. Und das ist ja auch der Fall, wenn der junge Bursche mit der Goldgans und den drei Mädchen über Feld zieht und der Pfarrer sich über diesen Aufzug entrüstet. Hätte er sich nicht aufgeregt, so wäre er ungeschoren geblieben. Dann hängen sich auch noch der Küster an und zwei Bauern mit Hacken, die zu Hilfe gerufen werden. Kein Wunder, daß die Königstochter in Gelächter ausbricht, als sie die unfreiwillig aneinandergekettete Gesellschaft in ihrer Beschämung erblickt.

Diese Königstochter ist bisher so ernsthaft gewesen, daß ihr Vater sie dem zur Frau versprochen hat, der sie zum Lachen bringt. Nun, das ist dem Dummling ja gelungen. Aber dem König, meint der Erzähler (dem es nicht mehr um den Spaß der Enthüllung geschlechtlicher Abhängigkeit geht), gefällt der Schwiegersohn nicht. Er stellt ihm drei unlösbare Aufgaben – von denen die beiden ersten auf schwankhafte Gestalten zugeschnitten sind, die eine bestimmte Fähigkeit in geradezu absurder Weise besitzen: einen ganzen Keller voll Wein auszutrinken und einen wahren Berg von Brot wegzuessen. Der Dummling sucht wegen der drei Aufgaben dort Rat, wo ihm der Graumann zuerst begegnet ist. Und richtig, beim erstenmal trifft er einen tief betrübten Mann, der einen solchen Durst hat, daß ein Faß Wein, wie er es gerade getrunken hat, nur einen Tropfen auf den heißen Stein bedeutet. Beim zweitenmal findet der Dummling einen Mann, der zwar gerade einen Backofen voll Raspelbrot aufgegessen hat, aber noch immer nahe daran ist, vor Hunger zu verschmachten. Die dritte unlösbare Aufgabe ist eine anderwärts geborgte Verlegenheitslösung: Der Dummling muß ein Schiff bringen, das ebenso zu Land wie zu Wasser geht (sonst AT 513 B). Auch dazu verhilft ihm der Graumann, der übrigens erklärt, bereits in den Gestalten des grotesk Durstigen und Hungernden geholfen zu haben. Und damit hat der verkannte Jüngste nun endgültig seine Königstochter gewonnen. Ob die Königstochter allerdings mit ihrem Mann glücklich ist, das wird nicht gesagt.

3. Ein Zaubermärchen haben wir sicher nicht vor uns, wohl aber einen Schwank, der bereits ein paar Schritte getan hat, um zu einem Kindermärchen zu werden. Bei Wilhelm BUSCH, UoW 29: *Der Schmied und der Pfaffe*, ist der ursprüngliche Charakter des Ehebruch-Schwanks gewahrt (AT 571 B) – wenn auch verharmlost. Gar zu drastisch wollte der Erzähler mit dem Mann im schwarzen Rock, der es auf die Frau des Schmiedes abgesehen hat, nicht umgehen. In der hannoverschen Erzählung heißt es, ein Pfaffe sage dem Edelmann ein, er habe einen ungewöhnlich kunstreichen Schmied im Ort. Der Schmied könne über Nacht ein Schloß errichten – man müsse es ihm freilich bei Leib und Leben befehlen. Der Edelmann droht dem Schmied auch tatsächlich den Tod an, wenn er nicht über Nacht ein Schloß baue. In seiner Not fragt der Schmied seine Frau um Rat. »Du mußt fort«, sagt die Frau, die auf diesen Augenblick gewartet hat. Der Schmied packt sein Bündel und flieht. Aber in einem Wald trifft er einen grauen Mann, der die unmögliche Aufgabe für ihn übernimmt. Als der Edelmann in der Frühe erwacht, steht das Schloß vor ihm. Dem Pfaffen bleibt nichts anderes übrig, als es noch einmal mit einer anderen Aufgabe zu versuchen. Er sagt dem Edelmann ein, der Schmied könne noch viel mehr – er könne auch den »Himphamp« vor das Schloß bringen. Abermals flieht der Schmied in seiner Ratlosigkeit, weiß er doch nicht einmal, was ein Himphamp ist – der Pfaffe ja auch nicht (aber er wird es erfahren). Vielleicht ist eine mittlere Aufgabe ausgefallen, aber bei dieser letzten, möglicherweise sonst dritten Aufgabe schenkt der Graumann dem Schmied reinen Wein ein. Er sagt ihm, er solle heimkehren. Und wenn er den Pfaffen seiner Frau einen Kuß geben sehe, solle er »Halt fest!« sagen, das Paar mit der Peitsche durch das Dorf klappen und jeden, der versuche, es auseinanderzureißen, auf die gleiche Weise anhängen. Das tut der Schmied. Und zur Erheiterung der Zuhörer kommt eine

lächerliche Kette aus der Schmiedfrau, dem Pfaffen, der Magd des Pfaffen, einer Kuh und dem Bäcker mit der mächtig langen Ofenkratze zustande. Der Edelmann, der im Fenster liegt, lacht über den schönen Himphamp und sagt dem Schmied, er solle die Gesellschaft nur wieder laufen lassen. Der beschämte Geistliche, heißt es am Schluß, habe sich seitdem nicht mehr im Hause des Schmiedes blicken lassen (vgl auch U. JAHN VPR 44: *Das Märchen vom Himphamp;* W. WISSER PV 1, 2: *Hack an!*). Sowohl in der jüngeren *Edda* (*Skáldskaparmál,* um 1220) als auch in der griechischen Mythologie finden sich Erzählungen, die sich keineswegs einer solchen Zurückhaltung befleißigen. Recht derb sagt der von Ludwig BECHSTEIN als volkstümlich in Thüringen mitgeteilte Titel dieser Ehebruchserzählung, was gemeint ist (*Piphahn, kleb an*), in einer englischen Verserzählung aus dem 14. Jahrhundert (AT 571 A: *The tale of the basyn*) bleibt der auf Seitenwegen wandelnde Geistliche an einem Nachttopf kleben, und auch das ehemals weit verbreitete Volksbuch von *Jack Horner* ist nicht gerade zimperlich. Ganz anders ist dagegen in Tonfall und Haltung die griechische Überlieferung von dem verkrüppelten Götterschmied Hephaistos und seiner überaus schönen, aber treulosen Frau Aphrodite, die ihn mit dem Kriegsgott Ares hintergeht. Hephaistos legt den beiden im Liebesschlaf unsichtbare Fesseln an und gibt sie dem Gelächter der Götter preis – aber anders als der Schwank verletzt der Mythos die Würde des Menschen nicht.

4. BP 2, 39–44. – DELARUE/TENÈZE 2, 467–473; 474–477. – H. HONTI in HdM 2, 314–315. – LIUNGMAN 177–178, 365. – J. POLÍVKA: Nezasmalka. In: Národopisný sborník československý. 10. 1904. 2, 67–106. – RANKE 2, 300–323. – RÖLLEKE 160–167, 368. – SCHERF: Bechstein 814–815.

Der goldene Rehbock

AT 313 B Bechstein DMB 14

1. Ludwig BECHSTEIN (1801–1860) veröffentlichte dieses kindlich erzählte Märchen von der magischen Flucht, deren Stationen an → *Frau Holle* (AT 480) erinnern, 1845 in seinem *Deutschen Märchenbuch* (DMB 14) nach der Ausgabe letzter Hand (der 13. von 1857), und vermerkte »nach mündlicher Überlieferung«.

Die Fassung, die in unzähligen Kinderausgaben verbreitet wurde, stammt von seiner Mitarbeiterin Wilhelmine MYLIUS (1823–1852 oder 1853). Kennzeichnend für die hier vorliegende Form des Märchens von der magischen Flucht ist das Entdecken des magischen Gefährts in der verbotenen Kammer.

2. Zwei verwaiste Geschwister geraten in ein Menschenfresserhaus. Die Frau versteckt sie in einem Faß (AT 327 B → *Der kleine Däumling*). Als sie am nächsten Tag das Haus fegen sollen, wird ihnen das Öffnen der Tür zur zwölften Kammer verboten. Sie übertreten das Verbot jedoch, entdecken einen goldenen Wagen, der mit einem goldenen Rehbock bespannt ist, und fliehen damit. Dabei treffen sie auf das heimkehrende Menschenfresserpaar, und das zauberkundige Mädchen verwandelt sich, den Bruder und das Gefährt in einen Rosenstrauch. Mit dem merkwürdigen Gefährt erhalten sie auf ihrem weiteren Weg reiche Gaben: von dem Backofen, Birnbaum und Weinstock, die sie um ihre Hilfe bitten – ebenso wie in manchen Fassungen des → *Frau-Holle*-Märchens (AT 480) die ungleichen Mädchen. Inzwischen haben die Unholde den Diebstahl und die Flucht entdeckt, setzen den Kindern nach – und gehen zugrunde, weil die Enten, die den Kindern eine Brücke gebaut haben, die Verfolger ins Wasser stürzen lassen.

3. Vom Märchen von der magischen Flucht ist bei dieser eigens für Kinder bestimmten Fassung neben der Vorstellung von dem wunderbaren Gefährt nur die geglückte Flucht erhalten geblieben – solche verkürzten Formen entstehen durch die besondere Erzählabsicht und das Medium Kinderbuch häufig und sind weit verbreitet. Ob man in dem goldenen Rehbock einen fernen Nachklang des goldenen Widders aus der *Argonauten*-Sage sehen darf, auf dem Phrixos und Helle ihre magische Flucht nach Kolchis unternahmen, mag dahingestellt bleiben. Zu anderen Fassungen des Märchens: → *Der Fundevogel* (AT 313 A), → *Die Wassernixe* (AT 313 C), → *Der liebste Roland* (AT 313 C | 1119 | 592 | 652) und → *Der Trommler* (AT 400+313 C+518).

4. Literaturhinweise beim Artikel → *Der Fundevogel* (vgl vor allem S. LILJEBLAD: Argonautera och sagorna om flykten från trollet).

173

Der goldene Vogel

AT 550 KHM 57

1. Unter dem Titel *Vom goldnen Vogel* erschien im ersten Band der Erstausgabe der Grimmschen *Kinder- und Hausmärchen* als Nr 57, also bereits in der heute gebräuchlichen Zählung, eine reich erzählte Fassung des Zaubermärchens von der Gewinnung eines dreifältigen höchsten Gutes und der Hilfe, die der zurückgesetzte jüngste Sohn durch einen verwunschenen Fuchs erhält. Die Fassung, die Jacob GRIMM für den Satz fertig gemacht hat, geht mit höchster Wahrscheinlichkeit auf eine alte, nicht namentlich bekannte Frau im Elisabeth-Hospital von Marburg zurück und wurde von der Frau des Hospitalvogtes aufgezeichnet. Gewisse Zusätze und Wendungen sind für die Druckfassung von 1812 aus der Erfurter Sammlung des Christian Wilhelm GÜNTHER von 1787 zu erschließen und für die seit der Zweitauflage gültige Form aus einer Erzählung von Dorothea VIEHMANN aus Niederzwehren.

2. Einem König werden, wie das auch gelegentlich im Glasbergmärchen geschieht (AT 530 → *Simson, tu dich auf!* → *Hirsedieb*) und im Märchen vom verleumdeten Vasallen (AT 531 → *Höckerrößlein*), goldene Äpfel aus dem Garten gestohlen. Er läßt seine beiden ältesten Söhne wachen, aber sie schlafen ein. Dem Jüngsten, dem der Vater wenig zutraut, gelingt es, mitternachts den Dieb zu entdecken: Es ist ein goldener Vogel. Der Jüngste sendet ihm einen Pfeil nach und schießt eine goldene Feder herab. Die Räte des Königs stellen fest, daß die eine Feder mehr wert sei als das ganze Reich. Da schickt der Vater die Söhne aus, den goldenen Vogel zu fangen – zunächst die beiden ältesten. Der erste trifft einen Fuchs, will ihn schießen; der Fuchs warnt ihn vor dem lustigen Gasthof im Dorf – aber der von sich überzeugte Älteste läßt sich doch von einem Fuchs nichts sagen. Und ebenso macht es der zweite Sohn. Sie kehren im lustigen Gasthof ein, vergessen den Vogel, den Vater und die guten Lehren – nicht anders als die Taugenichtse in der Wisserschen Fassung des nahe verwandten Märchens vom *Wasser des Lebens* (AT 551 → *Vogel Phönix*).
Als die Brüder nicht zurückkehren, versucht es der Jüngste, auch wenn sich der Vater nichts davon verspricht. (Zur Begründung hieß es in der Erstfassung noch, daß er den Jüngsten so sehr

liebte; aber das zeigt nur die Ausnahmestellung des Jüngsten gegenüber seinem Vater und ist Einladung an den Zuhörer, sich mit dem Jüngsten zu identifizieren. Auch ein allzusehr Bewahrter ist einer, dessen Kräfte und Entwicklungsnotwendigkeiten mißachtet werden.) Der Jüngste begegnet dem Fuchs freundlich, nimmt seinen Rat an, wird rasch wie der Wind auf dem Schwanz des Fuchses zum Dorf getragen, übernachtet im geringen Gasthaus und findet anderntags im Feld den Fuchs, der auf ihn wartet. (Auch in diesem Zug zeigt sich die Nähe zum Märchen vom verleumdeten Vasallen, dem das sprechende Pferd dabei hilft, den goldenen Vogel, die goldene Jungfrau und den Schlüssel zu ihrem Schloß zu finden: AT 531 → *Ferdinand Getreu und Ferdinand Ungetreu.*) Der Fuchs teilt mit, daß die Wachen vor dem Schloß des goldenen Vogels schlafen, und warnt davor, den Vogel aus seinem hölzernen in ein goldenes Bauer umzusetzen – was der jüngste Königssohn aber (anders als der Held in dem mit anderem Ziel erzählten Vasallenmärchen AT 531) dennoch tut. Der Vogel schreit, der jüngste Königssohn wird ergriffen und zum Tode verurteilt. Schließlich läßt man ihm das Leben und verspricht ihm sogar den goldenen Vogel, wenn er dafür das goldene Pferd bringt, das so schnell ist wie der Wind. Der Fuchs hilft ihm trotz der Übertretung seines Gebotes. Aber der junge Mann übertritt auch das zweite und das dritte Gebot des Fuchses: dem Pferd den geringen und nicht den goldenen Sattel aufzulegen; und die goldene Jungfrau, die er, um sein Leben zu retten, anstelle des goldenen Pferdes bringen soll, nicht Abschied nehmen zu lassen von ihrem Vater. Die Voraussagen des Fuchses sind alle eingetroffen. Der junge Mann hatte das schöne Mädchen nachts auf dem Weg zum Bad erwartet, es geküßt und hätte es, ohne ergriffen zu werden, entführen können – aber er hatte ihrem Flehen nachgegeben und sie an des Vaters Bett treten lassen. Nun liegt er zum drittenmal im Gefängnis und wird zum drittenmal zum Tod verurteilt. Hier zeigt sich allerdings eine erzählerische Schwäche. Der Vater der goldenen Jungfrau will ihm das Leben lassen und seine Tochter geben, falls er den Berg vor seinem Fenster abtragen kann. Der junge Mann beginnt – verzweifelt jedoch, kurz bevor die Frist verstreicht. Offensichtlich wurde das Motiv der drei nur mit Zauberhilfe lösbaren Aufgaben eingefügt, das im Märchen vom Dienst beim Unhold und der Hilfe durch dessen Tochter seinen sinnvollen Platz hat (AT 313 C → *Die beiden Königskinder*). In unserem Märchen hilft nicht die schöne Tochter, sondern der Fuchs, der dem jungen Königssohn nicht nur sagt, daß er alle die drei höchsten goldenen Güter – Jungfrau, Pferd und Vogel – gewinnen und behalten muß, sondern auch, wie er das bewerkstelligen kann. Nun folgt er genau dem Rat seines sonderbaren Freundes. Er tauscht die Jungfrau gegen das windschnelle Pferd und schwingt beim Abschied das Mädchen vor sich auf den Widerist. Ähnlich überlistet er den Besitzer des goldenen Vogels, kehrt also tatsächlich mit Vogel, Pferd und Jungfrau heim. Aber der Bitte des Fuchses, ihn für seine Mühen zu erschießen und Kopf und Pfoten abzuschlagen, willfährt er nicht. Ja, er schlägt sogar den letzten Rat des Fuchses in den Wind: kein Galgenfleisch zu kaufen und sich nicht auf einen Brunnenrand zu setzen. Er kauft vielmehr seine Brüder frei, die wegen ihrer Schelmenstücke gehängt werden sollen, und lagert mit ihnen an einem Brunnen. Als er sich unbedacht auf den Brunnenrand setzt, wird er hinterrücks hineingestoßen. Die verräterischen Brüder nehmen, was der Jüngste gewonnen hat, und bringen es dem Vater. Aber der Vogel pfeift nicht, das Pferd frißt nicht, und die Jungfrau weint. Noch einmal rettet der Fuchs den jüngsten Königssohn. Er zieht ihn mit seinem Schwanz aus dem Brunnen und berichtet, daß der Wald von seiner Brüder Häscher umstellt sei. Der Jüngste tauscht die Kleider mit einem armen Mann und erreicht den Königshof unbehelligt. Da beginnt der Vogel zu pfeifen, das Pferd zu fressen, die Jungfrau hört auf zu weinen und sagt, ihr wäre, als sei der rechte Bräutigam gekommen. Trotz der Morddrohung der älteren Brüder erzählt sie dem König, was geschehen ist. Der König läßt jeden vor sich erscheinen, der am Hofe weilt – und die goldene Jungfrau fällt dem in Lumpen gekleideten Königssohn um den Hals. Die verräterischen Brüder werden hingerichtet, die Hochzeit des jungen Paares findet statt, und der Jüngste wird Erbe des Reiches. Als er einmal in den Wald geht, trifft er wiederum seinen Retter, den Fuchs, erfüllt endlich dessen Wunsch und erlöst damit den verwunschenen Bruder seiner Frau.

3. Aus dem Märchen vom Auszug nach dem goldenen Vogel entwickelt sich eine ganze Abenteuerkette, in der die drei kostbarsten, voneinander abhängigen Kleinodien Goldvogel, Goldpferd und goldene Jungfrau gewonnen werden. Diese Abenteuerkette, die nur mit Hilfe eines Zauberfuchses bestanden werden kann, zumal durch den Anschlag der neidischen Brüder die drei eroberten Kleinodien ums Haar verloren gehen, ist zielstrebig

und geradlinig erzählt. Der Typ unseres Märchens mag dem Typ AT 551 vom → *Wasser des Lebens* sehr nahe stehen, aber er ist selbständig und eindeutig bestimmt. Die beiden Märchentypen haben zwar den Grundkonflikt zwischen Vater und Sohn gemeinsam und die Anschläge der verachtenswürdigen Brüder. Während es aber in dem einen Märchentyp im ersten Teil um die Gewinnung des Heilmittels für den Vater und im zweiten Teil um den gleichgewichtigen Einsatz der jungen Königin für den Vater ihres Kindes geht (AT 551), handelt das andere Märchen von der Gewinnung eines dreifältigen höchsten Gutes – einem Einsatz, der bis zum letzten Zug des wechselhaften, aber einlinigen Geschehens von der Hilfe eines überlegenen Freundes in der Gestalt eines Fuchses begleitet ist.

Es gibt in anderen Märchentypen gelegentlich noch andere ineinander verschachtelte Abenteuer, so bei dem allein schon wegen der Rolle des Zauberpferdes recht nahestehenden Märchen vom verleumdeten Vasallen (AT 531 → *Ferdinand Getreu und Ferdinand Ungetreu*). Dort weist ebenfalls eine Feder auf den Goldvogel und der Goldvogel auf die goldene Königstochter – die aber ohne ihr goldenes Schloß oder ihr goldenes Gewand nicht leben will und damit drei Ausfahrten in Gang setzt. Was jedoch das Märchen vom verleumdeten Vasallen eindeutig von unserem Märchen unterscheidet, ist der Gegenspieler, der ständige Verleumder und die *Tristan-und-Isolde*-Motivik am Ende.

Eine andere in sich verschränkte Abenteuerfolge ist die Ausfahrt des von seinem Schwiegervater zum Tod bestimmten Helden, der die drei goldenen Haare des Teufels beschaffen und gleichzeitig drei ihm unterwegs gestellte Rätsel lösen soll (AT 461 → *Der Teufel mit den drei goldenen Haaren*).

Daß das Märchen von dem Vogel, der goldene Eier legt (AT 567 → *Goldhähnchen,* DMB 69; auch Nr 60a im ersten Band der Erstausgabe der GRIMMschen *Kinder- und Hausmärchen: Das Goldei*), in einem gewissen Zusammenhang zu unserem Märchen steht, hat Waldemar LIUNGMAN herausgestellt.

Erstes literarisches Zeugnis ist der um 1250 entstandene niederländische Roman von *Walewein,* der möglicherweise französischen Ursprungs ist. Dort träumt ein König von einem Schachbrett, dessen Gewinnung verknüpft ist mit der Gewinnung eines unwiderstehlichen Schwertes, diese aber wieder mit der Gewinnung einer überaus schönen Jungfrau – wobei das letzte Glied der Abenteuerkette den Konflikt der *Tristan*-Erzählung einbezieht. Von verräterischen Brüdern ist freilich nicht die Rede.

4. BÎRLEA 8–10. – BP 1, 503–515; 2, 394–401. – DÉGH 281. – DELARUE/TENÈZE 2, 347–357; 358–364. – A. M. E. DRAAK: Onderzoekingen over de roman van Walewein. Groningen, Amsterdam [2]1975. – LIUNGMAN 153–154, 364; 154–159, 364. – N. A. NILSSON: Die Apollonius-Erzählung in den slavischen Literaturen. Diss. Uppsala 1949. – NITSCHKE 1, 153–168, 213–214, 217. – RANKE 2, 191–194; 195–211. – H. RÖLLEKE: Die Marburger Märchenfrau. In: Fabula. 15. 1974. 87–94. – ŞĂINEANU 358–369. – F. SCHÖLL: Vom Vogel Phönix. Heidelberg 1890. – A. WÜNSCHE: Die Sagen vom Lebensbaum und Lebenswasser. Leipzig 1905.

Das Goldhähnchen

AT 567 Bechstein DMB 69

1. Der in Danzig geborene Jenaer Privatgelehrte Heinrich DÖRING (1789–1862) hat 1841 im ersten Band der heimatkundlichen Zeitschrift *Thuringia* S. 273 – unter dem Titel *Goldhähnchen* – seine ganz nach Thüringen verlegte Fassung des Märchens vom Zaubervogel erzählt, dessen Verzehr besondere Gaben verleiht: dem, der den Kopf ißt, Herrscher zu werden; dem, der das Herz ißt, in der Frühe Goldstücke unter seinem Kissen zu finden. Ludwig BECHSTEIN, der Meiningensche Bibliothekar, übernahm das etwas entstellte Märchen, bearbeitete es und veröffentlichte es 1845 in seinem in kurzer Folge mehrere Auflagen erreichenden *Deutschen Märchenbuch*. Nach der Ausgabe letzter Hand (Leipzig: Wigand), der 13. (2., von Adrian Ludwig RICHTER illustrierten) von 1857, wird es als DMB 69 gezählt.

2. Ein alter, einsam lebender Mann hinterläßt seinen Kindern einen Vogel, der goldene Eier legt – aber er verrät ihnen das Geheimnis des Vogels nicht. Die Kinder werden betrogen, verkaufen den Vogel gegen das Gebot des Vaters und geraten in Not. Als der älteste Sohn später bei dem betrügerischen Käufer des Goldvogels bettelt, nimmt ihn die Köchin vorübergehend in Dienst, da ihr Herr eine Gesellschaft eingeladen hat, die er mit gebratenen Vögeln bewirtet. Dem Jungen fällt ein Vogel aus der Pfanne, er ißt ihn, wird von der Köchin davongejagt – und ahnt nicht, daß er den Glücksvogel des Vaters gegessen hat. Er ahnt auch nicht, warum der Glücksvogel getötet worden ist: »Wer mich ißt«, hatte der Vogel verkündet, »wird König«. Der Käufer des Vogels wollte König werden.

Der Junge dagegen, der sich bei einem Müller als Eseltreiber verdingt, gewinnt in einem Lanzenstechen tatsächlich die Königin zur Frau. Aber der Erzähler weiß nichts Rechtes mit der zweiten Zaubergabe des Glücksvogels anzufangen. Daß der, der den Kopf ißt, Herrscher wird, ist in allen anderen vollständigen Fassungen erzählt – aber daß der, der das Herz ißt, jeden Morgen unter seinem Kopf blankes Gold findet, ebenso. Nun, Heinrich DÖRING und mit ihm Ludwig BECHSTEIN wissen nichts von den sonst üblichen zwei Brüdern, von denen der eine den Kopf und der andere das Herz vom Glücksvogel ihres Vaters verspeist. So wird die zweite Zaubergabe zum blinden Motiv. Nur der Müller findet die Goldeier im Stroh; er behält sie für sich. Als der Betteljunge und Eseltreiber die Königin heiratet, ist das Goldmotiv bereits vergessen. Der Königin steht der junge Mann wegen seiner geringen Herkunft im Wege. Da tut sie etwas, das ursprünglich nicht nur in der Absicht geschah, sich seiner zu entledigen, sondern auch in der Absicht, ihm die zauberische Goldquelle abzulisten: Sie holt sich Rat bei einer Zauberin. Die Zauberin beschafft ein Kraut, das den jungen Mann in einen Esel verwandelt. Der Esel wird davongejagt, findet Unterschlupf beim alten Müller, und als er einmal Mehl zu einem Kloster trägt, entdeckt er dort als Pförtnerin seine Schwester. Die Schwester versteht sich ebenfalls auf Zauberkräuter. Sie gibt dem Bruder die menschliche Gestalt zurück. Die Erzählung, die zu einem Beispiel betrügerischer Ausnutzung armer Menschen und der Mißachtung geringer Herkunft geworden ist, endet in Bitterkeit und ohne den geringsten Glauben an das Glück, das gerade im unerwarteten Augenblick den vertrauensvoll seinen Weg gehenden jungen Menschen überrascht. Der aus einem Esel wieder in einen Menschen verwandelte, glücklose junge Mann baut sich in der Nähe des Klosters seine Einsiedelei. Er erfreut sich auch am Gesang der Waldvögel – aber die Goldhähnchen, so heißt es, verfolgt er, weil sie ihm nichts als Unglück gebracht haben.

3. Durch die gründlichen Untersuchungen von Antti AARNE und Jiří POLÍVKA ist eine große Fülle von Fassungen aus aller Welt erschlossen worden, und man kann sich ein Bild davon machen, wie diese Erzählung, deren älteste Zeugnisse im *Kathāsaritsāgara* des SOMADEVA aus Kašmīr (der den *Ozean der Märchenströme* zwischen 1063 und 1081 für die Großmutter seines Königs aufzeichnete) und im türkischen *Ṭūṭī-Nāmé* (dem *Papageien-*

buch) zu finden sind, wohl einmal ausgesehen hat. Ob sich dahinter ein eigentliches Zaubermärchen verbirgt, bleibt jedoch fraglich, zumal die vorhandenen Aufzeichnungen keinen Aufschluß darüber geben, wie die Erzählung sinnvollerweise endet. Nach Antti AARNE hat die Erzählung ursprünglich folgendermaßen gelautet: Ein armer Mann wird durch die goldenen Eier eines Vogels reich. Aber als er verreist, wendet sich der Käufer der Goldeier an die Frau und überredet sie dazu, ihm den Vogel zu braten. Eine Zauberschrift unter dem Flügel hat ihn über die beiden weiteren Zaubergaben des Vogels unterrichtet. Doch das Geschick, das dem Armen zu Reichtum verhalf, spielt dem Neider einen Streich: Unwissentlich verzehren die Söhne Kopf und Herz des Vogels, und als er die Frau dazu drängt, ihm zuliebe die Söhne zu töten, um sich schließlich doch in den Besitz von Kopf und Herz zu setzen, flüchten die beiden. Damit ist endlich die eigentliche Ausgangslage gegeben: Die Mutter läßt sich nicht nur dazu verführen, einem Betrüger die Quelle des Wohlstandes zu überlassen, sondern auch den Mordabsichten ihres vermeintlichen Liebhabers die eigenen Söhne zu opfern. Krasser kann die Zerstörung der Kind-Eltern-Bindung und die Austreibung nicht geschildert werden. Aber die flüchtenden Söhne nehmen zwei unschätzbare Zaubergaben mit. So geht der wesentliche Besitz des Vaters, von dem nicht mehr die Rede ist, auf die Söhne über, auch wenn sie es noch nicht wissen. Der eine wird Herrscher, nachdem ihn sein Weg in ein Land geführt hat, in dem ein neuer König gesucht wurde und er auf übernatürliche Weise als der vom Geschick Bestimmte bezeichnet worden ist. Freilich, diese Ausfahrt ist kurz und wird ohne bedeutende Abenteuer erzählt – falls der erste Sohn nicht wie im → *Zwei-Brüder*-Märchen (AT 303) einen Drachen zu erschlagen hat. Aber selbst wenn das geschieht, ist »sein Weg zu sich selbst« damit bereits abgeschlossen; es gibt keine Trennung der Liebenden, kein Verlust alles Erreichten, und es gibt keinen erneuten Einsatz, der alle Kräfte noch einmal beansprucht. Noch rätselhafter ist die Ausfahrt des zweiten Bruders, der in der Frühe Gold unter seinem Kopfkissen vorfindet. Hier verwirren sich die Vorstellungen, möglicherweise durch den Einfluß des *Fortunatus*-Märchens von den drei Zauberdingen (AT 566 → *Der Krautesel,* KHM 122). Der zweite Bruder gerät, oft in einer Herberge – im *Siddhi-Kür* bezeichnenderweise in einem Branntweinausschank – an ein betrügerisches Mädchen, dem eine verderbliche alte Ratgeberin oder Zauberin zur Seite steht. Sie setzen sich in den Besitz der Zaubergabe, indem sie den jungen Mann das Herz des Zaubervogels erbrechen lassen. Er gewinnt es nie mehr zurück. Aber der Schluß bleibt in mehrfacher Hinsicht offen: Es gelingt ihm, auf welche Weise auch immer, die betrügerischen Frauen in Esel zu verwandeln und schwer arbeiten, die Alte gar mißhandeln zu lassen – aber eines Tages hält er die Strafe für ausreichend und läßt die beiden Betrügerinnen wieder zu Menschen werden. Gelegentlich findet der um seine Zaubergabe Geprellte ein hohes Amt bei seinem König gewordenen Bruder; gelegentlich ziehen die beiden auch gemeinsam aus, um ihre ungetreue Mutter zu strafen – aber sind das Ziele, die der Zuhörer in volkstümlicher Erzählsituation erwartet? Das Ganze wirkt eher wie ein anderen Vorstellungen dienender literarischer Seitentrieb eines eigentlichen Zaubermärchens, nicht aber wie ein nicht mehr ganz schlüssiger Rest einer vergessenen Vollform. Und zu diesem Sachverhalt stimmt auch die Tatsache, daß die Erzählung vom Goldvogel häufiger in den Eingang zum *Zwei-Brüder*-Märchen eingefügt wird (AT 303 → *Die Goldkinder,* KHM 85; vgl auch das Märchen vom *Goldei,* das 1812 in der Erstauflage der Grimmschen *Kinder- und Hausmärchen* unter der Nr 60 zu finden war, jetzt als KHM 60a zitiert, und vor allem HALTRICH DVSS 6: *Der seltsame Vogel*).

4. A. AARNE: Das märchen vom zaubervogel. In: AARNE: Vergleichende Märchenforschungen. Helsingfors 1908. 143–200. – BP 1, 528–556. – DELARUE/TENÈZE 2, 444–449. – LIUNGMAN 174–175, 365. – J. POLÍVKA: O zlatém ptáčku a dvou chudých chlapcích. In: Národopisný sborník českoslvanský. Praha. 6. 1900. 94–143. – RANKE 2, 261. – K. RANKE: Das Goldvogelmotiv. In: RANKE: Die zwei Brüder. 1934. 113–130 (FFC 114). – RÖLLEKE 266–269, 384–385. – SCHERF: Bechstein 825–826. – WESSELSKI: DMvG 2, 103–108.

Die Goldkinder

AT 303 KHM 85

1. Die wegen ihres Eingangsmotivs von der gleichzeitigen wunderbaren Empfängnis von Zwillingssöhnen, Zwillingspferden und Zwillingslebenszeichen so wichtige Fassung des → *Zwei-Brüder*-Märchens erschien zuerst als Nr 63 im ersten Band der Erstauflage von 1812 der *Kinder- und Hausmärchen* der Brüder

GRIMM, beigesteuert von der Pfarrerstochter Friederike MANNEL (1783–1833).
H. RÖLLEKE vermutet, daß F. MANNEL die Aufzeichnung am 9. November 1808 übersandte. In der zweiten Auflage erhielt das nun etwas ausführlicher, aber in den Einzelzügen gleich erzählte Märchen die Nr 85, die es bis zur Ausgabe letzter Hand von 1857 behielt.

2. Ähnlich wie in den Märchen → *Von dem Fischer und seiner Frau* (AT 555) und in Elisabeth LEMKES → *Königssohn Katt* (AT 300 A, LEMKE ViO 2, 28) fängt ein armer Mann einen ungewöhnlichen Fisch und läßt ihn gegen das Versprechen wieder frei, ihm ein Schloß und Speisen in Fülle zu schaffen. Aber er verspielt den Reichtum, weil er der Neugier seiner Frau nicht standhält und ihr, gegen das Gebot, verrät, woher der Reichtum gekommen ist. Das geschieht dreimal – aber beim dritten Mal trägt der wunderbare Fisch dem armen Fischer auf, ihn zu zerteilen, zwei Stücke seiner Frau zu essen zu geben, zwei dem Pferd und zwei in die Erde zu legen. Aus der magischen Empfängnis entstehen zwei goldene Lilien, zwei goldene Füllen und zwei goldene Söhne – und damit haben wir den eigentlichen Eingang des → *Zwei-Brüder*-Märchens vor uns.
In der ausführlichen, reich erzählten Fassung der Brüder GRIMM KHM 60 ist eingangs keineswegs von magischer Empfängnis die Rede, vielmehr wird der Eingang des Wundervogelmärchens benutzt (AT 567 → *Das Goldhähnchen*).
Die goldenen Söhne reiten in die Welt und hinterlassen dem Vater die Lilien als Lebenszeichen. Als sie in einem Gasthaus verspottet werden, kehrt einer um und bleibt beim Vater – ein Zug, der eher zufällig ist, wie überhaupt von nun an die Erzählung dürftiger wird und entscheidende Ereignisse fehlen, so der Drachenkampf. Dafür durchreitet der junge Mann den Räuberwald in einer Verkleidung, die bald darauf geradezu als Dunkelgestalt genommen wird: Er legt sich und seinem goldenen Pferd ein Bärenfell an. Die Räuber verzichten auf einen Überfall – aber der junge Mann verliebt sich in einem Dorf in ein schönes Mädchen, verbindet sich mit ihr, und nun möchte der Vater den hergelaufenen Bärenhäuter am liebsten ermorden. Als er ihn jedoch als goldenen Jüngling im Bett seiner Tochter findet, bereut er seine Voreiligkeit. Keine Frage: Hier spielen Erinnerungen vom Tierbräutigam aus dem Amor-und-Psyche-Märchen herein (AT 425, beispielsweise → *Östlich von der Sonne,*

westlich vom Mond). Doch dann fährt der Erzähler mit dem ursprünglichen *Zwei-Brüder*-Märchen fort. Dem jungen Mann träumt, daß er einen Hirsch jage. Kein Bitten hält ihn zurück, er trifft tatsächlich auf den Hirsch, verfolgt ihn vergebens und steht abends vor dem Haus einer Hexe. Da ist die Erinnerung des Erzählers freilich wieder getrübt: Weil das Hündchen ihn anbellt und er mit dem Erschießen droht, verwandelt ihn die Hexe zu Stein. Daheim fällt sein Lebenszeichen um, der Bruder setzt sich auf sein Pferd und findet ohne jeden Aufenthalt, also auch ohne die Einkehr bei der Braut seines Bruders, zum Hexenhaus, wo er die Alte zwingt, den zu Stein Verwandelten wieder lebendig zu machen. Man vermißt also manches in dieser weithin bekanntgewordenen Fassung – die vor allem wegen ihrer Eingangsmotivik nicht übersehen werden darf. Der erste Bruder, berichtet der Erzähler, kehrt zu seiner Braut heim, der zweite zu seinem Vater.

3.4. Literaturangaben und Anmerkungen zu dem Erzähltyp vom Zwei-Brüder-Märchen finden sich beim Artikel über → *Die zwei Brüder* (KHM 60).

Das goldne Königreich

AT 401 Wolf DHM 5

1. Der aus einer Kölner Kaufmannsfamilie stammende Johann Wilhelm WOLF (1817–1855) veröffentlichte 1851 in der Erstausgabe seiner *Deutschen Hausmärchen* als Nr 5 die Erzählung von einem jungen Mann, der drei in Hirsche verwandelte Königstöchter jagt, seinen treuen Diener tötet, die Erlösung verfehlt und eine Suchwanderung über drei wilde Wasser und durch drei Riesenreiche durchzustehen hat. J. W. WOLF hat zusammen mit seinem Schwager, Leutnant Wilhelm v. PLOENNIES, vorwiegend in hessischen Kasernen Märchen und Sagen gesammelt. Die Sammlung enthält ungewöhnlich viele Erzählungen von Qualnächten und Erlösungen verwunschener Königstöchter (außer DHM 5 nach AT 401 und 400: DHM 3: *Die Prinzessin von Tiefenthal*, DHM 4: *Von den achtzehn Soldaten*, DHM 13: *Die zwölf Brüder*, DHM 20: *Von der schönen Schwanenjungfer*,

DHM 27: *Die erlöste Schlange*, DHM 29: *Grünus Kravalle*, DHM 30: *Der Geiger und seine drei Gesellen*, DHM 34: *Die dreizehn verwünschten Prinzessinnen*): von insgesamt 51 Erzählungen neun.

2. Der einzige Sohn eines reichen Mannes zieht mit einem Diener in die Welt. In einem großen Wald werden sie von einer alten Frau aufgenommen, die dem Jüngling die Jagd erlaubt, ihn aber warnt und heimlich seinem Diener aufträgt, auf jeden Fall zu verhindern, daß sein Herr auf die drei auffälligen Hirsche schießt. Dreimal schlägt der Diener gegen das Gewehr und lenkt die Schüsse auf die erst schneeweiß, dann braun, dann schwarz erscheinenden Hirsche ab. Da schießt der junge Mann in seinem Zorn den Diener nieder, der das ihm von der Alten aufgetragene Geheimnis gewahrt hat (und damit an den → *Treuen Johannes* und ein ähnliches Verhältnis zwischen einem ausziehenden Helden und seinem in unverbrüchlicher Freundschaft verbundenen Untergebenen erinnert, wie es im Märchentyp AT 516 als grundlegendes Erzählelement erscheint). Die Reue kommt zu spät, das freundliche Waldhaus ist samt der Alten verschwunden, und nach langem Umherirren begegnen dem jungen Mann an einer Quelle drei Königstöchter, die ihm enttäuscht erklären, daß er ihre Erlösung durch seine Unbedachtsamkeit verfehlt habe. Als er seinen Entschluß äußert, gutzumachen und alle Gefahren und Mühen durchzustehen, erhält er von den älteren Königstöchtern zwei Zaubergaben, ein Schwert und eine Börse, von der jüngsten aber das Zeichen ihres Verlöbnisses, einen Ring. Damit macht er sich auf, das verheißene außerweltliche Königreich zu suchen (wie es häufig auch in den Erzählungen des Märchentyps AT 400 geschildert wird).
Mit seinem unwiderstehlichen Schwert erschlägt er einen Drachen, womit er einem Löwen das Leben rettet und diesen als treuen Gefährten gewinnt. Zusammen mit dem Löwen setzt er über die drei immer wilderen Sturmgewässer Irrewellen, Grausam und Allerschlimmstes und erzwingt dreimal Durchlaß durch immer bedrohlicher verwehrte Riesenreiche. Aber statt den geforderten Zoll (Hand oder Fuß) zu zahlen, zwingt er die Riesen mit seinem Schwert nieder, und wen er nicht erschlägt, den reißt der Löwe. Der Zug in das goldene Königreich zeigt dramatisch, wie sehr der im ersten Teil der Ausfahrt durch seine Unbedachtheit und Maßlosigkeit Gescheiterte nach der entscheidenden Wende durch Unbeirrbarkeit, Zielbewußtsein und rück-

haltlosen Einsatz zu sich selbst findet und damit bis über alle gewöhnlich gesetzten Grenzen hinaus zu schreiten vermag. Er gelangt in das Reich, dessen Glanz alles überstrahlt, und erfährt von dem Wirt vor dem völlig unzugänglichen Schloß der verwunschenen Königstochter, daß dem rechten Bräutigam aufgetan werde, wenn er im rechten Wagen mit den rechten Pferden komme. Hier zeigt es sich, daß ein auch unwiderstehliches Schwert nicht jeden Durchlaß in der Welt erzwingen kann und daß dem jungen Mann andere, seelische Kräfte zugewachsen sind. Er versucht es zuerst mit einem schwarzen, dann mit einem braunen und schließlich mit einem weißen Gespann. Beim ersten Versuch findet er das Tor offen, muß aber unverrichteterdinge durch den hinteren Ausgang das Schloß verlassen. Beim zweiten Versuch sind bereits die Fenster geöffnet. Und beim dritten Anlauf mit schneeweißen Rossen und in schneeweißem Wagen wird er vom König des goldstrahlenden Reiches und seinen drei Töchtern empfangen und kann mit der geliebten Jüngsten Hochzeit feiern.

3. Der im internationalen Verzeichnis unter AT 401 geführte Märchentyp ist alles andere als eindeutig bestimmt – und die von Johann Wilhelm WOLF mitgeteilte Erzählung vom goldenen Königreich kann auch nur eines einzigen Motives halber unter AT 401 eingeordnet werden: Eine verzauberte Königstochter nimmt in Hirschgestalt die Aufmerksamkeit eines Jägers gefangen und erklärt später in menschlicher Gestalt ihrem Verfolger, mit dem sie sich wie in der *Melusinen*sage an einer Quelle verlobt, daß er sie in einem außerweltlichen Reich wiederfinden könne – wohin sich der junge Mann sogleich auf den Weg macht. Die Wolfsche Fassung ist reich an bemerkenswerten Einzelheiten und in sich schlüssig erzählt – aber sie steht allein und lebt von Anleihen aus anderem Zusammenhang. Eine allgemein gültige Zielform herauszulesen, wäre nach dem unzureichenden Stand der bisherigen Forschung nicht gerechtfertigt. Es lassen sich also lediglich Einzelbemerkungen aneinanderreihen: daß auffälligerweise eine eigentliche Eingangsmotivik fehlt; daß die Nähe zum Schwanjungfraumärchen (AT 400) in der von Helge HOLMSTRÖM auf die GRIMMsche Erzählung → *Die Rabe* (KHM 93) bezogenen Sonderform offenkundig ist; daß einzelne Züge an die Bilderwelt mittelalterlicher Verserzählungen erinnern (etwa an *Friedrich von Schwaben, Lanval, Graëlent, Parthenopex von Blois*); und daß die eindrucksvollen Motive des

Zugs über die drei Meere und des Blutzolls (Hand, Fuß, Kopf) der drei zu durchmessenden Reiche wahrscheinlich übernommen sind von dem verwandten Märchentyp von dem Mann, der an das Ende der Welt geschickt wird, etwas Unmögliches zu holen, weil der König ein Auge auf seine schöne Frau geworfen hat (AT 465 A → *Geh ich weiß nicht wohin, hol ich weiß nicht was*). Wesentlich ist jedenfalls, daß sich die verwünschte Königstochter zuerst in Tiergestalt zeigt. Wesentlich ist möglicherweise auch – was jedoch in der Wolfschen Erzählung fehlt –, daß die Erlösung durch dreimaliges Wachbleiben erwirkt, aber durch die Übertretung des Gebotes, nichts zu essen und nichts zu trinken, verspielt wird (wie im Märchen von der → *Rabe*). Gehören die beiden Motive zur Grundlage, dann hat der Diener jedoch eine ganz andere Aufgabe. Dann ist er ursprünglich ein untreuer Begleiter, ein Werkzeug des Gegenspielers, ein Helfer der hexenhaften Mutter der von ihr verwunschenen Braut. Als Wirtin vereitelt sie das Stelldichein an der Quelle, beauftragt den Diener, dem Königssohn eine Schlafnadel ins Gewand zu stekken, will den Königssohn gar für sich selber haben oder ihm eine andere Tochter ihrer eigenen unerquicklichen Art unterschieben. Der junge Mann räumt den falschen Diener aus dem Weg, als er nach dem verschlafenen Erlösungs-Stelldichein eine Botschaft der enttäuschten Braut empfängt, verschlüsselt von dem untreuen Diener selber überbracht – beispielsweise einem verrosteten Nagel den Kopf abzuschlagen.

Vermutlich gehört auch das Motiv von den drei verschiedenfarbigen Kutschen zum ursprünglichen Bestand des Märchens. Über andere Besonderheiten des zweiten Teils, der Suchwanderung, kann man nur rätseln, denn meist ist der zweite Teil ganz einfach der üblichen Suchwanderungsform des Schwanjungfraumärchens nachgebildet (wie es beispielsweise im *Liombruno* erzählt wird: → *Der König vom goldenen Berge*). Vielleicht haben diejenigen Erzählungen alte Züge bewahrt, in denen sich der Königssohn nach dem gescheiterten Erlösungsversuch das Leben nehmen will, aber von einem Köhler oder Einsiedel davor bewahrt wird und dann eine längere Zeit als wilder Mann im Wald verbringt – ehe er unerkannt bei den Kampfspielen um seine verlorene Braut wieder auftaucht (man vergleiche das Meisterlied des Hans SACHS von 1552: *Der Ritter von Purgund mit dem Hirsen,* und das ungarische Volksbuch vom Königssohn *Argirus und der Feenjungfrau,* das in der Aufzeichnung des wohl in Italien lebenden Albert GYERGYAI zuerst bekannt wurde und

später eine solch außerordentliche Verbreitung, auch in Rumänien, erfuhr).
In eine ganz andere Richtung weist allerdings die Verwandtschaft mit Marie-Catherine Le Jumel de Barneville, Baronin d'AULNOYS Fassung des → *Brüderchen-und-Schwesterchen*-Märchens: *La biche au bois* von 1698 (AT 450+403). Dort stellt der Königssohn seiner in einen Hirsch verzauberten Braut nach und verletzt sie schließlich bei der Jagd. Die Märchen des Schwanjungfraukreises (AT 400 und 401, vielleicht auch 465), der hier vertreten ist durch die Fassungen → *Die drei schwarzen Königstöchter* (KHM 137), → *Der König vom goldenen Berge* (KHM 92), → *Die Rabe* (KHM 93) und → *Der Trommler* (KHM 193: AT 400+313 C+518), sind mit Vorliebe in Kasernen erzählt worden und haben sich auch auf diesen Zuhörerkreis eingestellt. Um das Ausmaß dieser Überlieferung abschätzen zu können, muß man wissen, daß in vielen Kasernen abends Erzählzwang bestand. Wer an der Reihe zu erzählen war, hatte alle anderen in Schlaf zu erzählen. Und so konnte es sich dabei einbürgern, daß der Erzähler von Zeit zu Zeit eine bestimmte Frage stellte, auf die, wer noch nicht eingeschlafen war, formelhaft zu antworten pflegte – etwa: »Knochen?« – »Nein, Fleisch!«

4. Die Literaturangaben finden sich beim Artikel → *Der König vom goldenen Berge*.

Grünus Kravalle → *Der König vom goldenen Berge* (Abschnitt 3)

Hänsel und Gretel

AT 327 A KHM 15

1. Unter dem Titel *Das Brüderchen und das Schwesterchen* zeichnete Wilhelm GRIMM das Märchen von den Kindern bei dem Ungeheuer auf, von der Aussetzung im Wald, der Vernichtung des Ungeheuers und der glücklichen Heimkehr, und veröffentlichte es 1812 im ersten Band der Erstausgabe als Nr 15. In der

Handschrift hat Jacob GRIMM hinzugefügt: »alias Hänsel u. Gretchen. cf Perrault.« Es ist ungewiß, woher er die Erzählung kannte; Heinz RÖLLEKE vermutet, aus mündlicher Überlieferung der Familie WILD.

Theodor Hosemann: Hänsel und Gretel (Stuttgart. Weise oJ)

2. Es ist Teuerung im Land, ein Holzhackerpaar mit zwei Kindern, einem Knaben und einem Mädchen, leidet Hunger. Da hören die Kinder, daß die Stiefmutter den Vater dazu überredet, sie im Wald auszusetzen. Der Knabe tröstet die Schwester, sammelt noch in der Mondnacht Kiesel und bezeichnet damit am nächsten Morgen den Weg. Auf die Frage des Vaters, warum er immer stehen bleibe, sagt er, seine Katze säße auf dem Dach und wolle ihm ade sagen. Es wird ein Feuer entfacht; die Stiefmutter sagt, die Kinder sollen ruhen, derweil die Eltern Holz hauen. Aber was die Kinder für vertraute Axtschläge halten, ist ein hin und her schaukelnder Ast, mit List an einen Baum gebunden. Sie werden nicht abgeholt. Doch als der Mond zu scheinen beginnt, finden sie mit Hilfe der Kiesel den Weg zurück. Die Stiefmutter empfängt sie mit Schelte, der Vater freut sich. Dieses Motiv der Aussetzung, des glücklichen Heimfindens beim ersten, und des mißglückten Versuchs beim zweiten Mal ist auch für Märchen

anderer Typen bekannt (AT 327 B → *Der kleine Däumling;* AT 327 AB: *Finette Cendron,* von M.-C. d'AULNOY; AT 511 → *Das Erdkühlein*). Bereits der zweite Versuch, sich auf diese Weise zu retten und heimzukehren, scheitert. Den Kindern steht eine andere Bewährung bevor. Betrachtet man das Ganze im Hinblick auf Zuhörererwartung und Erzählerabsicht, so zeigt sich gerade bei der *Hänsel-und-Gretel*-Fassung deutlich die Struktur eines auf Zaubermärchen-Grundlage entstandenen Kindermärchens. Hier ist zwar die Rede von Ablösung und Selbstfindung, nicht aber von der Aufnahme eigenständiger seelischer Bindungen zum künftigen Partner. Wenn im Märchen von den beiden Liebenden, die sich dem Unhold durch magische Flucht entziehen (AT 313 C → *Die beiden Königskinder;* AT 400+313 C → *Der Trommler*) die Bewährung füreinander erlebt wird, so sind es hier Geschwister, Kinder, die nebeneinander ihren Weg gehen. Kindermärchen folgen dem Gesetz der Ablösungserprobung, der schrittweisen Selbstfindung und der Heimkehrmöglichkeit nach abenteuerlicher Bewährung.

Das Kind kehrt heim, als ein anderes, reiferes. Es hat in einem entscheidenden Schritt Selbstvertrauen gewonnen. Auch Hänsel und Gretel werden am Ende in das Vaterhaus heimkehren – aber was wird inzwischen nicht alles geschehen! Übrigens, der kleine Däumling des Charles PERRAULT geht einen wesentlichen Schritt weiter. Er schickt am Ende seine Geschwister heim und steht selbst endgültig auf eigenen Beinen. Doch kehren wir zurück zur *Hänsel-und-Gretel*-Erzählung. Bei der zweiten Aussetzung können sie nicht auf ihren Spuren zurückkehren. Die Stiefmutter hatte die Türe versperrt. Hänsel konnte keine Kiesel holen. Er mußte sein Brot brocken, und die Vögel haben es aufgepickt. Die Kinder geraten immer tiefer in den Wald. Ein auffällig weißer Vogel leitet sie zu einem Haus aus Brot, mit Kuchen gedeckt, die Fenster aus Zuckerwerk. Sie tun sich gütlich daran, bis die Hexe erscheint. Die Alte nötigt die Kinder ins Haus, bewirtet sie reichlich, zeigt aber gleich am nächsten Morgen ihr wahres Gesicht, als sie den Knaben in den Stall sperrt und seine Schwester dazu zwingt, ihr bei dem Geschäft des Mästens zu helfen. Der Knabe ist allerdings gewitzt. Statt eines Fingers reicht er einen Knochen zum Befühlen und zögert das Schlachten hinaus. Doch die kinderfresserische Hexe wird ungeduldig. Unter dem Kessel und im Backofen wird angeheizt, denn sie will nicht nur den Hänsel kochen, sondern gleichzeitig die Gretel backen. Aber das Mädchen überlistet die Alte, läßt sich angeblich zeigen, wie man in das Ofenloch steigt und schiebt das Ungeheuer selber zum Verbrennen hinein. Dann befreit es den Bruder, die Kinder stopfen von den Schätzen der Alten die Taschen voll und flüchten aus dem Hexenwald. Daß hier noch die Reste der Zauberflucht zu finden sind, zeigt das große Wasser am Rande des Hexenwaldes, über das eine Ente die Kinder trägt. Ursprünglich hatte die Ente nicht nur die Aufgabe, die Fliehenden über ein großes Wasser hinwegzutragen, sondern auch die, den Verfolger bis zur Mitte gelangen und dann ertrinken zu lassen. Die Kinder kehren glücklich heim, die Freude ist sehr groß – zumal nicht nur mit den bei der Hexe gesammelten Schätzen jede Not gebannt ist, sondern es inzwischen auch die schlimme Stiefmutter nicht mehr gibt und sie ihren Vater wieder ungeteilt für sich haben.

3. Die deutsche Überlieferung des *Hänsel-und-Gretel*-Märchens (AT 327 A) ist, im Gegensatz zur französischen des Däumlingsmärchens (AT 327 B → *Der kleine Däumling*) recht unselbständig. Rolf HAGEN hat mit seiner beispielhaften Untersuchung die verwickelten Abhängigkeiten nicht nur zwischen GRIMM und PERRAULT, sondern auch zwischen der Grimmschen und der von GRIMM abhängigen, aber dann auf die Grimmsche zurückwirkenden elsässischen Mundartfassung August STÖBERS geklärt. Danach stellt sich die Sachlage so dar: Wilhelm GRIMM hatte vor der für C. BRENTANO bestimmten, am 25. Oktober 1810 abgeschickten Abschrift der allerersten Märchensammlung eine Erzählung vermutlich aus der Familie des aus Bern stammenden Apothekers Rudolf WILD gehört und aufgezeichnet, möglicherweise von der damals 17jährigen Henriette Dorothea WILD, seiner späteren Frau. Doch bleibt die tatsächliche Herkunft ungewiß. Für die Anmerkung der Brüder GRIMM aus dem Jahre 1822 »nach verschiedenen Erzählungen aus Hessen« gibt es außer der Nachricht, daß W. GRIMM am 15. Januar 1813 von Dortchen WILD noch eine Ergänzung des Verses vom Wind aufzeichnete, keine Bestätigung. Aber es war den Brüdern GRIMM aus zweiter Hand eine schwäbische Mundartfassung von einem Zuckerhäuschen bekanntgeworden, an dem Kinder lecken, das aber von einem Wolf bewohnt ist. Die Nähe des barocken Buchmärchens *Nennillo e Nennella* des Neapolitaners Giambattista BASILE (5, 8) war vor allem Jacob GRIMM klar, aber ebenso auch die Ähnlichkeit zwischen dem Anfang unseres Märchens und dem Auszug der sieben Kinder des Holzhauerpaares in PERRAULTS Märchen (Kieselsteine und Brotbrocken als ausgelegte Wegmarken kommen

sonst nicht vor). Wilhelm GRIMM überarbeitete den Text von 1812 gründlich für die Zweitauflage von 1819 – aber für die fünfte Auflage von 1843 führte er, und das wurde bisher übersehen, noch einmal wesentliche Neuerungen ein, deren Quelle er an keiner Stelle erwähnte. Diese Quelle ist *Das Eierkuchenhäuslein* aus August STÖBERS *Elsässischem Volksbüchlein* von 1842, aus deren Mundartfassung Wilhelm GRIMM mehrere auffällige Züge und Redewendungen in seinen Erzählstil übertrug: so die Ausrede Hänsels, seine Katze wolle ihm ade sagen, das schneeweiße Vögelein, das große Wasser am Ende des Hexenwaldes, der Entchen-Vers und die Schlußformel von der Maus, aus der man hätte eine Pelzkappe machen können. Dabei übersah Wilhelm GRIMM offensichtlich, daß August STÖBERS Erzählung auf W. GRIMMS Fassung aus den ersten Auflagen fußt und eine Übertragung des Grimmschen Textes in Mundart ist, angereichert durch einige malerische Einzelzüge, reizvolle Versfassungen und volkstümliche Redewendungen. Genau diese Zugaben übernahm Wilhelm GRIMM, wie R. HAGEN nachweist, in die fünfte Auflage von 1843. Obgleich Briefverbindung zumindest zwischen Jacob GRIMM und August STÖBER, der ja Mitarbeiter des Wörterbuches war, bestand, fiel offenbar von keiner Seite ein Wort über die Entlehnung.

Um das Bild vom Buchmärchenangebot der *Hänsel-und-Gretel*-Erzählung im 19. Jahrhundert abzurunden, seien auch Ludwig BECHSTEINS zahlreiche Auflagen erwähnt, in denen das beliebte Kindermärchen natürlich nicht fehlen durfte. 1845 veröffentlichte der Meininger Bibliothekar als Nr 8 seiner Sammlung, ebenfalls unter dem Titel »*Hänsel und Gretel*« und mit dem irreführenden Zusatz »mündlich« (was sich aber wohl auf GRIMM beziehen sollte) eine Fassung, die er dem von Friedrich Wilhelm GUBITZ stammenden Text im *Deutschen Volkskalender* von 1844 nacherzählte – dort unter dem Titel *Die Kinder im Walde*. Aber der Volksschriftsteller und Holzschneider F. W. GUBITZ, der Herausgeber des Kalenders, hatte nichts anderes getan, als August STÖBERS Text ins Hochdeutsche zu übertragen – womit wir wieder bei der Quelle GRIMM und den ersten Auflagen der KHM sind.

Auch die wenigen anderen Aufzeichnungen der *Hänsel-und-Gretel-* oder *Däumling*-Erzählung (R. HAGEN zählt, außer den bereits genannten, nicht mehr als sechs weitere, wozu noch die von Franz Graf POCCI 1838 illustrierte Fassung zu rechnen wäre) weisen mehr oder weniger enge Abhängigkeiten von KHM 15,

PERRAULT HCTP 8 oder von anderen GRIMM- oder PERRAULT-Abkömmlingen auf. Wirklich eigenständige mündliche Überlieferung scheint so gut wie nicht feststellbar. Man täusche sich nicht bei Anleihen, die aus ganz anderen Märchentypen wie denen von der magischen Flucht (AT 313) oder von → *Brüderchen und Schwesterchen* (AT 450) gemacht werden. Wo der kleine Däumling beim Menschenfresser auftritt, ist natürlich Charles PERRAULT im Spiel (so bei den Brüdern ZINGERLE, KHMS 2, 55: *Der Daumlange Hansl,* BECHSTEIN DMB 8: *Der kleine Däumling,* L. CURTZE Nr 27: *Die sieben Geschwister*). Eine eigenständige und sehr reichhaltige mündliche Überlieferung weist dagegen nur der von Gottfried HENSSEN untersuchte Märchentyp 327 C auf: *Der Knabe im Sack.*

4. Literaturangaben zu den Märchentypen AT 327 A und AT 327 B finden sich beim Artikel → *Der kleine Däumling.*

Hans, der Grafensohn, und die schwarze Königstochter

AT 307 | Jahn VPR 16

1. Ulrich JAHN (1861–1900) veröffentlichte das Märchen von der Königstochter, die durch den unbedachten Wunsch der Eltern in die Macht des Bösen gerät und durch eine standhafte Wache an ihrem Sarg erlöst wird, 1891 als Nr 16 in seiner Sammlung *Volksmärchen aus Pommern und Rügen* (mit dem Vermerk: »Mündlich aus Quatzow, Kreis Schlawe« – und: »Das Märchen wird allenthalben in Pommern gern erzählt und gehört«). Erst 1917 wurde bekannt, daß auch Jacob und Wilhelm GRIMM über eine Fassung dieses Märchens verfügten. Sie war ihnen um 1818 von der Familie v. HAXTHAUSEN aus Westfalen übermittelt worden, aber sie blieb, aus welchen Gründen auch immer, von ihnen unberücksichtigt (KHM 219: *Die Prinzessin im Sarge und die Schildwache*). Die Jahnsche Fassung indessen wurde von Paul ZAUNERT (1879–1959) aus ihrem Rahmen gelöst und 1922 unter dem Titel *Der Soldat und die schwarze Prinzessin* in die *Deutschen Märchen seit Grimm* aufgenommen. Den Rahmen aber verband er mit einer Erzählung von desertierenden Soldaten, die eigentlich sieben verwunschene Königstöchter hätten erlösen sollen (AT 401 → *Das goldne Königreich,* WOLF DHM 5).

2. Ein Graf hat drei Söhne, zwei werden Soldat. Aber der jüngste scheint ihm nur zum Schweinehüten zu taugen. Doch der jüngste will es den älteren nachmachen. Er zieht in die Residenz und wird Soldat wie seine Brüder. Aber schon bald führt er ein Luderleben und betrügt den Vater. Er läßt sich Geld für Beförderungen schicken, die gar nicht stattfinden.
Als der stolze Vater sich aufmacht, um den angeblichen Hauptmann zu besuchen, muß er hören, daß der liederliche Rekrut sein Geld verpraßt und die meiste Zeit im Gefängnis sitzt. Aber Hans wird schließlich doch nicht davongejagt. Der König braucht ihn, denn inzwischen hat sich folgendes ereignet: Das Königspaar hat keine Kinder. Eine Alte will helfen und gibt einen zauberischen Kräutertee. Doch durch die Verwünschung, die der König beim Trinken ausspricht, bekommen die beiden ein Kind, das völlig schwarz ist und, ohne Essen und Trinken zu sich zu nehmen, in einem Jahr so rasch wächst, wie andere in fünfen. An seinem dritten Geburtstag verlangt das Mädchen einen Eisensarg, der in der Kirche aufgestellt werden muß; daneben jede Nacht eine Wache. Am Morgen sind die Wachen verschwunden, die verwünschte Königstochter hat sie gefressen. Es wird allmählich schwierig, Wachen zu finden, die Sache spricht sich herum. Schließlich erhält der liederliche Hans, der, als das Geld seines Vaters ausbleibt, keine Kumpane mehr findet und nichts mehr zu verlieren hat, den Auftrag, am Sarg der verwünschten Königstochter zu wachen. Hans fürchtet sich allerdings und flieht. Da vertritt ihm ein alter, grauer Mann den Weg. Das geschieht dreimal, denn nach den beiden ersten überstandenen Nächten flieht Hans auch ein drittes Mal. Der graue Mann rät, wie der Junge sich verhalten soll. Versteckt er sich beim ersten Mal in der Orgel, beim zweiten Mal unter dem Altar und springt beim dritten Mal in den Sarg selber, so wird er weder zerrissen, noch verschlungen.
Hans hält die drei Nächte in der Kirche durch, mag sich die aus dem Sarg gestiegene Königstochter auch noch so wild gebärden, mag sie drohen oder flehen. Als es in der dritten Nacht zwölf schlägt, steht die Königstochter erlöst neben dem Sarg, in dem ihr Erlöser Zuflucht gefunden hat. Sie ist völlig weiß geworden – und obendrein spürt sie endlich ganz gewöhnlichen, und zwar recht erheblichen Hunger. Der König erfüllt dankbar sein Versprechen: Der verkannte junge Mann, der bei seinem Versuch, es den Brüdern nachzutun, nicht sehr rühmenswert gehandelt hat, heiratet nunmehr die Königstochter.

Die grausig dramatischen Ereignisse des ersten Teils werden durch den zweiten Teil vom Besuch daheim auf realistische Weise ins Gleichgewicht gebracht. Das ist möglicherweise nur eine Erfindung des Jahnschen Gewährsmannes, in jedem Fall aber ein Ausgleich voll drastischen Humors. Auf den Rat seiner Frau hin macht sich der junge König auf, um den alten Vater daheim zu besuchen. Aber unterwegs werden die äußeren Verhältnisse radikal geändert: Der König und sein Gefolge geraten in eine Räuberherberge. Er entkommt als einziger. Da sein Vater ausreichend mit des Sohnes Hochstapeleien bedient worden ist, kann Hans mit seiner Vorstellung als König nur Hohn ernten. Der Vater setzt ihn wieder als Schweinehirten ein – und Hans hat Gelegenheit, über den wunderlichen Lauf des Schicksals nachzudenken. Noch einmal erscheint der kleine graue Mann und schenkt Hans eine Pfeife, nach der die Schweine tanzen – ein Irrläufer wohl aus einem anderen Märchen (AT 570 → *Der Hasenhirt*). Der Vater versalzt dem Sohn das Vergnügen. Aber inzwischen hat sich die junge Königin aufgemacht, um ihren Mann zu suchen. Vor der Herberge wird sie von Leuten aus ihres Mannes Gefolge gewarnt, die von den Räubern gewaltsam in ihre Bande aufgenommen worden sind.
Als die junge Königin bei ihrem Schwiegervater eintrifft und ihren Mann in der alten Rolle des Schweinehirten findet, sagt sie dem nichtsahnenden Grafen in einem Auftritt, wie er ganz ähnlich, nur noch um vieles deftiger, in dem Glasbergmärchen von Wilhelm WISSER vorkommt (AT 530 → *Simson, tu dich auf!*), ein bezeichnendes Wort: »Ihr kennt euren Sohn nicht!« Und da begreift der Vater schließlich, daß der verkannte und nicht immer bewundernswerte Sohn sein Leben in die Hand genommen hat und wahrhaftig König geworden ist.

3. Daß die Brüder Jacob und Wilhelm GRIMM zögerten, ihre aus Westfalen stammende Fassung zu veröffentlichen, ist verständlich. Es geht allzu kirchenfromm darin zu. Die Wache wird drei Nächte mit Gebeten beschäftigt: Der vom Desertieren zurückgehaltene Soldat muß mit ausgebreiteten Händen vor dem Altar, ausgestreckt mit dem Gesicht auf dem Boden vor dem Altar und schließlich im Sarg beten – bis die Erlöste, makellos weiß geworden, in Tränen ausbricht. Aber in seinen eigentlichen Bauelementen ist die Haxthausensche Fassung vollständig und folgerichtig. Am Schluß enthält sie einen bemerkenswerten Zug: Die von der schwarzen Königstochter erwürgten Wachen

stehen wieder auf. Die Kirche ist voll von wieder zum Leben erwachten Soldaten, denen inzwischen der Bart lang bis auf den Boden gewachsen ist.
Der Rahmen, wie er aus Pommern überliefert ist, tritt sonst nicht auf. Es geht ursprünglich ausschließlich um das Verhältnis zwischen einem Vater und seiner Tochter.
Das ersehnte Kind wird durch ein magisches Mittel empfangen – aber zugleich wird sein Leben auch durch des Vaters lästerliche Verwünschung dämonischen Kräften überantwortet: Und wenn es so schwarz wie der Teufel wäre! Wichtig ist zweifellos auch der vor allem im Dänischen auftretende Zug, daß der in den Krieg ziehende König seiner Frau droht, sich scheiden zu lassen, wenn sie ihm kein Kind zur Welt bringe. Als es schließlich geboren wird, ist es schwarz und obendrein stumm, wächst unnatürlich rasch, bleibt dem Vater gegenüber fremd und unverständlich und wird schließlich gar zu einem Vampir, einem grausigen Wiedergänger. In manchen Fassungen ist es das Übertreten eines Verbotes, das die entscheidende unglückliche Wendung herbeiführt. Der Vater hätte die auf zauberische Weise empfangene Tochter vor ihrem 14. Jahr nicht anschauen dürfen. Aus Neugier oder Unbedachtheit tut er es dennoch – und löst damit ihren Tod und ihr nächtliches Wüten in der Kirche aus. Auch wird erzählt, daß der alte Mann dem jungen Soldaten nicht in jedem Fall rät, daß er sich verbergen soll, sondern ihm gelegentlich ein Stück Kreide gibt, mit dem er einen Schutzkreis um sich ziehen kann. Das erinnert an die Gespenster-Szene in Nikolaj GOGOLS Erzählung vom *Wih* (vgl auch AT 810). Wesentlich jedoch ist, daß der zukünftige Mann, der übrigens stets ein Verkannter, Geringgeachteter ist, zuweilen ein Schmied, Schneider oder Schuster, weder geduldig drei Qualnächte erträgt, noch die von einem Dämon besessene Braut auspeitscht (AT 507 A → *Die verwünschte Königstochter*), sondern sich dem Zugriff der dämonisierten Königstochter entzieht und sie ungerührt und unbeirrt bis zur Erschöpfung ihr Unwesen treiben läßt.
Ob die gelegentlich geäußerten Vermutungen zu Recht bestehen, daß das Märchen von der schwarzen Königstochter auf Vampir- und Wiedergängersagen beruht, und ob es unmittelbar Elemente aus ihnen übernommen hat, mag dahingestellt bleiben. Für den Märchenzuhörer ist das belanglos. R. T. CHRISTIANSEN hält es für möglich, daß gewisse Erzählungen aus dem Sagenkreis um Kaiser KARL Anlaß zur Entstehung unseres Mär-

chens gegeben haben. Da heißt es zunächst, daß Kaiser Karl neun Jahre im Osten Krieg führte und kein Lebenszeichen von ihm nach Hause gelangte, so daß die Großen des Reiches seine Frau drängten, eine neue Ehe zu schließen. Aber an dem Tag, der für die Hochzeit bestimmt war, saß der Kaiser, von einem Engel unterrichtet, daheim im Chor seiner Kathedrale. Weiter wird in der *Sage um Kaiser Karls Sünde* erzählt, daß er so sehr in Liebe mit seiner Frau verbunden gewesen sei, daß er ihr, als sie starb, ein Zaubermittel unter die Zunge legte, so daß er sie nachts zu sich holen lassen und er das Bett mit ihr teilen konnte. Erst als sein Bischof davon durch eine Taube erfuhr und das Zaubermittel entfernte, zerfiel die Tote in Staub und Asche. Kaiser Karl aber tat Buße. Noch näher steht ein späteres Volksbuch, in dem ein von einer dankbaren Schlange gegebener Edelstein das Paar bis über den Tod hinaus aneinander bindet. Als ein Ritter von einem fahrenden Scholaren das Geheimnis erfährt, wacht er nächtens am Grab in der Kirche, nimmt den Ring mit dem Edelstein und versenkt ihn in einem Moor bei Aachen. Kirche, Grab und Wache haben Sage und Märchen gemeinsam – und den kundigen Fremden, den Mittler des Jenseitigen, der den Rat erteilt. Aber sowohl die Verbindung der Elemente, als auch Einstimmung und Erzählabsicht sind völlig verschieden voneinander.

Dem Märchen fehlt fast stets ein zweiter Teil. Die Königstochter ist ja bereits nach der dritten Nachtwache erlöst – anders als bei den mißglückten Qualnächten des Märchentyps, in dem ebenfalls ein verwunschenes Mädchen stufenweise ihre Dunkelgestalt ablegt (AT 400 → *Die drei schwarzen Königstöchter*, → *Der König vom goldenen Berge*, → *Die Rabe*, → *Der Trommler*). Nach den drei Wachnächten in der Kirche ist die Königstochter im Sarge endgültig erlöst. Aber vielleicht ist der Rahmen, wie ihn Ulrich JAHN übermittelt, gar nicht so zufällig. Es steht der Königstochter nach der Überwindung ihrer schreckenverbreitenden Besessenheit recht gut an, nun auch ihrerseits einen wesentlichen Einsatz für den Geliebten zu leisten – und das gerade darum, weil er der Geringgeachtete war, dem keiner das Durchhalten zugetraut hat.

4. BP 3, 531–537. – T. R. CHRISTIANSEN: Fra jydsk til norsk tradisjon. In: Festskrift til museumsforstander H. P. Hansen. København 1949. 213–221. – DELARUE 1, 172–176. – S. HOCK: Die Vampyrsagen und ihre Verwertung in der deutschen Literatur. Berlin 1900. – JAHN: VPR 356–357. – A. L. JELLINEK: Zur Vampyrsage. In: ZfV. 14. 1904. 322–328. – LIUNGMAN 218–219, 368. – RANKE 1, 147–149.

Hans mein Igel

AT 441 KHM 108

1. Das Märchen von dem Jungen, der durch eine Verwünschung seines Vaters halb als Igel und halb als Mensch zur Welt kommt, aber durch die vorbehaltlose Liebe einer Königstochter seine Dunkelgestalt abstreifen kann, wurde Jacob und Wilhelm GRIMM am 29. Juni 1813 von Dorothea VIEHMANN, geb. PIERSON (1755–1815) für den zweiten Band der Erstausgabe mitgeteilt und 1815 in den *Kinder- und Hausmärchen* als Nr 22 veröffentlicht. Seit der Zweitauflage von 1819 führt es die Nr 108.

2. Ein reicher Bauer wird verspottet, weil er keine Kinder hat. Er verschwört sich: »Und sollte es ein Igel sein!« Und wirklich bringt seine Frau ein Kind zur Welt, halb ein Junge, halb ein Igel. Es wächst auf dem Stroh hinter dem Ofen auf, und es findet sich weder ein Gevatter, noch kann die Mutter es nähren. Dem Vater wäre es am liebsten, wenn der Junge stürbe. Da geschieht etwas Merkwürdiges, das an den Eingang des Märchens von der → *Schönen und dem Tier* erinnert (AT 425 C) und womit auch → *Das singende springende Löweneckerchen* (AT 425 A, KHM 88) beginnt: Der Vater geht auf den Markt und fragt, was er mitbringen solle. Die Mutter braucht dies und das für den Haushalt, die Magd Pantoffeln und Zwickelstrümpfe – da meldet sich unerwarteterweise auch der Igel und bittet um einen Dudelsack. Er erhält ihn, bittet den Vater, einen Hahn beschlagen zu lassen, nimmt Schweine und Esel und reitet auf Nimmerwiedersehen fort. Die Herde wird groß, der Vater weiß nichts mehr von ihm, aber Hans mein Igel sitzt auf seinem Hahn in einem Baum und spielt wunderschöne Weisen auf dem Dudelsack. Als sich eines Tages ein König in seinen Wald verirrt, zeigt er ihm unter der Bedingung den Weg, daß er ihm gibt, was ihm daheim zuerst begegnet. Das geschieht bald darauf ebenso mit einem zweiten König (und wird gewöhnlich von drei Königen so erzählt). Der Zuhörer weiß schon vorher, daß ihnen zuerst die Töchter begegnen werden. Der erste König steht jedoch nicht zu seinem Wort (in den Dreierfassungen die beiden ersten Könige). Er befiehlt, daß beim Erscheinen von Hans mein Igel auf ihn geschossen, gehauen und gestochen wird. Ganz abgesehen davon, daß die Tochter keineswegs dazu bereit wäre, das Versprechen des Vaters einzulösen. Der andere König jedoch, dessen Tochter dem

Vater zuliebe das gegebene Wort halten will, befiehlt, Hans mein Igel willkommen zu heißen und ins Schloß zu führen.
Doch zuerst muß Hans mein Igel seine große Schweineherde unter Dach und Fach bringen – jedenfalls will es der Erzähler Josef HALTRICH so (vgl Abschnitt 3). Der Igel treibt die Herde heim, und sein Vater, der gehofft hat, den Igelsohn ganz abschreiben zu können, scheint sich nicht einmal über den Schweinesegen zu freuen. Er läßt den Hahn noch einmal beschlagen und sieht es offenbar recht gern, daß sein Sohn nun wirklich nicht mehr erscheinen will.
Hans mein Igel wird vom ersten König als Feind empfangen. Er fliegt auf des Königs Fenster und droht Vater und Tochter den Tod an. Darauf geben die beiden nach, und Hans fährt mit der Hochmütigen im Wagen fort. Aber unterwegs zieht er ihr die Kleider aus, zersticht sie, bis sie blutig ist, und jagt sie samt ihrem Heiratsgut heim. Die Königstochter des anderen Reiches erschrickt zwar über sein Aussehen, doch heißt sie ihn willkommen und setzt ihn neben sich an die Hochzeitstafel. Als sie zur Schlafkammer gehen, bestellt Hans mein Igel vier Männer, die in der Nacht seine ausgezogene Igelhaut verbrennen (ähnlich wird das Federkleid des Taubenpadişahs in dem türkischen Märchen von *Şemsi Bani* verbrannt, vgl den 3. Abschnitt des Artikels über das Märchen vom → *Blauen Vogel,* AT 432). Hans mein Igel liegt erlöst von seiner Igelgestalt im Bett, aber kohlschwarz wie verbrannt, er muß gesalbt werden – aber dann ist er weiß und schön. Das Ereignis wird gefeiert, und er erbt das Reich. Und schließlich besucht er mit seiner Frau nicht nur den Vater, sondern nimmt ihn sogar mit heim zu sich in sein Königreich.

3. Ob zu dieser Erzählung ursprünglich ein zweiter Teil gehört, das Übertreten eines Gebotes und der bis an die Grenzen des Menschenmöglichen gehende Einsatz der Liebsten des Mannes in Igelgestalt, ist eine offene Frage. Bei Josef HALTRICH (DVSS 44: *Das Borstenkind*) gibt es einen solchen zweiten Teil. Nachts legt der Königssohn das Borstenkleid ab und trägt seiner Frau auf, Schweigen zu bewahren. Sie läßt sich jedoch von ihrer Mutter, die so viel Aufhebens macht um ihr armes, mit einem borstigen Eber verheiratetes Kind, überreden zu erzählen, wie es wirklich um ihren Mann bestellt ist. Am Ende ist sie sogar überzeugt davon, daß ihre Mutter das rechte tut, wenn sie heimlich in der Nacht das Borstenkleid verbrennt. Aber damit zerstört sie die junge, verletzliche Bindung und muß eine Reise

bis an das Ende der Welt antreten. Das ist allerdings der voll ausgebaute zweite Teil einer Amor-und-Psyche-Erzählung (AT 425 B → *Östlich von der Sonne und westlich vom Mond*). Obendrein verlangt dieser Teil einen Perspektivwechsel. Eingang und Fortentwicklung des Märchens vom Igelsohn gründen auf Verwünschung und Austreibung eines Sohnes durch seinen Vater und erzählen von dem Zu-sich-selber-Finden eines jungen Mannes. Das geschieht ähnlich in dem in Deutschland leider kaum bekannten Märchen vom → *Königssohn Lindwurm* (AT 433 B, vgl BECHSTEIN NDMB 49: *Siebenhaut*). Der zweite Teil des HALTRICH-Märchens vom Borstenkind berichtet von der Suchwanderung der sich nun endgültig von Vater und Mutter trennenden jungen Frau. Damit wechselt der zweite Teil über zu einem Märchentyp mit einem Mädchen als Hauptgestalt. Ob eine solche oder andere zweiteilige Fassung ursprünglich einmal Zielform der Erzähler war oder ob das Igelsohn-Märchen ähnlich wie das Lindwurm-Märchen nur einteilig aufgebaut und vielleicht auch nur eine durch Perspektivwechsel bedingte Abzweigung vom großen Amor-und-Psyche-Märchentyp ist, läßt sich nicht entscheiden und muß wohl auch nicht entschieden werden. Sicher ist freilich, daß die erste uns bekannte literarische Fassung, in der Sammlung des Venetianers Gianfrancesco STRAPAROLA das Märchen vom *König Schwein* (2, 1: *Il re porco*), die Überlieferung merklich beeinflußt hat – dann aber auch die auf STRAPAROLA gründende Erzählung der Baronin d'AULNOY: *Le prince Marcassin.* Und da der Baronin d'AULNOYS Märchen sowohl in Französisch als auch in deutschen Übersetzungen hierzulande weit verbreitet waren, sind die entsprechenden Einflüsse verständlicherweise in späteren Fassungen nachzuweisen – zB bei Johann Wilhelm WOLF (DMS 3: *Das wilde Schwein*). Daß es sich bei HALTRICH ebenfalls um ein Schwein handelt und Hans mein Igel Hirt und Herr über eine große Herde Schweine ist, kann auch bedeuten, daß mündliche Überlieferung und literarische Fassung aus den gleichen Quellen schöpfen. Auch die Tatsache, daß zahlreiche volkstümliche Darstellungen vom Hahnreiten bekannt sind und Spottlieder von einem reisigen Igel, der gegen einen Leineweber zu Felde zieht, läßt auf Entlehnungen der Erzähler schließen. Wir können lediglich festhalten: Die Vorstellungen des Hahnreiters und des gewappneten Igels waren bekannt und den Märchenzuhörern vertraut.

4. BARCHILON 3–4. – BP 2, 482–485. – KRÜGER 46–48. – LIUNGMAN 103, 361.

Hans Wunderlich

AT 708 Jahn VPR 13

1. 1891 veröffentlichte der aus Pommern stammende Gymnasiallehrer Ulrich JAHN (1861–1900) in seinen *Volksmärchen aus Pommern und Rügen* als Nr 13 unter dem Titel *Hans Wunderlich* die Fassung eines sonst recht seltenen Zaubermärchentyps. Paul DELARUE hat ihn bestimmt als Märchentyp von dem unschuldigen Mädchen, das ein Ungeheuer zur Welt bringt – aber dieses merkwürdige Kind steht der verfolgten Mutter bei und hilft ihr und sich selbst zu einem rechten Mann und Vater, wodurch es seine Dunkelgestalt abstreift. Ulrich JAHN hat als Quelle vermerkt: »Mündlich aus Quatzow, Kreis Schlawe.«

2. Es gibt eine ganze Reihe von Zaubermärchen, in denen ein Mädchen erbarmungslos von der hassenden Mutter oder Stiefmutter verfolgt wird, vor allem dann, wenn der Vater fern ist. Aber nur in den Erzählungen von dem in der Wildnis geborenen rätselhaften Sohn kommt die hexenhafte, von ihrer leidenschaftlichen Eifersucht auf des Vaters liebstes Kind getriebene Frau auf den merkwürdigen Gedanken, das verhaßte Mädchen durch drei Blutstropfen aller im Wald lebenden wilden Tiere in andere Umstände zu versetzen. Als es sich zeigt, daß das Mädchen schwanger ist, erwirkt die Königin von ihrem fernab im Krieg stehenden Mann, daß sie freie Hand hat, die Tochter, weil sie Schande bereitet, zu bestrafen. Die Beweise scheinen erdrückend zu sein, der Vater willigt ein, und die Königin schickt das Mädchen mit einem Jäger in den Wald, daß er es töte. Ebenso wie im → *Mädchen ohne Hände* (AT 706), im → *Sneewittchen* (AT 709) oder den *Genovefa-* oder *Hirlanda*-Erzählungen verschont der Jäger das Mädchen jedoch gegen das Versprechen, nie wieder des Vaters Reich zu betreten. Es ist ausgesetzt, und es ist bereit, auf die alten Bindungen zu verzichten. Es sucht sich eine Höhle im Wald, nährt sich von Wurzeln und Kräutern und bringt, als die neun Monate um sind, einen sonderbaren Knaben zur Welt, der ganz bunt ist, voller Federn und Haare, sogleich wild umherspringt und sie als seine Mutter anspricht. Das Kind in der Dunkelgestalt – eine in der Märchenwelt einmalige Gestalt – weiß offenbar genau, was zum Wohle seiner Mutter und dadurch auch zu seinem eigenen Wohl geschehen muß. Hans Wunderlich (in Josef HALTRICHS Fassung DVSS 20 der »tausend-

fleckige starke Wila« genannt, anderwärts Wildfleck oder Allerhandfleck) erinnert an → *Allerleirauh* in ihrer Verkleidung (AT 510 B). Hans Wunderlich nimmt seine Mutter noch am Tag seiner Geburt mit an den nächstgelegenen Königshof, läßt sie sich als Küchenmagd verdingen und tritt selbst in den Dienst des Königssohnes. Der zweiteilige Aufbau des Zaubermärchens ist deutlich zu erkennen: Nach der rückhaltlosen Ablösung und dem völligen Ausgeliefertsein an die Wildnis – ein Ausgeliefertsein, das zugleich Vaterschaft des neuen Lebens ist – beginnt mit dem rastlosen Einsatz des Kindes der Aufbau einer tragfähigen Liebesbeziehung. Diese Beziehung wird durch den Lernprozeß des fremden Königssohnes begründet, dem das Kind seiner zukünftigen Frau zum geheimen Helfer wird, aber auch zur Herausforderung und zum inneren Anspruch. Das spiegelt sich in einer Reihe sonst im Märchen nicht bekannter, fast ritualisierter Wechselreden zwischen dem Königssohn und seinem zauberischen Kind-Führer. Hans Wunderlich schläft unter dem Bett des Königssohnes. Er setzt durch, daß ihn der Königssohn mitnimmt auf die Fahrt zu dem Nachbarkönig, von dessen Töchtern der Königssohn eine als Frau heimführen will. In dem einsamen Gasthaus im Wald erzwingt Hans Wunderlich sogar, daß diesmal der Königssohn unter dem Bett und er selbst im Bett schläft. Auch hier muß sich der Königssohn unterwerfen – doch nicht zu seinem Schaden, denn nachts erscheinen zwölf Mordbuben, die der merkwürdige Reisebegleiter erschlägt.

In der Märchenwelt gibt es mehrere Reisebegleiter, die mit übernatürlichen Kräften den Helden schützen, jedenfalls wenn er verständig ist und ihrem Rate folgt. Der → *Treue Johannes* (AT 516), der dankbare Tote (AT 506 A → *Der Schiffer und die drei Königstöchter von Engelland;* AT 507 A → *Die verwünschte Königstochter,* → *Der Reisekamerad*), Stahlsohn, der geheimnisvolle Begleiter im Kampf gegen den → *Unsterblichen Koščej* (AT 302 C* + 516; vgl auch AT 300 A → *Königssohn Katt*) – und nicht zuletzt das Zauberroß, das die Anschläge des verleumderischen Vasallen abwehrt (AT 531 → *Ferdinand Getreu und Ferdinand Ungetreu,* → *Höckerrößlein*) und der sprechende Fuchs auf der Goldvogelsuche (AT 550 → *Der goldene Vogel*). Aber die Gestalt des aus dem tödlichen Haß gegen die Tochter geborenen, wildnishaften Schutzgeistes ist einzigartig. Der Königssohn unterwirft sich und vertraut ihm. Doch als er an den fremden Königshof kommt und von den Töchtern die jüngste auswählt, vergißt er das Versprechen, das er Hans Wunderlich gegeben hat: ihm jeden Tag sein Essen in den Garten zu bringen. Hans Wunderlich freilich verläßt ihn nicht. Er wacht auch in der Hochzeitsnacht über ihn. Und als die ältere Königstochter aus Haß, weil sie verschmäht wurde, die schlafende jüngere ersticht und das Mordmesser neben den Königssohn legt, folgt er ihr und schreibt ihr mit Kohle auf die bloße Brust: Ich bin schuld am Tod meiner Schwester. Der König, der seine jüngste Tochter in ihrem Blut findet und das Messer entdeckt, läßt den Schwiegersohn in den Kerker werfen und zum Tod verurteilen. Drei Tage tanzt Hans Wunderlich vor dem vergitterten Fenster, wirft dem Königssohn den Wortbruch vor und läßt sich um Hilfe anflehen. Und dann spricht er aus, was er längst von dem Königssohn erwartet hat und worauf wir als Zuhörer gewartet haben: Er wird helfen, wenn der Königssohn sein Wort gibt, Hans Wunderlichs Mutter zu heiraten. Der Königssohn gibt sein Wort – und Hans Wunderlich verlangt, als sein Herr unter dem Galgen steht, daß der König seiner älteren Tochter auf die nackte Brust schaut. Anstelle des Königssohnes wird die ältere Königstochter gehängt, und Hans Wunderlich zieht heim mit seinem Herrn, den er vor einer falschen Ehe bewahrt hat. Unterwegs stellt er ihn jedoch noch einmal auf die Probe – surrealistisch absurde Szenen. Der Reihe nach fängt er (abermals ein Zeichen seiner Wildnisverbundenheit) einen Wolf, einen Bären und einen Löwen und behauptet jedesmal, das sei seine Mutter. Und jedesmal willigt der Königssohn in die versprochene Heirat ein, obgleich ihm die Haare zu Berge stehen. Aber am Brunnen vor dem Schloß daheim steht Hans Wunderlichs wahre Mutter, eine überaus schöne Königstochter, zum Magddienst erniedrigt. Die beiden heiraten, und als der Königssohn sie fragt, ob Hans Wunderlich wirklich ihr Sohn sei, bestätigt sie es, aber sie fügt hinzu, daß sie ihn durch einen Zauber geboren hat. Und Hans Wunderlich, der von seinem Vater verlangt – denn Vater nennt er nunmehr den Königssohn –, ihm das Haupt abzuschlagen und ihn aus seiner Dunkelgestalt zu erlösen, erzählt als ein stattlicher, schöner Sohn, der er nun ist, wie das Ganze geschah.

3. Ganz anders im Tonfall, gewaltsamer und düsterer erzählt ist das Märchen Nr 20 in Josef HALTRICHS Sammlung von 1856: *Der tausendfleckige, starke Wila* (DVSS 20). Hier ist es die junge Königin, die wegen ihrer Schönheit von der Mutter ihres Mannes gehaßt wird, einen Trunk vom Blut der Tiere des Waldes erhält, verleumdet und samt ihrem blutfleckigen Sohn in einem

Abgrund ausgesetzt wird. Der Sohn entwickelt jedoch übermenschliche Stärke, und der Erzähler hat ihm Züge aus dem Märchen vom Bärensohn oder starken Hans beigelegt (AT 301 B oder 650; auch aus AT 513). Wila ist unwiderstehlich; jeder der ihn sieht, entsetzt sich; der junge König, der ihn in Dienst nimmt, muß ihn im Keller des Schlosses verbergen, in dem seine Braut wohnt. Die Braut stirbt, der König gerät in Verdacht und wird eingemauert – aber Wila befreit ihn gegen das Versprechen, seine Mutter zu heiraten. Hier bricht die Rauheit und Unversöhnlichkeit des Erzählers mit besonderer Härte durch. Der junge König fragt, ob die Mutter ebenso häßlich sei wie der blutfleckige Sohn? Tausendmal häßlicher, ist die Antwort. Nur des Königs Mutter ahnt, was auf sie zukommt. Vergeblich versucht sie, den jungen König dazu zu überreden, Wila zu ermorden – die beiden ziehen aus, Wilas Mutter aus dem Abgrund zu holen. Da erkennt der König, der vor Angst zittert, daß Wilas Mutter seine schöne, unschuldig verstoßene Frau ist. Die hexenhafte Mutter des Königs jedoch wird lebendig eingemauert. Die Blutflecken werden dadurch getilgt, daß jedes Tier, das in den Zauber einbezogen war, gefangen wird und das Blut fortlecken muß. Aus dem schrecklichen Rächer und gewaltsamen Ordner Wila aber wird ein schöner Königssohn.

HALTRICHS Fassung von der Verfolgung der schönen Frau des Sohnes hat allerdings das Eingangsmotiv aus einem anderen Kreis von Zaubermärchen entlehnt. Eigentlich geht es um die Verfolgung der liebsten Tochter des Vaters durch die Mutter, und das Schlüsselmotiv ist die zauberisch erwirkte Schwangerschaft des Mädchens. Unverständlicherweise hat sich die Forschung um dieses in mehrerer Hinsicht sehr auffällige Märchen überhaupt nicht gekümmert. Man findet nichts als ein paar dürftige Bemerkungen. Das menschliche Drama, das der Zuhörer miterlebt, ist bedeutend. Der Unheilzauber jedoch erscheint als grausig, und die Gestalt des Helfers, der zugleich Kind und ein mit übernatürlichen Kräften begabter schützender und ordnender Begleiter ist, vielleicht als allzu fremd und rätselhaft.

4. BP 2, 236–237 (Anm 2). – DELARUE/TENÈZE 2, 649–653. – LIUNGMAN 198, 367. – RANKE 3, 62–66. – A. WALLENSKÖLD: Le conte de la femme chaste convoitée par son beau-frère. Helsingfors 1907.

Hasenbraut

AT 311 KHM 66

1. 1819 nahmen Jacob und Wilhelm GRIMM die niederdeutsch erzählte *Häsichenbraut* aus Buckow in Mecklenburg als Nr 66 in die zweite Auflage ihrer Sammlung auf, eine ganz für kindliche Zuhörer bestimmte Fassung des Märchens von dem Mädchen, das in die Gewalt eines Unholdes gerät, aber zu fliehen vermag. Merkwürdigerweise gleicht der ausführlich wiedergegebene Eingang dem einer sonst auf Dänemark beschränkten Gruppe von Fassungen.

2. Eine Frau schickt ihre Tochter dreimal in den Garten, denn ein Hase frißt winters den Kohl. Als das Mädchen den Hasen fortscheuchen will, entwickelt sich eine Wechselrede, in der es vom Hasen eingeladen wird, sich auf seinen Schwanz zu setzen und sich in seine Behausung forttragen zu lassen. Zweimal weigert sich das Mädchen, folgt aber beim dritten Mal. Der Hase bestellt sogleich die Hochzeitsgäste. Da der Erzähler sich an Kinder wendet, ist eines der sonst unerläßlichen Hauptmotive ausgefallen: die Todesdrohung und die Bewährungsprobe vor der Blutkammer. Statt dessen heißt es ganz kindlich, daß die Braut Grünkohl und Hirse kochen soll. Die Schwierigkeiten, in die der Erzähler damit geraten ist, überbrückt er mit dreimaligem Anklopfen und Drängen des Hasen: daß die Gäste fröhlich seien, dann hungrig, schließlich daß sie warten. Das traurige Mädchen fertigt jedoch aus Stroh eine Puppe, zieht ihr seine Kleider an, gibt ihr einen Löffel in die Hand und setzt die Puppe an den Hirsekessel. Dann flieht es. Als der ungeduldig gewordene Hase öffnet, findet er sein Haus leer, das Mädchen ist zurück zu seiner Mutter gelaufen.

3. *Häsichenbraut* ist ein Schulbeispiel für die Umstellung einer überlieferten, an grausigen Einzelzügen reichen Erzählung auf einen noch sehr kindlichen Zuhörerkreis. Das Wagnis des Mädchens, dem sonderbaren Hasen zu folgen, führt nicht zu einem wirklichen Bewährungsabenteuer – obgleich die Mutter dazu die Tür geöffnet hat. Es führt nur zur Furcht vor dem Allein- und Auf-sich-selbst-angewiesen-Sein und zur allerdings erfindungsreichen Flucht heim zur Mutter. Zu allem Unglück wird auch noch ein gar nicht hierher gehöriges Gegengewicht durch die

Frage eingebracht, wer denn die Hochzeitsgäste seien. Mit der Aufzählung aus dem bekannten Vogelhochzeitlied als Antwort: die Krähe als Pfarrer, der Fuchs als Küster, ist die Verharmlosung vollständig. Man kann sich lebhaft vorstellen, wie gründlich das Einfügen eines solchen Liedes eine Kinderschar von dem eigentlichen Erlebnisgehalt des Märchens ablenkt.
Weiteres über den verbreiteten Märchentyp vom Mädchenräuber → *Der Räuberbräutigam* (AT 955), → *Fitchers Vogel* (AT 311), und → *Der Blaubart* (AT 312).

4. Literaturangaben beim Artikel zu → *Fitchers Vogel.*

Der Hasenhirt

AT 570 + 610 Wolf DHM 14

1. Johann Wilhelm WOLF (1817–1855) veröffentlichte 1851 in seinen *Deutschen Hausmärchen* als Nr 14 den *Hasenhirten,* das schwankhaft soldatenmäßig erzählte Märchen von der Königstochter, die lieber bei ihrem Vater bleiben, als einem Freier folgen will. Aufgezeichnet wurde das Märchen in einer hessischen Kaserne, und zwar von J. W. WOLFS Schwager, dem Leutnant und späteren Militärschriftsteller Wilhelm v. PLOENNIES (1828–1871).

2. Der schönen Tochter eines Königs fällt es schwer, sich von ihrem Vater zu trennen und sich endlich dafür zu entscheiden, ein eigenes Leben zu führen und eine eigene Beziehung zu einem ganz anderen, jungen Menschen aufzubauen. Der Vater bestärkt sie in dieser Haltung und erläßt ein so gut wie unerfüllbares Gebot: Sie soll nur dem gehören, dem es gelingt, einen goldenen, an einem wirklichen Baum gewachsenen Apfel zu bringen. Ein überaus eifriger General (man vergegenwärtige sich, daß das Märchen für die Zuhörer in einer Kaserne erzählt wurde) findet tatsächlich den einzigen solchen Apfelbaum in der Welt, und es fällt ihm sogar ein Wunderapfel vor die Füße – aber er will noch viel mehr Wunderäpfel haben, müht sich vergeblich ab und erklärt dem merkwürdigen Graumännchen, das ihn fragt, was er in der Tasche habe: Einen Dreck habe er. Das hätte er nicht tun

sollen. Aber die Übereifrigen und Hochfahrenden rechnen ja nie damit, daß ihnen etwas aus einer anderen Welt über den Weg kommt; auch die beiden älteren Söhne des Bauern in dem schweizerischen Märchen nicht, das die Brüder GRIMM brachten (KHM 165: *Der Vogel Greif*). Die Bauernburschen antworten einem kleinen eisernen Mann höhnisch, sie hätten Froschbeine und Sauborsten im Korb. Als der General bei der königlichen Tafel den Goldapfel auf den vornehm gereichten Goldteller legen will, legt er einen Dreck darauf – und die schöne Königstochter wird ohnmächtig wegen des Gestankes. Der General kommt ins Gefängnis. Aber dann geschieht es, daß ein gemeiner Soldat, der dem Dienst den Rücken gekehrt hat (es ist auffällig, wie sehr bei den Zuhörern in den Kasernen die Sympathie den Fahnenflüchtigen galt), dem Graumännchen begegnet und seine Mahlzeit mit ihm teilt. Dafür erhält er einen Goldapfel und ein Pfeifchen. Doch als der Soldat den herrlichen Apfel überreicht, schrickt die Königstochter erst recht vor dem Gedanken zurück, heiraten zu sollen. Sie findet den abgerissenen Kerl, dem eine Stummelpfeife und ein Wurstzipfel aus der Tasche schauen, widerlich. Der König holt den General aus dem Gefängnis und läßt sich den Rat geben, den Soldaten drei Tage lang hundert Hasen hüten zu lassen. Wenn einer fehlt: Kopf ab. Der General zählt selbst die Hasen ab und lacht sich eins. Der Soldat aber ist traurig, denn die Hasen sind im Handumdrehen verschwunden. Da besinnt er sich auf das Pfeifchen – und nun ist dem Erzähler eine großartige Szene gelungen: Tausende von Hasen kommen herbei, der Soldat zählt hundert ab, exerziert mit ihnen und führt abends eine regelrechte Parade am König vorbei – mit Stöckchen präsentiert, als seien es Gewehre. Es folgen die üblichen Ablistungsversuche. Der General verkleidet sich als Jäger und kauft gegen fünfzig Prügel einen Hasen. Die Kammerjungfer verspricht etwas Gutes zu essen und erhält ebenfalls gegen Prügel einen Hasen. Es versteht sich, daß ein Pfiff genügt, den verkauften Hasen wieder zur Hundertschaft zurückzubeordern. Als die Not groß wird, kommt sogar die Königstochter selber, verkleidet als Wildbrethändlerin. Aber der Soldat will kein Wildbret – er will sieben Küsse. Zuletzt kommt der verkleidete König und muß – ein alter, haariger Soldatenspaß – dreimal einen Gaul unter dem Schwanz küssen und dazwischen in die Faust trompeten. Und jedesmal holt ein Pfiff den so teuer erkauften Hasen zurück. Noch einmal muß der General raten, und er rät zu dem Sack, der mit »Wahrheiten« vollgepackt werden muß – aber was der

Soldat hineinpackt, sind die Enthüllungen der Listen und die in den Verkleidungen willig in Kauf genommenen Demütigungen. Und so kommen zu den hundert Hasen unfreiwillig oder freiwillig General, Kammerjungfer und Königstochter – den König rettet nur noch, daß er keinen Platz mehr im Sack der Wahrheiten sieht und außerdem gleich für den nächsten Tag die Hochzeit ansetzt.

3. Die Einleitungsmotivik von der Gewinnung des einzigartigen goldenen Apfels, die in dem von Otto SUTERMEISTER aus der Grimmschen Sammlung übernommenen Schweizer Märchen (*Der Vogel Greif*, KHM 165) besonders gut erzählt ist, wird meist mit dem Gedanken geführt, daß die Königstochter krank ist und nur durch einen besonderen Apfel geheilt werden kann. In der internationalen Klassifikation wird dieses Motiv als eigener Märchentyp geführt (AT 610) – Verselbständigungen scheinen jedoch eher zufällig zu sein. Es handelt sich eindeutig um die Eröffnung eines Zaubermärchens von einer spröden Schönen, die sich innerlich nicht von ihrem Vater zu lösen vermag. In dem Roman *Apollonius von Tyrus* ist dieser Ausgangskonflikt aus dem Märchenbereich in seelische Realistik übertragen worden. An die gleichen Ablösungsschwierigkeiten erinnern auch die verwandten Eingänge von drei Rätselfragen (AT 851 → *Das Rätsel*, oft *Turandot*-Märchen genannt); auch das → *Meerhäschen* (AT 329) und nicht zuletzt die Erzählung von *König Drosselbart* (AT 900; nebst H. C. ANDERSENS *Schweinehirt*) gehören zu dieser Gruppe, in der die Loslösung vom Vater durch den seiner Sache sicheren jungen Mann erkämpft werden muß. Hört man nämlich genauer hin, so zeigt sich der für ein voll entwickeltes Zaubermärchen charakteristische Aufbau, wieviel Schwankhaftes auch hineingeholt worden sein mag: Im ersten Teil ziehen drei Brüder aus, die unmöglichen Aufgaben zu vollbringen und den wunderbaren Apfel zu gewinnen. Die ersten beiden scheitern; aber der Jüngste und Verkannte, der Dumm Hans des Schweizer Märchens, erhält jenseitige Hilfe. Als er jedoch das Unmögliche geschafft, das Rätsel der abhängigen Königstochter gelöst hat, wird es plötzlich ernst für die Schöne. Sie ist sich selbst gegenübergestellt, sie muß selber kämpfen: für die uneingestandene alte und gegen die neue Bindung. Das ist die entscheidende Mitte des Zaubermärchens. Hier ist, unausgesprochen, ein Tabu gefallen. Daß sich der König den General zum Ratgeber nimmt, ja daß der General geradezu als Gegen-

spieler auftritt, hat seinen Grund in dem vergnüglichen Auskosten seines Gehabes und seiner Demütigungen durch den Zuhörerkreis. Anderseits bietet sich die Einführung eines mächtigen Gegenspielers auch im Anklang der Märchen von der treulosen Frau an (AT 569 → *Wie aus einem Schweinehirten ein König ward,* JAHN VPR 33). Aber das hat nur äußere Bedeutung, von Treulosigkeit kann nicht die Rede sein. Im Gegenteil – die spröde Schöne hat sich längst unwissentlich dem jungen Mann zugewandt. Sie kämpft gegen ihn, schickt ihre Kammerjungfer und kommt schließlich selber, natürlich verkleidet – aber daß sie sich bereit findet, mit sieben Küssen zu bezahlen, ist ein beredtes Zeichen. Man geht nicht zu weit, wenn man den zweiten Teil als ein inneres Aufeinanderzugehen der beiden füreinander Bestimmten ansieht. Und deshalb leugnet die Königstochter auch nicht, als ihre »Wahrheit« in den 100 mal 100 Ellen großen Sack gepackt wird.

Das Schweizer Märchen vom Vogel Greif ist, wie der Titel bereits sagt, mit dem Fortschicken des lästigen Schwiegersohnes verbunden, der Haare aus dem Bart des Ungeheuers bringen soll (AT 461 → *Der Teufel mit den drei goldenen Haaren*). Zu dem unmittelbar hierher gehörigen BECHSTEIN-Märchen *Der Hasenhüter und die Königstochter* (DMB 31) weist Marie-Louise TENÈZE übrigens eine genaue Entsprechung bei Henri POURRAT nach (in seinen *Contes de la bûcheronne*): *Le sifflet,* und bei Marie-Aimée MÉRAVILLE, ebenfalls aus der Auvergne: *Le sifflet, la princesse et les pommes d'or* (vgl auch WOLF DHM 32: *Die Mandelkörbchen*). Was sonst in den Anmerkungen der großen nationalen Übersichten gesagt wird, abgesehen von W. WISSERS und K. RANKES Hinweisen, ist auffällig belanglos.

4. BP 3, 267–274. – DELARUE/TENÈZE 2, 454–466. – LIUNGMAN 176–177, 365; 181, 365. – RANKE 2, 264–300. – SCHERF: Bechstein 801.

Herr Korbes

AT 210+2021 KHM 41

1. Die 19jährige Johanna Isabella (Jeannette) HASSENPFLUG (1791–1860) zeichnete das Märchen im November 1810 auf und übergab es Jacob GRIMM. Es erschien 1812 im ersten Band der Erstausgabe der Grimmschen *Kinder- und Hausmärchen* als Nr 41. Die besonders in Asien weitverbreitete Erzählung von den Gegenständen oder kleinen, kaum beachteten Tieren, die den Tod eines Freundes an einem Unhold rächen, ist hier, wie auch sonst häufig, mit der Reise von Hühnchen und Hähnchen verbunden (AT 2021). Vom Grund, aus dem der Herr Korbes überfallen wird, wird in unserer Fassung allerdings nichts erzählt.

2. Huhn und Hahn sind in einem mausbespannten Wagen zum Hause des Herrn Korbes unterwegs und nehmen Katze, Mühlstein, Ei, Ente, Stecknadel und Nähnadel mit. Antti AARNE hat zahlreiche Varianten verglichen und festgestellt, daß es sich meist um ein Ei, ein stechendes Tier, eine Nadel, um Kot und um einen schweren Gegenstand, zB einen Mörser oder einen Mühlstein, handelt. Eine sinnvolle Motivierung bringt nur der Eingang von der Untat, die gerade unscheinbare und mißachtete Wesen an der Schreckgestalt ahnden wollen. Der Eingang von Huhn und Hahn auf Reisen ist ebenso anderwärts entlehnt wie das häufige Motiv, daß ein harmloses Geräusch oder ein herabfallendes Blatt ein törichtes Tier glauben macht, der Himmel stürze ein, und es damit zu fluchtartigem Aufbruch veranlaßt (AT 20 C). Die Grimmsche Gesellschaft jedenfalls macht sich ohne erkennbaren Beweggrund auf den Weg zum Haus des Herrn Korbes und trifft ihn nicht an – worauf sich jeder an einem seinem Wesen angemessenen Platz versteckt, ganz ähnlich wie in der nahe verwandten oder gar abhängigen Erzählung von den Tieren auf Wanderschaft (AT 130 B → *Die Bremer Stadtmusikanten*). Die Mäuse fahren den Wagen in die Scheune, Huhn und Hahn setzen sich auf einen Balken; weder die Mäuse, noch Huhn und Hahn haben eine Aufgabe beim Quälen und Töten des Unholds; sie bleiben fortan unerwähnt. Aber die Katze legt sich in die Kaminasche, die Ente verbirgt sich in einem Wasserschaff, das Ei im Handtuch, die Stecknadel im Stuhl, die Nähnadel im Kopfkissen, der Mühlstein auf dem Türsturz. Offensichtlich gibt

es hier einige Verdoppelungen, so zB beim Angriff auf das Sehvermögen; ursprünglich zerplatzt entweder das Ei und verklebt dem Unhold die Augen, oder die Katze springt ihm ins Gesicht, als er Licht machen will. Das Tier im Wasser beißt, als der Gepeinigte sich das Gesicht waschen will; die Nadel, auf die er sich setzt oder tritt, dringt ihm ins Fleisch und läßt ihn davonspringen – wobei er in den Kot auf der Schwelle tritt, hinstürzt und von dem herabfallenden schweren Gegenstand erschlagen wird. Die Rächer spielen einander geschickt in die Hände und bringen den mächtigen Unhold zu Tode. Freilich, ein für Kinder zurechtgemachtes Märchen wie das von Herrn Korbes (vgl auch KHM 10: *Das Lumpengesindel*) tut sich mit dem gnadenlosen Ausgang schwer, und es war offenbar Wilhelm GRIMM, der in einer späteren Auflage die in der Urschrift nicht enthaltene Bemerkung an den Schluß setzte: »Der Herr Korbes muß ein recht böser Mann gewesen sein.«

3. Die beiden Märchentypen vom Rachezug der Unscheinbaren (AT 210) und von der Wanderschaft der verstoßenen Tiere (AT 130) werden oft vermischt (→ *Die Bremer Stadtmusikanten*), zB bei Josef HALTRICH DVSS 78 (*Begräbnis des Hühnchens*). Während die Erzählung von den wandernden Tieren durch den Eingang vom Verstoßenwerden und den Schluß vom Auffinden der Heimstatt eigentlichen Märchencharakter erworben hat, scheint die Erzählung vom Rachezug eher eine Beispielgeschichte zu sein, die zeigt, daß die Mißachteten, wenn sie einmal herausgefordert werden, auch ein Ungeheuer zu Fall bringen können. In manchen Fassungen ist die Geschichte ganz in die Welt der Tiermärlein eingepaßt: Das Ungeheuer ist ein Habicht oder ein Kükenweih, der dem Hähnchen das Hühnchen entführt hat. Urtümlich dagegen sind russische Fassungen geblieben, in denen der Rachezug beispielsweise dem einfüßigen und einäugigen, schrecklichen Vaviovka gilt. Zu denken geben muß jedoch die Tatsache, daß das Unheil mit dem Zerplatzen des Eis über den Dämon hereinbricht. Haben wir möglicherweise die Ableitung des Zaubermärchens von dem Unsterblichen vor uns, dessen Herz fern in einem Ei verborgen ist (AT 302 → *Die Kristallkugel*, → *Vom Mann ohne Herz*)?

4. A. AARNE: Die Tiere auf der Wanderschaft. Harmine 1913 (FFC 11). – BP 75–79; 1, 135–137; 1, 375. – LIUNGMAN 28, 256. – RÖLLEKE 334–337, 389, 392. – Im übrigen vergleiche man die Literaturangaben zu AT 130 → *Die Bremer Stadtmusikanten*.

Der Herrgott als Pate → *Ferdinand Getreu* (Abschnitt 3)

Hirsedieb

AT 530 DMB 13

1. Eine wichtige Mitarbeiterin für Ludwig BECHSTEINS *Deutsches Märchenbuch* von 1845 war Wilhelmine MYLIUS (1823–1852 oder 1853), der wir auch eine weithin bekanntgewordene Fassung des Zaubermärchens vom Glasbergritt verdanken (→ *Simson, tu dich auf!*) – wenn auch in verkürzter und in recht kindlicher Erzählweise. Nach der Ausgabe letzter Hand, der 13. Auflage von 1857 (der zweiten, von Adrian Ludwig RICHTER illustrierten Ausgabe), wird der *Hirsedieb* als DMB 13 gezählt.

2. Einem reichen Kaufmann wird nachts der ihm besonders liebe Hirseacker verwüstet, und er schickt der Reihe nach seine drei Söhne auf die Wache. Aber die beiden ältesten, die sich umständlich mit Waffen, warmem Mantel, Speisen und Getränken versorgen, fallen in Schlaf – und das haben die Märchenzuhörer ja auch nicht anders erwartet. Dem Jüngsten gilt die Anteilnahme, auch wenn die Erzählerin nichts vom sonst selbstverständlichen Verkannt- und Mißachtetsein sagt. Der Jüngste verzichtet auf Waffen, sorgt aber dafür, daß er munter bleibt – und kann um Mitternacht ein kleines Pferd beim Abraufen der Hirse des Vaters einfangen. Bald darauf heißt es, wer mit seinem Pferd auf den Glasberg reiten und die schöne Königstochter damit erlösen könne, solle sie auch zur Frau erhalten. Die älteren Brüder schärfen zwar ihre Eisen, aber sie stürzen ab. Der Jüngste indessen erreitet auf seinem Wunderpferd den Glasberg mühelos, reitet auch dreimal, wie ausgerufen, um das Schloß und wird von der erlösten Schönen freudig empfangen. Dabei stellt sich heraus, daß das Zauberpferd der Glasbergprinzessin auf eigene Faust ausgezogen war, den rechten Freier zu finden.

3. 4. Die besterzählte Fassung des im deutschen Sprachgebiet nicht gerade häufig anzutreffenden Zaubermärchens hat Wilhelm WISSER in niederdeutscher Mundart veröffentlicht: → *Simson, tu dich auf!*; dort finden sich auch die Literaturangaben.

Der Hirt

AT 560 Valjavec 1859

1. Der Slovene Matija VALJAVEC (1831–1897) sammelte als Gymnasialprofessor in Varazdin Volkserzählungen und Lieder und veröffentlichte seine in Verse gesetzte Nacherzählung des Zaubermärchens von dem armen Hirten, der einen Hund, einen Kater und eine Schlange mit dem letzten Brot freikauft und dafür von der Schlangenmutter einen Wunschring erhält, 1859 in westkroatischer Sprache in der Zeitschrift *Glasnik slovenski* (Bd 4, S. 165–169) unter dem Titel *Pastir*. Das Märchen ist durch ein von der Slovenin Marlenka STUPICA illustriertes Prosa-Bilderbuch seit der Erstausgabe 1958 auch in deutschen Übersetzungen bekanntgeworden.

Marlenka Stupica: Der Hirt (Ljubljana. Mladinska Knjiga 1958)

2. Der Sohn einer armen Frau kauft dreimal mit dem einzigen Laib Brot, den die beiden besitzen, mißhandelte Tiere frei: einen Hund, einen Kater, eine Schlange. Die Schlange nimmt ihn mit zu ihrer Mutter und rät ihm, als Lohn nicht Silber oder Gold zu nehmen, sondern einen unscheinbaren, in der Ofenecke liegenden Ring. Der Ring ist ein Wunschring. Klopft man darauf, so erscheinen zwölf dienstwillige Helfer. Der arme Hirtenjunge

wünscht sich und seiner Mutter zunächst ein ausgiebiges Festmahl. Aber dann verliebt er sich in die Kaiserstochter, schickt die Mutter als Werberin aus und erhält vom Kaiser wegen seiner Vermessenheit unter Todesdrohung drei unlösbare Aufgaben: Bis zum nächsten Morgen soll er einen Wald schlagen, ein Feld anlegen und vom Weizen einen Kuchen backen; dann soll er einen Berg zermalmen, Weinberge anlegen und Wein keltern; schließlich muß er ein Schloß gegenüber dem Kaiserschloß errichten. Mit Hilfe der zwölf Helfer löst er die Aufgaben und erhält das Einverständnis des Kaisers, die Hochzeit zu richten. Aber der Mohrenkaiser, der als einziger des Jungen Geheimnis kennt, kommt zu Besuch, stiehlt ihm den Wunschring und versetzt sich selbst samt Schloß und Kaiserstochter auf die andere Seite des Meeres. Da der zukünftige Schwiegervater verständlicherweise über das Verschwinden seiner Tochter und des Schlosses in Zorn gerät, wirft er den Jungen ins Gefängnis. Auf seinen märchenhaften Aufstieg ist ein tiefer Fall gefolgt. Aber die dankbaren Tiere, Hund und Kater, wollen ihm beistehen. Sie ziehen aus, helfen am Ufer des Meeres einem aufs Land geratenen Fisch, durchschwimmen das Meer (der Kater auf dem Rücken des Hundes), und in des Mohrenkaisers Schloß stiehlt der Kater dem Dieb den Ring vom Finger. Auf dem Rückweg streiten Kater und Hund allerdings miteinander, und dem Kater fällt der Ring ins Meer. Der Fisch jedoch, den er auf dem Hinweg am liebsten gefressen hätte, dem der Hund aber das Leben gerettet hat, bringt den verlorenen Ring (bei VALJAVEC erscheint der Hund stets als der Bedächtigere). Kaum haben die Tiere dem im Kerker liegenden Jungen den Ring gebracht, so wünscht er sich erstens für alle drei zu essen, dann wünscht er sich die Freiheit und drittens läßt er von den zwölf hilfreichen Jünglingen das Schloß samt der Kaiserstochter und dem betrügerischen Mohrenkaiser auf den früheren Platz bringen. Die Braut fällt dem Jungen um den Hals, der Kaiser läßt die beiden Hochzeit feiern, der Mohrenkaiser aber wird am Spieß gebraten und den Fischen zum Fraß vorgeworfen.

3. Gewiß, Matija VALJAVECS Fassung ist, nicht anders als H. C. ANDERSENS → *Feuerzeug*, eine stilistisch ausgefeilte Nacherzählung volkstümlicher Überlieferung – aber die Überlieferung wurde gerade auf diese Weise weithin bekanntgemacht und bis heute lebendig erhalten. Überdies hat VALJAVECS Erzählung hier den im deutschen Sprachgebiet nur bruchstückhaft vertretenen

Zaubermärchentyp AT 560 darzustellen, dem Antti AARNE 1908 eine beispielhafte Untersuchung widmete, mit der er die »Urform« zu erschließen suchte. Was AARNE als ursprünglich in den zahlreichen ihm vorliegenden Fassungen ansah, unterscheidet sich nur in wenigen Einzelheiten von dem slovenischen Märchen. Ursprünglich ist es wohl der Vater der Schlange, der dem Retter seiner Tochter einen zaubermächtigen Stein schenkt. In vielen Fassungen ist es, wie bei VALJAVEC, ein Ring – oft steckt die Kraft aber auch in dem Stein eines Ringes oder Siegels. Der sicherste Platz für den Zauberstein ist, der Dieb und Gegenspieler weiß es wohl, ihn im Mund zu tragen. Dann hat es der Kater nicht leicht, ihn zu erlangen, und die Erzähler fügen ein, wie der Kater eine Maus dazu bringen muß, dem Dieb übers Gesicht zu laufen und ihn mit dem Schwanz zum Niesen oder Ausspucken zu bewegen.

Es ist ein reich erzähltes Zaubermärchen, ein selbständiger Märchentyp mit zwei vollständigen Teilen, den Matija VALJAVEC überliefert hat. Das Märchen vom → *Blauen Licht* (dort Literaturangaben; vgl auch → *Das Feuerzeug,* beide AT 562), das häufig als nächstverwandtes angesehen wird, ist sowohl im Hinblick auf die Zuhörererwartungen und Erzählerabsichten als auch auf die Entstehungsweise von ganz anderer Art (vgl dazu Abschnitt 3 des Kapitels vom → *Blauen Licht*). Gemeinsam haben beide Märchentypen jedoch, ebenso wie das *1001-Nacht*-Märchen von *Aladin und der Wunderlampe* (AT 561) mitsamt seinen unzähligen Bearbeitungen, ein zentral eingefügtes Requisit: einen alle Wünsche erfüllenden Zaubergegenstand, dessen wunschverwirklichende Kraft entweder in ihm selber liegt (wie es meist beim Zauberstein von AT 560 der Fall ist), oder in dem dienstbaren Dämon, der beim Feuerschlagen (wie in AT 562) oder beim Reiben der Zauberlampe (wie in AT 561) unverzüglich zur Stelle ist. In einer sehr reizvoll erzählten schwedischen Sonderform genügt es, die auf einem Zettel aufgeschriebene Zauberformel zu lesen: »Lasse mein Knecht« (bei Georg DJURKLOU in *Sagor och äfventyr*).

Die Brüder GRIMM hatten das Märchen vom Zauberring von der ersten (1815, Band 2) bis zur sechsten Auflage ihrer *Kinder- und Hausmärchen* von 1850 in einer zwar lebendig erzählten, aber in wesentlichen Dingen unvollständigen Fassung geführt: *Die treuen Thiere.* Sie wurde von ihnen ausgeschieden, weil ihnen die Entlehnung aus der mongolischen Sammlung *Siddhi-kür* deutlich wurde – nach einer 1804 von B. BERGMANN ins Deutsche übertragenen Erzählung. Sie war ihnen aus der Schwalm zugekommen, erhielt 1815 die Nr 18 und von der zweiten Auflage an die Nr 104 (heute zitiert als KHM 104a). Auch Josef HALTRICHS Fassung (DVSS 21: *Der Knabe und die Schlange*) ist unvollständig (vgl auch BASILE 4, 1: La preta de lo gallo).

4. A. AARNE: Das Märchen vom Zauberring. In: AARNE: Vergleichende Märchenforschungen. Helsingfors 1908. 1–82. – BP 2, 451–454. – DELARUE/TENÈZE 2, 393–401, 413. – K. KROHN: Die Zaubergaben. In: KROHN: Übersicht über einige Resultate der Märchenforschung. Helsinki 1931. 48–53. – A. MARX: Griechische Märchen von dankbaren Tieren und Verwandtes. Stuttgart 1889. – RANKE 2, 231–241.

Der Hirt und die Riesen → *Der Ziegenhirt* (Abschnitt 3)

Höckerrößlein

AT 531 Eršov 1834

1. Pëtr Pavlovič ERŠOV (1815–1869), der spätere Direktor des Gymnasiums in Tobol'sk, schrieb 1834 als Student in Petersburg, noch keine 20 Jahre alt, das Versmärchen *Konëk-Gorbunok*. Die ersten zwei Zeilen des ganz in vierfüßigen Trochäen erzählten Märchens vom verleumdeten Vasallen, der Hilfe durch ein Zauberpferd erhält, stammen von Aleksandr Sergeevič PUŠKIN, dem ERŠOV nacheiferte. PUŠKIN begrüßte das auf mündlicher Überlieferung beruhende Versmärchen, es wurde bald in weiten Kreisen bekannt, die erste vollständige Ausgabe erschien freilich erst 1856.

2. Ein Bauer, dem nachts das Weizenfeld verwüstet wird, schickt nacheinander seine drei Söhne zur Wache. Den untüchtigen, prahlerischen, vom Vater bewunderten beiden älteren gelingt es nicht, die Ursache der Verwüstung ausfindig zu machen, während der von allen verachtete jüngste Sohn, der Dummling, ein schneeweißes Pferd mit goldener Mähne fängt und bezwingt. Er verbirgt es und erhält von ihm drei Fohlen: zwei herrliche

Goldmähnenpferde und ein merkwürdiges Buckelroß mit langen Ohren. Die Brüder entdecken die Tiere, versuchen sie zu stehlen, müssen den Jüngsten aber schließlich doch zum Markt mitnehmen. Unterwegs versuchen sie, ihn loszuwerden. Sie schicken ihn aus, Feuer zu holen, aber der Lichtschein kommt nicht, wie von ihnen vermutet, von einem Räuberlager, sondern rührt von einer Zauberfeder her. Gegen die Warnung des Höcker-Rößleins nimmt der Jüngste die Feder an sich. Auf dem Markt verkauft der Jüngste die goldmähnigen Pferde dem Zaren, überläßt den Brüdern den Erlös und bleibt, weil nur er die beiden wertvollen Pferde reiten kann, als Stallmeister beim Zaren. Damit erregt er jedoch den Haß eines durch ihn zurückgedrängten Vasallen, der ihm lebensgefährliche, unmögliche Aufträge verschafft, nachdem er ihn nachts belauscht und die Goldfeder erspäht hat.
Der Widersacher stiehlt die Zauberfeder und redet dem Zaren ein, Ivan habe sich anheischig gemacht, einen Goldvogel zu fangen. Ivan muß ausziehen und bei Todesstrafe innerhalb kurzer Frist einen Goldvogel fangen – was ihm mit der Hilfe des Zauberpferdes gelingt. Ebenso bewältigt er die Aufgabe, dem Zaren die goldene Zarentochter zuzuführen. Als der alte Zar jedoch das schöne Mädchen heiraten möchte, wird Ivan ein drittes Mal ausgeschickt, um vom Grund des Meeres einen verlorenen Schlüssel zu holen und Gruß und Nachricht an den Mond (des Mädchens Mutter) und den Bruder zu überbringen (die Sonne).
Weil Ivan für einen von der Mondkönigin bestraften riesigen Wal, den Herren aller Fische bittet, gewinnt er den verlorenen Schlüssel. Und da er sich vor der Mondkönigin als Entführer ihrer Tochter bekennt, die der alte Zar heiraten möchte, erhält er, offensichtlich ohne es selber zu ahnen, die geheime Unterstützung der Mondkönigin, die den Zaren als Freier ihrer Tochter ablehnt. Sie trägt Ivan Grüße auf und macht ihrer Tochter Mut. Als die Tochter der Mondkönigin den Ring erhält, und als der Zar zur Heirat drängt, stellt sie eine weitere Bedingung: Der Zar muß sich verjüngen. Aber das Bad in den drei Kesseln voll siedend heißer Milch, heißem und kaltem Wasser übersteht der arme Bauernbursche Ivan zwar heil und verschönt (weil sein Zauberpferd geholfen hat), der alte, lüsterne Zar jedoch zerkocht. Da heiratet die Schöne den ehemals verachteten Jüngsten, macht ihn zum neuen Zaren, und der Erzähler endet mit dem Bericht, daß er selbst an der Hochzeit teilgenommen und mitgetrunken habe.

3. 4. Zu anderen Fassungen des Zaubermärchens vom Ränkespiel des ungetreuen Vasallen und der Gewinnung der goldhaarigen Königstochter → *Ferdinand Getreu und Ferdinand Ungetreu* (dort auch Literaturangaben), vgl auch das Kapitel des von Marie-Catherine Le Jumel de Barneville, Baronin d'AULNOY erzählten Märchens von der → *Schönen mit den goldenen Haaren* (ebenfalls AT 531).

Der Hünentöter

AT 304 Haltrich DVSS 23

1. Josef HALTRICH (1822–1886) veröffentlichte 1856 in der Erstausgabe seiner *Deutschen Volksmärchen aus dem Sachsenlande in Siebenbürgen* als Nr 22 den *Hünentöter* – in der dritten, vermehrten Auflage von 1882, die als Ausgabe letzter Hand betrachtet wird, als Nr 23 gezählt (die vierte von 1885 ist lediglich ein unveränderter Nachdruck).

2. Ein Kaufmann baut jedem seiner drei Söhne ein Haus. Als die Söhne und ihre Mutter nach dessen Tod die ihnen aufgetragene Wallfahrt vergessen, gibt der Vater als Rumpelgeist keine Ruhe; sie ziehen gemeinsam aus. Der jüngste, für einen Dummen gehaltene Sohn hält eines Nachts Wache und muß sich der Reihe nach gegen einen Löwen, einen Bären und einen Wolf wehren. Er schießt sie aus nächster Nähe mit seinem Blasrohr nieder und schneidet je eine Pfote als Wahrzeichen ab. Daß ihm beim letzten Angriff das Feuer erlischt, wird nicht gesagt. HALTRICHS Erzähler (viele seiner Gewährsleute waren Schüler eines Lehrerseminars) meint, der jüngste Sohn sei, während die Mutter und die Brüder schliefen, unternehmungslustig auf einen Baum gestiegen, habe ein Feuer erspäht und beim Heranschleichen drei Riesen beim Braten eines Ochsen entdeckt. Nun folgt die unterhaltsame Szene, wie er die drei mit wohlgezielten Schüssen beim Essen foppt. Aber er wird erwischt und muß den Riesen helfen, eine Königstochter zu entführen. Seine Aufgabe: lautlos das weiße Hündlein von der Mauer der Königsburg zu schießen. Sie tragen ihn auf dem Hut zur Burg, er schießt den Hund herab, die Riesen öffnen ein Loch in der Mauer und schicken den Jungen in die

Burg, um ihnen die schlafende Königstochter herauszuholen. Der Junge findet das schöne Mädchen in der dritten Kammer, nimmt nicht nur Zauberschwert und Zaubertrank mit, sondern legt sich auch zu ihr und lockt die Riesen durch das Loch in der Mauer, um ihnen der Reihe nach die Häupter abzuschlagen. All das geschieht, kurz bevor die Uhr auf dem Turm eins schlägt und alles wach wird. Ja, er schneidet den Riesen noch die Zungen aus, bringt sogar das Schwert zurück, küßt die Schlafende noch einmal und zwar mit »Heftigkeit« und streift ihr einen Ring ab.

Die Wahrzeichen hat er nicht umsonst mitgenommen, denn der betrügerische Hauptmann, der als erster die enthaupteten Riesen findet, gibt sich als Retter aus und beansprucht die Königstochter als Lohn. Aber die Königstochter weiß, daß er nicht der Rechte ist, erbittet eine Jahresfrist und führt während dieser Zeit ein Wirtshaus, in dem jeder frei aufgenommen wird, der seinen Lebenslauf erzählt.

Die unerhörten, in der kurzen Zeit einer einzigen Nachtwache sich abspielenden Ereignisse, sind ein entscheidendes Kennzeichen des Zaubermärchens vom → *Gelernten Jäger*. Das ist in der Fassung des Josef HALTRICH vortrefflich herausgearbeitet, auch wenn der Zug von dem Herrn über Tag und Nacht fehlt, den der jüngste Sohn zwingt, die Zeit anzuhalten. Aber als er von seinen Abenteuern mit den Riesen und der schönen Königstochter zurückkehrt, ist die Nacht noch nicht vorüber. Er findet die Brüder und seine Mutter im Schlaf. Als er sie weckt und während der Wallfahrt immer wieder erzählt, was geschehen ist, lachen sie ihn als Dummling und Hasenfuß aus.

Ja, sie lachen noch über ihn, als er am Ende des Jahres auf dem Heimweg mit ihnen in der Königstochter Gasthaus einkehrt und sein Leben erzählt. Aber so unglaublich alles klingt: Es sind keine Lügen, die er auftischt, denn er hat die Wahrzeichen vorzuweisen. Die Königstochter ist glücklich, den wahren Retter gefunden zu haben. Als letzten Beweis zeigt sie das Kind, das sie von ihm empfangen hat. Noch wird Stillschweigen bewahrt, denn an der Hochzeitstafel muß der Betrüger mit Hilfe der herausgeschnittenen Riesenzungen entlarvt werden. Er büßt seinen Betrug mit dem Tod im Nagelfaß. Und während die Liebenden endgültig vereint sind, müssen die Mutter und die beiden Brüder sich dafür schämen, daß sie den Jüngsten, der ein König geworden ist, verkannt und mißachtet haben.

3. 4. Hinweise auf andere Fassungen des Märchens von dem Jungen, der sich ein unfehlbares Gewehr erwirbt, und Literaturangaben finden sich beim Artikel vom → *Gelernten Jäger* (KHM 111).

Jean de Calais → *Der Schiffer und die drei Königstöchter* (Abschnitt 3)

Jorinde und Joringel

AT 405 KHM 69

1. Es war Johann Wolfgang v. GOETHE, der den aus dem Sauerland stammenden Schneiderssohn und Arzt Johann Heinrich JUNG-STILLING (1740–1817) dazu ermunterte, seine Lebenserinnerungen niederzuschreiben (und der dann auch den ersten Band ohne Vorwissen JUNG-STILLINGS drucken ließ). 1777 erschien *Heinrich Stillings Jugend. Eine wahrhafte Geschichte* in Berlin. Darin berichtet er, wie ihm beim Gang in den Wald seine Base das Märchen von Jorinde und Joringel erzählte. Jacob und Wilhelm GRIMM lösten den Text, der im wesentlichen keineswegs der Volksüberlieferung entstammt, aus seinem autobiografischen Zusammenhang und veröffentlichten ihn (nach der zweiten Auflage von 1779, S. 56–58) 1812 im ersten Band der Erstausgabe ihrer *Kinder- und Hausmärchen* als Nr 69).

2. Eine Zauberin, die in einem unheimlichen Waldschloß haust, bannt jeden, der auf hundert Schritt herankommt, verwandelt Mädchen in Vögel und setzt sie in ein Bauer. Als sich Jorinde und ihr Geliebter in den Zauberwald verirren, verwandelt die Hexe das Mädchen in eine Nachtigall und erklärt dem jungen Mann, daß er seine Geliebte nie wieder sehen werde. Der junge Mann verdingt sich als Schafhirt. Eines Nachts träumt er von einer Zauberblume, mit deren Hilfe er in das Schloß der Hexe eindringt, alles entzaubert, was er mit der Blume berührt, und schließlich auch seine Braut wieder erlöst. Darauf sucht er, findet

am neunten Tag die Blume und erlebt alles, wie es der Traum gezeigt hat: Das Tor springt auf, er trifft die Zauberin beim Füttern der 7000 Vögel, bemerkt, wie sie sich mit einem Vogelkorb hinausstehlen will, und nimmt ihr die Beute ab. Von der Blume berührt, wird aus der Nachtigall seine geliebte Jorinde, mit der er glücklich heimkehrt, nachdem er auch die anderen Vögel entzaubert hat.

3. Die feine, romantische Erzählung und ihre Kunst der Atmosphäre, beides ganz nach dem Herzen von Wilhelm GRIMM, hat diesen, wie die beiden Rungeschen Märchen (→ *Von dem Fischer und seiner Frau*, KHM 19; → *Von dem Machandelbaum*, KHM 47), gewiß auch stilistisch angeregt. Die Erzählung wird zwar im internationalen Register als eigener Märchentyp geführt, steht aber recht allein da. Obwohl die verhalten pietistische Erzählung bei Buchmärchenlesern und Puppenspielern von jeher sehr beliebt ist, hat sie ihre erste eigene Untersuchung erst 1966 durch G.-L. FINK gefunden. Es handelt sich ja auch nur um einen Märchenrest, möglicherweise nur um einen fernen Nachklang der Trennungsszene im → *Rapunzel*-Märchen, um eine Umwandlung des → *Hänsel-und-Gretel*-Themas oder um volkstümliches Aufgreifen einer aus dem Französischen stammenden Feenmärchen-Motivik; allerdings, der großen Herderschen Anregung folgend, kunstvoll schlicht nacherzählt. Das Lied der Nachtigall scheint Desdemonas Lied in SHAKESPEARES *Othello* nachgebildet zu sein (4, 3), und die Zauberin mit ihren 7000 in Vögel verwandelten Mädchen hat ihr Vorbild möglicherweise in der *Circe*-Sage. Hätte sich mehr über JUNG-STILLINGS *Jorinde und Joringel* herausfinden lassen, so hätte es Gonthier-Louis FINK in seinem Buch über die wunderbaren Erzählungen in Deutschland und ihre französischen Vorbilder und Anregungen 1740–1800 gewiß erschöpfend berichtet.

4. BP 2, 69. – FINK 415–425. – F. HEYDEN: Zwei Volksmärchenerzähler vor Grimm. In: HEYDEN: Volksmärchen und Volksmärchenerzähler. Hamburg 1922. 9–20 (10–15). – LIUNGMAN 90, 360. – G. MEINEL in EM 2, 483–495 (490). – RANKE 2, 18. – G. STECHER: Jung-Stilling als Schriftsteller. Berlin 1913. – I. STÜTZEL: Jung-Stilling und die Volkskunde. Ein Beitr. zur Darstellg d. volkstüml. Lebens im Siegerlande d. 18. Jh. Diss. Tübingen 1952 (127–168, 178–189).

Jungfrau Maleen

AT 870 — Müllenhoff SML 597, KHM 198

1. Erst 1850, unter der Nr 198 in der sechsten Auflage der *Kinder- und Hausmärchen,* taucht die Erzählung von der von ihrem Vater für sieben Jahre in einen Turm eingemauerten Jungfrau Maleen auf, die sich selbst befreit und ihren früheren Geliebten, um dessentwillen sie der Vater in das Verlies verbannt hatte, von einer unwürdigen, betrügerischen Gegenspielerin zurückgewinnt. Das Märchen, das sowohl durch die Thematik des extrem heftigen Tochter-Vater-Konfliktes als auch durch die Poesie seiner rätselhaften, in niederdeutscher Sprache mitgeteilten Reimsprüche zahlreiche Freunde gewonnen hat, ist möglicherweise erst in jüngerer Zeit aus einer Sage entstanden und in seiner Verbreitung so gut wie ausschließlich auf Skandinavien beschränkt geblieben. Die Brüder Jacob und Wilhelm GRIMM übernahmen es mit geringen Änderungen aus der zweiten Auflage von Karl MÜLLENHOFFS (1818–1884) Sammlung *Märchen, Sagen, Lieder aus Schleswig, Holstein, Lauenburg* von 1845. Karl MÜLLENHOFF hatte es von dem Konrektor KOLSTER aus Meldorf erhalten, und Kolster gab an, es von einem Dienstmädchen gehört zu haben, in der ersten Auflage von 1845 in Buch 4 als Nr 5, in der von Otto MENSING veranstalteten Neuauflage von 1921 als Nr 597. Später veröffentlichte auch Wilhelm WISSER eine zu diesem Typ gehörige niederdeutsche Fassung: *De Könisdochter in Keller.*
Abgesehen von dem etwas entstellten und schwer einzuordnenden → *Siebenschön* (AT 884, ebenfalls bei MÜLLENHOFF, SML 596; BECHSTEIN DMB 39) und einer ostpreußischen Erzählung, sind in deutscher Sprache keine weiteren Fassungen bekannt geworden. In Skandinavien heißt die Hauptgestalt meist Soltaering: der erste Sonnenstrahl.

2. Dem Sohn eines fremden Königs wird die schöne Königstochter versagt. Als sie erklärt, keinen anderen als diesen einen Freier haben zu wollen, erregt sie dermaßen den Zorn ihres Vaters, daß sie für sieben Jahre in einen finsteren Turm gesperrt wird. Der Vater will den Trotz seiner Tochter brechen. Er gibt ihr Speise und Trank mit und auch eine Kammerjungfer. In der Grimmschen Fassung heißt es sogar, daß der abgewiesene Königssohn um den Turm irrt und vergeblich den Namen der Geliebten ruft.

Gegenüber zahlreichen skandinavischen Fassungen, in denen stets von einer verborgenen Erdhöhle und nicht von einem sichtbaren Turm die Rede ist, wird damit die ursprüngliche Liebe der beiden und der grausame Eingriff des Vaters herausgehoben – ganz im Sinne einer Zuhörer- bzw Leser-Erwartung auf einen starken Ausgangskonflikt. Wilhelm GRIMM hat, wie Wilhelm WISSER und nach ihm Kurt RANKE zeigten, dabei ein wenig nachgeholfen.

Als Speise und Trank zu Ende gehen, wartet die Jungfrau Maleen zunächst darauf, daß ihr Vater sie aus dem Verlies befreit. Aber sie ist offenbar vergessen worden. Sie lockert einen Stein und befreit sich und ihre Kammerjungfer selbst – um draußen festzustellen, daß das Schloß ihres Vaters zertrümmert und das Land verbrannt und verwüstet ist. Die beiden Mädchen stillen ihren Hunger mit Brennesseln, wandern in ein anderes Land und nehmen Dienst in dem Schloß des früheren Geliebten, dessen Vater ihm gerade eine häßliche Braut bestimmt hat. Die Königstochter ist also in einer ähnlichen Lage wie das Mädchen, das nach selbstverschuldeter, langer, gefahrenvoller Suchwanderung am Ziel angelangt ist, aber erfahren muß, daß ihr Geliebter in Kürze eine andere heiraten wird (AT 425 B → *Östlich von der Sonne, westlich vom Mond*), oder wie die durch Schuld des Geliebten nach glücklich durchstandener magischer Flucht plötzlich vergessene Braut (AT 313 C → *Die beiden Königskinder*). Aber hier kann weder auf der einen noch auf der anderen Seite von Schuld und Tabuverletzung die Rede sein. Ähnlicher ist die Lage der von ihrer Kammerjungfer erniedrigten → *Gänsemagd* (AT 533) oder der Geliebten des → *Blauen Vogels* (AT 432), deren hinterlistige Stiefmutter dem Königssohn in der Vogelgestalt die Flügel zerschneiden ließ. Das Besondere des Märchens von der Jungfrau Maleen und allen skandinavischen Fassungen ist jedoch, daß die Gegnerschaft zwischen der wahren und der unwürdigen Braut auf dem stellvertretenden Ritt zur Kirche durch rätselhafte Reimsprüche ausgetragen wird. Die häßliche Braut der Grimmschen Fassung scheut den Spott und zwingt die Jungfrau Maleen zur Stellvertretung. In den skandinavischen Fassungen ist ihre Unwürdigkeit noch weit stärker hervorgehoben: Sie bringt das Kind eines anderen Mannes zur Welt. Statt dessen heißt es bei Wilhelm GRIMM, daß dem Königssohn die Ähnlichkeit mit seiner verschollenen Geliebten bewußt wird. Er merkt sich die Reimsprüche vor dem Brennesselbusch, dem Kirchensteg und der Kirchentür. Und vor dem Altar legt er der Jungfrau Maleen ein Geschmeide um, das er selbst festhakt. Als die unwürdige Braut ihren Platz in der Schlafkammer einnehmen will, muß sie sich dreimal Antwort auf die Fragen nach den Sprüchen holen und wird schließlich als Betrügerin entlarvt. Da die falsche Braut in ihrer Wut der rechten den Tod androht und da sie bereits ihre Knechte beauftragt, der Jungfrau Maleen den Kopf abzuschlagen, wird sie selbst, nach der glücklichen Vereinigung der Geliebten, mit dem Tod auf eben diese Art bestraft.

3. Waldemar LIUNGMAN, der den Hinweisen Axel OLRIKS folgte, hat nachgewiesen, daß dieses fast ausschließlich in Skandinavien verbreitete und auffällig häufig mit Eigennamen ausgestattete Märchen um 1200 als Umwandlung einer ätiologischen Sage entstanden sein könnte. Dänemark ist das Land der großen Megalithgräber, außerdem sind dort unterirdische, kreisförmige Fluchtkammern gefunden worden. Die 1190 von SAXO im siebten Buch seiner Geschichte der Dänen erzählte Sage von dem schwedischen Seeräuber Gunnar, der Drott, die Tochter des norwegischen Königs Regnaldus heimführen wollte, von diesem jedoch eine Absage erhielt und daraufhin das Land mit Krieg überzog, die Tochter aber nach seinem Sieg in einer vom Vater hergestellten Fluchthöhle fand und zu seiner Frau machte, hat eine Reihe von Entsprechungen in der mündlichen Überlieferung aufzuweisen. Aus diesen Erzählungen, die sich mit dem Schicksal von einer oder auch von drei eingeschlossenen Töchtern eines Landsherren beschäftigen und von ihrem Hungertod oder ihrer Entdeckung durch die kriegführenden Recken oder Seeräuber berichten, ist das Märchen möglicherweise entstanden. Zuweilen ist auch vom Opfertod der älteren Schwestern die Rede, von der Magd, die ihre Brust abschneidet, es wird erzählt, daß der miteingeschlossene Hund den Fluchtort durch sein Bellen verrät oder daß der Räuber, der eingangs mit der Entführung der Braut drohte, nach dem Tod des Landesherren den unterirdischen Gesang des Mädchens hört. Dann wieder wird berichtet, daß sie sich von Ratten ernährt und mit einem Stab ein Rattenfell durch eine Ritze schiebt, um die Aufmerksamkeit auf sich zu ziehen – was Anlaß war, bei der Umwandlung zum Märchen das Mausefell-Motiv aus → *Allerleirauh* (AT 510 B) einzuflechten. Festzuhalten ist jedenfalls, daß, nach LIUNGMAN, die Urform des Märchens um 1300 in Jütland entstanden ist und daß sich daraus eine zweite, reichere und poetischere Fassung auf

Seeland entwickelt haben könnte. Sie wäre dann ihrerseits zum Ausgangspunkt für die Ausbreitung nach Norwegen und Island, Schweden und Finnland und auch nach Holstein geworden. Anleihen wurden vor allem bei dem Eingang einer wichtigen Form der Amor-und-Psyche-Märchen gemacht (AT 425 B → *Östlich von der Sonne, westlich vom Mond*), in dem ein Wolf oder Bär die aus der Höhle gestiegene Königstochter davonträgt. Dann wiederum sind dreierlei Erkennungszeichen eingefügt: eine Web-, eine Wasch- und eine Reitprobe. Nur die rechte Braut vermag es, ein besonderes Gewebe fertigzustellen, ein Hemd weiß zu waschen, das für den Ritt zur Kirche bestimmte Pferd zu reiten (es ist ihr eigenes Pferd aus dem Stall des im Krieg gefallenen Vaters). Diese Proben haben wie die Reimsprüche die Aufgabe, die rechte Braut zu erweisen; in manchen Erzählungen kommen sie zusammen mit den Reimsprüchen vor. Sehr genossen hat es mancher Erzähler, die unwürdige Braut zu entlarven: Sie will zum Königssohn ins Bett steigen, aber sie muß dreimal die Treppen hinab zu ihrer Magd laufen, um den Spruch zu erfahren, und dreimal wieder alle Treppen hinauf. Am Ende büßt sie ihren Betrug durch den Tod im Nagelfaß – und das ist möglicherweise aus dem Märchen von der → *Gänsemagd* entlehnt (AT 533). Schließlich sei vermerkt, daß in einer ganzen Gruppe von Einleitungen der auslösende Tochter-Vater-Konflikt durch Auseinandersetzungen des Mädchens mit ihrer Stiefmutter ersetzt worden ist. Die Stiefmutter verbannt die schöne Tochter unter die Erde, womit der Einfluß des Märchens vom → *Blauen Vogel* (AT 432) spürbar wird (oder umgekehrt). Die Fassungen, in denen von drei verborgenen Töchtern die Rede ist, sind der zugrunde liegenden Sage wohl noch am nächsten, denn das Märchen ist gerade auf das entschiedene Auf-sich-selber-Stellen des einen Mädchens ausgerichtet.

Gut erzählte Fassungen des Märchens von der Königstochter in der Erdhöhle enthalten die Sammlungen von E. T. KRISTENSEN, S. GRUNDTVIG und A. OLRIK; von P. C. ASBJØRNSEN und J. E. MOE; J. ÁRNASON; G. O. HYLTÉN-CAVALLIUS und G. STEPHENS, A. BONDESON und W. LIUNGMAN. Merkwürdigerweise findet sich jedoch, worauf Felix KARLINGER hingewiesen hat, auch bei dem Neapolitaner Giambattista BASILE eine hierher gehörige, allerdings tragisch endende Erzählung: *Lo viso* (3, 3). Das Mädchen, das sich aus einem Turm, den der Vater hat errichten lassen, befreit hat, verkleidet sich als Knabe. Anstelle der Rätselfragen übernehmen Erinnerungslieder die Schlüsselrolle. Aber als das

Mädchen in der Hochzeitsnacht ihres Geliebten für ihn und die falsche Braut singen soll, bricht ihm das Herz (vgl das Wiedererkennen in AT 313 C → *Der liebste Roland*).

4. P. ARFERT: Das Motiv von der unterschobenen Braut. Diss. Rostock 1897. – BP 3, 443–450. – W. GOLTHER in HdM 1, 307–311. – F. KARLINGER: Ein Märchen der Brüder Grimm als Vorlage einer Ballade. In: Revista de istorie şi teorie literară. 29. 1980. 2, 305–312. – F. KARLINGER: Märchen oder Antimärchen? Gedanken zu Basiles Lo viso. München 1965. – R. A. J. KÖHLER: Eingemauerte Menschen. In: KÖHLER: Aufsätze über Märchen und Volkslieder. Berlin 1894. S. 36–47. – LIUNGMAN 227, 369. – W. LIUNGMAN: En traditionsstudie över sagan om prinsessan i jordkulan. Diss. Göteborg 1925. – E. MAROLD: Die Königstochter im Erdhügel. In: Festschrift für Otto Höfler zum 65. Geburtstag. Wien 1968. 2, 351–361. – M. MOE: Finnkongjens dotter. In: Sproglige og historiske afhandlinger viede Sophus Bugges minde. Kristiania 1908. 263–267. – A. OLRIK: Die Königstochter im Hügel. In: ZfV. 2. 1892. 367–370. – RANKE 3, 192–202. – SCHERF: Bechstein 805–806. – F. WOLF: Der Pentamerone von G. Basile. – Norwegische Volksmährchen von P. Asbjörnsen u. J. Moe. – Svenska Folk-Sagor och Äfventyr af G. O. Hylten-Cavallius och G. Stephens. In: WOLF: Kleinere Schriften. Marburg 1890. 155–177 (172–177).

Die Katze als Braut → Die weiße Katze

Der kleine Däumling

AT 327 B — Perrault HCTP 8

1. Charles PERRAULT (1628–1703) veröffentlichte 1697 in Paris bei BARBIN seine Fassung des Märchens von den im Wald ausgesetzten Kindern als Nr 8 unter dem Titel *Le petit poucet* in seiner Sammlung *Histoires ou contes du temps passé, avec des Moralitez,* die angeblich von seinem damals 18jährigen Sohn Pierre Darmancour (1678–1700) herausgegeben wurde. Nach dem, was eine minutiöse Forschung, insbesondere von Paul DELARUE und Marc SORIANO, erbracht hat, ist es wahrscheinlich, daß Pierre Darmancour PERRAULT, der dritte und jüngste Sohn Charles PERRAULTS (die Mutter starb wenige Monate nach der Geburt; es war der Vater, der die Erziehung seines Sohnes übernahm und die Mutter zu ersetzen suchte) tatsächlich eine wichtige Rolle bei

der Herausgabe der Märchen gespielt hat. Vermutlich hat er, etwa im Alter von 13–15 Jahren, unter der Anleitung des Vaters die im Familienkreis erzählten Märchen der später so berühmtgewordenen kleinen Sammlung aufgezeichnet. Wie groß sein Anteil im einzelnen ist, wird nie zu ermitteln sein. Marc SORIANO ist zu dem Schluß gelangt, daß die Frucht der gemeinsamen Arbeit von Vater und Sohn PERRAULT mit einer tragischen Wendung im Leben dieser beiden Menschen erkauft worden ist. Kurz nach Erscheinen des Buches erschlug Pierre Darmancour einen gleichaltrigen jungen Mann aus der Nachbarschaft, verließ als Soldat Paris und starb, kaum 22 Jahre alt, als Unterleutnant im Krieg. Sein Vater aber beschäftigte sich seitdem nie mehr mit Märchen.

2. Ein Holzfäller-Ehepaar hat sieben Söhne; der jüngste ist klein, schwächlich und schweigsam. Er ist nach drei Zwillingspaaren als letzter geboren und wird verkannt – eine Ausgangslage, die offenbar dem inneren Konflikt Charles PERRAULTS entsprach, dessen Zwillingsbruder früh starb, und der in seinem Lieblingssohn wohl den in seiner Kindheit vermißten Kameraden sehen wollte. Es war übrigens Charles PERRAULT, der gleich eingangs zwei sonst nicht miteinander verbundene Märchen verband: Das Märchen von den im Wald ausgesetzten Kindern (bei Jacob und Wilhelm GRIMM Bruder und Schwester, AT 327 A → *Hänsel und Gretel*) und die eher schwankhaften Erzählungen von dem extrem kleinen Däumling (AT 700, ebenfalls in der Grimmschen Sammlung, vertreten mit KHM 37: *Daumesdick*, und KHM 45: *Des Schneiders Daumerling Wanderschaft;* am besten erzählt bei JACOBS, EFT 25: *Die Geschichte von Tom Thumb*). Die extreme körperliche Kleinheit spielt jedoch in PERRAULTS Fassung keine Rolle – es kommt (im Gegensatz zu den eigentlichen Däumlingsgeschichten) auf das extreme Ausgeschlossensein an.

Die Lage verschärft sich. Es ist Hungerszeit. Der Vater (sonst in der französischen Überlieferung die hexenhafte Stiefmutter) überredet die Mutter, die Kinder alle zusammen auszusetzen. Des Jüngsten Verhalten gegenüber den Brüdern ist bezeichnend: Zunächst einmal läßt er sie heulen (sie wissen ja gar nicht, was Verlassenheit ist); erst später tröstet er sie: Er hat längst Vorsorge getroffen und Kiesel gestreut. Als sie wieder zu Hause ankommen, lauschen sie zuerst und erfahren, daß wieder Geld und genug zu essen da ist. Daß die Mutter den Ältesten, ihren

Lieblingssohn, herzt und keinen Gedanken an den Jüngsten verschwendet, ist keine neue Erfahrung – für den Erzähler, muß man hinzufügen. Der Vergleich mit den überlieferten Fassungen zeigt immer wieder, wie sehr der eigene, unbewußt weitergetragene Kindheitskonflikt zur Geltung kommt. Die Kinder werden ein zweites Mal ausgesetzt – und können nicht zurückfinden, weil der Jüngste Brosamen statt Kiesel streuen mußte (ganz so haben die Brüder GRIMM mehr als hundert Jahre später von Hänsel und Gretels Aussetzung erzählt, eine eindeutige Übernahme aus der Perraultschen Erzählung). Es führt also kein Weg mehr zurück – eine wichtige Erfahrung, die ein Kindermärchen zu vermitteln hat: auf sich selbst gestellt zu werden, Bewährungen auf eigene Faust durchzustehen. Und an Bewährungsproben soll es ja nicht fehlen in diesem Märchen. Mitten in der Nacht, bei Sturm und Regen, erspäht der unbeirrte Jüngste ein Licht. Aber als er seine zum Selber-Handeln unfähigen Brüder zu dem einsamen Haus bringt, trifft er auf das Haus einer Menschenfresser-Familie. Voll Mitleid nimmt die Ogerin die Kinder auf – wobei sich die liebenswürdige, das Grausen überspielende Ironie des Erzählers zeigt: Es ist besser, drinnen vom Herren des Hauses, als draußen von den Wölfen gefressen zu werden. Doch bald wird das Entsetzen noch gesteigert: durch die Heimkehr des Ogers, den Aufschub des Schlachtens, das Füttern, damit sie nicht abmagern. Schließlich folgt die grausige Szene, in der der Jüngste den schlafenden Menschenfresserkindern die Kronen nimmt und mit den Mützen der Brüder vertauscht, der Oger aber im Dunkeln seine eigenen Töchter schlachtet (AT 1119). Um diesen Preis entkommen die sieben Brüder dem Haus der Ungeheuer, müssen jedoch noch die Schrecken einer Verfolgung durchstehen, die wie in anderen Schreckmärchen auch geschildert werden (vor allem vom Typ 327 C, wie ihn Gottfried HENSSEN und Marianne RUMPF dargestellt haben, Näheres dazu beim Artikel vom → *Rotkäppchen,* AT 333). Dabei kommt eine gewisse Komik zum Zug. Charles PERRAULTS Jüngster listet dem eingeschlafenen Oger die Siebenmeilenstiefel ab – und mit den Stiefeln der Ogerin das ganze Hab und Gut. Aber auch hier ist abzulesen, was den Erzähler selber bewegt: Längst hat der früher völlig unbeachtete Däumling seine Brüder nach Hause geschickt und besorgt den Rest des »Aufräumens« allein. Mehr noch: Er kehrt nicht als Kind in den Schutz des Elternhauses zurück – er bleibt »draußen«, schafft (als Siebenmeilenstiefel-Kurier) Wohlstand für die ganze Familie und wird ein erwachsener, ganz auf seine eigenen Kräfte bauender Mensch, der für andere zu sorgen vermag.

3. Es ist nicht verwunderlich, daß diese, den Rahmen eines eigentlichen Kindermärchens bereits überschreitende Erzählung sowohl in französischer Sprache als auch in deutscher Übersetzung überall dort, wo Märchen gelesen, vorgelesen oder nacherzählt wurden, weithin bekannt wurde. Dazu hat auch die das Grausige und gelegentlich Frivole mildernde oder tilgende Bearbeitung Ludwig BECHSTEINS wesentlich beigetragen (DMB 34: *Der kleine Däumling*). Vom ersten Teil haben überdies die Brüder GRIMM wichtige Elemente für ihr Kindermärchen von → *Hänsel und Gretel* übernommen (AT 327 A, KHM 15), das ihnen möglicherweise, jedenfalls was den Eingang betrifft, von Marie HASSENPFLUG und aus ihrem französisch bestimmten Elternhaus übermittelt wurde. In den Artikeln von → *Hänsel und Gretel* und vom → *Rotkäppchen* (AT 333) ist einiges über weitere Fassungen und verwandte Schreckmärchen-Typen gesagt. Bemerkenswert ist die veränderte Perspektive im Grimmschen *Hänsel und Gretel*: Bei Charles PERRAULT ist es eindeutig und ausschließlich der jüngste Bruder, der für alle Geschwister die Gefahren meistert – bei den Brüdern Jacob und Wilhelm GRIMM dagegen ist es anfangs, unter Perraultschem Einfluß, der Bruder, spätestens vom Eingesperrtsein bei der Hexe an jedoch die Schwester, die ja dann auch den Unhold vernichtet. Bleibt die Frage, was eigentlich die eigens für Kinder entwickelten einteiligen von den ursprünglich für ältere Zuhörer bestimmten zweiteiligen Zaubermärchen inhaltlich unterscheide. Es scheint so, als erzählten die ersteren stets von einem Ausgesetztsein mit oft grausig gesteigerten Gefahren, von der Bewährung und von der Heimkehr des jungen Menschen, der sich seiner Kräfte bewußt geworden ist, der in der Erprobung gelernt hat, anderen zu helfen. Was mit tiefem Ernst durchgespielt wird, ist die Ablösung, der Zuwachs an eigenen Kräften und die Rückkehr zum Ausgangspunkt Familie – jedoch als ein anderer (vgl auch AT 311 → *Fitchers Vogel*, KHM 46; → *Hasenbraut*, KHM 66). Und es scheint, als erzählten die anderen, voll ausgebauten zweiteiligen Zaubermärchen zwar ebenfalls vom Auf-sich-selbst-gestellt-Werden – aber die Hauptgestalten kehren nicht zurück. Sie finden den anderen, den oft ganz fremden, noch in seiner Dunkelgestalt verborgenen Geliebten, verlieren ihn durch die eigene Unreife wieder und müssen nun durch den äußersten und

bedingungslosen Einsatz erneut alles hinter sich lassen und gerade dadurch ganz zu sich selbst finden. Doch sind sie schließlich dazu imstande, dem Geliebten ein Partner zu sein, auf den er bauen und vertrauen kann (ein gutes Beispiel ist das norwegische Märchen → *Östlich von der Sonne, westlich vom Mond,* AT 425 B). Ob man hinter jedem einteiligen Kindermärchen ein voll ausgebautes zweiteiliges Zaubermärchen mit dieser späteren Selbstfindungsthematik vermuten darf, ist mehr als ungewiß. Seelische Bedürfnisse der Zuhörer fragen nicht danach, woher der Stoff kommt; Erzähler und Zuhörer verwandeln sich an, wessen sie bedürfen, und bauen auch die erzählerischen Strukturen in der entsprechenden Weise aus. Dennoch, es ist denkbar, daß das Märchen von den ausgesetzten Kindern (das als Sage und Moritat zB in englischen Kolportageheften sehr beliebt war) eine verkürzte Form des Märchens von der gemeinsamen magischen Flucht der Liebenden aus dem Haus des Unholds darstellt (AT 313 C → *Die beiden Königskinder*).

4. BP 1, 115–126. – E. COSQUIN: Le conte de la chaudière bouillante et la feinte maladresse dans l'Inde et hors de l'Inde. In: RTP. 25. 1910. 1/2, 1–18; 3, 65–86; 4/5, 126–141. – DELARUE 1, 306–328. – DEULIN 325–377. – HAGEN 1, 38–53; 2, 46–59. – G. HENSSEN: Deutsche Schreckmärchen und ihre europäischen Anverwandten. In: ZfV. 50. 1953. 84–97. – A. LANG: Petit poucet. London 1888. – LIUNGMAN 65–69, 358. – M. MERAKLIS in EM 3, 360–365. – MEYER 121–132. – G. PARIS: Le petit poucet et le grand-ourse. Paris 1875. – RANKE 1, 235–239. – E.-L. ROCHHOLZ: Das Lebkuchenhaus. In: Zeitschrift für deutsche Kulturgeschichte. 1. 1872. 1, 161–181. – RÖLLEKE 70–81, 355–356. – ROUGER 185–186. – SAINTYVES 245–349. – SCHERF: Bechstein 786–787; 802–803. – SORIANO: Perrault 180–189. – E. WINTER: Ur- und Endfassung des Grimmschen Märchens Hänsel und Gretel. In: Pädagogische Rundschau. 16. 1962. 808–819.

König Lindwurm

AT 433 B — Grundtvig GdM 216

1. Svend Hersleb GRUNDTVIG (1824–1883) veröffentlichte 1854 im ersten Band seiner berühmten dreibändigen Sammlung *Gamle danske Minder i Folkemunde* S. 172–180 (später als Nr 216 gezählt) das Zaubermärchen vom Königssohn, den eine Schafhirtentochter aus seiner Dunkelgestalt erlöst, der jedoch durch Verrat von ihr getrennt wird und sie aus einem anderen

Reich wieder heimholen muß. Das Märchen wurde 1854 von der 67jährigen Maren MATHISDATTER in Fureby bei Løkken im ostjütischen Vensyssel erzählt und von dem Adjunkt Niels LEVINSEN mit allen volkssprachlichen Besonderheiten aufgezeichnet – was Mitte des 19. Jahrhunderts noch ganz ungewöhnlich war. Selbst der große Märchenforscher Axel OLRIK glaubte mehr als ein halbes Jahrhundert später, den Text nach einer Aufzeichnung aus dem schwedischen Skåne ändern und auf den zweiten Teil verzichten zu müssen.

2. Am ersten Morgen nach der Vermählung steht auf dem Brautbett eines Königs und einer Königin geschrieben, daß sie keine Kinder haben werden. Aber als die traurige Königin eine alte Frau trifft, hört sie, daß es ein Zaubermittel gibt: bei Sonnenuntergang in der Nordwestecke des Gartens ein Trinkgefäß umgestülpt auf den Boden zu setzen. In der Frühe werde sie eine rote und eine weiße Rose darunter finden. Äße sie die rote Rose, so würde sie einen Knaben gebären, die weiße: ein Mädchen. Aber sie dürfe auf keinen Fall beide Rosen essen. Die Königin kann jedoch nicht widerstehen und ißt beide. Da bringt sie einen Lindwurm zur Welt. Ihren aus dem Krieg heimkehrenden Mann begrüßt der Lindwurm als Vater und droht ihm Tod und Vernichtung seines Schlosses an, falls er ihn nicht als Sohn anerkennt. Dann verlangt er, ihm eine Braut zu schaffen, gleichgültig ob jung oder alt, arm oder reich. Die erste Braut ist eine schöne Königstochter; sie wird in der Brautkammer zerrissen. Ebenso ergeht es der zweiten Braut. Da bittet der König seinen alten Schafhirten, seine einzige Tochter mit dem Lindwurm-Sohn zu vermählen. In seiner Not geht das Mädchen in den Wald und trifft die alte Frau, die der Mutter des Lindwurms bereits geraten, aber deren Rat nicht befolgt worden ist. Doch das Schafhirtenmädchen hält sich genau daran, was ihm gesagt wird. Über sein Brauthemd zieht es neun andere. Und als der Königssohn Lindwurm es auffordert, sein Hemd auszuziehen, entgegnet es, der Lindwurm solle seine Haut ablegen. Das geschieht neunmal. Der Königssohn ist nur noch blutiges Fleisch, die Braut aber hat ihr eigentliches Brauthemd anbehalten. Auf den Rat der Alten schlägt sie den Königssohn mit Ruten, die sie in Lauge taucht. Dann aber badet sie ihn in süßer Milch, hüllt ihn in die neun abgelegten Hemden und nimmt ihn endlich in den Arm. Als sie am Morgen erwacht, liegt ein schöner junger Mensch neben ihr, und das Glück ist groß – auch für die Eltern des

Königssohnes. Hier enden manche Fassungen. Aber Svend GRUNDTVIGS Erzählerin fährt fort: Die junge Frau bringt zwei Knaben zur Welt, während Königssohn Lindwurm zusammen mit seinem Vater gegen den Feind kämpft. Der verräterische Ritter Rot, eine eigentümliche Gestalt in der skandinavischen Drachentöter-Überlieferung, tauscht den Brief aus und schreibt, daß sie von zwei Hunden entbunden habe. Der junge König jedoch, der bereits befürchtet hat, daß von seiner Dunkelgestalt den Kindern etwas anhafte, schreibt zurück, die Kinder sollten, wie auch immer es um sie bestellt sei, aufgezogen werden. Aber Ritter Rot tauscht auch diesen Brief aus und schreibt: Die junge Frau solle samt ihren Kindern verbrannt werden. Das bringt die Königinmutter aber nicht über das Herz. Sie gibt die Kinder zu Ammen und schickt die verratene Schwiegertochter, mit dem Nötigsten versehen, hinaus in den Wald. Die verzweifelte junge Frau ersteigt einen Berg, und als sie sich die Milch aus ihren Brüsten abpreßt, erscheinen ein Schwan und ein Kranich, trinken davon und werden zu zwei schönen Königssöhnen. Sie nehmen sie in ihr Bergschloß, das ebenfalls aus seiner Verwunschenheit erlöst wird, und möchten sie heiraten.
Inzwischen ist aber König Lindwurm heimgekehrt, hat den Verrat aufgeklärt, den Ritter Rot gerichtet und in einem Nagelfaß zu Tode bringen lassen. Er selbst aber ist zur Suchwanderung ausgezogen und findet am dritten Tage das Schloß. Seine Frau erkennt ihn, fürchtet sich jedoch und entzieht sich ihm zunächst. König Lindwurm freundet sich indessen mit König Schwan und König Kranich an (im Dänischen ein Wortspiel: Kong Svan' und Kong Tran') und schlägt den beiden vor, das Essen zu versalzen. Wem die schöne junge Frau zutrinke, der solle sie heiraten. Die beiden, die nicht ahnen, wer bei ihnen zu Gast ist, stimmen zu, da sie damit die lange erwartete Entscheidung erhoffen. Aber die junge Königin, die bei ihnen Zuflucht gefunden hat, trinkt ihrem Mann zu – allerdings mit einem Vers, in dem sie ihre Verbundenheit auch mit den beiden anderen, von ihr Erlösten festhält. Sie scheiden als Freunde. Das Paar kehrt heim zu den Kindern und lebt fortan glücklich miteinander. Svend GRUNDTVIGS vortreffliche Erzählerin endet mit einer Scherzformel: Als ich zuletzt dort war, erhielt ich einen zinnernen Mehlbrei auf einem Sieb als Teller.

3. Das Zaubermärchen von König Lindwurm ist nicht allzu häufig und weist eine merkwürdige Art der Verbreitung auf;

große Teile Europas sind ausgeklammert. Anna Birgitta ROOTH nimmt an, daß es orientalischen Ursprungs ist, und daß sich aus der orientalischen Form (vgl *Pañcatantra* 1, 8 N) sowohl ein mittelmeerischer als auch ein dänisch-skånischer Ökotyp gebildet habe. Was sie nicht erwähnt, ist die Tatsache, daß die Erzählung auch Eingang in die Liedüberlieferung gefunden hat: Es gibt eine Aufzeichnung aus dem slovenischen Herzogtum Krain (unter den von Anastasius GRÜN gesammelten und ins Deutsche übertragenen Volksliedern, 1850), sowie dänische (GRUNDTVIG Nr 40) und schwedische Fassungen (ARWIDSSON Bd 2, Nr 139: *Lindormen*; GEIJER/AFZELIUS Nr 72: *Lindormen*). Zur mittelmeerischen Gruppe gehören Erzählungen aus Armenien, der Türkei und Griechenland, aus Italien, Frankreich und Portugal. Die aus Absam in Nordtirol stammende Fassung der Brüder ZINGERLE (KHMS 2, S. 173–179), die auch Ludwig BECHSTEIN aufgenommen hat (NDMB 49: *Siebenhaut*), rechnet A. B. ROOTH ebenfalls zu dieser Gruppe. Nahe verwandt sind die Erzählungen bei Gianfranceso STRAPAROLA (2, 1: *Dem König Galeotto von England wird ein Sohn in Schweinsgestalt geboren. Dieser verheiratet sich dreimal und wird, nachdem er seine Schweinshaut abgelegt hat und ein wunderschöner Jüngling geworden ist, König Schwein genannt*), Giambattista BASILE (2, 5: *Lo serpe*) und Baronin d'AULNOY (1698 in Bd 4: *Le prince Marcassin*). Ob A. B. ROOTH mit ihrer Annahme recht hat, daß der dänisch-skånische Ökotyp verhältnismäßig spät entstanden und einem einzigen, ungewöhnlich begabten Erzähler zu verdanken ist, also von einer Fassung ausgeht, die in dem ostjütischen, von S. GRUNDTVIG mitgeteilten Text ungebrochen bewahrt worden ist, wird wohl nie endgültig zu entscheiden sein. Aber allein der reizvolle Vers, dessen Abwandlungen und Anpassungen sich bis nach Schweden verfolgen lassen, zeugt von großem erzählerischen Geschick:

Kong Svan sidder mig naer,
Kong Tran har mig kjaer,
og Kong Lindorm drikker mig til.

Bedeutender noch ist die Verknüpfung des ersten Teils, der Erlösung aus der Dunkelgestalt, mit dem zweiten Teil, der Vertreibung der jungen Frau – eine Verbindung, die so keineswegs in allen nordischen Fassungen zu finden ist. Der zweite Teil wird seltener durch den Betrug des aus dem Kreis der Drachentötermärchen entlehnten Ritters Rot (AT 300 → *Die drei Hunde*; AT 303 → *Die zwei Brüder*) eingeleitet, als durch die Verfolgung

durch die eifersüchtige Königinmutter (wie das auch in AT 706 → *Das Mädchen ohne Hände*, oder AT 707 → *Drei Königskinder* dargestellt wird).
Das eigentliche erzählerische Problem des zweiten Teiles ist jedoch ein anderes. Die junge Frau findet Zuflucht in einem verwunschenen Schloß und gewinnt die Zuneigung der von ihr erlösten Herren dieses Schlosses, steht also am Ende zwischen ihrem von Ritter Rot oder von seiner eigenen Mutter verratenen Mann und den von ihr in dem verwunschenen Schloß Erlösten. In der GRUNDTVIG-Fassung sind es zwei aus Vogelgestalt erlöste Königssöhne, in anderen Fassungen ist die Erlösung der Schwanen- oder Rabenbrüder aus dem Märchentyp AT 451 eingefügt (→ *Die zwölf Brüder*, dort auch weitere Hinweise und Literaturangaben). Der jüngste der durch Überwerfen heimlich gewebter Hemden Erlösten nimmt die von daheim Vertriebene zur Frau und hat mit ihr einen Sohn. Ist tatsächlich das Motiv der Erlösung mit Hilfe der Milch einer ihrer Kinder beraubten jungen Mutter so fremd, daß es eine Anleihe aus dem Märchen von den Schwangeschwistern notwendig macht, daß aus den zwei Brüdern drei oder sieben oder zwölf fremde Königssöhne werden, von denen nur der jüngste am Ende eine Rolle spielt? Er wird der zweite Mann der jungen Königin. Die Stellung der verratenen und im Wald ausgesetzten Frau zwischen ihrem ersten Mann und zwei anderen um sie Werbenden ist jedenfalls sinnvoller. Und die Auflösung mit der Probe, wem sie nach dem versalzenen Mahl wohl zutrinke, überzeugt in der ostjütischen Fassung besser als in der skånischen, die damit schließt, daß König Kranich, ihr zweiter Mann, nie wieder froh wird im Leben – aber auch die junge Königin nicht, die ihrem ersten Mann folgt. Das ist für ein Märchen ein unbefriedigendes Ende – zumal in anderen Fassungen die Vertreibung mit dem Motiv des noch ungeborenen Kindes und der sieben um den Leib geschmiedeten Reifen erzählt wird, wie im → *Froschkönig*-Märchen, AT 440.
Oder sollte es sich in diesem zweiten Teil nicht um die Zuflucht bei zwei auf ihre Erlösung harrenden und nun um die verstoßene junge Königin werbenden Männern handeln, sondern ursprünglich um die eigenen, der Königin fortgenommenen Söhne, die ihre Mutter an der Milch erkennen? Diesen Märchenteil hat Emmanuel COSQUIN ausgiebig anhand von Erzählungen untersucht, die das Märchen in den Dienst religiöser, buddhistischer und islamischer Beispielerzählungen stellen. Von fortgenommenen Kindern, denen der jüngste Bruder Fladen bringt, die mit der

Milch der Mutter zubereitet sind, wird auch in einer besonderen Form des *Parizade*-Märchens erzählt (AT 707 → *Drei Königskinder,* BUSCH UoW 25; → *Die drei Vögel,* KHM 96). Wie auch immer – die Märchentypen AT 440 → *Der Froschkönig,* AT 441 → *Hans mein Igel,* und AT 430 → *Das Eselein,* stehen ebenfalls sehr nahe. Das schwierige, dreifache Erlösungswerk, das aus dem Ablegen der Lindwurm-Häute, dem Auspeitschen und Baden besteht, kommt ebenso auch in reich ausgestatteten Märchen von dem an der Reise teilnehmenden und die Braut aus Dämonenhand befreienden dankbaren Toten vor (AT 507 A → *Die verwünschte Königstochter,* → *Der Reisekamerad*). Die Eingangsmotivik vom zauberischen Empfängnismittel, das, gegen das Gebot verwandt, Unheil bringt (vgl auch AT 307 → *Hans, der Grafensohn, und die schwarze Königstochter*) hat seine Entsprechung in einem in Deutschland unbekannten Märchentyp, der mit der Geburt von Zwillingsschwestern beginnt, von denen die eine schön, die andere aber von ungewöhnlicher Häßlichkeit ist (AT 711). Es gibt nämlich auch Fassungen unseres Märchens, in denen die Königin sowohl einen schönen Knaben als auch einen Lindwurm zur Welt bringt, der aber verlangt, vor seinem Bruder verheiratet zu werden. Doch auch das ist offenbar eine Entlehnung. Und die ostjütische Fassung Svend GRUNDTVIGS erweist sich nicht nur als besonders reich, lebendig und sinnvoll erzählt, sondern auch in vielen Einzelzügen und Verknüpfungen als eigenständig.

4. E. COSQUIN: Le lait de la mère et le coffre flottant. In: Revue des questions historiques. 42. 1908. 353–425. – E. FRANK: Der Schlangenkuß. Leipzig 1928. – DELARUE/TENÈZE 2, 115–118. – E. GEIJER/A. A. AFZELIUS: Lindormen. In: GEIJER/AFZELIUS: Svenska folkvisor. Stockholm [2]1880. 2, 297–299. – W. HERTZ: Die Sage vom Giftmädchen. In: HERTZ: Gesammelte Abhandlungen. Stuttgart, Berlin 1905. 156–277. – KRÜGER 46–48. – LIUNGMAN 100–102, 361. – A. OLRIK: Kong Lindorm. In: Danske studier. 1904. 1, 1–34 (auch in: Folkelige afhandlinger. København, Kristiania 1919. 140–176, 203–204). – RANKE 2, 55. – A. B. Waldemarson-ROOTH: Kung Lindorm. In: Folkkultur. 2. 1942. 176–245. – SCHERF: Bechstein 865–866. – WESSELSKI: Versuch 193–195.

Der König vom goldenen Berge

AT 400 + 518 KHM 92

1. 1815 erschien das von einem Soldaten, möglicherweise von dem früheren Dragonerwachtmeister Johann Friedrich KRAUSE, erzählte Märchen von dem Jungen, der in der anderen Welt eine Königstochter erlöst, in der Erstauflage des zweiten Bandes der Grimmschen Sammlung als Nr 6. Von 1819 an wurde es als Nr 92 geführt. Das Märchen ist auch in anderen deutschen Sammlungen durch teils hervorragend erzählte Fassungen vertreten, vor allem bei Ulrich JAHN und Johann Wilhelm WOLF.

2. Ein reicher Kaufmann, der einen kleinen Sohn und eine kleine Tochter hat, verliert seine Schiffe und wird über Nacht arm. Es bleibt ihm nur ein Acker. Als er auf seinen Acker geht, trifft er einen kleinen schwarzen Mann, der verspricht, ihn wieder reich zu machen – falls er bereit ist, ihm in zwölf Jahren auf dem Acker zu übergeben, was ihm gleich zu Hause als erstes ans Bein stoßen wird. Der Kaufmann redet sich ein, es werde sein Hund sein. Aber es ist, was der Märchenzuhörer längst weiß, eines von den beiden Kindern: sein kleiner Sohn. Der Eingang von dem reichen Vater, dem die Wiederherstellung seines Vermögens wichtiger ist als die Verbundenheit mit seinen Kindern, ist dem Zuhörer recht gut bekannt. Wer den Märchen zuhört, sucht schließlich unbewußt Spielmaterial für seinen längst vergessen geglaubten Ablösungskonflikt.
Der Kaufmann findet das versprochene Geld, wird ein noch reicherer Kaufmann, als er zuvor war, und »läßt Gott einen guten Mann sein«. Erst als die Frist näher rückt, bekommt er es mit der Angst zu tun und gesteht schließlich dem herangewachsenen Sohn, daß er ihn dem Bösen verschrieben habe. Doch der Sohn ist zuversichtlich; was der Vater über ihn verfügt hat, erkennt er nicht an. Er holt sich den Segen eines Geistlichen, geht mit dem Vater auf den Acker, zieht einen Schutzkreis um sich und den Vater und führt selbst die Verhandlungen mit dem Bösen. Zwar wird der Vertrag nicht zurückgegeben. Die Behauptung des Sohnes, der Vater sei verführt und betrogen worden, wird nicht anerkannt. Aber der Sohn gehört, das wird ausdrücklich festgehalten, in Zukunft weder dem Bösen an noch seinem leiblichen Vater. Der Vater muß ihn auf dem Fluß aussetzen und mit seinem Fuß das Boot in die Strömung stoßen. Das ist für den

Zuhörer ein gutes Bild für den Auszug auf dem eigenen Weg, zumal es heißt, daß das Boot kentert und der Vater in dem Glauben heimkehrt, sein Sohn habe dabei den Tod gefunden. Der Sohn ist jedoch nicht tot. Er landet unbeschadet in einem fremden Land, und es wird später deutlich, daß es auch eine ganz andere Welt ist. Er betritt ein leeres Schloß und findet in der letzten Kammer eine Schlange, die ihm sagt, sie habe zwölf Jahre auf ihn gewartet – vor zwölf Jahren hatte der Vater den Vertrag unterschrieben. Ist die Nennung des Teufels und des geistlichen Beistandes vielleicht eine spätere Festlegung? Stehen nicht ganz einfach jenseitige, dämonische Mächte hinter der Auseinander-

Monika Laimgruber: Die drei Winde (Frauenfeld. Huber 1976)

setzung, die der junge Mann durchzustehen hat? Wie auch immer: Die Welt, aus der er kam, ist eine andere als die Welt, in der er zu sich selber finden muß. Und als er später noch einmal in die Welt seiner Kindheit zurückkehrt, ist er nahe daran, das Gewonnene, sich selbst, zu verlieren.
Die Königstochter in der Schlangengestalt hofft, daß sich der junge Mann drei Nächte lang stumm den grausigsten Qualen aussetzt, damit auch sie zu ihrer eigenen Gestalt und Schönheit finden kann. Und sie verspricht, ihn nach jeder Qualnacht mit dem Wasser des Lebens zu heilen – was spätestens am Ende der dritten Nacht auch notwendig ist, denn die zwei Dutzend schwarzen Männer haben dem Jungen schließlich den Kopf abgeschlagen. Der junge Mann wird wieder ins Leben zurückgerufen. Er findet eine schöne Königstochter, sie heiraten, und ein Jahr darauf gebiert sie einen Knaben. Aber das Glück bleibt nicht ungetrübt, denn dem jungen Mann kommt in den Sinn, was vielen jungen Männern in den Sinn kommt: Sie suchen ihre Selbstbestätigung in der Welt, die sie eigentlich abgetan haben sollten. Die junge Frau weiß, daß das ihr Unglück ist. Sie möchte ihn nicht gehen lassen. Schließlich gibt sie ihm einen Flugring und läßt sich fest versprechen, sie nicht herbeizuwünschen und als Zeugnis in einer unsinnigen Auseinandersetzung zwischen Vater und Sohn anzurufen[1]. Aber es dauert ein wenig, bis wir wirklich zu uns selbst gefunden haben. Und so kommt es, wie es kommen muß. Der junge Mann versetzt sich mit Hilfe des Flugrings vor die Tore seiner Vaterstadt, und da er, allein in seinem kostbaren Gewand, keinen Einlaß findet, tauscht er seine Kleider mit einem Schäfer. Das hinwiederum macht ihn vor seinem Vater noch unglaubwürdiger, zumal er behauptet, eigentlich der König vom goldenen Berge zu sein. Der Vater bleibt dabei: sein Sohn sei tot. Er bietet dem armen Teufel etwas zu essen – bis die Mutter ihn schließlich an einem Mal erkennt. Aber die Kluft zwischen Anschein und Anspruch ist zu groß, und abermals entzündet sich die Auseinandersetzung. Da wünscht

[1] Psychoanalytiker sprechen davon, daß die erste Verbindung, die ein junger Mann mit einem Mädchen eingeht, der unbewußte Versuch einer Ehe mit der Mutter ist – für ein junges Mädchen: der Versuch einer Ehe mit dem Vater. Erst in der »zweiten Ehe« wird der Partner als das begriffen, was er wirklich ist: ein anderer, ein eigenständiger Mensch, der vom Mutter- bzw Vaterbild gänzlich unabhängig erlebt werden muß.

der Sohn im Zorn Frau und Kind als Zeugen herbei. Im selben Augenblick erscheint die junge Königin mit ihrem kleinen Sohn, aber sie klagt, daß ihr Mann sein Wort gebrochen habe. Daß der reiche Kaufmann sich endlich hat überzeugen lassen, bringt niemandem etwas ein. Der Erzähler der Grimmschen Fassung geht hier als Soldat und mißtrauisch gegenüber Frauen von nun an ein wenig eigene Wege. Er läßt den jungen König Frau und Sohn vor die Stadt führen, um ihnen den Acker zu zeigen, auf dem er dem Bösen überantwortet werden sollte – aber die junge Königin ist damit kaum zu beeindrucken, »sie hatte Böses im Sinn«. Sie läßt ihren Mann nach dem Lausen in ihrem Schoß einschlafen, streift ihm den Flugring ab und verschwindet, wie sie meint, auf Nimmerwiedersehen in ihr Schloß auf dem goldenen Berg.

Als der junge Mann erwacht und sich verlassen sieht, begreift er, wie unsinnig es wäre, jetzt zu den Eltern zurückzukehren. Er macht sich auf, den Weg zu Frau und Kind zu finden, und ist so erfüllt davon, daß er, als er von drei Riesen zum Schlichten eines Erbstreites bestellt wird, ganz in seine Gedanken verloren mit einem unwiderstehlichen Degen, einem Tarnmantel und einem Paar Wunderstiefel heim in sein Königreich vom goldenen Berg entschwindet (AT 400 mit 518 → *Die Rabe*, → *Der Trommler*). Dort kommt er gerade zurecht zur Hochzeitstafel, denn seine Frau hat sich einen Königssohn zur zweiten Ehe ausersehen. Und abermals schlägt der Zorn des Erzählers über die falschen Frauen durch, und er berichtet keineswegs von einem versöhnlichen Schluß und einer glücklichen Vereinigung der Liebenden, sondern hält das gewaltsame Aufräumen für das einzig Angebrachte. Unsichtbar stellt sich der junge König hinter die Königin, nimmt ihr Essen und Trinken fort, und als sie beschämt in ihre Kammer geht, stellt er sie, nennt sie Betrügerin und schlägt ihr ins Gesicht. Dann tritt er in den Saal und erklärt: »Die Hochzeit ist aus, der wahre König ist gekommen!« Als er Hohn erntet und schließlich die Gäste auf ihn eindringen, zieht er den unfehlbaren Degen und befiehlt ihm: »Die Köpfe herunter!«

3. Es ist aufschlußreich, die Grimmsche Fassung mit einer verwandten zu vergleichen. Das von Johann Wilhelm Wolf 1851 als DHM 19 veröffentlichte Märchen *Die eisernen Stiefel* ist ebenfalls von einem Soldaten erzählt worden – aber es kommt der Zielform unseres Märchentyps näher und weist obendrein einige Züge auf, die auch in dem italienischen Volksbuch *Storia di*

Liombruno auftreten, das einem Gedicht aus dem 15. Jahrhundert nacherzählt ist.
Ein kinderloses Königspaar verarmt durch zwei Brände, und der König verspricht einem Fremden sein Ungeborenes gegen eine Kiste voll Gold. Als der Sohn, der bei einem Geistlichen in die Lehre gegangen ist, übergeben werden soll, erscheinen der Reihe nach drei sonderbare Gefährte mit musizierenden Teufeln, um ihn zu entführen. Aber der Junge schlägt dem Altteufel den Vertrag des Vaters aus der Hand. Auf den Rat seines Lehrers macht er sich auf zum Himmelreich und holt sich Rat bei drei Einsiedlern. Über des dritten Behausung wohnen die Vögel, und der letztkommende Vogel Greif bringt den Jungen zu einer Königstochter in Schlangengestalt. Er steht drei Qualnächte durch, erlöst die Königstochter und lebt mit ihr im Glück – bis er in ein verbotenes Gartenhaus tritt, aus dem er hinab in die Welt zu blicken vermag. Da faßt ihn Heimweh zu den Eltern. Die junge Königin erlegt ihm das Gebot auf, sie nur in der Not herbeizurufen – aber er ruft sie im Streit mit seinem Vater, der nach dem Tod der Mutter erneut geheiratet hat und seinem Sohn die in der mittelalterlichen Epik wohlbekannte Frage stellt, ob er je eine schönere Frau gesehen habe. Ganz ähnlich fragt auch der königliche Pflegevater in Ulrich JAHNS Fassung *Die Maränen* (mit AT 518, VPR 54), als er dem jungen Mann seine hübsche Tochter zur Frau geben will. »Meine Frau«, erhält er zur Antwort, »ist unter den Sohlen zarter als deine Tochter im Gesicht« – worauf der junge Mann natürlich ins Gefängnis geworfen wird. In beiden Fällen muß die junge Königin als Zeuge erscheinen, und in beiden Fällen muß sich der unbedachte junge Mann von seiner Frau trennen – es sei denn, es gelinge ihm, ein Paar Eisenschuhe zu zerschleißen. In beiden Fassungen nimmt er die Buße auf sich. Der junge König der Jahnschen Fassung erwirbt bei einer Erbteilung Kanonenhut, Siebenmeilenstiefel und Tarnmantel (AT 518). Dann weisen ihm Mond, Sonne und Wind den Weg, und der Wind trägt ihn heim zu seinem Schloß, in dem bereits zur Hochzeit mit einem anderen gerüstet wird. Der junge König der Wolfschen Fassung indessen sieht, daß seine Eisensohlen dünn geworden sind. Der Reihe nach sucht er wiederum die drei Einsiedler auf und läßt sich schließlich vom Vogel Greif heimtragen. Dann stellt er stillschweigend die zerschlissenen Eisenstiefel vor die Kammertür seiner Frau, und diese, wie in zahlreichen anderen Fassungen unseres Märchentyps, gibt den Gästen das versöhnliche Rätsel vom verlorenen und wiederge-

fundenen Schlüssel auf. Der neue Bräutigam schleicht sich fort, die füreinander Bestimmten sind wieder glücklich vereint.
Das Jahnsche Märchen beginnt übrigens, ähnlich wie das italienische Volksbuch, mit einem Fischer, der nichts zu fangen vermag, und schließlich einem Fremden (im *Liombruno:* einem Korsaren) seinen ungeborenen Sohn gegen einen reichen Fang verspricht. Das in eine Schlange verwandelte Mädchen, das in drei Qualnächten erlöst werden muß, taucht auch in Albrecht von SCHARFENBERGS *Seifrid de Ardemont* auf (um 1280), und in *Tausendundeine Nacht* findet sich in der Erzählung von Hasan von Basra und den Prinzessinnen von den Inseln Wak-Wak eine Entsprechung (in der Ausgabe von Gustav WEIL Bd 2, S. 135–203). Häufig wird auch auf die indische Parallele in der Erzählung von dem sterblichen Purûravas und der Fee Urvaçi verwiesen, der nur endgültig mit seiner Geliebten vereint sein kann, wenn er selbst unsterblich geworden ist.
Bei allen europäischen Fassungen schimmert die Betonung der anderen, der überirdischen, der Feenwelt durch, in die der Märchenheld nur durch den Vogel Greif oder gar eingenäht in eine Pferdehaut (in *1001 Nacht:* in eine Kamelhaut) gelangen kann. Er wird also, nach seiner endgültigen Heimkehr, »einer der ihren«. Doch wenn auch wirklich ganze Motivverbindungen aus anderen Vorstellungszusammenhängen übernommen sein sollten, sind sie doch in das eigenständige, besonderen Zuhörer-Erwartungen entsprechende Zaubermärchengefüge eingeschmolzen worden. Helge HOLMSTRÖM fand jedenfalls heraus, daß sich das außerordentlich reichhaltige Material am besten nach Untergruppen gliedern läßt, die sich durch die vier in der Grimmschen Sammlung vertretenen Erzählungen KHM 193, 92, 93, 113 charakterisieren lassen und durch den Typ AT 465 A, der in der Grimmschen Sammlung nicht vertreten ist. Danach ließen sich die Fassungen, die zum Märchen *Der König vom goldenen Berge,* KHM 92, gehören, so charakterisieren: Ein plötzlich verarmter Mann verspricht seinen ungeborenen Sohn einem Dämon, um wieder zu Reichtum zu kommen – aber als der Sohn heranwächst, schafft er es, sich der Macht dieses Dämons zu entziehen. Auf seinem eigenen Weg gelangt er in die andere Welt und erlöst in drei Qualnächten eine verwunschene Königstochter – er löst sie offenbar aus der Macht desselben Dämons, dem er versprochen wurde. Um sich noch einmal mit seinem Vater auseinanderzusetzen, fliegt er mit Hilfe eines von seiner Frau geliehenen Kleinods zurück zu seinem Ausgangspunkt,

bricht ein gegebenes Versprechen und verliert damit seine Frau und das Kleinod, das ihn hätte zu ihr zurückbringen können. Auf der Suchwanderung verschafft er sich drei Zaubergegenstände, oder er gelangt zu den Herren über Vierfüßler, Fische und Vögel, oder zu Sonne, Mond und Wind, und auf die eine oder andere Weise erreicht er am Ende doch, meist unsichtbar, sein Reich und seine Frau wieder, oft gerade noch rechtzeitig, ehe sie einen anderen heiratet (sie gibt den Gästen das Rätsel vom alten und vom neuen Schlüssel auf).
Als nächstverwandte Erzählungen nach AT 400 ziehe man zum Vergleich heran: → *Die Rabe* (KHM 93), → *Der Trommler* (KHM 193), → *Die drei schwarzen Königstöchter* (KHM 137); nach AT 401 → *Das goldne Königreich* (WOLF DHM 5); nach AT 465 A → *Geh ich weiß nicht wohin und hol ich weiß nicht was* (AFANAS'EV NRS 212). Die durch KHM 113, → *Die beiden Königskinder* bezeichnete Untergruppe ist fragwürdig. Es handelt sich um das Märchen von der magischen Flucht, in das ein eigentliches Schwanjungfraumotiv eingefügt ist, das die Hilfe der Tochter des Dämons begründet. HOLMSTRÖM möchte es von der nach dem → *Trommler* bezeichneten Untergruppe unterschieden sehen.

4. BP 2, 318–335; 2, 335–348; 3, 114–115; 3, 406–417. – R. T. CHRISTIANSEN: A Gaelic fairytale in Norway. In: Béaloideas. 1. 1927. 2, 107–114. – DELARUE/TENÈZE 2, 406–417. – O. DINGES: Peter von Staufenberg. Diss. Münster 1948. – H. ELLEKILDE: Nyt fra Aeventyrforskningen. In: Danske Studier. 1919. 3/4, 162–179. – H. FINDEISEN: Mensch und Tier als Liebespartner in der volksliterarischen Überlieferung Nordeurasiens und der amerikanischen Arktis. Augsburg 1956. – A. FIOCCHI: Liombruno. Salzburg 1977. – E. FRANK: Der Schlangenkuß. Leipzig 1928. – J. HANIKA: Die schwarzen Prinzessinnen. Beziehgn e. Märchenmotivs zum Brauchtum. In: Rheinisches Jahrbuch für Volkskunde. 2. 1951. 39–47. – L. A. HIBBARD: Partonope de Blois. In: Hibbard: Mediaeval romance in England. New York, London, Toronto, Melbourne, Bombay 1924. 200–213. – H. HOLMSTRÖM: Studier över svanjungfru-motivet i Volundarkvida och annorstädes. Diss. Lund 1919. – G. HÜSING: Zur Hinde mit den Fußspangen. In: Mitra. 1. 1920, 318–325. – G. HÜSING: Zur Hinde mit der Atlasdecke. In: Mitra. 1. 1914. 41–45. – C. LECOUTEUX: Das Motiv der gestörten Mahrtenehe als Widerspiegelung der menschlichen Psyche. In: Vom Menschenbild im Märchen. Kassel 1980. – LIUNGMAN 80–85, 359–360. – E. MOÓR: Über das Märchen von der verwünschten Königstochter, Grimm Nr 93. ⟨Ein Meisterlied d. Hans Sachs u. e. ungar. Volksbuch.⟩ In: Aus den Forschungsarbeiten der Mitglieder des Ungarischen Instituts und des Collegium Hungaricum in Berlin. Berlin, Leipzig 1927. 185–220. – C. PSCHMADT: Die Sage von der verfolgten Hinde. Ihre Heimat u. Wanderg, Bedeutg u. Entwicklg mit bes. Berücks. ihrer Verwendg in d. Literatur d. Mittelalters. Diss. Greifswald 1911. – RANKE 1, 282–318; 1,318–319. – G. de RIALLE: Observations sur cette légende

malgache: Comment Andrianoro prit une femme venue du ciel. In: RTP. 4. 1889. 6, 312–316. – RÖHRICH: EdSM 1, 27–61, 243–253. – SCHERF: Bechstein 833–834; 835; 850–851. – A. SCHMAUS: Das Seelentier der Fee. In: Festschrift für Margarete Woltner zum 70. Geburtstag. Heidelberg 1967. 219–227. – K. v. SPIESS in DMDW 11–24; 25–76; 89–101. – K. v. SPIESS: Die Sagen von der Fisch- oder Schlangenjungfrau. In: Wiener Zeitschrift für Volkskunde. 46. 1941. 31–42.

Königssohn Katt

AT 300 A — Lemke ViO 2, 28

1. In ihrer dreibändigen Sammlung *Volksthümliches in Ostpreußen* veröffentlichte die in Ostpreußen geborene Elisabeth LEMKE (1849–1925) 1887 in Mohrungen bei HARICH im Kapitel »Märchen« des zweiten Bandes als Nr 28 eine Fassung des sonst in deutscher Überlieferung so gut wie fehlenden Märchentyps von den drei auf wunderbare Weise empfangenen Brüdern, die dreimal auf einer Brücke einen Kampf mit Drachen und schließlich mit der Mutter der Drachen zu bestehen haben: Prinz Katt. Das Märchen wurde 1980 in der Auswahl wichtigster nachgrimmscher Zaubermärchen-Aufzeichnungen *Der Wunderbaum* von Elisabeth SCHERF unter dem Titel *Königssohn Katt* wieder zugänglich gemacht.

2. Einem König und einer Königin, die sich sehnlich ein Kind wünschen, wird, nachdem bereits Unruhe im Land wegen ihrer Kinderlosigkeit entstanden ist, am Ende doch noch der Wunsch erfüllt – aber unter merkwürdigen Bedingungen. Als der König einen Fischer, der sich an den Unruhen beteiligt, strafen will, versucht der Unglückliche, sich zu erhängen – trifft aber dabei ein altes Männchen, das ihm den Auftrag erteilt, sich vom König neues Garn geben zu lassen und mit drei Knechten zum Fang auszufahren. Der Fischer tut, wie ihm geheißen, und hält sich auch strikt an das Gebot, niemandem anderen von den mit dem Garn des Königs gefangenen Fischen mitzugeben – obgleich beim ersten und zweiten Auswerfen der Netze nichts, beim dritten Mal nur drei kleine Fische ins Garn gehen und die Fischerknechte sie für sich haben wollen. Der Fischer bringt die drei Fischchen in die königliche Küche: Die Königin allein soll sie essen. Die Königin erhält jedoch nur den dritten Fisch – den

ersten schnappt sich die Katze, den zweiten nimmt sich das Stubenmädchen. Und so geschieht es, daß Katze, Stubenmädchen und Königin gleichzeitig schwanger werden und jede einen auf wunderbare Weise empfangenen Königssohn zur Welt bringt. Die Königin liebt die drei Söhne gleichermaßen und hält sie gleich. Der von der Katze geborene ist freilich der schönste und klügste.
Nach ihrer Einsegnung schlägt der Königssohn Katt den Brüdern vor, die Welt zu besehen und auf Abenteuer auszuziehen. Sie gelangen zu einem Fluß und bei der Brücke zu einem kleinen Haus, in dem sie den Tisch gedeckt finden. Als sie gegessen und getrunken haben, mahnt Prinz Katt, nicht einzuschlafen, er ahnt Unheil. Aber die Brüder schlafen ein, während er draußen, versteckt unter der Brücke, Wache hält. Und richtig: Ein Drache mit zwölf Köpfen erscheint, und Prinz Katt muß den Kampf allein bestehen.
Am nächsten Tag reiten die drei weiter und wähnen, wer weiß wohin gelangt zu sein – als sie sich am Abend an genau der alten Stelle wiederfinden: an der Brücke über den Fluß und vor dem kleinen Haus. Und so geschieht dreimal das gleiche: Die Brüder schlafen ein, Prinz Katt besteht den Kampf mit den vielköpfigen Drachen (der erste mit zwölf, der zweite mit fünfzehn, der dritte mit zwanzig Köpfen) zunächst allein und am Ende mit der Hilfe seiner Brüder. Aber er kann mehr als seine Brüder und ahnt, daß der Kampf noch nicht zu Ende ist. Er läßt die Brüder schlafen, verwandelt sich in eine Fliege und verbirgt sich im Haus der Drachenmutter, der alten Tiersch, wie Elisabeth LEMKES Gewährsmann erzählt (genau gesagt: Er erzählt von der Schwiegermutter der drei erschlagenen Drachen).
Die Töchter klagen der Alten ihr Leid. Sie rät, die eine solle sich in einen Apfelbaum, die andere in ein kühles Haus und die dritte in eine Quelle verwandeln und so die drei Königssöhne anlocken und verderben. Von nun an ist die Erzählung leider aufs äußerste gerafft. Wir erfahren nur noch, daß die drei Königssöhne ausreiten und die drei trügerisch in Baum, Haus und Quelle verwandelten Drachenweiber zu Teer zerhauen. Die Drachenmutter jedoch wird von Königssohn Katt den Fluß entlang bis zu einer Schmiede mit eisernem Zaun gejagt. Er befiehlt ihr, das Eisen durchzunagen und verbrennt sie, als ihr Kopf zwischen den Eisensprossen steckt.
In dem Land, das die drei von den Drachen erlöst haben, herrscht große Freude. Der König gibt den drei Helden seine Töchter zur

Frau, und das Märchen endet ohne jede Andeutung eines anderen Teiles, der die drei Königssöhne in neue, andersgeartete Bewährungen führt.

3. Das Märchen, das Walter ANDERSON Drei-Brüder-Märchen genannt hat, ist in deutscher Sprache, außer in der Fassung von E. LEMKE, nur noch in einer weiteren Fassung in Karl PLENZATS ostpreußischer Sammlung *Der Wundergarten* vertreten (als Nr 9), ebenfalls unter dem Titel *Prinz Katt,* vielleicht handelt es sich nur um eine Nacherzählung. Alle anderen bekannt gewordenen Fassungen, rund hundert an der Zahl, hat man im ostslavischen Bereich und bei angrenzenden Völkern aufgezeichnet. Auch in der klassischen russischen Sammlung Alexander Nikolaevič AFANAS'EVS gibt es einige Fassungen, so das im Gouvernement Orenburg aufgezeichnete Märchen von *Sturmheld Ivan Kuhsohn* (NRS 136: *Burja-bogatyr Ivan korovyj syn,* Nr 76 nach der früheren Zählung, Nr 2 in Band 8 der Erstausgabe). Es ist nämlich eher die Ausnahme, daß der Tiersohn unter den drei Brüdern von einer Katze geboren wird. Meist ist er ein Hunde- oder ein Kuhsohn. In AFANAS'EVS Fassung kommt die wunderbare Empfängnis dadurch zustande, daß die Zarin den Hecht mit den Goldflossen verzehrt, die Magd sich aber eine der Flossen nimmt und die Kuh das Spülwasser aufleckt. Meist wird die ungeheure Stärke des Tiersohnes hervorgehoben, wobei Züge des *Bärensohn-* (AT 301 A → *Das Erdmännchen*) und des Märchens vom *Starken Hans* (AT 650) eingegliedert werden, die man verständlicherweise auch ausgiebig in russischen Bylinen genutzt hat (vgl die Erzählungen von *Ilja von Murom*). Auch heißt es oft, daß die drei Brüder ungewöhnlich rasch heranwachsen.
Das Ende der Lemkeschen Fassung ist zwar recht knapp erzählt, enthält aber ausreichende Merkmale, die es ermöglichen, einzelnes aus den reicher erzählten ostslavischen Fassungen zu ergänzen. Der Tiersohn hat, wie es sich zeigt, manchen verwandten Zug mit Stahlsohn, dem treuen Brautfahrt-Begleiter des Zarensohnes im Märchen vom → *Unsterblichen Koščej* (AT 302 C* + 516) und auch vom → *Treuen Johannes* (AT 516). So ist nicht nur der Zug bemerkenswert, daß der Held die Klage und die Rachepläne der drei Frauen der erschlagenen Drachen belauscht, sondern daß er von dem, was er von diesen Dämonen erfahren hat, den Brüdern nichts mitteilen darf. Verkürzt ist bei E. LEMKE dann vor allem die Erzählung vom Ende der Drachenmutter (der

ja auch im nahe verwandten → *Zwei-Brüder*-Märchen, AT 303, eine wichtige Rolle zukommt). Aber in Elisabeth LEMKES Fassung findet die Drachenmutter ebenso wie in den wichtigsten ostslavischen Fassungen den Tod in einer Schmiede. Ausgelassen ist freilich, daß sie die beiden von ihrem Tierbruder sich Trennenden frißt und diesen aus seinem Versteck in einer Schmiede holen will. Die zwölf Schmiede oder der berühmte Schmied Kuz'ma-Dem'jan scheinen auch bereit, den Sturmhelden Ivan Kuhsohn der Drachenmutter auszuliefern: Sie solle nur ihre Zunge in die Schmiede strecken, man werde ihr den Kuhsohn darauf setzen. Aber als die Drachenmutter tut, wie ihr geheißen, packt man ihre Zunge mit glühenden Zangen, und Ivan Kuhsohn tötet sie, nachdem er sie gezwungen, die verschlungenen Brüder herauszugeben.

Unklar bleibt freilich der eigentliche zweite Teil und Ausgang des Märchens. Mit einer gewissen Vorliebe werden Motive des Märchens vom dankbaren Toten angefügt (AT 507 A → *Die verwünschte Königstochter*, → *Der Reisekamerad*): Ivan löst die dämonische Bindung der Braut des Zarensohnes durch Auspeitschen in der Brautnacht. Und ebenso gern greifen die Erzähler Motive von der Stellvertretung in der Brautnacht der Heldenjungfrau auf (aus dem *Brunhild*-Märchen, AT 519).

4. L. C. BARAG in EM 3, 825–834. – E. KAPEŁUS': Sem'pol'skich skazok russkogo proischoždenija. In: Russkij fol'klor. 8. 1963. 67–74. – A. v. LÖWIS of Menar: Die Brünhildsage in Rußland. Leipzig 1923. – POLÍVKA: SSR 2, 95–114. – PROPP: Afanas'ev 1, 490. – K. RANKE: Die zwei Brüder. Helsinki 1934 (FFC 114). 8–10.

Die Königstochter auf dem Baum

AT 317 + 302 C* Jahn VPR 3

1. 1891 veröffentlichte Ulrich JAHN (1861–1900) als Nr 3 seiner reichhaltigen Sammlung *Volksmärchen aus Pommern und Rügen* das Zaubermärchen *Die Prinzessin auf dem Baum* mit dem Vermerk »mündlich aus Quatzow, Kreis Schlawe«. Paul ZAUNERT (1879–1959) übernahm das Märchen von dem Jungen, der seine Braut auf einem für keinen anderen zugänglichen Riesenbaum findet, aber zunächst wieder verliert, weil er den von ihr

angeschmiedeten Dämon befreit, und eröffnete damit sein zweibändiges Werk *Deutsche Märchen seit Grimm* (Jena 1922, Bd 1, S. 1–14). Edmund MUDRAK (1894–1965) sah es ebenfalls als ein einzig dastehendes Beispiel für einen in der GRIMMschen Sammlung nicht vertretenen Märchentyp an und setzte es in vollem Wortlaut in seine ausgiebig – allerdings von seinem Mitherausgeber gelegentlich sehr einseitig kommentierte, auf charakteristische Märchentypen abhebende Auswahl *Deutsche Märchen – deutsche Welt.*

2. Ein junger Schweinehirt, erzählt der Gewährsmann Ulrich JAHNS, entdeckt einen Riesenbaum und steigt in ihm auf bis zum Abend, bindet sich fest, steigt weiter, kommt am zweiten Abend zu einem Dorf, steigt abermals weiter und gelangt schließlich zu einem Schloß, in dem er eine verwünschte Königstochter trifft. Er bleibt bei ihr, sie leben miteinander, denn das Mädchen, von einem Zauberer hierher entrückt, freut sich, daß endlich eine Menschenseele zu ihm gefunden hat. Merkwürdigerweise sind von diesem Eingang, einem voll ausgebauten ersten Teil eines Zaubermärchens, der den Weg eines jungen Menschen in eine andere Welt schildert und seine erste, freilich nur vorläufige Vereinigung mit einem schönen, aber von einem Geheimnis überschatteten Mädchen, nicht viel mehr als ein Dutzend Fassungen bekannt. Und diese Fassungen sind allesamt, bis auf die von Ulrich JAHN aus Pommern mitgeteilte, im Bereich der Ungarn und ihrer nächsten Nachbarn aufgezeichnet worden. Schaut man die Fassungen näher an, so zeigt sich, daß der wunderbare, in eine andere Welt reichende Baum entweder von einem wenig beachteten oder verkannten jungen Mann in völliger Einsamkeit entdeckt wird, oder daß er im Garten des Königs gewachsen ist, der demjenigen, der ihm Früchte oder Blätter aus dem Wipfel bringt, seine Tochter verspricht – aber gerade diese Tochter ist entführt oder entrückt. Manchmal ist von einem Apfel-, einem Birn-, einem Kirschbaum die Rede; auch heißt es gelegentlich, es hätten schon viele ihr Glück vergeblich versucht, seien zerschunden, von Dornen zu Tode gestochen worden oder abgestürzt. Der Schweinehirt, Kanászgyerek, jedoch weiß, daß dies die Aufgabe seines Lebens ist. Er beschafft sich vielfache Kleidung, eisernes Schuhwerk, Krampen, nimmt seine Hirtenaxt zu Hilfe und arbeitet sich empor. Merkwürdigerweise erzählen nun einige Fassungen, daß ihm beim Einschlagen seiner Axt aufgetan wird und daß er der Reihe nach drei oder sieben alten

Weibern begegnet: den Wochentagen. Dann wieder heißt es, er durchmesse drei verschiedene Welten: eine kupferne, eine silberne und endlich eine goldene (so bei J. HALTRICH DVSS 16: *Der Wunderbaum,* doch hier wird dieses Motiv als Überleitung zum Goldener-Märchen, AT 502 + 314 → *Der Eisenhans* verwandt). Der unbeirrte Schweinehirt erreicht schließlich das Schloß der Königstochter, wo er, in einigen Fassungen jedenfalls, die Pferde zu hüten hat und sich, → *Aschenputtel* (AT 510 A) oder → *Allerleirauh* (AT 510 B) vergleichbar, in schönen Kleidern, die ihm die Pferde beschaffen, der einsamen Königstochter als erstrebenswerter Mann darstellt. Sie heiraten – und nun erfährt unser Held, daß seine schöne Frau ein Geheimnis vor ihm zu verbergen sucht, daß ihr Glück nur ein vorläufiges, noch nicht wirklich erkämpftes ist: Es gibt eine verbotene Kammer. Keine Frage: Gerade dieses Verbot wird übertreten, die Liebenden werden getrennt, und es wird sich ein zweiter Erzählteil anschließen, in dem man unserem Helden einen wirklich bedingungslosen Einsatz abverlangen wird. Der junge Mann findet in der verbotenen Kammer einen mit drei Nägeln angeschmiedeten Raben, der darum bittet, getränkt zu werden. Der junge Mann tut es, die Nägel fallen, das unheimliche Wesen (in Rußland der → *Unsterbliche Koščej,* AT 302 C*) ist freigesetzt, entschwindet und entführt die Königstochter. Das also war ihre Verwünschung: Sie war entrückt, auf sich selbst gestellt – aber nicht wirklich frei, sondern insgeheim mit einem Dämon verbunden, auch wenn der Dämon angeschmiedet war. In einer ähnlichen Verfassung tritt der von einem hilfreichen Toten unterstützte Jüngling seiner zukünftigen Frau gegenüber, die mit einem Bergdämon, bei dem sie nächtens Zuflucht sucht, verbunden ist (AT 507 A → *Die verwünschte Königstochter*).

Die große Suchwanderung beginnt. Der junge Mann gewinnt die Hilfe dreier Tiere: Wolf, Bär und Löwe geben ihm je ein Büschel Haare, mit denen er sie herbeizurufen vermag. Er findet seine Geliebte in einem Jagdhaus bei dem Teufel, der sie entführt hat, versucht mit ihr zu fliehen, wird aber von dem dämonischen Jäger, der einen dreibeinigen Zauberschimmel reitet, eingeholt. Der Jäger schenkt ihm das Leben, weil der junge Mann sich seiner erbarmt hat, als er in Rabengestalt schmachtete. Aber er droht ihm den Tod an, wenn er einen zweiten Entführungsversuch wagen sollte. Da begreift der Junge, daß er ein Pferd braucht, das dem dreibeinigen Zauberschimmel überlegen ist. Die Königstochter findet durch eine List heraus, daß man sich ein solches Pferd nur bei einer Hexe erdienen kann. Aber es genügt nicht, und hier geht die Jahnsche über die sonst bekannten Fassungen in bemerkenswerter Weise hinaus, nur ein Pferd als Lohn zu heischen, sondern der junge Mann braucht auch zwölf Lämmer, die er auf dem Rückweg den zwölf auflauernden Wölfen zum Fraß vorwerfen muß. Sonst reißen sie, wie es dem Schimmel des Raben-Unholdes geschehen ist, dem Zauberpferd ein Bein aus. Unser Held macht sich auf, findet das Haus der Hexe (der Zaun mit den Menschenköpfen erinnert an ostslavische Baba-Jaga-Märchen, zum Beispiel, unmittelbar hierher gehörig, das Märchen von → *Marja Morevna,* AT 302 C*) und besteht die dreitägige Hüteaufgabe. Das geschieht allerdings nur mit Hilfe der dankbaren Tiere, denn der Held hat den Branntwein der Hexe getrunken und sich jedesmal in gefährlicher Weise verschlafen. Die kleine Tochter rät zu dem unscheinbaren Lieblingspferd der Mutter. Er erhält es und entgeht auch dem letzten Anschlag der Hexe, die das Mark aus dem Pferd gesaugt und daraus einen Kuchen gebacken hat. Er gibt dem Pferd den Kuchen zu fressen, wodurch es seine Kraft zurückgewinnt. Es verliert auch im Rennen mit den Wölfen nicht, denn der Junge kann den Wölfen die Lämmer vorwerfen. Mit dem vierbeinigen Zauberpferd entführt er schließlich seine geliebte Königstochter, und als der Raben-Unhold sie auf dem dreibeinigen Pferd verfolgt, ruft das vierbeinige der Schwester zu, den Dämon abzuwerfen. Das geschieht, und er wird von beiden Pferden zertrampelt. Der tüchtige Schweinehirt aber reitet mit seiner geliebten Schönen heim in ihr Vaterland, wo er König wird. Die beiden Pferde jedoch muß er enthaupten – es waren zwei verwünschte Königstöchter.

3. Sind für den ersten Teil dieses Märchens nur wenige und fast ausschließlich auf Ungarn und seine nächsten Nachbarn begrenzte Fassungen bekannt, so kommen für den zweiten Teil zahlreiche Belege vorwiegend aus dem Russischen, Weißrussischen und Ukrainischen hinzu; der Eingang erzählt freilich statt von der Königstochter auf dem hohen Baum von der Heirat der drei Schwestern mit den drei Herren der Tierreiche. Während in dem von Ulrich JAHN übermittelten Märchen die Typen 317 und, wie Karel HORÁLEK gern beziffern möchte, 302 C verbunden sind, stellt die wesentlich größere ostslavische Gruppe eine Verbindung von AT 552 A (→ *Die Kristallkugel,* → *Die drei Schwestern*) und 302 C* dar. Als vortrefflich erzählte Beispiele können

die von Aleksandr Nikolaevič AFANAS'EV aufgezeichneten Märchen vom → *Unsterblichen Koščej* (NRS 158) und von → *Marja Morevna* (NRS 159) dienen, die ja durch Übersetzungen und die Illustrationen von Ivan BILIBIN weithin bekannt wurden.

Grundgedanke des zweiten Teiles ist der Versuch der Getrennten, wieder zueinander zu finden. Beide versuchen es, beide setzen sich ein. Hilfe wird ihnen, ebenso wie im Märchen vom Unhold ohne Herz (AT 302 → *Der Mann ohne Herz*) von dankbaren Tieren zuteil (AT 554 → *Die weiße Schlange*). Für die Märchen, in denen der König dem Ersteiger des Wunderbaums eingangs als Belohnung die Tochter verspricht, ergibt sich am Ende die Schwierigkeit, sich zwischen zwei Frauen entscheiden zu müssen. Die beiden Schönen sind dem Sinne nach natürlich ein und dieselbe: die in die andere Welt entrückte Königstochter und der Lohn, den der trauernde Vater zu vergeben hat. Daß der Widersacher ein Flugdämon ist, steht fest: Bei JAHN ist es ein Rabe, anderwärts meist ein Drache. Aber es kommen auch Gestalten vor, die auf einem Flügelroß angeschmiedet in der verbotenen Kammer auf ihre Stunde warten. Sie brauchen dennoch ein Zauberpferd, um den Flüchtenden nachzujagen. Vielleicht sind Flügelroß und Zauberpferd gleichzusetzen.

In den Märchen, die im ersten Teil nicht vom Aufstieg in die andere Welt, sondern von der Übergabe der drei Schwestern an die Herren der Tierreiche erzählen, heißt es selbstverständlich im zweiten Teil, daß anstelle dankbarer Tiere die Schwäger eingreifen – merkwürdigerweise zweimal. Erinnern wir uns, daß der angeschmiedete Widersacher mit drei Bechern Wein oder drei vollen Eimern Wasser gelabt wird und daß er gelegentlich sagt: »Dafür werde ich dir zweimal das Leben schenken, aber beim drittenmal wirst du sterben.« Zweimal wird der Versuch des jungen Mannes, mit der Königstochter zu fliehen, vereitelt. Beim drittenmal zerstückelt ihn der Dämon, und nun ist es an den Tierschwägern, ihn wieder zum Leben zu erwecken, falls hier nicht das Motiv von der Wiedererstehung aus dem ins Feuer geworfenen Herz des jungen Mannes eingefügt ist. Selbstverständlich dagegen ist die Hilfe beim Hüten der Pferde – insbesondere wenn es die Tierschwäger selber waren, die den Rat gaben, auf diese Weise das schnelle Zauberpferd zu erwerben. Anderseits ist der Zug bedeutsam, daß es die Königstochter ist, die dem Ungeheuer das Geheimnis ablistet – ganz ähnlich wie die Braut, die den Riesen und Zauberer dazu verleitet, das Versteck seines Herzens preiszugeben.

Nach dem heutigen Forschungsstand kann man höchstens Vermutungen darüber anstellen, in welcher Weise die tatsächlich vorhandenen Märchentypen voneinander abhängen und welche Bauelemente ihnen wirklich eigentümlich sind. Daß die Gestalt der starken Frau, die den unerwünschten Freier fesselt und an die Wand schmiedet, ihre Spuren in der Heldensage hinterlassen hat (zB in der *Brunhild-* und der persischen *Banu-Guštāsp*-Sage), nimmt gewiß nicht wunder. Man vergleiche außer den hier genannten Erzählungen der Typen AT 302, 303 A, 552 A und 554 auch AT 304 (KHM 111: → *Der gelernte Jäger;* HALTRICH DVSS 23: → *Der Hünentöter*). Doch sei zum Schluß nicht versäumt, auf S. SOLYMOSSYS Beitrag hinzuweisen, für den die Entstehung des Märchens von der Königstochter im Wipfel des in andere Welten reichenden Baumes auf der Übernahme einer Vorstellung, ja eines Ritus beruht, der bei den Ostjaken, Samojeden, Čeremissen zu Hause ist. Der Schamane besteigt einen Baum, dessen Stamm durch mehrere, übereinandergelagerte Welten führt. SOLYMOSSY meint, daß sich durch die Aufnahme dieser uralten ugrischen Vorstellung die auffällige Beschränkung des Riesenbaum-Märchentyps auf Ungarn und seine nächsten Nachbarn erklären lasse.

4. J. BERZE Nagi: Egigérő fa. Pécs 1958. – DÉGH 277–278. – V. DIÓSZEGI: A sámánhit emlékei a magyar népi műveltzégben. Budapest 1960. – U. HARVA: Die religiösen Vorstellungen der altaischen Völker. Helsinki 1938 (FFC 125). – K. HORÁLEK: Der Märchentypus AaTh 302 (302 C*) in Mittel- und Osteuropa. In: Deutsches Jahrbuch für Volkskunde. 13. 1967. 260–287. – Á. KOVÁCS in EM 1, 437–438. – M. MATIČETOV: Sežgani in prerojceni človek. Ljubljana 1961. – E. MUDRAK in DMDW 458–477. – N. V. NOVIKOV: O spezifike obraza v vostočnoslavjanskoj skazke. (Kaščej bessmertyj.) In: Russkij fol'klor. 1966. 149–175. – S. SOLYMOSSY: L'arbre qui s'élève jusqu'au ciel. In: Revue des études hongroises. 6. 1928. 4, 325–334. – S. SOLYMOSSY: Az égbenyúló fáról szóló mesemotívumunk. In: Ethnographia. 41. 1930. 61–62. – S. SOLYMOSSY: Keleti elemek népmeséinkben. In: Ethnographia. 33. 1922. 30–43. – S. SZŰCS: Az égbenyúlo fa a sárréti néphitben. In: Ethnographia. 56. 1945. 23–26.

Koněk-Gorbunok → *Höckerrößlein*

Koščej Bessmertnyj → *Der unsterbliche Koščej*

Der Krautesel

AT 566 KHM 122

1. Die Erzählung vom Krautesel, eine vom Goldvogelmärchen (AT 567 → *Das Goldhähnchen*) deutlich beeinflußte Fassung des Märchens von den drei verlorenen und wieder zurückgewonnenen Zaubergegenständen, wurde Jacob GRIMM Ende 1814 während seines Aufenthaltes beim Wiener Kongreß aus Deutschböhmen mitgeteilt. 1819 wurde es in die zweite Auflage der *Kinder- und Hausmärchen* als Nr 122 aufgenommen.

2. Ein junger Jäger, der einer alten Frau gegenüber sein gutes Herz zeigt, erhält den Rat, sich mit einem Schuß zwischen neun streitende Vögel zwei Zauberdinge zu beschaffen: einen Flugmantel und ein Vogelherz, das ihn reich macht. Der junge Mann tut wie ihm geheißen, gewinnt den Flugmantel und verschluckt das Vogelherz, nimmt Abschied von den Eltern und zieht in die Welt. Von einem Austreibungskonflikt ist nichts zu finden. Dem Helden fallen auf märchenhafte Weise Zauberdinge zu, und der Zuhörer erwartet entsprechende Abenteuer, bei denen die kostbaren Gaben verlorengehen und wieder gewonnen werden.
Der unternehmungslustige Jäger kommt zu einem Schloß, in dem er sich in die schöne Tochter der hexenhaften Besitzerin verliebt, aber die bösen Anschläge der Alten, die es auf die Zauberdinge abgesehen hat, nicht durchschaut. Die Hexe zwingt ihre Tochter, ihr zu Willen zu sein. Die Tochter gibt dem blind Verliebten einen Trunk, damit er das goldspendende Vogelherz von sich gibt, und sie verleitet ihn dazu, mit ihr zum Berg der Granaten zu fliegen, wo sie Edelsteine sammelt[1], den jungen Mann aber schlafend zurückläßt. Seiner unschätzbaren Zauberdinge beraubt, begreift der junge Mann endlich, wie sehr er

[1] Obwohl Max LÜTHI von der dem Märchen innewohnenden Tendenz zur »Mineralisierung« spricht, spielen Edelsteine in der Volksüberlieferung und insbesondere im Zaubermärchen keine größere Rolle (vgl David G. ENGLE in EM 3, 1003–1009). Die Granaten im *Krautesel* (AT 566), der Karfunkel im Märchen *Das weiße Hemd, das schwere Schwert* (ein *Magelone*-Motiv), die Edelsteine, die BASILES Wunderesel von sich gibt (AT 563) und die Edelsteine, die das gute Mädchen bzw die rechte Braut von einer Jenseitigen in einem Schrein erhält, oder die ihr, zusammen mit Perlen beim Sprechen aus dem Mund fallen (AT 480/403 B) sind eher zufällige Ausschmückungen.

betrogen worden ist, und besinnt sich auf sich selbst. Im zweiten Teil der Erzählung erlauscht er das Gespräch dreier Riesen und erfährt, daß ihn vom Gipfel des Berges eine Wolke mitnehmen wird. So geschieht es auch, und die Wolke setzt ihn in einem Krautgarten ab, wo er beim Genuß des ersten Krautes zum Esel, beim zweiten wieder zum Menschen wird. Unkenntlich gemacht, sucht er das Schloß seiner Liebsten auf, gibt sich als königlicher Bote auf der Suche nach den köstlichsten Salaten aus und weckt den Appetit der alten Hexe. Er gibt ihr den schlimmen Krautkopf, um Salat daraus zuzubereiten – nicht lange, da sind die Alte, ihre Magd und ihre Tochter zu Eseln verwandelt. Der junge Mann gibt sich zu erkennen und überläßt die drei Langohren einem Müller mit dem Auftrag, sie kurz zu halten und insbesondere der alten Eselin täglich dreimal eine Tracht Prügel zu verabreichen. Als die Alte stirbt (was recht bald geschieht), erbarmt er sich, gibt den beiden jüngeren Eselinnen von dem heilenden Kraut zu fressen und verwandelt sie wieder in Menschen. Das Mädchen bittet herzlich um Verzeihung; es ist von der hexenhaften Mutter zu den Betrügereien gezwungen worden. Der Jäger erhält den Flugmantel zurück, läßt aber seiner Liebsten das goldspendende Vogelherz, denn die Hochzeit findet sowieso gleich statt, und der Erzähler versichert, daß die beiden vergnügt miteinander bis zu ihrem Tod gelebt haben.

3. Ob man in dem 1908 von Antti AARNE gründlich untersuchten Typ AT 566 ein wirkliches Zaubermärchen sehen darf, bleibt eine offene Frage. Die ältesten europäischen Zeugnisse finden sich in den *Gesta Romanorum* (das Mädchen wird mit Aussatz bestraft und geht daran zugrunde), in dem gesellschaftskritischen Volksbuch eines Augsburger Kaufmanns von *Fortunati Glücksäckel und Wunschhütlein* (1509 zuerst gedruckt, danach wird unsere Erzählung oft Fortunatus-Märchen genannt) und im ersten Band der von Jean-Paul BIGNON, des königlichen Bibliothekars und Freundes von Antoine GALLAND, 1712 unter irreführender Verfasserangabe veröffentlichten *Abenteuern Abdallas: Histoire du prince Tangut et de la princesse au pied du nez* – womit, der damaligen Mode entsprechend, arabische Herkunft vorgetäuscht wurde. Die aus der mündlichen Überlieferung aufgezeichneten Fassungen sind im wesentlichen unabhängig von den literarischen Ausprägungen, ursprünglicher und fußen vermutlich auf einer älteren Volkserzählung. Meist wird von drei Brüdern oder drei Soldaten berichtet, denen ein freund-

liches Geschick drei Zauberdinge zukommen läßt – aber es ist stets nur einem von ihnen vorbehalten, die bösen Erfahrungen mit einer betrügerischen Königstochter zu machen. Der Held der Erzählung verliert der Reihe nach einen nicht versiegenden Geldbeutel; ein Horn, mit dem ein ganzes Heer herbeigerufen werden kann; und einen Flugmantel, der einen überall hinbringt. Daß in der Grimmschen Fassung nur von einem einzelnen Jäger, einem Flugmantel und einem goldspendenden Vogelherzen erzählt wird, beruht auf einer Vermengung mit dem Märchen vom Zaubervogel (AT 567 → *Das Goldhähnchen*). Der Märchentyp AT 567 hat auch Pate gestanden, als der Jäger es mit einer hexenhaften Alten und ihrer schönen Tochter zu tun bekam und als dem Grimmschen Erzähler die Verwandlung in Esel einfiel. Die zum Märchentyp von den drei der Reihe nach abgelisteten Zauberdingen (AT 566) gehörenden Motive sind anderer Art: Der junge Mann ist mit dem nicht versiegenden Säckel zu Geld gekommen und führt sich entsprechend großspurig bei einer Königstochter ein (in der Kasernenüberlieferung vertut der Soldat sein Geld beim Kartenspiel mit der geschickteren Königstochter und macht sie auf diese Weise auf die Quelle seines Reichtums neugierig). Die Königstochter stiehlt ihm Säckel und Horn. Und als er sie auf eine einsame Insel entführt, überlistet sie ihn auch ein drittes Mal und läßt ihn hilflos zurück. Er stillt seinen Hunger mit Äpfeln, da wächst ihm ein Horn auf dem Kopf – als er von einem anderen Baum ißt, verschwindet das Horn. Es gelingt ihm, zurückzukehren und unerkannt der betrügerischen Königstochter Äpfel des ersten Baumes zuzuspielen. Es wächst ihr ein Horn. Als Arzt verkleidet heilt er sie mit den Äpfeln des anderen Baumes – jedoch nicht mit einem Male – er muß ja die gestohlenen Zauberdinge zurückerhalten. So behauptet er beispielsweise, das Horn könne nicht verschwinden, weil sie offenbar ein Vergehen auf dem Gewissen habe. Gelegentlich wird die Heilung auch von Prügeln begleitet.

Die Umgestaltung des Stoffes vom Glücksäckel in ein gesellschaftskritisches Volksbuch des ausgehenden 15. und beginnenden 16. Jahrhunderts kam nicht zufällig. Das unentwegt Geld und damit Zutritt auch zum Königshof schaffende Wunderding hatte in einer Zeit, in der sich Kaufleute wie Ritter gebärdeten, ohne über ritterliche Tugend nachdenken zu müssen, unmittelbaren Wirklichkeitsbezug. Und die betrügerische Courtisane im Königsgewand hat einen satirischen Bezug auf die vom Geld beherrschte neue Gesellschaft.

Es gibt zu denken, daß die Erzähler des Märchens von den drei Zauberdingen nicht recht wissen, ob sie versöhnlich oder unversöhnlich schließen sollen. Das eigentliche Zaubermärchen endet stets damit, daß die Liebenden zueinander finden, wobei zumindest einer der beiden, oft aber beide den äußerst möglichen Einsatz füreinander zu leisten haben. Und selbst wenn die geliebte Königstochter in der Gewalt eines Dämons gewesen sein sollte (wie in AT 306 → *Die zertanzten Schuhe*, oder in AT 507 A → *Die verwünschte Königstochter*, bzw in H. C. ANDERSENS → *Reisekamerad*), so muß sie auf magische und oft recht handgreifliche Weise »gereinigt« werden. Es mag Erzählungen vielerlei Art geben, in denen am Ende verziehen wird, daß der eine den anderen hinterging, mißachtete, daß er ihm zuwider war – aber es gibt kein Zaubermärchen, in dem die beiden nicht von Anfang an »füreinander bestimmt« sind. Der Märchentyp AT 566 ist eine unterhaltsame Abenteuererzählung, vielleicht auch eine Beispielgeschichte von zufällig erhaltenen Glücksgaben, die durch eigenes Verschulden verspielt und nach endlich erfolgter Selbstbesinnung wieder zurückgewonnen werden. Aber ein Zaubermärchen ist es, zumindest in den heute bekannten Fassungen, nicht.

4. AARNE: Die drei Zaubergegenstände und die wunderbaren Früchte. In: AARNE: Vergleichende Märchenforschungen. 1908. 83–142. – BP 3, 3–9. – DELARUE/TENÈZE 2, 437–443. – H. GÜNTHER: Zur Herkunft des Volksbuchs von Fortunatus und seinen Söhnen. Diss. Freiburg 1915. – B. LÁZÁR: Ueber das Fortunatus-Märchen. In: Ungarische Revue. 13. 1893. 334–348, 445. – B. LÁZÁR: Ueber das Fortunatus-Märchen. Leipzig 1897. – LIUNGMAN 172–174, 365. – RANKE 2, 257–261. – SCHERF: Fortunatus. In: SCHERF: Volksbuch und Jugendliteratur. 1976. 28–32, 47.

Die Kristallkugel

AT 552 A + 518 + 302 KHM 197

1. 1844 veröffentlichte Friedmund v. ARNIM (1815–1883) in seiner Sammlung *Hundert neue Mährchen im Gebirge gesammelt* seine Aufzeichnung *Vom Schloß der goldenen Sonne.* Obgleich in dieser Fassung bereits im Eingang der ursprüngliche Motivzusammenhang von dem jüngsten Bruder, den drei

Schwestern und den drei Tierschwägern auf die Austreibung und Verwünschung dreier Brüder verkürzt ist, nahmen Jacob und Wilhelm GRIMM sie 1850 in die sechste Auflage ihrer *Kinder- und Hausmärchen* als Nr 197 unter dem Titel *Die Kristallkugel* auf – vermutlich weil sie mit KHM 197 endlich ein Beispiel für den Märchentyp vom Herz des Unholdes im Ei gefunden hatten (AT 302), das ihnen mehr zusagte als ihr eigener, von K. A. MUSÄUS abhängiger Text → *Die drei Schwestern* (KHM 82 a). Sie hatten ihn 1812 im ersten Band der Erstausgabe als Nr 82 veröffentlicht, aber bereits in der zweiten Auflage von 1819 wieder ausgeschieden.

2. Die Mutter will sich ihrer Söhne entledigen. Sie verwandelt den ältesten in einen Adler und den mittleren in einen Wal. Ehe sie den jüngsten in einen Bären oder Wolf verwandeln kann, flieht dieser jedoch und macht sich auf, die in das Sonnenschloß verwünschte Schöne zu finden und aus der Macht eines Unholdes zu erlösen. 23 Freier sind bei dem Versuch bereits gescheitert und ums Leben gekommen. Der Vater der verwünschten Königstochter läßt nur noch den 24. als letzten zu. Der junge Königssohn hat freilich Glück. Er begegnet zwei um einen Wünschhut streitenden Riesen, erklärt sich bereit, den Streit zu schlichten, läßt die Riesen um die Wette laufen und wünscht sich selbst mit Hilfe des Hutes in das Sonnenschloß (AT 518 – der Erzähler versucht, das Verhalten des jungen Königssohnes durch dessen Gedankenversunkenheit zu entschuldigen). Als der junge Mann den Gegenstand seiner Träume findet, steht er einem aschgrauen, trübäugigen, runzligen und rothaarigen Wesen gegenüber, einem Mädchen, das ihm seine wahre Schönheit nur in einem Spiegel zu zeigen vermag. Dann erfährt er allerdings, wie er die Macht des Unholdes brechen kann, denn wie auch immer, hat sie des Zauberers Geheimnis bereits erfahren. Von hier an ist das Märchen von der Kristallkugel dem Märchen → *Vom Mann ohne Herz* verwandt (AT 303 A + 302): Am Fuß des Schloßberges ist eine Quelle und bei der Quelle lebt ein wilder Auerochs, in dem ein Feuervogel mit glühendem Ei verborgen steckt, einem Ei, dessen Dotter aus einer Kristallkugel besteht. Es scheint unmöglich zu sein, diese Kristallkugel zu gewinnen, denn wenn das Ei auf die Erde fiele, so würde es ringsum alles verbrennen – und der Kristall würde zerschmelzen. Der Königssohn, gewissermaßen zugleich in der Gestalt eines Bären, kämpft den Ochsen nieder, während der Feuervogel vom Adlerbruder verfolgt und

das glühende Ei vom Walbruder aufgefangen wird – Aufgaben, die sonst von den drei Tierschwägern (AT 552 A) oder von drei in diesen drei Elementen beheimateten Tieren (AT 554) übernommen werden. Mit dem Kristall aus dem Ei (gewöhnlich mit dem Ei selber) tritt der Königssohn dem Widersacher gegenüber, dessen Macht damit bereits vernichtet ist. Hier zeigt sich, daß eine literarische Stilisierung die ursprüngliche Handlung überdeckt: Ursprünglich ist tatsächlich das Herz des Widersachers in dem erjagten Ei verborgen (wie im ägyptischen *Bata*-Märchen, AT 318 → *Wie aus einem Schweinehirten ein König ward*), und nun wird es, zusammen mit dem Ei, an seiner Stirn zerschmettert. Aber der literarisierende Erzähler brauchte den Widersacher noch, um ihn erklären zu lassen, daß der Königssohn nunmehr auch die Macht gewonnen habe, seine Brüder in Menschen zurückzuverwandeln. Die Königstochter hat ihre Schönheit wiedergewonnen; sie hat, ebenso wie die Brüder, ihre Dunkelgestalt abgelegt; die Liebenden sind endgültig vereint.

3. Die neuere Forschung schenkt dem Motiv der Tierschwäger, die Herren des Erd-, Luft- und Wasserreiches sind, nur geringe Aufmerksamkeit. Es ist richtig, daß sowohl das Märchen von der durch einen Dämon zurückgehaltenen siebten Braut (AT 303 A +302+554 → *Vom Mann ohne Herz*) als auch das Märchen vom Herz des Widersachers in einem anscheinend unerreichbaren Ei (AT 302), also auch *Die Kristallkugel* und → *Die drei Schwestern,* ohne die Tierschwäger (AT 552 A) auskommen können. Die Erzähler brauchen nichts weiter zu tun, als den Helden auf seinem Auszug zur Schönen oder auf seiner Suche nach dem Ei die Dankbarkeit dreier Tiere erwerben zu lassen (AT 554), zB durch gerechtes Teilen der Beute. Der ebenso eng verwandte Märchentyp von der → *Königstochter auf dem Baum* (AT 317), bei dem im zweiten Teil der Widersacher nicht durch das Erjagen des Eis überwunden wird, sondern durch den Erwerb des schnelleren Zauberpferdes, kommt auf jeden Fall mit der eigenständig erworbenen Dankbarkeit von helfenden Tieren besser zurecht. Doch daß zumindest die Verbindung von einem ersten, vom Motiv der Tierschwäger bestimmten Teil, und einem zweiten, vom Erwerb des schnelleren Zauberpferdes bestimmten Teil überzeugend und sinnvoll ist, zeigen → *Der unsterbliche Koščej* (AT 302 C* +516) und → *Marja Morevna* (AT 552 A+302 C*). Deshalb soll in den Artikeln zu diesen Märchen einiges mehr über die Bedeutung der Tierschwäger für

das Gesamt dieses Typs der Erzählung gesagt werden – was jedoch gleichermaßen auch für die hier vorliegende Verbindung gilt.

4. BP 2, 190–199; 2, 451–458; 3, 424–443. – DELARUE 1, 134–147. – DELARUE/TENÈZE 2, 308; 365–369. – K. HORÁLEK: Der Märchentypus AaTh 302 (302 C*) in Mittel- und Osteuropa. In: Deutsches Jahrbuch für Volkskunde. 13. 1967. 1, 260–287. – K. HORÁLEK: Zur typologischen Charakteristik der tschechischen Volksmärchen. In: Zeitschrift für Slavistik. 14. 1969. 85–109. – LIUNGMAN 47–49, 357; 141–142, 363; 159–160, 363. – A. MARX: Griechische Märchen von dankbaren Tieren und Verwandtes. Stuttgart 1889. – U. MASING in EM 2, 887–902. – E. MUDRAK in DMDW 315–375. – H. PAUNONEN: Das Verhältnis der Märchentypen AT 552 A und 580 im Lichte der finnischen Varianten. In: Studia Fennica. 13. 1967. 71–105. – RANKE 2, 211–216. – SCHERF: Bechstein 795; 846–847.

Das Lämmchen und Fischchen

AT 450 KHM 141

1. Aus Bökendorf im Lippischen, von der Mutter der Geschwister v. HAXTHAUSEN[1] erzählt, erhielten die Brüder GRIMM die unvollständige und für kindliche Zuhörer zurechtgestutzte Erzählung von den Geschwistern, die von ihrer Stiefmutter verwünscht und verfolgt werden, schließlich aber Zuflucht finden in einem abgeschiedenen Waldhaus. Die Brüder GRIMM veröffentlichten das zu dem Märchen vom → *Brüderchen und Schwesterchen* (AT 450) gehörige Bruchstück als Nr 55 im zweiten Band der Erstausgabe von 1815 und fügten in der Anmerkung eine von

[1] Zur Familie v. HAXTHAUSEN (nach dem *Gothaischen Genealogischen Taschenbuch der Uradeligen Häuser*, Gotha: PERTHES 1911; und Wilhelm SCHOOF: *Zur Entstehungsgeschichte der Grimmschen Märchen*, Hamburg: HAUSWEDELL 1959): Vater: Werner Adolf Frhr v. HAXTHAUSEN (1744–1823); Mutter: Marianne v. HAXTHAUSEN, geb. v. Wendt, aus dem Hause Papenhausen (keine Lebensdaten bekannt). Von den fünfzehn Kindern der Familie v. HAXTHAUSEN haben sich an den Märchen-, Sagen- und Liedersammlungen beteiligt: Werner Moritz Maria Graf v. HAXTHAUSEN (1780–1842), Fernandine, verh. HEEREMANN v. Zuydtwick (1781–1851); Sophie v. HAXTHAUSEN (1788–1862), Stiftsdame in Neuenherse; Karoline v. HAXTHAUSEN (1790–1861), Stiftsdame in Frenkenhorst; August Franz Ludwig Maria v. HAXTHAUSEN (1792–1866); Ludowine v. HAXTHAUSEN (1795–1877), Stiftsdame in Geseke; Anna Elisabeth (1801– ?), verh. v. ARNSWALDT.

Frau v. HAXTHAUSEN gegebene Ergänzung hinzu, wonach auch der Fisch, ebenso wie das Lamm, geschlachtet werden soll, aber verschont wird; und wonach später der Vater die schlimme Stiefmutter straft.

2. Die Ausgangslage ist die gleiche wie in dem Märchen vom → *Brüderchen und Schwesterchen*: Die Mutter ist tot, die Geschwister sind den Nachstellungen der schlimmen Stiefmutter ausgesetzt. Aber der erste Teil des Märchens vom *Brüderchen und Schwesterchen*, die Flucht aus dem Stiefmutterhaus, fehlt; und die Verwünschung des Bruders auf dem Weg hinaus in den Wald ist mit dem Sturz der Schwester in den Brunnen, in dem gewöhnlich die Verfolgungen des zweiten Teils gipfeln, zusammengezogen zu einer gleichzeitigen Verwünschung beider: vor dem Haus der Stiefmutter und mitten unter spielenden Kindern. Obendrein sind die Rollen vertauscht. Nicht das Mädchen wird in das Wasser verwünscht, sondern der Knabe. Und das Mädchen übernimmt als Lamm die Rolle, die ursprünglich der Bruder zu spielen hatte. Sehr bemerkenswert jedoch ist die Todesdrohung und die darauf folgende Klage der Geschwister. Genauso wird die Zwiesprache in vielen anderen ursprünglichen Fassungen erzählt. Daß der Koch das Leben des sprechenden Lammes und später auch des sprechenden Fisches schont, ergibt sich aus dem Umstand, daß hier ja kein junger König da ist, der seine Frau und damit auch deren Bruder erlösen könnte. Noch spielt sich alles in der Kinderstube ab. Indessen weist das Zur-Hilfe-Holen der alten Amme und der weisen Frau dann doch auf den rechten Märchenfortgang hin: aus der Kindheit vertrieben und auf den eigenen Weg hinaus in das Unbekannte verwiesen zu sein. Nach dem Segensspruch der weisen Frau und der Rückverwandlung in Menschengestalt finden die Geschwister Zuflucht in einem vor der Verfolgerin zunächst sicheren Haus im Walde – das wir aus *Brüderchen und Schwesterchen* kennen als den Ort, an dem der junge König seine Braut entdeckt und von dem er Bruder und Schwester mit in sein Schloß und damit in eine zweite, gnadenlose Kette der Verfolgung führt. Aber daran hat sich Frau v. HAXTHAUSEN nicht mehr erinnert; wer weiß, ob man es ihr je so erzählt hat.

3. 4. Über das vollständige Märchen und einige wichtige Züge der ost- und südosteuropäischen Überlieferung, auch zur Literatur über diesen Märchentyp, vgl den Artikel zum → *Brüderchen und Schwesterchen*.

Lieb wie Salz → *Die Gänsehirtin am Brunnen*

Der liebste Roland

AT 313 C+1119+592+652 KHM 56

1. Henriette Dorothea WILD (1793–1867) erzählte am 19. Januar 1812, 18jährig, das Märchen von der Flucht der beiden Liebenden aus dem Haus des Ungeheuers und von der verlassenen Braut. Die Erzählung, in die wichtige Motive des Märchens von der Zaubergeige (AT 592) und dem in eine Blume verwandelten Mädchen (AT 652: *Die Nelke*) eingegliedert wurden, ist von Jacob und Wilhelm GRIMM im ersten Band der Erstauflage von 1812 als Nr 56 veröffentlicht worden.

2. Die Eingangslage von dem guten und schönen Mädchen, das bei einer schlimmen Stiefmutter und deren häßlicher Tochter leben muß, ist aus anderen Märchentypen entnommen und wird hier sogleich weiter mit dem Märchen von dem Unhold verbunden, der sich täuschen läßt und sein eigenes statt des fremden Kindes tötet (AT 1119). Das gute und schöne Mädchen hört nämlich an, wie die Stiefmutter ihrer eigenen Tochter verspricht, die andere um einer begehrten Schürze willen aus dem Weg zu räumen. Dem schönen Mädchen soll nachts der Kopf abgeschlagen werden, das häßliche soll deshalb an der Wand schlafen. Besonders klar ist der Sachverhalt nicht dargestellt, aber es ist doch wohl anzunehmen, daß es das Aschenputtel selber ist, das den Plan durchkreuzt und, während das häßliche Mädchen schläft, sich selbst an den ungefährdeten Platz schiebt. Die Alte tötet das eigene Kind. Die Stieftochter aber flieht zusammen mit ihrem Liebsten, nachdem sie auf dessen Rat den Zauberstab mitgenommen und mit dem abgeschlagenen Haupt der häßlichen Stiefschwester drei Tropfen Blut auf den Boden hat fallen lassen: vor das Bett, vor den Herd, auf die Treppe – eine grausige Geschichte. Als früh die Hexe ihre Tochter ruft, um ihr die Schürze zu geben, antwortet das Blut – und zwar in der umgekehrten Richtung. Offenbar soll die hexerische Mutter zum Schauplatz der Tat geführt werden: von der Treppe (als ob die Tochter die Treppe kehre), von der Küche (als ob sie sich aufwärme), zum Bett (als ob sie schliefe). Die Hexe steht auf, sieht was geschehen ist und entdeckt durch das Fenster in der

Ferne die Flüchtenden, denen sie mit Meilenstiefeln nachsetzt. Auch die Verwandlungskette ist nicht in der üblichen Form erzählt. Sie beginnt mit der Verwandlung der beiden Flüchtenden in einen See und eine Ente, die die Alte vergeblich lockt. Aber dann folgen ein Spielmann und eine Blume in Dornen, denn das Mädchen hat ihrem Liebsten die zauberische Geige verschafft. Und als die Alte durch das Dorngesträuch kriecht, beginnt er zu fiedeln. In den Dornen läßt er die Alte sich zu Tode tanzen (AT 592, wie in KHM 110: *Der Jude im Dorn*). Der liebste Roland hält es nun für angebracht, bei seinem Vater die Hochzeit zu bestellen. Er läßt seine Braut als unkenntlichen roten Feldstein zurück – ein merkwürdiger Zug, denn auch in anderen Fassungen ist häufig vom Warten der Verlassenen auf einem Stein die Rede. Doch daheim gerät der Liebste in die Fallstricke einer anderen – allerdings wird weder gesagt, daß er ein Verbot übertreten, noch daß seine Mutter dabei die Hand im Spiel gehabt habe. Seine trauernde Liebste indessen, und hier beginnt wieder eine motivisch neue und ungewohnte Einschaltung, verwandelt sich in eine Blume, die ein Schäfer bricht und zu Hause in seinen Schrank legt. Damit ist ein wunderliches Zwischenspiel eröffnet (AT 652: *Die Nelke*): Das Haus des Schäfers ist stets auf das beste bestellt, aber er begreift nicht, wer das tut – bis er den Rat einer in diesen Dingen erfahrenen Frau erhält. Als er in der Frühe beobachtet, wie sich die Schranktür öffnet und die Blume herauskommt, wirft er ein Tuch darüber und zwingt das Mädchen, sich in seiner wahren Gestalt zu zeigen. Aber zur Heirat kann er es nicht bewegen, das Mädchen bleibt seinem Liebsten treu. Und diesen Liebsten findet es auf eigentümliche Weise wieder. Die Hochzeit mit der Anderen ist bereits bekanntgemacht. Da es üblich ist, daß alle Mädchen zum Singen kommen, muß auch die verlassene Braut erscheinen. Aber sie singt als allerletzte. Da erkennt er sie an der Stimme, die Erinnerung kehrt zurück, und er heiratet seine vergessene Braut (in G. BASILE 3,3: *Lo viso* endet diese Szene tragisch, vgl AT 870 → *Jungfrau Maleen*).

3. 4. Der Märchentyp von der Flucht aus dem Haus des Unholdes (AT 313) wird anhand von mehreren Beispielen erläutert. Man vergleiche vor allem → *Die beiden Königskinder* (AT 313 C) und → *Der Trommler* (AT 400 + 313 C + 518); aber auch → *Der Fundevogel* (AT 313 A, dort Literaturangaben), → *Die Wassernixe* (AT 313 A) und → *Der goldene Rehbock* (AT 313 B).

Das Mädchen ohne Hände

AT 706 KHM 31

1. Im ersten Band der Erstausgabe ihrer *Kinder- und Hausmärchen* von 1812 teilten die Brüder Jacob und Wilhelm GRIMM unter dem Titel *Mädchen ohne Hände* als Nr 31 eine Fassung aus dem Kreis der Märchen von der verfolgten jungen Frau mit, die ihnen am 10. März 1811 von »der Marie«, also von der damals 22jährigen Marie HASSENPFLUG (1788–1856) erzählt worden war. Für die zweite Auflage von 1819 nahmen sie eine Umgestaltung vor, die teilweise eine Erzählung von Dorothea VIEHMANN (1755–1815) berücksichtigt.

2. Einem Müller, der in Armut geraten ist, verspricht ein Unbekannter, ihn reich zu machen, wenn er ihm dafür gebe, was hinter seiner Mühle steht. Er glaubt, es sei sein Apfelbaum – aber es ist seine einzige Tochter. Dieser Eingang gehört zu dem Märchen von dem jungen Mann, der bereits vor seiner Geburt vom Vater einem Dämon versprochen wird, aber sich gegen den Dämon behauptet (AT 400 → *Der König vom goldenen Berge*, KHM 92; vor allem aber auch J. W. WOLF DHM 19: *Die eisernen Stiefel*). Die Erzählung von dem Mädchen ohne Hände hat diesen Eingang entlehnt, später hat er gewöhnlich keine Rolle mehr zu spielen. Vermutlich wurde dieser Eingang übernommen, um eine andere Motivik abzulösen, die, aus welchen Gründen auch immer, von manchen Erzählern und ihren Zuhörern vergessen oder zur Seite gedrängt wurde. In der Fassung der Dorothea VIEHMANN stand sie noch: Ein Vater begehrt seine Tochter. Doch anders als → *Allerleirauh* (AT 510 B) flüchtet die erschrockene Tochter nicht in einer sonderbaren Verkleidung, sondern wird wegen ihrer standhaften Weigerung verstümmelt und dann davongejagt. Der Vater schneidet ihr Hände und Brüste ab. Dem Grimmschen Text ist die Schwierigkeit anzumerken, bei der einmal übernommenen Eingangsmotivik verständlich zu machen, warum der Müller seiner einzigen Tochter die Arme abschlägt. Der Teufel, der angekündigt hat, sich nach drei Jahren das Versprochene zu holen, erscheint – findet aber das Mädchen sauber gewaschen und in einem Kreis stehen, den es mit Kreide um sich gezogen hat. Der zornige Teufel verlangt, daß der Vater dem Mädchen das Wasser wegnimmt, denn es ist ein altüberlieferter Glaube, daß Reinigung ein Gebet ist und

gegen Dämonen feit. Aber als der Teufel zum zweitenmal erscheint, haben des Mädchens Tränen seine Hände reingewaschen. Da befiehlt er dem Vater, dem Mädchen die Hände abzuschlagen. Doch auch der dritte Versuch, es in seine Gewalt zu bringen, schlägt fehl: Des Mädchens Tränen waschen die Armstümpfe rein.

Es ist auffällig, wieviel christlich fromme, ja frömmlerische Elemente in die Grimmsche Fassung eingedrungen sind. Das Mädchen lebt die drei bangen Jahre, bevor der Teufel erscheint, ohne Sünde. Es läßt sich die Hände abschlagen, weil ihm der Vater vorjammert, sonst werde ihn selbst der Teufel holen. Obendrein eilen später schneeweiße Engel zu Hilfe, und sogar ein Priester muß herbei, um klarzustellen, daß es sich nicht um Geistererscheinungen, sondern um ein von allen auf dieser Welt verlassenes Geschöpf handelt. Das ist ein Aufgebot, wie es ähnlich auch in manchen Erzählungen von dem jungen Mann auftaucht, der dem Dämon versprochen ist (AT 400). Offenbar wurde ein altüberliefertes Zaubermärchen während einer bestimmten Periode durch die Anpassung an Predigtmärlein entscheidend umgeprägt.

Ebenso wie sich der junge Mann sowohl vom Dämon, als auch von seinem Vater lossagt und seinen eigenen Weg beginnt, so tut es auch das Mädchen. Aber es ist gezeichnet; der eigene Vater hat ihm die Hände abgeschlagen. Das Angebot, daheim zu bleiben und »aufs köstlichste gehalten zu werden«, schlägt es aus. Es läßt sich die Arme auf den Rücken binden und wandert in die Welt. Eines Tages gelangt es, beinahe verschmachtend, zu eines Königs Garten, der rings von Wasser umflossen ist. Als es sich sehnlich wünscht, von den Früchten essen zu dürfen, erscheint ein Helfer, der die Schleuse schließt und das Mädchen durch den Graben führt. Der Gärtner sieht, wie das Mädchen mit dem Mund eine der gezählten Birnen vom Baum ißt, aber er fürchtet sich vor dem Helfer – der unter dem Einfluß der Predigtmärlein natürlich ein unmittelbar vom Lieben Gott gesandter Engel geworden ist, eine völlig überflüssige Verdinglichung, weil Märchenzuhörer ohnehin vom sicheren Vertrauen auf Hilfe für die Helden beseelt sind. Aber der Gärtner sagt es dem König, und der König wacht in der folgenden Nacht. Die Priesterbegleitung ist wieder überflüssige Zutat. Der König sieht selbst, was für ein liebenswürdiges und zugleich verlassenes Mädchen seine gezählten Birnen ißt. Und da im Märchen die Entscheidung augenblicks fällt, nimmt er das vom Vater ver-

stümmelte Mädchen zur Frau und läßt ihm silberne Hände anfertigen.
Doch wie es in den zweiten Teilen der Zaubermärchen zu gehen pflegt, wenn deutlich werden muß, daß es mit einem ersten Zueinander-Finden noch lange nicht getan ist, geht es auch hier. Der junge König muß ins Feld; es bleibt ihm nichts anderes übrig, als die junge Frau, die schwanger geworden ist, der Obhut der Schwiegermutter zu überlassen. Ob hier abermals der Predigtmärlein-Macher die Hand im Spiel hatte? Im Grimmschen Text beginnt jetzt keineswegs eine auf den eigenen Sohn eifersüchtige Schwiegermutter ungehindert mit ihren mörderischen Nachstellungen, sondern der Teufel, der die Abfuhr nicht vergessen hat, schaltet sich wieder ein. Diese Rollenverteilung hat ihren Sinn in dem Märchen von dem einem Dämon verschriebenen jungen Mann (AT 400), denn dort ist der Dämon zugleich Schwiegervater – aber hier vermischt sich die Beispielbelehrung mit der Darstellung der inneren Auseinandersetzung auf dem Weg zu sich selbst und zu dem geliebten anderen. Die junge Königin bringt einen schönen Knaben zur Welt. Die Schwiegermutter schreibt einen freudigen Brief an den Sohn – aber der Bote rastet an einem Bach, und der Teufel vertauscht den Brief. Jetzt muß der junge König lesen, daß seine Frau einen Wechselbalg zur Welt gebracht hat. Gleichwohl, schreibt er zurück, soll das Kind gut gehalten werden. Der Teufel schreibt statt dessen, daß Mutter und Kind getötet werden sollen. In ihrem Kummer schreibt die gute Schwiegermutter ein zweites Mal, aber der Teufel schaltet sich schon wieder ein, und sie erhält den Auftrag, Zunge und Augen als Wahrzeichen zu nehmen. Die gute Alte läßt eine Hirschkuh töten und schickt die junge Königin samt ihrem Kind gegen das Versprechen fort, sich nie wieder blicken zu lassen (ganz ähnlich wird das auch im → *König Lindwurm*, AT 433 B, erzählt).
Und abermals ist für den frommen Erzähler die Gelegenheit gekommen, den Helfer der Überlieferung, welcher Art er auch sein mag, durch Engel in schneeweißen Gewändern zu ersetzen. Die junge Frau wird in ein einsames Waldhaus geführt (aus anderem Zusammenhang mit dem Schild: »Hier wohnt jeder frei«) und sieben Jahre, nebst ihrem Sohn, der von nun an Schmerzensreich genannt wird, »verpflegt«. Offenbar hat der Erzähler die Legende von der *Hl. Genovefa* in der Fassung Martin von KOCHEMS gekannt. Und vor lauter Frömmigkeit gibt er nicht wieder, wie in der volkstümlichen Überlieferung erzählt

wurde, auf welche Weise der jungen Frau während ihrer Verbannung die vom Vater abgeschlagenen Hände wieder anwachsen: nämlich durch eine zauberkräftige Quelle.
Inzwischen ist der junge König heimgekehrt und hat begriffen, was geschehen ist. Unverzüglich verläßt er seine Mutter, sein Schloß und sein Reich, um seine verschollene Frau zu suchen. Er sucht sie, »so weit der Himmel blau ist« – und nach sieben Jahren findet er das Waldhaus, liest das Schild, und bittet, sich ausruhen zu dürfen. Aber hier hat der Erzähler einen merkwürdigen Zug bewahrt, der häufig in ursprünglichen Fassungen zu finden ist: Das Tuch, mit dem der König sein Gesicht bedeckt hat (oft ist es ein Hut) fällt herab, und die mit ihrem Kind eintretende junge Königin sagt, es solle seinem Vater das Tuch wieder über das Gesicht legen. Das Kind tut, wie ihm geheißen, aber es fragt nach bei der Mutter, weil es nicht weiß, daß es einen Vater hat. Der König erwacht. Die beiden erkennen einander, und als der junge König sieht, daß seine Frau wieder heile Hände besitzt, zeigt ihm der Engel die silbernen, die der junge König ihr einst hat anfertigen lassen. Glücklich vereint kehren sie mit ihrem Kind nach Hause zurück und feiern zum zweitenmal Hochzeit. Diese zweite Hochzeit, oft in solchen Märchen der Trennung erwähnt, ist gewiß keine Verlegenheitsformel für ein großes Wiedersehensfest, sondern ein Zeichen für die eigentliche und endgültige Vermählung zweier Menschen, die zu sich selbst und zueinander gefunden haben.

3. Das Zaubermärchen vom Mädchen ohne Hände hat seit dem 12. Jahrhundert eine ganze Reihe von Autoren zur literarischen Gestaltung angeregt. Es gibt eine große Zahl von Verserzählungen, Dramatisierungen und Prosafassungen, die zu recht unterschiedlichen Zwecken verfaßt worden sind. Dabei hat die Mythologisierung geschichtlicher Gestalten, die Anbindung an die Antike, die Ausgestaltung von Märtyrerleben und die Beispielvermittlung von geduldig ertragener Verfolgung eine große Rolle gespielt. Häufig genug wirkten diese Gestaltungen, besonders später die volkstümlichen Drucke, zurück auf die mündliche Überlieferung, so daß der ganze Umkreis der Erzählungen, vor allem unter dem Namen der *Schönen Helene, Konstanze* oder *Manekine* geradezu ein Lehrstück der Verflechtung von mündlicher und schriftlicher Überlieferung werden könnte, falls jemand sich der außerordentlichen Mühe unterzöge, den weit verstreuten Stoff zu sammeln und nicht nur nach einer vorge-

faßten Methode oder auf eine einzige Erscheinungsform hin zu untersuchen.

Wer von der mündlichen Überlieferung und der Märchen-Erzählsituation ausgeht, kann sich freilich, unbeirrt von aller literarischen Gestaltung, ein verhältnismäßig klares Bild von dem zugrundeliegenden Zaubermärchen machen: Ein Mädchen weigert sich, die Frau des eigenen Vaters zu werden. Das Mädchen wird vom Vater verstümmelt (oder es verstümmelt sich selbst) und hilflos ausgetrieben, oder es flüchtet. Aber so verloren es auch ist: Es findet zu einem Königssohn, der es liebgewinnt und heiratet. Das Zu-einander-Finden in einer solch elenden Lage kommt mit ganz ähnlichen Zügen auch in anderen Märchentypen vor. So wird zB auch das zur Stummheit verurteilte → *Marienkind* (AT 710) aufgefunden oder die an den Zauberhemden für ihre Brüder webende Schwester des Märchens von den Schwanen- oder Raben-Brüdern (AT 451 → *Die zwölf Brüder*). Das Mädchen ist gezeichnet, es hat einen Makel – gleichwohl erkennt der Königssohn ihr eigentliches Wesen. Er blickt gewissermaßen durch die Dunkelgestalt. Nicht aber seine Mutter. Sie haßt die junge Frau und nimmt die erste Gelegenheit wahr, meist durch Vertauschung von Briefen, die unliebsame Nebenbuhlerin in der Gunst ihres Sohnes, samt ihren Sprößlingen, beiseite zu räumen. Die Heldin wird also ein zweites Mal verfolgt und verstoßen. Das ist keine zufällige Verdoppelung, wie gelegentlich angenommen wird: Beim erstenmal geht es um das Freikämpfen von der Vaterbindung, beim zweitenmal um das Durchstehen der bedrohlichen Mutterbindung ihres Mannes. Der Gestalt, in die wir uns als Zuhörer versetzen, wird, wie stets im Zaubermärchen, ein zweifacher, folgerichtig gestufter Einsatz abverlangt. Aber wer unbeirrt den Weg zu sich selbst geht, dem wird Hilfe zuteil. Und die Liebenden finden schließlich endgültig zueinander.

Freilich gibt es auch eine große Gruppe von Erzählungen, in denen die Zweigliederung ganz durch den Tochter-Vater-Konflikt bestimmt ist. Dann verfolgt der eifersüchtige Vater die Heldin bis in ihre Ehe. Er ermordet die Kinder und hinterläßt die Waffe am Tatort, damit seine Tochter selbst des Mordes an ihren Kindern bezichtigt und damit sie bestraft werde durch Abschlagen der Hände und Aussetzung. Die Haß-Rolle der Schwiegermutter hat in diesen Erzählungen keinen Platz. Eine Vermischung der beiden erzählpsychologisch deutlich voneinander abgehobenen Untertypen findet dann statt, wenn der Wunsch des Erzählers besteht, einerseits herzliches Einvernehmen zwischen der jungen Frau und der Mutter ihres Mannes walten zu lassen – anderseits aber auch den eifersüchtigen Haß des Vaters auf die Seite zu schieben. Dann braucht man einen fremden Gegenspieler – genau genommen einen Strohmann für die zerstörerischen Kräfte, die entweder vom Vater der jungen Frau oder der Mutter des jungen Mannes ausgehen. Am einfachsten ist es, wie in KHM 31 den Teufel zu bemühen – oder wie in dem dänischen Märchen vom → *König Lindwurm* (AT 433 B, GRUNDTVIG GdM 216) den aus der Betrügerrolle im Drachentötermärchen entlehnten Ritter Rot. Der dramatische Stoff wurde verständlicherweise auch im Volkslied überliefert, vor allem auf dem Balkan.

Vergleicht man den psychologischen Gehalt des volkstümlichen Märchen-Erzählvorgangs mit dem der literarischen Erzeugnisse, in denen sich ja ein Erzähler viel mehr mit seinen eigenen Konflikten, bewußt oder unbewußt, beschäftigen kann, so fällt als erstes auf, daß statt des Ablösungskonfliktes der Tochter von ihrem Vater die Inzestfantasie eines Vaters von seiner Tochter den Ausgangspunkt darstellt. Wenn Alexander H. KRAPPE meint, seine These von der byzantinischen Herkunft unseres Märchens durch das Argument stützen zu können, daß der Inzest in Byzanz an der Tagesordnung gewesen, im Westen aber als etwas ganz und gar Unerhörtes empfunden und deshalb stets zur Seite gedrängt worden sei, so übersieht er zweierlei. Er übersieht zum einen die tatsächliche Erlebnislage in der mündlich überlieferten Erzählung, die von der Identifikationsgestalt Kind verstanden werden muß, und zum anderen die Fülle der im Westen beliebten literarischen Erzeugnisse von der Art des *Apollonius*-Romans, in denen der Vater-Identifikation, dem Nicht-aufgeben-Wollen, dem Selbst-unfertig-Bleiben und damit den Inzest-Fantasien Raum gegeben wird.

A. H. KRAPPE hat vermutlich recht, wenn er die Sage von König Offa und der geduldigen Konstanze für eine Übernahme aus östlicher Überlieferung hält, eine Übernahme, die einer wenig greifbaren Gestalt der Geschichte bildhaftes Leben und zugleich antiken Rang verleihen soll. Er nimmt an, daß ein Mönch die Motivik unseres Märchens an den Westangeln-König Offa von Mercia geheftet habe, der in der Abtei von St. Albans als Wohltäter verehrt wurde. Die *Vita Offae primi* sei nicht vor dem Ende des 12. Jahrhunderts in Südengland entstanden – und damit auch die *Konstanze*-Legende.

Eine vortreffliche Übersicht der literarischen Gestaltungen des Stoffes gibt Elisabeth FRENZEL in ihrem Kapitel zu *Mai und Beaflor.* Besonderen Einfluß entfaltete die pikardische, PHILIPPE de Rémi, Sire de Beaumanoir zugeschriebene Erzählung *La manekine.* Die Vorstellung, daß das Mädchen sich selbst verstümmelt, um dem Inzest-Ansinnen (hier des Bruders) zu entgehen, findet sich auch bei G. BASILE (3, 2: *La penta manomozza*). Aber W. LIUNGMAN weist auch auf eine Erzählung aus *1001 Nacht* hin (*Geschichte der unglücklichen Frau mit dem Bettler,* WEIL 4, S. 34), in der einer schönen Frau die Hände abgeschlagen werden, weil sie gegen das Verbot des Königs verstoßen hat, Bettlern ein Almosen zu geben. Eines Tages wird sie wegen ihrer großen Schönheit gerade von diesem König geheiratet. Sie wird jedoch von ihren Nebenbuhlerinnen verleumdet, vom König samt ihrem Kind verstoßen und muß in ihrem Elend sogar erleben, daß ihr Kind ins Wasser stürzt und sie es selber nicht retten kann. Doch nun wird ihr wunderbare Hilfe zuteil: Zwei Männer tauchen auf, retten das Kind und geben ihr die Hände zurück. Die zwei Männer aber sind die in Menschengestalt eingreifenden zwei Laibe Brot, die sie einst dem Bettler gegeben hatte. Gerade diese Wendung verrät, daß hier eine Erzählung aus mündlicher Überlieferung zu einer anderen Aufgabe herangezogen worden ist. Das alte Märchen ist abgeändert worden und mußte als religiöse Beispielerzählung dienen.

4. BP 1, 295–311. – H. DÄUMLING: Studie über den Typus des Mädchens ohne Hände innerhalb des Konstanze-Zyklus. Diss. München 1912. – DELARUE/TENÈZE 2, 618–632. – E. FRENZEL: Mai und Beaflor. In: FRENZEL: Stoffe der Weltliteratur. Stuttgart [2]1963. 399–401. – E. FRENZEL: Gattin, die verleumdete. In: FRENZEL: Motive der Weltliteratur. Stuttgart 1976. 239–254 (251–253). – A. B. GOUGH: The Constance saga. Berlin 1902. – G. HUET: Les sources de la Manekine de Philippe de Beaumanoir. In: Romania. 45. 1918/19. 94–99. – F. KARLINGER: Genovefa. In: Karlinger/Lackner: Romanische Volksbücher. Darmstadt 1978. S. 158–223, 332–337. – J. W. KNEDLER: The girl without hands. Latin-American variants. In: Hispanic review. 10. 1942. 4, 314–324. – A. H. KRAPPE: The Offa-Constance legend. In: Anglia. 61. 1937. 3/4, 361–369. – R. LENZ: Un grupo de consejas Chilenas. In: Revista de folklore Chileno. 3. 1912. 1–152. – LIUNGMAN 194–196, 367. – J. POLÍVKA: [Zu Popović: Die Erzählung vom Mädchen ohne Hände.] In: ZfV. 16. 1906. 213–214. – P. POPOVIĆ: Pripovetka o devojci bez ruku. Beograd 1905. – T. de PUYMAIGRE: La fille aux mains coupées. In: Revue de l'histoire des religions. 5. 1884. 193–209. – RANKE 3, 53–54. – H. RÖLLEKE in EM 3, 130–131. – ŞĂINEANU 453–462. – M. SCHLAUCH: Chaucer's Constance and accused queens. New York 1927. – J. SCHICK: Die Urquelle der Offa-Konstanze-Sage. In: Britannica. 1929. 31–56. – S. STEFANOVIĆ: Ein Beitrag zur angelsächsischen Offa-Sage. In: Anglia. 35. Erg. Bd

1912. 483–525. – H. SUCHIER: Œuvres poétiques de Philippe de Beaumanoir. 1. 2. Paris 1884. 1885 (XXIII–XCVI). – H. SUCHIER: Über die Sage von Offa und þ ryđo. In: Beiträge zur Geschichte der deutschen Sprache und Literatur. 4. 1877. 500–521. – A. WALLENSKÖLD: Le conte de la femme chaste convoitée par son beau-frère. Helsingfors 1907. – WESSELSKI: Versuch 139–142. – M. WICKERT: Chaucer's Konstanze und die Legende der guten Frauen. In: Anglia. 69. 1951. 89–104. – M. WILLIAMSON: Les yeux arrachés: In: Philological quarterly. 11. 1932. 2, 149–162.

Märchen von einem der auszog, das Fürchten zu lernen

AT 326 KHM 4

1. Die Erzählung von dem Jungen, der das Gruseln lernen wollte, ist möglicherweise eine schwankhafte Ableitung des Märchens vom Auszug des verkannten Sohnes, der etwas lernen will, das dem Alltagsverstand unbekannt ist (AT 671: Die drei Sprachen), und der damit zu sich selber findet und zu der ihm bestimmten Königstochter. Die auffällig zahlreichen, leicht auswechselbaren und aus anderen Zusammenhängen stammenden Motive und das schwach ausgeprägte innere Formgesetz sind durch den schwankhaften Charakter bedingt. Bekannt wurde die Erzählung vorwiegend durch die Grimmsche Verschmelzung mehrerer Fassungen (KHM 4), die in der jetzigen Form zuerst 1818 in einer Zeitschrift (*Wünschelruthe,* Nr 4, S. 13–16), dann 1819 in der zweiten Auflage der *Kinder- und Hausmärchen,* veröffentlicht wurde. Einige Bauelemente sind der von Ferdinand SIEBERT aus der Schwalm oder, wie H. RÖLLEKE vermutet, von der in Kassel lebenden Dichterin Philippine ENGELHARD übermittelten Erzählung Nr 4 im *ersten* Band der Erstauflage um 1812 entnommen: *Gut Kegel- und Kartenspiel.* Aber zur Verbreitung hat zweifellos auch Ludwig BECHSTEINS 1853 aufgenommene Fassung *Das Gruseln* erheblich beigetragen (DMB 80).

2. Ein Vater hat einen gescheiten und einen mißachteten, dummen Sohn, der jedoch keine Furcht kennt und annimmt, daß Sich-fürchten-Können zur Lebenstüchtigkeit gehört. Er unternimmt drei Versuche, von denen keiner dazu geeignet ist, ihm ein Gruseln beizubringen. Den als Gespenst verkleideten Küster

hält er für einen Spitzbuben und wirft ihn die Stiege hinab; von sieben im Wind wehenden Gehenkten nimmt er an, daß sie frören und setzt sie zum Aufwärmen an das Feuer; und schließlich erlöst er in drei Spuknächten ein Schloß. Diesem dritten Versuch liegen offenbar die drei Qualnächte des Märchens von der schwarzen Jungfrau zugrunde (AT 400 → *Die drei schwarzen Königstöchter,* → *Der König vom goldenen Berge,* → *Die Rabe*). Der dritte Versuch, das Fürchten zu lernen, besteht wiederum aus drei Einzelbegegnungen mit Spukgestalten – aber weder gibt es dabei eine Steigerung in irgendeiner Form, noch sind die drei Nächte eindeutig zu kennzeichnen; es kommen vielmehr wahllos Elemente unterschiedlicher Spuk- und Schatzsagen vor. Die erste Nacht beginnt mit dem Erscheinen der schwarzen Katzen, die mit dem Jungen Karten spielen wollen – was einesteils an die Kartenspieler der Qualnächte für die zu erlösende schwarze Königstochter erinnert (AT 400, aber auch AT 401), anderseits an die Krallenbeschneidung eines Unholdes (AT 1159; KHM 8: *Der wunderliche Spielmann*). Dann werden gespenstische Tiere, die das Feuer auseinanderreißen wollen, vertrieben – mit dem Schnitzmesser, was an den sonst bei diesem Erzähltyp häufigen zauberkräftigen, spukvertreibenden Knochen erinnert, den der Junge beim Kegelspiel in der Kirche gewinnt. Schließlich ist auch das fahrende Spukbett in die Abenteuer der ersten Nacht eingereiht. – Die zweite Nacht bringt zwei spukhafte Begegnungen: einerseits mit dem greulichen Mann, der in zwei Teilen durch den Kamin herabstürzt, anderseits das Kegeln mit Gebein und Schädeln. Was das erste Abenteuer betrifft, so sind frühe indische Aufzeichnungen bekannt. Die Verbindung wird deutlich, wenn eine Wechselrede zwischen dem sich Herabstürzenden und dem unerschrockenen Prüfling wiedergegeben wird, wie das auch in einer Oldenburger Erzählung geschieht: »Ich falle!« – »So fall geschwind!« (STRACKERJAN ASO 635: *Von dem Jüngling, der nicht bange war*). Was jedoch das Kegeln angeht, so glaubt Wilhelm WISSER aufgrund seines Variantenvergleiches, daß es nicht ins verwünschte Schloß, sondern in eine nächtliche Kirche gehöre (vgl EY HMB 25: *Die Kegelbahn in der Kirche*), daß der Junge mit den Toten um Geld spiele, diese aber nur mit einem spukvertreibenden Knochen zahlen könnten. Eine auffällige Verlegenheitswendung ist in der von W. GRIMM zusammengesetzten Form immerhin, daß der Vater dem Hinausgeworfenen 50 Taler mitgibt, und daß es heißt, der Junge habe beim Gespensterkegeln »etwas verloren«. – Die dritte Nacht besteht wieder aus drei Abenteuern, die ursprünglich wohl zusammengehörten, denn der hereingetragene Tote ist ein Schuldiger, durch den das Schloß verwünscht wurde, ein Mensch, der durch die Unerschrockenheit des Jungen erlöst wird und ihm deshalb seine Schätze übergibt. Daß der Junge die Leiche wärmt, kann auch als Überleitung zur letzten Bewährungsprobe verstanden werden, dem Kräftemessen am Amboß, sofern man den würgenden Toten und den Alten mit dem Bart als ein und dieselbe Person ansehen will. Doch hier hat ohne Frage die Szene aus dem Märchen von den drei geraubten Königstöchtern Pate gestanden (AT 301 A, → *Das Erdmännchen*). Den eingeklemmten Bart hat sich übrigens auch der Erzähler von → *Schneeweißchen und Rosenrot* (AT 426, KHM 161) ausgeborgt. Das Bartausreißen und das Durchprügeln eines Unterirdischen kommen jedenfalls dem Helden im einsamen Waldhaus zu, der damit den Zugang zur anderen Welt und zu den verwunschenen Königstöchtern findet. Hier jedoch ist das Motiv zum gewaltsamen Erwerb der Schätze benutzt, wozu dann die Tatsache nicht recht stimmen will, daß der bisherige Schatzhüter noch eine Dreiteilung für die Armen, den König und seinen eigenen Erlöser vornimmt.

Der schwankhafte Ansatz, als angeblich besonders erstrebenswerte Fertigkeit das Gruseln lernen zu wollen, kann mit diesen überzeugenden, völlig unbeirrbaren Furchtlosigkeitsbeweisen, die der Erzähler in Doppelperspektive parodiert, nicht aufgelöst werden. Der schwankhafte Eingang bedarf einer schwankhaften Auflösung. In der Grimmfassung ist die Königstochter darüber verdrossen, daß das »Ziel« nicht erreicht wurde; sie läßt ihr Kammermädchen den Jungen mit einem Guß kalten Wassers voll glitschiger Fische aufwecken, wobei möglicherweise eine witzige Absicht im Wortspiel »Gruseln«: »Grieseln« gesucht werden kann. Kaulquappen, Frösche, Molche und Schlangen kommen auch vor. Andere Fassungen schließen mit einem ganz zufälligen Erschrecken wegen einer Belanglosigkeit: Wasservögel fliegen auf, oder, wie es in einem griechischen Märchen erzählt wird: Aus dem Essenssack fliegt beim Öffnen unversehens die Taube auf, die dem Sucher der Furcht von seiner Frau mitgegeben wurde. Wieder andere haben, vielleicht nach STRAPAROLAS Vorbild (4, 5), einen wirklich gespenstischen Schluß: Dem Helden, der damit selber zu einer Spukgestalt gemacht wird, schlägt man den Kopf ab und setzt ihn verkehrt auf; er erschrickt über sich selbst.

3. Die Erzählung von dem Jungen, der das Fürchten lernen wollte, hat noch keine überzeugende Gesamtdarstellung erfahren. Wilhelm WISSER schloß aus den von ihm aufgezeichneten Fassungen, daß das erste Abenteuer in der Kirche stattfindet, in die der Junge vom Küster eingelassen wird, und daß der unbeirrt seinen Preis für das gewonnene Kegelspiel verlangende Junge sowohl einen Zauberknochen als auch einen Zauberhaken erhält (August EY hat das dreimalige Kegelspiel in der nächtlichen Kirche als ausführlich erzählte Sage aufgezeichnet, HMB 25). Das Kartenspiel mit drei schwarzen Gestalten hält WISSER eher für eine Wiederholung des Kegelns. Er vermutet jedoch, daß sich der Junge mit einem Begleiter die Zeit in dem verwunschenen Schloß vertreibt und zwar mit Kartenspiel; und daß er den Begleiter zum Holzholen auf den Boden schickt, wo ihn der Teufel zerreißt und seine Glieder den Kamin herabwirft. Als dann der Teufel selber folgt, bannt ihn der Junge mit dem Zauberhaken und prügelt ihn mit dem Zauberknochen durch – wodurch dieser Auftritt in die Nähe der Erzählung vom Schmied und dem Teufel rückt (AT 330: *Der Schmied von Jüterbogk*, BECHSTEIN DMB 7.) Backt der Junge einen Pfannkuchen am offenen Feuer und wirft die Spukgestalt denselben auf den Boden, so zeigt dieser Zug einmal mehr die Entlehnung aus dem Märchen von den geraubten Königstöchtern an (AT 301 A). Stellt die STRAPAROLA-Erzählung (4, 5) wirklich den ersten literarischen Beleg dar? Der Jüngling sucht den Tod, aber die alte Frau, die niemand anderes als das Leben ist, setzt ihm den Kopf verkehrt wieder auf. Der allegorische Zug läßt vermuten, daß hier die eigene Handschrift des Dichters sichtbar wird. Freilich, das Motiv vom falsch aufgesetzten Kopf ist auch aus anderen, eher schwankhaften Zusammenhängen bekannt, so aus dem Zweibrüdermärchen (AT 303 → *Die zwei Brüder*). Samuel SINGER weist auf den Gauklertrick hin, von dem bereits Marco POLO berichtet: daß es den Zuschauern vorkommt, als stürze ein zerstückelter Knabe herab – und er weist auf die Erzählung vom goldenen Mann hin, der nach der Wechselrede: »Ich falle!« – »So fall geschwind!« ins Zimmer stürzt (Sinhâsana-Dvâtrinçikâ; Jātaka Nr 489).

Zu den Begegnungen gehört häufig auch die Erscheinung des gespenstischen Barbiers – eine Sage, die sich in vielen Sammlungen findet, aber auch in der Literatur häufig nacherzählt wurde (so von GRIMMELSHAUSEN, MUSÄUS und von DICKENS in seinen *Christmas stories*). Ganz ins Sagenhafte gewendet ist die knappe

Erzählung Franz Xaver von SCHÖNWERTHS (SSO 2, S. 147–148) von dem Wirtsknecht aus dem oberpfälzischen Dieterskirchen am Sattelstein, der es mit dem Spuk im Schloß aufnimmt (dem Obersten der Geister klemmt er, wie in den Märchen von den geraubten Königstöchtern, AT 301 A → *Das Erdmännchen*, den Bart in den Schraubstock). Jedenfalls ist die Vermutung nicht abwegig, daß sich gewisse Spuksagen mit dem Märchenthema vom Auszug des jüngsten Sohnes verbunden haben, der etwas Besonderes, Hintergründiges, etwas anderes als seine Brüder erfahren will. Und diese Verbindung ist gewissermaßen auf halbem Weg ins Schwankhafte gewendet worden. Aber wie W. WISSER gezeigt hat: Sie hat dabei dennoch festere Struktur angenommen.

4. BP 1, 27–37; 3, 537–538. – DELARUE 293–305. – LIUNGMAN 64, 358. – RANKE 1, 203–229. – H. RÖLLEKE: Märchen von einem der auszog, das Fürchten zu lernen. In: Fabula. 20. 1979. 193–204. – SCHERF: Bechstein 801; 832. – S. SINGER in HdM 2, 300–302. – SINGER 1, 38–40. – W. WISSER: Das Märchen von einem, der auszog, das Fürchten zu lernen. In: Nordelbingen. 3. 1924. 63–76.

Mann und Frau im Essigkrug

AT 555 — Stöber EV 244, Bechstein DMB 55

1. Die Erzählung von den beiden unersättlichen Menschen, die an ihrer Maßlosigkeit scheitern, ist einesteils durch die niederdeutsche Fassung des Malers Philipp Otto RUNGE (→ *Von dem Fischer und seiner Frau*), andernteils durch die von Daniel August Ehrenfried STÖBER (1808–1884) in elsässischer Mundart aufgezeichnete Fassung weithin bekanntgeworden – die erstere über die Grimmsche Sammlung der *Kinder- und Hausmärchen* (KHM 19), die letztere über Ludwig BECHSTEINS *Deutsches Märchenbuch* von 1845, dessen veränderte zwölfte Auflage von Adrian Ludwig RICHTER illustriert wurde (nach der erweiterten großen zweiten Auflage von 1857 als DMB 55 gezählt). Der Lehrer August STÖBER, der später in Mühlhausen im Elsaß auch als Bibliothekar wirkte, brachte 1842 bei SCHULER in Straßburg sein *Elsässisches Volksbüchlein* heraus (mit dem Untertitel: Kinder- und Volksliedchen, Spielreime, Sprüche und Mähr-

chen), und darin als Nr 244 *Mann und Frau im Essigkrug.* Ludwig BECHSTEIN übertrug den Text ins Hochdeutsche und veröffentlichte ihn 1845 in der Erstausgabe seiner Märchensammlung, die, was den Absatz betrifft, die Grimmsche Sammlung bis zum Ausgang des 19. Jahrhunderts weit in den Schatten stellte.

2. Ein Mann und seine Frau beschuldigen sich gegenseitig, daß sie in einem sauren Essigkrug leben müssen. Da erscheint ein kleiner goldener Vogel, erkundigt sich nach der Ursache des Streites und gibt ihnen auf die Zusicherung hin, zufrieden zu sein, wenn sie endlich wie andere Leute leben können, ein kleines Haus. Der hilfreiche Vogel nennt ihnen jedoch zugleich einen Spruch, mit dem sie ihn, wenn sie seiner Hilfe bedürfen, rufen können – und damit beginnt die Kette ihrer rasch sich steigernden und schließlich jedes Maß überschreitenden Wünsche. Als sie sich umzuschauen beginnen, genügt ihnen das kleine Haus nicht mehr. Sie wollen einen Hof, dann ein Stadthaus. Allmählich fängt der Mann an zu zögern – aber seine Frau kann sich nicht mehr bezähmen. Die beiden werden Edelleute. Und wenn der merkwürdige Vogel auch feststellt, daß ihnen dieser immer beängstigendere Zuwachs an Wohlleben und schließlich an Macht doch zu gar nichts nutz ist, werden sie doch auch noch König und Königin – wobei der Erzähler zunehmend gesellschaftskritische Bemerkungen einfügt. Anfangs antwortet der Vogel nur ungehalten, dann aber läßt er voll Zorn dem Verhängnis seinen Lauf: »Ihr wüsten Leute! Wann werdet ihr endlich genug haben?« August STÖBER beginnt dramatisch zu raffen. Er läßt die Wünsche, Kaiser und Papst zu werden, sich überschlagen, läßt gar keine Zeit mehr zur Ausführung und fügt unmittelbar den unüberbietbar vermessenen Wunsch an, der Herrgott selber zu sein. Mit diesem Wort jedoch bricht die Überhebung zusammen und die beiden dürfen ihr restliches Leben als Nichtse im alten Essigkrug verbringen. Auf die überflüssige Lehre, die BECHSTEIN 1845 an dieses eindrucksvolle Beispiel der in jedem Menschen verborgenen Gefährdung knüpfte, verzichtete er 1853 wieder und hielt sich wieder enger an den Text August STÖBERS.

3. 4. Zur Erzählung Philipp Otto RUNGES und zu anderen Fassungen → *Von dem Fischer und seiner Frau;* dort auch die Literaturangaben zum Märchentyp AT 555.

Die Maränen → *Der König vom goldenen Berge* (Abschnitt 3)

Marienkind

AT 710 KHM 3

1. Zu den beiden allerersten Aufzeichnungen der Brüder Jacob und Wilhelm GRIMM gehört das Märchen vom Marienkind; 1807 erzählte es die 20jährige Margarete Marianne WILD (1787–1819) und Wilhelm GRIMM schrieb es auf. Zwei Jahre später schickte Friederike MANNEL eine andere Fassung, die verkürzt in den Anmerkungen auftaucht. Unter Nr 3 sind damit in der Erstausgabe von 1812 die wichtigsten Züge des Märchens vereint: Ein Mädchen wird in die Obhut eines jenseitigen Wesens gegeben, meistert jedoch die dort gesetzte Aufgabe nicht und muß, ganz auf sich gestellt, andere, schwerere Prüfungen erdulden – an deren Ende es freilich vor der unausweichlich erscheinenden Vernichtung errettet wird. Für den einen Überlieferungszweig ist es die Gottesmutter, für den anderen eine schwarze Jungfrau, die das Mädchen aufnimmt, prüft, davonweist und dennoch schließlich errettet.

2. Es ist schlechthin die Armut, die in der ersten und so gut wie ausschließlich bekanntgewordenen Fassung einen Holzhacker und seine Frau dazu bringt, ihr Kind der Gottesmutter zu überlassen. In der Anmerkungs-Fassung ist die Armut so groß, daß der Vater sich gar erhängen will. Die plötzlich erscheinende schwarze Jungfrau wendet die Not gegen das Versprechen, ihr das zu geben, was im Haus verborgen sei. Und das ist das Kind im Mutterleib. Wilhelm GRIMM hat in der von ihm bearbeiteten Fassung das Leben im Himmelreich kindlich ausgeschmückt. »Da ging es ihm wohl«, fügte er hinzu, »es aß bloß Zuckerbrot und trank süße Milch«. In dem schwarzen Schloß der zweiten Fassung dagegen sieht das Leben anders aus. Doch wie auch immer vom Himmel oder vom schwarzen Schloß erzählt wird – das Mädchen muß eine Prüfung bestehen. Es darf eine verbotene Kammer nicht öffnen. Wir als Zuhörer wissen, daß seine Neugier nicht widerstehen kann. In der ersten Fassung sieht es den

Glanz der Dreifaltigkeit, und Wilhelm GRIMM setzt hinzu, daß es mit dem Finger an den Glanz rührt und daß dieser Finger golden wird und unauslöschlich golden bleibt – ein Zug, den er vielleicht dem Goldenermärchen (AT 314+502 → *Der Eisenhans*) entnommen hat, der aber auch als Blutzeichen in den → *Blaubart*-(AT 312) und Räuberbräutigamerzählungen vorkommt (AT 311 → *Fitchers Vogel*). Ganz anders erzählt die nur in den Anmerkungen mitgeteilte Fassung: Das Mädchen erspäht seine Gastgeberin mit drei weiteren schwarzen Jungfrauen in der verbotenen Kammer. In beiden Fassungen erfolgt die Ausweisung auf dem Fuße. Im ersten Fall ist es eine Austreibung aus dem himmlischen Paradies, als Strafe für Ungehorsam, Lüge und Verstocktheit. Im zweiten Fall ist es das mißlungene Ende eines Erlösungsversuches. Leider wird nicht sehr deutlich, daß ein erneuter, wenn auch wesentlich erschwerter Erlösungsversuch unternommen wird: Das Mädchen gelobt, stumm zu sein; es verzichtet auf die Sprache. »Da schlägt sie's ans Maul«, schrieb Friederike MANNEL, »daß das Blut hervorquillt«.
Über das *Marienkind* ist viel gerätselt worden. Warum wird das stumm gewordene Mädchen so grausam von der Gottesmutter bestraft? Der junge König, der die Schöne im Wald findet, heiratet sie, und sie bringt drei Kinder zur Welt – die ihr jedesmal von der nachts erscheinenden Gottesmutter fortgenommen werden: Weil sie leugnet, weil sie verstockt bleibt. Sie ist eine Menschenfresserin, sagen die Leute. Als das dritte Kind verschwindet, kann ihr selbst der König nicht mehr helfen; die stumme Schöne wird zum Tod auf dem Scheiterhaufen verurteilt. Verständlich werden diese Prüfungen erst, wenn sie – wie in Fassung 2, als Erlösungsversuch verstanden werden und wenn die junge Königin durch ihre Stummheit scheinbar hilflos einer echten Gegenspielerin ausgeliefert ist: der Bosheit der alten Königin, der Mutter ihres Mannes. Sie ist es, die ihr die Neugeborenen wegnimmt, ins Wasser wirft und die Wöchnerin mit Blut besudelt. Sie ist es, die die völlige Vernichtung betreibt. Aber das stumme Mädchen wird errettet. In der bekanntgewordenen Fassung: Weil es das Leugnen bereut (wie Gretchen WILD erzählte: Weil es nun, da es zu spät ist, gern gestünde). In der unbekannt gebliebenen zweiten Fassung dagegen: Weil erst die bis an die äußerste Grenze durchgestandene Prüfung für die vier schwarzen Jungfrauen die Erlösung bringt. »Da fliegt der schwarze Wagen herbei«, schreibt Friederike MANNEL. Die schwarze Jungfrau tritt in die Flammen und ihre drei Begleite-

rinnen bringen die Kinder, die sie aus dem Wasser errettet haben. Sie sind festlich gekleidet, heißt es – aus den schwarzen sind, das darf angenommen werden, weiße Jungfrauen geworden.

Die erste Fassung wartet mit einem vordergründig moralischen Schluß auf. Der Gottesmutter ist es gelungen, durch immer größere Qualen und schließlich durch äußerste Todesgefahr den Starrsinn der Ziehtochter zu brechen. Das hat mit der überlieferten Aufgabe des Märchens nichts zu tun. Aus einem Märchen wurde ein moralisch-unmoralisches Beispiel gemacht. Fassungen dagegen, in denen die Hauptgestalt eine Erlösungsaufgabe übernimmt, an der sie zwar zunächst scheitert, die sie unter erschwerten Bedingungen am Ende aber dennoch bewältigt, erfüllen den eigentlichen Sinn. Es ist schade, daß durch die editionsgeschichtliche Entwicklung der *Kinder- und Hausmärchen* das so wertvolle Gegenstück zur verkindlichten und in jeder Weise fehlgeleiteten Hauptfassung zunächst in den Anmerkungsteil und später in ein, dem Großteil der Leser nicht mehr zugängliches, mehrbändiges Kommentarwerk verwiesen wurde.

3. Eine gründliche Untersuchung des Märchentyps vom Marienkind steht noch aus. Der schwedische Forscher Waldemar LIUNGMAN nimmt an, daß dieses Märchen, und mit ihm eine ganze Reihe anderer Erzählungen von unschuldig verfolgten Frauen, sehr spät entstanden sei, vermutlich erst im Mittelalter. Umarbeitungen in Beispielgeschichten mögen Zweck-Erfindungen mittelalterlicher Gesellschaftsentwicklungen sein – aber die aufgegriffenen Stoffe können gewiß auch in anderer Form gelebt und andere Aufgaben erfüllt haben. W. LIUNGMAN vermutet sogar, daß die beiden Zweige unseres Marienkind-Märchens, also der Gottesmutterzweig und der Zweig von der schwarzen Jungfrau, auf die schwarzen Muttergottes-Bilder zurückgehen, daß diese Vorstellung ganze Motivketten älterer Märchen an sich gezogen habe: Jephta-Motiv, Dienst bei jenseitigen Gestalten, Betreten der verbotenen Kammer etwa, und daß wesentliche Teile des Märchens von der *Parizade* (AT 707 → *Drei Königskinder*, → *Die drei Vögel*), *Crescentia* (AT 712), von den *Schwankindern* (AT 451 → *Die zwölf Brüder*, dort weitere Hinweise und Literaturangaben) und *Griseldis* (AT 887) mehr oder weniger ausgiebig übernommen seien. Aber warum soll man als Ausgangsstoff ein Mosaik annehmen, wenn auch das Ganze, wie eingangs gezeigt, einen eigentlichen Märchensinn ergibt? Auch

das Nachlesen der *Pentamerone*-Erzählungen von den drei Kronen (G. Basile 4, 6: *Le tre corune*) und dem Ziegengesicht (1, 8: *La facce de crapa*) macht die Spur der zunächst gescheiterten und abermals versuchten Erlösung von einer oder mehreren in eine Dunkelgestalt verwunschenen Jungfrauen deutlich. Das klingt sogar von fern in der so vielgestaltigen Erzählung des dritten Kalenders in *Tausendundeiner Nacht* an – im sorglosen Jahr, das der Königssohn bei den 40 Jungfrauen verlebt. Die in ihrer Aufgabenstellung veränderte Gottesmuttererzählung dagegen ist mit der Legende der elsässischen Hl. Odilia verbunden.
Das Zaubermärchen vom Dienst eines Mädchens bei einer Jenseitigen (in der Fassung von August Ey, HMB 53, ist es die *Grüne Jungfer* – was an die grüne Eidechse Basiles erinnert, 1, 8, die dem undankbaren Mädchen ein Ziegengesicht beschert) hat eine beachtliche Verbreitung gefunden, nicht zuletzt durch Bilderbogen. In Schweden war es ein Volksbuch unter dem Titel *Graumantel,* für das zwischen 1818 und 1884 etwa zwanzig Auflagen nachgewiesen sind. In ihm wird die schwarze Jungfrau durch einen männlichen Jenseitigen ersetzt, den Graumantel nämlich. Mittlerweile ist auch der Verfasser entdeckt worden: der friedlose Romantiker Carl Johan Love Almqvist (1793–1866). Als eines der wichtigsten Zeugnisse der Kunsterziehungsbewegung auf dem Gebiet des Kinderbuches gilt in Deutschland die Märchenbilderbuch-Serie des Verlags Scholz in Mainz. Für sie haben die beiden Wiener Jugendstilmaler Heinrich Lefler (1863–1919) und sein Schwager Joseph Urban (1872–1933) in ihrer kraftvoll linienbetonten, überaus reich ausschmückenden Weise 1904 das Marienkind gestaltet – heute ein begehrtes Sammlerobjekt.

4. BP 2, 13–21. – Delarue/Tenèze 2, 662–665. – Liungman 202–205, 367. – T. Maurer: Die Heilige Odilie. Straßburg 1930. – Ranke 3, 68–76. – Rölleke 196–201, 278–282, 371–373, 385. – H. Schweikert: Der Märchentypus vom Marienkind. Diss. Heidelberg 1924. – E. K. Seifert: Untersuchungen zu Grimms Märchen Das Marienkind. Diss. München 1952. – Wesselski: Versuch 105–106, 108–109.

Marja Morevna

AT 552 A + 302 C* Afanas'ev NRS 159

1. Aleksandr Nikolaevič AFANAS'EV (1826–1871) hat als Archivar des Moskauer Außenministeriums und Leiter der für die Veröffentlichung von Urkunden zuständigen Kommission in den Jahren 1855–1863 in acht Lieferungen die bedeutendste russische Sammlung von Tiermärchen, Zaubermärchen und Schwänken einschließlich ausführlicher Anmerkungen geschaffen – angeregt durch die Arbeiten von Jacob und Wilhelm GRIMM. Im achten Band dieser *Narodnye russkie skazki* von 1863 veröffentlichte er als Nr 8 (nach der Gesamtzählung als Nr 94, der heutigen Zählung gemäß als Nr 159) das Zaubermärchen vom Zarensohn, der den → *Unsterblichen Koščej* (AT 302 C* + 516) besiegt und die Heldenjungfrau Marja Morevna gewinnt. A. N. AFANAS'EVs Fassung dieses Zaubermärchens hat in der ganzen Welt weiteste Verbreitung gefunden – nicht zuletzt durch die 1903 veröffentlichten Bilder des Petersburger Jugendstilmalers Ivan Jakovlevič BILIBIN (1876–1942).

2. Ein Zarensohn, der von seinen Eltern den Auftrag erhalten hat, nach ihrem Tod seine drei Schwestern den zuerst sich einstellenden Freiern zur Frau zu geben, verheiratet sie mit einem Falken, einem Adler und einem Raben – drei Vogelschwägern also und nicht, wie es sonst häufig heißt, mit einem Bären, einem Adler und mit einem Walfisch – womit wohl die Herren der drei Reiche Erde, Luft und Wasser gemeint sind (AT 552 A + 518 + 302 → *Die Kristallkugel*, → *Die drei Schwestern*). Als er nach einem Jahr seine Schwestern besuchen will, stößt er auf ein von der heldenhaften, wunderschönen Marja Morevna erschlagenes Heer und gewinnt sie kampflos zur Frau. Aber als Marja Morevna wiederum in einen Krieg zieht und ihm das Haus mit dem Gebot übergibt, eine bestimmte Kammer nicht zu öffnen, tut er es dennoch und befreit unwillentlich den von Marja Morevna besiegten und an die Wand geschmiedeten Dämon, den → *Unsterblichen Koščej*, indem er dem Verschmachtenden mit drei Eimern Wasser die Lebenskraft zurückgibt. (In diesem Zug zeigt sich besonders deutlich die enge Verwandtschaft zum Märchen von der → *Königstochter auf dem Baum*, AT 317 + 302 C*.) Koščej nimmt dem Zarensohn die geliebte Frau fort; dieser macht sich auf die Suche und trifft der

Reihe nach seine Tierschwäger und seine Schwestern, die ihn herzlich aufnehmen, ihn in seinem gefährlichen Vorhaben bestärken, ihm aber keine besonderen Gaben verleihen, wie das etwa in der → *Kristallkugel* oder im Märchen von den → *Drei Schwestern* der Fall ist (AT 552 A + 302). Aber sie nehmen Wahrzeichen von ihm; verfärbt sich das Silber, so wissen sie, daß sein Leben in Gefahr ist. Das wird auch bald geschehen. Der Zarensohn findet zwar zu Marja Morevna und flieht auch mit ihr – aber zweimal holt ihn sein dämonischer Gegenspieler auf seinem Zauberroß ein und verschont ihn, weil er ihn getränkt und damit befreit hat. Als der Zarensohn einen dritten Versuch unternimmt, haut ihn Koščej in Stücke und wirft diese in einem Faß ins Meer. Aber die Tierschwäger sehen die Wahrzeichen schwarz werden, fliegen herzu, öffnen das Faß, legen die Stücke zusammen und erwecken den Zarensohn wieder mit Hilfe der Wasser des Lebens und des Todes.

Als der bedachtsamer gewordene Zarensohn seine Geliebte dazu bewegt, das Geheimnis von Koščejs Zauberroß zu erkunden, und als er auszieht, sich ein ebensolches Roß zu verschaffen, ist von einer Hilfe der Tierschwäger nicht mehr die Rede. Er gewinnt vielmehr neue Freunde, indem er, obgleich sehr hungrig, die Jungen dreier Tiere verschont, beispielsweise auf den Honig eines Bienenvolkes verzichtet: Vogel, Löwin, Bienenkönigin. Den Feuerstrom überquert er mit Hilfe des Zaubertuches, das Marja Morevna dem unsterblichen Koščej entwendet hat. Drei Tage muß der Zarensohn die Stuten der Baba-Jaga hüten, dreimal treiben Vögel, reißende Tiere oder Bienen die Zauberpferde in den Stall, sonst hätte der Zarensohn sein Leben verwirkt (auf zwölf Stangen stecken bereits elf Köpfe). Wie es ihm jedoch gelingt, das erdiente Zauberroß sicher aus dem Machtbereich der Baba-Jaga zu bringen, davon hat der russische Erzähler eine andere Vorstellung als Ulrich JAHNS pommerscher Gewährsmann, der den Wölfen zwölf Lämmer vorwarf (AT 317 → *Die Königstochter auf dem Baum,* VPR 3). Auf den Rat der Bienenmutter hin flüchtet der Zarensohn auf dem letzten, räudigen Fohlen, schafft sich mit Koščejs Zaubertuch eine Brücke über den Feuerstrom und läßt die verfolgende Baba-Jaga mit der zusammenstürzenden Brücke im Feuerstrom umkommen. Glücklich aus der Dämonen-Welt zurückgekehrt, weidet er sein elendes Fohlen, bis ein überaus starker Hengst daraus wird. Auf ihm flieht er zusammen mit seiner geliebten Marja Morevna. Und als der unsterbliche Koščej ihn erreicht, zerschmettert das Zauberroß dem Verfolger den Schädel. Es ist also nicht wie im Märchen von der → *Königstochter auf dem Baum* so, daß die beiden Zauberpferde, da sie Geschwister sind, gemeinsame Sache gegen Koščej machen. Der Zarensohn verbrennt die Leiche des Dämons, dem er mit seiner Lanze den Todesstoß gegeben hat. Die Liebenden aber suchen, nachdem der dämonische Gegenspieler endgültig aus der Welt geschafft ist, die Tierschwäger und des Zarensohns Schwestern auf, um sich endlich als glückliches Paar in Marja Morevnas Reich zu begeben.

Ivan Bilibin: Marja Morevna (Berlin. Slovo 1921)

3. A. N. AFANAS'EVS reich ausgebaute Erzählung verkörpert einen außerordentlich dramatischen, zweiteiligen Zaubermärchentyp, in dem der Held zwei Anläufe nehmen muß, um die Geliebte zu gewinnen und zu sich selbst zu finden. Die Eingangsmotivik zeigt ihn als einen von den sterbenden Eltern mit den Schwestern Alleingelassenen. Die Schwestern, die noch ein wenig Geborgenheit bedeuten, werden bald von Menschen in merkwürdigen Dunkelgestalten weggeheiratet. Die Schwäger, oft auch als Wind, Hagel und Donner eingeführt, als Sonne, Wind und Mond, die durch das Dach einbrechen, sind keineswegs ungefährlich. Es sind wilde und nur zu bestimmten Zeiten

gebändigte Kräfte, die dem Zarensohn blutsbrüderlich zugewachsen sind. In manchen Fassungen unterstützen sie seinen Auszug, die Heldenjungfrau zu erringen, mit merkwürdigen Gaben: Von ihnen erhält er zu trinken, zu essen und obendrein ein Spielwerk, womit er im Kerker die Aufmerksamkeit der Umworbenen, Unnahbaren auf sich lenken kann. Mit Marja Morevna hat sich der Zarensohn nämlich nicht irgendeine Braut ausgesucht, sondern ein Heldenweib, das ganze Brautwerbe-Heere eigenhändig erschlägt, oder die Freier im Kerker schmachten läßt, oder einer seltsamen Probe unterzieht: neben ihr zu schlafen, ohne sie anzurühren (wie in ASBJØRNSEN und MOE NFE 38: *Det har ikke Nød med den, som alle Kvindfolk er forlidt i*). Den großen Dämon, den unsterblichen Koščej, hat sie jedenfalls überwunden und in Ketten an die Wand geschmiedet. Die Nähe der Brunhildsage ist offensichtlich (vgl auch das Brunhildenmärchen AT 519) – anderseits aber auch die Nähe eines erotischen Schwanktyps (AT 580, vorwiegend in nordischen Ländern vertreten). Doch wie auch immer: Der Zarensohn, noch von der Gemeinschaft der Schwestern und Tierschwäger getragen, gewinnt die ungewöhnliche, heldische Braut, die ihn allerdings vor der verbotenen Kammer warnt – ganz ähnlich wie die → *Königstochter auf dem Baum,* von der Ulrich JAHN, VPR 3, erzählt hat (AT 317 + 302 C*).

In dem ebenfalls von A. N. AFANAS'EV mitgeteilten, nahe verwandten Zaubermärchen vom → *Unsterblichen Koščej* (AT 302 C* + 516) ist das Gewicht nicht nur dadurch ein wenig verschoben, daß dem Zarensohn ein einzelner blutsbrüderlicher Helfer zur Seite steht, kein Tierschwager, sondern eher ein dankbarer Toter (wie in AT 507 A → *Die verwünschte Königstochter*). Wichtigster Unterschied ist die im Märchen vom unsterblichen Koščej unausgesprochen vorhandene Identität zwischen dem Vater, der die Braut nicht freiwillig hergibt, und dem Dämon, der mit der ersten Vereinigung der Liebenden entfesselt wird.

Ivan-Carevič, der Held, dem wir als Zuhörer und Leser uns identifizierend folgen, bricht das Tabu und zerstört die Bindung, die er im ersten Anlauf (und wir mit ihm) zu schaffen vermocht hatte. Es nutzt ihm nichts, wenn er sich heimlich mit der Braut dreimal davonstehlen will: Am Ende zerstückelt ihn der Dämon, und damit scheint alles verloren. Doch jetzt greifen die Blutsbrüder wirklich entscheidend ein. Sie bringen Ivan-Carevič wieder ins Leben zurück und stellen ihn von nun an ganz auf sich selbst,

weisen ihm höchstens den Weg mit ihrem Rat. So setzen sie ihn an zum zweiten, nunmehr zielbewußt selbstsicher unternommenen Auszug, um endgültig die ungewöhnliche Marja Morevna zu gewinnen. Das ist ein Erzählaufbau, der dem gleichen Gesetz wie das → *Zweibrüder*-Märchen folgt (AT 303). Und nun wird deutlich, daß die Tierschwägerhilfe des ersten Teils (AT 552 A + 302 → *Die Kristallkugel*, → *Die drei Schwestern*) von anderer Art ist als die Hilfe, die der ganz zu sich selbst gefundene Held von dankbaren Tieren im zweiten Teil empfängt, denn die Dankbarkeit der Tiere hat er durch seine eigene Gutherzigkeit gewonnen (AT 554 → *Die Bienenkönigin*). Auf die Hilfe der Tierschwäger ist er nicht mehr angewiesen.
Das Dienen um das Zauberpferd der Baba-Jaga wird sehr unterschiedlich erzählt, doch meist sehr reich ausgestattet und überaus dramatisch. Aber die letzte Gefährdung durch die verfolgenden Wölfe (→ *Die Königstochter auf dem Baum*) scheint ursprünglich zu sein. A. N. AFANAS'EV erwähnt in seinen Anmerkungen eine Fassung, in der von einer Wunderstute berichtet wird, die von zwölf Wölfen verfolgt wird und jeden Monat ein Fohlen wirft, das die Wölfe verschlingen. Aber die Tierschwäger haben Ivan-Carevič geraten, zu warten, bis die Stute ein Fohlen mit einem Stern auf der Stirn zur Welt bringt. Dieses Zauberpferd muß er, koste es, was es wolle, vor den Wölfen retten.
Der Held gewinnt damit ein Pferd, das dem des Dämons ebenbürtig, wenn nicht gar überlegen ist. Mehr noch: Die geschwisterlichen Zauberpferde verbünden sich schließlich gegen das Böse. »Ach Bruder«, heißt es in der Fassung aus AFANAS'EVS Anmerkungen, »warum dienst du einem so bösen Ungeheuer? Wirf ihn doch ab und zertret ihn mit deinem Huf!« Und das ist das Ende des unsterblichen Koščej.

4. Literaturangaben beim Artikel zu → *Die Königstochter auf dem Baum* (AT 317 + 302 C*).

Das Meerhäschen

AT 329 Haltrich DVSS 39, KHM 191

1. Die Erzählung von der stolzen und sich ihrer Überlegenheit allzu bewußten Tochter eines mächtigen Herrschers, die keinen Mann anerkennen will, aber ihre Freier zu einer tödlichen Versteckwette herausfordert, hat sich offenbar nie zu einem voll ausgebildeten Zaubermärchen entwickelt. Wir kennen nicht mehr als einige zwanzig Fassungen in slavischen Einflußbereichen, so auf dem Balkan und im Kaukasus. Was die Erzähler beschäftigt, ist die Gestalt der Königstochter und ihre Überlistung durch einen keineswegs heldenhaften Habenichts; kein Wunder, daß den grausigen Zügen gelegentlich auch schwankhafte folgen. Die Brüder Jacob und Wilhelm GRIMM fanden das Märchen in der 1856 erschienenen Sammlung des mit ihnen befreundeten Josef HALTRICH (1822–1886), *Deutsche Volksmärchen aus Siebenbürgen,* wo es als Nr 38 unter dem Titel stand: *Die Königstochter, die aus ihrem Schlosse alles in ihrem Reiche sah.* Im Einvernehmen mit HALTRICH übernahmen sie es 1857, mit geändertem Titel, als Nr 191, in die siebte Auflage der *Kinder- und Hausmärchen,* die zur Auflage letzter Hand wurde. Außer dieser ist nur noch eine einzige andere deutsche Fassung bekanntgeworden (aus Südmähren). Nach der dritten, vermehrten Auflage von 1882, der Ausgabe letzter Hand, wird das Märchen bei HALTRICH als DVSS 39 gezählt.

2. Eine Königstochter besitzt einen hochgelegenen Saal, dessen zwölf Fenster in alle Richtungen des Himmels schauen. Von dort überblickt sie die Welt; es kann ihr nichts verborgen bleiben. Anstelle der magischen Fenster wird jedoch häufiger von einem Zauberspiegel erzählt. Diese merkwürdige, ebenso schöne wie stolze Königstochter hat sich entschlossen, jeden Freier zu vernichten, der sich auf ihre Versteckwette einläßt; sie ist davon überzeugt, daß sie jeden durch eines der zwölf Fenster entdecken wird. Die Häupter der Getöteten stecken in stattlicher Zahl auf den Pfählen rings um ihr Schloß.
In der von Josef HALTRICH übernommenen Fassung drohen bereits 97 Köpfe auf den 100 Pfählen. Der Erzähler führt nämlich als letzten nicht einen einzelnen wagemutigen Freier an, sondern drei Brüder, die auf die tödliche Herausforderung eingehen wollen. Und richtig, der erste wird in einem Kalkloch entdeckt,

der zweite im Schloßkeller. Beide werden enthauptet. Aber der jüngste erhält, weil er schön ist und herzlich bittet, einen Tag Bedenkzeit.
Nachdem er vergeblich nachgedacht hat, geht er auf die Jagd. Er verschont einen Raben, einen Fisch und einen hinkenden Fuchs – und ein jedes der drei Tiere verspricht ihm Hilfe. Die dankbaren

Lilo Fromm: Das Meerhäschen (München. Ellermann 1979)

Tiere kommen auch in ganz anderen Zaubermärchen vor (AT 554 → *Die weiße Schlange*), aber auch dort ist es meist ein Vogel, ein Fisch und ein Fuchs. Der Fuchs, dem der Freier einen Dorn aus dem Fuß gezogen hat, erweist sich als der eigentliche Gegenspieler der Königstochter; seine zauberischen Kräfte sind überlegen. Daß hier ein eisiger Wind weht, merkt der Zuhörer spätestens, wenn die Königstochter den Freier in dem Ei entdeckt, auf dem der Rabe sitzt: Sie läßt auf den Raben schießen und das Ei zerbrechen. Ebenso geht es dem dankbaren Fisch, der den Freier verschluckt und mit ihm auf den Seegrund taucht. Hier kann nur der Fuchs noch raten. Er taucht sich und den Freier in eine Zauberquelle. In Tierhändler und Meerhäschen verwandelt, gehen die beiden in die Stadt, der Kaufmann zeigt das »artige Tierchen«, und die Königstochter kauft es ihm ab. Aber damit hat sie verspielt. Als sie zu ihren Fenstern tritt, kriecht ihr das Meerhäschen, auf den Rat des Fuchses, unter den Zopf. Durch die Zauberfenster ist alles zu sehen, nur das Nächstliegende nicht. Der in ein Meerhäschen verwandelte und unter dem Zopf der Königstochter sitzende Freier bleibt unerkannt. In ihrem maßlosen Zorn zerschlägt die Königstochter, als ihr die Grenzen ihrer Macht bewußt werden, die zwölf Zauberfenster, so daß ihr ganzes Schloß in den Grundfesten erzittert. Das Meerhäschen aber läuft zum Kaufmann, die beiden tauchen in die Quelle und erhalten wieder ihre wahre Gestalt. Die Königstochter muß den aus dem Nichts aufgetauchten Freier heiraten und auf ihre einzigartige Rolle verzichten. Ihr Mann jedoch, heißt es, verschwieg wohlweislich, wo er sich versteckt und wer ihm geholfen hatte – womit er ihrer Achtung gewiß war. Aber so endet eigentlich kein Zaubermärchen. »Der kann mehr als du!« ist eine schwankhafte Schlußbemerkung. Als Zuhörer wissen wir es besser als die eine der beiden Hauptgestalten. Wir machen uns zum Komplizen eines Listigen, der sich die Königstochter nicht einmal mit eigenem Witz erstritten hat. Und wir begreifen, daß wir zwar im Kampf gegen die grausame und hochmütige Königstochter auf seiner Seite standen, uns aber keineswegs mit ihm gleichgesetzt haben.

3. Ingrid HARTMANN hat in ihrer Dissertation von 1953 den Märchentyp des *Meerhäschens* in vorbildlicher Weise untersucht und es wahrscheinlich gemacht, daß er auf dem Balkan oder im Kaukasus entstanden und verhältnismäßig jung ist. Bei dem dritten Versteck unterscheidet sie zwei Formen: die Verwandlung in ein unscheinbares Tier, das sich beispielsweise als Ameise oder Floh in den Rock der Königstochter setzt; und das Graben eines Ganges bis unter den Sitz der vergeblich ausspähenden Königstochter, die sich schließlich einen Nadelstich gefallen lassen muß. Wenn der Helfer anstelle eines Fuchses ein sprechendes Pferd ist, so hat der Erzähler Anleihen bei einem anderen Märchen gemacht (→ *Ferdinand Getreu und Ferdinand*

Ungetreu, → *Höckerrößlein;* beide AT 451). Auf dem Balkan wird die dämonische Natur des Helfers meist stärker betont, und oft ist es der Teufel selber. Die anderen Helfer stammen aus dem Bereich der Märchen von den dankbaren Tieren (AT 302 → *Die Kristallkugel;* AT 552 A → *Die drei Schwestern,* AT 554 → *Die weiße Schlange,* → *Die Bienenkönigin*). Zu dem letztgenannten Märchentyp besteht noch eine weitergehende Verwandtschaft: An die Stelle des Sich-Versteckens ist die Suche nach der verhüllten Braut getreten, was seine Entsprechung in zahlreichen Hochzeitsbräuchen hat. Mit anderen Worten: Der mit allen Listen gegen die grausam hochmütige Königstochter geführte Kampf ist durch die Aufgabe ersetzt worden, das dem Helden bereits in Liebe zugetane Mädchen zu erkennen. Allen drei Märchentypen ist jedoch gemeinsam, daß die Hilfe der verschonten und deshalb dankbaren Tiere durch einen magischen Anruf erfolgt; wobei eine Feder, eine Schuppe, ein Haar gerieben oder auch angebrannt werden muß – ein Zeichen mehr, daß dieser Motivkomplex von älteren, eigentlichen Zaubermärchen für den Märchentyp vom Meerhäschen entlehnt worden ist. Kulturhistorisch aufschlußreich ist das Einbeziehen des Spiegelzaubers, der von gleicher Art wie das Hellsehen mit Hilfe von Kristallen ist. Der tiefen Schrecken verbreitende und herausfordernde Zug der aufgesteckten Köpfe muß auch nicht nur als erzählerisches Spannungsmoment erlebt werden. Dahinter steht ein Brauch orientalischer Gewaltherrscher, der möglicherweise durch Kreuzfahrer-Erzählungen bekanntwurde; jedenfalls taucht das Motiv auffällig häufig in mittelalterlicher Spielmannsdichtung auf. Auffällig und in die gleiche Richtung weisend ist auch die Verwandtschaft der magisch überlegenen Hauptgestalt mit der Rätsel aufgebenden Turandot (AT 851 *Das Rätsel*). Aber damit geraten wir in die Nähe des tödlichen Rätsels, das *Apollonius von Tyrus* von dem eifersüchtig seine Tochter hütenden König gestellt wird (der im Inzest mit ihr verbunden ist: Und das ist die Auflösung des Rätsels). Auch in unserer Erzählung schimmert gelegentlich das Verhältnis zwischen dem eifersüchtigen Vater und der hochmütigen, alles durchschauenden Tochter durch. Zusammenhänge bestehen gewiß auch zwischen dem Kern unserer Erzählung und einer Überlieferung der griechischen Mythologie: König Oinomaos, der Sohn des Kriegsgottes, liebt seine Tochter, die Rossebezwingerin Hippodameia. Unter dem Vorwand, demjenigen seine Tochter zur Frau zu geben, der ihn im Wagenrennen bezwingt, hat er bereits zwölf Freier töten und ihre Häupter an seinen Palast heften lassen – bis Pelops ihn mit Hilfe des listigen Myrtilos besiegt. Merkwürdigerweise kommt in unserem Märchentyp als dritter und entscheidender Helfer gelegentlich auch ein Rosmarinstock vor (in der südmährischen und einer slavonischen Fassung).

4. BP 3, 365–369. – DELARUE 1, 342–345. – I. HARTMANN: Das Meerhäschen. Diss. Göttingen 1953. – LIUNGMAN 70–71, 358. – L. RÖHRICH: (Untersuchungen über den Typ AT 329.) In: Deutsches Jahrbuch für Volkskunde. 2. 1956. 285–286. – K. v. SPIESS in DMDW 201–234.

Der Meisterkater

AT 545 B — Perrault HCTP 4

1. In dem Widmungsmanuskript der Perraultschen Märchen von 1695, das 1953 entdeckt wurde, stand eine bereits sorgfältig bearbeitete Fassung, die zur zwei Jahre später erfolgten ersten Drucklegung noch einmal eine Reihe bezeichnender Korrekturen erhielt (→ *Der Blaubart*, Abschnitt 1). Charles PERRAULT (1628–1703) und sein bei der Niederschrift etwa 15- bis 16jähriger Lieblingssohn Pierre Darmancour PERRAULT (1678–1700) veröffentlichten das Märchen vom Meisterkater, der seinen Herrn, einen armen Müllerburschen, zu einem reichen Markgrafen macht und schließlich zum Schwiegersohn des Königs, 1697 in Paris bei BARBIN als Nr 4 in ihren *Histoires ou contes du temps passé, avec des Moralitez* unter dem Titel *Le Maistre chat ou Le Chat botté.* Insbesondere durch Bilderbogen und Pfennigdrucke wurde das Märchen in außerordentlicher Weise bekannt und verbreitet (→ *Der gestiefelte Kater*, KHM 33 a).

2. Ein sterbender Müller vererbt sein Besitztum den beiden älteren Söhnen; dem jüngsten hinterläßt er nur einen Kater. Aber dieser Kater will aus dem Jüngsten einen großen Mann machen. Dazu fordert er Stiefel – und Handlungsfreiheit. Als Jäger schafft sich der Kater Zugang zum Königshof. Dort weist er auf seinen Herrn hin, den er, im Hinblick auf das Ziel, vorgreifend als Markgrafen bezeichnet. Den seinem Rat blindlings folgenden jüngsten Müllerssohn stellt er durch einen Gauner-

streich in königlichen Kleidern vor – es war der König selber, der sie heranschaffen ließ. Die Königstochter und der jüngste Müllerssohn verlieben sich ineinander.
Dreimal sorgt der Kater dafür, daß dem König das noch keineswegs eroberte Besitztum des zum Markgrafen erklärten Müllerburschen immer stattlicher erscheint – wobei durch die Überlistung des mächtigen Ogers beim dritten Mal der arme Bursche tatsächlich zu einem Herrn über Schloß und Land aufrückt. Es wird Hochzeit gefeiert – und der Kater erhält einen seinen merkwürdigen Fähigkeiten angemessenen hohen Rang.

Klaus Ensikat: Der gestiefelte Kater (Berlin. Kinderbuchverlag 1977)

3. Seit der zweiten Hälfte des 16. Jahrhunderts lag mit den Übersetzungen von Jean LOUVEAU und Pierre LARIVEY (um 1540–1619) der *Piacevoli notti* des Gianfrancesco STRAPAROLA (um 1480 bis um 1557) auch STRAPAROLAS Meisterkater-Erzäh-

lung in französischer Sprache vor, von der elften Nacht die erste Erzählung, und wurde in Frankreich in zahlreichen Auflagen verbreitet, teils unter dem Titel *Constantin le Fortuné,* teils unter *La Chatte Blanche* (den ersten Teil der Gesamtausgabe hatte LOUVEAU 1560 in Orléans herausgebracht, den zweiten, und damit die Meisterkater-Erzählung, LARIVEY 1573 in Troyes). Außerdem war die neapolitanische Märchensammlung des Giambattista BASILE (1575–1632) im Original bekannt und damit auch der berühmte Text der vierten Erzählung des zweiten Tages: *Gagliuso.* Es ist anzunehmen, daß Charles PERRAULT mit beiden Fassungen vertraut war – und mit der mündlichen französischen Überlieferung obendrein. Die Stiefel des Katers sind freilich seine eigene Erfindung; der Zauberwettkampf ist aus einem anderen Märchen entnommen (AT 325 – vgl KHM 68: *Der Gaudieb und sein Meister;* und BECHSTEIN DMB 35: *Der Zauber-Wettkampf*); der Trick, einen Mächtigen herauszufordern und zu bezweifeln, daß er sich kleinmachen kann, aus der Erzählung vom Dämon in der Flasche (AT 331: *Der Geist im Glas,* KHM 99); auf die Probe, wie es mit der Dankbarkeit des Schützlings bestellt ist, nachdem er hoch genug auf der Leiter des Erfolgs gestiegen ist, verzichteten Vater und Sohn PERRAULT. In einer ganzen Reihe von Fassungen der mündlichen Überlieferung stellt sich der Helfer am Ende nämlich tot – mit dem Erfolg, daß ihn sein Schützling beispielsweise auf den Mist wirft. Bei den Kabylen ist der Helfer ein Affe, sonst auch ein Schakal, meist jedoch ist er ein Fuchs. Dieser Fuchs fängt seine Beute für den König mit einer bezeichnenden List: Er läßt sich den Schwanz vergolden und redet den Tieren ein: Wer einen solch vergoldeten Schwanz wie er haben möchte, solle ihm nur folgen. Statt durch den von Vater und Sohn PERRAULT eingeführten Zauberkampf werden die Bewohner des Ogerschlosses auf eine ganz andere Weise überlistet: Der Helfer erscheint mit einer völlig aus der Luft gegriffenen Warnung, ein mächtiger Feind sei im Anmarsch. Vor der angeblichen Gefahr versteckt sich alles in einem Strohhaufen – da steckt der Helfer das Stroh an.

Zu den Gaunerstreichen des Katers macht Denise ESCARPIT in ihrer umfangreichen Dissertation auf die Verwandtschaft zu den Schelmenromanen aufmerksam – und insbesondere auf den anonym 1554 in Burgos erschienenen *Lazarillo de Tormes.* Auch dort bringt ein listenreicher Helfer seinen völlig verarmten Herrn zu Ansehen und Erfolg. Charles PERRAULT hat den Roman möglicherweise gekannt – aber der unbekannte Verfasser des

Romans hat vielleicht auch aus der mündlichen Überlieferung vom listenreichen Helfer erzählen hören. Zur Grimmschen Fassung des PERRAULT-Märchens → *Der gestiefelte Kater* (KHM 33 a).

4. Literaturangaben finden sich beim Artikel zum → *Gestiefelten Kater*.

Nichtda → *Geh ich weiß nicht wohin* (Abschnitt 3)

Östlich von der Sonne, westlich vom Mond

AT 425 B — Asbjørnsen und Moe NFE 41

1. Der Naturwissenschaftler und Ethnologe Peter Christen ASBJØRNSEN (1812–1885) brachte, zusammen mit seinem Freund Jørgen Engebretsen MOE (1813–1882), in den Jahren 1841–1844 vier Bändchen *Norske Folke-Eventyr* heraus, die 1852 in der zweiten und 1866 in der dritten Auflage zusammengefaßt wurden. Unter der Nr 41 erschien darin, von P. C. ASBJØRNSEN beigesteuert, eine Fassung des Zaubermärchens von dem Mädchen, das seinem Bärenmann bis ans Ende der Welt folgt und ihn von der Trollkönigstochter zurückgewinnt. *Østenfor sol og vestenfor Maane.* Die erste deutsche Übersetzung erschien 1847, die erste englische 1859. Das Märchen wurde auch durch dramatische Bearbeitungen bekannt.

2. Das zuweilen recht realistisch erzählte Tierbräutigam-Märchen beginnt nicht wie sonst üblich, daß ein reicher Kaufmann in die Stadt fährt, oder ein König sich in einem Wald verirrt. Hier ist von einer armen Häuslerfamilie die Rede, in der man nicht weiß, woher Essen und Kleidung beschafft werden sollen. Und der weiße Bär kommt selber. Er sagt dem Vater: Gib mir deine jüngste Tochter, und ich mache dich so reich wie du jetzt arm bist. Die Tochter folgt dem Bären in die Berge. Er klopft an, und sein Schloß tut sich auf. Am Tag wandert er fort als Bär, nachts wirft er sein Fell ab und legt sich als Mensch zu ihr. Aber als sie

die Einsamkeit tags zu sehr bedrückt, läßt er sie die Eltern und Geschwister wiedersehen – unter der Bedingung, daß sie mit ihrer Mutter nicht allein spreche. Die Familie besitzt inzwischen ein ansehnliches Bauerngut. Die Freude ist groß, das Gebot wird unbedacht übertreten, und die Jüngste berichtet, wie sehr gut sie es habe – daß sie jedoch nie ihren Mann sehe und tags allein sei. Da gibt ihr die Mutter den zerstörerischen Gedanken ein: Vielleicht ist er ein Troll? Sie steckt ihr ein Licht zu, ihn nachts anzuschauen, warnt sie jedoch, nicht zu nahe heranzutreten, damit kein Stearin auf ihn tropfe.

Auf dem Heimweg ist der weiße Bär traurig. Er weiß, was geschehen ist, und sagt ihr noch einmal, daß es Unglück und Trennung bringe, wenn sie dem Rat der Mutter folge. Die junge Frau kann den Wunsch jedoch nicht mehr unterdrücken. Als der Bärenmann schläft, entzündet sie den Lichtstumpf und sieht, daß ein wunderschöner Königssohn neben ihr liegt. Nun überwältigt sie das Verlangen, ihren Liebsten zu küssen – da fallen drei Stearintropfen auf sein Hemd, und er erwacht. »Du hast uns beide unglücklich gemacht«, sagt er. Hätte sie auch nur ein Jahr ausgehalten, so hätte sie ihn, der von seiner Stiefmutter verhext worden war, erlöst. Aber jetzt muß er zu der Stiefmutter in das Schloß am Ende der Welt, wo bereits das Trollpack auf ihn wartet und er eine Trollkönigstochter mit drei Ellen langer Nase heiraten soll. Einen Weg dorthin gibt es nicht für seine Liebste.

In der Frühe ist er fort, und das Schloß ist verschwunden. Die junge Frau hat nur noch das Bündelchen, das sie aus dem Häuslerhaus mitgebracht hat. Aber es gibt keine Bedenken, sie versucht das Unmögliche und beginnt die Wanderung bis zum Ende der Welt. Nicht viel anders ist das auch im → *Eisenofen* erzählt (AT 425 A, KHM 127). Auf ihrer Wanderung trifft sie erst drei alte Frauen, die sie fragen: »Bist du etwa diejenige, die den weißen Bären hätte haben sollen?« Und übereinstimmend sagen sie: »Du wirst nie oder zu spät eintreffen.« Der Erzähler läßt die Aussichtslosigkeit wirken und verharmlost sie nicht. Aber die alten Frauen geben der Verzweifelten dennoch etwas mit auf den Weg: einen Goldapfel, eine goldene Haspel und einen goldenen Rocken. Außerdem leihen sie jeweils ihr Pferd. Die letzte Frau verweist an den Ostwind. Aber weder er noch der West- und Südwind haben bis zum Schloß östlich der Sonne und westlich des Mondes geblasen. Der stärkste der Brüder, der Nordwind, bringt sie schließlich hin. Mit dem goldenen Spielwerk erkauft sie sich von der häßlichen Trollkönigstochter drei

Nächte in ihres Liebsten Schlafkammer – ein Motiv, das gleichlautend in den Amor-und-Psyche-Erzählungen und in den Märchen von der magischen Flucht benutzt wird, wenn die Braut durch die Gebotsübertretung des jungen Mannes vergessen worden ist (AT 313 C → *Die beiden Königskinder*).
Die beiden Märchentypen haben ja etwas Wichtiges gemeinsam: In den Amor-und-Psyche-Erzählungen verstößt die junge Frau, die sich noch nicht von ihrem Vater lösen konnte, gegen ein Verbot; in den Erzählungen von der magischen Flucht lädt der junge Mann, der unbewußt noch ganz auf seine Mutter eingestellt war, Schuld auf sich. Aber in beiden Fällen muß die junge Frau die Suchwanderung durchstehen und drei Nächte neben dem Bett des anscheinend nicht mehr Erreichbaren klagen. Gewöhnlich löst sich diese dramatische Zuspitzung so, daß andere (hier: vom Trollpack gefangene Christen) die Klage hören, dem Königssohn berichten und er in der dritten Nacht den Schlaftrunk ausgießt. Meist fliehen die Liebenden noch in derselben Nacht heim. Hier ist es anders, hier ist ein ganz anderer Ausgang angefügt, der Erzähler hätte auf das Motiv der drei Wachnächte verzichten können. Der Bräutigam macht die Heirat davon abhängig, ob die Braut waschen kann. Und er gibt ihr sein bestes Hemd, aus dem drei Stearinflecke entfernt werden müssen. Die Prüfung wird mit der Schuld der Gebotsübertretung verknüpft. Was zählt: der schlechte Rat der Mutter oder die Liebe der jungen Frau? Die Trollin wäscht die Flecken nur größer, und ihrer Trollmutter geht es auch nicht anders: Die Flecke werden schwarz, sie wissen nicht, daß Trollpack nicht lieben kann. »Ihr taugt nichts«, sagt der Königssohn; das arme Mädchen – seine wahre Braut – kann es besser. Und richtig, das Hemd wird weiß wie Schnee. Die Trolle sind rasend und zerspringen. Die Liebenden aber befreien die Gefangenen, nehmen die Schätze mit und kehren glücklich heim.

3. 4. Zu weiteren Fassungen und Untergruppen des Amor-und-Psyche-Märchens → *Die Schöne und das Tier* (AT 425 C), → *Der Eisenofen* (AT 425 A) und → *Das singende springende Löweneckerchen* (AT 425 A – dort auch die Literaturangaben).

Das Ogerherz im Ei → *Die Kristallkugel*

L'oiseau bleu → *Der blaue Vogel*

Parizade → *Drei Königskinder*

Pastir → *Der Hirt*

Perceforest → *Die schlafende Schöne im Wald* (Abschnitt 3)

Le petit chaperon rouge → *Rotkäppchen*

Pojdi tuda – ne znaju kuda → *Geh ich weiß nicht wohin*

Prinz Katt → *Königssohn Katt*

Prinz Schwan → *Der Eisenofen* (Abschnitt 3)

Die Prinzessin auf dem Baum → *Die Königstochter auf dem Baum*

Die Putenmagd

AT 923 + 510 AB Bladé CPG 1; 3, 6

1. Im ersten Band seiner dreibändigen *Contes populaires de la Gascogne* (Paris: Maisonneuve) veröffentlichte Jean-François BLADÉ (1827–1900) 1886 die vortrefflich erzählte Fassung des Märchens von der jüngsten Tochter, die von ihrem verblendeten Vater verstoßen wird, und von den beiden älteren Töchtern, die anfangs Liebe heucheln, später aber ihren Vater entmachten und vertreiben. Das Märchen, laut BLADÉS Angabe von Marianne BENSE aus Passage-d'Agen, Département Lot-et-Garonne diktiert, erschien unter dem Titel *La gardeuse de dindons*. 1954 brachte Konrad SANDKÜHLER seine ausgezeichnete Übersetzung im zweiten Band der von ihm herausgegebenen *Märchen aus der Gascogne* unter dem Titel *Die Putenmagd* heraus (S. 113–126).

2. Ein verwitweter König erklärt seinem Diener, daß er sein Land und Gut unter seinen drei Töchtern aufteilen wolle. Der Diener

rät ab, und als er mit seinem Rat nicht durchdringt, schlägt er vor, wenigstens die drei Töchter auf die Probe zu stellen. Die Probe aber besteht in des Königs Frage, wie sehr ihn seine Töchter lieben. »Mehr als alles in der Welt«, erklären die beiden älteren. Die Jüngste aber sagt: »Ebenso wie Ihr das Salz liebt.« Das faßt der verblendete König als Schimpf auf, und die kaltherzig berechnenden älteren Töchter bestärken ihn darin so sehr, daß der Vater nach dem Henker verlangt. Als Henker bietet sich der Diener an, nachdem er feststellt, daß sein besserer Rat wiederum nichts nützt und der König ihm bereits Prügel androht. Der Diener, der die schönsten Kleider des Mädchens mitnimmt, bringt die Königstochter als Putenmagd bei einem Nachbarkönig unter. Auf dem Heimweg tötet er seine Hündin, weist dem König die herausgeschnittene Zunge vor und läßt sich vom König und jeder seiner älteren Töchter mit je 200 Dukaten entlohnen.
Doch bereits am nächsten Tag wird der König vor die Tür gesetzt. Die Abmachung, daß er in halbjährigem Wechsel bei seinen Töchtern leben soll, ist betrügerisch unterschlagen worden. Sein Diener folgt ihm – nicht nur ohne Lohn: Er kauft von den 600 Dukaten einen kleinen Bauernhof mit einem Herrenhaus und sorgt für den entrechteten König. Die jüngste Tochter aber hat sich inzwischen auf dem fremden Schloß in den Königssohn verliebt. Und während der Karnevalszeit meldet sie sich an drei Abenden krank, sattelt ein Pferd, zieht ihr himmelfarbenes, dann ihr mond- und schließlich ihr sonnenfarbenes Kleid an und nimmt an den königlichen Tanzvergnügungen teil. Wenn sie den Saal betritt, verbreitet sich Schweigen – so schön ist sie. Der Königssohn tanzt mit ihr, wundert sich auch jeden Morgen über die Ähnlichkeit der Putenmagd mit seiner Tänzerin und ißt und trinkt nach dem dritten Abend nichts mehr, denn er ist krank vor Sehnsucht nach der Schönen – von der er freilich einen roten Schuh in den Händen hat. Er ist ihm geblieben, als sie sich nach dem letzten Tanz losriß. Als er seinem Vater droht, auszuwandern und Mönch zu werden, schickt der König einen Trommler durchs Land und läßt zur Schuhprobe aufrufen. Die Putenmagd lacht die Mädchen aus, die ihre großen Füße in den zierlichen Schuh aus rotem flandrischen Leder zwängen wollen. Als der König und sein Sohn auch von ihr die Probe verlangen, paßt er wie angegossen. Sie läßt auch gleich die ganze Gesellschaft stehen und erscheint rasch darauf umgezogen in ihrem schönsten Glanz. Aber dem König erklärt sie, daß sie nur mit Einwilligung ihres Vaters heiraten werde.

Dieser Aufschub ist eine Besonderheit der gaskognischen Fassung. Die Erzählerin betont die Bindung der jüngsten Tochter an den Vater, den sie, wie sich bald zeigt, in seine alten Rechte einsetzen will. Dieser Vater aber ist sich in der Verbannung über seine Fehleinschätzung klar geworden: Die älteren Töchter nennt er Aasvögel, die Schwiegersöhne Lumpenkerle. Und er klagt bitter, daß er die gute jüngste Tochter hat hinrichten lassen. Der treue Diener klärt ihn auf, er habe ihn getäuscht. Er bringt den König zum Hof des Nachbarkönigs – von dem der Entrechtete freilich seine Tochter nicht zurückerhält. Sie hat sich ja für den Königssohn entschieden – freilich unter der Bedingung, daß ihr zukünftiger Mann und ihr zukünftiger Schwiegervater ihrem eigenen Vater Land und Gut zurückerobern, was noch in derselben Nacht geschieht. Die älteren Schwestern und ihre Ehemänner werden gehenkt. Die Erzählerin läßt ihrem Zorn und ihrer Verachtung freien Lauf: Die wilden Tiere nagen die Knochen ab. Aber dann wird die Hochzeit der Jüngsten gefeiert – schade nur, daß die Erzählerin den Schluß des Gleichnisses vom Salz vergessen hat. Der wieder in seine Rechte eingesetzte König wird nicht mit Hilfe ungesalzener Speisen auf seine schlimmste Fehleinschätzung hingewiesen. Dafür gibt der alte König seinem Diener, dessen Treue offenbar geworden ist, ein schönes Mädchen zur Frau.

3. Auch im → *Allerleirauh*-Märchen (AT 510 B), jedenfalls in der Perraultschen Fassung, ist die unerkannt Magddienste verrichtende Königstochter für das Federvieh zuständig. Doch anders als in den *Allerleirauh*-Märchen findet der liebeskranke Königssohn seine Schöne mit Hilfe des verlorengegangenen Schuhs – der in seiner Besonderheit an den Pantoffel von Charles PERRAULTS → *Cendrillon* (AT 510 A) erinnert – doch damit würde der Streit wieder angeregt, ob das Wort »vair« Glas oder Wildleder zu bedeuten habe, oder als Glas oder Wildleder verstanden worden ist. Sehr bemerkenswert ist jedoch, daß die Aufteilung des Erbes und der Vertrag, wechselweise bei den älteren Töchtern zu wohnen, ebenso wie die Wiedereroberung des Reiches eindeutig an die britische Sagenüberlieferung von GEOFFREY of Monmouth bis William SHAKESPEARE erinnern – doch darüber ist bereits einiges im dritten Abschnitt des Kapitels von der → *Gänsehirtin am Brunnen gesagt.*

4. Literaturangaben beim Artikel zur → *Gänsehirtin am Brunnen.*

Die Rabe

AT 400 + 518 KHM 93

1. Im April 1813 erhielten Jacob und Wilhelm GRIMM »aus der Leinegegend«, möglicherweise also von Karl GOEDEKE, das leider nicht besonders gut ausgebildete, im wesentlichen auf das dreimal verschlafene Stelldichein zurückgebildete Schwanjungfraumärchen *Die Rabe*, das sie 1815 im zweiten Band der Erstausgabe als Nr 7 veröffentlichten und das in der zweiten Auflage von 1819 seine endgültige Nummer erhielt: KHM 93.

2. Der Eingang ist dem Märchen von den → *Sieben Raben* nachgebildet (AT 451) und begründet die weitere Handlung mit dem Ausgetriebenwerden der Tochter durch eine ungeduldige Mutter. Diese Rolle der Gegenspielerin wird später von der Alten übernommen, die dreimal das Zusammentreffen der aufeinander hoffenden jungen Leute zu verhindern weiß. Das in eine Rabe verwünschte Mädchen lockt den ihm vorbestimmten jungen Mann tief in den Zauberwald und erläutert ihm, wie er sie erlösen kann: Hinter dem Haus der alten Gegenspielerin, die ihn dazu verleiten will, von ihr Essen und Trinken anzunehmen, gibt es einen Garten und darin eine Lohhucke. Dort muß er sie erwarten, mittags um zwei Uhr. Aber das Mädchen weiß nur zu gut, daß er in Schlaf versetzt sein wird. An drei Tagen erscheint sie mittags in ihrem anfangs von vier weißen, dann braunen und schließlich schwarzen Hengsten gezogenen Wagen. Aber sie vermag nicht, ihn wachzurütteln, und so hinterläßt sie ihm nicht versiegendes Essen und Trinken, ihren Ring und die Nachricht, daß sie nunmehr in das goldene Schloß auf dem Stromberg versetzt wird. Dieser Berg aber ist der unersteigbare Glasberg, wie der junge Mann nach langer Suchfahrt feststellen muß – wobei ihm zwei Riesen helfen, von denen ihn der erste gefressen hätte, wenn der junge Mann ihn nicht mit Hilfe der empfangenen Gaben hätte zufriedenstellen können. Die ursprüngliche Märchenstruktur von den drei wegweisenden Instanzen ist hier nicht mehr rein erhalten geblieben. Und so sitzt der junge Mann nun am Fuß des Glasberges, baut sich eine Hütte, sieht die ihm Bestimmte täglich um ihr Schloß fahren und kann nicht zu ihr gelangen. Aber dann geschieht es, daß er drei um Zaubergegenstände streitenden Räubern Einhalt gebieten und sie schließlich überlisten kann. Er gewinnt, nachdem er obendrein die Bären-

häuter mit Prügeln bedient hat, einen Stab, mit dem alle Türen zu öffnen sind (denn in diesem Märchentyp steht der Held meist vor einem fest verschlossenen Haus), einen unsichtbar machenden Mantel (den er braucht, um seine Ankunft anzukündigen – er wirft der Verwunschenen den Ring in den Kelch) und ein Pferd, mit dem man überallhin gelangen kann (das ihn also auch auf den Glasberg zu bringen vermag). Mit Hilfe dieser drei Dinge, die vor allem für die Untergruppen des Schwanjungfraumärchens kennzeichnend sind (AT 518; eingefügt in AT 400 → *Der König vom goldenen Berge;* → *Der Trommler* – aber auch in AT 302 → *Die Kristallkugel;* und in AT 569: *Der Ranzen, das Hütlein und das Hörnlein,* → *Wie aus einem Schweinehirten ein König ward,* JAHN VPR 33; BECHSTEIN DMB 43: *Des kleinen Hirten Glückstraum*), gelangt er in das sonst unerreichbare Schloß, erlöst damit die verwunschene Königstochter und ist endlich und endgültig mit ihr vereint.

3. Die Hauptversion unseres Märchentyps, nach der er schließlich seinen Namen erhalten hat, beginnt mit der Entdeckung dreier Mädchen, die sich in Schwäne verwandeln können, und mit der Wegnahme des Schwanenkleides der Jüngsten (AT 400 → *Der Trommler,* KHM 193). Daß die verwünschte Königstochter hier als Rabe auftritt, braucht man nicht als Anklang zu verstehen. Im Gegenteil, die schwarze Farbe rückt die Rabe eher in die Nähe der schwarzen Königstöchter, die wieder weiß werden sollten (AT 400 → *Die drei schwarzen Königstöchter*). Versteht man die Rabenerzählung als verkürzte Fassung der Erzählungen von den Qualnächten, die ein junger Mann (oft ein fahnenflüchtiger Soldat) zu durchstehen hat, der aber danach bei dem Treffen zu bestimmter Zeit und auf bestimmtem Platz versagt, so vergleicht man am besten mit den Fassungen, die Johann Wilhelm WOLF und sein Schwager, Leutnant Wilhelm v. PLÖNNIES in hessischen Kasernen erhalten haben: DHM 3: *Die Prinzessin von Tiefenthal,* DHM 4: *Von den achtzehn Soldaten,* DHM 13: *Die zwölf Brüder,* DHM 34: *Die dreizehn verwünschten Prinzessinnen.*

Helge HOLMSTRÖM ist bei seiner Charakterisierung dieser Untergruppe des Schwanjungfrau-Märchens, abgesehen von der Festlegung, daß stets das dreimal verschlafene Stelldichein die zentrale Rolle spielt, zu keinem eindeutigen Ergebnis gekommen. Eine solch gewichtige Eingangsmotivik wie sie die Untergruppe des Märchens vom → *König vom goldenen Berge* (KHM 92) bestimmt, gibt es nicht. Ist es nebensächlich, auf welche Weise der junge Mann zu dem verwunschenen Schloß gerät? Ist die Austreibung und Verwünschung des Mädchens entscheidend, haben wir es also mit einer ganz anderen Perspektive zu tun? Bezeichnend ist jedenfalls, daß der junge Mann nach dem Durchstehen der drei Qualnächte das Stelldichein in der Nähe des Schlosses, also auf dem Weg zu einem gemeinsamen Leben, verschläft, und das gleich dreimal. Es wird damit kein strenges Gebot durchbrochen, es erfolgt keine scheinbar endgültige Abwendung der Frau, kein scheinbar endgültiger Verlust des erworbenen Königreiches. Es offenbart sich lediglich die Schwäche des Erlösers, und die Verwünschte hat sein Versagen vorausgesehen. Merkwürdig unbestimmt und auswechselbar sind dann auch die Motive des Wiederfindens. Die Möglichkeit, zur Liebsten mit Hilfe von drei Zaubergegenständen zu gelangen (AT 518), wie das hier im Märchen von der Rabe der Fall ist, ist ebenso gegeben wie das Sich-Einnähen in eine Haut, das Verbergen in einem Mehlsack, der hinauf auf den Glasberg oder in die Finstere Welt geflogen wird (wie bei WOLF DHM 20: *Von der schönen Schwanenjungfer*) oder das Vorfahren mit dreierlei verschiedenem Geschirr, wie es von Johann Wilhelm WOLF am Ende des Märchens vom → *Goldnen Königreich* erzählt wird (AT 401, DHM 5). Aber zwischen der Untergruppe, die durch die Erzählung von der Rabe charakterisiert wird, und dem Märchen von der in Gestalt einer weißen Hindin erscheinenden Königstochter besteht eine wichtige Gemeinsamkeit: Es ist stets die Verwunschene selbst, die in einer auffälligen Gestalt auf sich aufmerksam macht und den Jüngling zu ihrem verborgenen Wohnsitz, dem verwunschenen Schloß führt. Die Untergruppe schließlich, nach welcher der Märchentyp den Namen Schwanenjungfraumärchen erhielt und die wiederum mit der eindeutigen Eingangsmotivik des geraubten Schwankleides beginnt, hat H. HOLMSTRÖM mit dem Märchen vom → *Trommler* charakterisiert (KHM 193). Man vergleiche aber auch → *Die drei schwarzen Königstöchter* und den in der Grimmschen Sammlung nicht vertretenen Märchentyp AT 465 A (→ *Geh ich weiß nicht wohin, hol ich weiß nicht was*, AFANAS'EV NRS 212).

4. Die Literaturhinweise zu AT 400 und 401 stehen beim Artikel → *Der König vom goldenen Berge.*

Das Rätsel

AT 851 KHM 22

1. In der zweiten Auflage der Grimmschen *Kinder- und Hausmärchen* stand 1819 als Nr 22 eine Erzählung aus Zwehren, beigesteuert also wahrscheinlich von der aus einer französischen Familie stammenden Dorothea VIEHMANN (1755–1815), die später mit einer anderen Fassung unbekannter Herkunft verschmolzen wurde. 1822 war diese zweite Fassung noch im Anmerkungsband zu finden; 1856, nach der Einfügung, wurde sie in den Anmerkungen nicht mehr erwähnt. Der aus den beiden ungleichen Beiträgen gewonnene Text des *Rätsels* wird nach der Ausgabe letzter Hand von 1857 als KHM 22 zitiert.

2. Das Märchen von der stolzen und spröden Königstochter, die die Menge der um sie Werbenden verachtet, sich von ihren Freiern die schwierigsten Rätsel stellen läßt, sie aber alle löst und die Unglücklichen dem Tod überantwortet, fängt in der bekannten Grimmschen Fassung mit der Vorgeschichte des Königssohnes an, der sich der scharfsinnigen Schönen als ebenbürtig erweisen und ihr sein eigenes Erlebnis als Rätsel stellen wird. Dieser Königssohn zieht mit einem treuen Diener aus, gerät in einen Wald und spricht auf der Herbergssuche ein schönes Mädchen vor einem einsamen Haus an. Es warnt vor seiner hexenhaften Stiefmutter und mahnt ihn, nichts zu essen oder zu trinken. Als die Alte in der Frühe einen Abschiedstrunk reicht, zerspringt das Glas, und das Gift tötet das Pferd des Dieners. Der Diener nimmt den Sattel an sich und tötet einen Raben, der bereits vom Fleisch des Pferdes frißt. Den Raben aber übergibt er dem Wirt des nächsten, noch im selben Wald gelegenen Gasthauses. Der Wirt indessen bereitet den Raben für die zwölf Räuber zu, die nachts erscheinen, um die Reisenden in dem Mordkrug auszuplündern. Sie essen – und fallen tot nieder. Nur die redliche Tochter des Wirtes bleibt übrig und zeigt dem Königssohn die Schätze – die er ihr überläßt. Dieses Abenteuer im Mörderkrug (hier auf zwei Herbergen aufgeteilt) ist vermutlich einem anderen Märchen entlehnt (aus dem sonst in der deutschen Überlieferung seltenen Märchen von der treulosen Schwester, AT 315, aus dem die Geschehnisse in der Räuberhöhle auch gern in das Drachentöter-Märchen übernommen werden, AT 300 → *Die drei Hunde* – am drastischsten jedoch bei

Ludwig Bechstein erzählt in NDMB 19: *Der Wandergeselle*). Aber diese Geschehnisse um den Mörderkrug dienen den beiden Grimmschen Gewährsleuten dazu, um der vor keinem noch so ausgeklügelten Rätsel versagenden Königstochter ein nicht ersonnenes, sondern erlebtes Rätsel entgegenzusetzen. Der ebenbürtige Freier ist derjenige, der verlangt, daß sich die spröde Schöne seinen eigenen Bewährungen, seinem eigenen Schicksal zuwendet.

Alfred Zacharias: Das Rätsel
(München. Münchener Jugendverlag [3]1948)

Als der junge Mann, so heißt es im Grimmschen Text, in die nächste Stadt gelangt, erfährt er zum erstenmal von der alle Rätsel lösenden Königstochter, die bereits neun Freier hat hinrichten lassen. Er nimmt die Herausforderung an und stellt ihr folgendes Rätsel: Einer (ein Rabe) schlug keinen (das vergiftete Pferd) und schlug doch zwölfe (die zwölf Raubmörder). Die Königstochter hat drei Tage Bedenkzeit – aber die Lösung findet sie nicht. Da schickt sie in der ersten Nacht ihre Magd und in der zweiten ihre Kammerjungfer, um die Träume des Königssohnes zu erlauschen. An seines Herren Statt liegt jedoch der Diener im Bett. Er nimmt den Mädchen die Mäntel ab und jagt sie mit Ruten hinaus. Als in der dritten Nacht die Königstochter selber kommt, trifft sie auf den Königssohn. Er stellt sich schlafend, antwortet scheinbar im Traum – und hält am Ende auch den Mantel der Königstochter fest. Die Schöne, die den heimlichen Gang in die Schlafkammer tun mußte, weiß zwar am nächsten Morgen vor den zwölf Richtern die Lösung des Rätsels zu nennen (sie hat sich zum erstenmal mit dem Schicksal eines anderen Menschen beschäftigt) – aber der Königssohn zeigt als Wahrzeichen des heimlichen Besuches die Mäntel der Mägde und den der Königstochter selber vor. »Laßt den nebelgrauen Mantel«, sagt der oberste Richter, wohl der Vater der Schönen selber, »nur gleich als Hochzeitsmantel mit Gold und Silber sticken.«

3. In den meisten Arbeiten, die sich mit unserer Erzählung beschäftigen, steht die Gestalt der grausamen Schönen und die bedeutenden literarischen Gestaltungen ihrer Freierprobe im Vordergrund. Für die Aufzeichnungen aus mündlicher Überlieferung bleibt nur in dem Maße Raum, wie eine Spiegelung der orientalischen Motivik darin zu finden ist. Selbst Waldemar LIUNGMAN ist so gefangen von der Rätsel lösenden Turandot, die bei Moḥammad NEẒĀMĪ und der aus dem Persischen bzw Indischen stammenden Sammlung *1001 Tag* des PÉTIS de la Croix zu Hause ist, daß er den Märchentyp »das Turandotmärchen in bäuerlicher Version« nennt und den ersten Teil, den Auszug des Königssohnes und seine Bewährungsproben, als einen später hinzugefügten Vorspann betrachtet, mit dem das sonderbare Rätsel als tatsächlich erlebt ausgegeben werden soll. Keine Frage, die Gestalt der rätselhaften Schönen übt eine große Anziehungskraft aus. Der aus dem Südkaukasus stammende persische Dichter Moḥammad Elyās ebn-e Yusof NEẒĀMĪ (1141–1209) schuf 1198 in seinem Epos *Haft peikar*, wie der Titel sagt, sieben Bildnisse merkwürdiger Königstöchter, deren viertes Turandot zeigt. Jede der sieben Königstöchter, von dem sagenhaften Sassanidenkönig Bahrām-e Gur als seine Frauen heimgeholt, erzählt in ihrem Palast ihre eigene Geschichte. Doch Moḥammad NEẒĀMĪS *Haft paikar* ist keine Sammlung von Volkserzählungen, sondern ein hochentwickeltes fantastisch-allegorisches Kunstwerk.

Ein halbes Jahrtausend später taucht die Erzählung in der 1710–1712 in Paris (als Gegenstück zu Antoine GALLANDS *1001-Nacht*-Übersetzung) von dem Orientalisten PÉTIS de la Croix herausgebrachten Sammlung *1001 Tag* auf, übersetzt aus einem 1675 in Isfahan überreichten, ins Persische übertragenen Ma-

nuskript, und in Paris von Alain-René LESAGE bearbeitet. Die Erzählung vom *Königssohn Kalaf und der schönen Turandot*[1] löst sogleich eine ganze Welle vor allem dramatischer Bearbeitungen aus – angefangen von LESAGES Vaudeville von 1729 (*La princesse de la Chine*) und weiter zu Carlo GOZZI (*Turandot*, Uraufführung in Venedig am 22. Januar 1762), Friedrich v. SCHILLER (1802) und Giacomo PUCCINI (*Turandot*, Uraufführung nach PUCCINIS Tod am 25. April 1926) – um nur ein paar wenige, herausragende Beispiele zu nennen.
Entscheidend ist jedoch die Frage, ob der Erzähler die Faszination der grausamen Schönen in den Vordergrund rückt (AT 851 A, die orientalische Turandot-Erzählung) oder den Auszug und die Bewährung des Helden (AT 851). Entscheidend ist, ob wir es mit literarischen Gestaltungen von der Art des *Apollonius*-Romans und der orientalischen Erzählung von *Rose und Zypresse* (AT 449) zu tun haben, in denen eine geheime Bindung zu enträtseln ist, oder mit einer mündlichen Überlieferung, in der die eigene Mutter den Sohn nicht freigeben und eher mit tödlichem Gift vernichten will, wie in dem von Max LÜTHI ausgewählten französischen Märchen von *Petit-Jean* und in dem von P. BUCHAN[2] mitgeteilten schottischen Märchen, in dem die hexenhafte Stief-

[1] Ein Königssohn wird bis zum äußersten erniedrigt, aber er glaubt an seine Bestimmung. Als ihm der Falke eines Fürsten zufliegt, wendet sich sein Schicksal. Seine große Ausfahrt führt ihn zum Hof des Kaisers von China. Der Anblick des wunderbaren Bildnisses der die Männer verachtenden Kaiserstochter reißt ihn hin, in den lebensgefährlichen Rätselwettstreit einzutreten. Er besiegt die ebenso kluge wie schöne, aber im Schutze ihres Vaters ganz auf sich selbst bezogen lebende Tochter und stellt ihr die Gegenfrage, wer er selber sei – ihr, die nie versucht hat, einen anderen Menschen zu verstehen. Der Liebende verzichtet auf seinen Sieg und liefert sich der Geliebten aus. Als die Vertraute der Kaiserstochter dazwischentritt und dem Königssohn die gemeinsame Flucht aus der tödlichen Gefahr anbietet (bezeichnenderweise heim in das Land, in dem des Königssohnes Eltern Aufnahme gefunden haben), wird das Füreinander-bestimmt-Sein der Kaiserstochter und des Königssohnes offenbar. Die Gegenspielerin gibt sich den Tod, und die Irrsale enden mit der Vermählung. Hinter der orientalisch oder orientalisierend ausgestatteten literarischen Fassung ist deutlich die dramatische Struktur des überlieferten Zaubermärchens erkennbar. (Man vergleiche die Übersetzung von Konrad HAEMMERLING, München: HEYNE 1962.)

[2] Der Balladen-, Märchen- und Sagensammler Peter BUCHAN (1790–1854) war Kupferstecher und Drucker in Peterhead bei Aberdeen. Seine *Ancient Scottish tales* wurden 1908 noch einmal in Peterhead herausgegeben.

mutter dem Königssohn nach dem Leben trachtet. Nach dem heutigen Stand der Forschung ist es nicht zu entscheiden, auf welcher Grundlage die großen literarischen Gestaltungen aufbauen und ob wir die so viel später aufgezeichneten Fassungen mündlicher Überlieferung als von der Literatur beeinflußte Novellenmärchen, Reste fast verschollener Zaubermärchen oder Neuansätze verstehen sollen, die dem Gesetz des Zuhörerwunsches nach voll ausgebauten Zaubermärchen folgen.
Es gibt viele Anklänge, die die Nähe der Märchentypen vom dankbaren Toten und der Befreiung der Braut aus Dämonengewalt anzeigen (AT 507 A → *Die verwünschte Königstochter,* → *Der Reisekamerad*), vom Auszug eines Königssohnes mit seinem treu ergebenen, aber überwirklichen Kräften offenen Helfer (AT 516 → *Der treue Johannes*). Andererseits scheinen auch die tödlichen Versteckproben im Märchen vom → *Meerhäschen* (AT 329) verwandt zu sein und, ins Schwankhafte gezogen, die Versuche der spröden Königstochter, dem Hasenhüter einen Hasen abzulisten (AT 570+610 → *Der Hasenhirt;* vgl auch AT 900: *König Drosselbart,* KHM 52).

4. B. ALAVI in KLL 10, 4228–4229. – BP 1, 188–202. – F. CERHA: Der Turandotstoff in der deutschen Literatur. Diss. Wien. 1950. – L. di FRANCIA: La leggende di Turandot nella novellistica e nel teatro. Trieste 1932. – E. FRENZEL: Turandot. In: FRENZEL: Stoffe der Weltliteratur. Stuttgart [2]1963. 643–645. – C. HENTZE: Religiöse und mythische Hintergründe zu Turandot. In: Antaios. 1. 1959. 1, 21–41. – LIUNGMAN 224–225, 369. – M. LÜTHI: Die Rätselprinzessin. In: LÜTHI: Es war einmal. Göttingen [3]1968. 90–102. – F. MEIER: Turandot in Persien. In: Zeitschrift der deutschen morgenländischen Gesellschaft. 95. 1941. 1–22; 415–421. – M. STRAUSS in KLL 22, 9637–9638. – L. SNOOK: Auf den Spuren der Rätselprinzessin Turandot. In: Vom Menschenbild im Märchen. 1980. 121–145. – K. v. SPIESS in DMDW 201–234. – A. L. STIEFEL: Über die Quelle der Turandot-Dichtung Heinz des Kellners. In: Zeitschrift für vergleichende Literaturgeschichte. 8. 1895. 257–261. – E. H. v. TSCHARNER: (Zu Schiller: Turandot.) In: TSCHARNER: China in der deutschen Dichtung bis zur Klassik. München 1939. 85–88. – J. de VRIES: Die Märchen von klugen Rätsellösern. Helsinki 1928 (FFC 73). – WESSELSKI: MdM. 70–71, 216.

Der Räuberbräutigam

AT 955 KHM 40

1. *Der Räuberbräutigam,* eine eher sagen- als märchenhafte Erzählung von einem Mädchen, das mit knapper Not seinem Mörder entgangen ist, erschien zuerst in der zweiten Auflage 1819 der Grimmschen Sammlung als Nr 40 und mit dem Vermerk, daß sie aus zwei aus Niederhessen stammenden Fassungen zusammengesetzt sei. Wahrscheinlich ist eine davon die im ersten Band der Erstausgabe von 1812 ebenfalls als Nr 40 veröffentlichte Fassung, die, von Wilhelm GRIMM bearbeitet, auf die Niederschrift seines Bruders Jacob nach der Erzählung von Marie HASSENPFLUG (1788–1856) zurückgeht.

2. Ein Müller hat eine schöne Tochter. Er verspricht sie einem anscheinend reichen Freier, zu dem die Braut aber kein rechtes Zutrauen faßt. Auf das Drängen des Bräutigams, ihn im Wald zu besuchen, macht sie sich auf den Weg und legt Erbsen und Linsen aus, obgleich der Bräutigam bereits Asche gestreut hat – offensichtlich eine Verdoppelung, auch wenn das Mädchen auf dem Rückweg später nur noch die von ihr gelegten Zeichen findet und der Wind die Asche verweht hat. In der Urfassung hat der unheimliche Freier bunte Bänder gespannt. – Das Mädchen findet das beängstigend stille Haus, wird von einem Vogel im Bauer zweimal gewarnt und trifft endlich im Keller eine Steinalte, die des Vogels Spruch bestätigt: Es ist in ein Mörderhaus geraten und soll Hochzeit mit dem Tod halten. Die Alte versteckt das Mädchen hinter einem Faß. Daß sie mit ihm zusammen fliehen will, ist möglicherweise eine Zutat Wilhelm GRIMMS. Dann erscheint eine Rotte Mordbuben, vom Bräutigam angeführt. Die Kerle schleppen ein Mädchen herbei, geben ihm drei Gläser Wein zu trinken, daß ihm davon »das Herz zerspringt«, und zerhacken ihr Opfer. Einer schlägt den Goldfinger ab, um den Ring zu nehmen – aber der Finger fliegt der hinter dem Faß Verborgenen in den Schoß. Auf den Rat der Alten verschiebt der Räuber die Suche – womit die Alte in ihrer Helferrolle entgegen der Urfassung bestätigt wird; obendrein mischt sie den Räubern einen Schlaftrunk in den Wein. Die Alte und das Mädchen steigen über die Schlafenden hinweg, flüchten und folgen den mittlerweile aufgegangenen Erbsen und Linsen. Als der Müller den Bericht gehört hat, lädt er zur Hochzeit. Und da jeder etwas erzählen soll, drängt der Bräutigam seine Braut, ebenfalls etwas

zum besten zu geben. Aber gerade darauf ist die Sache angelegt. Das Mädchen erzählt, was es erlebt hat, und beteuert immer wieder, daß es nur ein Traum gewesen sei – in der Niederschrift von Jacob GRIMM ist hier zu lesen: »Dies muß alles wörtlich wiederholt werden.« Die in den Bericht mehrfach eingefügte Wendung »mein Schatz, das träumte mir nur«, dürfte eine für Wilhelm GRIMM bezeichnende erzählerische Stilisierung sein. Aber als die Braut zum abgeschlagenen Finger kommt, der ihr in den Schoß gefallen ist, verkehrt sie endlich den Traum in Wirklichkeit und zeigt ihrem Verlobten vor allen Gästen den Beweis seiner Schandtaten. Der Mädchenmörder will fliehen, doch er wird gefangen und am Ende, zusammen mit seiner Bande, gerichtet.

3. Wieweit man diese Erzählung von dem ums Haar einem Mörder entgangenen Mädchen zu den Zaubermärchen rechnen darf, ist eine offene Frage. Es gibt genug realistische, grausige Fassungen, die das Ganze in die Nähe einer Räubersage rücken. Anderseits findet sich mehr als ein Zug, der dem Märchentyp die Nähe oder Herkunft von den Märchen des Auszugs in eine andere, zutiefst bedrohliche Welt bescheinigen und das Erlebnis von Bewährung und Heimkehr mit einer neu gewonnenen Selbstsicherheit vermitteln (AT 311 → *Fitchers Vogel*, → *Hasenbraut*; 312 → *Der Blaubart*). Der geheimnisvolle Weg in den Wald, der warnende Vogel und die mitleidige Alte im Blutkeller deuten darauf hin. Die gelegentlichen Namen des Mädchenmörders, die an mythisch dämonische Gestalten erinnern (*Räuber Grünbart* beispielsweise, der gleichzeitig in litauischen Balladen von der Art der *Halewijn*-Lieder eine bedeutende Rolle spielt), könnten freilich entlehnt sein. Anderseits liegt es nahe, die Erzählung als warnendes Beispiel auszubauen, wie das Ludwig BECHSTEIN mit der *Hoffärtigen Braut* getan hat (DMB 83a). Doch vermutlich erschienen ihm eines Tages die schaurigen Szenen im Räuberschloß für ein Kinderbuch nicht mehr tragbar. Jedenfalls verzichtete er 1853, nach elf rasch verkauften Auflagen, auf diese Erzählung und nahm sie nicht mehr in die von Ludwig RICHTER illustrierte große Ausgabe auf (man vergleiche auch Wilhelm BUSCHS gut erzählte, doch recht grausige Fassung, UoW 40: *Der Mordgraf*). Offen ist weiter die Frage, ob man, wie es im internationalen Typenverzeichnis geschieht, diese Erzählung von den Fassungen mit der kühnen Müllerstochter trennen darf, die allein zu Hause ist und der Reihe nach einer ganzen Bande

von Räubern den Kopf abschlägt (AT 956 B; vgl auch das Enthaupten der Riesen in AT 304 → *Der gelernte Jäger*, → *Der Hünentöter*). Vielleicht handelt es sich um eine selbständige sagenhafte Räubererzählung, vielleicht handelt es sich aber auch um eine besondere Form des Räuberbräutigammärchens, mit der die Werbung des Hauptmanns wirklichkeitsbetonend als Rache begründet werden soll. Er ist nämlich der einzige, der bei dem mißglückten Einstieg in die Mühle entkommen konnte. Auch das gelegentlich eingefügte Zwischenspiel auf der Flucht weist auf die Nähe von Räubersagen hin: daß sich die Fliehende auf einem Fuhrwerk unter Backtrögen, Fellen, Baumwollballen und dergleichen verbirgt. Dennoch, der Zug zum märchenhaften Ausbau ist unverkennbar. Es gibt Erzählungen, die eine deutliche Zweigliederung zeigen: Das kühne Mädchen entkommt dem Unhold, ein junger König macht es zu seiner Frau, der Unhold schleicht sich eines Tages bei ihnen ein, aber der König stellt und tötet ihn. Die erste literarische Erwähnung des Räuberbräutigammärchens dürfte wohl eine Anspielung sein, die man auf der Müllerstochter Traumbericht von ihren schrecklichen Erlebnissen beziehen kann. Sie findet sich in einer Rede Benedicts in William SHAKESPEARES *Viel Lärm um nichts*.

4. Literaturhinweise beim Artikel → *Fitchers Vogel*.

Rapunzel

AT 310 KHM 12

1. Die Erzählung von dem goldhaarigen Mädchen, das abgeschlossen von aller Welt in einem Turm aufwächst und sich der Umsicht ihrer dämonischen Hüterin zum Trotz mit einem liebenden jungen Mann verbindet, nahm Jacob GRIMM 1812 als Nr 12 in den ersten Band der Erstausgabe der *Kinder- und Hausmärchen* auf. Er hatte die von Joachim Christian Friedrich SCHULZ (1762–1798) 1790 veröffentlichte Fassung auf ihren Kern zurückgeführt und richtig erfaßt, daß hinter SCHULZENS *Kleinem Roman* Volksüberlieferung stand. Aber was er übersehen hatte, war, daß Friedrich SCHULZ nicht auf deutscher Überlieferung fußte, sondern eine geschickte Übersetzung des 1698 zuerst veröffentlichten Feenmärchens *Persinette* der französischen Hofdame Charlotte-Rose de Caumont de LA FORCE (um

1650–1724) lieferte. Mademoiselle de LA FORCE dagegen schöpfte, jedenfalls für den ersten Teil ihrer Erzählung, aus französischer Volksüberlieferung. Ist es ein Zufall? Ein Jahr zuvor hatte auch die Baronin d'AULNOY von dieser Überlieferung Gebrauch gemacht (vgl Abschnitt 3 und → *Die weiße Katze*).

2. Im Eingang des Rapunzel-Märchens wird erzählt, wie auch in manch anderem Zaubermärchentyp, daß die lange kinderlos gebliebenen Eltern ihre Tochter einem jenseitigen Wesen versprechen (→ *Marienkind,* AT 710; → *Das Mädchen ohne Hände,* AT 706; vgl für die männliche Hauptgestalt → *Der Eisenhans,* AT 314 + 502; → *Gevatter Tod,* AT 332). Eigentümlich für das Rapunzelmärchen ist, daß die Mutter, während sie bereits ihr Kind erwartet, von einem unwiderstehlichen Gelüst nach einem Kraut oder nach besonderen Früchten eines den Jenseitigen, einer Hexe oder Feen, gehörigen Gartens erfaßt wird. Entweder steigt der Mann in den verbotenen Garten ein und stiehlt Rapunzeln, wie der Übersetzer Friedrich SCHULZ schrieb (da ihm die Petersilie des französischen Originals, aus welchem Grund auch immer, nicht recht war) – oder die Schwangere selbst versucht, des Krautes oder der Früchte habhaft zu werden. Dabei kommt es zum gewiß längst vorausgesehenen Zusammenstoß mit der Besitzerin des magischen Bereiches und zum Versprechen, gleich nach der Geburt, oder nach einer gewissen Frist das Mädchen zu übergeben. Wenn die Hexe oder Fee ihr Patenkind abholt, schließt sie es vor aller Welt in einem Turm ab, der nur durch ein kleines, hoch gelegenes Fenster zugänglich ist. Oft heißt es ausdrücklich, daß sie das Mädchen in ihre Hut nimmt und erzieht. Jeden Tag ruft sie ihr Patenkind mit einem gleichbleibenden Spruch an, und steigt an dem langen, geflochtenen Haar auf. Aber ein Königssohn, der vorbeireitet oder sich auf der Jagd verirrt, hört den zauberisch schönen Gesang der Eingeschlossenen, entflammt in Liebe zu dem Mädchen, erlauscht den Spruch der Hüterin und findet auf demselben Weg hinauf in die Turmkammer. Die beiden jungen Menschen vermählen sich miteinander. Als die Frau guter Hoffnung wird, entdeckt die dämonische Hüterin, daß sie hintergangen wurde. Wilhelm GRIMM hat diese Umstände mit seinem bewundernswerten erzählerischen Geschick in Szenen kindlicher Unschuld verwandelt. Andere Erzähler haben das Versteckspiel mit großem Humor ausgestaltet. In so gut wie allen Fassungen begreifen die Liebenden recht bald, daß ihres Bleibens in dem Turm nicht

lange sein kann. In der Grimmschen Fassung trägt Rapunzel ihrem Liebsten auf, bei jedem Besuch einen Strang Seide für eine Strickleiter mitzubringen, während die Baronin d'AULNOY die junge Frau die Bindfäden von der eifersüchtig über sie wachenden Fee selber erlisten läßt. Bei der Baronin d'AULNOY wird diese Leiter sogar fertig – aber in den *Kinder- und Hausmärchen* bleibt die Strickleiter ein stumpfes Motiv. Als die »Frau Gotel« entdeckt, was sich zugetragen, schneidet sie voll Zorn und Enttäuschung ihrem Patenkind die wunderbaren Goldhaare ab, versetzt Rapunzel in eine Wüstenei und überlistet mit den am Fensterhaken befestigten Zöpfen den Königssohn – der sich jedoch, noch ehe er von der Hexe bestraft werden kann, von der Höhe des Turmes stürzt. Dabei verliert er das Augenlicht, irrt umher, findet jedoch wunderbarerweise nach einigen Jahren zu seiner Frau und den Zwillingen, die sie inzwischen geboren hat. Als die Tränen Rapunzels seine Augen benetzen, gewinnt er das Augenlicht wieder. Schließlich führt er Frau und Kinder heim in sein Königreich, wo sie lange und glücklich miteinander leben.
Zwar haben die Brüder GRIMM alles getan, um Friedrich SCHULZENS *Kleinen Roman* gerade in diesem zweiten Teil, nach der scheinbar endgültigen Trennung, auf schlichte und volkstümliche Züge zurückzuführen – ein Bestreben, in dem ihnen der Übersetzer SCHULZ bereits vorausgegangen war. Aber damit wurde aus dem von Charlotte-Rose de LA FORCE frei erfundenen zweiten Teil ihrer Feenerzählung noch lange kein Volksmärchen. Alle ursprünglichen Überlieferungen stimmen nämlich darin überein, daß die Liebenden fliehen und daß ihre Flucht gelingt, daß sie sich vor der dämonischen Verfolgerin in Sicherheit zu bringen vermögen, sich entweder am Ende mit ihr versöhnen, oder sie vernichten. Aber damit sind wir beim Märchen von der magischen Flucht (AT 313 → *Der Fundevogel;* dort weitere Hinweise und Literaturangaben). Hat also die Rapunzel-Erzählung (eigentlich müßten wir nach der Mehrzahl volkstümlicher Fassungen von einem Petersil-Märchen sprechen) zwar einen eigenständigen ersten, aber nur einen entlehnten zweiten Teil? Und wenn ja, wo ist der zweite Teil zu Ende? Kehren die glücklich Entflohenen heim, ohne noch einmal getrennt zu werden? Oder folgt die Erzählung vom nicht eingehaltenen Versprechen, dem Besuch im Elternhaus, dem Vergessenskuß auf die Wange, der Verlobung mit der falschen Braut und den drei Wachnächten? Wir wissen es nicht. Obwohl Max LÜTHI die Abhängigkeit der Grimmschen Fassung von dem französischen

Feenmärchen nachgewiesen und die Züge ursprünglicher Volksüberlieferung und auch neuerer Abhängigkeit von der Grimmschen Fassung untersucht hat, bleibt die Frage nach der ursprünglichen Struktur offen. Sollte es sich bei dem Rapunzelmärchen um eine Abspaltung des Märchens von der magischen Flucht handeln, wo ein junger Mann bei einem dämonischen Wesen dient und durch die Liebe zu der in der Zauberei bereits recht gut bewanderten Tochter dieses Wesens gerettet wird?

3. In das Märchen von der → *Weißen Katze* (AT 402 + 310) hat die Baronin d'AULNOY eine Rapunzel-Erzählung eingeflochten, mit der die Königstochter ihrem Liebsten Kindheit und Jugend schildert und wie es dazu kam, daß sie in die Gestalt einer weißen Katze verwünscht wurde. Als ihre Mutter, so erzählt die soeben zurückverwandelte Königstochter, mit ihr schwanger ging, unternahm sie eine Reise, gelangte zu einem ihr völlig verschlossenen Feenpalast, verfiel in eine wahre Sucht nach den wunderbaren Früchten des Feengartens und versprach, im Tausch gegen die Früchte, ihre Tochter den Feen zu übergeben. Die Bemühungen des Vaters, der die Tochter nicht hergeben wollte, wurden durch die Feen zuschanden gemacht; sie erhalten schließlich, was ihnen zugesagt worden war, auch wenn die Mutter sich nunmehr bitteren Selbstvorwürfen über ihre Sucht hingibt. Die Feen bauen für das Mädchen einen Turm ohne Tür; er ist den Feen selbst nur auf dem Rücken eines Drachen zugänglich. Dem Mädchen wird kein Wort von den Eltern gesagt, es ist ein Kind der Feen geworden. Als Gesellschafter erhält es zwei sprechende Tiere: einen Papagei und einen Hund. Aber eines Tages entdeckt es am Fuß des Turmes einen jungen Reiter, der gebannt der Stimme des Mädchens gelauscht hat. Es wirft ihm Blumen und später einen Ring zu. Obgleich die zur Hüterin bestellte Fee Verdacht schöpft und die Nähe eines Mannes spürt (sie haßt die Männer), weiß das Mädchen ihre Hüterin abzulenken. Die Bindung der Liebenden wird enger. Der Papagei vermittelt als Bote, und der Hund zeigt jedesmal die Nähe des Geliebten an. Da den Feen die Gemütsbewegung ihres Zöglings nicht verborgen bleibt, suchen sie einen Mann aus Feengeschlecht aus, um das Mädchen in der ihnen angemessenen Weise zu verheiraten. Dieser Mann ist zwar ein König, aber ein Monstrum – der Papagei hinterbringt es dem Mädchen. Das Mädchen beschließt zu fliehen. Es erlistet Bindfäden, aus denen es eine Strickleiter wirkt. Der junge Mann, ein Königssohn, ist jedoch so unbedacht,

anstatt den Abstieg der Geliebten zu erwarten, sofort selbst die Leiter zu erklimmen. Papagei und Hund sind Trauzeugen. Als der Geliebte in der Frühe den Turm verläßt, erscheint auf der anderen Seite das Scheusal von Feenbräutigam in einem feurigen Wagen und versengt des Mädchens Turmgarten. Es weist ihn derart schroff zurück, daß die Feen beschließen, ihren Zögling nächtlich entführen zu lassen. Trotz der Warnung der treuen Tiere wirft das Mädchen nachts wiederum die Strickleiter aus, und es kommt, wie es kommen muß: Das junge Paar wird von den Feen und dem Feenbräutigam überrascht. Die Verteidigung nutzt dem Königssohn nichts – er wird von dem Drachen der Feen verschlungen. Und das Mädchen, das versucht, ihrem Geliebten in den Tod zu folgen, wird in eine Katze verwandelt. Erlöst, stellen die Feen fest, könne es nur werden, wenn der Verwunschenen ein Königssohn begegne, der ihrem vom Drachen verschlungenen Mann aufs Haar gleiche. Diese merkwürdige Bedingung steht außerhalb jeder Märchenüberlieferung, sie ist vielmehr ein Schlüssel zum Verständnis der Erzählerin selber und ihrer unbewußten Übertragung eigener Konflikte auf die von ihr ausgewählten und besonders gestalteten Erzählungen.

Es bleibt nur noch nachzutragen, daß sich bisher auffällig wenig Aufzeichnungen dieses Märchentyps gefunden haben. Max LÜTHI stützt sich auf einige zwanzig, vorwiegend aus Frankreich und Italien. Das erste literarische Zeugnis steht in Giambattista BASILES *Pentamerone* unter dem Titel *Petrosinella* (2. Tag, Nr 1). Der Neapolitaner BASILE schildert die Flucht der Liebenden mit Witz und Ironie: Das Mädchen wirft drei zauberische Goldäpfel hinter sich, aus denen der Reihe nach ein Bullenbeißer, ein Löwe und schließlich ein Wolf werden. Aber dann heißt es, daß der entsetzliche korsische Bullenbeißer durch ein Brötchen beschwichtigt werden kann; der mit dem Schweif die Erde peitschende Löwe zwar bereit ist, die Hexe zu zermalmen, aber vor einem umgehängten Eselsfell Reißaus nimmt; und erst der Wolf die Hexe verschlingt – eben weil er sie für einen Esel hält.

4. J. BARCHILON: Le côté précieux et féminin de la féerie fin de siècle. In: BARCHILON: Le conte merveilleux français de 1690 à 1790. Paris 1975. 63–76. – BP 1, 97–99. – DELARUE 1, 176–181. – G.-L. FINK: Les conteuses des salons. In: FINK: Naissance et apogée du conte merveilleux en Allemagne. Paris 1966. 25–28. – M. LÜTHI: Die Herkunft des Grimmschen Rapunzelmärchens (AaTh 310). In: Fabula. 3. 1960. 1/2, 95–118. – M. LÜTHI: Rapunzel. Das Märchen als Darstellg e. Reifungsvorgangs. In: LÜTHI: Es war einmal. Göttingen [3]1968. 79–89. – M. LÜTHI: Rapunzel. In: LÜTHI: Volksmärchen und Volkssage. Bern [2]1961. 62–96, 187–190. – RANKE 1, 149.

Der Reisekamerad

AT 507 A Andersen 1835

1. Im zweiten Heft der ersten Sammlung seiner *Eventyr fortalte for Børn* veröffentlichte Hans Christian ANDERSEN (1805–1875) als letzte von drei Erzählungen Ende 1835 das aus fünischer Überlieferung stammende Märchen vom dankbaren Toten, der für seinen Schützling die einem Dämon verfallene Königstochter gewinnt. Das Thema des *Rejsekammeraten* hatte ihn freilich bereits dreizehn Jahre früher beschäftigt. Diesen ersten, in seiner Form wenig märchenhaften, von MUSÄUS beeinflußten Versuch, hatte er 1830 unter dem Titel *Dødningen* (Der Tote) veröffentlicht (nicht erst 1837, wie manchmal angegeben). Die erste deutsche Übersetzung verdanken wir Georg Friedrich v. JENSSEN-Tusch (1839 bei VIEWEG in Braunschweig).

2. Nach dem Tod des Vaters wandert der einzige Sohn in die Welt und kauft mit seinem bescheidenen Erbe den Leichnam eines Mannes frei, der seine Schulden nicht bezahlen konnte. Kurz darauf stellt sich ein Reisegefährte ein, der unterwegs durch seine wunderbaren Heilkräfte drei bemerkenswerte Dinge erwirbt: drei Ruten, einen Säbel und ein paar Flügel. Sie kommen in eine Stadt, in der eine schöne, aber kaltherzige Königstochter ihren Freiern dreimal die Frage stellt, woran sie gerade denke. Da keiner zu antworten weiß, werden sie hingerichtet. Der junge Mann verliebt sich in die gefährliche Königstochter, wirbt um sie und vertraut darauf, daß ihm Hilfe zuteil werde. Ohne daß er begreift, was geschieht, versenkt ihn sein Gefährte drei Nächte in tiefen Schlaf, folgt unerkannt dreimal der Königstochter zu einem Trollkönig in die Berge und erfährt, woran zu denken ihr aufgetragen wird. Der junge Mann weiß von seinem Gefährten die richtigen Antworten: Beim erstenmal denkt die dem Troll hörige Königstochter an ihren Schuh, dann an ihren Handschuh und schließlich an das Haupt des Trolls. Der junge Mann zeigt es vor, sein Gefährte hat es bei der letzten nächtlichen Flugreise dem Dämon abgeschlagen. Aber noch liebt die Königstochter ihren Erlöser nicht wirklich, so daß der Gefährte ihm rät, sie vor dem Brautbett dreimal in einen Bottich Wasser zu tauchen, in das er drei Federn und ein Zaubermittel gibt. Die schreiende Frau wird beim ersten Eintauchen zu einem schwarzen Schwan, beim zweitenmal zu einem weißen Schwan mit

Alfred Kubin: Der Wandergefährte
(Berlin. B. Cassirer 1922; alle Rechte bei Spangenberg Verlag, München)

schwarzem Halsring, und beim drittenmal verwandelt sie sich in eine noch schönere Königstochter als sie vordem war. Der Gefährte aber verabschiedet sich und gibt sich als der dankbare Tote zu erkennen.

3. 4. Obgleich H. C. ANDERSEN im Vergleich zu seiner Erstfassung von 1830 erheblich geändert hat, überwiegt doch auf lange Strecken romantisch-fantastische Kleinmalerei; so ist bei der Gewinnung des Säbels, mit dem später das Haupt des Dämons abgeschlagen wird, eine Puppenspielepisode eingeflochten, die unmittelbar an E. T. A. HOFFMANN erinnert. Aber auch die Vorbilder Ludwig TIECK und MUSÄUS treten deutlich hervor. Doch trotz allen fantastischen Schauders, trotz des allzu andachtsvollen Bemühens, den lieben Gott selber und den verstorbenen, geliebten Vater als die eigentlichen Helfer hinter dem aus der Überlieferung übernommenen dankbaren Toten hervortreten zu lassen, hat dieser in Deutschland weit verbreitete literarische Text wesentlich dazu beigetragen, daß das alte Märchen nicht vergessen wurde. In der Sammlung der Brüder Jacob und Wilhelm GRIMM ist es nicht vertreten; die besterhaltene, aus der mündlichen Überlieferung stammende Fassung steht in August EYS *Harzmärchenbuch* von 1862 als Nr 24 → *Die verwünschte Königstochter* (dort auch die Literaturangaben; Literatur zu ANDERSENS Märchen dagegen beim Artikel vom → *Feuerzeug*).

Rejsekammeraten → *Der Reisekamerad*

Der Rohrstengel → *Der singende Knochen* (Abschnitt 3)

Rotkäppchen

AT 333 KHM 26

1. Die auf Charles PERRAULT (1628–1703) zurückgehende Erzählung ist kein eigentliches Zaubermärchen, sondern eine der Volksüberlieferung entnommene, Kindern erzählte Verhaltensbelehrung, die gleichzeitig als eine abenteuerliche Begegnung mit dem Grausigen erlebt wird. Die Fassung, die 1812 als Nr 26 im ersten Band der Erstausgabe der *Kinder- und Hausmärchen* von Jacob und Wilhelm GRIMM erschien, geht einesteils auf eine Nacherzählung der damals 21jährigen Johanna Isabella (Jeanette) HASSENPFLUG (1791–1860) vom Herbst 1812 zurück, andernteils auf Ludwig TIECKS (1773–1853) zuerst 1800 erschienene dramatische Bearbeitung *Tragödie vom Leben und Tod des kleinen Rothkäppchens.* Klarheit in diese etwas verwickelten Verhältnisse hat Rolf HAGENS Dissertation gebracht. Danach ist weiter anzunehmen, daß Wilhelm GRIMM den Wortlaut der auf PERRAULT-Erinnerung beruhenden Nacherzählung Jeanette HASSENPFLUGS und die ebenfalls auf PERRAULT beruhende Nachdichtung TIECKS in der ihm üblichen Weise zusammenfügte. Das Ergebnis: ein Kindermärchen mit gutem Ausgang.
In der Erstausgabe veröffentlichten die Brüder GRIMM als Nachtrag noch eine zweite Fassung des *Rotkäppchen*-Märchens, scheinbar als ein weiteres Abenteuer des kleinen Mädchens mit einem zweiten Wolf erzählt. Es endet ebenfalls mit dem Tod des Ungeheuers. Diese Fassung hat angeblich die »alte Marie« aus dem Wildschen Hause beigetragen – aber nach den Forschungen Heinz RÖLLEKES ist anzunehmen, daß es Jeanette HASSENPFLUGS etwas ältere Schwester Marie war (1788–1856). Es ist bemerkenswert, daß die erste Fassung auf ein französisches Buchmärchen, die zweite Fassung aber auf französische mündliche Überlieferung zurückgeht. Wie bekannt, stammte die Mutter der Schwestern HASSENPFLUG aus Frankreich; sie war eine geborene DROUME aus der Dauphiné; in der anfangs in Hanau, dann in Kassel lebenden Familie wurde französisch gesprochen.

2. Eine Mutter schickt ihr kleines Mädchen mit Kuchen und Wein zur Großmutter, die ihr Enkelkind sehr liebt und ihm eine rote Samtkappe geschenkt hat. Die Mutter warnt eindringlich, nicht vom Weg abzuweichen. Aber im Wald trifft das Mädchen einen Wolf, und da es keine Ahnung hat, läßt es sich erstens dazu verleiten, von der Großmutter und ihrem einsamen Haus im

Wald zu erzählen, sowie zweitens, sich Zeit zu nehmen, in den Wald zu gehen und Blumen zu pflücken. Der Wolf indessen folgt dem angegebenen Weg, gibt sich als Rotkäppchen aus, verschlingt die Großmutter und legt sich verkleidet ins Bett. Als Rotkäppchen erscheint, findet es die Tür offen, tritt ängstlich ein, führt das berühmte Zwiegespräch über Ohren, Augen, Hände und Mund der verändert ausschauenden Großmutter und wird ebenfalls, nach dramatischer Steigerung, verschlungen. Bis hier folgte Jeanette HASSENPFLUG der Fassung PERRAULTS, die mit dem Zwiegespräch und Rotkäppchens Tod im Bauch des Wolfes endet. Dann aber erscheint in der Grimmschen Fassung Ludwig TIECKS Jäger, dem das Schnarchen so sonderbar vorkommt, daß er ins Haus tritt. Er findet den Wolf im Bett und schneidet ihm den Bauch auf. Heraus kommen Rotkäppchen und die Großmutter. Dem Wolf werden, genau wie dem Wolf, der die sieben Geißlein verschlungen hat (AT 123), Steine in den Bauch gepackt. Er fällt sich zu Tode, während sich die Großmutter am mitgebrachten Kuchen und Wein labt und Rotkäppchen die rechte Lehre aus dem Abenteuer zieht: nie mehr vom Weg abzuweichen. Im Nachtrag wird berichtet, daß Rotkäppchen später noch einmal einem Wolf begegnet, sich aber nicht ein zweites Mal vom Weg abbringen läßt, vielmehr vor dem Wolf bei der Großmutter eintrifft und ihr Bericht erstattet. Daraufhin wird das Haus verschlossen, und der Wolf, der anklopft und vorgibt, Rotkäppchen zu sein und Gebackenes zu bringen, erhält keine Antwort – eine Szene, die an zahlreiche andere traditionelle Kindererzählungen erinnert. Wenn es dann aber heißt, daß die Großmutter Rotkäppchen hinausschickt, um Wurstsuppe in den großen Trog zu gießen, damit der auf dem Dach lauernde Wolf in seiner Gier herabstürzt und sich in der Suppe ertränkt, so schimmert die vorperraultsche grausige Überlieferung von der vom Wolf getöteten Großmutter durch und seiner Aufforderung, von ihrem Fleisch zu essen und ihr Blut zu trinken.

3. Die scheinbar so harmlose Rotkäppchenerzählung, die seit dem 19. Jahrhundert eine solch ungeheure Verbreitung durch Märchenauswahlen, Schulbücher, Stücke fürs Kindertheater, Heftchen, Bilderbogen und seit einigen Jahrzehnten durch Film, Funk, Fernsehen und Tonträger gefunden hat, hat es in sich. Dabei war sie, ganz im Gegensatz zur Annahme von Jacob und Wilhelm GRIMM, in der deutschen Überlieferung keineswegs zu Hause. Ihre Verbreitung war auf Frankreich und Norditalien

beschränkt. Paul DELARUE und Marianne RUMPF konnten insgesamt nicht mehr als höchstens 40 Fassungen nachweisen. Etwa die Hälfte davon sind mehr oder weniger von den Texten PERRAULTS oder W. GRIMMS abhängig (wie die von Ludwig BECHSTEIN, DMB 9). Die anderen gehen auf eine eng begrenzte Überlieferung zurück und zeigen eine festgefügte Motivik, klar bezeichnet durch ihre kannibalistischen Züge und ihren schlimmen Ausgang. Der Wolf tötet die Großmutter, setzt ihr Fleisch und Blut beiseite und bewirtet damit das Mädchen, als es eintrifft. Gelegentlich wird es gewarnt, und es wird ihm sogar gesagt, was es gegessen und getrunken hat. Als es müde wird und sich zu dem Wolf ins Bett legt, fragt es, wohin es die Kleider legen soll. »Wirf sie ins Feuer«, entgegnet der Wolf. Und dann findet das berühmte Zwiegespräch statt, das an jene Kinderspiele erinnert, in denen dämonische Wesen provoziert werden. Die Erzählung endet mit dem Tod des Mädchens und keineswegs mit dem guten Ausgang, den Wilhelm GRIMM vom *Wolf und den sieben Geißlein* übernahm. Ob Marianne RUMPF recht hat mit ihrer Annahme, daß mit solchen Schreckmärchen vor gefährlichem Verhalten gewarnt werden soll? Wer Kinder bei ihren Grausen erregenden Spielen beobachtet, weiß, daß sie sich gleichzeitig fürchten und sich auch fürchten wollen, daß sie den Schauder des Entsetzens genießen, in zahlreicher, lärmiger Gesellschaft provozieren und abarbeiten, und daß zu ihren Spiel-Erlebnissen das Gefressenwerden ebenso gehört, wie das Selberfressen. Verhaltensbelehrung und ausgekostetes Vorstellungserlebnis stimmen ebenso zusammen wie die beiden Seiten einer Medaille. Wir dürfen also keine allzu raschen Schlüsse aus der Tatsache des schlimmen Endes ziehen und die Erzählung für nichts weiter als ein abschreckendes Beispiel und eine wohlgemeinte Verhaltensbelehrung der Erwachsenen ansehen. Im übrigen: Kein Märchen steht allein. Einer Kindererzählung, die mit dem scheinbar unwiderruflichen Gefressenwerden endet, steht eine andere gegenüber, in der das Ungeheuer überlistet, die Schwäche des Monsters entdeckt und dem Gelächter preisgegeben wird. Das kleine Mädchen gibt vor, rasch noch einmal austreten zu müssen, es läßt sich sogar an die Leine nehmen – aber als dem gräßlichen Ungeheuer das Geschäft zu lange dauert und es an der Leine zu reißen beginnt, muß es feststellen, daß es von der Kleinen überlistet wurde: Das Mädchen hat die Leine an einem Baum festgebunden. Um das Vergnügen weiter auszukosten, läßt sich leicht eine wilde Verfolgungsjagd anschließen –

wer Motive braucht, übernimmt sie aus den Märchen von der magischen Flucht (AT 313 → *Fundevogel*). Feste Formen haben dabei die *Tüschele-Marüschele-* und die italienischen *Catarinella*-Erzählungen erhalten, die M. RUMPF beschreibt (AT 333 A: ein Kind leiht eine Pfanne zum Krapfenbacken bei einer Menschenfresserin), sowie die Schreckerzählungen vom Ungeheuer, das einen Knaben im Sack davonschleppt, worüber Gottfried HENSSEN berichtet, Erzählungen, die in die Nähe des Märchens vom → *Kleinen Däumling* beim Menschenfresser gehören (AT 327 B). Wer sich umschaut, wird rasch auch besondere Formen in den slavischen Ländern finden (bruchstückhaft erkennbar in KHM 43: *Frau Trude* und KHM 42: *Der Herr Gevatter*), und aus China sind die Erzählungen von den Kindern beim Tiger bekannt geworden. In eine andere Richtung haben sich die schwankhaften Kettenerzählungen vom Ungeheuer entwickelt, das in seiner Gier alles verschlingt, was ihm in den Weg kommt, darunter die lächerlichsten Dinge, und das die Groteske mit einem gewaltigen Zerplatz-Schauspiel beendet (AT 2028). Aber ein Zaubermärchen ist unser *Rotkäppchen* nicht. Das *Rotkäppchen* braucht lediglich den ersten Grundzug eigentlicher Zaubermärchen: die Ausfahrt auf eigene Faust, die Gefahr und Auseinandersetzung mit dem Übermächtigen, mit dem Ungeheuer. Und es braucht die Rückkehrmöglichkeit – die freilich im Text selbst, im Spielmaterial, nicht unbedingt zu finden sein muß, weil sie auf andere Weise, durch das Gesamt der bekannten Erzählungen und Spiele in der Gemeinschaft, gegeben ist. Wie weit dieser ganze Vorstellungskreis reicht, zeigen am besten die französischen Nikolaus-Balladen und die weit verbreiteten Legenden von den drei Kindern, die noch zu später Stunde vor dem Stadttor spielen, von einem Metzger gefangen und geschlachtet und von dem zufällig dort einkehrenden Nikolaus wieder ins Leben zurückgerufen werden – so aufgezeichnet, beispielsweise, von Nicolas GREDT in seinen Luxemburger Sagen.

4. BP 1, 234–237. – P. DELARUE: Le petit chaperon rouge. In: Bulletin folklorique d'Ile-de-France. 1951. 221–228, 251–260, 283–291; 1953. 511–517. – DELARUE 1, 373–383. – DEULIN 159–172. – HAGEN 1, 86–96; 2, 95–97. – G. HENSSEN: Deutsche Schreckmärchen und ihre europäischen Anverwandten. In: ZfV. 50. 1953. 1/2, 84–97. – G. HÜSING: Le petit chaperon rouge. In: Mitra. 1. 1914. 101–104; 290–291. – LIUNGMAN 75, 359. – A. OLRIK: Den lille Rödhaette og andre Æventyr om Mennesker, der bliver slugt levende. In: Naturen og mennesket. 11. 1894. 24–39; 1895. 189. – RANKE 1, 270–273. – ROUGER 111–112. – M. RUMPF: Caterinella. In: Fabula. 1. 1958. 76–84. – M. RUMPF: Rotkäppchen. Diss. Göttingen 1951. – SAINTYVES 215–229. – SCHERF: Bechstein 787–788. – SORIANO: Perrault 148–160.

Rumpelstilzchen

AT 500 KHM 55

1. Die vermutlich auf einer Zwergensage aufbauende Erzählung von dem Unterirdischen, der für seine Hilfe beim Goldspinnen das Kind der Königin beansprucht, jedoch überlistet wird, haben die Brüder Jacob und Wilhelm GRIMM in mehreren Fassungen gekannt. Für den ersten Band der Erstausgabe 1812 ihrer *Kinder- und Hausmärchen* verwandten sie nicht die in der Urschrift enthaltene Aufzeichnung *Rumpenstünzchen*, deren Herkunft unbekannt ist, sondern zogen die von der damals 17jährigen Henriette Dorothea WILD (1793–1867), der späteren Frau Wilhelm GRIMMS, am 10. März 1811 beigesteuerte Erzählung vor. *Rumpelstilzchen* wurde dann für die zweite Auflage von 1819 noch nach drei weiteren Erzählungen aus der Familie HASSENPFLUG und von Lisette WILD ergänzt.

2. Ein Vater lobt seine Tochter aus dem Haus. Er prahlt vor dem König, sie könne aus Stroh Gold spinnen, und überantwortet sie der unmöglichen Aufgabe. Der König verschärft das Ausgesetztsein und die Hilflosigkeit des Mädchens auf das äußerste: Er droht ihm den Tod an, wenn es bis zum nächsten Morgen das Stroh in der Kammer nicht zu Gold gesponnen hat. In seiner Angst und Ratlosigkeit beginnt das Mädchen zu weinen. Die Ausgangslage ist verzweifelt – und genau das ist dem Märchenzuhörer oder Leser nur allzu wohlbekannt. Doch gerade dem ganz und gar Verlassenen wird Hilfe zuteil – eine Erfahrung, die der Märchenerzähler immer wieder weitergibt und die seine Zuhörer in unverbrüchlichem Glauben von ihm auch erwarten. Märchenerzählen heißt: Bestätigung des eigenen Weges, Bestärkung des Vertrauens und schließlich des Glaubens an sich selbst. Freilich, der dämonische Helfer ist alles andere als uneigennützig. Seine Hilfe steigert die Bedrohung, denn der Erfolg macht den Herren über Leben und Tod, den König, immer gieriger. Für die erste Kammer Stroh, die der Dämon zu Gold spinnt, nimmt er des Mädchens Halsband, und für die zweite seinen Ring – wohl wissend, daß die arme Müllerstochter mehr gar nicht besitzt. Für die dritte große Kammer Stroh, die in Gold verwandelt werden muß, hat die junge Frau schließlich das eigene Kind zu versprechen. Damit ist sie bereit, zu wiederholen, was der eigene Vater ihr angetan hat. Sie erkauft sich so die Ehe

mit dem König. Der Abschluß des ersten Erzählteiles bringt zwar das Ende der Proben auf Leben und Tod. Die eigene Sicherheit ist erreicht – aber es ist nur eine vordergründige Sicherheit. Wirklich zu sich selbst gefunden hat sie noch nicht; das hängt von ihrer Beziehung zu ihrem Kind ab.
Als der Dämon nach Jahresfrist erscheint und der Königin das Kind fortnehmen will, trifft er auf einen anderen Menschen. Die junge Königin nimmt den Kampf um ihr Kind auf, und der Dämon räumt ihr auf der neugewonnenen Ebene eine zweite Auseinandersetzung ein: Die junge Frau muß seinen Namen erraten. Sie schickt Boten aus, sie hört sich um. Der dreifachen Steigerung des ersten Erzählteils folgt eine zweite dreifache Steigerung. Zuerst nennt sie alle ihr bekannten, beim zweitenmal alle von ihr in Erfahrung gebrachten ungewöhnlichen Namen. Und kurz vor dem letzten Rätselkampf mit dem Dämon kommt ihr, wiederum auf eine unvoraussehbare Weise, Hilfe zu: Als ihr Bote sich anschickt, unverrichteter Dinge heimzukehren, belauscht er den Dämon, der in voreiliger Siegestrunkenheit um ein Feuer tanzt, sich unbelauscht glaubt, und dabei seinen Namen preisgibt. Nun wendet sich das Blatt, und als Zuhörer erlebt man die letzte Auseinandersetzung gleichsam auf einer Bühne. Man weiß, daß die Entscheidung gegen den Dämon gefallen ist, daß sie endgültig ist, und daß auf seine Maßlosigkeit ein bodenloser Fall folgen wird. Wie kunstvoll auch diese letzte, dreifache erzählerische Steigerung über ein zweifaches spielerisches Falschraten und Sich-in-Sicherheit-Wiegen ist, hat Max LÜTHI in seiner meisterhaften Strukturanalyse dargestellt. Der Dämon erkennt, daß er sich selbst vernichtet hat, und reißt sich mitten entzwei. Die junge Frau aber hat, weil sie den Kampf um ihr Kind aufnahm, ganz zu sich selbst gefunden.

3. Wer die Erzählung von dem Mädchen, das Gold aus Stroh spinnen muß, aus dem Vorgang zu erfassen sucht, der sich zwischen Erzähler und Zuhörer im Vorstellungserlebnis entwickelt, dem ist der Gedanke an Herkunft und Bedeutungsentwicklung zweitrangig. Ob eine Zwergensage oder eine schwankhafte Sage vom geprellten Teufel den Ausgangsstoff geliefert hat, ist für die Aufnahme der Erzählung in ihrer heutigen Gestalt belanglos: Das *Rumpelstilzchen,* und mit ihm zahllose ähnlich reich ausgestattete Fassungen, von den Brüdern ZINGERLES *Cistl im Körbl* (KHMS 1, 2) bis Svend GRUNDTVIGS *Trillevip* (GdM 2, 309) und Gunnar Olof HYLTÉN-CAVALLIUS' und George STEPHENS'

Flickan, som kunde spinna guld utav ler och långhalm, haben einen vergleichbaren kunstvollen Aufbau und die gleiche Funktion wie alle anderen eigentlichen Zaubermärchen auch: Einladung und Spielmaterial zu sein zum unbewußten Durcharbeiten von Ablösungs- und Selbstfindungskonflikten. Das *Rumpelstilzchen* ist sogar ein Schulbeispiel in seiner Rückführung von äußeren auf innere Bewährungsproben – und gerade deshalb mehrfach kraß mißdeutet worden. Dabei vertreten die Forscher oft auffällig gegensätzliche Standpunkte. Während Lutz RÖHRICH die Hauptgestalt als völlig passiv, hilflos, tränenreich und von Zufällen abhängig sieht, erklärt Gonthier-Louis FINK sie für eine frühe, listenreiche Feministin, die sowohl ihren Mann als auch ihren Helfer (Liebhaber) zum Narren hält und beide gegeneinander ausspielt. Aber der Zuhörer (und auf ihn kommt es doch an) erlebt weder das eine noch das andere, nimmt vielmehr in rückhaltloser Identifikation an der Entwicklung eines Mädchens teil, das vom Vater über den König bis zum dämonischen Helfer mit wahrhaft unlösbaren Aufgaben belastet wird, vor denen es zugegebenermaßen zwar zunächst völlig hilflos steht. Aber als ihr in größter Not Hilfe zuteil wird, nimmt sie immer zuversichtlicher, trotz wachsender Bedrohung, ihr Geschick in eigene Hand. Sie gibt ihren Ring und ihr Halsband hin, entäußert sich ihres kleinen Schmuckes, der eigentlich ein Stück von ihr selbst ist. Und als sie schließlich ihr Kind, oder in anderen Fassungen sich selbst, verspricht, versucht sie nicht etwa des gesellschaftlichen Aufstieges halber ihren Mann oder anderseits den Helfer zu täuschen, sondern sie nimmt die Herausforderung in dem wachsenden Vertrauen an, daß sie die Lage meistern wird. In einigen Fassungen ist sie es sogar selbst, die auszieht, den Namen des kleinen, aber gefährlichen Dämons zu erkunden. In anderen schickt sie ihren Diener aus. In einer dritten Gruppe wiederum erfährt sie den Namen von ihrem Mann, der auf der Jagd zufällig den tanzenden, singenden Kobold belauscht, aber nicht die geringste Ahnung hat, was das bedeutet, und was für einen Kampf seine von einem hilflosen Mädchen herangereifte junge Frau, allein und auf sich gestellt, durchzufechten im Begriff ist.

Gewiß, es gibt eine ganze Reihe Fassungen, in denen der Gegenspieler der Teufel ist. Aber derartige, von einer gewissen Zeit beförderte Verengungen sind weder überall eingedrungen, noch können sie Ursprünglichkeit beanspruchen. Daß der Dämon, Kobold, Zwerg mit dem Teufel gar nichts zu schaffen hat, wird gerade in der Grimmschen Fassung deutlich. In seinem maßlosen Zorn über sein völlig unerwartetes Unterliegen in der Rätselwette ruft er aus: »Das hat dir der Teufel gesagt!« Dabei ist er es selbst, der sich in seiner unbedachten Siegesfreude verraten hat. Sehr weit von unserem Märchen entfernen sich jedenfalls die Sagen-Ableitungen, mit denen ein Beispiel dafür vorgetragen werden soll, wie gefährlich es ist, sich mit dem Teufel einzulassen. Und die Zusammenhänge mit dem wenig entwickelten, zweitklassigen Märchentyp, in dem der Teufel Rätsel aufgibt (AT 812), können die Ursprünglichkeit unseres Zaubermärchens ebenfalls nicht in Frage stellen.

Deutlich verwandt mit unserem Märchen, vielleicht von ihm unmittelbar beeinflußt, ist die Gruppe der Baumeistersagen um den Riesen Finn. Darin soll der Baumeister dem Dämon verfallen, wenn er seinen Namen nicht herauszufinden vermag – aber er erlauscht das Wiegenlied, das die Frau des Riesen singt, wobei sie den Namen ihres Mannes nennt.

Übrigens geht es durchaus nicht immer darum, daß in dem Ratewettstreit der Name des Kobolds getroffen wird. In Marie-Jeanne L'HÉRITIERS de Villandon einflußreicher Fassung von 1705 heißt es umgekehrt, daß der Name *Ricdin Ricdon* nicht vergessen werden darf. In anderen Fassungen muß das Alter des Dämons erraten werden. Auch spinnt der Dämon durchaus nicht immer eigenhändig das Stroh zu Gold. Zuweilen leiht er ein paar Zauberhandschuhe. Stellt er dagegen ein Zauberstäbchen zur Verfügung, so haben wir es gewiß mit einem Überbleibsel der französischen Feenmärchenmode vom Hof zu Versailles zu tun.

Der nächstverwandte Märchentyp AT 501, in der Grimmschen Sammlung als KHM 14 (→ *Die drei Spinnerinnen*) vertreten, ist indessen auffällig ähnlich aufgebaut, freilich stets ins Schwankhafte gewendet, so daß der Gedanke nahe liegt, AT 501 sei eine Schwank-Ableitung von AT 500. Statt der Prahlerei des Vaters, die Tochter könne Gold spinnen, prügelt die Mutter ihre Tochter wegen ihrer Faulheit im Spinnen, fälscht diese Aussage jedoch sogleich um, als der junge König erscheint. Nun behauptet sie plötzlich, die Tochter sei so unerträglich fleißig im Spinnen, daß man es ihr gewaltsam austreiben müsse. Der König läßt sich beeindrucken. Er bringt das Mädchen zu seiner Mutter, und die Mutter gibt der Faulen erkleckliche Spinnaufträge, für deren Erfüllung sie ihr die Hochzeit mit dem Sohn verspricht. Die schwankhafte Spiegelung ist unverkennbar. Vielleicht ist sie als

Abendunterhaltung in der Spinnstube entstanden. An die Stelle des dämonischen Helfers treten allerdings drei eher gutmütige, grotesk häßliche Weiber. Und an die Stelle der existentiellen Bedrohung durch den Dämon ist die harmlose Probe getreten, ob die zukünftige Königin bereit ist, die häßlichen Helferinnen als Verwandte auszugeben und zur Hochzeit einzuladen. Als Zuhörer begreifen wir sogleich, daß der ganze Spaß davon abhängt, ob die faule Spinnerin am Ende gewinnt, oder ob sie auf die Nase fällt. Indessen, sie schämt sich ihrer häßlichen Helferinnen nicht – aber ihr Mann erschrickt dermaßen über die angeblichen Folgen fleißigen Spinnens, daß er seiner jungen Frau ein für allemal verbietet, noch einmal Spinngerät in die Hand zu nehmen: ein wirksamer Schlußstrich. Die faule Spinnerin braucht keine Sorge mehr zu haben.

In vielen Fällen sind die beiden Märchentypen AT 500 und 501 miteinander verschmolzen. Es gibt aber auch eine bisher unbeachtet gebliebene Verschmelzung des Märchens von der → *Schönen und dem Tier* (AT 425 C, nach Jeanne Marie LEPRINCE de Beaumont) mit dem *Rumpelstilzchen:* im *Harzmärchenbuch* des Bergmannssohnes August EY (HMB 27: *Die goldene Rose*) – ein weiterer Hinweis auf den erheblichen Einfluß, den die um die Wende des 17. zum 18. Jahrhundert veröffentlichten französischen Märchen teils im Original, teils in Übersetzung auf die deutsche mündliche Überlieferung ausgeübt haben. Und damit wären wir bei der Geschichte der Buchmärchenfassungen.

Die schwankhafte Schwestererzählung (AT 501) erscheint zuerst in der neapolitanischen Sammlung des Giambattista BASILE 1637 mit der vierten Erzählung des vierten Tages: *Le sette cotenelle.* Dort zeigt sich ein Zug, der auch sonst häufiger auftritt. Das Mädchen ist nicht nur faul, sondern auch verfressen. Es hat seiner Mutter sieben Speckschwarten weggeputzt. Andernorts sind es fünf Pasteten. Aber als die Mutter schimpft und als dabei zufällig der König vorbeikommt, fälscht sie die Aussage um und klagt nunmehr, daß ihre überfleißige Tochter bereits fünf Pfund Flachs versponnen habe.

Auch bei Johannes PRAETORIUS, dem Herausgeber der vierbändigen Sammlung von Rübezahlsagen, findet sich eine Fassung der Schwankform (1669). Das eigentliche Zaubermärchen von der Spinnhilfe des koboldartigen Dämons erscheint zuerst in Marie Jeanne L'HÉRITIERS de Villandon *La tour ténébreuse et les jours lumineux,* als: *L'histoire de Ricdin Ricdon.* Gewiß, Marie Jeanne L'HÉRITIER hält sich an mündliche Überlieferung – aber sie hat einen höfisch galanten Erziehungsroman daraus gemacht. So einfach war es in der französischen Gesellschaft ja nicht, eine musterhafte Prinzgemahlin zu werden. 1790 wurde das Märchen von Johann Gottwerth MÜLLER ins Deutsche übertragen (in: *Straußfedern*, Berlin und Stettin, Bd 2, S. 1–121), wobei aus dem Kobold nun endgültig ein Teufel geworden ist. Aber nicht genug damit. Sophie ALBRECHT griff neun Jahre später ebenfalls den Stoff auf und veröffentlichte in Hamburg, an Marie Jeanne L'HÉRITIER angelehnt, *Graumännchen oder die Burg Rabenbühl* (1799) – worin sie, möglicherweise als erste, das Mädchen nicht sich selbst, sondern ihr erstes Kind dem Dämon verschreiben läßt.

Zumindest in diesen drei Buchmärchenfassungen, die auch in anderen Sammlungen zu finden waren, wurden die stark zeit- und gesellschaftsbedingten französischen Bearbeitungen weithin in Deutschland bekannt. Und nicht genug damit. Als Seitentrieb ist wahrscheinlich auch Charles PERRAULTS märchenhafte Erzählung *Riquet à la houppe* anzusehen (HCTP 7 von 1697), die ihrerseits vermutlich mit Catherine BERNARDS Einschalterzählung in *Inès de Cordue* verbunden ist (Paris 1696), denn in der Pariser Gesellschaft war es üblich, die handschriftlichen Entwürfe rundgehen zu lassen. Ob aber PERRAULTS *Riquet* von Catherine BERNARDS Fassung abhängig ist, oder ob beide auf dieselbe Quelle zurückgehen, ist nicht so wichtig. Wichtig ist vielmehr der Beweis, daß zu jener Zeit die mündliche Überlieferung unseres Zaubermärchens vom helfenden und fordernden Dämon noch recht lebendig war – auch wenn, wie Carl Wilhelm v. SYDOW sagte, die *Riquet*-Erzählung von einer in Auflösung begriffenen Fassung abgeleitet und obendrein im Sinne damaliger gesellschaftlicher Vorstellungen von Charles PERRAULT erheblich umgewandelt worden ist.

4. J. BILZ: Das Erlebnis weiblicher Reifung im Märchen vom Rumpelstilzchen. – Der ubiquitär erweisbare Elementargedanke des Märchens vom Rumpelstilzchen. In: BÜHLER/BILZ: Das Märchen und die Phantasie des Kindes. München 1958. 103–110. – J. M. BOBERG: Baumeistersagen. Helsinki 1955 (FFC 151). – BP 1, 109–115; 1, 490–498. – BRIGGS 1, 535–541. – E. CLODD: The philosophy of Rumpelstiltskin. In: Folklore journal. 7. 1889. 135–165. – E. CLODD: Tom Tit Tot. An essay on savage philosophy in folk-tale. Detroit ²1968. – DELARUE/TENÈZE 2, 207–214; 215–220. – G.-L. FINK: Les avatars de Rumpelstilzchen. La vie d'un conte populaire. In: KRACHT: Deutsch-französisches Gespräch im Lichte der Märchen. Münster 1964. 46–72. – R. A. J. KÖHLER: Tom-Tit-Tot. In: KÖHLER: Kleinere Schriften zur Märchenforschung. Weimar 1898. 76–77. – K. KROHN: Clodd: Tom

Tit Tot. – Polívka: Tom Tit Tot. – Sydow: Två spinnsagor. In: Krohn: Übersicht über einige Resultate der Märchenforschung. Helsinki 1931. 102–106. – LIUNGMAN 117–118, 362; 118–119, 362. – W. LIUNGMAN: Finnsägenproblemet. In: Folkminnen och folktankar. 29. 1942. 86–113; 138–154. – W. LIUNGMAN: Till folksagoforskningens metodik. In: Rig. 24. 1941. 89–108. – M. LÜTHI: Rumpelstilzchen. In: Antaios. 12. 1971. 419–436. – K. O. MAYER: Über Perrault's Märchen Riquet à la houpe. In: Zeitschrift für vergleichende Litteraturgeschichte. 5. 1892. 122–124. – J. POLÍVKA: Tom Tit Tot. In: ZfV. 10. 1900. 254–272, 325, 382–396, 438–439. – RANKE 2, 96–102; 102–105. – L. RÖHRICH: Rumpelstilzchen. Vom Methodenpluralismus in d. Erzählforschg. In: Festschrift für Robert Wildhaber. Basel 1973. 567–596. Auch in: RÖHRICH: Sage und Märchen. Freiburg, Basel, Wien 1976. 272–291, 329–331. – RÖLLEKE 238–243, 379–380. – SAINTYVES 407–457. – SCHOOF: Entstehungsgeschichte 159–163. – SORIANO: Perrault 190–202. – C. W. v. SYDOW: Ein Märchen von Perrault und dessen Urform. In: Schweizerisches Archiv für Volkskunde. 20. 1916. 441–452. – C. W. v. SYDOW: Två spinnsagor. Stockholm [2]1910.

Der Schäfer und die drei Riesen → *Der Ziegenhirt* (Abschnitt 3)

Der Schiffer und die drei Königstöchter von Engelland

AT 506 A — Jahn VPR 34

1. Der als Gymnasiallehrer in Berlin-Charlottenburg wirkende, mit seiner Sammelarbeit bahnbrechende, aber unerwartet früh verstorbene pommersche Volkskundler Ulrich JAHN (1861–1900) brachte 1891 in seinen *Volksmärchen aus Pommern und Rügen* (in Norden und Leipzig beim Verlag SOLTAU) als Nr 34 das bei den Brüdern GRIMM nicht vertretene Märchen von der mit der Hilfe eines freigekauften Toten aus der Sklaverei geretteten Königstochter unter dem Titel *Der Schiffer und die drei Königstöchter von Engelland* heraus.

2. Ein reicher Kauffahrer übergibt seine beiden Schiffe dem Tochtermann und dem Sohn. Auf dem Weg zur Türkei wird des Sohnes Schiff leck, aber der geschäftsbeflissene Schwager läßt ihn im Stich. Indessen kauft der Sohn einen Mann vom Galgen

frei, für dessen Begräbnis niemand bezahlen will. Wieder unterwegs, muß er sich von dem ihm begegnenden, bereits zurückkehrenden Schwager ankündigen lassen, daß er ihn daheim anschwärzen werde. In der Türkei herrscht Hungersnot. Der junge Mann erhält für seinen Weizen vom Sultan nicht nur einen vorzüglichen Preis (drei Schiffe Seide), sondern es wird ihm auch die Erfüllung eines Wunsches zugesagt. Als er bei der Abfahrt in einem Turm im Meer drei gefangene Mädchen erblickt, kehrt er um und bittet um den Schlüssel. Er heiratet das älteste der drei Mädchen.

In der Fremde hat er zwar seine Braut gefunden und Reichtum erworben, aber daheim droht ihm sein Vater, ihn mit Hunden vom Hof zu hetzen.

Nach einer Zeit bittet ihn seine Frau, ein Schiff auszurichten, drei Flaggen zu setzen, die sie ihm übergibt, und dem König von England einen Brief zu überbringen. Zugleich warnt sie ihn davor, aus England jemanden mitzubringen. Er tut, wie seine Frau ihm aufgetragen – mit dem Erfolg, daß ihn in England der König als Schwiegersohn und Retter seiner Töchter empfängt; er soll sein Nachfolger werden. Unglücklicherweise läßt er sich dann aber dazu bewegen, einen alten Admiral mit auf die Rückreise zu seiner Frau zu nehmen; und als er dort eintrifft, erklären ihm die drei Töchter des Königs von England, gerade dieser Admiral sei der schlimmste; er sei schuld an der Verbannung in den Turm. Inzwischen ist auch der Vater des verkannten jungen Kauffahrers und künftigen Königs von England erschienen. Er hat die Verleumdungen durchschaut und bittet um Verzeihung.

Während der Reise nach England tut der Admiral freundlich. Aber als die Gelegenheit kommt, stößt er den jungen Mann ins Meer, erpreßt einen Eid des Schweigens von den Königstöchtern und wirbt um die älteste. Sie stellt jedoch eine Bedingung: Nur den ist sie zu heiraten bereit, der den Turm ihrer Gefangenschaft zu bauen vermag. Viele Baumeister versuchen es, jedoch vergeblich. Inzwischen hat sich der junge Mann auf einen Fels im Meer gerettet und streitet mit einem Adler um den Platz. Als er ihn beim drittenmal bittet, ihn an Land zu tragen, gibt sich der Adler als der Tote zu erkennen, den er vom Galgen freigekauft hat. Mehr noch: Er war der Baumeister des Turmes und war gehängt worden, damit er den Plan nicht verriete. Er übergibt dem jungen Mann die Zeichnung und berichtet von der Bedingung, die seine Frau gestellt hat.

Es vergeht ein Jahr, bis der Totgeglaubte in England eintrifft und vor der Küste mit dem Bau beginnt. Nicht seine Frau, eine der Schwägerinnen erkennt ihn zuerst. Der Bau wird das Ebenbild des Turmes der Gefangenschaft – da erkennt ihn auch seine Frau. Und als der König die Hochzeit ausrichten lassen will, erklärt sie, das sei nicht mehr nötig. Sie bekennt den erzwungenen Eid, und der betrügerische Admiral wird von vier Ochsen zerrissen.

3. Das Märchen von der aus Gefangenschaft oder Sklaverei befreiten Königstochter ist heute in weit über 200 Fassungen bekannt. Es hat nicht nur einige bemerkenswerte literarische Gestaltungen erfahren, sondern ist auch in unzähligen volkstümlichen Drucken verbreitet worden. In Jacob und Wilhelm GRIMMS Nachlaß fand sich überraschenderweise ebenfalls eine Aufzeichnung. Sie stammt aus dem Münsterland und wurde in der Zeit zwischen 1812 und 1814 von der Familie von HAXTHAUSEN übermittelt – gedruckt wurde sie erst hundert Jahre später (KHM 217: *Der dankbare Tote und die aus der Sklaverei erlöste Königstochter*). Vielleicht wollten Jacob und Wilhelm GRIMM keinen Text bringen, der schwächer war als der von Johann Wilhelm WOLF 1851 in seinen *Deutschen Hausmärchen* veröffentlichte: *Des Toten Dank* (DHM 23). Sein Schwager, Ludwig Wilhelm von PLOENNIES (1828–1871) hatte sich als Leutnant in einer hessischen Kaserne das Märchen erzählen lassen. Da heißt es, daß ein Kaufmann dem einzigen Sohn ein Schiff ausrüstet und ihn davor warnt, Menschenfleisch zu kaufen – aber erfahren muß, daß der Sohn sein Geld daran setzt, den eingemauerten Leichnam eines schwarzen Sklaven auszulösen. Die Mutter überredet ihren Mann, den Sohn ein zweites Mal auszuschicken. Da gibt der Sohn sein Geld für eine auf einer Insel gefangene Schöne aus. Das ist dem Vater zuviel. Er verstößt seinen Sohn.

Wesentlich für das Märchen ist, daß der junge Mann unbeirrt das tut, was er für notwendig hält, also notfalls auch den kaufmännischen Auftrag seines Vaters hintansetzt. Dieser Zusammenstoß mit den herkömmlichen Spielregeln, dem wohlgeordneten Leben in der bürgerlichen Welt, ist bezeichnend und trennt in vielen Zaubermärchen den Sohn, mit dem wir uns als Zuhörer eins wissen, vom Vater. Meist steht der Vater nicht einmal allein dem seinen eigenen Weg gehenden Sohn gegenüber: Er hat zwei ältere Söhne neben sich (bei JAHN stützt er sich auf den Schwiegersohn), die seine festgelegte, nicht mehr wandelbare Haltung der Welt gegenüber erhärten und übermächtig, oft aber auch ein wenig lächerlich erscheinen lassen (→ *Simson, tu dich auf!*). Der junge Kauffahrer löst sich ab – aber, wie Max LÜTHI sagt, die Hingabe an die Pflicht des Augenblicks verschafft ihm das einzige Mittel, um zu seinem eigentlichen Ziel zu gelangen. Er gewinnt die Königstochter – aber er wird sie wieder verlieren.

So weit die Eingangsmotivik, die in der Fassung bei Ulrich JAHN ja ähnlich lautet. Aber während es in der Jahnschen Erzählung lediglich heißt, daß die aus der Gefangenschaft befreite Schöne den jungen Kauffahrer mit ihrer Flagge zum König von Engelland schickt (ihrem Vater), bringt J. W. WOLF ein sonst häufigeres, ja auffälliges Motiv: Die Frau stickt eine Schabracke, die ihr Mann zu einem ungewöhnlich hohen Preis verkaufen muß. Offensichtlich geht es ihr darum, von anderen unbemerkt, die Aufmerksamkeit ihres Vaters auf ihren Retter zu lenken, den ahnungslosen jungen Kauffahrer – und damit auch auf sich selbst. Das ist freilich bei WOLF ein wenig unklar erzählt, ja verwirrt.

Der junge Kauffahrer verliert seine geliebte Frau, als er mit ihr seine letzte Reise unternimmt, als er sie heim in das Reich ihres Vaters bringen will und selbst Nachfolger des Königs werden soll. Bei JAHN ist es der alte Admiral – bei WOLF sind es die drei Befehlshaber des Suchschiffes, die ihn heimtückisch ins Meer stürzen. Damit scheint alles und für immer verloren – ein Auseinanderbrechen, wie es wesentlich zum Ablauf eines Zaubermärchens gehört. Wir haben also ein eindeutiges Zaubermärchen vor uns? Daß die Erzählung von der aus Gefangenschaft und Sklaverei erlösten Königstochter ursprünglich ein Zaubermärchen war, ist damit nicht gesagt, auch wenn sie die typischen Stationen des Zaubermärchens enthält: die Ablösung, die erste Vereinigung mit dem geliebten anderen Menschen, die scheinbar unwiderrufliche Zerstörung der Verbindung und der erneute, diesmal auf jeglichen Rückhalt verzichtende Einsatz füreinander. Es ist gut denkbar, daß wir das Ergebnis der Umschmelzung einer mit ganz anderer Absicht erdachten Erzählung in ein Zaubermärchen mit seiner charakteristischen Erzählabsicht vor uns haben. Es gibt, von der etwas ungereimt erscheinenden Verdoppelung des Freikaufs im Eingang abgesehen (Toter – und Braut), deutliche Zeichen einer Herkunft aus anderem Zusammenhang: Für die Erzählung ist der Kauffahrer und sein Handelsauftrag wesentlich. Dieser Kauffahrer gewinnt die Königstochter: von England, von Portugal, von einem fantastisch fernen Land wie Armenien. Nicht der Verkannte, der als Dummling vom Vater und den Brüdern Verachtete, sondern der Kaufmannssohn. Das paßt zu der Zeit, in der der aufstrebende Kaufmannsstand der Selbstrechtfertigung bedurfte und die Spielregeln und Tugendvorstellungen des Rittertums übernahm. Ähnliches, jedoch im gesellschaftskritischen Sinn, stellt sich im Volksbuch vom *Fortunat* dar, das auf einem Märchen beruht (AT 566 → *Der Krautesel*). Aber, um bei dieser Parallele zu bleiben: Es könnte auch sein, daß ein älteres Zaubermärchen im ausgehenden Mittelalter den Rechtfertigungsbedürfnissen entsprechend umgewandelt – und später wieder der eigentlichen Märchenfunktion nutzbar gemacht worden ist.

Doch kehren wir zum zweiten Teil des Märchens zurück. Bei JAHN ist es ein Adler, der den jungen Mann rettet (der Tote in Adler-Gestalt) – bei WOLF ist es ein Schwarzer (den der Gerettete für den Teufel hält). Von dem Motiv des Vertrags, der nun zwischen dem Geretteten und seinem mit übernatürlichen Kräften begabten Helfer geschlossen wird (endgültiger Einsatz für den geliebten anderen), weiß der Jahnsche Erzähler nichts. Aber dieser Vertrag, alles Erworbene brüderlich zu teilen, führt am Ende zur letzten Erprobung der Treue. Der Wolfsche Erzähler weiß es: Dabei muß der Gerettete sein erstes Kind versprechen. Bei JAHN erwirkt die Königstochter nicht nur den Aufschub der Hochzeit mit dem gewalttätigen Betrüger, sondern sie stellt eine Bedingung, die diese Hochzeit für alle Zeiten verhindert: Sie wird nur den heiraten, der den Turm ihrer Gefangenschaft nachzubilden vermag, also der ihn gesehen, der sie von dort errettet hat. Bei WOLF verlangt sie, daß das Brautzimmer nach ihren eigenen Gedanken ausgemalt wird (und auch das kann nur der wahre Retter). Das geschieht dann, reich ausgesponnen: Der Gerettete, der als Lebkuchenbäcker in die Hauptstadt gelangt, wird vom König beauftragt, die Zimmer der Königstochter auszumalen. Was er jedoch malt, ist seine eigene Lebensgeschichte. Nach der dramatisch gestalteten Wiedererkennens-Szene werden die drei Verräter gerichtet, und die zweite, endgültige Hochzeit findet statt. Aber dann gesteht er seiner Frau den Pakt mit dem Helfer, der auch nach Jahresfrist erscheint und seinen Lohn fordert. Die Probe der Treue ist bei WOLF ein wenig umgedeutet: Der Schwarze läßt den beiden selbstverständlich das Kind, fragt aber den Geretteten, warum er ihn für den Teufel gehalten habe – und gibt sich als der freigekaufte tote Sklave zu erkennen, der nun endlich seine Ruhe finden kann. Sehr gut

erzählt, aber so gut wie ganz beschränkt auf das Versprechen, mit dem freigekauften Toten alles brüderlich zu teilen, ist die 1553 erschienene zweite Erzählung der elften Nacht des Gianfrancesco STRAPAROLA (AT 508): Der Helfer prüft die Treue seines Schützlings, von dem er, bevor er für immer die Welt verläßt, die Hälfte der Königstochter fordert (die Bertuccio losgekauft und durch das Ansehen, das er durch des Toten Roß und Gewänder gewonnen, vom König zur Frau erhalten hat). Auch eine zweite Fassung bei JAHN verdient es, zum Vergleich herangezogen zu werden: *Die Mädchen im Pfluge* (VPR 35), dazu bei STRACKERJAN: *Der dankbare Tote* (ASO 623).
Eng verwandt mit diesem Märchentyp sind die in der internationalen Klassifikation benachbarten von AT 505 bis AT 508. Als eigentliches Zaubermärchen ist dabei besonders wertvoll – aber ebenfalls in der Grimmschen Sammlung nicht vertreten – die Erzählung von der Erlösung der Königstochter aus der inneren Gewalt eines Dämons und Bergtrolls, wie es von August EY aus dem Harz aufgezeichnet worden ist (AT 507 A → *Die verwünschte Königstochter,* HMB 24) und wie es Hans Christian ANDERSEN in liebenswürdig poetischer Kleinmalerei aus seiner Kindheitserinnerung 1835 ausgestaltet hat: → *Der Reisekamerad.* Alle diese Erzählungen haben den als übernatürlichen Helfer einspringenden dankbaren Toten gemeinsam. Aber die Erlebnisse und Bewährungsabenteuer auf dem Weg zur Gewinnung der Königstochter und vor allem die innere Auseinandersetzung um die zwiespältige Geliebte ist völlig anderer Art. Enger verwandt sind dagegen die Märchen, in denen die Königstochter nicht aus der Sklaverei, sondern aus einer Räuberhöhle befreit werden muß, oder in denen statt eines jungen Kauffahrers ein junger Seemann auszieht (AT 506 B), weil er, ähnlich wie im Märchen von den drei geraubten Königstöchtern, das Wort des Königs gehört hat, der dem Retter eine seiner Töchter verspricht (AT 301 A → *Das Erdmännchen*). Man sollte von allen diesen Märchentypen nicht sagen, daß Glaubensvorstellungen von den nicht in Frieden gelassenen Toten und insbesondere von den armen Seelen und ihrer Dankbarkeit Anlaß zur Bildung dieser Märchen gegeben hätten. Es ist vielmehr so, daß alles, was an Vorstellungen verfügbar ist, vom Märchenerzähler eingeschmolzen wird, wenn es der Erzählabsicht dienlich ist. Ganz genauso macht es ja beispielsweise auch der Legendenerzähler. Wenn um 1300 der provençalische Dominikaner JOHANNES GOBII JUNIOR in seiner *Scala caeli* von der wunderbaren Hilfe

des *Hl. Nikolaus* erzählt, so greift er das Märchen von der erretteten Königstochter auf und läßt den Heiligen die Rolle des dankbaren Toten spielen – dabei muß er freilich das Begräbnis des Schuldners, den Freikauf der geschändeten Leiche, die Hingabe der gesamten Barschaft des ausziehenden jungen Mannes durch ein Opfer für eine ihm geweihte und nun verfallende Kirche ersetzen. An dieser Stelle sei auch der Hinweis eingefügt, daß es einige Anzeichen für eine innere Verwandtschaft mit den Märchen vom → *Gestiefelten Kater* (AT 545 B) und vom → *Treuen Johannes* (AT 516) gibt. Die folgenreichste Bearbeitung jedoch, sehen wir von dem in seiner stofflichen Herkunft fast unkenntlichen Legendenroman *Der guote Gêrhart* des RUDOLF von Ems (um 1225) ab und auch von den Dramen des Pedro CALDERÓN de la Barca und des Lope de VEGA, erfuhr unser Thema durch die *Histoire de Jean de Calais.*

Magdelaine-Angélique de GOMEZ (geboren um 1684 in Paris), die Tochter des Schauspielers Paul POISSON, veröffentlichte 1723 im zweiten Band ihrer *Journées amusantes* (S. 253–317) eine Fassung unseres Märchens, die als Volksbuch und in Form von Bilderbogen eine ungeheure Verbreitung fand und natürlich auch nicht ohne Spuren in der mündlichen Überlieferung geblieben ist. Der Kaufmannssohn Jean aus Calais bezahlt auf der Insel Oriamanie (wohl Armenien, das ja auch in anderen französischen Volksbüchern eine Rolle spielt) die Schulden eines Toten und bestattet den von Hunden zerfleischten Leichnam. Auch kauft er Seeräubern zwei Sklavinnen ab und nimmt die eine, Constance, zur Frau, weshalb ihn der Vater verstößt. Dennoch rüstet er ihm noch einmal ein Schiff aus. Jean malt auf Geheiß seiner Frau ihr, ihres kleinen Sohnes und ihrer Freundin Isabelle Bild auf dieses Schiff und fährt damit nach Lissabon, wo der König im Bild der Constance seine geraubte Tochter erkennt. Er nimmt Jean als Schwiegersohn auf und sendet ihn mit dem Prinzen Dom Juan nach Calais, um Constance heimzuholen. Auf der Rückfahrt stößt Dom Juan den jungen Kauffahrer ins Meer, denn er selber will Constance gewinnen. Aber Jean von Calais hat sich auf eine Insel gerettet und trifft nach Jahren einen Unbekannten, der von der bevorstehenden Hochzeit mit Dom Juan berichtet. Jean von Calais schließt einen Pakt, dem Fremden die Hälfte dessen zu geben, was ihm das Liebste ist. Schlafend wird er nach Lissabon gebracht, die Freundin seiner Frau erkennt ihn und bringt ihn zu Constance und dem König. Der Betrüger wird gerichtet. Aber bei dem großen Fest des Wiedervereint-

Seins erscheint der Fremde und fordert die Hälfte des Sohnes von Jean und Constance. Als er sieht, daß Jean zu seinem Wort steht, gibt sich der Fremde als der von Jean bestattete Tote zu erkennen.
Die *Journées amusantes* sind bis 1758 in mindestens sieben Auflagen erschienen; die erste bekanntgewordene Einzelausgabe des *Jean von Calais* kam aber bereits 1738 in Brüssel heraus. Für den Kolportagehandel erhielt Jean GARNIER in Troyes 1758 die Druckerlaubnis; er ließ bezeichnenderweise in seinen bis in die Mitte des 19. Jahrhunderts erscheinenden Auflagen das Motiv der Teilung des Kindes fort. Zur gleichen Zeit wurden jedoch in Caen und Limoges andere Kolportagehefte veröffentlicht, die keineswegs auf das Teilungsmotiv verzichteten. Ab 1769 nahm sich auch die *Bibliothèque bleue* des *Jean von Calais* an (mit einem von Jean CASTILLON erweiterten und bearbeiteten Text – ohne das Teilungsmotiv). Die Castillonsche Fassung wurde dann ihrerseits bearbeitet und erneut auf dem Kolportagemarkt ausgenutzt (nun ist der dankbare Tote durch einen Schutzengel ersetzt). Die erste deutsche Bearbeitung des *Jean von Calais* scheint 1761 in Berlin herausgekommen zu sein. Der Einfluß französischer Märchen in Original und Übersetzung in Deutschland ist damals bekanntlich sehr groß gewesen.

4. Die Literaturangaben zu den Märchen vom dankbaren Toten finden sich beim Artikel von der → *Verwünschten Königstochter* (AT 507 A).

Die schlafende Schöne im Wald

AT 410 Perrault HCTP 1

1. Im Februar 1696 wurde im Pariser *Mercure galant*, vielleicht von Marie-Jeanne L'HÉRITIER de Villandon, wie Paul DELARUE annimmt, der Redaktion zugestellt, *La belle au bois dormant* veröffentlicht, und im Januar 1697 folgte der Abdruck als Nr 1 in den *Histoires ou contes du temps passé, avec des Moralitez* in Paris bei BARBIN, herausgegeben von Charles PERRAULTS damals 18jährigem Sohn Pierre Darmancourt PERRAULT (1678–1700). Die weltberühmte Sammlung, die erste für junge Leser bestimmte überhaupt, wird also von einer vollständigen Fassung des von der aus einem Zauberschlaf erlösten, dann aber von der

Mutter ihres Mannes gnadenlos verfolgten jungen Frau eingeleitet. In deutscher Sprache dürfte *Die schlafende Schöne* als Nr 4 im ersten Band von Friedrich Justin BERTUCHS *Blauer Bibliothek aller Nationen* (Gotha 1790) den nachhaltigsten Einfluß entwickelt haben.

2. Ein König und eine Königin wünschen sich lange vergeblich ein Kind. Als schließlich ein Mädchen geboren wird, laden sie alle sieben Feen des Landes als Paten ein und vergessen eine uralte achte. Die ersten sechs begaben das Kind reich – dann verflucht es die vergessene jedoch zum Tod durch einen Spindelstich, während die siebte Fee den Fluch zu 100jährigem Schlaf mildert und die Erweckung durch einen Königssohn voraussagt. Zwar verbietet der König die Spindeln im Land – aber in einem fremden Schloß findet das Mädchen eine spinnende Alte, sticht sich und schläft ein. Die vom Vater herbeigeholte siebte Fee läßt das ganze Schloß einschlafen, die Eltern nehmen Abschied, eine Dornenhecke wächst um das Schloß.
Nach 100 Jahren jagt ein Königssohn in der Umgebung und hört von einem alten Bauern die Geschichte. Er dringt in das Schloß ein, die Königstochter und alle anderen mit ihr Verwunschenen erwachen. Der Königssohn und die Königstochter heiraten einander – offenbar ist PERRAULT hier aus Gründen der Wohlanständigkeit von seiner Vorlage (möglicherweise war es der Roman *Perceforest*) abgewichen. Da sich der Königssohn vor seiner menschenfressenden Mutter fürchtet, hält er die Verbindung geheim. Erst als sein Vater stirbt und er selbst König wird, bringt er seine Frau und seine beiden Kinder zu sich nach Hause. Eines Tages muß er ins Feld ziehen und Frau und Kinder in der Obhut seiner Mutter lassen, die sogleich der Reihe nach die Enkelkinder und die Schwiegertochter zu fressen versucht – aber mit Lamm-, Zicklein- und Hirschkuhbraten getäuscht wird. Als sie die Täuschung entdeckt, beschließt sie, fürchterliche Rache zu nehmen. Die unerwartete Heimkehr ihres Sohnes vereitelt jedoch den Anschlag, und in ihrer Wut bringt sie sich selber um.

3. Zwar heißt es meist, die Perraultsche Fassung, die in der französischen mündlichen Überlieferung so gut wie unbekannt ist, fuße auf der Erzählung des Neapolitaners Giambattista BASILE: *Sole, Luna e Talia* (vom fünften Tag die fünfte Erzählung seines *Pentamerone*), aber in Wirklichkeit steht sie dem aus dem 14. Jahrhundert stammenden französischen Prosaroman *Percefo-*

rest in mehreren bezeichnenden Einzelheiten näher (im dritten Buch: *L'histoire de Troylus et de la belle Zellandine*). Bei der Geburtsfeier verwünscht Themis, eine der drei anwesenden Göttinnen, die schöne Zellandine, denn Themis hat kein Messer vorgefunden: Zellandine soll sich an der Flachsfaser ihrer ersten Kunkel zu Tode stechen. Venus schwächt die Verwünschung jedoch ab: Sie soll schlafen, bis ihr jemand die Flachsfaser aus dem Finger saugt. Und damit ist der Grund zu einer höchst romantisch märchenhaften Erzählung gelegt, die an AT 551 (→ *Vogel Phönix*) erinnert und zugleich an AT 432 (→ *Der blaue Vogel*).
Der Liebhaber erscheint auf dem Rücken eines Vogels; er wohnt der schlafenden Schönen bei, tauscht einen Ring mit ihr und entschwindet. Zellandine gebiert im Schlaf einen Knaben – das Kind saugt aus ihrem Finger die Flachsfaser, und damit erwacht die Schöne. G. BASILE hat möglicherweise diesen Roman gekannt; immerhin wurde er 1525 bereits ins Italienische übersetzt. Aus den Göttinnen sind bei BASILE Wahrsager geworden, aus dem Liebhaber auf dem Vogelrücken ein jagender König, dessen Falke entfliegt und den Weg zu der schlafenden Schönen zeigt. Gebiert die Schlafende in dem französischen Roman, dessen Verfasser wir nicht kennen, einen Knaben, so sind es bei BASILE Zwillinge – und der König versucht zunächst, sein Geheimnis zu wahren, weil er bereits verheiratet ist. Möglicherweise hat PERRAULT beide Vorlagen gekannt oder eine Fassung, auf die sowohl *Perceforest* als auch BASILES *Sole, Luna e Talia* zurückgehen (und ebenso eine katalanische Versnovelle desselben Stoffes, auch aus dem 14. Jahrhundert).
So wenig wie die auf PERRAULT zurückgehende Fassung der Brüder Jacob und Wilhelm GRIMM (KHM 50 → *Dornröschen*) auf eine eigenständige Überlieferung in deutscher Sprache zurückblicken kann, so wenig ist das auch bei der Perraultschen Fassung und der Überlieferung in französischer Sprache der Fall. Paul DELARUE und Marie-Louise TENÈZE können nicht mehr als drei Fassungen nachweisen; davon ist die eine fraglos von PERRAULT abhängig – die beiden anderen stellen jedoch merkwürdigerweise eine Verbindung mit dem sonst eher literarisch bedingten Stoff von dem häßlichen aber gescheiten Königssohn dar (vgl PERRAULT HCTP 7: *Riquet à la houppe*): Weil die Königstochter sich weigert, einen häßlichen Menschen zu heiraten, wird sie in Schlaf versetzt.

4. Literaturangaben beim Artikel vom → *Dornröschen*.

Der Schlüssel → *Ferdinand Getreu* (Abschnitt 3)

Der Schmied und der Pfaffe → *Die goldene Gans* (Abschnitt 3)

Schneeweißchen und Rosenrot

AT 426 KHM 161

1. Die Erzieherin Caroline STAHL, geb. DUMPF (1776–1837) veröffentlichte 1818 in Nürnberg bei CAMPE ihre Sammlung *Erzählungen, Fabeln und Mährchen für Kinder* (in deutschen Bibliotheken nicht nachweisbar), die bereits drei Jahre später in der zweiten Auflage erschienen. Wilhelm GRIMM entnahm daraus das moralisierende und an französische Vorbilder erinnernde Kunstmärchen *Der undankbare Zwerg* und erzählte es auf seine Weise nach, wohl in der Annahme, auf einen Erzählstoff der Volksüberlieferung gestoßen zu sein. Unter dem neuen Titel *Schneeweißchen und Rosenrot* brachte er es als Nr 161 im zweiten Band der dritten Auflage von 1837.

2. Eine arme Witwe lebt einsam mit ihren beiden schönen und guten Töchtern in einer Hütte. Eines Abends im Winter erscheint ein Bär und bittet, sich aufwärmen zu dürfen. Der Bär schließt Freundschaft mit den Mädchen. Wenn sie beim Balgen seine Gutmütigkeit zu sehr auf die Probe stellen, sagt er einen Spruch, der bereits vor Caroline STAHL 1813 in der Literatur aufgetaucht ist und darauf hindeutet, daß eigentlich *Schneeweißchen und Rosenrot* der Name eines einzigen Mädchens und er selbst der zukünftige Freier ist. Haben wir also eine für die brave, aufgeklärte Kinderstube kaum noch kenntliche Umwandlung des Eingangs vom Bärenbräutigam (AT 425 B) vor uns, wie er schlicht und ohne Umschweife bei ASBJØRNSEN und MOE in → *Östlich von der Sonne und westlich vom Mond* erzählt wird?
Die Selbstverständlichkeit des Wunderbaren schimmert nur selten durch die Kleinmalerei der bürgerlichen Idylle, die Belehrung und die rationalistischen Begründungen: Im Frühjahr (wenn der Boden nicht länger gefroren ist) muß der Bär das Haus verlassen, um seine Schätze vor diebischen Zwergen zu hüten. Die Mädchen treffen auch gleich dreimal auf einen höchst unfreundlichen Zwerg, den sie beim Stehlen von Schätzen über-

raschen, auch wenn er das zu vertuschen sucht. Unter den Wurzeln eines gefällten Baumes holt er einen Sack Gold hervor, im Schilf einen Sack Perlen, aus einer Höhle unter einem Findling einen Sack Edelsteine. Jedesmal gerät er in Schwierigkeiten, denn offenbar sind die Schätze bewacht: Er klemmt seinen Bart im Stamm ein, ein Fisch will ihn ins Wasser reißen, ein Adler ihn davontragen. Die beiden Mädchen retten ihn – ernten aber nichts als Schelte. Schließlich will der haßerfüllte Dieb die Mädchen dem Bären als Leckerbissen empfehlen. Aber damit ist sein Spiel zu Ende. Der unvermutet auftauchende Bär schlägt den Zwerg tot und verwandelt sich in einen strahlenden Königssohn. Er ist erlöst, denn es war niemand anderer als der Zwerg, der ihn verwunschen hatte und sich obendrein seiner Schätze zu bemächtigen suchte. Der Erzähler (und das ist in diesem Fall Wilhelm GRIMM, der einen Märchenschluß brauchte) weiß sich aus der Verlegenheit zu helfen. Von den zwei Mädchen, die sich einträchtig am Erlösungswerk beteiligt haben, indem sie dreimal dem Gegenspieler aus der Klemme halfen, erhält die eine den Königssohn zum Mann und die andere, so einfach ist das, seinen bisher nicht erwähnten Bruder.

3. Es haben sich bisher nur ganz wenige Fassungen dieses Märchens gefunden; sie gehen vermutlich alle auf Wilhelm GRIMMS Nacherzählung, auf Caroline STAHLS Text oder möglicherweise auf deren unbekanntes Vorbild zurück, das wohl eines Tages entdeckt wird. Ein anschauliches Beispiel für Rückkehr und Umwandlung einer solchen literarischen Fassung in die mündliche Überlieferung ist die Fassung aus dem sardischen Binnenland, von der Felix KARLINGER berichtet. Nicht nur die Sprache verliert das Künstliche, und das Umfeld ändert sich – ganze Motivketten werden durch Näherliegendes ersetzt, zumal es in der sardischen Überlieferung keine Zwerge gibt, wohl aber eigentliche Dämonen, Vampire. Die beiden Mädchen vermissen zweimal ein Tier ihrer kleinen Herde und werden hinausgelockt aus ihrem häuslichen Bereich – aber der Bär treibt ihnen das entführte Tier wieder zu. Erst mit der dritten Begegnung kehrt der sardische Erzähler, der möglicherweise ein lesekundiger Mann war und unmittelbar aus dem Deutschen übersetzte, zur Grimmschen Fassung zurück, wobei aus den Edelsteinen die Zaubersteine des Bärenmenschen werden.

4. BP 3, 259–260. – F. KARLINGER: Schneeweißchen und Rosenrot in Sardinien. In: Brüder Grimm Gedenken. Marburg 1963. 585–593. – NITSCHKE 1, 81–96. – K.-U. PECH in LexKJL 3, 450. – RANKE 2, 52–55.

Der schnelle Soldat

AT 665 Ey HMB 51

1. Der Bürgerschullehrer und Mundartdichter Carl August Eduard EY (1810–1870), Sohn eines Bergmannes, veröffentlichte 1862 in seiner, wie er schreibt, ausschließlich aus mündlicher Überlieferung geschöpften Sammlung *Harzmärchenbuch oder Sagen und Märchen aus dem Oberharze* (Stade: Fr. Steudel) S. 165–172, nach neuem Zählungsvorschlag HMB 51, unter dem Titel *Der schnelle Soldat* die Fassung eines in deutscher Sprache sonst nur spärlich belegten Zaubermärchens von dem jungen Mann, dem die Gabe verliehen ist, drei Reiche der Luft, des Wassers und der Erde in jeweiliger Tiergestalt durchmessen zu können.

2. Nach dem Tod der Eltern wird ein Handwerksbursche von seinen Geschwistern um sein Erbe betrogen. Er erhält nichts weiter als einen Pfennig, verläßt den Ort, der einmal seine Heimat war, und gibt einem Almosen heischenden Greis den einzigen Erbpfennig. Aber dieser Greis ist nicht irgendwer; er schenkt dem jungen Mann die Gabe, sich in einen Hasen, einen Fisch oder eine Taube zu verwandeln, sagt ihm auch eine zweite Begegnung voraus. Und da Märchenerzähler und Zuhörer stets auf ausgleichende Gerechtigkeit hoffen, entdeckt der junge Mann, daß der Alte mit seiner Bemerkung recht hatte, die Geschwister würden sich des Betrugs nicht lange freuen: Hinter ihm brennt sein Dorf an allen vier Enden. Als er hinzueilt, gibt es nichts mehr zu retten. Der Alte hat das Dorf in Schutt und Asche gelegt. Unser Handwerksbursche stellt die Gabe auf die Probe, indem er sich für kurze Zeit in einen Fisch verwandelt; dann läßt er sich als Soldat anwerben und zieht bald darauf in den Krieg. Als der König merkt, daß er seinen Zauberring zu Hause vergessen hat, verspricht er dem, der ihm rechtzeitig den Ring bringt, seine Tochter zur Frau. Da bietet sich der junge Mann an und verwandelt sich in einen Hasen. Was er freilich nicht weiß, ist, daß ihm ein Neider gefolgt ist und die Verwandlung beobachtet hat. Der Soldat verwandelt sich schließlich in eine Taube und fliegt durch das Fenster des Schlosses in die Kammer der Königstochter. Als Taube sagt der junge Mann dem Mädchen, es solle ihm drei Federn ausreißen, als Fisch drei Schuppen, als Hase ein Stück vom Schwanz. Da steht ein hübscher junger Soldat vor der

Königstochter und bittet im Namen des Königs um den die Schlacht entscheidenden Zauberring. Er erhält ihn, fliegt als Taube zurück – doch als er sich in den Hasen verwandelt hat, um die letzten paar hundert Schritte zum Lager zurückzulaufen, wird er von dem verräterischen Kameraden erschlagen. Der andere nimmt den Ring, bringt ihn dem König und erhält das Versprechen, die Königstochter heiraten zu dürfen. Der König gewinnt die Schlacht – aber die Königstochter weigert sich, den Betrüger zu heiraten, und erhält eine Frist von einem Jahr.
Am Abend der Schlacht ist allerdings der merkwürdige alte Mann wieder aufgetaucht, hat den erschlagenen Hasen ins Leben zurückgerufen und dem wiederbelebten Soldaten geraten, als Taube zu seiner Braut zu fliegen und sich neun Tage vor ihrem Fenster sehen zu lassen. So geschieht es. Als die Königstochter die Taube lockt, hält er tapfer die neun Tage durch, um schließlich am Ende der Frist durchs Fenster zu fliegen und sich der Braut auf den Arm zu setzen. Dann trägt er ihr auf, die drei Federn einzusetzen, dem Fisch die drei Schuppen, dem Hasen das Stück Schwanz – am Ende der Verwandlungskette steht der hübsche junge Soldat vor ihr. Die Liebenden heiraten einander, der Betrüger aber wird aufgehängt.

3. Es war Edmund MUDRAK (1894–1965) der diese Fassung des Bergmannssohnes August EY als wichtiges Zeugnis eines, da in der Grimmschen Sammlung nicht vertretenen, sonst unbeachtet gebliebenen Märchentyps in seine typologisch bestimmte Zaubermärchenauswahl aufnahm.
Der Erzähler greift gleich eingangs die bittere Erfahrung seiner Zuhörer auf, betrogen und ausgetrieben zu werden, und bricht mit ihnen die Brücken zu den Geschwistern und dem verwaisten Elternhaus ab. Mit dem leichten Herzens hingegebenen einzigen Erbpfennig tauschen wir als Zuhörer freilich wunderbare Bestätigung auf unserem eigenen Weg ein: Erde, Wasser, Luft sind uns auf völlig unerwartete Weise erschlossen, und dem jungen Helden gelingt es mit traumwandlerischer Sicherheit, seinem König den Schlachten entscheidenden Ring oder das unwiderstehliche Zauberschwert herbeizuschaffen – selbst aber im Flug Zugang zur Liebsten zu erhalten. Es versteht sich, daß die Gestalt des Helfers, der meist ein Almosen heischender Greis ist, leicht auch vom Erzähler aus den Märchen vom dankbaren Toten entlehnt wird, zumal auch in diesem Märchen die ganze verfügbare Barschaft hingegeben wird (AT 505–508; → *Der Schiffer*

und die drei Königstöchter von Engelland, AT 506 A; → *Der Reisekamerad*; → *Die verwünschte Königstochter*, beide AT 507 A). Aber da der zu großen Taten erstmals aufgebrochene junge Mann die Verwandlungsgabe erhalten soll, haben ihn manche Erzähler gleich mit Tieren aus den drei Reichen Erde, Wasser und Luft zusammengeführt, die er durch sein Verhalten zur Dankbarkeit verpflichtet (AT 554 → *Die Bienenkönigin*; → *Die weiße Schlange*; → *Vom Mann ohne Herz*; man vergleiche vor allem das mit AT 316 verschmolzene Märchen von F. X. v. SCHÖNWERTH: *Die Wassernixe und der Junge, der sich in einen Falken verwandeln konnte*, SSO 2, S. 219–225). Leicht überhörbar ist die Ankündigung des Helfers, dem jungen Mann noch einmal zu begegnen. Möglicherweise hat hier die Zielform eine Warnung oder ein Gebot, das nicht übertreten werden darf, einzusetzen, dessen Nichtbeachtung das Unglück nach dem so erfolgreichen ersten Auszug begründen würde. Denn der Widersacher schläft nicht. Er wartet auf dem Feld vor dem Heerlager auf den mit dem Zaubergegenstand zum König zurückkehrenden jungen Mann in der wehrlosen Hasengestalt.

Es gibt ein paar Unklarheiten und erzählerische Ungeschicklichkeiten: So ist bei der magischen Überwindung des ersten langen Weges ein Gewässer vergessen worden, das durchschwommen werden muß. Zu fragen ist auch, was wohl die gewöhnliche Form sein dürfte: die verkürzte, wie sie bei Antti AARNE und Stith THOMPSON beschrieben ist, in der die Königstochter lediglich eine Taubenfeder zum Andenken behält, an der sie den rechten Freier wiedererkennen wird – oder die Form mit der zweimaligen vollständigen Verwandlungskette in Gegenwart der Liebsten, an der diese jeweils selbst mitwirkt (was einem rationalistischen Erzähler als unlogisch erscheinen dürfte). Möglich ist übrigens, daß die Erzählung vom wunderbar künstlichen Spielwerk, in dem verborgen ein Freier sich Zugang zur Kammer der Königstochter verschafft, die Kurt RANKE als eine etwas primitive Verführungsgeschichte gekennzeichnet hat (AT 854: *Der goldene Bock*), ein mehr ins Listig-Schwankhafte gewendeter Abkömmling unseres vermutlich älteren Zaubermärchens ist. Aber eines ist offensichtlich: Das Zaubermärchen von dem jungen Mann, dem bei seinem entschlossenen Aufbruch zur Selbstfindung eine dreifache wunderbare Gabe verliehen wird, läßt uns einen zweimaligen abenteuerlichen Weg der Bewährung miterleben, ein Scheitern nach dem ersten Auszug und der ersten glücklichen Vereinigung mit der Liebsten – eine glückliche, endgültige Vereinigung aber nach der Wiederbelebung und dem zweiten Auszug, den der unbekannte Gewährsmann des August Ey freilich etwas verkürzt und nicht allzu dramatisch erzählt hat.

4. E. Mudrak in DMDW 315–375. – W. E. Peuckert in: Deutsche Vierteljahresschrift für Literaturwissenschaft und Geistesgeschichte. 14. 1936. 279 (Anm. 1). – Ranke 2, 387–395.

Die Schöne mit den goldenen Haaren

AT 531 Aulnoy 1697

1. Unter dem Titel *La belle aux cheveux d'or* hat Marie-Catherine Le Jumel de Barneville, Baronin d'Aulnoy (vgl Abschnitt 1 zu → *Die weiße Katze*) 1697 im ersten Band ihrer Sammlung *Les contes des fées* (im *Cabinet des fées* Bd 2, S. 39–61 nachgedruckt) ihre besondere Fassung des Zaubermärchens von dem verleumderischen Arbeitskameraden und dem Auszug zur Gewinnung der goldhaarigen Königstochter veröffentlicht.

2. Die goldhaarige Königstochter schlägt die Werbung eines jungen Nachbarkönigs aus – bis dieser seinen Lieblingsvasallen schickt, von dem die Neider behaupten, er habe sich gerühmt, die Werbung mit besserem Erfolg durchführen zu können als der zuerst ausgesandte Werber (wofür er in den Turm geworfen, aber daraus wieder befreit wird, als der König die Klage hört und daraus seine Unschuld erkennt). Der Vasall wünscht für die Reise lediglich ein gutes Pferd und ein Sendschreiben. Unterwegs hilft er einem Karpfen, einem Raben und einem Uhu, die alle drei Dank versprechen.
Die Goldhaarige ist zauberisch schön; sie sitzt auf einem goldenen Thron, es erklingt eine zauberische Musik. Nacheinander stellt sie drei unmögliche Aufgaben, die der Vasall jedoch mit Hilfe seines Hündchens und der drei dankbaren Tiere löst. Die Hilfe des Hündchens (wohl eine ferne Erinnerung an das Zauberpferd, vgl → *Ferdinand Getreu und Ferdinand Ungetreu* sowie → *Höckerrößlein*, beide AT 531) beschränkt sich fast ganz auf Trost. Der Karpfen bringt den verlorenen Ring; der Rabe hackt dem alles verwüstenden und um die Goldhaarige werben-

den Riesen (vielleicht eine Erinnerung an das Märchen von der Braut des Unholds, AT 507 A) die Augen aus, so daß der Vasall ihm das Haupt abschlagen kann; das von Drachen in einer Schlangenhöhle bewachte Wasser der Schönheit (des Lebens?) wird vom Uhu geholt. Die Goldhaarige indessen fürchtet jedesmal um den Vasallen; schließlich bietet sie ihm die Ehe und die Krone an. Aus Treue zu seinem König verzichtet der Vasall. Dafür wird er nach der Hochzeit von seinen Neidern in den Kerker gebracht, denn es ist leicht, den König eifersüchtig zu machen. Auch hier tröstet ihn das Hündchen.
Eines Tages verleitet die Eifersucht den König, sich schöner zu machen und das Wasser der Schönheit zu benutzen – aber eine Dienerin hat das Glas zerbrochen und mit dem Wasser des Todes vertauscht: Der König stirbt. Das Hündchen erinnert die Königin an das Schicksal des Getreuen; sie befreit ihn, macht ihn zum König und heiratet ihn. An den Schluß stellt die Erzählerin, die offensichtlich der mündlichen Überlieferung in einem entscheidend wichtigen Zug nicht folgen wollte und die Schuld am Tod des ungeliebten Herrschers dem Zufall zuschiebt, eine Moral: Dem Unglücklichen soll man die Hilfe nicht verweigern, früher oder später wird man dafür belohnt.

3. Der Leser spürt, daß Marie-Catherine d'AULNOY ihr eigenes Thema anschlägt, wenn sie dieses altüberlieferte Zaubermärchen nacherzählt. Der mächtige, eitle und eifersüchtige König geht an sich selbst zugrunde. M.-C. d'AULNOY hat sorgfältig jeden Zug getilgt, der auf eine Mitschuld der goldhaarigen Schönen hindeuten könnte. Der junge Vasall dagegen ist fast allzu fein und höfisch und gar nicht heldisch geschildert – dennoch ist er tapfer. Er nimmt die beiden letzten Aufgaben in Angriff, obgleich er glaubt, in den sicheren Tod zu gehen. Seine Treue führt bis zum Verzicht auf die Liebe der von ihm tief verehrten Frau. Standhaft steht er Drangsal und Verkennung durch – bis er auf wunderbare Weise erhöht wird. Die Parteinahme der Erzählerin gegen den anmaßenden und wankelmütigen König und für den fast kindlich treuen, hübschen Vasallen hat ihr Gegenstück im Leben und Schicksal der Baronin d'AULNOY. Über andere Fassungen dieses Märchentyps, den Pëtr Pavlovič ERŠOV seinem berühmten Versmärchen vom → *Höckerrößlein* zugrundegelegt hat, → *Ferdinand Getreu und Ferdinand Ungetreu.*

4. Literaturangaben beim Artikel zu → *Ferdinand Getreu und Ferdinand Ungetreu.*

Die Schöne und das Tier

AT 425 C Leprince 1756

1. 1756 brachte die in England lebende französische Erzieherin Jeanne-Marie LEPRINCE de Beaumont (1711–1780) im fünften Dialog des dritten Tages ihres in London bei HABERKORN erschienenen *Magasin des enfans* neben erzieherischen Gesprächen, geschichtlichen und erdkundlichen Schilderungen, Nacherzählungen aus der Bibel und dergleichen auch eine Fassung des Amor-und-Psyche-Märchens heraus. Es beruhte auf einer fast 200 Seiten umfassenden, breit ausgesponnenen Einschuberzählung in Madame de VILLENEUVES Roman *La Jeune Ameriquaine et les Contes Marins* (La Haye 1740). Stilistisch hat Jeanne-Marie LEPRINCE de Beaumont ihre Fassung (die J.-Ö. SWAHN in seiner neuen Gliederung zum Untertyp 425 C rechnet) offensichtlich an Charles PERRAULTS Erzählweise angeglichen. Das Märchen erschien unter dem Titel *La belle et la bête* (bei Madame de VILLENEUVE: *Histoire de la bête*). Da sowohl die französische Originalausgabe als auch zahlreiche Übersetzungen des *Magasin des enfans* weiteste Verbreitung in den bürgerlichen Kreisen der europäischen Länder fand und gerade Jeanne-Marie LEPRINCE de Beaumonts Fassung des Märchens vom Tierbräutigam sich ganz besonderer Beliebtheit erfreute, sind seine Spuren deutlich in der mündlichen Überlieferung zu verfolgen. Kolportagebuchhandel, Bilderbögen, André Erneste Modeste GRÉTRYS Oper, später dann Bilderbücher und schließlich Jean COCTEAUS berühmte Verfilmung von 1946 haben dafür gesorgt, daß dieses Märchen zu einem der weitest verbreiteten überhaupt geworden ist.

2. Ein reicher Kaufmann hat zwei hoffärtige und böse Töchter und eine gute und schöne. Zusammen mit den später nicht mehr genannten drei Brüdern hilft dem Kaufmann die gute Tochter, die plötzlich eingebrochene Verarmung zu tragen. Als der Kaufmann in die Stadt reist, stellen die älteren Schwestern lächerlich große Ansprüche, während die jüngste nur um eine Rose bittet. Jedoch der Vater kehrt ärmer als zuvor zurück. Er verirrt sich im Schnee, wird auf wunderbare Weise in einem menschenleeren Schloß aufgenommen – aber als er am Morgen einen Rosenzweig bricht, verwirkt er sein Leben. Der Besitzer des Schlosses, ein Tier, fordert seinen Tod oder stellvertretend den Tod einer seiner Töchter – falls eine davon zu einem solchen Opfer über-

haupt bereit ist. Als Zuhörer wissen wir: Nur die Jüngste wird das Opfer auf sich nehmen. Sie begleitet den Vater in das Schloß des Tieres. Sie gewinnt das gutmütige Tier lieb (das von sich sagt, es besitze keinen Geist) – aber sie schlägt es aus, seine Frau zu werden.
Die Jüngste führt in dem Schloß des merkwürdigen Wesens ein angenehmes Leben. Als sie jedoch eines Tages in dem Zauberspiegel sieht, daß ihr Vater erkrankt ist, bittet sie um Urlaub. Sie verspricht, zurückzukehren – und wird auf der Stelle in das Haus ihres Vaters versetzt. Die neidischen Schwestern, deren Männer in sich selbst, ihre eigene Schönheit und in ihren erlesenen Geist vernarrt sind, wollen das Glück der Jüngsten zerstören. Durch Heuchelei halten sie die jüngste Schwester über die gesetzte Frist fest. Aber im Traum, denn der Traum ist stets unser besseres Wissen, sieht die Schöne das sterbende Tier. Sie bereut, daß sie sich hat betören lassen, und versetzt sich, ohne zu zögern und ohne noch ein Wort mit ihrem Vater zu sprechen, zu ihrem Tier – das sie tatsächlich so findet, wie es ihr geträumt hat. Jetzt weiß sie, daß es mehr ist als Freundschaft, was sie mit dem Tier verbindet. Durch ihre Erklärung, es nie mehr zu verlassen, ihm ganz zu gehören und seine Frau zu werden, erlöst sie einen schönen und geistreichen Königssohn aus seiner Verwünschung in eine Dunkelgestalt. Die Fee, die gleich zu Eingang der Schönen im Traum Zuversicht zugesprochen hatte, erscheint und verwandelt die älteren Schwestern in Steinbilder. Als Steinbilder müssen sie Zeuge des Glücks ihrer jüngsten Schwester sein. Erlöst werden können sie nur, falls sich ihr böses Herz wandelt. Und das, meint die Erzählerin, werde wohl schwerlich je der Fall sein.

3. Für den Zuhörer oder Leser des Märchens von der Schönen und dem Tier gibt es von Anfang an keinen Zweifel, welche Rolle zu übernehmen ist: die der Sonderstellung, die Rolle der Jüngsten, zunächst verkannten, vereinzelten. Ihr werden zwei andere, genauer gesagt eine doppelt besetzte, also eine scheinbar übermächtige Kontrastrolle entgegengestellt.
Die gute, jüngste Tochter liebt ihren Vater über alles. Sie hilft, wo immer sie kann; die Bosheit der Schwestern durchschaut sie jedoch nicht. Von der Mutter ist überhaupt nicht die Rede – allerdings wird die Jüngste von ihrer Feenpatin auf dem Weg zu sich selbst bestärkt. Sie gewinnt das Tier wegen seines guten Herzens lieb, weigert sich aber, zunächst jedenfalls, ihm ganz zu

gehören. Noch ist der Vater, ihr unbewußt, der Ausschließliche. Aber dann läßt sie sich dazu verleiten, ihr Versprechen nicht einzuhalten und – um ein Haar führt die Heuchelei der Schwestern sie fort vom unbewußt längst beschrittenen Weg zu sich selbst. Sie begreift den tödlichen Schmerz, den sie ihrem Tier zugefügt hat. Sie ist entschlossen, gutzumachen und auf dem eingeschlagenen Weg zurückzukehren. Angesichts des sterbenden Tieres (und im Hinblick auf die zwar schönen und geistreichen, aber lieblosen Ehemänner der Schwestern) wird sie sich ihrer Liebe bewußt. Und gerade damit erlöst sie den Königssohn aus seiner Dunkelgestalt. Ihr auf Güte, Partnerschaft und lebendige Liebe gebautes Glück wird von Jeanne-Marie LEPRINCE de Beaumont als beispielhaft dargestellt. Das Glück der Jüngsten ist, und diese Folgerung muß jeder Zuhörer oder Leser ziehen, durch einen scheinbar zufälligen Wunsch und zwei wirklich eigenständige Entscheidungen aufgebaut worden: durch den Wunsch nach einer Rose – dann durch die Bereitschaft, für den Vater zu sterben, schließlich durch die rückhaltlose Liebeshingabe an das Tier. Aber bereits im ersten Teil der Erzählung bahnt die schrittweise freundschaftliche Anteilnahme am Partner in seiner Dunkelgestalt an, was im zweiten Teil mit der entschlossenen Zuwendung nach dem gerade noch verhinderten Zusammenbruch zu der glücklichen Wende führt. Die kindliche Vaterbindung, so bewundernswert und hilfreich sie anfangs und zu ihrer Zeit ist, muß eine Wandlung erfahren. Nur der Verzicht auf die Ausschließlichkeit der kindlichen Tochter-Vater-Bindung ermöglicht den Zuwachs auf dem Feld der reiferen seelischen Bindung. Das aber heißt: eigentliches Erwachsensein. Das Mitspielen gerade dieser Rolle des zwischen ihrem Vater und dem Geliebten stehenden Mädchens führt den Zuhörer oder Leser zum Durchleben und Erarbeiten einer elementar wichtigen Rolle in einer Hauptbeziehung der Menschen zueinander: der partnerschaftlichen Liebe. Erstaunlich, wie zielsicher die französische Erzieherin dieses Märchen ausgerechnet während der Aufklärungszeit einsetzte. Das Märchen von der Schönen, die erkennt, daß die Katastrophe des Partners auch ihre eigene ist, zeigt sich als Schulbeispiel für die im Zaubermärchen notwendige Abfolge der drei Stationen Tabuverletzung, Katastrophe, Wendung zur endgültigen Selbstfindung. Auf die Suchwanderung verzichtet die Erzählerin – die rasche Erkenntnis dessen, was notwendig ist, muß die unbewußte Verarbeitung auf einer Suchwanderung ersetzen. Wir sind in der Aufklärungszeit.

Hinweise auf andere Fassungen, weitere Märchentypen im Umkreis des eigentlichen Amor-und-Psyche-Märchens und Motivzusammenhänge in den Artikeln → *Östlich von der Sonne, westlich vom Mond* (AT 425 B), → *Der Eisenofen* (425 A) und → *Das singende springende Löweneckerchen* (425 A).

4. Literaturangaben beim Artikel → *Das singende springende Löweneckerchen.* – Die wichtigste Darstellung verdanken wir M. A. REYNAUD: Madame Le Prince de Beaumont. Bd 1. 2. Lyon 1971.

Die schwarze Prinzessin → *Hans, der Grafensohn*

Schwan kleb an → *Die goldene Gans* (Abschnitt 3)

Die sechs Schwäne

AT 451 KHM 49

1. Henriette Dorothea (Dortchen) WILD (1793–1867) erzählte am 19. Januar 1812 im Gartenhaus, wie es heißt, ein Schwanenmärchen des gleichen Typs wie die beiden Rabenmärchen, die Jacob und Wilhelm GRIMM bereits kannten und Clemens BRENTANO in Abschrift übergeben hatten (→ *Die zwölf Brüder,* → *Die sieben Raben*). In allen drei Märchen ist die Hauptgestalt ein Mädchen, das seine Brüder sucht; in unserem Märchen werden jedoch die Brüder durch eine hexenhafte Stiefmutter in Schwäne verwandelt. Die Fassung, 1812 im ersten Band der Erstausgabe als Nr 49 und unter dem Titel *Die sechs Schwäne* veröffentlicht und 1819 noch einmal wesentlich erweitert, zeigt gewisse Anklänge an die lateinische Erzählung des Zisterziensermönchs JOHANNES aus der lothringischen Abtei Haute-Seille; 1195 hatte er es in seine Übertragung der *Sieben weisen Meister* eingefügt.

2. In der Grimmschen Fassung des Schwanenmärchens ist es nicht, wie in den Rabenmärchen, der Vater, der seine Söhne austreibt und verwünscht, sondern die hexenhafte Stiefmutter. Gewiß, man könnte sagen, daß erst durch die falsche Entschei-

dung dieses Vaters, der sich eingangs im Wald verirrt hat und sich, um wieder heimzufinden, ein Eheversprechen hat abpressen lassen, die schöne, aber schlimme Frau ins Spiel gekommen ist. Doch nachdem sich der Vater in dem einsamen Waldhaus den Weg nach Hause mit der trügerisch schönen Hexentochter erkauft hat (die er nur mit einem geheimen Grausen anschauen kann) und zurückgekehrt ist, bringt er sogleich seine Kinder aus der ersten Ehe in Sicherheit. Er führt die sechs Buben und das Mädchen in ein Schloß, zu dem nur er allein, mittels eines sich aufrollenden Zauberknäuels als Wegweiser, Zugang besitzt. Ist es im Rabenmärchen die Mutter, die Verbindung zu den vom Vater verbannten Kindern hält, so übernimmt im Schwanenmärchen der Vater diese Rolle. Mit keinem Wort verrät er seiner zweiten Frau, daß es die Kinder aus erster Ehe überhaupt gibt. Miterleben eines Märchens aber heißt, selbst der Ausgesetzte und Gefährdete zu sein, also im voraus zu wissen, von wem die an den Rand der Vernichtung führende Verfolgung zu erwarten ist. Der Zuhörer braucht auch nicht lange zu warten. Die zweite Frau des Vaters findet das Knäuel, geht ihm nach, sieht die sechs Söhne ihr entgegenlaufen und wirft ihnen weiße Zauberhemden über. Da werden sie zu Schwänen und fliegen davon. Tief befriedigt kehrt das falsche Weib heim – allerdings weiß es nicht, daß in dem einsamen Waldschloß noch ein Mädchen lebt. Das Mädchen berichtet dem Vater von der Verwandlung und dem Entschwinden der Brüder. Leider ist die Überlieferung nicht klar. Hegt der Vater keinen Verdacht gegen seine zweite, hexenhafte Frau? Die Tochter jedenfalls folgt ihm nicht, als er sie auffordert, mit ihm nach Hause zu gehen, sondern zieht heimlich aus, die Brüder zu suchen. Damit, so scheint es, ist für alle sieben Kinder die Verbindung zu ihrem Zuhause für immer und alle Zeit abgebrochen. Der Vater und seine Frau werden nicht mehr erwähnt. Aber es dauert nicht lange, bis eine andere, vergleichbar gefährliche Gestalt die Verfolgerrolle übernimmt: die Mutter des jungen Königs, mit dem das Mädchen sich vermählen wird.

Doch zunächst wandert das Mädchen einsam in die Welt. Die Suche nach den Brüdern wird nicht näher beschrieben, anders als sonst in den Rabenmärchen. Doch das Mädchen findet seine sechs Brüder in einer ebensolchen Wildhütte, wie es auch anderwärts geschieht, und ebenso erinnert die Szene in der Wildhütte an das Zwergenhaus im → *Sneewittchen*-Märchen (AT 709). Nur: Es ist kein allzu friedlicher Ort. Wie in zahlreichen Fassungen des Rabenmärchens ist das Leben der Schwester ernsthaft bedroht. Als die Schwäne abends heimkehren, freuen sie sich zwar sehr, ihre Schwester wiederzusehen, aber gleichzeitig erschrecken sie: Die Wildhütte ist eine Räuberherberge. Die Schwester muß sich in Sicherheit bringen, nachdem sie erfahren hat, daß sie aus Sternblumen sechs Hemden nähen muß und sechs Jahre weder sprechen noch lachen darf, wenn sie ihre Brüder erlösen will.

Es trifft sich, daß ein junger König in dem Walde jagt und daß seine Jäger das Mädchen finden – eine rührende und merkwürdige Szene, in der anklingt, daß das Mädchen in der ursprünglichen Überlieferung nackt war oder daß die Wasserweibsage des JOHANNES de Alta Silva hereinspielt, wie in so manches andere Schwanenmärchen auch (deshalb sei der Inhalt seines Ritterromans im dritten Abschnitt zum Vergleich angeführt). Weil das stumm an den Hemden nähende Mädchen so schön ist, nimmt der König es auf sein Pferd, setzt es daheim bei Tisch an seine Seite und heiratet es – auch wenn des Königs schlimme Mutter die stumme Schwiegertochter als Hergelaufene verdächtigt und schließlich mit unauslöschlichem Haß verfolgt. Als die junge Frau ihr erstes Kind zur Welt bringt, nimmt es ihr die Alte fort und bestreicht den Mund der Wöchnerin mit Blut. Dreimal vollführt sie solch niederträchtige Anschläge – und beim dritten Mal muß der König das Gericht sprechen lassen. Es fordert den Feuertod. Aber als die junge Königin auf dem Scheiterhaufen steht, läuft die Frist ab. Die Schwäne kommen. Sie wirft ihnen die Hemden über, und die Brüder werden wieder zu Menschen. Nur der jüngste behält einen Schwanenflügel, weil die Schwester den letzten Ärmel nicht rechtzeitig zustande gebracht hat. Nun endlich kann die Verleumdete berichten und den Betrug aufdekken. Ihre Kinder werden gebracht. Die schlimme Mutter des Königs aber wird »zu Asche« verbrannt. Der König, die Königin und die erlösten Brüder indessen führen von nun an ein einträchtiges und glückliches Leben miteinander.

3. Der Mönch JOHANNES will kein Zaubermärchen erzählen. Er will vielmehr einen an wunderbaren Begebenheiten reichen ritterlichen Roman schreiben. Der Konflikt, der ihn beschäftigt, ist der Zwiespalt eines jungen Mannes, der zwischen einer herrschsüchtigen, bösen Mutter und einer schönen Frau von rätselhafter Herkunft steht. JOHANNES de Alta Silva geht von einer Wasserweib-, einer *Melusinen*sage aus, vielleicht auch von

einem Schwanjungfrau-Märchen (→ *Die Rabe*, KHM 93; → *Der Trommler*, KHM 193 – beide AT 400), oder von beidem. Sein Ritter wird von einer weißen Hindin in die Irre und schließlich zu einem wunderschönen, badenden Mädchen geleitet (→ *Das goldne Königreich*, AT 401). Er entbrennt in Liebe zu ihr, trägt sie nackt in sein Zelt, nimmt sie mit heim und heiratet sie gegen den Willen der ihn eigentlich beherrschenden Mutter. Die Mutter hat jedoch einfaches Spiel: Wer ist denn dieses Mädchen? Es ist nackt aus dem Fluß geholt worden, es trägt eine Goldkette, die auf eine Beziehung zu einer außermenschlichen Welt hinweist, abergläubische Vorstellungen sind leicht zu wecken – und die Alte tauscht die Kinder, die ebenfalls Goldketten tragen, gegen junge Hunde aus. Damit hat sie den Sohn wieder ganz in ihrem Griff. Grausam verurteilt er die einst so geliebte, überirdisch schöne Frau. Bis zur Brust wird sie im Hof eingegraben. Über dem Haupt trägt sie die Schüssel, in der sich das Gesinde wäscht, und ihr wunderbares Haar muß sie zum Abtrocknen der Hände hergeben (→ *Drei Königskinder*, AT 707).

Es ist leicht zu merken, wie ganz anders als ein Märchen die Erzählung des Mönchs aufgebaut ist. Sie lädt keinen Leser ein, sich in die Rolle einer der drei Hauptgestalten zu versetzen. Selbst die unschuldig Verfolgte bleibt sonderbar kühl, fern und fremd. Fordern vielleicht die sieben Kinder zur Identifikation auf, die ein Knecht im Auftrag der haßerfüllten Mutter töten soll, aber nur aussetzt, und die ein Einsiedler mit der Milch von Hirschkühen aufzieht? Gewiß nicht. Weder in die sechs Knaben noch in das einzige Mädchen kann sich der Leser versetzen, denn der Mönch JOHANNES läßt uns nur mit erwachsenen Augen und voll erwachsenen Mitleids auf die Kinder blicken – ebenso wie der junge Ritter, der eines Tages seine Kinder im Walde spielen sieht.

Als er zu Hause berichtet, erhält der Diener von der schlimmen Alten den Auftrag, den totgeglaubten Kindern unverzüglich die Goldketten zu rauben. Er findet die Knaben, die ihre Ketten bei der Schwester abgelegt haben und sich als Schwäne im Wasser tummeln, also in dem Element, aus dem auch ihre Mutter kommt – vermeintlich oder wirklich. Die Ketten sollen zu einem Becher eingeschmolzen werden, damit der junge Ritter niemals sein Fleisch und Blut zu Gesicht bekommt. Aber die sechs Schwäne lassen sich auf dem See vor der Burg nieder und erregen auch in dieser Gestalt die rätselhafte Zuneigung des jungen Mannes. Obendrein erscheint das Mädchen, das seine Kette und damit seine Menschengestalt bewahren konnte, als Bettelkind auf der Burg, füttert die Schwäne und schläft vor der eingegrabenen Frau – von der es nicht weiß, daß sie seine Mutter ist. Aber der Ritter fragt es nach seiner Herkunft, erfährt, daß die Schwäne des Mädchens Brüder sind, vereitelt den neuerlichen Mordanschlag seiner Mutter und kann schließlich fünf der geraubten Ketten wieder beschaffen: Da stehen seine Söhne vor ihm – bis auf den jüngsten, der ein Schwan bleiben muß, weil seine Kette als einzige zerschlagen wurde. Sogleich befreit der Ritter seine unschuldig verstoßene Frau und läßt die eigene Mutter die gleiche Strafe erleiden: Sie wird an der Stelle, an der sich seine Frau sieben Jahre verzehrte, eingegraben.

Die Erzählung des Mönchs JOHANNES ist ebenso wie das bei den Brüdern GRIMM mitgeteilte Märchen durch volkstümliche Kindermärchen-Sammlungen weithin bekannt geworden und ist es auch heute noch. Ludwig BECHSTEIN erzählte es einer deutschen Handschrift nach, die Moriz HAUPT und Heinrich HOFFMANN von Fallersleben im ersten Band ihrer *Altdeutschen Blätter* veröffentlicht hatten (DMB 54: *Die sieben Schwanen*). Obendrein bearbeitete auch Hans Christian ANDERSEN den Stoff (1838: *De vilde Svaner*).

Wo liegen die Gemeinsamkeiten, wo die Unterschiede? In den Grimmschen Fassungen sowohl des Raben- als auch des Schwanenmärchens ist es ein Elternteil, das die Söhne austreibt und verwünscht, und es ist die Schwester, die ihre Brüder trotz aller Verfolgungen seitens der bösen Schwiegermutter erlöst. In der romanhaften Erzählung des Mönchs wird die Verfolgerrolle nicht von zwei Personen, sondern nur von einer gespielt, nämlich von der Schwiegermutter des Mädchens. Umgekehrt lassen die Zaubermärchen dadurch einen Reifeprozeß miterleben, daß die Schwester zunächst der Austreibung der Brüder folgt und anschließend als junge Frau ihr Erlösungswerk, trotz eigener Verfolgung, durchführt. In der romanhaften Erzählung des JOHANNES de Alta Silva ist die Linienführung wesentlich anders, denn es haben drei Gestalten Anteil an dem, was im Märchen eine einzige auf sich zu nehmen hat: Die Schwiegertochter wird unschuldig verleumdet und ums Haar zu Tode gebracht (sonst eine Prüfung der Heldin im zweiten Teil), die der Verfolgerin unbekannt gebliebene Enkelin hält die Verbindung zu den vertriebenen und verwünschten Enkeln (sonst eine Aufgabe der Heldin im ersten Teil), und der zaudernde Sohn der schlimmen Mutter schafft schließlich die Ketten herbei und wird damit zum

Erlöser (sonst die eigentliche Aufgabe der Heldin). Doch wie bereits gesagt: JOHANNES de Alta Silva beschäftigte der dramatische Konflikt eines jungen Mannes. Woher mag er seinen Stoff genommen haben? Entweder wandelte er ein vorgefundenes Raben- oder Schwanenmärchen für seine Zwecke um, oder er baute auf einer motivähnlichen Sage auf – und später verwandelte die mündliche Überlieferung wiederum seinen Text, nach ihren eigenen Gesetzen und den Erwartungen der Zuhörer folgend, in ein Schwanen-Zaubermärchen um. Über weitere Fassungen → *Die zwölf Brüder*, aber auch → Die sieben Raben.

4. Literaturangaben beim Artikel zu → *Die zwölf Brüder*.

Şemsi Bani, Padişah der Tauben → *Der blaue Vogel* (Abschnitt 3)

Die sieben Raben

AT 451 KHM 25

1. Die Erzählung von den sieben Raben ist eine Kurzfassung des Märchens von den → *Zwölf Brüdern*. Beide Fassungen erschienen im ersten Band der Erstausgabe der *Kinder- und Hausmärchen* von 1812 (als Nr 25 bzw Nr 9 und auch später so gezählt: KHM 25 und KHM 9), beide nach Aufzeichnungen Jacob GRIMMS, für den Druck jedoch von Wilhelm GRIMM bearbeitet. Die Herkunft des Märchens, 1812 noch unter dem Titel *Die drei Raben*, ist nicht genau zu ermitteln; es wird vermutet, daß es von der Familie HASSENPFLUG stammt – aber bereits 1819, für die zweite Auflage, kamen wesentliche Änderungen nach einem Beitrag aus Wien zustande.

2. Ein Vater verwünscht seine sieben Söhne in Raben, weil sie beim Wasserholen den Krug in den Brunnen haben fallen lassen. Das Wasser wird zur Nottaufe des soeben geborenen Schwesterchens benötigt – eine Ausgangslage, ganz ähnlich dem Märchen

von den → *Zwölf Brüdern* und zahlreichen anderen Fassungen dieses Märchentyps. Gleichwohl kommen auch Verwünschungen durch die Mutter vor. In Jacob GRIMMS Handschrift und seines Bruders erster Bearbeitung sind es drei Brüder, die während der Messe in der Kirche Karten spielen und von der Mutter wegen ihrer Gottlosigkeit verwünscht werden.
Der Schwester wird verheimlicht, daß sie Brüder hat. Erst als sie herangewachsen ist, erfährt sie es – und bekommt Schuldgefühle. Das Mädchen steckt einen Ring der Eltern zu sich und begibt sich auf die Suche. Aber dieser Ring, der nach Wilhelm GRIMMS versöhnlicher Absicht wohl den inneren Zusammenhalt zwischen den Eltern und den vertriebenen Brüdern aufzeigen soll, ist nicht ganz glücklich verwandt. In der Erstfassung war er eine Gabe des Schwesterchens für den jüngsten Bruder. Und der in einen Raben verwandelte Bruder ließ ihn beim Fortfliegen fallen, um der Schwester den Weg zu zeigen. Wer ein Märchen »logisch« verbessert, ändert nicht immer sinngemäß.
Das Mädchen wandert bis zum Ende der Welt und sucht Sonne, Mond und Sterne auf – eine Wanderung, die ähnlich im zweiten Teil der Überlieferung vom Amor-und-Psyche-Märchen geschildert wird (AT 425 → *Der Eisenofen*, → *Das singende springende Löweneckerchen*, → *Östlich von der Sonne, westlich vom Mond*). Das ist gerafft erzählt. Aber daß diese drei Besuche nicht ungefährlich sind, wird doch gesagt. Die Sonne, heißt es, frißt die kleinen Kinder; und als der Mond Menschenfleisch wittert, entflieht das Mädchen. Die Gabe der Sterne, das Hühnerbein, mit dem es den Glasberg aufschließen kann, verliert es. Aber es will seine Brüder erlösen, koste es, was es wolle. So schneidet es sich den kleinen Finger ab und öffnet die Tür zu dem Berg am Ende der Welt, in dem ihre Brüder hausen. Merkwürdigerweise tritt dem Mädchen ein Zwerg entgegen, der für die Rabenbrüder Haus hält. Deutet der Zwerg als Mittler zu einer anderen Welt auf die unterirdischen Kammern der verwunschenen Königstöchter hin (AT 301, → *Das Erdmännchen*) oder auf das einsame Haus im Wald, in dem → *Sneewittchen* (AT 709) Zuflucht findet? Die Szene, in der das Mädchen sich von den sieben Tellern sättigt und aus den sieben Bechern trinkt, ist jedenfalls der Ankunft Sneewittchens im Zwergenhaus nachgezeichnet. Doch als der Jüngste den Ring im Becher findet, ist der eigentliche Faden wieder aufgenommen: Er weiß, daß die Schwester gekommen und die Erlösung nahe ist. Als das Mädchen hinter der Tür hervortritt, gewinnen die Brüder ihre

Menschengestalt zurück. KHM 25 ist eine Kurzfassung, und an seiner psychodramatischen Funktion gemessen, ist es unvollständig. Es wird nichts von einer abermaligen Trennung erzählt, in der das Unheil unwillentlich durch das Mädchen weiter wirkt. Die Aufgabe, die das Mädchen für seine Brüder übernommen hat, ist abgeschlossen – ohne daß es als junge Frau um ihren König und ihre eigenen Kinder kämpfen muß wie im zweiten Teil des Märchens von den → *Sechs Schwänen* (ebenfalls AT 451). Auch sonst schaut immer wieder eine gewisse Kindertümlichkeit hervor. Aber wer viele Märchen gehört und wer gut tagträumen gelernt hat, verbindet sowieso das Verwandte und gibt nach einem vorläufigen Schluß das Bewährungsabenteuer noch nicht auf.

3. 4. Zu anderen Fassungen, verwandten Zügen und auch zur Literatur vor allem → *Die zwölf Brüder*, und weiter → *Die sechs Schwäne*.

Simson, tu dich auf!

AT 530 Wisser PV 1,70

1. Wilhelm Wisser (1843–1935) lagen 15 holsteinische Fassungen des Glasbergmärchens von dem mißachteten Dummling vor, der den Riesen drei Wunderpferde abnimmt und damit die Königstochter gewinnt. Aus den Erzählungen zweier Gewährsleute, des Kuhknechtes Gottfried Becker und des Gärtners August Ehlers, aufgezeichnet beide erst 1908, setzte er seine eigene Fassung zusammen, die er 1906 im zweiten Bändchen seiner für Kinder bestimmten Sammlung *Wat Grotmoder vertellt* unter dem Titel *Berg Sinai tu dich auf* veröffentlichte (S. 55–65) und 1914 in veränderter Form und unter dem Titel *Simson, tu dich auf!* im ersten Band seiner Erwachsenenausgabe *Plattdeutsche Volksmärchen* (S. 230–240; in der Neuausgabe von Kurt Ranke Nr 61).

2. Ein Bauer hat zwar drei Söhne, aber den jüngsten rechnet er nicht mit. Als jede Nacht eine Fuhre Hafer aus seiner Scheune verschwindet, schickt er nacheinander die beiden ältesten zur

Wache; dem jüngsten traut er die Aufgabe gar nicht erst zu. Aber der Märchenzuhörer weiß, daß hier eine Herausforderung im Gange ist, die dem verkannten Jüngsten gilt. Und richtig, während die ältesten Söhne die Wache verschlafen, versteckt sich der jüngste in einem Bund Stroh, bleibt wach und sieht zwei Riesen mit einem Wagen in die Scheune fahren und eine ganze Ladung Hafer stehlen. Zum Schluß werfen sie ihn selbst in seinem Strohbund auf die Fuhre. Sie fahren vor einen Berg, der sich auf den Spruch »Simson, tu dich auf!« öffnet. Die Riesen werfen das Bund Stroh den Pferden in die Raufe und gehen schlafen. Da kriecht der Jüngste aus der Raufe, hört nebenan ein Pferdewiehern und entdeckt drei wunderbare Pferde nebst herrlichen Monturen. Außerdem findet er ein Schwert und den Trunk, der ihm die Kraft verleiht, es zu schwingen. Er macht sich auf, die Riesen zu töten. Eine alte Frau weist ihm den Weg. Er schlägt den Schlafenden die Köpfe ab und greift einmal in den Dukatenhaufen der Riesen, um sich damit ein Schaf zu kaufen. Mit der blutigen Seite nach außen hängt er das Fell um und kommt in diesem Aufzug nach Hause, spielt also die Rolle des Verkannten von nun an bewußt weiter (vgl AT 314 → *Der Eisenhans*) und macht sich sogar noch einen Spaß daraus. Doch das ist eine kunstvolle Zutat des großartigen Erzählers selber. Der Alte setzt seinen scheinbar furchtbar zerhauenen Sohn hinter den Ofen.

Inzwischen geschieht es, und das ist im Märchen kein Zufall, daß der König seine Tochter demjenigen verspricht, der zu ihr auf den Glasberg reiten und den goldenen Apfel aus ihrer Hand empfangen kann. Die ältesten Söhne des Bauern lassen die Eisen ihrer Pferde schärfen und versuchen den Ritt an den drei angesetzten Tagen; ihr Vater kommt, das Schauspiel zu betrachten. Jedesmal bittet auch der Jüngste, mitkommen zu dürfen, von Mal zu Mal dringender. Zuletzt handelt er sich eine Ohrfeige ein. Was der Vater nicht weiß, ist, daß die Mutter dem Daheimgebliebenen erlaubt, vom Scheunendach aus zuzuschauen. Aber was weder Vater noch Mutter ahnen, ist, daß er heimlich zu seinen Pferden geht, mit dem Rappen in silberner, dem Schimmel in goldener und dem Fuchs in diamantener Montur am Glasbergritt teilnimmt und schließlich den goldenen Apfel gewinnt. Aber Wilhelm WISSER und seine Gewährsleute wissen, wovon sie erzählen, und sie haben Humor. Das Glasbergmärchen gründet auf der Auseinandersetzung zwischen Sohn und Vater. Der Erzähler läßt den völlig unterschätzten Sohn unerkannt jedesmal den eigenen Vater das Pferd halten, während er austreten geht. Und dann drückt er dem Alten einen Halbdukaten (Speetschen), beim zweitenmal zwei Halbdukaten in die Hand. Und da der Alte abends zu Hause viel Wesens um den vermeintlichen reichen Königssohn macht, läßt ihn der Sohn beim drittenmal auflaufen. Er gibt dem Vater, der bereits mit ausgestreckter Hand dasteht, nicht das erwartete dreifache Trinkgeld, sondern ein trockenes: »Vielen Dank!« – wofür er sich daheim gleich zwei Ohrfeigen holt. Obendrein wird er zum Ausmisten in den Schweinestall gejagt. Es kommt aber, wie es kommen muß: Der einzigartige Glasbergreiter wird gesucht, und die Königstochter gelangt auch zum Haus des Bauern – der anfangs nur die ältesten Söhne vorzeigt. Als die Königstochter aber darauf besteht, auch den Schweinestallausmister zu sehen, und als der Jüngste, der offensichtlich großen Spaß an seiner Rolle gefunden hat, mit Mistpantoffeln und einen Priem in die Stube speiend erscheint, schlägt ihm der aufgebrachte Vater die Zipfelmütze vom Kopf. Aus der Zipfelmütze aber rollt der goldene Apfel. Wenn man auch mit Wertungen vorsichtig sein sollte, muß doch gesagt werden, daß wir hier ein Meisterstück drastischer Volkserzählkunst vor uns haben. Die Königstochter ist glücklich mit ihrem Erwählten und nimmt ihn gleich mit ins Schloß, denn zu Hause, sagt sie, ist aus ihm ja nichts Rechtes geworden.

3. In der Grimmschen Sammlung gibt es kein Glasbergmärchen. Dabei ist es in Skandinavien, in den deutschsprachigen und baltischen Ländern, auch bei den Slaven, Finnen und Ungarn weit verbreitet; in den romanischen Ländern scheint es seltener zu sein, aber es fehlt nicht. Die Bemühungen mancher Forscher, das Märchen von einem seiner wichtigsten Motive her zu erklären, vom Glasberg, dessen mythologische Bedeutung oder geschichtliche Wirklichkeit sie für den Schlüssel des Ganzen halten, führen nicht weit. Entscheidend ist und bleibt für das Märchenerzählen, welche Bedeutung einem Motiv von Erzähler und Zuhörer beigemessen wird. Daß der König seine Tochter auf den Glasberg setzt, heißt, daß sie unerreichbar ist. Welches Bild ein Erzähler für dieses Entrücktsein wählt, ist zweitrangig. Romanisch-mittelalterlich beeinflußte Fassungen, in denen der Glasbergritt durch ein Turnier oder Ringstechen ersetzt wurde, sind Verfälschungen des Sachverhaltes – während die slavischen Fassungen, in denen die Königstochter am Fenster eines hohen

Turmes den außergewöhnlichen Reiter erwartet, der Sache ebenso gerecht werden wie die eigentlichen Glasbergfassungen. Vergleicht man die Eingänge, wie das Inger BOBERG 1928 getan hat, so lassen sich drei Gruppen unterscheiden: die Wache der drei Söhne in des Vaters Scheune, auf seinem Feld oder auf seiner Weide; der Auszug eines Hirten in verbotenes Land, wo er mit Drachen oder Riesen kämpfen muß; schließlich die Wache der Söhne am Grab des toten Vaters. Wachen die Söhne, um den fortgesetzten Diebstahl oder die Verwüstungen auf der Weide oder beispielsweise im Hirsefeld aufzuklären (DMB 13 → *Hirsedieb*), so verschlafen natürlich die Ältesten. Aber dem verkannten Jüngsten gelingt es, entweder die drei außergewöhnlichen Pferde selber zu fangen (ASBJØRNSEN und MOE Nr 51: *Jomfruen paa Glasberget*) und sie vor Vater und Brüdern zu verbergen – oder er folgt den Besitzern dieser Pferde, wie das in der Wisserschen Fassung geschieht, freiwillig oder unfreiwillig. Doch damit bewegt sich der Märchenerzähler bereits in der Nähe des zweiten Eingangs, der vermutlich einem anderen Märchentyp entnommen ist (AT 314 A → *Der Ziegenhirt*, ZINGERLE KHMS 2, 27). Der dritte Eingang, die Wache am Grab des Vaters, ist vor allem in slavischen Ländern zu Hause. Die ältesten Söhne lassen sich von furchteinjagenden Erscheinungen vertreiben (bruchstückhaft im Eingang zu AT 304 → *Der Hünentöter*, HALTRICH DVSS 23). Der Jüngste aber hält durch und erhält deshalb von seinem toten Vater die außergewöhnlichen Pferde. Hier ist also, bis über den Tod hinaus, ein besonders inniges Verhältnis zwischen dem Jüngsten und seinem Vater für das Märchen grundlegend; während es bei dem ersten Eingang umgekehrt des Vaters völliger Mangel an Zutrauen zu seinem jüngsten Sohn ist.
Nahe steht auf jeden Fall das *Goldener*-Märchen (AT 314 + 502 → *Der Eisenhans*, KHM 136). Dort ist es der dämonische Pate, der die Hand über den von seinem Vater sich trennenden Königssohn hält und ihm die drei wunderbaren Pferde und Rüstungen beschafft, mit denen er für seinen zukünftigen Schwiegervater die Schlachten gegen den Feind gewinnt. Ein Nachklang dieser Beziehung ist auch in unserer Wisserschen Fassung zu spüren: Das blutige Schaffell, das der Jüngste über den Kopf zieht, erinnert an die Grindkappe des Goldhaarigen. Fragwürdig ist die Herkunft des unwiderstehlichen Schwertes und des zugehörigen Krafttrunkes. Man findet das Motiv in recht unterschiedlichen Märchen. Wirklich sinnvoll ist es in den Märchen über die drei von Drachen entführten Königstöchter,

die aus der unterirdischen Welt befreit werden müssen (AT 301 → *Das Erdmännchen*, KHM 91). Das Motiv vom Glasberg selber gehört verständlicherweise ebenfalls zu jenen Elementen, die ein Erzähler benötigt, wenn er unerreichbares Entrücktsein oder Gefangensein zu schildern hat: Das kann ebenso sein, wenn die Schwester die ganz aus ihrer Welt genommenen Brüder sucht (AT 451 → *Die sieben Raben*, KHM 25), oder wenn der Held auf seiner alles hinter sich lassenden Wanderung die infolge seiner Tabuverletzung entrückte Schwanjungfrau wieder zu gewinnen sich bemüht (AT 400 → *Der König vom Goldenen Berge*, KHM 92). Doch mag das Glasbergmotiv auch vielseitig verwendbar sein, vor allem als Ort, wo ein Dämon einen Menschen gefangenhält – es gibt auch das selbständige Zaubermärchen vom Glasbergritt. Und die bei weitem besterzählte deutsche Fassung verdanken wir Wilhelm WISSER (vgl aber auch STRACKERJAN ASO 21: *Der Glasberg*; DMB 13 → *Hirsedieb*).

4. A. AHLSTRÖM: Prinsessan på glasberget. In: Folkminnen och folktankar. 21. 1934. 2, 94–96. – I. M. BOBERG in HdM 2, 627–630. – I. M. BOBERG: Prinsessan på glasbjaerget. In: Danske Studier. 25, 3, 1928. 1/2, 16–53. – BP 1, 233–234; 3, 111–113. – K. KROHN: Prinsessen på glasbjaerget. Av I. Boberg. In: KROHN: Übersicht über einige Resultate der Märchenforschung. Helsinki 1931 (FFC 96). 96–99. – LIUNGMAN 144–147, 363. – M. LÜTHI in EM 3. 1982. 937–946. – RANKE 2, 146–177. – SCHERF: Bechstein 792. – K. v. SPIESS in HdM 1, 207–216. – W. WISSER: Das Märchen vom Ritt auf den Glasberg in Holstein. In: ZfV. 25. 1915. 305–313.

Der singende Knochen

AT 780 KHM 28

1. Henriette Dorothea WILD aus Kassel (1793–1867) hat 18jährig am 19. Januar 1812 Wilhelm GRIMM, ihrem späteren Mann, das Märchen von dem aus Neid ermordeten Bruder erzählt. Es wurde 1812 als Nr 28 im ersten Band der Erstauflage der Grimmschen Sammlung veröffentlicht und 1819 für die zweite Auflage noch einmal geändert, offenbar aus Unsicherheit, ob der ursprüngliche Eingang von den drei zur Erlegung des wilden Schweines ausziehenden Brüdern nicht aus dem Märchen vom → *Wasser des Lebens* (AT 551) übernommen sei. Aus den drei Brüdern wurden zwei, angelehnt vielleicht auch an die in skandi-

navischen oder englischen Balladen von der aus Eifersucht auf den Bräutigam ermordeten jüngeren und schöneren Schwester.

2. Ein König setzt seine Tochter und damit auch das Reich als Belohnung für denjenigen aus, der das Land von einem schrecklichen Wildschwein befreit. Die beiden Söhne eines armen Mannes ziehen aus: der eine listig, der andere der Dummling mit dem guten Herzen. Es wäre nur natürlich, wenn die Brüder nicht gleichzeitig und von verschiedenen Seiten den Wald beträten, sondern der Reihe nach wie in der, abgesehen vom Schluß, vorzüglichen Fassung von Josef HALTRICH (DVSS 43: *Der Rohrstengel*). Bei der Begegnung der Brüder mit dem sie prüfenden kleinen Mann, der den Weg wissen will und fragt, ob der ausziehende Wildschweinjäger etwas zu essen erübrigen könne, erweist sich der Hochmut des älteren (oder der beiden älteren Brüder), während der Jüngste für seine Freundlichkeit belohnt wird – meist mit einem Seil, das sich dem Schwein umlegen läßt – bei HALTRICH mit einem Seidenfaden, bei den Brüdern GRIMM dagegen mit einem schwarzen Spieß. Das wilde Schwein rennt von selbst in die Saufeder. Als der glückliche Jüngste mit der Beute aus dem Wald kommt, trifft er den älteren Bruder vor einem Gasthaus, in dem er, und das ist nun ganz der Motivik des Auszugs nach dem Wasser des Lebens entnommen (AT 551 → *Das Wasser des Lebens*, → *Vogel Phönix*), mit Wein und Tanz sich vergnügt. Der Jüngere berichtet dem neidischen Älteren, wie es ihm ergangen ist. Der Ältere kehrt mit ihm heim und schlägt ihn auf einer Brücke tot. Dann verscharrt er ihn unter der Brücke, bringt dem König das wilde Schwein und darf auch tatsächlich des Königs Tochter heiraten. Daß der Jüngste nicht zurückkehrt, weiß der ältere Bruder leicht zu erklären: Wahrscheinlich wurde er von dem wilden Schwein umgebracht. Aber dann geschieht es, daß ein Hirte seine Herde über die Brücke treibt, im Sand des Baches einen weißen Knochen sieht und daraus ein Mundstück für sein Horn macht. Nach dem ersten Blasen singt das Horn ein merkwürdiges Lied: Es berichtet dem Hirten, daß er auf dem Knochen eines von seinem Bruder Erschlagenen bläst. Der Hirt bringt das Horn zum König. Das Horn singt abermals sein grausiges Lied. Der König läßt unter der Brücke graben und findet das Gerippe des Verschollenen. Der Schuldige wird in einem Sack ersäuft, die Gebeine des jüngeren Bruders aber werden auf dem Friedhof begraben. Doch gleich hier sei hinzugefügt, daß es Fassungen genug gibt, in denen der

Erschlagene entweder ins Leben zurückkehrt, oder unter dem Baum, unter dem man ihn verscharrt hat, lebend gefunden wird.

3. Abgesehen von einer Reihe von Erzählungen, die sich an das Märchen → Vom *Machandelbaum* anlehnen (AT 720) und das den Täter entlarvende Lied von einem Vogel singen lassen, ist das entscheidende Kennzeichen unseres Zaubermärchens, daß ein vom Grab des Erschlagenen herrührendes Instrument die Untat auf magische Weise entdeckt. Wichtig ist dabei nicht so sehr, ob es sich um eine Flöte oder um eine Geige handelt, sondern vielmehr, ob das Lied aus einem Knochen des Erschlagenen klingt, oder aus einem Instrument, das aus dem Baum geschnitten ist, der auf dem Grab des Erschlagenen wuchs. Es stehen einander zwei Überlieferungsgruppen gegenüber: In der einen spielt die Knochenflöte die beherrschende magische Rolle, in der anderen die aus einem Rohr oder einer Weide geschnittene Flöte oder Hirtenpfeife oder das aus einem Baum geschnitzte Saiteninstrument. Leopold SCHMIDT rechnet die Knochenflöte zum ältesten Musikinstrumentenschatz der Menschheit und nimmt an, daß die aus dem Osten nach Europa einwandernden Indogermanen im Westen auf Steinzeitkulturen stießen, bei denen die Knochenflöte magische Funktion besaß – während sie selbst als ein Volk hochentwickelter Holzkultur zugleich zauberische Vorstellungen von der Beseelung der Bäume und Pflanzen mitbrachten. Mit anderen Worten: Die Indogermanen brachten das Märchen mit dem aus einem Baum oder Rohr gefertigten Instrument mit und ersetzten dieses im Westen (und nur dort) nach dem Zusammentreffen mit den Steinzeitkulturen durch die ebenfalls magische Knochenflöte. Es fand also Requisitenverschiebung statt, entsprechend der kulturgeschichtlichen Lage, in der ein Erzähler seine Geschichte vorzutragen hatte. Daß unser Zaubermärchen bei seinen Zuhörern mit unbedingtem Glauben an die Magie des von dem Erschlagenen stammenden Musikinstrumentes aufgenommen wurde – das spricht allerdings aus jeder bekanntgewordenen Fassung.

Eng verbunden mit der Zauberkraft der Knochenflöte scheinen auch die bis in unsere Zeit für wahr gehaltenen Sagen von den blutenden Gebeinen Erschlagener zu sein, die auf diese Weise den Täter, oft nach langer Abwesenheit, vor einer größeren Menge Volkes entlarven. Diese Sagen mögen als Beweis für gottesgerichtliche Urteile gegolten haben. Aber ihre Verwandtschaft mit unserem Märchen scheint noch weiter zu gehen, denn es heißt wiederholt, daß der Mörder sein Opfer in einen Fluß, einen Gießbach, eine Schlucht stürzt, und daß er nach Jahren einen Knochen findet, den er sich an den Hut steckt. Bei der Kirchweih, also bei seinem Erscheinen vor der versammelten Gemeinde, beginnt nun dieser Knochen, allen sichtbar, zu bluten.

Auch aus einem anderen Grund ist es durchaus denkbar, daß unser Märchen aus zwei kulturgeschichtlich grundverschiedenen Schichten stammt. Man hat es einerseits zu einer »animistischen Zweizahlgeschichte« erklärt, anderseits sieht es nicht danach aus, daß die häufig anzutreffende Dreizahl lediglich später aufgepfropft worden wäre. Jedenfalls ist Lutz MACKENSENS Annahme, die nordischen Balladen von der Eifersuchtstragödie zweier Schwestern seien der »Urform« am nächsten, anfechtbar. MACKENSEN geht so weit, die tödliche Auseinandersetzung zweier Schwestern um einen Mann zur ursprünglichen Handlung zu erklären und das Märchen von den zwei oder drei Brüdern, die, um die Hand der Königstochter zu gewinnen, auf eine gefahrvolle Suche ausziehen, als parallelisierende Ableitung. Gewiß, die Schwesternballade ist verwandt. Aber sowohl die Fassungen der Schwesternballade als auch die des Brudermärchens besitzen, jede Gruppe für sich, unverkennbare Eigenständigkeit in ihrer erzählerischen Funktion und den entsprechenden Ausprägungen der Motivik. Wer nach Prioritäten fahndet, könnte sich eher vom Gegenteil überzeugen lassen. Daß bei den Balladen meist kein Wort über Strafe oder Wiederbelebung der aus Eifersucht Getöteten zu finden ist, kann zweierlei bedeuten: einmal daß die Zuhörer den Schluß in seiner vollen Motivik sowieso kannten (oder mit ein paar Worten erzählt bekamen), oder daß er tatsächlich vergessen wurde. Ähnlich ist es ja auch mit den *Halewijn*-Balladen bestellt (→ *Blaubart*, AT 312), die in ihren jüngeren Formen bereits mit dem Fortreiten der Königstochter enden. Sie folgt dem Reiter, der ein Lied mit dreierlei Stimmen singt. Und am Ende klagt sie, daß sie eigentlich eine Kaiserstochter hätte werden können. Von ihrem Tod oder vom Tod des mythischen Reiters hat sich nicht einmal ein Anklang erhalten. Ist es so mit Balladen bestellt, dann wäre es denkbar, daß die russischen oder ukrainischen, keineswegs balladenhaft anmutenden Lieder vom Gang hinaus zur Birke oder einem anderen Baum in unseren Märchenbereich gehören, denn der Singende berichtet, daß er aus dem Holz eine Geige bauen wolle.

4. A. Ahlström: Der singende Knochen. In: Folkminnen och folktankar. 21. 1934. 2, 91–92. – BP 1, 260–276. – P. G. Brewster: En gresk prosa-analogi til folkevisen om dei tvo systar. In: Maal og minne. 1953. 49–52. – W. Bugiel: Tło ludowe Balladyny. In: Bugiel: Studya i szkice literackie. Poznań 1910. 194–400. – G. Cocchiaria: L'osso che canta. In: Cocchiaria: Genesi di leggende. Palermo 1949. 107–149. – E. G. Geijer/A. A. Afzelius: Den underbara harpan. In: Geijer/Afzelius: Svenska folkvisor. Stockholm ^{2}1880. 1, 72–76; 2, 68–81; 3, 28–30. – G. Henssen: Das Singemärchen vom klagenden Lied in der ungarn-deutschen Volksüberlieferung. In: Hessische Blätter für Volkskunde. 49/50. 1958. 1, 83–90. – M. Kennedy-Frazer/K. Macleod: The sea-tangle, or the sisters. An sgeir-mhara. In: Kennedy-Frazer/Macleod: Songs of the Hebrides. London 1917. 2, 55–63. – R. A. J. Köhler: Die Ballade von der sprechenden Harfe. In: Köhler: Aufsätze über Märchen und Volkslieder. Berlin 1894. 79–98. – M. Lüthi in EM 2, 844–861. – L. Mackensen: Der singende Knochen. Ein Beitr. zur vergleichenden Märchenforschg. Helsinki 1923 (FFC 49). – E. Monseur: L'os qui chante. In: Bulletin de folklore. 1. 1891. 39–51, 89–152; 2. 1895. 219–241; 3. 1898. 35–49. – Nitschke 1, 31–51 (insbesondere 44). – Ranke 3, 104–106. – Scherf: Bechstein 844. – L. Schmidt: Der singende Knochen. Kulturgeschichtl. Gedanken zur Musik im Märchen. In: Schmidt: Die Volkserzählung. Berlin 1963. 48–54, 368–369. – Singer 2, 139–148. – S. Solymossy: Mese a jávorfáról. In: Etnographia. 16. 1920. 1921. 1–25. – C. Uhsadel-Gülke: Knochen und Kessel. Meisenheim 1972.

Das singende springende Löweneckerchen

AT 425 C KHM 88

1. Henriette Dorothea Wild aus Kassel (1793–1867), die spätere Frau von Wilhelm Grimm, erzählte 19jährig am 7. Januar 1813 (abends um halb neun, wie es heißt) die merkwürdig reich mit fremden Zügen ausgestattete Fassung des Zaubermärchens von der Braut des Löwen, die ihren Mann wegen der Übertretung des Gebotes, kein Licht auf ihn fallen zu lassen, verliert und erst nach mühsamer Suchwanderung wiedergewinnt. Die Fassung erschien zuerst 1815 im zweiten Band der Erstauflage als Nr 2 und erhielt 1819 von der Zweitauflage an die Nr 88. Die Erzählforschung gäbe viel darum, zu erfahren, woher das damals 19jährige Dortchen Wild das *Löweneckerchen* kannte. Es gehört wie das Märchen vom → *Eisenofen* (KHM 127) zum Märchentyp AT 425 A (den J. Ö. Swahn nach seinem Ordnungsvorschlag in den neuen Subtyp 425 B eingliedern möchte).

2. Die Erzählung beginnt, wie so viele andere Fassungen des Amor-und-Psychemärchens auch, mit der Reise des Vaters und den Wünschen seiner drei Töchter. Teils beruhen diese Fassungen auf wirklicher mündlicher Überlieferung, teils aber auch auf der einflußreichen literarischen Prägung der in England wirkenden Gouvernante Jeanne Marie LEPRINCE de Beaumont (→ *Die Schöne und das Tier*). Mehr noch: Auch einige verwandte Märchentypen haben diesen Eingang übernommen (zB AT 432 → *Der blaue Vogel*), und er findet sich auch an späterer Stelle und in etwas gewandelter Bedeutung im Märchentyp AT 441 (→ *Hans mein Igel*), der ebenfalls zum Amor-und-Psyche-Kreis zu rechnen ist. Die Aufgabe dieses Eingangs ist eindeutig: Der Wunsch an den Vater setzt die Jüngste in geradezu radikaler Weise von ihren älteren Schwestern ab. Die älteren Schwestern mögen sich Perlen und Diamanten wünschen, wie das hier der Fall ist, schöne Kleider, goldenes Spielwerk, anspruchsvolle äußere Güter jedenfalls. Aber die Jüngste wünscht sich das singende, springende Eckerchen eines Löwen, ein klinkesklankes Laub, oder, scheinbar äußerst bescheiden und doch unmöglich: eine Rose mitten im Winter. Und merkwürdigerweise: Der Vater sagt sogleich zu, er wolle versuchen, den Wunsch seines liebsten Kindes zu erfüllen.
Es ist viel gerätselt worden, was denn unter einem Löweneckerchen zu verstehen sei. Jacob GRIMM glaubte, das Wort über das Niederdeutsche auf »Lerche« zurückführen zu sollen; andere möchten die Verkleinerungsform von Laub darin finden und fühlen sich durch Erzählungen bestärkt, in denen ein singendes, springendes Bäumchen gewünscht wird. Warum der nächstliegende Sinn nicht in Betracht gezogen wird, ist unerfindlich: Es ist das Eckerchen, das Geistchen, eines Löwen, ein sehr lebendiges Wesen, das die Verbindung zum künftigen Liebsten herstellen soll. Da es obendrein in der Sagenwelt gelegentlich Kobolde gibt, die Eckerchen genannt werden und an Kreuzungen zu Hause sind, braucht man wohl kaum länger mit erheblichem etymologischen Aufwand zu rätseln.
Der Vater hat die Aufgabe übernommen, für seine geliebte Tochter die Verbindung zu dem Fremden in Löwengestalt herzustellen. Als er nach langer, erfolgloser Suche endlich in einem Wald, vor einem Schloß und in einem Baum ein singendes, springendes Löweneckerchen entdeckt und es einfangen möchte, erhebt sich ein Löwe unter dem Baum und fordert sein Leben – falls er ihm nicht gibt, was ihm zu Hause zuerst begegnet. Damit

ist die Verbindung zu einem anderen im Amor-und-Psyche-Kreis weitverbreiteten Eingang hergestellt: Ein König verirrt sich im Wald und erhält von einem Bären, Wolf, Fuchs nur unter der Bedingung den rechten Weg gewiesen, daß er verspricht, was ihm daheim zuerst begegnet (AT 425 A → *Der Eisenofen*). Das ist natürlich die liebste Tochter, da helfen weder Wunschdenken noch Ausflüchte weiter.

Die Braut des Löwen ist überzeugt, daß sie ihren Mann besänftigen wird – und als sie entdeckt, daß der verwunschene Königssohn nachts ein schöner und liebenswürdiger Mensch ist, beginnt für beide eine glückliche Zeit. Was dann geschieht, scheint Dortchen WILD nicht mehr deutlich gewesen zu sein. Sie sagt, die älteste Schwester heirate, und der Löwe lasse seine Frau zu ihres Vaters Haus begleiten, wo sie, ohne irgendein Gebot beachten zu müssen, ihren Angehörigen von ihrem glücklichen Leben mit dem Löwenmann berichtet. Als die zweite Schwester heiratet, drängt die Jüngste ihren Löwenmann, selber mitzugehen; sie nehmen sogar ihr Kind mit.

Doch die Dunkelgestalt ist stets mit einem bedeutsamen Tabu belegt. Sie gehört zum Wesen des anderen und niemand hat das Recht, sie mir nichts, dir nichts aus der Welt räumen zu wollen. Das sonst in Amor-und-Psyche-Märchen grundlegende Gebot, nicht über die wahre Natur des tiergestaltigen Mannes zu reden, ihn über eine bestimmte Frist hinaus nicht allein zu lassen (AT 425 C → *Die Schöne und das Tier*), nicht mehr als drei Worte zum Abschied zu sagen (→ *Der Eisenofen*), vor allem aber, sich nicht beschwatzen zu lassen, ihn in der Nacht anzuschauen (beispielsweise in AT 425 B → *Östlich von der Sonne, westlich vom Mond*), oder gar seine Tierhaut zu verbrennen (wie das im *Siddhi Khür* geschieht: *Das Geheimnis des weißen Vogels*), ist zu einem kaum verständlichen Rest verblaßt: Den Löwenmann darf kein Lichtstrahl erreichen. Wer weiß, am Ende hat es das 19jährige Dortchen WILD vor sich selbst nicht wahrhaben wollen, daß es die junge Frau selber ist, die durch ihr unbedachtes Verhalten, in Wirklichkeit aber durch die noch vorhandene Unentschiedenheit zwischen ihrem Mann und ihrem Vater (oder wie im Falle des Verbrennens der Tierhaut: durch ihre die Achtung vor dem anderen vergessenden Besitzansprüche) die Zerstörung der Liebesbindung bewirkt. Nehmen wir es ruhig an, denn es geschieht ja oft genug, daß nicht nur der eine oder andere Zuhörer, sondern der Erzähler selber seine Schuldgefühle zu verdrängen sucht.

Die Trennung erfolgt im *Löweneckerchen* ganz gegen die eigentliche Märchengeradheit, als Verhängnis ohne Herkunftsangabe. Aber den beiden sind nicht nur sieben Jahre Trennung auferlegt, während der die junge Frau den Federn und Blutstropfen folgt, mit denen der in eine Taube verwandelte Mann eine Spur der Zusammengehörigkeit legt. Kurz vor dem Ablauf der sieben Jahre bricht die Spur ab. Und da Menschen nicht helfen können, wendet sich die junge Frau an die Sonne, den Mond und die Winde. Sie beschenken die um Hilfe Bittende mit einem Kästchen, einem Ei und einer Nuß. Und der Südwind weiß auch, was geschehen ist: Die weiße Taube ist am Ufer des Roten Meeres wieder zum Löwen geworden und kämpft mit eines Zauberkönigs Tochter, die Lindwurmgestalt angenommen hat. Gewiß hat sich hier eine Erinnerung an → *König Lindwurm* erhalten (AT 433 B), denn der Südwind rät, den Lindwurm mit einer bestimmten Rute zu schlagen. Und er rät weiter, sogleich mit dem Liebsten, der sich endlich wieder in einen Menschen verwandeln wird, auf dem Vogel Greif davon und heimzufliegen. Die Nuß, mitten über dem Roten Meer fallengelassen, wird einen Rastbaum für die lange Reise entstehen lassen. Die junge Frau tut, wie ihr geheißen – aber sie kann nicht verhindern, daß die zauberische Gegenspielerin mit ihrem Liebsten davonfliegt. Und abermals beginnt eine Suchwanderung, die zum Zauberschloß jenseits des Roten Meeres führt. Nun sind ihr die Gaben von Sonne und Mond nützlich: Im Kästchen ein Sonnenkleid, im Ei eine goldene Glucke und zwölf goldene Küchlein. Natürlich will die Tochter des Zauberkönigs beides noch vor der Hochzeit besitzen und gibt dafür die Erlaubnis, in der Kammer des Bräutigams zu schlafen. In der ersten Nacht hört der durch einen Schlaftrunk Unerreichbare nur ein fernes Murmeln. Aber da er vor der zweiten Nacht den Diener nach der Bedeutung gefragt und den Sachverhalt erfahren hat, finden die Liebenden endlich wieder zueinander und fliehen sogleich auf dem Vogel Greif – wobei ihnen die Nuß des Südwindes das Überqueren des Roten Meeres ermöglicht. So kehren sie glücklich heim zu ihrem Kind und zu sich selber.

3. Voll ausgebaute Amor-und-Psyche-Märchen, in denen die Suchwanderung nicht vergessen ist, sind selten in der deutschen Überlieferung. Die gelegentliche Bemerkung von Märchenkennern, daß die beim Abschluß der Märchenwanderung durch Kleider oder Spielwerk erkauften Nächte doch möglicherweise

nur entlehnt sind aus dem Märchen von der magischen Flucht und der vergessenen Braut, gibt zu denken (AT 313 C → *Die beiden Königskinder*). Die norwegische Fassung P. C. ASBJØRNSENS und Jørgen MOES (AT 425 B → *Östlich von der Sonne, westlich vom Mond*), ist nicht die einzige, in der bezeichnenderweise die Übertretung des Tabus mit der glücklichen Wendung am Ende durch die gelungene Reinwaschung des Hochzeitshemdes verbunden ist. Als erste literarische Fassung des Untertyps 425 B darf man G. BASILES wild und grausig erzähltes Märchen *Lo turzo d'oro* betrachten (5,4).

Was in der deutschen Überlieferung so gut wie ganz fehlt, ist der Eingang von dem Büffel oder der Kuh, die sich in einen fremden Bereich verläuft und auf diese Weise die jüngste Tochter in das Haus des in seiner Dunkelgestalt auf sie harrenden Königssohnes holt (in der *Siddhi-Khür*-Erzählung ist es ein weißer Vogel, bei BASILE 5, 4 ein Schweinchen. Lediglich aus Österreich ist eine solche Fassung, wenn auch nicht näher bezeichneter Herkunft, bekannt (von J. HEINZL 1915 erzählt[1]: *Vom verwunschenen Königssohn* – der in Hundegestalt das Hütemädchen erwartet).

Der vorwiegend in der LEPRINCE-de-Beaumont-Nachfolge gebräuchliche Eingang von der Reise des Vaters zum Markt (→ *Die Schöne und das Tier*), kommt jedoch auch in anderem Zusammenhang vor. So leitet sie bei Karl MÜLLENHOFF (SML 593: *Ode un de slang*) ein → *Froschkönig*-Märchen ein (AT 440). Auch zum Motiv des Eckerchens ist ein Hinweis angebracht. Das Eckerchen ist, in welcher Gestalt auch immer, ein Mittler zu dem verwunschenen, dunkelgestaltigen Königssohn. Die gleiche Rolle spielt aber auch das → *Erdmännchen* (AT 301 A), das den jüngsten der zur Rettung der entführten Königstochter Ausziehenden in die Unterwelt führt und damit den Drachenkampf einleitet. Ist das Eckerchen Mittler zum Liebsten, so ist das Erdmännchen ein Abgesandter des Gegenspielers – zwei Rollen, die scheinbar ganz verschieden sind. Aber das Löwenfell steht für

[1] In der von Karl HALLER 1915 in Wien, Stuttgart, Leipzig in LOEWES Verlag herausgegebenen Sammlung *Volksmärchen aus Österreich* erschien S. 6–11 das von J. HEINZL aus Oberösterreich mitgeteilte Zaubermärchen *Vom verwunschenen Königssohn* (AT 425 A). Karl HAIDING nahm es mit einer kleinen Ergänzung aus dem Schildgebirge in *Österreichs Märchenschatz* auf (Wien: KIERMAYR & SCHERIAU 1980); auch bei Elisabeth SCHERF: *Der Wunderbaum* (Bayreuth: LOEWE 1980).

eine Dunkelgestalt, die abgelegt werden kann; die Drachengestalt dagegen ist Dämon schlechthin und muß vernichtet werden.
Das gewaltige Meer, das die bewohnbare Welt umschließt, kennt der Märchenhörer auch aus anderen Erzählungen: Aus der Jenseitsfahrt im → *Teufel mit den drei goldenen Haaren* (AT 461) und aus der Reise, die der wegen der Schönheit seiner Frau verfolgte Jäger in das Land Ich-weiß-nicht-Wo antreten muß (AT 465 A → *Geh ich weiß nicht wohin, hol ich weiß nicht was).* Die Suchwanderung, die über die drei »wegweisenden Instanzen« Sonne, Mond und Sterne oder Winde führt, wird bei J. HALTRICH: *Das Borstenkind* mit dem Igelsohnmärchen verbunden (AT 441 → *Hans mein Igel*). Auch im Märchen von der Schwester, die ihre verwunschenen Brüder sucht (AT 451 → *Die sieben Raben*) wird von wegweisenden Stationen erzählt und ebenso im Schwanjungfraumärchen (AT 400 → *Der König vom goldenen Berge*), wo sich der von seiner Liebsten getrennte junge Mann auf den eigentlich aussichtslosen Weg macht. Ob in den Einzelzügen des Löwenkampfes am Roten Meer Erinnerungen an französische Feenmärchen durchschimmern, müßte noch untersucht werden. Daß der Lindwurm mit Ruten geschlagen wird, ist entweder eine Entlehnung aus dem Kreis der Märchen vom dankbaren Toten (AT 507 A → *Die verwünschte Königstochter*) oder aus den Erzählungen vom → *König Lindwurm* (AT 433 B) – doch dort ist der Lindwurm keine Zauberertochter (AT 507 A: die Geliebte eines Zauberers), sondern ein verwunschener Königssohn, der von seiner Braut in der Hochzeitsnacht mit Ruten geschlagen und in Milch gebadet werden muß, um aus seiner Schreckensgestalt erlöst zu werden.
Die sonderbare Doppelverwandlung – hier zuerst in einen Löwen und dann eine Taube – kommt auch anderwärts vor. Möglicherweise ist die Blutspur jedoch als ein Zeichen dafür zu verstehen, daß wesentliche Züge des Märchens vom → *Blauen Vogel* eingefügt wurden (AT 432), dem Märchen von dem Königssohn, der in Gestalt eines Vogels seine Geliebte besucht, aber beim Anflug von den scharfen Messern der tückischen Mutter zerschnitten wird. Weitere Hinweise vor allem beim Artikel vom → *Eisenofen* (AT 425 A).

4. W. ANDERSON: Eine neue Monographie über Amor und Psyche. In: Hess BfV. 46. 1955. 118–130. – J. BARCHILON: Beauty and the beast. In: Psychoanalysis and the Psychoanalytic review. 46. 1960. 19–29. – J. BARCHILON: La Belle et la bête ou le

passage d'une mythe au conte de fées. In: BARCHILON: Le conte merveilleux français de 1690 à 1790. Paris 1975. 1–12. – H. BLÜMMER: Das Märchen von Amor und Psyche in der deutschen Dichtkunst. In: Neue Jahrbücher für das klassische Altertum, Geschichte und deutsche Literatur. 6, 11. 1903. 648–673. – I. BOBERG: The tale of Cupid and Psyche. In: Classica et mediaevalia. 1. 1938. 177–216. – BP 2, 229–273; 3, 37–43. – T. BRÜGGEMANN in LexKJL 2, 344–346. – DELARUE/TENÈZE 2, 72–109. – E. FRENZEL: Amor und Psyche. In: FRENZEL: Stoffe der Weltliteratur. Stuttgart [2]1963. 36–39. – A. HOFFMANN: Das Psyche-Märchen des Apuleius in der englischen Literatur. Diss. Straßburg 1908. – G. HUET: Le roman d'Apulée était-il connu au moyen-âge? In: Le moyen-âge. 2, 13, 22. 1909. 23–28; 2, 20, 29. 1917. 44–52. – R. A. J. KÖHLER: (Amor und Psyche.) In: KÖHLER: Aufsätze über Märchen und Volkslieder. Berlin 1894. 19. – O. LADENDORF: Zum Märchen von Amor und Psyche. In: Neue Jahrbücher für das klassische Altertum, Geschichte und deutsche Literatur. 7, 13. 1904. 400. – H. LE MAÎTRE: Essai sur le mythe de Psyché dans la littérature des origines à 1890. Paris 1946. – F. LIEBRECHT: Amor und Psyche. – Zeus und Semele. – Purūravas und Urvaçī. In: LIEBRECHT: Zur Volkskunde. Heilbronn 1879. 239–250. – LIUNGMAN 91–97, 360. – M. LÜTHI: Der Tierbräutigam. In: Süddeutsche Zeitung. 1967. 126, 79. – G. A. MEGAS in EM 1, 464–472. – G. A. MEGAS: Das Märchen von Amor und Psyche in der griechischen Volksüberlieferung. Athenai 1971. – M. de MEYER: Amor et Psyché. In: Folk-liv. 2. 1938. 2, 197–210. – MEYER 76–89. – E. MUDRAK in DMDW 484–505. – NITSCHKE 31–51. – RANKE 2, 19–52. – R. REITZENSTEIN: Das Märchen von Amor und Psyche bei Apuleius. Leipzig, Berlin 1912. – SCHERF: Bechstein 793–794; 823–824; 839. – H. SCHROEDER: Psyché in Rußland. In: Der Vergleich. Hamburg 1955. 51–64. – P. SÉBILLOT: La belle et la bête. In: RTP. 9. 1894. 263. – B. STUMFALL: Das Märchen von Amor und Psyche in seinem Fortleben in der französischen, italienischen und spanischen Literatur bis zum 18. Jahrhundert. Leipzig 1907. – J. Ö. SWAHN: The tale of Cupid and Psyche. (Aarne-Thompson 425 & 428.) Lund 1955. – E. TEGETHOFF: Studien zum Märchentypus von Amor und Psyche. Bonn, Leipzig 1922. – WESSELSKI: DMvG 76–79.

Sneewittchen

AT 709 KHM 53

1. Das Märchen vom Schneewittchen ist in der ganzen Welt bekannt, jedenfalls so weit Buch und Massenmedien reichen. Nicht die kunstvolle Erzählung des Johann Karl August MUSÄUS *Richilde* (1782), und nicht das Kinder-Märchenstück des Weinheimer Beiträgers zu *Des Knaben Wunderhorn*, Albert Ludwig GRIMM (1809) – die rührend kindlich ausgemalte Erzählung der Brüder Jacob und Wilhelm GRIMM verhalf *Sneewittchen* zu

seiner außerordentlichen Verbreitung. Mit Sicherheit läßt sich die Quelle der Grimmschen Fassung nicht angeben. Aber Jacob GRIMMS Niederschrift von 1808 geht möglicherweise auf eine Erzählung Marie HASSENPFLUGS (1788–1856) zurück. Die Erzählung von dem wegen seiner Schönheit mit tödlichem Haß verfolgten Mädchen, das weder wie → *Aschenputtel* (AT 510 A) auf den heimlichen Beistand der toten Mutter vertrauen, noch wie das Margaretlein in das Haus der verborgen lebenden Mutter, des → *Erdkühleins,* flüchten kann (AT 511), erschien 1812 im ersten Band der Erstausgabe als Nr 53 und erfuhr in den folgenden Auflagen einige wesentliche Änderungen. So ist es ursprünglich die leibhaftige Mutter, die ihr Kind vernichten will; Wilhelm GRIMM hat zu mildern versucht und eine Stiefmutter daraus gemacht.

2. Sagt also der heute bekannte Anfang, daß eine Mutter sich ein Kind so weiß wie Schnee und so rot wie Blut wünscht und sich dieses Kind offenbar in großer Liebe herbeisehnt, daß sie dann aber stirbt und es einer neidischen, verschlagenen, grausamen Stiefmutter überlassen muß (ein Anfang, der deutlich nach dem Rungeschen Märchen → *Von dem Machandelbaum,* AT 720, stilisiert wurde), so sah es im Erstdruck und in der von Jacob GRIMM Anfang 1808 verfaßten Niederschrift noch ganz anders aus. Die Königin wünscht sich zwar ein schönes Kind – aber als es da ist, ergreift sie der Haß gegen ihr eigen Fleisch und Blut. In einer zweiten Fassung, die den Brüdern GRIMM ebenfalls bereits 1808 bekannt war, wünscht sich überdies nicht etwa die Mutter, sondern der Vater ein Kind so weiß wie Schnee und so rot wie Blut. Unversehens steht dieses Kind dann am Weg, wird vom Vater aufgenommen – und kurz darauf wird es von der Mutter, die es nicht geboren hat, arglistig verstoßen. Wie auch immer – Sneewittchen, das auf wunderbare Weise zu seiner großen Schönheit gelangt ist, steht einem mörderischen Haß gegenüber. Und das Märchen gibt keinen oder nur geringen Anhalt, daß vor dem Ausbruch des Konfliktes einmal ein Mensch da war, der es geliebt hat.

Die Mutter oder Stiefmutter besitzt einen Spiegel, der ihr bisher die eigene Schönheit bestätigt hat, ihr jetzt aber vorhält, daß Sneewittchen tausendmal schöner sei. Dieser Spiegel scheint dämonische Kräfte zu besitzen, denn als die Königin den Mörder gedungen und die Wahrzeichen des Mordes, Lunge und Leber, verzehrt hat, entdeckt ihr der Spiegel, daß sie getäuscht wurde und daß Sneewittchen in der Hut der Zwerge lebt. Das Motiv vom Mordauftrag und der heimlichen Verschonung ist häufig – im Märchen ebenso wie im Volksbuch. Seine Aufgabe ist es, die Brücken sofort und endgültig abzubrechen, während das Motiv der dreimaligen Aussetzung und des zweimaligen Zurückfindens, wie wir es aus → *Hänsel und Gretel* (AT 327 A) kennen oder aus dem näher verwandten → *Erdkühlein* (AT 511), eher ein allmähliches Auf-sich-selbst-gestellt-Werden bewirkt.

Vladimir V. Lebedev: Drei Bären (Berlin. Holz 1951)

Sneewittchen findet in das Haus der sieben Zwerge, und dieses Haus ist eine wahre Zuflucht – auch wenn es in vielen anderen Fassungen eine Räuberhöhle ist, ein Ort der Riesen, Drachen und Menschenfresser. Sneewittchen wird der gute Geist dieses Hauses. Es übernimmt, zum erstenmal in seinem Leben, eine wichtige Rolle für andere. Es wird geachtet und geliebt. Und deshalb helfen ihm die Zwerge auch zweimal, die Anschläge der Verfolgerin zuschanden zu machen. Sie durchschneiden die Miederschnüre und ziehen den Kamm aus dem Haar, sie erretten Sneewittchen zweimal aus einem todesähnlichen Zustand. Aber beim dritten Anschlag reicht ihre Macht nicht mehr aus. Voll tiefer Trauer legen sie das Kind in den gläsernen Sarg. Sneewittchen liegt in totenhaftem Schlaf. Aber es bleibt frisch und schön, als lebe es. Ein ganz anderer als die brüderlichen Zwerge muß kommen, um Sneewittchen aus diesem Zustand zu erlösen. Als der Königssohn den gläsernen Sarg heimtragen läßt, stolpern die Träger. In anderen Fassungen zerbricht gar der Sarg. Und nun hat Sneewittchen die Prüfungen und Verfolgungen bestanden und ihren einzigen Geliebten gefunden, ihren Partner, der sie wirklich erkennt.

3. Ist die Grimmsche Fassung vollständig? In anderen Erzählungen gehen die Verfolgungen nach der Hochzeit weiter, ähnlich wie das bei Charles PERRAULTS Dornröschen (AT 410 → *Die schlafende Schöne im Wald*) der Fall ist. Freilich, jetzt ist es die Mutter des Königssohnes, die ihre Schwiegertochter verleumdet (wie in AT 706 → *Das Mädchen ohne Hände*), oder die sich als Menschenfresserin an den Enkeln vergreifen will (AT 410 → *Dornröschen*). Oder es ist eine Hexe, die ihre eigene, stockhäßliche Tochter an die Stelle der wahren Braut zu bringen versucht (AT 403 B → *Die drei Männlein im Walde*). Woher kommt der Wunsch nach einem Kind so weiß wie Schnee und so rot wie Blut? Jacob GRIMM fügte auf dem Rand seiner Handschrift den schwarzen Ebenholzrahmen hinzu. Im *Parzival* ist nur von Blutstropfen im Schnee die Rede – aber es gibt vielfältige Sagenzeugnisse, in denen etwa von einem blutenden Raben im Schnee gesprochen wird.
Was der Märchenerzähler jedenfalls brauchte, war die übernatürliche Entstehung des Sneewittchens und seine Außergewöhnlichkeit, seine Einmaligkeit. Und er brauchte den abgeschiedenen und meist durchaus nicht ungefährlichen Zufluchtsort, den die Verfolgte während der Abwesenheit der Bewohner betritt. Es heißt, daß die kindliche Szene im Zwergenhaus zuerst als *Drei-Bären*-Geschichte von dem englischen Romantiker Robert SOUTHEY (1774–1843) entworfen worden sei (Leo N. TOLSTOJ hat es ihm nacherzählt, und nun gibt es unzählige Bilderbuchversionen in der Welt). Die Frage: »Wer hat von meinem Teller gegessen?« kommt freilich auch im Märchen von den → *Sieben Raben* vor (AT 451), eine Szene, die sehr eng mit Sneewittchens Aufenthalt im Haus der Zwerge verbunden ist. Aber sollen wir deshalb bereits annehmen, daß die Zwerge oder Drachen oder Riesen die ebenfalls verbannten Brüder unseres Sneewittchens

seien? Ganz unsicher waren Jacob und Wilhelm GRIMM zunächst mit dem Schluß des Märchens. In zahlreichen Fassungen wird der Sarg einem Pferd aufgeschnallt, das ihn davonträgt, wohin es der Zufall will. Oder der Sarg wird im Fluß ausgesetzt; die tote Schöne wird aufrecht neben die Tür gestellt; und der »wilde Mann« in der Bologneser Fassung sagt ganz einfach: »Geh jetzt, ich wünsche dir Glück.«

Nancy Ekholm Burkert: Schneewittchen und die sieben Zwerge (Aarau. Sauerländer 1974)

Den Hinweis auf die Überlieferung vom Stolpern der Sargträger erhielten die Brüder GRIMM erst spät. In der ersten Niederschrift stand noch der Vater, der Sneewittchen findet und durch seine Ärzte wieder zum Leben erwecken läßt. Gesunder Volkswitz dagegen spricht aus der Antwort des einen oder anderen Erzählers, der seinem Mißfallen an jenen Sagen Luft macht, in denen sich ein Mann von der Leiche seiner schönen Frau nicht zu trennen vermag. Macht der Königssohn allzu viel Aufhebens von seinem wie lebend aussehenden Sneewittchen, so versetzt ihm ein zorniger Diener einen Stoß in den Rücken, oder eine ärgerliche Magd schlägt dem Sneewittchen sogar auf den Mund – mit dem Erfolg, daß das Apfelstück herausfällt, welches den todesähnlichen Schlaf verursacht hat. Bei der Erzählung des Neapolitaners Giambattista BASILE dagegen ist es die Verfolgerin der Schönen selber, die in die verbotene Kammer eindringt, den Sarg öffnet und die scheinbar Tote an den Haaren hochreißt (2, 8: *La schiavottella*).

4. E. BÖKLEN: Sneewittchenstudien. Bd 1.2. Leipzig 1910. 1915. – BP 1, 450–464. – LIUNGMAN 198–202, 367. – M. LÜTHI: Sneewittchen. In: LÜTHI: So leben sie noch heute. Göttingen 1969. 56–69. – A. S. MACQUISTEN/R. W. PICKFORD: Psychological aspects of the fantasy of Snow White and the seven dwarfs. In: Psychoanalytic review. 29. 1942. 3, 233–252. – K. MAURER: Schneewittchen. In: Germania. 2. 1857. 489–490. – RANKE 3, 66–68. – RÖLLEKE 244–265, 380–384. – SCHERF: Bechstein 812–813. – W. SCHOOF: Schneewittchen. Ein Beitr. zur dt. Stilkunde. In: Germanisch-romanische Monatsschrift. 29. 1941. 190–201. – M. I. SHAMBURGER/V. R. LACHMANN: Southey and The three bears. In: JAFL. 59. 1946. 400–403. – SIMROCK 1, 255–288. – WESSELSKI: DMvG 62–75. – WESSELSKI: Versuch 116, 134–138, 161. – O. WITTGENSTEIN: Sneewittchen. In: WITTGENSTEIN: Märchen, Träume, Schicksale. Düsseldorf, Köln 1965. 137–149.

Sole, Luna e Talia → *Die schlafende Schöne im Wald* (Abschnitt 3)

Der tausendfleckige, starke Wila → *Hans Wunderlich* (Abschnitt 3)

Der Teufel mit den drei goldenen Haaren

AT 461 KHM 29

1. Ganze Motivketten alter Herkunfts- und Gründungssagen, alter Fabeln und Legenden, die zu zeigen versuchen, daß der Mensch gegen das Schicksal und den göttlichen Beschluß ohnmächtig ist, und uralte Berichte von Jenseitsfahrten haben möglicherweise den Grundstoff zu dem Zaubermärchen vom Glückskind geliefert, das auch die grausamsten Verfolgungen einer scheinbar übermächtigen Vatergestalt durchsteht und hoch geehrt und reich begabt von der Reise in die andere, jenseitige Welt zurückkehrt – falls die Abhängigkeitsverhältnisse nicht auch

hier, wie so oft beim Zaubermärchen, in der umgekehrten Richtung entstanden sind.
Im ersten Band der Erstausgabe der Grimmschen *Kinder- und Hausmärchen* von 1812 standen zwei Fassungen: Nr 75 *Vogel Phönix*, am 10. Februar 1812 von der damals 17jährigen Marie Elisabeth WILD (1794–1867) in Kassel erzählt, und Nr 29 *Von dem Teufel mit drei goldenen Haaren*, vermutlich im Herbst 1812 von der 12jährigen Amalie HASSENPFLUG (1800–1871) beigetragen. Woher die beiden Mädchen ihre Märchen hatten, ob sie die Erzählungen gehört oder gelesen hatten, wissen wir nicht. In der zweiten Auflage von 1819 wurden die beiden Fassungen aus dem Freundeskreis Gleichaltriger durch eine Erzählung der Dorothea VIEHMANN, geb. PIERSON, aus Niederzwehren (1755–1815) unter der Nr 29 ersetzt; einige Züge wurden übernommen und der Titel von Marie WILDS Fassung abgewandelt in *Der Teufel mit den drei goldenen Haaren*.

2. Eine arme Frau bringt einen Sohn zur Welt, dem man weissagt, so arm und vaterlos er auch sei, werde er doch die Tochter des Königs heiraten. Diese Weissagung ruft die Furcht und den Haß des Königs herauf, der unerkannt im Dorf weilt. Mit leeren Versprechungen bringt er das Kind in seine Gewalt und setzt es in tiefem Wasser aus. Aber das Neugeborene geht nicht unter. Es schwimmt in seiner Schachtel den Fluß hinab und wird an einem Mühlenwehr gefunden. Die kinderlosen Müllersleute ziehen es auf – eine merkwürdige Übereinstimmung mit den Erzählungen von den ausgesetzten Königskindern, die einen goldenen Stern auf der Stirn tragen (AT 707 → *Drei Königskinder*, → *Die drei Vögel*). Eines Tages betritt der König die Mühle und muß erkennen, daß sein Mordanschlag mißlungen ist. Das vaterlose Kind niedrigster Herkunft, dem geweissagt wurde, seine, des Königs, Tochter zu heiraten, ist in der Mühle, nahe der Hauptstadt, zum Jüngling herangewachsen. Der König schreibt seiner Frau einen Brief und trägt ihr auf, den Überbringer unverzüglich töten und begraben zu lassen, ein Zug, der in der Überlieferung, sowohl der mündlichen als auch der literarischen, eine außerordentliche Rolle spielt. Der Jüngling macht sich auf den Weg zum Königshof, aber das Schicksal will es, daß er sich verirrt und in ein Räuberhaus gerät. Es könnte ebensogut sein, daß er einem alten Graumantel im Wald begegnet, daß er wie in den buddhistischen Legenden im Haus eines Priesters übernachtet, oder wie in den koptischen Legenden dem Erzengel Michael begegnet.

Das Märchen und seine Zuhörer brauchen nichts weiter als eine erneute Vertrauensbekräftigung: Die Identifikationsgestalt weiß nichts von den mörderischen Nachstellungen. Sie geht mit traumwandlerischer Sicherheit ihrem Ziel entgegen.
Der Räuberhauptmann öffnet den Brief an die Königin. Und während der Jüngling weiterschläft, zerreißt der Mann das heimtückische Schreiben und ersetzt es durch den Auftrag, den Überbringer unverzüglich mit der Tochter des Königs zu vermählen. In der Frühe weist er ihm den Weg. Die Königin rüstet die Hochzeit. Und da er ein schöner und freundlicher junger Mann ist, gewinnt er auch sogleich die Liebe der Königstochter. In der von Amalie HASSENPFLUG erzählten Fassung fehlt übrigens die ganze Vorgeschichte, womit sie keineswegs allein steht; dies deutet, wie vieles andere auch, darauf hin, daß der erste Teil von der Aussetzung bis zum Todesbrief, weitgehend einer eigenen, in sich geschlossenen, freilich mit anderen Absichten erzählten Überlieferung folgt, während der zweite Teil, die gleich zu besprechende Aussendung nach den drei goldenen Haaren des Teufels, auf einer ganz anderen Überlieferung beruht. Aber aus einer inneren Notwendigkeit fügt das Zaubermärchen beides zusammen.
Der zurückkehrende König sieht ein zweites Mal seine Mordabsicht durchkreuzt und ins Gegenteil verkehrt. Die Liebenden sind bereits glücklich vereint. Aber das eigentliche Zaubermärchen folgt nun einmal mit Vorliebe dem Gedanken, daß der glücklich vollzogenen Ablösung der ernsthafte Einsatz für den anderen folgen muß. »So leicht ist das nicht«, sagt der erbitterte König und stellt dem jungen Mann die Aufgabe, der Tochter aus der Hölle die drei goldenen Haare vom Haupte des Teufels zu holen. Er glaubt, damit den verhaßten Schwiegersohn endgültig aus der Welt geschafft zu haben. Aber der junge Mann fürchtet selbst den Teufel nicht. Er macht sich auf den Weg, und für seine innere Zuversicht ist es bezeichnend, daß er auf die Frage der Stadtwächter, was sein Gewerbe sei, ohne Umschweife antwortet: »Ich weiß alles.« Er weiß, daß ihm alles gelingt, alles zum Guten ausschlägt, eine ungeheure Bestärkung für den Hörer des Märchens, der zusammen mit diesem namen- und vaterlosen Jüngling aus dem Nichts aufsteigt und zu sich selber findet.
Wie im Zaubermärchen üblich, erhält der junge Mann drei Aufträge: zu erkunden, warum ein lebenswichtiger Brunnen versiegt ist und ein ebenso lebenswichtiger Baum verdorrt. Daß der dritte Auftrag, häufig die Frage nach der Krankheitsursache

einer Königstochter, mit einer gewissen Unsicherheit erzählt wird und wohl von Wilhelm GRIMM durch die an sich vierte Frage eines Fährmannes ersetzt wurde, wie lange er noch diese Arbeit verrichten müsse und wann er endlich abgelöst werde, weist auf die Schwierigkeiten bei der Einfügung der uralten, schon auf den Niniveh-Keilschrifttafeln aus dem siebten Jahrhundert v. Chr. überlieferten Jenseitswanderung des Helden Izdubal hin.

Mit dem Auftrag zu erkennen, warum der Brunnen versiegt und der Baum verdorrt ist, kommt unser zuversichtlicher, aber vom Vernichtungswillen des Vaters seiner Frau verfolgter junger Mann zu dem Strom am Rande der Welt. Der Fährmann setzt ihn über, nachdem er versprochen hat, Antwort auch auf seine Frage zu bringen. Und damit steht er vor dem Eingang der Hölle. Der Ellermutter des Teufels berichtet er von seinem Auftrag, die drei Goldhaare zu bringen. Das ist viel verlangt, sagt sie. Aber sie hat Mitleid und verbirgt ihn als Ameise in ihrem Rock. Dann nennt er ihr die drei zusätzlich aufgetragenen Fragen. Das sind schwere Fragen, entgegnet sie; aber sie verspricht, ihr Bestes zu tun. Den heimkehrenden Teufel, der Menschenfleisch wittert, beruhigt sie, gibt ihm zu essen, laust ihn, bringt ihn zum Einschlafen. Dann aber reißt ihm die Alte der Reihe nach die drei Goldhaare aus und entschuldigt sich jedesmal mit einem Traum: vom Brunnen, dem Baum und dem Fährmann. Der verborgene Lauscher erhält auf diese Weise nicht nur die Goldhaare, sondern auch die lebenswichtigen Antworten für die drei Stationen seiner Jenseitsreise. Die Antworten tragen ihm reiche Belohnungen, Macht und Ansehen ein. Die Maus, die an der Wurzel des Baumes nagt, und die Kröte, die den Brunnen versiegen läßt, werden getötet. Aber den Fährmann, der ihn wieder in die bewohnte Welt zurückbringen soll, muß er mit der Antwort überlisten – womit er zugleich das Ende des haßerfüllten Vaters seiner jungen Frau besiegelt. Der Jenseitsfahrer läßt sich übersetzen, bevor er die Antwort sagt: Der Fährmann werde abgelöst, wenn er dem nächsten, der sich übersetzen läßt, die Ruderstange in die Hand drücke.

Als der Jenseitsfahrer mit seinen Schätzen daheim anlangt, ist die Freude groß. Aber die Gier des alten Königs ist erwacht. Wie gelangte der Schwiegersohn zu den reichen Goldlasten? Jenseits des Stromes, erklärt der endgültig Heimgekehrte, liege das Gold wie Sand am Ufer, und der Fährmann warte bereits. Der habgierige König macht sich unverzüglich auf den Weg – und wird zum niemals abgelösten Fährmann zwischen den beiden Welten.

3. Das Märchen vom Teufel mit den drei goldenen Haaren schließt zwei Teile zusammen, die auch als selbständige Erzählungen auftreten, dann aber anderen Aufgaben dienen. Das älteste Zeugnis der mit dem ersten Teil wie auch immer verbundenen Erzählungen ist die Herkunftssage des iberischen Königs Habis, wie sie in einem lateinischen Geschichtswerk aus dem zweiten bis dritten Jahrhundert n. Chr. überliefert ist. Der Verfasser Marcus Junianus JUSTINUS fußt mit seinem Abriß auf einem früheren Werk aus der Zeit des Kaisers AUGUSTUS: auf der Weltgeschichte des Pompeius TROGUS. Er rückt die Erzählung von der Herkunft des Kulturgründers Habis in die Nähe der Sagen des Persers Kyros, den eine Hündin aufzog, und von Romulus und Remus, den Gründern Roms, die von einer Wölfin genährt wurden. Habis ist der unehelich geborene Enkel eines Königs, der trotz aller Aussetzungen und Verfolgungen durch den über die Schande seiner Geburt aufgebrachten Großvater auf wunderbare Weise überlebt. Zuletzt wird er von einer Hirschkuh gesäugt und wächst im Rudel auf. Als er in einer Schlinge gefangen wird, erkennt der König die Entscheidung des Schicksals und bestimmt seinen Enkel zum Nachfolger. In buddhistischen Fassungen des dritten und fünften Jahrhunderts ist der Stoff aus einer Herkunftssage in eine Beispielgeschichte über die Ohnmacht des Menschen gegenüber der Schicksalsentscheidung geworden. Held der Erzählung ist in der frühesten Fassung der Boddhisatva selber, der als Kind eines armen Mannes geboren und ausgesetzt wird. Aber die Weissagung eines Brahmanen nimmt ein Reicher zum Anlaß, dem Kind nach dem Leben zu trachten. Ebenso wie in der Habis-Sage bleibt es auf wunderbare Weise verschont, und der Todesbrief, den der Jüngling überbringen muß – ein Motiv, das hier zum erstenmal eingefügt wird – wird in sein Gegenteil vertauscht. Griechisch-äthiopische Erzählungen übertragen den Stoff ins Legendäre. Eine arme Frau ruft in ihren Geburtswehen den Erzengel Michael an, der dem Neugeborenen verspricht, Erbe des reichen Nachbarn zu werden. Der Nachbar hört davon, läßt das Kind in einem Sack ins Meer werfen und als er bei Fischern den Geretteten an seinem sonderbaren Findlingsnamen erkennt, schickt er ihn mit einem Todesbrief zu seiner Frau. Der Erzengel selber haucht den Brief an und ändert damit den Mordauftrag in den Befehl, den Überbringer mit der Tochter des reichen Nachbarn zu verheiraten. Noch viele Beispiele ließen sich anführen. Aus dem Stoff wurden ebenso indische und türkische Liebesromane wie italienische

Novellen und deutsche oder französische Gründungssagen mittelalterlicher Epik, die den Gedanken der iberischen Habis-Sage wieder aufgreifen. Es gibt eine sehr reichhaltige Literatur über alle diese frühen literarischen Zeugnisse, die manche Einzelheit unseres Märchens erhellt. Ähnlich ist es mit den Vorgängen des zweiten Märchenteiles, von denen die Jenseitsfahrt des göttlichen Helden Izdubar, die in Niniveh auf Keilschriftbruchstücken aus dem siebten Jahrhundert v. Chr. gefunden wurden, das bei weitem älteste Zeugnis darstellt. Zwar berichten die Tafeln nichts von den Fragen, deren Antwort der Jenseitsfahrer mitbringen soll, auch ist der Sinn der Erzählung ein ganz anderer als in unserem Zaubermärchen. Ein geschlagener Mann sucht Linderung seines schweren Lebens, indem er sich auf die Reise zu seinem Ahn, dem Herren der Welt, aufmacht und sich von dem überweltlichen Fährmann über das die bewohnte Welt umschließende Meer setzen läßt. Aber es ist die Rede von einem wunderbaren Baum, einem versiegten Brunnen, einem Mädchen in einem Schloß und der glücklichen Heimkehr des von seinem Leiden Erlösten. Es soll hier nicht die Rede sein von den zahlreichen, möglicherweise auf dieser Jenseitsfahrt beruhenden Fabeln, in denen ein Armer auszieht, um bei Gott Linderung seines Schicksals zu erwirken, oder bei der Sonne ein besonderes Heilmittel zu erlangen – aber es sei immerhin erwähnt, daß die Strafe, die den habgierigen König unseres Märchens ereilt, ihre zahlreichen Vorbilder in den Fabeln hat, in denen der haßerfüllte Vater der jungen Frau seinem letzten Mordanschlag selber zum Opfer fällt, wenn er nicht mit dem Tod des eigenen Sohnes bezahlen muß. Wie schon erwähnt, sollten wir auch die Verwandtschaft mit den vom Schicksal durch goldene Sterne ausgezeichneten Kindern der Parizade im Auge behalten (AT 707) – aber auch die Jenseitsreise des wegen der Schönheit seiner Frau verfolgten Mannes, ein Märchen, das seine besten Fassungen in Rußland erhalten hat (AT 465 A → *Geh ich weiß nicht wohin, hol ich weiß nicht was*).

4. A. AARNE: Der reiche Mann und sein Schwiegersohn. Vergleichende Märchenforschgn. Hamina 1916 (FFC 23). – BP 1, 276–293. – E. COSQUIN: Le lait de la mère et le coffre flottant. In: Revue des questions historiques. 42. 1908. 353–425. – E. COSQUIN: La légende du page de Sainte Elisabeth de Portugal et le conte indien des bons conseils. In: Revue des questions historiques. 37. 1903. 5–44; 38. 1903. 207–217. – M. DRAGOMANOV: Slavjanskitě skazanija za roždenieto na Konstantina Velikij. In: Sbornik za narodni umotvorenija, nauka i knižnina. 1890. 2, 132–184; 3, 206–246. – R. A. J. KÖHLER: Von Glück und Unglück. In: KÖHLER: Aufsätze über

Märchen und Volkslieder. Berlin 1894. 99–117. – K. KROHN: Der reiche Mann und sein Schwiegersohn. Von A. Aarne. In: KROHN: Übersicht über einige Resultate der Märchenforschung. Helsinki 1931. 57–62. – E. KUHN: Zur byzantinischen Erzählungsliteratur. In: Byzantinische Zeitschrift. 4. 1895. 241–249. – LIUNGMAN 107–112, 361. – M. LÜTHI: Der Teufel mit den drei goldenen Haaren. In: Lüthi: So leben sie noch heute. Göttingen 1969. 70–84. – G. A. MEGAS: O logos paregoretikos peri dystichias kai eutychias kai paramythia tes pros ten tychen odoiporias. In: Laographia. 15. 1953. 3–43. – RANKE 2, 75–84. – RÖHRICH: SuM 252–272, 328–329. – J. SCHICK: Das Glückskind mit dem Todesbrief. Oriental. Fassgn. Berlin 1912. – N. F. SUMCOV: Skazki i legendy o Markě bogatom. In: Ėtnografičeskoe obozrěnie. 6. 1894. 20, 9–29; 21, 176–177. – V. TILLE: Das Märchen vom Schicksalskind. Randglossen. In: ZfV. 29. 1919. 22–40. – A. WEBER: Über das Campakaçreshṭhikathânakam, die Geschichte vom Kaufmann Campaka. In: Sitzungsberichte d. Kgl. Preuß. Akad. d. Wiss. zu Berlin 1883. 1. 25, 567–605; 2. 35, 885–895. – A. WEBER: Über eine Episode im Jaimini-Bhârata. In: Monatsberichte d. Kgl. Akad. d. Wiss. zu Berlin 1870. 10–48; 377–387. – A. N. WESSELOFSKY: Le dit de l'empereur Coustant. In: Romania. 6. 1877. 161–198.

Tischchen deck dich, Goldesel und Knüppel aus dem Sack

AT 563 KHM 36

1. Im Herbst 1812 steuerte die damals 21jährige Johanna Isabella HASSENPFLUG (1791–1860) eine Fassung des Märchens von den drei Zaubergaben bei, die im ersten Band der Erstausgabe der *Kinder- und Hausmärchen* als Nr 36 (Fassung 1) veröffentlicht wurde. Jeanette HASSENPFLUGS Mutter stammte aus einer hugenottischen Familie; im Hause HASSENPFLUG gaben französische Sprache und Überlieferung den Ton an – was möglicherweise nicht ganz unwichtig im Hinblick auf den von Jeanette HASSENPFLUG erzählten Eingang ist. Anderseits soll Jeanette HASSENPFLUG gerade dieses Märchen von einer »alten Mamsell STORCH bei HENSCHEL« gehört haben.

Der Eingang von der verleumderischen Ziege, die die Austreibung der drei Söhne bewirkt, ist nämlich ein eigenes Märchen, das nur in der Grimmschen Sammlung und einigen mehr oder weniger von ihr abhängigen Erzählungen mit dem Märchen vom sich selbst deckenden Tisch, dem Geld schaffenden Esel und dem die Zaubergaben wiedererobernden Knüppel verbunden ist. Als eine zweite Fassung brachten Jacob und Wilhelm GRIMM in der

Erstauflage gleichzeitig die am 1. Oktober 1811 von der damals 18jährigen Henriette Dorothea WILD aus Kassel (1793–1867), der späteren Frau von Wilhelm GRIMM, erzählten Version. Diese zweite Fassung wurde 1822 in den Anmerkungsband übernommen.

2. Der Reihe nach werden drei Söhne aus ihrem Elternhaus verstoßen, weil die Ziege, die alle nährt, lügt und gegenüber dem Vater behauptet, auf der Weide nicht satt geworden zu sein. Als der Vater begreift, wie sehr er betrogen wurde, schert er der Ziege den Kopf und jagt sie mit der Peitsche davon. Die Söhne finden jedoch ihr Unterkommen. Der erste lernt bei einem Schreiner, der zweite geht bei einem Müller in die Lehre, der jüngste bei einem Drechsler. Eigentlich ist es stets derselbe Lehrherr – nur jeder lernt auf seine Weise. Der Lehrherr ist ein Jenseitiger, ein dämonischer Pate, wie so oft im Märchen. Die drei Söhne erhalten als Lohn je eine Zaubergabe, an der sie genug für das Leben haben sollen: Der älteste erhält einen Tisch, der sich von selbst deckt; der zweite einen Esel, der hinten und vorn Gold speit, wie es etwas feiner ausgedrückt bei den Brüdern GRIMM heißt. Doch die beiden älteren wissen ihren Besitz nicht zu schützen und zu halten. Ebenso wie sich der erste auf dem Heimweg im Gasthaus vom Wirt den Zaubertisch vertauschen läßt, ergeht es kurz darauf auch dem zweiten mit seinem Goldesel. Warum hatte der älteste auch groß tun, alle Gäste bewirten und den Neid des Hausherren herausfordern müssen? Als er daheim beim Vater anlangt, macht er sich noch größer, läßt eine aufwendige Einladung rundum ergehen – und erntet Spott und Gelächter, denn der vertauschte Tisch zaubert auch nicht das geringste auf die Tafel. Dem zweiten Sohn, der sich durch ein Astloch im Wirtsstall hat ausspähen lassen, ergeht es noch schlimmer: Sein Esel läßt sich zwar daheim im Kreis der herbeigerufenen Verwandten auf ein Tuch stellen – aber er spendet alles andere als Gold.

Der doppelt besetzten Rolle der älteren Söhne steht die einfach besetzte des jüngsten gegenüber. Und es zeigt sich immer deutlicher der schwankhaft wirklichkeitszugewandte Zug. Die älteren Söhne haben mit ihren Zaubergaben zwar alles erhalten, was man im Leben braucht – so scheint es jedenfalls –, aber das Wichtigste fehlt ihnen. Sie können sich ihrer Haut nicht wehren, sie ruhen nicht in sich selbst. Es reicht eben nicht, einen stets gedeckten Tisch zu haben oder alles, was das Herz begehrt,

bezahlen zu können. Das sind Lebenspläne, hinter denen sich die Flucht in die Kindheit verbirgt. Der Jüngste hat mehr gelernt. Mit seinem Lohn, dem Knüppel, den er aus dem Sack lassen kann, wenn es not tut, schafft er sich leicht, was den Brüdern auf dem Weg nach Hause abgenommen wurde.
Bei den GRIMMS heißt es, daß die älteren Brüder den jüngsten verständigen, wie es ihnen ergangen ist. Also macht der jüngste Bruder den betrügerischen Wirt gierig auch auf die dritte Zaubergabe – und bedient ihn so kräftig damit, daß er Zaubertisch und Goldesel nur allzu bereitwillig herausgibt. Daheim müssen sich Vater und Brüder jedoch im Kreis der Verwandten belehren lassen, daß ein so unscheinbarer Knüppel im Sack die beste Zaubergabe ist, die einer im Leben erwerben kann. Und damit ist der Jüngste derjenige geworden, der die Rolle des Vaters übernehmen kann. Im Märchen würde es heißen: Er erhält das Reich.
Aber die Grimmsche Erzählerin kehrt noch einmal zu der Ziege zurück, die eingangs die Stiefmutterrolle der Austreibenden zu spielen hatte. Die Ziege, wird erzählt – und nun zeigt es sich, daß sie aus einem ganz anderen Zusammenhang, aus einer Fabel, entlehnt ist (aus AT 212, bzw AT 2015) –, zieht sich aus Scham über ihre Kahlheit in eine Höhle zurück. Mit ihrem Augenfunkeln gelingt es ihr zwar, einen mächtigen Bären zu schrecken. Aber der Bär begegnet einer Biene. Und die kleine Biene schafft, so schwach sie auch ist, Hilfe. Mit ihrem Stich verjagt sie die betrügerische Ziege aus der Höhle. Und niemand, so heißt es, weiß, wo sie geblieben ist.

3. Für den Zuhörer ist es unwesentlich, ob drei Söhne gleichzeitig oder nacheinander, oder ob nur ein einziger auszieht, der aus seinen Verlusten klug werden muß. Freilich, die Dummlingsrolle ist vertraut. Mit dem verkannnten Jüngsten identifizieren wir uns besonders gern. Nicht immer sind es drei Gaben, die der Ausziehende bei seinem Lehrherrn erhält. Aber der sich selbst deckende und an die *Schlaraffenland*-Erzählungen erinnernde Tisch wird oft auch durch einen Ranzen ersetzt, in dem zu essen in Hülle und Fülle ist. Welche Bewandtnis es mit den Gaben hat, und welche Sprüche nötig sind, die wunderbaren Eigenschaften herbeizurufen, wird keineswegs immer von dem Lehrherren oder die Gaben spendenden Dämon gesagt. Vielleicht sagt es sein Türhüter, oder auf dem Weg zurück ein wissender Fremder. Gelegentlich muß es der Held selber herausfinden. Sind es nur

zwei Gaben, was häufiger vorkommt, so sorgt die eine für das kindlich sorgenfreie Zulangen-Können – die andere aber für die Selbstbehauptung. In den beiden zum Verwechseln ähnlichen Ranzen können nämlich im ersten Fall Speisen, im zweiten aber Prügel oder prügelnde Helfer sein. Der Erzähler verzichtet häufig auf den Goldesel (vgl auch die goldspendende Puppe, zentrales Motiv im Märchentyp AT 571 C → *Das Dukaten-Angele*), das scheint manchem nicht so wichtig. Der Neapolitaner Giambattista BASILE freilich hatte seinen Spaß am goldspendenden Esel (1,1: *Ll'uerco*). In der Übersetzung von Felix LIEBRECHT (1846, S. 18) klingt das so: »Er war aber noch nicht hundert Schritte vorwärts gekommen, als er auch schon von dem Grauen abstieg und sogleich sagte: ›arre cacaurre‹; und kaum hatte er den Mund geöffnet, als auch schon Langohr anfing Perlen, Rubine, Smaragde, Saphire und Diamanten, alle so groß wie die Walnüsse, von hinten von sich zu geben. Anton sperrte das Maul weit auf, starrte die herrliche Ausleerung, den prächtigen Abgang und den kostbaren Durchfall des Eseleins an und füllte mit großer Herzenslust seinen Quersack mit den Edelsteinen voll.« Von Giambattista BASILE hat dann wohl Charles PERRAULT das wunderbare Graufell in sein Versmärchen HCTP 10 von der Eselshaut übernommen (AT 510 B → *Allerleirauh*).

Doch alle diese Fassungen halten sich, so schwankhaft sie gelegentlich auch ausgemalt sind, an den Erzählaufbau märchenhafter Ausfahrten – und an eine Heimkehr als ein anderer, einer der sich wunderbare Gaben erworben hat. Das wird besonders an den Formen deutlich, in denen der jüngste Bruder, oder ganz einfach ein armer Mißachteter, buchstäblich zum Teufel geschickt wird, als er sich bei seinem älteren Bruder oder einem Reichen ein Stück Fleisch erbettelt hat. Er nimmt die Verwünschung wörtlich und bringt dem Teufel das Fleisch – wie es ganz vortrefflich in Ludwig STRACKERJANS Oldenburger Sammlung erzählt wird (mit AT 564: *Tischchen deck dich, Goldhahn und Knüppel aus dem Sack*, ASO 624). Schließlich gibt es auch die Eingangsmotivik, daß der Wind einen armen Bauern noch ärmer gemacht hat. Da entschließt er sich, vielleicht auf Drängen seiner Frau, den Wind aufzusuchen und um einen gerechten Ausgleich zu bitten.

Von einer ganz anderen Erzählabsicht getragen sind die Erzählungen, in denen die strafende Gabe nicht allein dazu gebraucht wird, dem Betrüger heimzuleuchten und ihm die gestohlene

Beute wieder abzunehmen, sondern um den habgierigen Aussender regelrecht zu vernichten, den herzlosen Bruder, den unmenschlichen Reichen. Dann vermischen sich die beiden Märchentypen AT 563 und AT 564, die im internationalen Typenverzeichnis nur aus äußeren Gründen nebeneinander stehen. Der Habgierige will es dem Armen gleichtun. Er zieht ebenso aus wie er, oder er listet ihm die Gaben ab, nimmt sie auch mit Gewalt – und geht daran zugrunde, weil er den Spruch nicht kennt, mit dem der Überfluß abgestellt oder die Strafe ausgesetzt wird. Auch das Märchen von dem Halbhahn (AT 715) wird gern in diese Fassungen einbezogen. Aber ein Zaubermärchen ist unser Erzähltyp nur in dem Maße, als sein Zuhörer Auszug und Selbstfindung des Helden miterleben kann. Die Mischformen dagegen entstehen, wenn Erzähler und Zuhörer ein schwankhaft drastisches Beispiel ausgleichender Gerechtigkeit brauchen.
Wer übrigens seinen Spaß an einer humorvoll ausgiebig in niederdeutscher Mundart erzählten Fassung des Märleins von der Ziege haben möchte, der schlage bei Wilhelm BUSCHS um die Mitte des 19. Jahrhunderts vorgenommenen Aufzeichnungen nach: UoW 20: *Die launische Ziege* (auch mit hochdeutscher Kurzfassung).

4. A. AARNE: Die Zaubergaben. Eine vergleichende Märchenuntersuchg. In: Suomalais-ugrilaisen seuran aikakauskirja. Helsinki. 27,1. 1911/1912. 1-96. – BP 1, 346-361. – A. FISCHER: Bajka o kozie obdartej. In: Lud. 16. 1910. 4, 347-357. – A. GUTTER: Zur psychosexuellen Reifung im Volksmärchen. Solothurn 1977. – K. KROHN: Die Zaubergaben. Von A. Aarne. In: KROHN: Übersicht über einige Resultate der Märchenforschung. Helsinki 1931. 48-53. – LIUNGMAN 167, 365. – MEYER 112-120. – RANKE 2, 245-257. – SCHERF: Bechstein 804-805.

Des Toten Dank → Der Schiffer und die drei Königstöchter

Li tre rri anemale → Die drei Schwestern

Der treue Johannes

AT 516 KHM 6

1. In der zweiten Auflage ihrer *Kinder- und Hausmärchen*, 1819, veröffentlichten Jacob und Wilhelm GRIMM als Nr 6 unter dem Titel *Der getreue Johannes* eine Fassung des Zaubermärchens von der Brautwerbefahrt der beiden Freunde und den tödlichen Gefahren, die den jungen König bei seiner Rückkehr daheim erwarten. Das Märchen stammt aus Zwehren, also wohl von Dorothea VIEHMANN, geb. PIERSON (1755–1815) erzählt.

2. Ein König stirbt und überträgt die Sorge für seinen noch unerfahrenen Sohn seinem treuen Diener, der bereit ist, mit dem Leben für den Schützling einzustehen. Kommt mit diesem Versprechen bereits die Ahnung tödlicher Gefahren zum Ausdruck, so wird die Ahnung zur Gewißheit, wenn der König den Diener dazu verpflichtet, seinen Sohn in das ganze Erbe einzuführen, vor ihm jedoch die Kammer verschlossen zu halten, in der das Bildnis der Königstochter vom goldenen Dache steht. Es gibt Fassungen, in denen dieses Bildnis, das die unwiderstehliche Liebe des Königssohnes entfachen wird, der Mutter gleicht – womit alles kommende Unheil aus einem unbewältigten Sohn-Mutter-Verhältnis entwickelt wird. Es gibt aber auch Fassungen, vor allem russische, vom nahe verwandten Märchentyp 302 C* (→ *Der unsterbliche Koščej*), in der die Gefahren aus den unnachgiebigen Besitzansprüchen des Vaters auf die eigene Tochter, des Königssohnes künftige Braut, entstehen.
Aber es scheint, daß der Eingangskonflikt der üblichen Fassung unseres Märchens weder die eine noch die andere Herleitung des Unheils nahezulegen versucht, sondern die tödlichen Gefahren, die mit der Werbung um die wunderschöne Königstochter vom goldenen Dache verbunden sind, namenlos aus dem Unbewußten auftauchen läßt. Das ist nicht das einzige merkwürdige Phänomen dieses Märchens. Der Zuhörer oder Leser wird sich nämlich keineswegs mit der Hauptgestalt, dem Königssohn identifizieren, sondern mit dem Helfer. Es ist schließlich der Helfer, der die Auseinandersetzung mit den Mächten des Unheils zu bestehen hat.
Der Helfer führt den verwaisten Königssohn in sein Erbe ein. Dabei kann er es nicht verhindern, daß der junge Mann den Versuch bemerkt, eine gewisse Tür zu übergehen. Er erzwingt

die Öffnung, sieht das Bildnis und stürzt, wie sein Vater es vorausgewußt hat, von unwiderstehlicher Liebe getroffen, ohnmächtig zu Boden. Als er zu sich kommt, bittet er den Helfer um seinen Beistand. Der Helfer rät, einen großen Teil des Goldschatzes zu kunstvollem Gerät verarbeiten zu lassen und zu versuchen, sich in Kaufmannsverkleidung Zugang bei der Königstochter vom goldenen Dache zu verschaffen. Das geschieht, und die als »Kaufmannsformel« bekannte und vom Erzähler möglicherweise aus der deutschen Spielmannsepik übernommene List (*Gudrun, König Rother*) ist erfolgreich. Der Helfer findet Einlaß bei der Königstochter, erregt ihre Neugier mit den ausgewählten Stücken des Schatzes und kann sie zum Besuch des Schiffes überreden. Dort zeigt ihr der als Kaufmann verkleidete junge König stundenlang das kunstvolle Gerät, während der Helfer sogleich ablegen und unter vollen Segeln in die See stechen läßt. Als die Königstochter die Entführung entdeckt, ist es zu spät. Der junge König gibt sich zu erkennen, sie faßt Vertrauen und willigt in die Ehe.

Es gibt zahlreiche Fassungen, bei denen die »Kaufmannsformel« der Entführung über See nicht benutzt wird, sondern der Helfer durch eine andere List die Königstochter aus ihrer Behütung lockt und die Flucht mit der Entführten auf dem Landweg erfolgt. Dabei ist zweierlei bemerkenswert: erstens, daß der Helfer zuweilen vorgibt, selbst der Freier zu sein – oder daß er zumindest den jungen König vertritt, falls dieser es nicht wagt, sich in das von Dämonen bewachte Haus der Geliebten zu begeben; und zweitens, daß er sich beim Eindringen in das Haus eines kunstvoll gearbeiteten goldenen Tieres bedient, in dem er sich versteckt (womit diese Fassungen in die Nähe des etwas fragwürdigen Schwankmärchentyps AT 854 geraten: *Der goldene Hirsch*, WOLF DHM 8; auch *Die versteckte Königstochter*, HALTRICH DVSS 41). Es versteht sich, daß eine Überbetonung der größeren Fähigkeiten des Helfers leicht zu einer mit List und Täuschung bestandenen Freierprobe und damit zu der aus den *Nibelungen* bekannten Problematik führt. Aber gerade das aus der russischen Überlieferung bekannte Brautwerbermärchen (AT 519), das Einfluß auf die *Nibelungen*fassungen genommen hat, läßt sich von unserem Märchentyp ebenso klar trennen, wie das Märchen vom → *Unsterblichen Koščej* (AT 302 C*), dem Dämon, der dem vom Stahlheld begleiteten Carevič die Braut fortgenommen hat. Doch die Verbindungen bestehen.

Unvergeßlich ist die Szene auf der Heimfahrt, als der treue

Johannes nachts im Bug des Schiffes musiziert und das Gespräch dreier Raben belauscht. Dabei erfährt er, daß drei Gefahren auf den jungen König und seine Braut warten, erfährt auch, wie sie abzuwenden sind, aber daß dieses Wissen mit einem unabdingbaren Schweigegebot belegt ist, auf dem die tödliche Strafe der Versteinerung steht. Der treue Johannes beschließt, seinen König und die Braut zu retten und, wenn es sein muß, dafür sein Leben hinzugeben.

Es ist gelegentlich gesagt worden, daß es kein anderes Märchen gibt, in dem die seelische Auseinandersetzung ein solches Gewicht habe, wie in der Erzählung vom treuen Johannes. Das ist richtig. Von einem einseitigen Diener-Herren-Verhältnis kann wohl kaum die Rede sein. Hier herrscht eine beidseitige Treue, bei der wir vor der unvermeidbar erscheinenden Entfremdung bangen. Die Rettung aus den vorausgesagten Gefahren muß zwangsläufig Unmut, Zorn, ja schließlich Eifersucht erregen. Das fuchsrote Roß, auf das sich der junge König nach der Landung schwingen will, muß ohne ein Wort der Erklärung abgeschossen, das Brauthemd, das er ergreifen will, verbrannt werden. Und wenn die Braut beim Hochzeitstanz ohnmächtig zu Boden stürzt, muß ihr jemand drei Tropfen Blut aus der rechten Brust saugen. All das weiß nur der mit übersinnlichen Kräften begabte Helfer – aber aussprechen und erklären darf er es nicht. Ein Mensch, der das von Dämonen erfahrene Wissen ausspricht, wird gnadenlos bestraft (das gilt bereits für das Verständnis der Tiersprachen wie in AT 517, 671, 673, mehr schwankhaft ausgedrückt in AT 670, oder das Erlebnis eines schicksalsverkündenden Traumes wie in AT 725, besonders aber für die Erlebnisse des Mädchens bei der dämonischen Patin in AT 710 → *Das Marienkind*). Was der Helfer nächtens auf See erlauscht, ereignet sich genauso in der Wirklichkeit nach der Landung. Dreimal wendet er die Gefahr ab – aber beim drittenmal überwältigt den jungen König die Eifersucht. Es scheint ihm, daß der Helfer seiner jungen Frau zu nahe getreten ist – womit die Verbindung zur Auseinandersetzung zwischen den Blutsbrüdern im *Zwei-Brüder*-Märchen offenkundig wird (AT 303). Erst unter dem Galgen, am folgenden Tag, rechtfertigt sich der Helfer – wohl wissend, daß er damit der Strafe der Versteinerung verfällt. Es hilft nichts, daß in vielen Fassungen der junge König Einhalt zu gebieten versucht. Der Helfer berichtet bis zum Ende und stürzt als Stein zu Boden. König und Königin trauern um ihn. Der König stellt das steinerne Bildnis neben seinem Bett in der

Schlafkammer auf und wiederholt voll Reue bei jedem Anblick: »Könnte ich dich wieder lebendig machen!« Eines Tages ist er allein mit den Zwillingen, die seine Frau geboren hat. Da antwortet der Stein und eröffnet ihm, daß ihn das Opfer des Liebsten erlösen kann. Nur das Blut der beiden Söhne hat die Kraft, ihm das Leben zurückzugeben. Trotz seines tiefen Erschreckens bedenkt der König die Treue, die er erfahren hat und schlägt seinen Söhnen das Haupt ab. Als er den Stein mit dem Blut der Kinder bestreicht, steht der Helfer wieder lebendig vor ihm. Der Helfer belebt indessen die Kinder wieder – wenn auch in den üblichen Fassungen das Motiv Treue um Treue nicht in dem Maße überbetont wird, wie es bei den Brüdern GRIMM der Fall ist, und die Kinder »von selbst« heil werden und fortspielen, als sei nichts geschehen. Allerdings behalten sie einen feinen roten Faden um den Hals. In den meisten Fassungen wird auch, ebenso wie in KHM 6, betont, daß die Königin das Opfer mitzutragen bereit ist. In der Grimmschen Fassung versteckt der junge König die Kinder und den treuen Johannes und berichtet der aus der Kirche zurückkehrenden jungen Königin, auf welche Weise der treue Helfer erlöst werden könne. Sie stimmt dem Opfer zu und erfährt, daß es bereits geschehen ist und sowohl der treue Helfer, als auch die Kinder wieder belebt sind. Zum Schluß heißt es, daß die in Treue verbundenen Menschen fortan ein glückliches Leben miteinander geführt haben.

3. Die Erzählung vom treuen Helfer nimmt eine Sonderstellung unter den Zaubermärchen ein. Die künstlerische Kraft, mit der drei recht verschiedene Bauelemente miteinander verbunden werden, und die im Märchen sonst nicht übliche Anteilnahme des Erzählers an der seelischen Dimension, nicht zuletzt auch die Verlagerung der Identifikation von der Hauptgestalt zum Helfer, lassen an einen literarischen Ursprung denken. Aber dafür hat die Forschung bisher keine Anhaltspunkte geliefert.
Das mittlere Bauelement, das Abwenden der Gefahren, stimmt im Gegenteil unverkennbar mit indischen Beispielgeschichten aus der Zeit vor SOMADEVAS *Kathāsaritsāgara* und des *Pañcatantra* überein, Exempel, in denen des Königs Lebensretter beim Abwenden der letzten Gefahr im Schlafgemach vorschnell und zu Unrecht verdächtigt wird. Die Übereinstimmung geht so weit, daß er zwar nicht einen Drachen, aber eine Schlange tötet, verspritztes Blut vom Busen der Königin entfernt und von der in diesem Augenblick Erwachten aufs heftigste angeschuldigt wird.

Die sofortige Hinrichtung wird jedoch hinausgezögert. Man erzählt dem Herrscher drei Beispielgeschichten von vorschnellen Fehlentscheidungen, und als letztes trägt der Angeklagte selber seine Rechtfertigung vor. Eine kunstvolle Verschachtelung – denn die Beispielgeschichten spiegeln die unbedachte Verurteilung und Tötung in der Tierwelt. So schlägt ein treuer Falke dem König den Becher vergifteten Wassers aus der Hand. Er fällt deshalb dem Jähzorn des geretteten Herrn zum Opfer. Oder ein Ichneumon, der das Kind seiner Herrin vor einer Schlange zu retten versuchte, wird, weil mit blutbeflecktem Maul angetroffen, verdächtigt, das Kind gefressen zu haben. Erst als die Mutter das Ichneumon erschlagen hat, begreift die Frau den wahren Sachverhalt (man vergleiche Rudyard KIPLINGS Erzählung *Rikki-Tikki-Tavi* in seinem *Dschungelbuch*). Erich RÖSCH sieht in seiner großen Monografie von 1928 diese indischen Beispielerzählungen als Kern unseres Märchens an – aber ebenso gut läßt es sich denken, daß die kunstvollen indischen Beispieldichter aus älteren Märchenüberlieferungen diejenigen Elemente herauslösten, die ihnen für ihre erzählerische Absicht als besonders brauchbar erschienen.

Im übrigen sind anscheinend häufig vier statt drei Gefahren abzuwehren: das entführende Zauberpferd, der Gifttrank, das verbrennende Hemd (oft wird auch vor einem Haus gewarnt, das einstürzen wird) – und schließlich die Schlange oder der Drache in der Brautkammer. Dieses Motiv ist das entscheidende. Kann der Helfer auch diese letzte und größte Gefahr für den König und seine Braut abwenden – nun trifft ihn das Unheil selber. In der Grimmschen Fassung ist die Szene verblaßt und rätselhaft. Üblicherweise wird erzählt, daß sich der Helfer heimlich in die Brautkammer begibt, den Drachen erschlägt, alle Spuren des Kampfes beseitigt – aber als er den Blutspritzer von der Brust der Braut entfernen will, beobachtet und mißverstanden wird.

In die Irre gehen wohl jene Fassungen des zweiten Hauptelementes, in denen den Schicksalskündern mehr Bedeutung beigemessen wird, als der Rolle des Helfers zuträglich ist. Das entwickelt sich leicht, wenn das erste Bauelement nicht so zielgerichtet eingefügt ist, wie das mit der »Kaufmannsformel« gewöhnlich der Fall ist, wenn die Braut aus einem von Dämonen bewachten Ort entführt werden muß und der Helfer nicht von vornherein weiß, wie er vorgehen kann. Dann verdoppelt der Erzähler das Motiv des erlauschten Gesprächs, läßt den Helfer ebenso die Mittel und Wege der Entführung wissen wie später die Gefahren und Möglichkeiten der Abwehr. Damit werden aber seine unverwechselbaren Fähigkeiten gemindert. Folgerichtig führt es gelegentlich so weit, daß die Schicksalskünder selber zur leitenden Instanz werden, daß im dritten Teil der König sie fragt, wie er den versteinerten Helfer erlösen könne, daß der Helfer am Ende gar fragt, wie die geopferten Kinder wiederbelebt werden können – und dann bleibt es gar nicht aus, daß die schicksalskündenden Raben selber verwunschene Frauen sind, erlöst werden müssen und der Helfer eine von ihnen heiratet. Die Gefahr, daß ein Motiv, eine Gestalt zunehmend mehr Aufmerksamkeit auf sich zieht, als dem Gesamtaufbau zuträglich sein kann, ist beim Erzählen eben stets gegenwärtig. Angemessen ist nur, daß die Geister, Winde, Vögel ein einziges Mal, scheinbar zufällig, belauscht werden – aber nicht von irgendwem, sondern von dem nächtens wachenden, musizierenden, nicht nur mit täglichen Sinnen begabten Helfer. Ob er tatsächlich, wie E. RÖSCH annimmt, von einem Erzähler erdacht wurde, der sich die Gestalt des klugen Veziersohnes indischer Beispielgeschichten zum Vorbild nahm (AT 516 A) – der Veziersohn versteht die Zeichensprache der Braut: der Rest einer Freierprobe, die der Helfer für seinen unwissenden Herrn bewältigt – sowie die Gestalt des dankbaren Toten (AT 505–508 → *Die verwünschte Königstochter*, AT 507 A), mag dahingestellt bleiben. Die Szene im Brautgemach könnte freilich in Bezug sowohl zu dem letzten Eingreifen des dankbaren Toten gesehen werden als auch zu dem Kampf gegen die Drachenmutter im → *Zwei-Brüder*-Märchen (AT 303) oder im *Drei-Brüder*-Märchen (AT 300 A → *Königssohn Katt*).

Das erste Bauelement, die Entführung der eigentlich unerreichbaren Braut, kommt in recht verschiedenen Formen vor, und zwar in Motivverknüpfungen, die auch anderwärts benutzt werden und nicht zwingend mit dem Märchentyp AT 516 verbunden sind. Erich RÖSCH ist der Meinung, die uns geläufige Brautentführung auf dem Seeweg und nach der »Kaufmannsformel« sei deutschen Ursprungs, aus der Spielmannsdichtung oder dem *Gudrun*-Epos entlehnt – aber hier kann man sich ebenfalls fragen, ob nicht auch diese auf ältere Überlieferungen zurückgegriffen haben. E. RÖSCHS wichtigste Anmerkung indessen betrifft das unabdingbare Schweigegebot. Er nennt es das Rückgrat der drei großen Bauelemente Brautgewinnung, Gefahrenabwendung und Erlösung des Helfers. In den indischen Beispielen schweigt der Helfer lediglich, bis die Gefahren abgewendet sind;

dann wartet er noch mit seinem Rechtfertigungsbericht auf die Wirkung der in den Rahmen gesetzten Tierexempel. Aber der treue Helfer des voll ausgebauten Märchens nimmt die Versteinerung auf sich, um die Entfremdung zu durchbrechen. Gleichzeitig nimmt er damit den Freund in die Pflicht, in einem dritten Erzählteil den Weg zu seiner Erlösung zu finden: durch das Opfer dessen, was ihm am liebsten ist. Hat tatsächlich ein genialer Erzähler die hierher passenden Motivverknüpfungen der *Amicus-und-Amelius*-Legende angefügt, oder schöpft auch diese Blutsbrüder-Legende aus älterer Märchen-Überlieferung, zu der möglicherweise bereits eine Verbindung bestand? Das dritte Bauelement, die Erlösung des Steinbildes, hätte jedenfalls nicht unbedingt die Opferung von Zwillingssöhnen einführen müssen. Schlichter und gewissermaßen näher zur Hand wäre ein Auszug zum Beschaffen des Lebenswassers gewesen. Aber die Entsprechungen zwischen dem dritten Bauelement und der *Amicus-Amelius*-Legende (erschließbar ist ein Chanson de geste um 1050 n. Chr.) gehen ja über das Kindesopfer für den äußerlich nicht gleichrangigen Freund hinaus, ganz abgesehen von den auffälligen Zügen, daß Zwillinge geopfert werden, daß sie ein rotes Band um den Hals behalten und daß sie nach ihrer Wiederbelebung mit einem goldenen Apfel spielen, wie es auch im Märchen häufig erzählt wird. Die merkwürdigen Rangverhältnisse von Hauptgestalt und Helfer entsprechen einander. Und was die Strafe betrifft, so folgt sie im Märchen aus der Schuld gegenüber den Dämonen, deren Schweigegebot übertreten wurde – in der *Amicus-Amelius*-Legende folgt die Schuld aus der List des Einspringens für den Freund, der im Gottesgericht-Zweikampf hätte unterliegen müssen. In dem einen Fall heißt die Strafe Versteinerung, im anderen Aussatz.

Nachzutragen ist lediglich, daß es auch im Märchen vom → *Gestiefelten Kater* (AT 545 B) dann und wann eine Treueprobe gibt, wenn der Helfer, der sich tot stellt, wissen will, wie weit die Freundschaft des durch ihn zu Rang und Ansehen Gekommenen reicht. Als erste Aufzeichnung einer voll ausgebauten Fassung unseres Märchens gilt Giambattista BASILES *Lo cuorvo* (4, 9) von 1637. H. C. ANDERSEN hat den Stoff 1832 in *Raven* aufgegriffen, und sowohl bei Johann Wilhelm WOLF (DHM 39: *Der getreue Paul*) als auch bei Ulrich JAHN (VPR 7: *Von der wunderschönen Prinzeß, verwünscht im wilden Meer in der Steinklippe*; VPR 8: *Die drei Raben*) finden sich den Vergleich lohnende Fassungen unseres Märchens.

4. A. AHLSTRÖM: Der getreue Johannes. In: Folkminnen och folktankar. 21. 1934. 2, 92-93. – S. BEYSCHLAG: Deutsches Brünhildenlied und Brautwerbermärchen. In: Märchen, Mythos, Dichtung. München 1963. 121-145. – BP 1, 42-57. – DELARUE/TENÈZE 2, 299-307. – L. DENECKE in EM 1, 454-463. – J. HERTEL: Der kluge Vezier. In: ZfV. 18. 1908. 1, 66-76; 2, 160-177; 4, 379-393. – J. HERTEL: Über einen südlichen Textus amplior des Pañcatantra. In: Zeitschrift der Deutschen Morgenländischen Gesellschaft. 61. 1907. 18-72. – R. A. J. KÖHLER: (Der treue Johannes). In KÖHLER: Aufsätze über Märchen und Volkslieder. Berlin 1894. 24-35. – E. KÖLBING: Zur Überlieferung der Sage von Amicus und Amelius. In: Beiträge zur Geschichte der deutschen Sprache und Literatur. Halle. 4. 1877. 271-314. – A. H. KRAPPE: The legend of Amicus and Amelius. In: Modern language review. 18. 1923. 152-161. – K. KROHN: Der getreue Johannes. Von E. Rösch. In: KROHN: Übersicht über einige Resultate der Märchenforschung. Helsinki 1931. 82-89. – M. E. LEACH: Amis and Amiloun. London 1937. – S. LILJEBLAD: Die Tobiasgeschichte und andere Märchen mit toten Helfern. Lund 1927. – LIUNGMAN 139-140, 363. – F. J. MONE: Die Sage von Amelius und Amicus. In: Anzeiger für Kunde der teutschen Vorzeit. 5. 1836. 145-167, 353-360, 420-422. – NITSCHKE 121-152. – RANKE 2, 145-146. – E. RÖSCH: Der getreue Johannes. Eine vergleichende Märchenstudie. Helsinki 1928 (FFC 77). – H. ROSENFELD: Eine neuentdeckte deutsche Amicus-und-Amelius-Verslegende des 13. Jahrhunderts. In: Beiträge zur Geschichte der deutschen Sprache und Literatur. 90. 1968. 1, 43-56. – A. SCHÖNBACH: Ueber Andreas Kurzmann. In: Sitzungsberichte der philosophisch-historischen Classe der Kaiserlichen Akademie der Wissenschaften. 87. 1877. 807–874. – P. SCHWIEGER: Die Sage von Amis und Amiles. Progr. Berlin 1885. – WESSELSKI: MdM 93-96, 220-221. – E. O. WINSTEDT: The self-sacrificing child. In: Folk-lore. 57. 1946. 3, 139-150.

Der Trommler

AT 400 + 313C + 518 KHM 193

1. Die Verbindung des Schwanjungfraumärchens mit der Erzählung von den unlösbaren Aufgaben bei dem beherrschenden Dämon und dem Vergessen der wahren Braut ist nicht ungewöhnlich. Den *Trommler* steuerte Karl GOEDEKE (1814–1887) zu Jacob und Wilhelm GRIMMS Märchensammlung nach einer Aufzeichnung aus dem Eichsfeld bei. Die Brüder GRIMM nahmen den Text 1843 als Nr 193 in die fünfte Auflage auf.

2. Ein Trommler findet am Seeufer drei Stück feines Leinen und nimmt eines davon mit nach Hause – ohne zu ahnen, daß er das Flughemd eines Schwanmädchens genommen hat. Das Mädchen kommt in der Nacht. Als der Trommler erfährt, daß es auf dem

Glasberg in der Gewalt einer Hexe gefangen ist, gibt er der verwunschenen Königstochter nicht nur das Flughemd zurück, sondern verspricht auch, ihr zu helfen. Nun geht die Erzählung in der bei Kasernenüberlieferung üblichen, etwas aufschneiderischen Form weiter. Der Trommler beeindruckt die menschenfresserischen Riesen, indem er vorgibt, für Tausende, die ihm nachfolgen, zu trommeln. Gegen die Zusage, zum Rückmarsch zu trommeln, wird er bis zum Glasberg getragen. Dann legt er zwei um einen Flugsattel streitende Männer herein (AT 518 → *Der König vom goldenen Berge,* mit AT 400; → *Die Kristallkugel,* mit AT 302 und 552 A) und fliegt hinauf zum Glasberg, wo er bei der alten Hexe drei unlösbare Aufgaben übernimmt: mit einem Fingerhut einen Fischteich zu leeren (vgl die Legende vom *Hl. Augustinus,* Mot H 1113.1), mit einer Axt aus Blei einen Wald umzuhauen und aus dem Klafterholz schließlich ein Riesenfeuer zu entzünden. Der Trommler muß jedesmal noch vor Mittag verzagen – aber sein Schwanmädchen bringt ihm nicht nur das Essen, sondern läßt ihn in ihrem Schoß einschlafen und tut mit Hilfe ihres Wunschringes die Arbeit. Die drei Aufgaben erhalten jeweils einen bemerkenswerten Zusatz: Der Trommler muß auf Geheiß des Mädchens beim erstenmal der Hexe einen gesondert liegenden Fisch ins Gesicht werfen, beim zweitenmal ihr mit einem ausgesonderten Ast einen Schlag versetzen und beim drittenmal furchtlos der Aufforderung der Hexe folgen und einen noch nicht brennenden Klotz aus dem Feuer holen. Der Klotz aber ist das Mädchen selber. Als die Hexe das Mädchen fortschaffen will, folgt der Trommler auch dem letzten Geheiß seiner Geliebten und wirft die Alte in die Flammen. Abgesehen von den nur mit magischer Hilfe lösbaren Aufgaben wäre bis hierher ein reines Schwanjungfraumärchen erzählt und das Ende des Dramas erreicht – wenn die Erzählung in der sonst üblichen Weise gegliedert worden wäre: Ein junger Mann verliebt sich in ein Schwanmädchen, behält ihr Fluggewand und macht sie zu seiner Frau. Aber die Bindung des Mädchens zur anderen Welt und ihren Mächten kann er damit nicht aufheben. Der Mann verletzt ein Tabu, die Frau findet ihr Fluggewand und entschwindet in die andere Welt. Und nun beginnt die langwierige Suchwanderung, die mit der endgültigen Vereinigung schließt. Im Trommler ist der innere Aufbau verschoben: Das erste Zueinanderfinden geschieht auf dem Glasberg. Die Trennung findet statt, als der Trommler das Tabu verletzt, indem er seine Eltern auf die rechte Wange küßt und damit seine wahre Braut vergißt.

Das erlöste Schwanmädchen und der Trommler sind nach dem Tod der Hexe mit Hilfe des Wunschringes (ohne die Kette der magischen Flucht, AT 313 C → *Die beiden Königskinder*) vor die Tore der Heimatstadt des jungen Mannes versetzt worden. Er läßt seine Braut auf dem Feld warten und will nur seine Eltern benachrichtigen – ein Zug, der deutlich auf einen letzten Mangel des Aufeinander-bezogen-Seins verweist und mit der Übertretung des Gebotes, die Eltern nicht auf die rechte Wange zu küssen, zu einer als endgültig erscheinenden Trennung führt. Die verlassene Braut aber bleibt, nach so viel Einsatz für den Geliebten, unbeirrt. Sie kehrt nicht zu ihrem Vater, dem König, heim. Sie zieht sich in ein kleines Haus im Wald zurück und geht jeden Abend am Elternhaus des Geliebten vorbei, der sie nicht mehr kennt. So erlebt sie, wie dort der Reichtum einkehrt, wie der Vater des Trommlers ein fürstliches Haus baut und die Mutter eine Braut für ihren Jungen auswählt. Aber als die Hochzeit gefeiert werden soll, hält es die wahre Braut nicht länger aus. Ihr Wunschring schafft ihr der Reihe nach ein Sonnen-, ein Mond- und ein Sternenkleid, womit sie die Begierde der von der Mutter gewählten neuen Braut weckt und sich die Erlaubnis einhandelt, vor der Kammertür ihres Geliebten eine Nacht zu verbringen und mit ihrer Klage zu versuchen, seine Erinnerung zu wecken. Zweimal mißlingt es, denn die kleiderlüsterne neue Braut hat dem jungen Mann ein Schlafmittel in den Wein getan. Aber beim drittenmal ist er gewarnt. Er gießt den Wein hinter das Bett, hört die Klage, erinnert sich und begreift. Er führt die wahre Braut zu seinen Eltern und heiratet sie. Von der anderen heißt es nur, daß sie die schönen Kleider behalten darf und sich damit zufrieden gibt.

3. Wie ganz anders die Verbindung wesentlicher Bauelemente des Schwanjungfraumärchens ausfallen kann, läßt sich an zwei Beispielen aus der Sammlung von Johann Wilhelm Wolf zeigen. In der Erzählung *Von der schönen Schwanjungfer* (Wolf DHM 20) will ein Jägerbursche einen Schwan schießen. Aber als er begreift, daß der Schwan eine verwunschene Königstochter ist, verspricht er ihr, sie zu erlösen. Er verstößt aber gegen ihr Gebot, nie von ihr zu sprechen (er erklärt seinem König, der ihm die Tochter zur Frau geben will, daß er eine tausendmal schönere Braut habe – nicht viel anders als in Jahn VPR 54: *Die Maränen*, nur noch drastischer; dort erklärt der Fischerssohn seinem Pflegevater, dem König, seine Frau sei unter den Sohlen zarter

als des Königs Tochter im Gesicht – worauf er, verständlicherweise, in den Kerker geworfen wird).

Der von seiner zürnenden Frau verlassene Held des Märchens von J. W. WOLF muß die große Suchwanderung zum Glasberg antreten. Nach großen Mühen findet er zum Müller am Glasberg, der ihm einen Geißbock gibt, mit dem er den Berg erklettern kann. Doch gegen die Warnung trinkt er aus einer Quelle am Fuß des Berges. Und seine zornige Braut, die ihn schlafend findet, wird an den äußersten Rand der Welt verwunschen: in die Finstere Welt. Der junge Jäger verflucht seinen Leichtsinn, macht sich abermals auf die Suchwanderung und findet tatsächlich bis zu dem Müller der Finsteren Welt, der ihm dazu verhilft, daß ihn der Vogel Greif in einem Faß Mehl fort in die Finsternis trägt. Das Motiv von dem versäumten Stelldichein (→ *Die Rabe,* KHM 93, aber auch in dem nahe verwandten Typ AT 401 → *Das goldne Königreich,* WOLF DHM 5) ist also auf eigenständige Weise in diese Fassung an späterer Stelle als sonst üblich eingefügt. Aber es folgen auch noch die drei Qualnächte, als der Jäger die Braut in der Finsteren Welt trifft (wie beispielsweise im → *König vom goldenen Berge* geschildert, KHM 92). Wird der Erlöser dort in der letzten Nacht enthauptet, so wird ihm hier die Schlinge um den Hals gelegt. Anderwärts wird er in siedendes Öl geworfen – aber dann schlägt die Uhr, und das Erlösungswerk ist vollbracht.

Grünus Kravalle dagegen, WOLF DHM 29, beginnt mit der Überantwortung des Sohnes an den Widersacher (wie das ähnlich ja auch in KHM 92 → *Der König vom goldenen Berge* der Fall ist). Nur verkauft sich hier der Sohn selber, durch seine Spielleidenschaft, an den Leibhaftigen. Er kann sich von dem Vertrag befreien, wenn er binnen Jahresfrist das Schloß des Grünus Kravalle findet – und das gelingt ihm auch, nachdem ihn drei Einsiedel, einer älter als der andere, bis zum Rand der Welt gewiesen haben. Aber weil sich der Königssohn zu lange in dem Schloß aufhalten läßt, nützt ihm der zurückgegebene Vertrag nichts – er wird in den Eiskeller geworfen. Als er im Eiskeller schmachtet, nimmt sich die Tochter des Grünus Kravalle seiner an; sie versprechen sich gegenseitig und fliehen miteinander, und es folgt die Motivkette der magischen Flucht nebst dem Vergessen der Braut, den drei Klagenächten und dem glücklichen Wiedererkennen – ganz ähnlich also wie im *Trommler,* aber nicht mit der Einleitung von dem geraubten Schwanenkleid, sondern von dem Vertrag mit dem Dämon.

Helge HOLMSTRÖM hat das Schwanjungfraumärchen in fünf Untergruppen gegliedert, für deren erste das Märchen vom *Trommler* selber bezeichnend ist. Für die zweite gilt KHM 92, das Märchen des → *Königs vom goldenen Berge,* klar bestimmt durch seine Eingangsmotivik von der Verschreibung an den Dämon und – anders als bei der Mischform von *Grünus Kravalle* – durch die Erlösung der Königin in dem außerweltlichen Reich und der Zerstörung des Glückes der beiden Liebenden durch das Übertreten eines strengen Gebotes bei der magischen Rückversetzung in das Elternhaus – worauf eine mühsame und aussichtslose Suchwanderung beginnt. Für die dritte, nicht sehr deutlich ausgeprägte Untergruppe nimmt HOLMSTRÖM KHM 93, → *Die Rabe* als Beispiel mit dem nach der Erlösung auf dem Weg zum gemeinsamen Leben dreimal verschlafenen Stelldichein (vgl AT 401 → *Das goldne Königreich,* WOLF DHM 5). Als vierte Untergruppe möchte er, bezeichnet nach KHM 113 → *Die beiden Königskinder,* alle Märchen von der magischen Flucht sehen, die, in anderer Weise als *Der Trommler,* ein eigentliches Schwanjungfraumotiv eingefügt haben – wenn nämlich der Held auf dem Weg zu dem Dämon, dem er verschrieben ist (zB wie in WOLF DHM 29: *Grünus Kravalle* durch seine eigene Spielleidenschaft), in den Besitz eines Schwankleides gerät und es gegen das Versprechen zurückgibt, daß er von der Tochter Hilfe gegen den dämonischen Vater erhält. Die letzte Untergruppe ist in der deutschen Überlieferung so gut wie unbekannt und sollte auch aus anderen Gründen besser als eigenständiger Märchentypus gesehen werden – auf eine Formel gebracht läßt es sich so charakterisieren: Verfolgt wegen der Schönheit der Frau und auf eine tödlich gefährliche Jenseitsfahrt geschickt (AT 465 A → *Geh ich weiß nicht wohin, hol ich weiß nicht was,* AFANAS'EV Nr 212).

Das Schwanjungfraumotiv ist weit verbreitet in der Überlieferung des Orients, so im *Çatapatha-Brâhmana* mit der Erzählung von *Purûravas und der Fee Urvaçi,* in *1001 Nacht* mit der Erzählung des Hasan von Basra. Aber die Schwanjungfrauen sind auch in der germanischen Mythologie zu Hause, vor allem im *Wielandslied.* Und die mittelalterlichen Epen und Ritterromane bezeugen ebenfalls lebhafte Anteilnahme an diesem Thema. Daß das eigentliche Zaubermärchen jedoch häufig unbeschadet seiner Gesamtstruktur das Motiv von den drei badenden Schwanmädchen und dem Raub des Fluggewandes der Jüngsten auswechseln kann gegen die Erlösung einer Königstochter in

Schlangengestalt, die Entführung der Tochter des Widersachers, das Durchstehen der Qualnächte für drei schwarze Königstöchter, das zeigt die Eigengesetzlichkeit des Märchens. Kern der Märchenerzählung ist hier wie stets die Ablösung und der zur Selbstfindung unabdingbare Einsatz für den in seiner Schönheit erkannten anderen Menschen. Aber die erste Begegnung ist nur eine vorläufige, leicht zerstörbare, denn die älteren Bindungen der beiden Liebenden, ihre Bindungen in unterschiedlichen Welten und an die merkwürdigsten Dunkelgestalten und Mächte, erweisen sich in der Ausnahmelage zunächst als stärker. Gebote und Versprechen werden unbedacht übertreten, und es bedarf eines erneuten und diesmal bedingungslosen Einsatzes, um den anderen wiederzugewinnen.

4. Literaturangaben zum Schwanjungfraumärchen (AT 400) und zum Märchen von der weißen Hindin (AT 401) finden sich im Artikel → *Der König vom goldenen Berge;* man vergleiche aber auch die Literaturangaben zum Märchen von der magischen Flucht (AT 313) beim → *Fundevogel.*

Turandot → *Das Rätsel* (Abschnitt 3)

Das Unentbehrlichste → *Die Gänsehirtin am Brunnen*

Der unsterbliche Koščej

AT 302 C* + 516 Afanas'ev NRS 158

1. Wir wissen nicht, wo Aleksandr Nikolaevič AFANAS'EV (1826–1871) *Koščej Bessmertnyj* aufgezeichnet hat. Er veröffentlichte das Märchen von dem Königssohn, dem ein treuer Gefährte hilft, die Braut aus den Fängen eines Unholdes zurückzugewinnen, im achten Band seiner berühmten, von 1855–1863 in Moskva erschienenen Sammlung *Narodnye russkie skazki* als Nr 5. Später erschien es neben zwei weiteren Fassungen desselben Märchentyps als Nr 93c. Nach der heutigen Zählung wird die Fassung als Nr 158 zitiert (die beiden anderen als Nr 156 und Nr 157).

2. Dem einzigen Sohn des Zaren hat man bereits an der Wiege gesungen, daß seine Braut die schöne Vasilisa sein wird, des Zaren Kirbit Tochter, und daß sie in einem Turm lebt. Der mit gewöhnlichen Mitteln unzugängliche Bau, in dem ein Vater seine Tochter für sich zu bewahren sucht, ist ein häufiges Märchenmotiv, denn es entspricht menschlicher Ablösungsdramatik – aber es erinnert insbesondere an das nahe verwandte Zaubermärchen von der → *Königstochter auf dem Baum* (AT 317 + 302 C*, JAHN VPR 3), mit dem das Koščej-Märchen auch den dämonischen Gegenspieler gemeinsam hat, der die Braut entführen wird. Und gerade das sagt man dem Zarensohn voraus, als er auszieht, seine Braut zu gewinnen, und einen Mann freikauft, der auf einem Marktplatz unbarmherzig ausgepeitscht wird.
Dieser mit ungewöhnlichen Kräften begabte Mann, Stahlheld, wird sein Begleiter und Helfer. Es wird darüber gerätselt, ob sich hinter ihm der dankbare Tote verbirgt (AT 506 A, JAHN VPR 34: → *Der Schiffer und die drei Königstöchter von Engelland*) oder der vom Galgen ausgelöste Reisekamerad (AT 507 A, EY HMB 24: → *Die verwünschte Königstochter;* H. C. ANDERSEN: → *Der Reisekamerad*). Bemerkenswert ist jedenfalls, daß Stahlheld wegen 10 000 Rubel Schulden freigekauft wird. Aber im späteren Verlauf der Erzählung zeigt es sich, daß Stahlheld die gleiche Rolle wie der → *Treue Johannes* spielt (AT 516, KHM 6).
Die Voraussage lautet: Wer diesen Mann freikauft, dem raubt der unsterbliche Koščej die Braut. Der dankbare Stahlheld zieht weiter mit dem Zarensohn, um Vasilisa zu gewinnen. Er gewinnt sie mit einer List.
Als Gruß des Zarensohnes bringt er ihr den gebratenen Flügel eines Huhns, einer Ente, einer Gans zum Turm, nachdem er den Goldfirst mit einem Stein zerschmettert hat. Zweimal weist er sie im Selbstgespräch auf den Brauch hin, dem Boten ein Glas Schnaps auszuschenken. Als Vasilisa das beim drittenmal tut, zieht er sie aus dem Turm und setzt sie vor seinem jungen Herrn aufs Pferd. Sie fliehen vor des Vaters Verfolgungen. Und wieder ist es Stahlheld, der die Gefahr auf eigene Kappe meistert. Er tut, als habe er seinen Ring, dann sein Tuch verloren, läßt das Paar weiterfliehen, kehrt um und wehrt zweimal allein die Verfolger ab. Aber als nachts der Zarensohn mit der Wache an der Reihe ist, schläft dieser ein – und der unsterbliche Koščej entführt die Braut. Die Liebenden sind durch das Versagen des Zarensohnes

getrennt – aber es ist ein anderes Versagen als im Märchen von der → *Königstochter auf dem Baum* (AT 317).

Der zweite Teil des Dramas ist nun die Koščej-Suche. Der Zarensohn und sein Helfer Stahlheld treffen zwei Hirten des Dämons. Frage und Antwort lauten ähnlich wie im Märchen vom → *Gestiefelten Kater* (AT 545 B). Aber die Hirten werden erschlagen, Stahlheld und der Zarensohn schleichen sich in den Kleidern der Hirten bei Koščej ein – wo sie Vasilisa beauftragen, das Versteck von Koščejs Herz herauszufinden. (AT 302 → *Vom Mann ohne Herz*, MÜLLENHOFF SML 599). Das Zeichen, mit dem sie Vasilisa ihre Ankunft ankündigen, ist Vasilisas Ring, den sie dem Zarensohn gegeben hat, und den dieser in die Ziegenmilch ihres Bades wirft. Als Koščej zurückkehrt, riecht er Menschenfleisch, aber der Zarensohn und Stahlheld haben sich versteckt, und Vasilisa weiß den Dämon nicht nur abzulenken, sondern ihm auch ein erstes Wort zu entlocken, wo sein »Tod« verborgen sei. »Im Besen unter der Schwelle« sagt er. Als sie den Besen geschmückt auf den Tisch legt, lacht er über ihre Dummheit und sagt: »Im Ziegenbock«. Beim drittenmal gibt er ihr das wirkliche, ganz verschachtelte Versteck bekannt, wie das ja auch in dem verwandten Märchen vom Ogerherz im Ei der Fall ist (AT 302 → *Die Kristallkugel*, KHM 197; → *Vom Mann ohne Herz*, MÜLLENHOFF SML 599). Das Versteck des unsterblichen Koščej ist auf einer Insel im Meer. Unter einer Eiche liegt ein Kasten, darin ein Hase und im Hasen eine Ente, in der Ente aber das Ei. Dieses Ei tritt auffällig häufig als letztes Lebensversteck eines Dämons auf. Stahlheld und Zarensohn brechen auf, es zu finden. Als ihre Vorräte aufgezehrt sind, wollen sie der Reihe nach eine Hündin, einen Adler und schließlich einen Krebs töten; aber die Tiere bitten, verschont zu werden (Hündin und Adler: ihre Kinder nicht zu Waisen zu machen). Die Tiere versprechen Hilfe. Hier ist nur von dankbaren Tieren die Rede – in den verwandten Märchen sind es Tierschwäger, die helfen (AT 552 A → *Die drei Schwestern*, → *Die Kristallkugel*).

Ein Fischer fährt die Freunde zur Insel. Stahlheld reißt die Eiche aus, öffnet den Kasten, und als der Zarensohn beim Anblick des entspringenden Hasen an die Hündin denkt, bringt sie bereits den Hasen. Stahlheld zerreißt ihn, der Adler bringt die daraus aufgestiegene Ente. Und als die Ente das Ei fallen läßt, ist der Krebs zur Stelle: Es sind des Zarensohns Gedanken, welche die Tiere zur Hilfe herbeiholen. Die Freunde kehren zurück, töten den unsterblichen Koščej, indem sie ihm das Ei gegen die Stirn

werfen, und reiten schließlich mit Vasilisa heim. Aber während Stahlheld dreimal die Wache übernimmt, hört er dreimal das Gespräch von zwölf Tauben, Schwestern Koščejs, die sich in Mädchen verwandeln. Sie kündigen drei Todesgefahren für den Zarensohn an: durch seinen Lieblingshund, sein Lieblingspferd, seine Lieblingskuh, sobald er heimgekehrt ist und geheiratet hat. Dem, der von diesen Gefahren gehört hat und davon berichtet, kündigen die Taubendämonen stufenweise Versteinerung an.
Das Märchen vom unsterblichen Koščej ist in seinem letzten Teil zum Märchen vom → *Treuen Johannes* geworden (AT 516). Was die dämonischen Schwestern des Widersachers vorausgesagt haben, trifft ein. Kaum hat Stahlheld seinen Säbel geschliffen, so reißt der Hund des Zarensohnes sich los, das Pferd, die Kuh – und jedesmal tötet der Freund trotz des Zarensohnes wachsendem Zorn eines der Lieblingstiere. Stahlheld wird zum Tode verurteilt – gegen Vasilisas Bitte. Erst als das Urteil gesprochen ist, berichtet der Freund. Stufenweise wird er zu Stein. Dem Zarensohn hilft das Weinen nicht. Er hat den versteinerten Freund in einer eigenen Kammer aufgestellt und besucht ihn täglich. Eines Tages vernimmt er eine Stimme aus dem Stein. Er kann den Freund retten, wenn er die eigenen Kinder tötet und den Stein mit ihrem Blut bestreicht. Vasilisa ist bereit; sie vollbringen das Opfer, und der Zarensohn büßt für seinen Kleinmut gegenüber dem Freund. Aber der Freund ruft nach dieser äußersten Preisgabe die Kinder mit einem Kreuzzeichen aus seinem eigenen Blut ins Leben zurück. Der Erzähler schließt: Aus Dankbarkeit sei ein überaus reiches Mahl für alle gehalten worden, und er selbst sei trunken und satt – wie ein Schwein gewesen.

3. Der Aufbau dieses reich erzählten Zaubermärchens ist zweigliedrig. Bei seinem Auszug gewinnt der selbstlose Held die unverbrüchliche Freundschaft eines mit übernatürlichen Kräften begabten Jünglings, der für ihn nicht nur die vorausbestimmte Braut gewinnt, sondern heimlich auch die Verfolgung des zutiefst verletzten Vaters abwehrt. So weit der erste Teil, der damit endet, daß der Held einschläft, also ein Tabu verletzt, und damit die Braut an einen Dämon verliert, einen unbesiegbaren Gegenspieler. Die äußere Gewalt des eifersüchtig über seine Tochter wachenden Vaters ist besiegt – aber die innere nicht. Aus dem sterblichen Zar Kirbit ist der unsterbliche Koščej erwachsen; aus dem menschlichen der dämonische Widersacher. Der zweite Teil des Märchens ist eine Wiederaufnahme des Themas

auf einer anderen, gnadenlosen Ebene. Nun muß das sonderbar versteckte Herz des Dämons gefunden werden, sein »Tod« – was ohne die Hilfe der schönen Zarentochter selbst nicht gelingen kann. Im Märchen von der → *Königstochter auf dem Baum* muß der Gegenspieler durch den gleichen, aber besser bestandenen Dienst bei der Fohlenhexe überwunden werden (AT 317 + 302 C*) Doch mit dem Tod des Gegenspielers ist unser Märchen noch immer nicht zu Ende. Ganz ähnlich wie im → *Zwei-Brüder*-Märchen (AT 303) steht zweierlei aus, das bereinigt werden muß: das unmerklich aus der Eifersucht gewachsene Mißtrauen des Helden gegenüber seinem Freund – und die allerletzte Auseinandersetzung mit der jedermann außer dem Helfer unsichtbar bleibenden Mutter des Dämons (wie in AT 303 → *Die zwei Brüder;* noch ausgeprägter in AT 300 A → *Königssohn Katt*). Nirgends in der deutschen Überlieferung wird dieser Kampf und das Mißverstehen dieses Kampfes so klar geschildert wie in einer Fassung, die AFANAS'EV in seinen Anmerkungen erwähnt, und die gleichzeitig den auf der *Amicus-und-Amelius*-Sage beruhenden Schluß, wie wir ihn aus dem → *Treuen Johannes* kennen (AT 516), so überzeugend begründet. A. N. AFANAS'EV berichtet:

»Ivan Carevič kehrte heim und vermählte sich mit Vasilisa Kirbit'evna. Da sprach der Jüngling Bulat zu ihm: ›Schlaf in der ersten Nacht nicht mit deiner Frau – sonst wird Böses geschehen! Laß lieber mich an deine Stelle.‹

Der Carevič war einverstanden und dachte bei sich: Soll ich ihm glauben oder nicht? Und er stellte einen Diener auf, der beobachten sollte, was der Jüngling Bulat tun würde. Es wurde Mitternacht, und plötzlich rauschte der Wind: Der zwölfköpfige Drache flog herbei. Der Jüngling Bulat begann mit ihm zu kämpfen, schlug ihm alle zwölf Köpfe ab und warf sie aus dem Fenster. Als er dem Drachen den letzten Kopf abschlug, spritzte Vasilisa Kirbit'evna das Blut des Drachens ins Gesicht. Der Jüngling Bulat sah es und dachte: Was tun? Wenn ich das Blut lasse, werden alle fragen, woher es kommt. Wenn ich es aber abwische, wacht Vasilisa Kirbit'evna auf. Eine schwierige Sache. So leckte er ihr das Blut vom Gesicht, bis sie sauber war.

Aber der Diener Ivan-Carevičs hatte nur gesehen, wie Bulat seinen Säbel wetzte und wie er das Blut ableckte. Am Morgen berichtete er: ›So und so, am Abend wetzte der Jüngling Bulat seinen Säbel. Und in der Nacht hat er Vasilisa Kirbit'evna auf den Mund geküßt.‹

Ivan Carevič wurde sehr zornig und befahl, den Jüngling Bulat in Eisen zu legen und einem grausamen Tod zu überantworten. Zu den Worten ›Sie kamen, und siehe da, die Kinder lebten!‹ ist folgende Variante belegt: ›Der Jüngling Bulat schnitt sich in den Daumen und machte den Kindern des Carevič mit seinem Blut das Kreuzzeichen – und im selben Augenblick erwachten diese zum Leben‹« (nach der Übersetzung von W. KÜFFNER).

4. Die Literaturangaben zum Märchentyp AT 302 C* finden sich im Artikel zur → *Königstochter auf dem Baum* (AT 317 + 302 C*); vgl aber auch → *Marja Morevna* (AT 552 A + 302 C*).

Die verwünschte Königstochter

AT 507 A Ey HMB 24

1. Der Bergmannssohn und Lehrer Carl August Eduard EY (1810–1870) veröffentlichte 1862 in seinem *Harzmärchenbuch* als Nr 24 unter dem Titel *Die verwünschte Königstochter* eine gut erzählte Fassung des sonst in deutschen Sammlungen seltenen und bei den Brüdern Jacob und Wilhelm GRIMM nicht vertretenen Märchens von der Königstochter, die Geliebte eines Unholdes ist und mit Hilfe eines dankbaren Toten erlöst wird. Am weitesten bekannt wurde dieser Märchentyp freilich durch Hans Christian ANDERSENS 1835 zuerst veröffentlichten *Rejsekammeraten* (→ *Der Reisekamerad*).

2. Ein junger Mann, dem es zu Hause nicht mehr gefällt, erhält von seinem Vater das geringe Erbe ausgezahlt und zieht in die Welt. Für das Erbe läßt er einen Toten begraben, der keine Mittel hinterlassen hat – seitdem folgt ihm ein Fremder und wird sein Reisekamerad. Sie gelangen zu einer Stadt, die schwarz behangen ist, weil sich die Königstochter in der Zaubergewalt eines Berggeistes befindet und jeden tötet, der versucht, sie zu gewinnen und dabei ihre Rätsel nicht löst. Der Reisekamerad bestärkt seinen Freund in der Absicht, die Königstochter zu erlösen, und verspricht Beistand. Er erklärt, der Geist des Bestatteten zu sein. Nachdem der junge Mann sich beim König gemeldet hat, legt sein Kamerad ihm Fittiche an, gibt ihm eine eiserne Rute und

trägt ihm auf, hinter der Königstochter herzufliegen und sie dabei unentwegt zu schlagen. Er tut, wie ihm geheißen, schlüpft hinter ihr in einen Felsen und versteckt sich im Saal des Berggeistes hinter einem Altar (vielleicht eine Erinnerung an das Märchen von der schwarzen Königstochter, AT 307 → *Hans, der Grafensohn*). Die Königstochter klagt dem grimmigen Geist, daß ihr der Rücken blute – vermutlich vom Hagelwetter draußen. Der Geist rät, dafür den Menschen, der ihr ins Garn gegangen, umso mehr zu peinigen, und schlägt als Rätsel vor, an ihres Vaters weißes Roß zu denken. Auf dem Rückflug verfolgt der junge Mann die Königstochter abermals mit Rutenschlägen – und löst am Morgen ohne Umstände die Rätselfrage, woran sie jetzt denke. In der zweiten Nacht geht es ebenso, nur schlägt der Verfolger jetzt mit zwei Ruten und erfährt in dem sonderbaren Zaubersaal, in dem ein Mond leuchtet und ein Stachelfisch auf dem Altar liegt, daß sie am folgenden Morgen an des Vaters Schwert denken wird, mit dem der unwillkommene Freier gerichtet werden soll. Für die dritte Nacht gibt der dankbare Tote dem jungen Mann jedoch nicht nur zwei Eisenruten, sondern auch ein Schwert mit, um den Berggeist damit zu enthaupten. Im Zaubersaal ist es von einer Sonne unter der Decke taghell, neben dem Stachelfisch steht ein Feuerrad, und der Geist rät der heftig blutenden Königstochter, an sein Haupt zu denken. Aber dieses Haupt schlägt der verborgene Held nach dem Abschied der Königstochter ab, nimmt es mit sich und fliegt ihr nach, um es ihr am nächsten Morgen bei der dritten Rätselfrage vorzuzeigen. Damit hat er die Königstochter aus der Gewalt des Berggeistes gelöst, aber es bleibt noch eine merkwürdige, an den Erlösungszauber des → *König-Lindwurm*-Märchens (AT 433 B) erinnernde Reinigungshandlung zu vollziehen: Der Held muß, ehe er mit seiner Braut zu Bett geht, eine Wanne voll Wasser aufstellen und die Braut, wenn sie fort will, im Wasser untertauchen; den Raben und dann die Taube, in die sie sich verwandelt, muß er ebenfalls untertauchen und schließlich die in Menschengestalt sich zurückverwandelnde Braut dreimal küssen. Mit diesem Rat verläßt der dankbare Tote seinen Freund, und der junge Mann, der seiner Weisung folgt, wird glücklich mit seiner Frau, und König wird er auch.

3. Das Märchen von der Geliebten des Unholds, von Hans Christian ANDERSEN in wehmütiger Erinnerung an den Tod seines Vaters erzählt (→ *Der Reisekamerad*), gehört zu einer

Reihe von Märchentypen, in denen ein dankbarer Toter als Helfer auftritt (AT 505–508). Das ist jedoch schon alles, was unser Märchen etwa mit der Erzählung von der aus Gefangenschaft und Sklaverei erretteten Königstochter und ihrer Wiedergewinnung, mit Hilfe des dankbaren Toten, aus den Händen eines Betrügers verbindet (AT 506 A → *Der Schiffer und die drei Königstöchter von Engelland*). Viel näher steht das gänzlich ohne den helfenden Toten auskommende Märchen von den → *Zertanzten Schuhen* (AT 306). In beiden Fällen muß der Held die dramatische Unterweltfahrt, die Flugreise in das Felsenschloß des Bergtrolls, unter dem Schutz eines Tarnmantels antreten, muß die dem Unhold verfallene Königstochter bis aufs Blut peitschen und dreimal ihre Gedanken erraten oder bestimmte Gegenstände aus der anderen Welt zurückbringen – zB den Becher, das Messer und schließlich das Haupt des Unholds. Der zweite Teil, die Läuterung der dem Unhold abgewonnenen Braut, fehlt freilich in den *Zertanzten Schuhen*. Doch nicht immer ist es mit der Befreiung der Trollbraut aus der Gewalt des Dämons und dem Reinigungs- und Verwandlungsbad getan. In dem eng verwandten Märchentyp vom Schlangenmädchen (AT 507 C) muß der junge Mann oder sein Helfer in der Brautnacht darauf gefaßt sein, daß eine Schlange aus dem Mund der Geliebten kriecht und den schlafenden Bräutigam töten will, wie sie schon zahlreiche andere Freier getötet hat. Sven LILJEBLAD (dem wir neben Elisabeth HARTMANN die wichtigste Untersuchung unseres Märchens verdanken) sah in dieser todbringenden Schlange die Drachenmutter des → *Zwei-Brüder*-Märchens (AT 303). Der Erzählgedanke ist jedenfalls gleich: Mag der Unhold auch erschlagen sein, der Bergdämon oder Drache – hinter ihm steht noch ein anderer, verborgener, weit gefährlicherer Widersacher. Kennzeichnend für das *Zwei-Brüder*-Märchen ist allerdings, daß die Zauberin und Drachenmutter den ersten Drachentöter überwindet, aber vom zweiten Drachentöter (oder im zweiten Anlauf) selber und nun endgültig überwunden wird. Und für das Märchen von der Geliebten des Unholds anderseits ist wesentlich, daß die Schlange in der Königstochter selber lebt, noch unbesiegt, obgleich der eigentliche Dämon enthauptet ist. Freilich, wer den Kampf des Helden gegen den Unhold als einen Kampf gegen den dämonisch um den Besitz der eigenen Tochter ringenden Vater–König erlebt, versteht auch zugleich, daß mit der Überwindung des Vaters die innere, bisher ausschließliche Bindung der Tochter zu ihm noch lange nicht gelöst ist. Die

Anklänge im Märchen vom → *Meerhäschen* (AT 329) und überall dort, wo der Vater wie im *Apollonius*-Roman Rätselfragen stellen läßt, weisen stets auf die für die Königstochter gleiche Ausgangslage: eine unbewußte, fast als unüberwindlich erscheinende Schwierigkeit, sich vom eigenen Vater zu lösen.
Im Norden ist die Bindung eines Mädchens an einen Berggeist das Thema mehrerer, teilweise noch heute gesungener Lieder.
Das älteste Zeugnis des Märchens ist das *Buch Tobit*. Es stammt spätestens aus dem 1. Jahrhundert v. Chr.; aramäische und hebräische Bruchstücke dieser sonst nur in griechischer Überlieferung bekannten Tobias-Legende wurden in Qumran gefunden. Offenbar hat man das Märchen der Werbung eines jungen Mannes um eine Braut, die einem Dämon hörig ist, in ein heilsgeschichtliches Zeugnis umgewandelt. Der die Reise des Tobias begleitende Tote wurde durch den von Gott gesandten Engel Rafael (= Gott heilt) ersetzt – obgleich eingangs berichtet wird, daß Tobias' Vater Tobit im Exil unbestattete Juden begraben hat. Auf dem Weg will ein riesiger Fisch Tobias verschlingen – aber der Reisebegleiter beschützt Tobias und trägt ihm auf, Herz, Leber und Galle an sich zu nehmen. Bei seinen Verwandten angekommen, freit Tobias um eine junge Frau, die bereits mit sieben Männern vermählt war, doch der Dämon Asmodi hatte sie, einen wie den anderen, in der Brautnacht umgebracht. Auf Geheiß Rafaels wird Asmodi durch Zauberei vertrieben (er flieht vor dem Geruch des gerösteten Fischherzens und der Fischleber). Als Tobias mit seiner jungen Frau von der langen Reise heimkehrt, kann er am Ende auch die Blindheit seines Vaters heilen (durch die Fischgalle). Es ist sonderbar, daß in August EYS Märchen aus dem Harz auf dem Altar des Berggeistes ein großer Stachelfisch liegt.

4. A. AHLSTRÖM: Die Tobiasgeschichte. In: Folkminnen och folktankar. 21. 1934. 2, 96–99 – W. BENARY: Hervis von Metz und die Sage vom dankbaren Toten. In: Zeitschrift für romanische Philologie. 37. 1913. 1, 57–92; 2, 129–144. – W. BENARY: Zur Sage vom dankbaren Toten. In: Zeitschrift für romanische Philologie. 38. 1914. 2, 229–232. – BP 3, 490–517. – DELARUE/TENÈZE 2, 235–244. – A. DOBBERTIN: Der Gute Gerhard von Rudolf von Ems in seiner Bedeutung für die Sittengeschichte. Diss. Rostock 1889. – H. DUTZ: Der Dank des Todten in der englischen Literatur. Progr. Troppau 1894. – H. F. FEILBERG: Bjaergtagen. København 1910. – W. FOERSTER: Zu Amadas und Ydoine V. 950. In: Zeitschrift für romanische Philologie. 38. 1914. 1, 108–109. – E. G. GEIJER/A. A. AFZELIUS: Den bergtagna. In: GEIJER/AFZELIUS: Svenska folkvisor. Stockholm ²1880. 1, 1–4; 2, 1–5; 3, 1–3. – G. H. GEROULD: The grateful dead. London 1908 – M. HAIN: Arme Seelen und helfende Tote. In: Rheinisches Jahrbuch für Volkskunde. 9. 1958. 54–64. – E. HARTMANN:

Die Trollvorstellungen in den Sagen und Märchen der skandinavischen Völker. Stuttgart, Berlin 1936. – W. HERTZ: Die Sage vom Giftmädchen. München 1893. – M. HIPPE: Untersuchungen zu der mittelenglischen Romanze von Sir Amadas. In: Archiv für das Studium der neueren Sprachen und Litteraturen. 42, 81. 1888. 1/2, 141–183. – KÖHLER: KSMF 5–20; 21–32; 32–39. – A. H. KRAPPE: Notes on Spanish cuentos edificativos. In: Hispanic review. 1. 1933. 4, 340–343. – S. LILJEBLAD: Die Tobiasgeschichte und andere Märchen mit toten Helfern. Lund 1927. – LIUNGMAN 121–122, 362; 122–124, 362; 124, 362. – A. LÖWIS of Menar: Die Brünhildsage in Russland. Leipzig 1923. – M. LÜTHI: Der dankbare Tote. In: LÜTHI: So leben sie noch heute. 1969. 85–100. – M. MEIER-Branecke: Die Rittertreue. Hamburg 1969. – RANKE 2, 108–116; 116–121. – RÖHRICH: ErzSM 2, 156–212, 438–446. – L. RÖHRICH in EM 3, 306–322. – E. SCHREINER: Jean de Calais. Salzburg 1979. – K. SIMROCK: Der gute Gerhard und die dankbaren Toten. Bonn 1856. – M.-L. TENÈZE: Jean de Calais en France. In: Humaniora. New York 1960. 286–308.

Die verwunschenen Königstöchter → *Das Erdmännchen*

Lo viso → *Jungfrau Maleen* (Abschnitt 3)

Vogel Phönix

AT 551 Wisser PV 1, 52

1. Wilhelm WISSER (1843–1935), Gymnasialprofessor in Oldenburg, der erst mit 51 Jahren begann, in einem verhältnismäßig begrenzten Gebiet Schleswig-Holsteins Zeugnisse mündlicher Überlieferung zu sammeln, hinterließ einen Schatz von rund 2500 Märchen und Schwänken, die er durchweg in niederdeutscher Mundart aufgezeichnet hatte. Mit seiner eigenwilligen Feldarbeit wurde er zum bahnbrechenden Märchensammler Deutschlands überhaupt. Sein Werk ist von Gustav Friedrich MEYER und Kurt RANKE fortgesetzt worden.

Das Zaubermärchen vom verkannten jüngsten Sohn, der für seinen Vater das Wasser des Lebens gewinnt und für sich die unvergleichlich schöne Königstochter, zeichnete Wilhelm WISSER am 12. Januar 1901 in Kreuzfeld nach einer Erzählung des 1835 in Klein-Meinsdorf geborenen Eigenkätners LAUDY auf und veröffentlichte es 1904 im ersten der drei Bände seiner Märchensammlung *Wat Grotmoder vertellt* (S. 34-41) unter dem Titel

Vagel Fenus. 1914 folgte die ausdrücklich für Erwachsene bestimmte Fassung im ersten Band der *Plattdeutschen Volksmärchen* (S. 156-162; in der Neuausgabe von K. RANKE als Nr 45 gezählt).

2. Einem kranken König träumt, daß ihn der Gesang des Vogels Phönix gesund mache. Seine Söhne ziehen aus,den wunderbaren Vogel zu finden; die beiden älteren erhalten Reisegeld, der mißachtete jüngste bekommt nichts. Die älteren Söhne verjubeln ihr Geld im Wirtshaus,der jüngste aber gelangt in eine leere Stadt, und eine alte Frau sagt ihm, daß der Vogel Phönix im Schloß zu finden sei. Die Schloßwache gibt weitere Erläuterungen und rät, den Vogel Phönix samt Bauer fortzutragen, von einem Tisch Brot und Schwert zu nehmen und sich auf den Esel zu schwingen, ehe er dreimal schreien könne. Sonst sei er verloren. Die Königstochter aber, die dort in einem Bett bereits tausend Jahre schliefe, solle er schlafen lassen. Der Jüngste findet alles, wie es ihm die Wache gesagt hat – aber die Königstochter ist zu schön. Er legt sich zu ihr, ohne daß sie erwacht. Sie ist ganz in Leinen eingenäht. Er schneidet einen Flicken heraus und hinterläßt einen Zettel, auf den er seinen Namen und den seines Heimatlandes schreibt. Der Zettel fällt in eine Ritze. Da schreit der Esel bereits zum ersten Mal. Beim zweiten Schrei schafft der jüngste Königssohn ihn hinaus, und beim dritten Schrei ist er aufgesessen.
Auf dem Heimweg hilft er zweimal Völkern, die in einem Krieg zu unterliegen drohen. Das erste Volk hat nichts mehr zu essen, das zweite steht einem überlegen bewaffneten Gegner gegenüber. Er leiht dem ersten Volk das Brot, dem zweiten das Schwert und vereinbart, daß Brot und Schwert in fünf Jahren daheim in seinem Land abzuliefern sind. Die beiden Völker werden ihrer Feinde Herr, der junge Königssohn aber zieht heimwärts. Als er jedoch an dem Wirtshaus vorbeikommt, werden die Brüder seiner gewahr, nehmen ihm den Vogel Phönix ab und erzwingen seinen Schweige-Eid. Als die verräterischen Brüder vor ihren Vater treten, beginnt der Vogel zu singen, der Vater wird gesund, der jüngste Sohn aber, den seine Brüder verleugnen, verdingt sich unerkannt als Küchenjunge.
Inzwischen ist die verwunschene Königstochter jedoch erwacht, sieht das in ihr Hemd geschnittene Loch und stellt fest, daß der Vogel, das Brot und das Schwert fehlen. Sie bringt einen Sohn zur Welt. Als das vierjährige Kind eines Tages den Zettel in der

Ritze entdeckt, weiß sie endlich, wer der Vater ist und schließt sich dem Zug der zweimal 20.000 an, die Brot und Schwert abliefern wollen. Das Heer, über das die junge Königin den Befehl erhält, belagert die Stadt des Vaters der drei Königssöhne. Sie fordert, ihr den zu schicken, der ihr den Vogel Phönix entwendet hat. Über die Brücke läßt sie eine Samtdecke legen. Der älteste Königssohn reitet zu der jungen Königin – aber er meidet die Samtdecke. Da fragt der kleine Sohn, ob das sein Vater sei? »Nein«, entgegnet die Mutter, »der da geritten kommt, hat keine Courage.« Obendrein zeigt sich in der Wechselrede, daß der älteste Königssohn nicht weiß, was außer dem Vogel mitgenommen wurde. Mit dem mittleren Sohn geht es ebenso. Die junge Königin droht, die Stadt zusammenzuschießen, wenn der Richtige nicht endlich geschickt werde, und der alte König verspricht dem, der die Stadt rettet, die Herrschaft über das Reich. Da meldet sich der Küchenjunge. Sein Vater erkennt ihn nicht, gibt ihm aber ein Pferd – und damit reitet der jüngste Königssohn, daß die Fetzen fliegen, zur Königin. »Ja, das ist dein Vater«, antwortet die Königin ihrem Sohn, »denn er hat auch mich nicht geschont.« Der angebliche Küchenjunge aber steht nicht nur Rede, daß er Vogel, Brot und Schwert und Esel genommen hat, sondern kann auch den Flicken aus dem Hemd vorzeigen. Da erkennt ihn die junge Königin als ihren Mann. Die beiden Völker übergeben das Brot und das Schwert. Sie ziehen ab, und der Vater begreift, daß er betrogen wurde. Er verweist die älteren Söhne des Landes, bestellt die Hochzeit für den jüngsten und macht ihn zu seinem Nachfolger.

3. Die ausgezeichnet erzählte niederdeutsche Fassung Wilhelm WISSERS ist bei weitem nicht so bekanntgeworden, wie die weniger gut erzählte der Brüder Jacob und Wilhelm GRIMM (KHM 97 → *Das Wasser des Lebens*), in der freilich der alte Zug von den am Tor des verwunschenen Schlosses wachenden Löwen erhalten ist. Unglücklich ist in KHM 97 vor allem, daß der Jüngste erst der schönen Königstochter begegnet und dann das einladende Bett in der letzten Kammer findet, in dem er fast die Frist verschläft. Da die Grimmsche Königstochter kein Kind empfängt, und da die beiden Völker Brot und Schwert nicht mit Heeresmacht zurückbringen, muß auch die Aufforderung fehlen, den wahren Retter und Vater des Kindes aus der belagerten Stadt zu schicken. In der Grimmschen Fassung kommt der Betrug bei weitem nicht so dramatisch ans Licht wie bei der

bedrohlichen Belagerung und der völligen Ratlosigkeit in der Wisserschen Fassung, die einmal mehr den Unwert der älteren Söhne unterstreicht. Bei WISSER hat auch die Königstochter eine wirkliche Aufgabe – während sie in KHM 97 geduldig und untätig daheim warten muß.

Das Märchen von der Ausfahrt der drei Söhne, die ihrem kranken Vater das wunderbare, alles andere übertreffende Heilmittel bringen sollen, ist bei fast allen Völkern Europas verbreitet. Ob sie das Wasser des Lebens suchen wie in der Grimmschen Fassung, oder den Vogel Phönix: Beides ist von alters her ein Sinnbild der Unsterblichkeit; der Gesang des Vogels Phönix heilt jede Krankheit. Die Alchimisten glaubten, der Vogel Phönix verwandle alles, was er berühre, zu Gold. Merkwürdig ist, daß der Vogel Phönix in manchen orientalischen Erzählungen von der Nachtigall ersetzt wurde – und das hat sich ja auch in Hans Christian ANDERSENS Kunstmärchen niedergeschlagen (*Nattergalen, Die Nachtigall*, 1844 in: *Nye Eventyr*).

Daß es in einigen Fassungen des Romans vom *Kaiser Alexander* heißt, er habe auf seinem Zug die Quellen des Lebens gesucht, ist bekannt. Er fand sie nicht – aber sein Diener Khiẓr fand sie. Das Motiv vom höchsten Lebensgut ist in vielen Erzählungen enthalten. So sagt man auch den ausgesetzten Kindern mit den goldenen Sternen (AT 707 → *Drei Königskinder*, BUSCH UoW 25; → *Die drei Vögel*, KHM 96), was ihnen zu ihrem Glücke noch fehle, sei der Vogel der Wahrheit und das Wasser des Lebens, das, wie sich später zeigt, Versteinerte wieder lebendig macht. Auch spielt das Wasser des Lebens, zusammen mit dem Wasser des Todes, eine Rolle in der Endmotivik des Märchens vom verleumdeten Vasallen des Königs (AT 531 → *Ferdinand Getreu und Ferdinand Ungetreu*, KHM 126), und der Vogel Phönix erscheint als erstes in der Kette der Kleinodien: goldener Vogel, goldenes Pferd, goldene Jungfrau (AT 550 → *Der goldene Vogel* – ein Märchen, das besonders eng mit dem Erzähltyp von der Ausfahrt nach dem wunderbaren Heilmittel verbunden ist). Aber nirgends hat das Motiv eine so grundlegend wichtige Funktion wie hier: Der Vater wird gesund, wenn er vom Wasser des Lebens trinkt oder den Gesang des Vogels Phönix hört.

Es ist darauf hingewiesen worden, daß das Heilmittel im *Tobias*märchen eine vergleichbare Rolle spiele (AT 507 A → *Die verwünschte Königstochter*, dritter Abschnitt). Es heilt die Blindheit des Vaters. Das ist richtig – aber die funktionale Bedeutung dieses Motivs tritt ganz zurück gegenüber der Aufgabe, die der Reisebegleiter (der dankbare Tote) bei der Gewinnung der von dämonischen Kräften besessenen Braut wahrnimmt. Näher steht möglicherweise das Märchen vom gelernten Jäger (AT 304 → *Der gelernte Jäger*, → *Der Hünentöter*), in dem der Gedanke von der Erlösung einer verwunschenen Königstochter, dem Beilager während des Zauberschlafes und während der kurzen Frist, die dem Eindringling gewährt ist, sowie von der Suche nach dem Vater des Kindes verbunden ist mit dem Motiv der Befreiung vom Übergriff der Riesen, Trolle oder Räuber. Das Ziel der Ausfahrt ist jedoch einzig die Selbstfindung des verkannten Jüngsten, das Sich-Absetzen von den beiden anderen Brüdern und die Gewinnung der Braut, darin vergleichbar dem Märchen von den geraubten Königstöchtern (AT 301 A → *Das Erdmännchen*).

Das unüberwindliche Schwert und das Brot, das niemals zu Ende geht, sind wunderbare Hilfsmittel, die so alt sein mögen wie magische Vorstellungen der Menschen überhaupt – kein Wunder, daß sie, zusammen mit niemals erschöpfbarem Wein, sowohl eine Rolle in zahlreichen überlieferten Erzählungen spielen, als auch zu bedeutenden christlichen Sinnbildern geworden sind und deshalb gerade in der mittelalterlichen Epik besonders häufig auftauchen. Der erste erkennbare Niederschlag unseres Märchens jedoch findet sich um 1300 in einem Predigtmärlein des provençalischen Dominikaners JOHANNES GOBII JUNIOR, in seiner *Scala caeli*. Dort zieht der Jüngste aus, das Wasser des Lebens zu suchen und gewinnt es auch, ebenso wie eine überaus schöne Braut, weil er eine ganze Kette von Prüfungen durchstanden hat. So ist sowohl seine Keuschheit erprobt worden, als auch seine Festigkeit gegenüber den verführerischen Angeboten seiner Zeit: schöne Waffen und schöne Pferde. Wesentliche Motive des Märchens von der Suche nach dem wunderbaren Heilmittel (die blinde Freyja kann nur durch den Gesang des Vogels Fanin wieder gesund werden) tauchen auch 1689 in dem Monumentalwerk *Atlantica* des Schweden Olof RUDBECK (1630-1702) auf, im zweiten Band, doch gründet diese Fassung auf einem dänischen Volksbuch, das die verwandten Typen von der Heilmittelsuche (AT 551) und von der Hilfe des Fuchses bei der Gewinnung der Kleinodien (AT 550) ineinanderfügt und seinerseits abhängig ist und gemeinsame Quellen besitzt mit dem niederländischen, aber wohl aus dem Französischen übernommenen Roman von *Walewein* (um 1250 – AT 550 → *Der goldene Vogel*).

4. Literaturangaben beim Artikel zu → *Der goldene Vogel*.

Vom Mann ohne Herz

AT 303 A + 302 + 554 — Müllenhoff SML 599

1. 1845 erschien das in der Grimmschen Sammlung nur bruchstückhaft enthaltene Märchen von der Befreiung der Geliebten aus der Gefangenschaft bei einem Unhold, der unbesiegbar und unsterblich zu sein glaubt, weil sein Herz an einem vielfach gesicherten, weit entfernten Platz verborgen ist. Nach der Mitteilung von Wilhelm MICHAELSEN aus Meldorf wurde die Erzählung von Karl MÜLLENHOFF (1818–1884), dem späteren Germanisten und Nachfolger Jacob GRIMMS auf dem Lehrstuhl in Berlin (der das Märchen übrigens »mit Sicherheit für undeutsch« hielt), als Nr 7 in Buch 4 veröffentlicht in MÜLLENHOFFS *Sagen, Märchen und Lieder der Herzogtümer Schleswig, Holstein und Lauenburg.* Nach der von Otto MENSING 1921 veranstalteten neuen Ausgabe trägt es die endgültige Nr 599. Ludwig BECHSTEIN (1801–1860) übernahm es 1853; als DMB 17, mit den bekannten Holzschnitten von Adrian Ludwig RICHTER (1803–1884) fand es im 19. Jahrhundert und auch darüber hinaus weiteste Verbreitung.

2. Von sieben verwaisten Brüdern ziehen sechs aus, um eine Braut zu gewinnen, und versprechen dem Jüngsten, der das Haus hütet, ihn nicht zu vergessen und ihm ebenfalls eine Braut mitzubringen. Aber unterwegs kommen sie an einem einsamen Haus vorbei, in dem ein alter Mann lebt. Der Zuhörer weiß, daß von nun an das Unheil den Fortgang der Erzählung überschattet. Der alte Mann trägt den sechs jungen Burschen auf, ja nicht zu vergessen, auch ihm eine Braut zu verschaffen. Aber die sechs ahnen nicht, mit wem sie es zu tun haben. Sie finden die Bräute, und es sind genau sieben Schwestern, womit die Ausschließlichkeit des Füreinander-bestimmt-Seins festgehalten wird. Doch die Rechnung wurde ohne den Anspruch des Widersachers gemacht. Er verwandelt die auf dem Rückweg an seinem Haus vorüberziehenden sechs Burschen samt ihren Bräuten zu Stein und nimmt das für den zu Hause gebliebenen Jüngsten bestimmte Mädchen für sich selbst. Bei MÜLLENHOFF heißt es zwar kindlich treuherzig, daß das Mädchen den Haushalt des Alten recht gern führte und sich nur Sorgen machte, was geschehen sollte, wenn der alte Mann stürbe und sie allein ließe. Aber der Erzähler vermeidet offensichtlich (oder er weiß es nicht besser)

auszusprechen, daß das Mädchen als Geliebte in die Hand eines dämonischen Wesens gefallen ist, aus der sie erst der ihr wirklich Vorherbestimmte, unter welchen Fährnissen auch immer, zu erlösen vermag. Bei MÜLLENHOFF ist es des Mädchens Angst vor der Vereinsamung, die dazu führt, daß der Unhold sein Geheimnis von der Unsterblichkeit preisgibt, indem er auf die Frage, wo sein Herz denn verborgen sei, zunächst zweimal Ausflüchte sucht. In der Bettdecke sei sein Herz, in der Stubentür – und als das liebe Kind erst die Bettdecke, dann die Stubentür bekränzt, entschließt er sich endlich, den Ort und die Umstände bekanntzugeben. Aber das gehört in einen ganz anderen Zusammenhang. Eigentlich hätte längst der jüngste Bruder erscheinen müssen, um seine Geliebte zu befreien. Und die beiden Liebenden hätten längst den Plan fassen müssen, mit listigen Fragen den Unhold zu verleiten, sein Geheimnis preiszugeben (vor dem unter dem Bett versteckten Befreier). Bei MÜLLENHOFF kommt der Jüngste erst, nachdem das Mädchen alles weiß. In anderen Fassungen listen sie dem Unhold gemeinsam ab, wo sein Herz verborgen ist: Fern in einer alten, mit Eisentüren verwahrten und von einem Wallgraben umschlossenen Kirche fliegt ein unsterblicher Vogel, in dem das Herz des Unholdes schlägt. Die Sicherung des außerhalb lebenden Herzens ist oft wesentlich stärker, ja kunstvoll verschachtelt. Zuweilen muß das Herz mehreren Tieren abgejagt werden, von denen eines aus dem anderen hervorgeht und von denen sich jedes in einem anderen Element bewegt (AT 552 A → *Die drei Schwestern*). Das Ende der Kette ist gewöhnlich ein Vogel, wie hier, der jedoch ein Ei in sich trägt. Erst dieses Ei stellt das Leben des Unholdes dar (AT 552 A + 518 + 302 → *Die Kristallkugel*).
Als der junge Mann die Umstände erfahren hat, macht er sich auf den Weg. Er hat zwar seine Geliebte gefunden, muß sie aber mit einem dämonischen Widersacher teilen: So oder ähnlich lautet stets der vorläufige Zwischenschluß im eigentlichen Zaubermärchen. Die vor ihm liegende Aufgabe des zweiten Teiles scheint unlösbar zu sein. Aber er vertraut auf sich selbst und darauf, daß ihm im rechten Augenblick Hilfe zuteil wird. Von seinem Geschick ist schließlich auch das Leben seiner Brüder und das Leben der Schwestern seiner Braut abhängig. Als der junge Mann unterwegs seine erste Brotzeit hält, lädt er ein, wer auch immer mit ihm schmausen wolle. So gewinnt er den roten Ochsen, das Wildschwein und den Vogel Greif zum Freund – und damit sind die scheinbar unüberwindbaren Schwierigkeiten

aus dem Weg geräumt. Der Ochse säuft den Graben leer, der Eber bricht die Mauer nieder, der Vogel Greif fängt den in der Kirche rastlos umherfliegenden Lebensvogel des Unholdes. Auf welche Weise der junge Mann die Tiere zu Helfern gewinnt, ist zweitrangig. Häufig schont er ihr Leben, oder er teilt ihre Beute. Eine große Zahl von Märchen dieses Typs lassen die Tierschwäger hilfreich eingreifen (AT 552 + 518 + 302 → *Die Kristallkugel*). Auch bleibt es sich gleich, ob die Tiere selber helfen, oder ob sie dem jungen Mann die Fähigkeit verleihen, im Bedarfsfall ihre Gestalt anzunehmen. Kurz: Der Jüngste hat das Herz des Unholdes erjagt und wandert zurück. Und nun schiebt Karl MÜLLENHOFFS Gewährsmann die Szene ein, die vorher am Platz gewesen wäre: Der Junge kriecht unter das Bett. Offenbar scheut sich der Erzähler, ihn dem Alten, eben weil er ihn nur als verhältnismäßig harmlosen alten Mann dargestellt hat, offen gegenüberzustellen. Der Herzvogel wird unter dem Bett halb aus Versehen zu Tode gedrückt. Die unverblümten Fassungen dagegen brauchen die Gegenüberstellung, bei welcher der Dämon dramatisch aus der Welt geschafft wird: Der Held zerschlägt das Ei, in dem das Herz des anderen schlägt, an der Stirn des Widersachers. Darauf nimmt er den Stab des Alten (bei MÜLLENHOFF nimmt die Braut den Stab), rührt an die Steine, verwandelt die zwölf wieder zu Menschen – und die ganze Gesellschaft, sieben Paare, ziehen heim und halten gemeinsam Hochzeit. Aber ob dreifach oder siebenfach: Es handelt sich nur um das bildkräftige Herausstreichen eines Einzelschicksals.

3. 4. Der von AT 302 besonders unterschiedene Märchentyp AT 303 A (Auszug, um sieben Bräute zu holen) ist nicht sehr häufig belegt. Unbeachtet blieb bisher die mit einer ortsgebundenen Dämonensage verschmolzene Erzählung bei August EY: *Der Wassermann* (HMB 54). Über die verwandten Fassungen und nahestehenden Märchentypen vergleiche man vor allem den Artikel zu → *Die Kristallkugel,* wo auch die einschlägige Literatur verzeichnet ist.

Von dem Fischer und seiner Frau

AT 555 KHM 19

1. Heinz RÖLLEKE hat 1973 wesentlich dazu beigetragen, die verzwickten Umstände der ersten Veröffentlichung der beiden Märchen vom *Fischer und seiner Frau* und → *Von dem Machandelbaum* (AT 720) zu klären und unentwegt weitergegebene Irrtümer auszuräumen. Der vorpommersche Maler Philipp Otto RUNGE (1777–1810) erwähnte die Aufzeichnung dieser beiden Märchen in einem Brief an seinen Bruder Gustav RUNGE am 7. 1. 1806 und hat ihm offenbar kurz darauf die Aufzeichnungen geschickt (Fassungen B) und dem Verleger des *Wunderhorns*, Georg ZIMMER, am 24. 1. 1806 zwei davon etwas abweichende Handschriften (Fassungen A). Eine Abschrift der Fassungen B gelangte offenbar über Gustav RUNGE und einen gewissen Kriegsrat SCHULZ oder SCHULZE (vor dem Mai 1808) in die Hände des aus der Uckermark stammenden, an der Neuen Berliner Universität wirkenden Germanisten Friedrich Heinrich von der HAGEN, der einerseits Achim von ARNIM im Mai 1808 eine Abschrift des *Fischers* übersandte, anderseits Johann Gustav Gottlieb BÜSCHING (1783–1829) mit beiden Märchen versorgte; gemeinsam mit BÜSCHING hatte er kurz zuvor eine Volksliedsammlung veröffentlicht. BÜSCHING brachte das Märchen vom *Fischer und seiner Frau* im September 1812 als Nr 58 in seinen *Volks-Sagen, Märchen und Legenden* (das *Machandelbaum*-Märchen als Nr 57). Die zugrundeliegenden Aufzeichnungen der beiden Fassungen B sind verschollen – ebenso wie die Aufzeichnungen der zu Jacob und Wilhelm GRIMM gelangten Fassungen A, die wie so manches andere bei Clemens BRENTANO verloren gegangen sind. Die A-Fassungen haben ihren Weg über den Heidelberger Verleger Georg ZIMMER zu Achim von ARNIM genommen und wurden dann, nachdem ARNIM das *Machandelbaum*-Märchen 1808 in seiner *Zeitung für Einsiedler* veröffentlicht hatte, den Brüdern GRIMM 1809 zur Abschrift zur Verfügung gestellt, um von dort in den Besitz Clemens BRENTANOS zu gelangen. Jacob und Wilhelm GRIMM nahmen beide in vorpommerscher Mundart erzählten Märchen in ihre *Kinder- und Hausmärchen* auf, in der sie in der Erstausgabe von 1812 als Nr 19 (*Von den Fischer und siine Fru*) und Nr 47 (*Van den Machandel-Boom*) drei Monate nach den B-Fassungen in BÜSCHINGS Sammlung im Dezember 1812 erschienen. Leider veränderte der

Verleger den Text, weil er sich in Mundartfragen für zuständig hielt. Daß sich der Grimmsche und der Text von BÜSCHING jedoch nicht unerheblich unterscheiden, ist keineswegs dem Verleger REIMER und J. G. G. BÜSCHING allein anzulasten, denn es lagen den beiden Veröffentlichungen ja auch die beiden verschiedenen Fassungen des Erzählers RUNGE zu Grunde (A und B), was der früheren Forschung verborgen geblieben ist. Jacob und Wilhelm GRIMM indessen, für die RUNGES Erzählweise zur Richtschnur, insbesondere für Wilhelm GRIMMS unermüdliche Stilisierungsarbeit geworden war, versuchten im Hinblick auf des Verlegers Änderungen und BÜSCHINGS anders lautende Fassung ihren Lesern einen besseren Text zu verschaffen und glaubten ihn in Philipp Otto RUNGES *Hinterlassenen Schriften* von 1840/41 gefunden zu haben (im ersten Band). Dabei übersahen sie, daß der Herausgeber, P. O. RUNGES Bruder Daniel RUNGE, zwar versucht hatte, die ursprünglichen Aufzeichnungen zu erlangen, dann aber kurz entschlossen den nicht ganz zuverlässigen Text der Brüder GRIMM »dem Hamburgischen Dialekte anbequemt« hatte. Was sich also seit der fünften Auflage von 1843 in den *Kinder- und Hausmärchen* findet und nach der Ausgabe letzter Hand von 1857 als KHM 19 bzw KHM 47 geführt und zitiert wird, ist weiter denn zuvor vom verloren gegangenen Original der Fassung A entfernt. Was aber auch H. RÖLLEKE noch nicht wußte, ist, daß offenbar noch vor den Veröffentlichungen von 1812, vor BÜSCHING und GRIMM, 1808 eine niederdeutsche Fassung des Märchens vom *Fischer und seiner Frau* mit 14 Seiten unter hochdeutschem Titel erschien, vielleicht in Hamburg, wo der Maler seine letzten Jahre vor dem frühen Tod verbrachte, und wahrscheinlich durch ihn selbst veranlaßt: *Von einem Fischer und seiner Frau. Eine moralische Erzählung* (Titel innen: *Von eem Fischer un syne Fru*). Der nächste Abdruck, ebenfalls in niederdeutsch, findet sich dann in *Der Mägdlein Lustgarten* (Erlangen 1822, Teil 1, S. 381–391 – beides nach freundlicher Mitteilung von Theodor BRÜGGEMANN). Zur Tagung der Gesellschaft der Bibliophilen vom 24.–26. 9. 1927 in Hamburg hat dann die Druckerei-Gesellschaft HARTUNG & Co. in Hamburg nach der Original-Ausgabe einen auf 350 numerierte Exemplare begrenzten Nachdruck veranstaltet (nur noch in der Staatsbibliothek Preußischer Kulturbesitz nachweisbar).

2. Ein Fischer, der mit seiner Frau in einem Pißpott haust, fängt einen Butt, der in Wahrheit ein verwunschener Königssohn ist.

Er setzt ihn wieder ins Wasser und wird daheim mit Vorwürfen überschüttet. Die Frau drängt ihren Mann, den Butt anzurufen, um als Dank eine Hütte zu erhalten. Der Fischer führt den Auftrag ungern und nur deshalb aus, weil er seiner Frau nicht zuwider sein will. Die See ist auch nicht mehr so blank,wie sie war, aber der Butt verschafft den Fischersleuten die Hütte. Dieses Spiel wiederholt sich mehrfach. Es steigert sich und wird von Mal zu Mal bedrohlicher. Der Fischer versucht jedesmal, seine Frau zur Einsicht zu bewegen, wie erfreulich der durch die Hilfe des Buttes erreichte Zustand sei. Er versucht, sie vom Mehr-haben-Wollen abzubringen, aber sie antwortet stets, daß sie sich dessen bedenken wolle – und wünscht sich in immer kürzerem Abstand mehr und mehr: nach der Hütte ein Schloß, dann will sie König, Kaiser, schließlich Papst werden. Wenn sie anfangs den Fischer gegen sein Gewissen drängt, so zwingt sie ihn schließlich: Ich bin König – und du bist bloß mein Mann. Der Abstand zwischen den beiden wächst ins Groteske. Der Thron ist zwei Meilen hoch, der verzweifelnde Fischer muß sich durch die Menge der Trabanten drängen, um seiner Frau ansichtig zu werden. Die eigentliche Bedrohung geht jedoch von der ungerührt gleichbleibenden Antwort des Buttes aus: »Geh nur, sie ist es bereits.« Aber als es dieses Weib in seinem Rausch der Herrschsucht nicht mehr aushält, daß sie als Papst nicht einmal der Sonne den Aufgang befehlen kann, und als sie wie Gott werden will und ihren auf den Knien flehenden Mann tritt und anschreit, läuft er »wie unsinnig« zum letztenmal zum Butt. »Geh nur«, sagt der Butt, der wohl vom ersten Anruf an schon wußte, wohin das Ganze führt: »Sie sitzt bereits wieder im Pißpott.«

3. Die Erzählung vom Fischer und seiner Frau ist, so entscheidend sie den europäisch-amerikanischen Buchmärchenstil auch geprägt hat, kein Zaubermärchen, sondern ein Beispiel – oder ein Warnmärchen, wenn man die märchenhaften Züge stärker betonen will. Der Erzähler warnt vor dem alles menschliche Maß überschreitenden Gelüst nach Ansehen und Macht, zeichnet die Entwicklung bis zur surrealen Groteske, als der still und immer trauriger in den Lauf der Dinge ergebene Fischer seine eigene Frau nicht wiederkennt, und endet mit dem Absturz ins Nichts. Denn die Rückkehr zu der kümmerlichen Ausgangslage, zum Pißpott, ist keine Rückkehr zu einer wie auch immer gearteten Lebensmöglichkeit, sondern Vernichtung.

Über den kunstvollen Aufbau der Rungeschen Erzählung ist so oft und auch von berufener Seite geschrieben worden, daß dem nichts hinzuzufügen ist. Auch die Sonderform, die der Elsässer August STÖBER mit seiner Erzählung → *Mann und Frau im Essigkrug* (EV 244) geschaffen hat, ist in ihrem Aufbau und ihrer Zielsetzung vortrefflich von Pierre KALLENBERGER dargestellt worden. Darüber hinaus verdanken wir KALLENBERGER den Beweis, daß es August STÖBER selber war, der, von welcher Buchfassung oder mündlichen Überlieferung er auch ausgegangen sein mag, die in sich ganz schlüssige, kunstvolle Mundartdichtung schuf. In dreimal drei sich steigernden Wünschen schildert STÖBER mit verschmitztem Humor Aufstieg und Fall von zwei zänkischen, versauerten, unzufriedenen Menschen, die sich mit den neu übernommenen Rollen keineswegs entwickeln – ein Beispiel, wohin Selbstentfremdung führt. In diesem Sinne ist die Erzählung in der Tat ein Antimärchen. August STÖBER war bis Ende 1841 Lehrer an der Mädchenschule in Buchsweiler. Es ist offenkundig, daß der humorvolle Pädagoge und Menschenkenner mit seiner Version des Fischermärchens den Buchsweiler Mädchen in der Mundart ihrer Heimat ein auf reformiert-pietistischer Grundlage beruhendes Beispiel erzählt hat – zur Erheiterung und zur Belehrung. Seine Erzählung ist überdies einer von mehreren Versuchen, überlieferte Stoffe als Zeitkritik und Warnung vor Unzufriedenheit, Anspruchsdenken und Selbstverlust einzusetzen. August STÖBERS Erzählung von 1842 hat durch die Aufnahme in Ludwig BECHSTEINS *Deutsches Märchenbuch* weiteste Verbreitung erhalten (wenn auch leider in einer gelegentlich den Sinn ändernden Hochdeutsch-Übertragung) und ist, zusammen mit anderen BECHSTEIN-Märchen auch in andere Sprachen übersetzt worden und von Buchausgaben in die mündliche Überlieferung geraten – wie sich das beispielsweise von Lettland nachweisen läßt. Wenn Margarete ROMMEL in ihrer, wie Kurt RANKE feststellt, etwas flüchtigen Dissertation neben der »Fischredaktion« eine »Bohnenranken-« und »Vogelredaktion« unterscheidet, so heißt der Ausgangstext für die letztere: *Mann und Frau im Essigkrug*. Der Vogel als Beauftragter des Himmels, der dem Paar die Möglichkeit zur Entfaltung eines friedlichen und Gott wohlgefälligen Ehelebens geben will, taucht in gleicher Rolle häufiger in der elsässischen Überlieferung auf und wurde von STÖBER bei seinen Sagenbearbeitungen gelegentlich bevorzugt verwandt – so auch in seiner → *Hänsel-und-Gretel*-Fassung, auf die ja Wilhelm GRIMM wieder zurückgegriffen hat (dort allerdings als Wegweiser zum Hexenhaus). Wenn also zu lesen ist, daß die Vogelredaktion außer im Elsaß in slavischen Einflußbereichen zu Hause zu sein scheine, dann sollte man zunächst einmal die Möglichkeit des literarischen Einflusses auf der Linie STÖBER-BECHSTEIN nachprüfen.

Mehr als die Hälfte der bekanntgewordenen französischen Fassungen dagegen hält sich an den Bohnenranken-Eingang: Ein Armer klettert zum Himmel und trägt dort seine Wünsche vor. Mag sein, daß ein Lügenmärchen Pate gestanden hat (AT 852, AT 1960 G) oder der Eingang einer Gruppe von Märchen, in denen ein mißachteter Jüngster in die Welt der Jenseitigen einsteigt und sich dort Schätze holt (AT 328 – oft nach dem englischen Leittitel *Jack and the beanstalk* genannt, oder nach BASILE 3,7: *Corvetto*). Es ist jedenfalls ein deutlicher Hinweis, daß ein in jedem Menschen angelegtes Laster teils in Schwankform zur Schadenfreude der Zuhörer entwickelt oder in einem beherzigenswert in anschaulicher Katastrophe endenden Beispiel zu einer Moral verdichtet wird. Dieser Stoff bedient sich je nach der vorfindbaren Überlieferung eines Landes und dem eigenen Schatz eines Erzählers unterschiedlicher Eingänge – und gelegentlich auch unterschiedlicher Ausgangsmotive. Das ist so beispielsweise, wenn Eulenschreie gedeutet werden sollen und von den einst Hochgestellten und durch eigene Schuld so tief Gefallenen am Ende die Sage erzählt wird, sie seien in Eulen verwandelt worden (vgl AT 751 A).

Paul DELARUE hat vermutet, daß unser Warnmärchen gar nicht so weit entfernt ist von dem schwankhaften Beispiel der drei zu nichts Besserem als der Ausgangslage zurückführenden lächerlichen Wünsche (AT 750 A). Es ist bekannt, daß sich auch Charles PERRAULT dieses Themas in einer Verserzählung angenommen hat (PERRAULT Nr 11: *Les souhaits ridicules*) – aber auch Johann Peter HEBEL hat die Geschichte in seinem *Schatzkästlein des rheinischen Hausfreundes* gebracht: *Drei Wünsche.*

Im Orient ist das alte Beispiel ebenfalls oft genug erzählt worden: in den *Jātakas,* den vorbuddhistischen Beispielerzählungen, die der Buddhismus übernommen hat; im *Mahābhārata* (aus dem 5. Jahrhundert v. Chr.-4. Jahrhundert n. Chr.); im *Tipiṭaka,* dem Kanon einer alten buddhistischen Sekte. Aber auch Europa hat seine mittelalterlichen Zeugnisse. So gibt es aus dem 13. Jahrhundert die Erzählung eines englischen Mönchs, in der ein Reicher einen nackten Hergelaufenen findet, ihm ein Wams schenkt und ihm dann alle Wünsche erfüllt – bis der Strolch

König ist und am Ende gar Herr aller Reiche sein und niemanden mehr als seinesgleichen anerkennen will. Besonders reizvoll ist die Arroganz des Emporkömmlings in der aus der gleichen Zeit stammenden französischen Verserzählung von dem gemeinen Mann geschildert, der reich und dann arm wird. Die Entwicklung zur nicht überbietbaren Unverschämtheit spiegelt sich in den Anreden, mit denen der ehemalige Holzhacker seinem Gönner, dem Zauberer Merlin, begegnet. Anfangs sagt er »Messire Merlin«, dann »Sire Merlin«, später nichts weiter als »Merlin« (mit der Aufforderung, sich ein wenig zu beeilen) – und schließlich »Merlot«. Mit der Feststellung des Emporkömmlings, daß es ihn schlicht verdrieße, stets um etwas bitten zu müssen, steht die alte französische Fassung übrigens allein da.
In den slavischen Ländern ist Aleksandr Sergeevič PUŠKINS Buchmärchenfassung *Vom Fischer und dem Fischchen* bis heute ganz besonders beliebt und in zahlreichen Bilderbüchern namhafter Illustratoren verbreitet. Mit dem Befehl, der kleine goldene Fisch solle sie zum Kaiser des Meeres und damit zum Herrn auch über den goldenen Fisch selber machen, wird das rücksichtslose Weib wieder neben die Fischerkate und den zerbrochenen Trog gesetzt, den der Fisch auf ihren ersten Wunsch heil gemacht hatte.
Kennzeichnend für unseren Anti-Märchentyp ist jedenfalls, daß sich die maßlose Steigerung der Wünsche mit dem Gedanken von der ausufernden Herrschsucht einer Frau und ihrem schamlosen Ausnutzen der Dankbarkeit verbindet, die sich einzig und allein ihr gutmütiger und großzügiger Mann erworben hat. Dazu gehört als Grundbestand, in den germanischen Sprachen, die Wechselrede dieses Mannes (Timpetee ist sein Name) mit seinem jenseitigen Helfer. Im Singspiel von Eberhard WERDIN, der sich mit seinen Jugendopern in den 50er Jahren einen großen Namen gemacht hat, ist gerade diese Wechselrede musikalisch zum magisch-dämonischen Kern des Ganzen geworden.

4. BP 1, 138–148. – DELARUE/TENÈZE 2, 376–385. – R. HÜNNERKOPF in HdM 2, 129–131. – P. KALLENBERGER: Mann und Frau im Essigkrug. In: Vom Menschenbild im Märchen. Kassel 1980. 91–105, 153–154. – LIUNGMAN 161–163. – M. de MEYER: Vlaamsche sprookjesthema's. Louvain 1942. 103–111. – RANKE 2, 217–228. – RÖLLEKE 132–143, 363–365, 394–395. – H. RÖLLEKE: Von dem Fischer un syner Fru. In: Fabula. 14. 1973. 112–123. – H. RÖLLEKE: Der wahre Butt. Düsseldorf, Köln 1978. – M. ROMMEL: Von dem Fischer un syner Fru. Diss. Heidelberg 1935. – R. STEIG: Machandelboom und Fischer un sine Fru. In: Archiv für das Studium der neueren Sprachen und Litteraturen. 55, 107. 1901. 279–300. – SCHERF: Bechstein 815–816. – WESSELSKI: MdM 122–124, 235–236. – WESSELSKI: DMvG 55–60.

Von dem Machandelbaum

AT 720 KHM 47

1. Am 7. 1. 1806 oder kurz darauf zeichnete der aus dem damals schwedischen Vorpommern stammende Maler Philipp Otto RUNGE (1777–1810) das Märchen von dem Knaben auf, der von seiner Mutter voll Haß verfolgt und ermordet wird, der sich aber in einen Vogel verwandelt, das Verbrechen offenbar macht, die Mutter tötet, sich zurückverwandelt und heil zu Vater und Schwester zurückkehrt. RUNGE schickte seine Aufzeichnung (Fassung A) am 24. 1. 1806 dem Heidelberger Verleger des *Wunderhorns* Georg ZIMMER, und dieser gab sie weiter an Achim von ARNIM (1781–1831), der sie unter dem Titel *Von dem Mahandel Bohm* in seiner *Zeitung für Einsiedler* veröffentlichte (am 9. und 12. 7. 1808 in Nr 29 und 30, Spalte 229–237). Die Erzählung → *Von dem Fischer un syner Fru*, die RUNGE zur gleichen Zeit aufgeschrieben und eingesandt hatte, brachte ARNIM jedoch nicht. 1809 überließ ARNIM die Aufzeichnungen beider Märchen den Brüdern GRIMM. Dann gab er sie Clemens BRENTANO, und seitdem sind diese »Fassungen A« verschollen. Aber der Maler Philipp Otto RUNGE hatte etwa zur gleichen Zeit auch eine zweite Aufzeichnung beider Märchen angefertigt (Fassungen B) und sie offenbar seinem Bruder Gustav RUNGE geschickt. Und diese Fassungen B gelangten über einen gewissen Kriegsrat SCHULZ oder SCHULZE an den Germanisten Friedrich Heinrich von der HAGEN, der sie Johann Gustav Gottlieb BÜSCHING (1783–1829) übergab. BÜSCHING veröffentlichte die beiden Märchen nach den Rungeschen Fassungen B im September 1812 in seinen *Volks-Sagen, Märchen und Legenden* (den *Mahandel Bohm* als Nr 57, den *Fischer un syne Fru* als Nr 58). Die Brüder Jacob und Wilhelm GRIMM folgten drei Monate später, am Ende des Jahres 1812, mit den Rungeschen Fassungen A. Sie brachten das Märchen unter dem Titel *Van den Machandel-Boom* als Nr 47 im ersten Band der Erstausgabe ihrer *Kinder- und Hausmärchen.* Allerdings hatten sie nicht nur das Mißgeschick, nicht die ersten zu sein – sie brachten nicht einmal den genauen Wortlaut ihrer eigenen Abschrift, obwohl ihnen doch RUNGES Erzählstil zum vielbewunderten Vorbild der erzählerischen Stilisierung überhaupt geworden war. Der Verleger Georg Andreas REIMER hatte die Rungesche Mundartfassung im Glauben, es besser zu wissen, eigenmächtig verändert. Später wollten die Brüder

GRIMM den Schaden gut machen und ersetzten die Reimersche Fassung 1843 in der fünften Auflage durch den Text, den sie aus dem ersten Band der 1840 und 1841 in zwei Bänden erschienenen *Hinterlassenen Schriften* Philipp Otto RUNGES übernahmen. Zu spät merkten sie, daß sie wiederum nicht die ursprüngliche, sondern eine von Daniel RUNGE, dem Bruder des Malers, »dem Hamburgischen Dialekte anbequemte« Fassung in den Händen hatten. Sie ahnten nicht einmal das ganze Ausmaß ihres Irrtums: Dem in Hamburg lebenden Daniel RUNGE hatte weder ein Original noch eine Abschrift der beiden Fassungen seines Bruders vorgelegen. Er hatte sich vielmehr schlichtweg den vom Verleger veränderten Grimmschen Text vorgenommen und ins Hamburgische übertragen. Die Rungeschen Fassungen A und B sind verschollen. Ob der Grimmsche, vom Verleger veränderte Text, oder der gewiß auch nicht fehlerfreie in BÜSCHINGS Sammlung der bessere ist, läßt sich nicht entscheiden, aber Heinz RÖLLEKE hat jedenfalls Licht in die verwickelten Verhältnisse gebracht und lange hingeschleppte Irrtümer richtiggestellt.

2. Ein reicher Mann und eine schöne, fromme Frau lieben einander und möchten gern Kinder haben. Als die Frau winters vor dem Machandel im Hof einen Apfel schält, schneidet sie sich in den Finger und wünscht sich aus tiefstem Herzen ein Kind so rot wie Blut, so weiß wie Schnee. Sie bekommt einen Sohn, wie sie ihn sich gewünscht hat – aber sie stirbt. Der Vater heiratet noch einmal und hat mit der zweiten Frau eine Tochter. Die Stiefmutter haßt den Sohn. Als das Mädchen um einen Apfel bittet, läßt sie zuerst den Jungen in die Kiste greifen, schlägt ihm mit dem Deckel den Kopf ab und setzt ihn, mit einem Halstuch hergerichtet und den Apfel in der Hand, vor die Tür. Als das Mädchen den Toten um den Apfel bittet, erhält es keine Antwort. Die Mutter rät, ihm eines hinter die Ohren zu geben. Das geschieht, der Kopf fällt ab und das Mädchen wirft sich vor, den Bruder getötet zu haben. Die Mutter verspricht, die Sache zu vertuschen. Sie zerhackt den Sohn, kocht ihn und setzt ihn dem Vater zur Speise vor. Der Sohn, sagt sie, sei für ein paar Wochen zu seinem Großvater gegangen.
Dem Vater tut es leid, daß er nicht Abschied nehmen konnte; von der Speise gibt er niemandem etwas ab; seine Tochter indessen sammelt, ein sehr merkwürdiger alter Zug (AT 780 → *Der singende Knochen*; AT 311 → *Fitchers Vogel*), das Gebein in ihr bestes Tuch und legt es unter den Machandel. Da wird es ihr

leichter, ja ihr ist, als ob der Bruder lebe. Der Baum rührt sich, als freue er sich. Das Gebein verwandelt sich in einen auffällig schönen Vogel, der davonfliegt. Er setzt sich auf das Dach des Goldschmiedes und singt ein merkwürdiges Lied, das ganz ähnlich in vielen Sprachen Europas überliefert ist (und das auch Johann Wolfgang v. GOETHE sein verwirrtes Gretchen 1774 im *Faust* im Kerker singen läßt): »Die Mutter hat mich geschlachtet, der Vater hat mich gegessen, die Schwester hat meine Gebeine gesammelt, und ich bin ein schöner Vogel.« Der Goldschmied bittet, das Lied noch einmal hören zu dürfen, und gibt dem Vogel dafür eine goldene Kette. Ebenso geht es beim Schuhmacher, der ein Paar rote Schuhe gibt, und bei den Mühlknechten, die dem Vogel den Mühlstein um den Hals hängen. Mit diesen drei Gaben fliegt der zauberische Vogel auf des Vaters Haus und singt wiederum unwiderstehlich. Als der Vater hinaustritt, wirft ihm der Vogel die Goldkette um den Hals. Die Schwester erhält die Schuhe und tanzt fröhlich in ihnen. Die Mutter jedoch wird vom Mühlstein erschlagen. Kaum ist das geschehen, da verwandelt sich der Vogel wieder in den Sohn – und die drei sind herzlich froh miteinander und setzen sich zu Tisch.

3. Das Drama dieses Märchens ist ganz aus der Sicht eines kindlichen Zuhörers erlebt: Da war eine Mutter, die ihren Sohn mit großer Liebe, vielleicht gar mit einem Übermaß an Liebe, zur Welt gebracht hat. Sie ist jedoch abgelöst worden durch eine andere, die das Geschwister bevorzugt und dem Erstgeborenen keine ruhige Stelle mehr läßt, ja die ihn schließlich ermordet. Innerlich trennt sie sich sogar von beiden Kindern, denn sie lädt die Schuldangst auf die Tochter. Der Vater weiß nichts von dem gemeinen Mord; was hier vorgeht, ist ihm fremd, unverstehbar. Seine Liebe zu seinem Sohn ist nicht wandelbar. Es gibt einige slavische Märchenfassungen, in denen beide Eltern das erstgeborene Kind verfolgen und töten, und deshalb beide von ihm getötet werden (einschließlich des Geschwisters, das sich zur Gegenpartei geschlagen hat). Man kann auch sagen: Der Sohn löscht in seinem Herzen die Eltern aus. Er bleibt allein auf der Welt. Auch gibt es alte Anklänge in der griechischen Sagenwelt, in der das Ganze aus der Sicht der Mutter erlebt wird: Sie war es, die ihren Sohn getötet, vergessen, ausgelöscht, aus Rache wegen der Untreue ihres Mannes aus der Welt geschafft hat. Und nun muß sie als Vogel umherfliegen und ständig ihre Klage singen.

Obgleich die Mehrzahl der heute bekannten Märchenfassungen auffällig übereinstimmen, vor allem in dem Lied, das der in einen Vogel verwandelte Knabe singt, und obgleich ausreichendes und überschaubares Material vorliegt, hat vor M. BELGRADER niemand den Märchentyp untersucht. Natürlich wechseln die Stellen, bei denen der Vogel seine Gaben erhält. Und es herrscht Unentschiedenheit, ob die Gebeine unter dem Baum abgelegt, oder etwa auf einen roten Seidenfaden gereiht werden (möglicherweise steht die steinzeitliche Sitte dahinter, die Knochen von Tieren oder Menschen, die magisch wiederbelebt werden sollen, in einem Fell zusammenzulegen).

Es gibt auch Fassungen, in denen die von Angst gejagte Frau mit einem Stein nach dem singenden Vogel wirft, dieser Stein aber auf sie selbst zurückfällt und sie erschlägt. Gelegentlich finden sich Vermischungen mit der Erzählung vom → *Singenden Knochen* (AT 780), vielleicht verursacht von Fassungen, in denen das Gebein sich nicht in einen Vogel verwandelt, sondern als Skelett vom Dach herab sein Lied singt. Die Darstellung der neun Monate Schwangerschaft endlich ist ein Meisterwerk romantischer Poesie und ausschließlich dem großen Maler RUNGE zuzuschreiben. Aber Ausgangslage, Hauptmotive und Zielvorstellung der Zuhörer, nach dieser mörderischen Auseinandersetzung wieder in ungeteilter Liebe mit dem Vater vereint zu sein, sind allgemein und haben diesen Typ eines Kindermärchens eindeutig geprägt. Ein Kindermärchen aber ist es in dem Sinne, daß es ins Elternhaus zurückführt (vgl AT 311 → *Fitchers Vogel*, → *Hasenbraut;* AT 312 → *Blaubart;* AT 955 → *Die Räuberbraut;* AT 327 A → *Hänsel und Gretel*). Die Begegnung mit dem Ungeheuer findet meist jedoch nicht im eigenen Haus statt, im seelischen Geflecht der Familie, sondern an einem Ort außerhalb, in einer anderen Welt. Aber es ist bemerkenswert, daß auch die nach dem Verbrennungstod der Hexe zurückkehrenden Kinder Hänsel und Gretel zu Hause die schlimme Stiefmutter nicht mehr antreffen, sondern sich nunmehr der ungeteilten Liebe des Vaters erfreuen können. Die eigentliche Ablösung und der Aufbau eigener Bindungen steht ihnen noch bevor.

4. BP 1, 412–423. – M. BELGRADER: Das Märchen von dem Machandelboom. Frankfurt a. M., Bern, Cirencester 1980 (Diss. Freiburg 1978). – S. CHRISTENSEN: Omkring et eventyr. In: Almanak. 3. 1968. 2, 50–51. – A. HOEFER: Zu einem Liede in Goethe's Faust. In: Archiv für den Unterricht im Deutschen in Gymnasien, Realschulen und andern höhern Lehranstalten. 2. 1844. 3, 48–57. – R. A. J. KÖHLER:

(Machandelbaum.) In: KÖHLER: Aufsätze über Märchen und Volkslieder. Berlin 1894. 16–17. – LIUNGMAN 207–208, 367. – NITSCHKE 1, 31–51. – RANKE 3, 76–81. – H. RÖLLEKE: Einleitung. In: RÖLLEKE: Der wahre Butt. Düsseldorf, Köln 1978. 6–19. – H. RÖLLEKE: Von dem Fischer un syner Fru. In: Fabula. 14. 1973. 112–123. – SCHERF: Bechstein 822–823. – R. STEIG: Machandelboom und Fischer un sine Fru. In: Archiv für das Studium der neueren Sprachen und Litteraturen. 55, 107. 1901. 279–300. – WESSELSKI: DMvG 2, 21–22, 55–57.

Von der schönen Schwanjungfer→ *Der König vom goldenen Berge* (Abschnitt 3)

Die wahre Braut

AT 510 A + 313 C KHM 186

1. Moriz HAUPT (1808–1874) veröffentlichte die Erzählung aus der Oberlausitz 1842 in der *Zeitschrift für deutsches Altertum,* und Jacob und Wilhelm GRIMM übernahmen sie ein Jahr später als Nr 186 in die fünfte Auflage ihrer *Kinder- und Hausmärchen.* Die etwas literarromantisch ausgeschmückte Erzählung fügt die Motive der unlösbaren Aufgaben und der vergessenen Braut in den Nachklang einer Aschenputtelfassung, die möglicherweise auf ein französisches Feenmärchen zurückgeht.

2. Ein verwaistes Mädchen wird von der schlimmen Stiefmutter mit undurchführbaren Aufgaben gequält: eine Unmenge Federn zu schleißen, mit durchlöchertem Löffel einen Teich auszuschöpfen und ein wunderbares Schloß zu erbauen. Als es wie → *Aschenputtel* verzweifelt um Hilfe bittet, erscheint eine alte, gute Fee, heißt das Mädchen schlafen und verrichtet die Aufgaben zur rechten Zeit – Aufgaben, die sonst dem in die Fänge der alten Hexe geratenen Liebsten zukommen (AT 313 A → *Die Wassernixe,* AT 313 C → *Die beiden Königskinder,* AT 400 + 313 C + 518 → *Der Trommler*). Aber hier ist nicht das zauberkundige Mädchen Helfer, es erhält vielmehr selber Hilfe, und die alte Frau, die ihr hilft, ist ursprünglich gewiß ihre Feenpatin. Als das makellos ausgestattete Schloß steht und die

Widersacherin doch noch einen Fehler zu entdecken versucht, um das Mädchen zu strafen, ereilt sie der Tod. Und damit stellt sich der eigentliche Bruch in der Erzählung ein. Das wunderbare Schloß gehört jetzt dem schönen Mädchen allein und lockt ihm allerlei Freier an, denen aber nicht die geringste Bewährung mehr abverlangt werden kann. Schließlich verlobt sich das Mädchen mit einem Königssohn, der ihr unter der Linde verspricht, das Einverständnis seiner Eltern zu holen, dann aber sogleich zu ihr zurückzukehren. Doch sein Versprechen, sich von keinem anderen auf die linke Wange küssen zu lassen, auf die ihn zum Abschied seine Liebste geküßt hat, muß er wohl nicht eingehalten haben, denn er kehrt nicht wieder. Nach drei Tagen des Wartens geht seine Liebste auf die Suche. Sie sieht ihn freilich erst wieder, als sie sich als Hirtin verdingt und während eines kummervollen Jahres ein kleines Kalb mit einem Erinnerungsspruch an sich gewöhnt hat. Der Königssohn reitet zweimal an ihr vorbei zu seiner neuen Braut und erkennt sie nicht – obgleich ihm die Stimme vertraut vorkommt. Die Klage vor dem in der Verlassenheit liebgewonnenen Tier bleibt also ebenfalls ein blindes Motiv. Unser schönes Mädchen findet den Geliebten erst auf drei festlichen Abenden im Haus der neuen Braut wieder, wohin sie wie Aschenputtel in ihren drei schönsten Kleidern geht (die sie unter einem Stein verborgen hält). Der Königssohn, der mit niemand anderem mehr tanzen will, fragt sie, wer sie sei. Da küßt sie ihn auf die linke Wange. Die Erinnerung kehrt zurück – und die Liebenden fahren davon und werden im wunderbaren Schloß des Mädchens ein glückliches Paar.

3. 4. Hinweise zu den ursprünglicheren Formen in den Artikeln zum → *Aschenputtel* (AT 510 A, dort auch Literaturangaben), zu den → *Beiden Königskindern* (AT 313 C) und zum → *Trommler* (AT 400 + 313 C + 518); Literaturangaben zum Märchen von der magischen Flucht (AT 313) beim → *Fundevogel.*

Das Waldhaus

AT 431 KHM 169

1. Karl Friedrich Ludwig GOEDEKE aus Celle (1814–1887), ein treuer Mitarbeiter der Brüder GRIMM seit seiner Studienzeit in Göttingen, Freund auch des Märchensammlers Theodor COLSHORN in Hannover, steuerte aus Delligsen bei Alfeld an der Leine aus mündlicher Überlieferung KHM 169 *Das Waldhaus* bei. Die Fassung des sonst nur spärlich belegten Märchentyps von den drei Mädchen im verwunschenen Waldhaus wurde 1840 als Nr 169 in die vierte Auflage der *Kinder- und Hausmärchen* aufgenommen.

2. Ein Holzhauer läßt sich der Reihe nach von seinen drei Töchtern das Essen in den Wald bringen. Damit sie den Weg zu ihm fänden, streut er beim erstenmal Hirse, dann Linsen, schließlich Erbsen. Aber die Vögel fressen alles weg, die Mädchen verirren sich, entdecken jedesmal, sobald es Nacht wird, ein Licht, und gelangen so zu einem einsamen Waldhaus, in dem sie einen steinalten Mann und drei Tiere antreffen: Huhn, Hahn und Kuh. Die drei werden auf die Probe gestellt, und bei den Prüfungen herrscht ein merkwürdiges Einverständnis zwischen dem Steinalten und seinen Tieren. Die erste Probe ist das Zubereiten des Essens. Die beiden ältesten Schwestern vergessen die Tiere und setzen sich gleich zu dem Alten an den Tisch. Die zweite, weniger deutlich herausgearbeitete Probe dreht sich um den Schlaf. Die beiden ältesten Mädchen richten zwar die Betten für den Alten und sich selbst, kümmern sich aber nicht um ihn und schlafen vor ihm ein. Aber die Entscheidung gegen sie ist ja bereits vorher in der Wechselrede zwischen dem Steinalten und seinen Tieren gefallen; er läßt sie aus ihrem Bett in den Keller rutschen. Die jüngste Tochter des Holzhauers aber, um deren Weg sich der Vater keine Sorgen macht (er weiß, daß sie klug und verständig ist), liebkost nicht nur die Tiere gleich zu Beginn, sondern legt ihnen auch Futter vor, ehe sie selber zu essen beginnt. Schließlich begeben sich die Tiere, der Alte und das Mädchen einverständlich gemeinsam zur Ruhe. Um Mitternacht merkt das Mädchen, daß es unruhig wird im Haus und daß Veränderungen vor sich gehen, schläft aber wieder ein, erwacht in der Frühe in einem prächtigen Saal und erhält die Aufwartung dreier Diener. Aber als es sich um den Steinalten und die Tiere

kümmern will, richtet sich in dem zweiten Bett ein fremder, schöner Mensch auf. Er berichtet, daß er ein verwunschener Königssohn sei, den sie samt seinen drei Dienern erlöst habe: Weil sie auch an die Tiere gedacht und damit ihr gutes Herz erwiesen habe. Zur Hochzeit werden die Eltern geholt. Auf die Frage nach den Schwestern erklärt der junge König, daß er sie zu einem Köhler in den Wald gebe, bis sie gelernt hätten, Tiere nicht hungern zu lassen.

Sabine Friedrichson: Das Waldhaus (Weinheim. Beltz & Gelberg 1979)

3. Daß dieses so liebenswerte und durch die Grimmsche Sammlung so beliebt gewordene Kindermärchen nur in wenigen Fassungen bekannt ist, legt nahe, es als Abkömmling eines wesentlich weiter bekannten Märchentyps zu deuten, den ein guter Erzähler bei bestimmter Gelegenheit seinen Absichten folgend umgewandelt hat. Der Eingang zeigt bereits die Herkunft an. Der im Wald arbeitende Vater und seine drei Töchter, die möglicherweise sogar mit Wissen und Einverständnis des Vaters vom Weg abgelenkt werden, ist aus einer ganzen Gruppe von Fassungen des Märchens vom → *Räuberbräutigam* bekannt

(AT 311). Dort ist es der Dämon selber oder sein Helfer in Vogelgestalt, der die Wegzeichen zum Vater umlegt zu seiner eigenen Behausung. Freilich, das Troll- oder Räubermärchen endet nach einer grausigen Bewährungsprobe mit der Rückkehr des Mädchens in das Elternhaus und erweist sich damit als eine für Kinder bestimmte Vorform. Das Märchen vom verwunschenen Waldhaus dagegen endet mit der Erlösung und Verwandlung eines Menschen und der seine Einsamkeit teilenden Freunde aus ihrer Dunkelgestalt in ihre eigentliche und wahre Gestalt. Es endet mit der Vermählung und der Heimholung der Eltern. Eine Tabuverletzung, Trennung und Suchwanderung allerdings sind nicht mehr angeschlossen. Die Vereinigung soll als endgültig erlebt werden. Die gelegentlich geäußerten Meinungen, das Märchen sei ein Abkömmling der → *Frau-Holle*-Erzählung (AT 480), oder es solle als Sonderform des Amor- und -Psyche-Zyklus gedeutet werden (AT 425 → *Das singende springende Löweneckerchen*), gehen an den Prägungen durch Zuhörererwartung und Erzählerabsicht vorbei.

4. Die Literatur zu AT 431 beschränkt sich auf die kurzen Beiträge in BP 3, 276–277, und in Warren E. ROBERTS umfassender Untersuchung des Märchens von dem freundlichen und dem unfreundlichen Mädchen: The piecemeal request form. In: ROBERTS: The tale of the kind and the unkind girls. Berlin 1968. 146–147. – RANKE 2, 55.

Der Wandergeselle → *Die drei Hunde* (Abschnitt 3)

Das Wasser des Lebens

AT 551 KHM 97

1. Jacob und Wilhelm GRIMM veröffentlichten 1815 im zweiten Band der Erstauflage als Nr 11, 1819 in der zweiten Auflage erstmals als Nr 97 gezählt, einen aus zwei Fassungen zusammengesetzten Text des Märchens vom Auszug der drei Brüder, die für ihren Vater das Wasser des Lebens holen wollen. Die erste Fassung stammt aus dem Hessischen, die zweite aus dem Paderbörnischen; Wilhelm GRIMM hatte sie am 25. 7. 1813 in Böken-

dorf gehört. In den Anmerkungen wird auch eine eigentümliche, 1822 erhaltene Fassung aus dem Hannoverschen mitgeteilt. Aber der Grimmsche Text des Märchens vom Verrat der älteren Brüder und vom Offenbarwerden des wahren Sachverhaltes ist blaß im Vergleich zur Aufzeichnung Wilhelm WISSERS: *Vagel Fenus* (PV 1, 52 → *Vogel Phönix*).

2. Den drei Söhnen eines kranken Königs verrät ein alter Mann, daß nur noch das Wasser des Lebens helfen könne. Aus unterschiedlichen Gründen beschließen die drei der Reihe nach, auszuziehen, um es zu gewinnen (die älteren, weil sie sich ausrechnen, als Erbe eingesetzt zu werden). Ein jeder trifft unterwegs einen Zwerg, der nach dem Ziel fragt. Die beiden älteren Söhne verweigern dem Zwerg hochmütig die Antwort und werden in eine ausweglose Schlucht verwünscht. Der Jüngste aber bittet freundlich um Rat, erhält genaue Anweisung und Gaben, die ihm den Zugang ermöglichen: eine Eisenrute, um das Tor zu öffnen, und zwei Brote, um die Löwen am Eingang zu besänftigen. Aber er wird auch gewarnt, vor dem Glockenschlag zwölf das verzauberte Schloß wieder zu verlassen, so daß der Zuhörer bereits um ein Unglück fürchten muß. Auf drei Rutenschläge öffnet sich das Tor. Die Löwen verschlingen die Brote. Als der Jüngste den Saal betritt, findet er verzauberte Königssöhne schlafend und streift ihnen die Ringe ab – ein blindes Motiv. Dann findet er ein Schwert und ein Brot. Der Zwerg wird ihm bei der Rückkehr sagen, was für eine Bewandtnis es mit ihnen hat: Das Schwert schlägt ein ganzes Heer, und das Brot geht nie zu Ende. Dann verwirrt sich die Erzählung. Im nächsten Zimmer trifft der Jüngste eine schöne Königstochter, die ihn küßt, damit selbst erlöst ist und ihn, wenn ein Jahr um ist, zur Wiederkehr und Hochzeit einlädt. Hat es der Erzähler nicht besser gewußt? Im nächsten Zimmer steht ein einladendes Bett; der Jüngste, heißt es, wird plötzlich müde, legt sich und schläft ein. In Wirklichkeit (→ *Vogel Phönix*) findet er ein so schönes schlafendes Mädchen, daß er nicht widerstehen kann und ihr beiwohnt. Er erreicht jedoch noch rechtzeitig den Brunnen des Lebens und verläßt vor dem Schlag zwölf das Schloß. Freilich, das sich schließende Tor schlägt ihm ein Stück der Ferse ab – ein wichtiger Märchenzug, häufig eingefügt als Gegengewicht und Mahnzeichen bei einem großen, ja wesentlichen Gewinn. In den besser bewahrten Fassungen (→ *Vogel Phönix*) ist erst jetzt die Verwunschenheit des Schlosses aufgehoben: Die Königstochter er-

wacht, entdeckt am Fehlen von Schwert und Brot, Ring und einem Stück, das aus ihrem Hemd geschnitten ist, vielleicht auch an einer eigenen Nachricht, daß jemand in ihrem Zimmer war. Nach neun Monaten bringt sie einen Knaben zur Welt und versucht, den Vater ihres Kindes zu finden.
All das ist in der Grimmschen Fassung bestenfalls im Ansatz zu erkennen. Der Jüngste wird von dem Zwerg über Schwert und Brot belehrt, erbittet die Befreiung der in ihre Schluchten gebannten Brüder, obwohl er gewarnt wird, und zieht mit ihnen heim. Unterwegs leiht er Schwert und Brot der Reihe nach drei Königen aus, deren Völker Hunger und Kriegsnot leiden, und kehrt endlich mit seinen Brüdern auf einem Schiff heim. Aber die neidischen Brüder benutzen die Gelegenheit, nehmen dem Schlafenden das Wasser des Lebens und tun ihm bitteres Meerwasser in den Becher. Als der Jüngste dem Vater zu trinken gibt, wird dieser nur noch kränker. Die Brüder beschuldigen ihn, den Vater vergiften zu wollen, sie retten den Vater mit dem wahren Wasser des Lebens, das gewonnen zu haben sie vorgeben, stürzen den Jüngsten in Ungnade, verspotten ihn und drohen ihm den Tod an, wenn er nicht schweigt. Der Vater beauftragt seinen Jäger, den jüngsten Sohn zu töten. Der Jäger bringt es nicht über das Herz. Sie tauschen die Kleider, der Jüngste geht in den Wald. Erst als die drei Könige, denen er aus der Not geholfen hat, je einen Wagen voll Gold und Edelsteinen ausdrücklich dem Jüngsten als Dank schicken, ahnt der Vater, daß sein Jüngster unschuldig ist, und läßt ihn suchen. Immerhin kann ihm sein Jäger gestehen, daß er den Todesauftrag nicht ausgeführt hat.
Auch an dieser Stelle ist die Geradlinigkeit der Erzählung gestört. Es muß ja berichtet werden, wie es den älteren Brüdern geht, die dem Jüngsten die Königstochter und deren Reich wegnehmen wollen. Die Königstochter hat eine goldene Straße bauen lassen und Anweisung ergehen lassen, nur dem das Tor zu öffnen, der geradewegs auf dieser Straße zum Schloß reite. Der älteste Bruder traut sich so wenig wie der mittlere; sie reiten rechts oder links daneben und finden das Tor verschlossen. Der Jüngste aber, der »sein Leid bei der Liebsten vergessen« möchte und als ein wahrer Märchenheld der Romantik ganz in seine Gedanken versunken ist, beachtet die goldene Straße nicht und reitet, ohne abzuweichen, auf das Schloß zu, dessen Tor sogleich geöffnet wird. Er heiratet seine Braut, wird Herr des Reiches, und als ihm seine Frau berichtet, daß ihm der Vater verziehen habe, sucht er den Vater auf und erzählt, wie sich alles zugetra-

gen habe. Die verräterischen Brüder aber, so heißt es, waren bereits auf und davon über das Meer und ließen sich nicht mehr blicken.

3. 4. Weitere Angaben über Parallelen im Artikel über die besser erhaltene Fassung von Wilhelm WISSER: → *Vogel Phönix* (AT 551); Literaturhinweise im Artikel → *Der goldene Vogel* (AT 550).

Die Wassernixe

AT 313 A KHM 79

1. Marie HASSENPFLUG (1788–1856) hat das kleine, kindlich erzählte Märchen von dem Knaben und dem Mädchen, die aus der Gewalt einer Nixe fliehen, zur Grimmschen Sammlung beigesteuert. Sie erzählte als etwa 20jährige aus ihren Hanauer Kindheitserinnerungen, Jacob GRIMM schrieb es auf, Wilhelm GRIMM machte den Text satzfertig für den ersten Band der Erstauflage von 1812, wo es als Nr 79 erschien. Daß die Nixe noch einmal umkehrt, um die Axt zum Zerschlagen des Spiegelberges zu holen, ist offenbar Wilhelm GRIMMS Zutat.

2. Bruder und Schwester fallen beim Spielen in den Brunnen, wo sie bereits von der Nixe erwartet werden. Bei schlechter Kost müssen sie harte Arbeiten verrichten – aber von den ursprünglichen, nur mit Zauberhilfe lösbaren Aufgaben, ist kaum etwas übrig geblieben: Das Mädchen muß verwirrten Flachs spinnen und Wasser herbeischaffen, der Knabe soll mit stumpfer Axt einen Baum fällen. Sie fliehen, als die Nixe sonntags in der Kirche ist. Als ihre Flucht bemerkt und sie verfolgt werden, werfen sie der Reihe nach (und abwechselnd) eine Bürste, einen Kamm und einen Spiegel hinter sich. Daraus entstehen nur mühsam übersteigbare Hindernisse, ja der Spiegelberg ist so glatt, daß die Nixe umkehren und zum Zerschlagen eine Axt holen muß. Doch mittlerweile sind die Kinder entflohen.

3. 4. Das Märchen ist sowohl dem verkürzten Typ als auch seiner kindlichen Erzählabsicht nach dem → *Fundevogel* (KHM 51) verwandt. Beide Fassungen sind aus den Kindheitserinnerungen zweier Mädchen aus bürgerlichen Familien aufgezeich-

net; der *Fundevogel* wurde in der hessischen Pfarrersfamilie MANNEL überliefert, die *Wassernixe* in der ganz in französischem Geiste lebenden kurhessischen Amtmannsfamilie HASSENPFLUG (die Mutter der Marie HASSENPFLUG stammte aus einer Hugenottenfamilie aus der Dauphiné). Vergleiche, Hinweise und Literaturangaben finden sich beim Artikel vom → *Fundevogel.* Insbesondere zur *Wassernixe:* NITSCHKE 1, 81–96, 210, 216.

Das weiße Hemd, das schwere Schwert und der goldene Ring

AT 590 — Wolf DHM 15

1. Johann Wilhelm WOLF (1817–1855), ein Kaufmannssohn, der zu einem der bedeutendsten Volkserzählungssammler des 19. Jahrhunderts wurde, veröffentlichte 1851 in seinen *Deutschen Hausmärchen* (Göttingen: DIETRICH; Leipzig: VOGEL) als Nr 15 das reich erzählte Zaubermärchen von dem Königssohn, der von seiner Mutter verfolgt wird – ein Märchentyp, der in der Grimmschen Sammlung nur in nahezu unkenntlicher Form aus dem Paderbörnischen enthalten ist (KHM 121 von 1819: *Der Königssohn, der sich vor nichts fürchtet*).

2. Eine Königin entführt ihren Sohn auf einem Schiff und verlangt ihn zum Mann. Als der Sohn diesen Gedanken zurückweist, schlägt ihr Verlangen in Haß um. So häufig im Leben dieser durchweg unbewußt ausgetragene und überaus schmerzliche Sohn-Mutter-Konflikt ist, so selten geschieht es, daß ihn ein Zaubermärchen in einer solch unverhohlenen Weise ausspricht. Aber wie sich → *Allerleirauh* (AT 510 B) den Nachstellungen des Vaters entzieht, so geht auch dieser Königssohn entschlossen seinen eigenen Weg. Er erkundet ein fremdes Schloß, in dem alles in Schlaf versunken ist, und findet ein Hemd, ein Schwert, einen Ring und liest eine silberne Schrift: »Wer das Hemd trägt, kann das Schwert führen; wer den Ring in den Mund nimmt, versteht die Sprache der Vögel.« Dem Sohn, der den entscheidenden Schritt getan hat, sind ungeheure Kräfte zugewachsen, ihm ist, als sei er ein ganz anderer Mensch geworden – aber es sind ihm auch Gefahren erstanden, von denen er sich keinen Begriff macht. Das Schloß erwacht. Er wird

als Herr und König begrüßt. Als er seine Mutter von dort geholt hat, wo er sie zurückgelassen hatte, entdeckt er in dem Schloß ein Bett, in dem ein Greis schläft, dessen Züge nichts Gutes verraten. Und richtig, wenige Tage später hört er Ächzen und Stöhnen unter der Erde, zwingt den Greis, die unterirdischen Gänge aufzuschließen, und entdeckt in der Kloake ein Mädchen, das von Seeräubern entführt dem Greis verkauft worden war, aber ihm nicht zu Willen sein wollte. Der Königssohn entbrennt in Liebe zu der Schönen, was den Haß seiner Mutter nur noch steigert. Die Schöne ist eine Königstochter; sie will daheim in ihrem Reich heiraten. Ihr Liebster rüstet ihr ein Schiff, verspricht, in Jahresfrist bei ihr zu sein – aber seine Mutter besticht den Kapitän, er solle das Mädchen zu seiner Frau machen. Das Mädchen widersteht auch ihm, wird jedoch gezwungen, den Kapitän als Retter anzugeben und ihm die Ehe binnen einem Jahr zu versprechen. Daheim erklärt sie, das Gelübde getan zu haben, ein Jahr lang ein Gasthaus für Pilger zu führen.

Inzwischen haben der tückische Greis und die hassende Mutter zueinander gefunden und einen Plan entworfen, den Sohn zu verderben. Die Mutter stellt sich krank. Der Sohn will ihr helfen. Auf den Rat ihres heimlichen Liebhabers, der in anderen Fassungen als ein entmachteter Dämon, Riese oder Menschenfresser erscheint, verlangt sie, daß ihr ein Löwenjunges an die Brust gelegt werde. Der Sohn holt das Junge aus der Löwengrube, die alten Löwen vertrauen ihm, er legt das Junge seiner Mutter an die Brust, die behauptet, damit neue Kraft zu gewinnen. Aber als das Junge ihr die Krallen zeigt, verlangt sie, daß der Sohn es töte. Der Sohn weigert sich und bringt das Junge den Löweneltern zurück. Der erste Anschlag ist gescheitert – der zweite glückt den beiden jedoch. Bei einem Festmahl erhält der junge Mann einen Schlaftrunk, der Greis zieht ihm das Zauberhemd aus, die Mutter und der Greis stechen dem Wehrlosen die Augen aus und werfen ihn in die Löwengrube. Jetzt kennt er die Gegner – aber er ist vernichtet und erwartet, daß ihn die Löwen zerreißen. Das Gegenteil ist jedoch der Fall; sie pflegen und nähren ihn, er findet zur Küste, ein Kapitän nimmt ihn mit, und er gelangt in die Pilgerherberge seiner Liebsten, der er, zunächst unerkannt, seine Lebensgeschichte erzählt. Als die Königstochter den glücklich Wiedergefundenen jedoch zu ihrem Vater bringt und den wahren Sachverhalt schildert, läßt der Vater zwar Hochzeit feiern, aber er ärgert sich, daß sein Schwiegersohn blind ist. Die beiden müssen für sich selber sorgen, und die Hofleute, die sich um Gastmähler und Bälle betrogen sehen, bereiten einen Anschlag vor, das Haus der beiden in die Luft zu sprengen. Der Königssohn hat abermals Glück in seinem Unglück. Nicht nur, daß er seine Liebste wiedergefunden hat – er erinnert sich auch an den Zauberring, nimmt ihn in den Mund und erfährt aus dem Gespräch dreier Krähen sowohl von dem Anschlag, als auch von einem die Blindheit heilenden Tau. Er verläßt mit seiner jungen Frau das Reich ihres Vaters, gewinnt sein Augenlicht wieder und entdeckt, als seine Frau schläft, daß sie einen Karfunkelstein um den Hals trägt. Um die Trennung der nur noch auf sich selbst gestellten Liebenden einzuleiten, benutzt der Erzähler ein Motiv, das aus dem Volksbuch von der schönen *Magelone* wohlbekannt ist (und auch in *1001 Nacht* vorkommt): Ein Rabe nimmt den Stein fort, der Königssohn verfolgt den Raben, verirrt sich und gerät an einen Zauberer, der ihm und elf anderen Burschen am Jahresende drei Rätsel stellen wird. Wer sie löst, erhält einen nie versiegenden Geldbeutel; die anderen müssen sterben. Wieder hilft dem Königssohn der Ring, der die Sprache der Vögel verstehen macht. Er gewinnt den Lohn, gewinnt aber auch den Karfunkel zurück und schifft sich zu dem Schloß seiner tödlich gefährlichen Mutter ein, um es wiederzugewinnen und vielleicht seine Frau dort zu finden. Seine Frau aber, als sie allein und ihres Karfunkelsteins beraubt erwacht war, hatte sich in der gleichen Hoffnung zu demselben Ziel auf den Weg gemacht, war aber der schlimmen Königin und dem Greis in die Hände gefallen und mit ausgestochenen Augen in die Löwengrube geworfen worden – wo ihr die Löwen freilich ebenso zur Seite standen, wie vordem ihrem Mann. Der Königssohn jedoch steigt durch den Schornstein in des tückischen Alten Stube, zieht das weiße Hemd an, schwingt das Schwert und läßt den Greis, der zusammen mit der Mutter im Bett liegt, binden und wie Vieh in einen Käfig sperren. Bei den Löwen findet er seine Liebste, heilt ihre Blindheit mit dem Tau, der auch ihm geholfen, und übergibt den Käfig mit den Gefangenen seinem eigenen Vater, der die beiden verbrennen läßt. Er folgt seinem Vater als König, erbt auch das Reich seiner Frau und ist obendrein Herr über das Reich, das ihm mit dem Schloß des hingerichteten Greises zufällt.

3. Abgesehen von der entstellten Grimmschen Fassung (KHM 121: *Der Königssohn, der sich vor nichts fürchtet*) ist dieses Zaubermärchen ausgiebig vertreten in den deutschen Sammlungen des 19. Jahrhunderts. Gut erzählte Fassungen finden sich bei

dem Luxemburger Nicolas GREDT (SSL 912: *Der alte Turm zu Bus*), mit einigen Sagenzügen verbunden; bei dem Pommern Ulrich JAHN gleich zweimal (VPR 36: *Die zwölf Riesen*; VPR 37: *Die beiden Försterskinder*); bei Karl MÜLLENHOFF aus Süderdithmarschen (SML 604: *Das blaue Band*); und auch J. W. WOLF hat eine zweite Fassung gebracht (DHM 24: *Der Kaiserssohn und sein Pate*). Nicolas GREDT (1834–1909), der spätere Direktor des Athaeneums in Luxemburg, erzählt das Märchen folgendermaßen: Der jüngere Sohn eines Grafen und seine Schwester, der er sehr zugetan ist, trennen sich von ihrem Vater. Von einem grünen Vogel erhält der Bruder ein Armband mit zauberischer Kraft. Als der junge Mann einen Fuchs verschont, gibt ihm dieser den guten Rat, das Band zu teilen und eine Hälfte unter einem Felsblock zu vergraben.

Die ungewöhnliche Kraft ermöglicht es dem Bruder, nacheinander in drei Riesenschlösser einzudringen und eine gefangene Grafentochter zu befreien. Im letzten Riesenschloß, dessen Bewohner ihm Treue schwören, bezieht er mit seiner Schwester Wohnung (dem Turm zu Bus). Die drei Riesen bewegen jedoch die Schwester, ihnen gegen den Bruder zu helfen und die Ursache seiner Stärke zu erkunden. Als die Schwester von dem roten Band erfährt, stiehlt sie es beim Wechseln des Hemdes. Angesichts des von den drei Riesen gefangenen Bruders rät sie grausam, ihn in Öl zu sieden. Aber die Riesen stechen ihm lediglich die Augen aus und werfen ihn in einen Brunnen. Der blinde junge Mann findet freilich einen Weg hinaus und gelangt in das Haus der von ihm befreiten Grafentochter. Obgleich der Vater zornig ist, daß seine Tochter einen Blinden heiraten will, kann er nicht verhindern, daß sie für ihren Liebsten sorgt. Eines Tages entdeckt sie durch den grünen Vogel heilendes Wasser und gewinnt dem jungen Mann das Augenlicht zurück. Sogleich macht er sich auf, den zweiten Teil seines Stärkebandes zu holen; der Fuchs gräbt es ihm aus. Der Wiedererstarkte erschlägt die Riesen, wirft die verräterische Schwester in siedendes Öl und heiratet die von ihm befreite Grafentochter.

Nicolas GREDT hatte bereits in seiner Jugend begonnen, Zeugnisse mündlicher Überlieferung zu sammeln und ohne literarische Nebenabsichten aufzuzeichnen. Seine schlichte, fast schmucklose, aber alles Wesentliche zusammenhaltende Fassung zeigt, im Gegensatz zur oben mitgeteilten, überaus reich ausgebauten und mit entlehnten Elementen ausgestatteten Erzählung von J. W. WOLF eine Verschiebung, besser: Verdrängung, die sehr häufig

ist. Die verräterische Mutter ist durch eine verräterische Schwester ersetzt. Das ist auch beispielsweise bei Ulrich JAHN in seiner Aufzeichnung VPR 37 der Fall: *Die beiden Försterskinder.* Man lasse sich jedoch nicht täuschen und versuche nicht, diese Texte nach AT 315 einzugliedern. Die charakteristischen Aufbauelemente des Zaubermärchens von der verräterischen Mutter (AT 590) sind mit ausreichender Bestimmtheit die folgenden:
Ein armer Junge oder ein Soldat, aber auch ein Königssohn, ziehen zusammen mit ihrer Mutter aus, und der Junge gewinnt einen Armreif oder ein rotes Band, das übernatürliche Stärke verleiht. Eine überzeugende Konfliktlage, die diesen Auszug bewirkt, ist in der Wolfschen Fassung mit dem Versuch der Mutter geschildert, den Sohn nicht freizugeben, ja ihn zum Mann zu nehmen. Darauf sind Ablösung und Zuwachs zauberischer Kräfte die rechte Antwort. Nur hat J. W. WOLFS Gewährsmann des Guten etwas zu viel getan. Schwert und Krafttrunk gehören eher zum Märchen von den durch Drachen entführten Königstöchtern (AT 301 → *Das Erdmännchen*). Der Armreif genügt. Mit der neu gewonnenen Stärke erobert der Sohn ein Räuber-, Riesen- oder Dämonenschloß, befreit eine dort gefangene Königstochter, verschont jedoch einen der Einwohner – mit dem sich die vom Sohn zurückgewiesene Mutter verbündet. Zweimal wird der Sohn auf den Rat des Dämons ausgeschickt, um Heilmittel zu holen, denn die Mutter stellt sich krank, sie will den Sohn verderben. Das Gegenteil geschieht jedoch: Von dem gefährlichen Auszug kehrt er zurück und hat die unverbrüchliche Freundschaft eines Löwenpaares gewonnen. Da überlisten ihn die hassende Mutter und ihr dämonischer Liebhaber. Der Sohn verliert seine Stärke, er wird geblendet und ausgesetzt. Aber die Löwen helfen ihm, und er findet zu der wartenden Königstochter, die eine Herberge unterhält und sich die Lebensgeschichten der Gäste erzählen läßt. Durch einen scheinbar zufälligen Sturz in eine Heilquelle oder eine Beobachtung der Braut an Tieren, die dort eintauchen, gewinnt er die Sehkraft zurück (der Wolfsche Gewährsmann hat seinem Helden zusätzlich die Gabe verschafft, die Sprache der Vögel zu verstehen). Wieder oder nun eigentlich sehend, kehrt der Sohn zurück, verschafft sich seinen Armreif der Stärke und tötet die Mutter samt ihrem Liebhaber.
Ulrich JAHN (VPR 37: *Die beiden Försterskinder*) hat, wie bereits erwähnt, ebenfalls – irrtümlich – die Schwester an die Stelle der Mutter gesetzt. Bei ihm gerät die befreite Königstochter auf der

Heimreise in ebensolche Schwierigkeiten wie im Märchentyp AT 506 A (erpresserische Seeleute → *Der Schiffer und die drei Königstöchter von Engelland*). Aber JAHN hat ein bemerkenswertes Verzögerungsmotiv eingeführt, das ja auch bei GREDT anklingt: Der zurückkehrende junge Mann entdeckt vor dem Riesenschloß, daß es nicht so leicht ist, die Zauberkraft zurückzugewinnen. Bei GREDT: Er kann den Fels nicht heben, unter dem das halbe Armband liegt. Bei JAHN: Das Loch in der Mauer des Riesenschlosses, das er einmal geschlagen, ist versperrt. Da will es der Zufall, daß ihm der Mausekönig auf den Kopf fällt. Der junge Mann schont sein Leben und erhält durch das kleine Tier die Zaubergegenstände aus dem sonst völlig unzugänglichen Schloß.

Wenn sich das Zaubermärchen von der verräterischen Mutter (AT 590) so deutlich darstellen läßt – was bleibt dann für das Märchen von der verräterischen Schwester (AT 315)? Das wahrscheinlichste ist, daß der eine oder andere Erzähler, als er den Auszug des Drachentöters mit seinen drei Hunden vortrug (AT 300 → *Die drei Hunde*; man vergleiche vor allem aber auch BECHSTEIN NDMB 19: *Der Wandergeselle,* mit seinen Abenteuern im Haus des Menschenmetzgers), das Abenteuer in der Räuberhöhle und Mördergrube mit Motiven aus AT 590 ausstattete. Dabei ist zu bedenken, daß es in der Überlieferung auch die Warnung des sterbenden Vaters gibt, der Sohn möge sich vor der menschenfresserischen Schwester hüten (AT 315 A – ein Nachklang findet sich in dem auf kindliche Zuhörer zugeschnittenen Märchen DVSS 25 bei HALTRICH: *Die beiden Geschwister und die drei Hunde*). Ja, der Vater befiehlt sogar dem Sohn, seine Schwester zu töten – was der Sohn jedoch nicht tut. Er nimmt die Schwester mit auf seinen Auszug in die Welt und bringt sich damit in tödliche Gefahren. Aber das ist ein anderes Märchen als die, zugegebenermaßen, häufig auftauchende Vermischung von Drachentöterauszug (AT 300) mit dem Mordanschlag der vom Sohn zurückgewiesenen Mutter (AT 590). In diesem Zusammenhang gewinnen die von der Forschung bisher unbeachteten beiden türkischen Aufzeichnungen von Warren S. WALKER und Ahmet E. UYSAL besondere Bedeutung: *The caldron-headed, axtoothed sister* (Teil 1, Nr 9; AT 315 A) und: *The jeweled cage and the evil sister* (Teil 1, Nr 10; AT 315 A+550).

4. BP 3, 1–2, DELARUE 1, 264–269. – DELARUE/TENÈZE 2, 483–491. – RANKE 1, 184–187; 2, 330–340. – ŞĂINEANU 423–438. – W. S. WALKER/A. E. UYSAL: Tales alive in Turkey. Cambridge, Massachusetts 1966. 86–103, 271–272.

Die weiße Katze

AT 402 + 310 Aulnoy CdF 3, 455–517

1. Marie-Catherine Le Jumel de Barneville, Baronin d'AULNOY (um 1650–1705) veröffentlichte 1697, im selben Jahr, in dem Charles PERRAULT seine später so berühmt gewordene Sammlung herausbrachte, in vier Bänden ihre *Contes de fées;* ein Jahr später, in zwei Bänden, ihre *Nouveaux contes de fées ou les fées à la mode;* und noch im selben Jahr 1698 in zwei weiteren Bänden *Suite des contes nouveaux ou les fées à la mode.* Alle diese acht Bände sind jedoch verschollen. Erhalten sind die vollständigen Neuausgaben (zweiten Auflagen?) der vierbändigen *Contes de fées,* Paris 1710, sowie der *Nouveaux contes de fées,* Amsterdam 1708. Zitiert wird allerdings gewöhnlich nach Bd 2–4 des in Genf 1785–1789 in 41 Bänden erschienenen vollständigen Sammelwerkes, das so gut wie die ganze französische Epoche der Feenmärchen erfaßt: *Cabinet des fées.* Alle diese und zahlreiche weitere zwischen den Veröffentlichungen von 1697/98 und 1785 erschienenen Ausgaben waren in den bürgerlichen Kinderstuben Deutschlands verbreitet. Man darf also keinesfalls in den Fehler verfallen, der Baronin d'AULNOYS Einfluß in Deutschland erst seit dem Erscheinen der deutschen Übersetzungen zu messen. Von diesen Übersetzungen hinwiederum dürften die weitestverbreiteten gewesen sein: *Das Cabinet der Feen oder gesammelte Feen-Mährchen,* aus dem Französischen übersetzt von K. F. E. BIERLING (T. 1–9, Nürnberg: Bauer & Raspe 1761–1766) und: *Die Blaue Bibliothek aller Nationen* (Bd 1–11, Gotha: Ettinger 1790–1791; Weimar: Verlag des Industrie-Comptoirs 1796–1797).
Die Erzählung von der in eine weiße Katze verwunschenen Königstochter (AT 402), die als Rahmen benutzt wird, um das Kindheitsschicksal der weißen Katze als *Rapunzel*märchen (AT 310) nachzutragen, erschien zuerst 1698 unter dem Titel *La chatte blanche* im zweiten Band der *Contes nouveaux ou les fées à la mode* (im Bd 3 des *Cabinet des fées* S. 455-517; deutsche Übersetzung von F. JACOBS im Bd 9, 1791, der *Blauen Bibliothek aller Nationen* S. 191-251).

2. Ein alternder König will seine Herrschaft nur dem von seinen drei Söhnen übergeben, der ihm den besten Hund, das feinste Gewebe und schließlich die schönste Schwiegertochter bringt.

Der Jüngste findet zu einem Schloß aus Porzellan, das von einer weißen Katze bewohnt wird. Sie besitzt das Bildnis eines jungen Mannes, der dem jüngsten Königssohn gleicht – ein Motiv, womit das Märchen von der Katze als Braut mit dem *Rapunzel*-Märchen verbunden wird. Dreimal bleibt der Jüngste für eine längere Zeit im Porzellanschloß der weißen Katze und erhält jedesmal kurz vor der gesetzten Frist, was der Vater gefordert hat: in einer Eichel eingeschlossen, einen winzigen Hund, der Sarabande zu tanzen vermag; ein allerfeinstes Gewebe, das in mehreren, ineinandersteckenden Kernen verborgen ist; und die schönste Braut, in die sich die weiße Katze verwandelt, nachdem ihr der Jüngste Kopf und Schwanz abgeschnitten hat.

Der Bericht seiner schönen Braut über die Umstände ihrer Verwünschung aber lautet so: Als die Mutter mit ihr schwanger ging, hatte sie der Versuchung nicht widerstehen können, von den Früchten eines Feengartens zu kosten, wofür sie das ungeborene Mädchen versprechen mußte. Gegen die hartnäckige Weigerung des Vaters erzwangen die Feen durch schreckliche Plagen die Herausgabe des Kindes – ein für Leser und Zuhörer grundlegend wichtiges Thema, in dem sich die Haß-Liebe der Mutter gegenüber ihrem Kind offenbart und das zwiespältige Erleben des zwischen Mutter und Vater stehenden Kindes. Keine Frage: Hier und in dem Verhältnis der weißen Katze zu ihrem »Erlöser« zeigt sich kaum verhüllt die persönliche Problematik der Erzählerin.

Die Feen nehmen das Mädchen in ihre Obhut und schließen es in einen unzugänglichen Turm ein, den nur die Feen selber mit Hilfe eines Drachen besuchen können. Eines Tages wird das Mädchen, dem ein Papagei und ein Hündchen zugesellt sind, von einem Königssohn entdeckt. Es nimmt Verbindung mit ihm auf, täuscht auch eine Weile die männerhassende Hüterin, erlistet sogar Bindfäden, aus denen es eine Strickleiter herstellt – kann aber nicht verhindern, daß ihm die Feen ein Monster zum Mann bestimmen. Wäre der Königssohn nicht gar so verliebt gewesen, so hätte den beiden die Flucht gelingen können – aber anstatt die Königstochter absteigen zu lassen, steigt er zu ihr auf, und die beiden vermählen sich.

Schroff weist die Königstochter das Monster zurück, als es seinen Antrittsbesuch macht. Aber das Monster, das die ihm zugesprochene Königstochter entführen will, und die Feen überraschen in der darauf folgenden Nacht das Paar. Der Königssohn wird vom Drachen verschlungen, die Königstochter aber in das

Schloß ihres verstorbenen Vaters versetzt, wo sie als weiße Katze so lange harren muß, bis ein zweiter Freier erscheint, der ihrem ersten Freier aufs Haar gleicht.
Dann wird der Rahmen geschlossen: Die aus ihrer Dunkelgestalt erlöste Königstochter und der jüngste, zum dritten und letzten Mal ausgeschickte Königssohn reisen zu dem alten Vater. Gegenüber den älteren Brüdern spielen sie noch eine kleine Komödie. Den Preis des mit weitem Abstand gewonnenen Wettbewerbes nehmen die beiden nicht an, denn die Überlegenheit der schönen Braut ist so groß, daß sie den ältesten Söhnen ein Reich als Zugabe anbieten kann und ihr und ihrem Mann noch immer drei Reiche verbleiben.

3. Das Märchen von der in eine Katze verwunschenen Königstochter in der Fassung der Baronin d'AULNOY, die sowohl in Frankreich als auch in Deutschland bis zum Beginn des 19. Jahrhunderts eine große Verbreitung gefunden hat[1] und auch noch später in Frankreich vorwiegend durch unzählige Volksbuchauflagen lebendig blieb und erheblich auf die mündliche Überlieferung einwirkte, hat durch die Erzählerin einen bemerkenswerten Perspektivwechsel erfahren: Beherrschende Hauptgestalt ist die Königstochter, nicht der Königssohn, wie das in allen anderen Märchen vom Typ AT 402 sonst der Fall ist (→ *Der arme Müllerbursch und das Kätzchen*, KHM 106; → *Die drei Federn*, KHM 63, dort auch die zugehörigen Literaturangaben). Dabei hat die Baronin d'AULNOY einen für das Zaubermärchen der Volksüberlieferung unmöglichen Handlungsverlauf gestaltet: Die verwunschene Königstochter, deren erste Liebesbeziehung tragisch endete, baut eine zweite, identische und doch ganz andere Liebesbeziehung auf: die einer älteren, überlegenen Frau zu einem jüngeren und gänzlich passiven Königssohn. Mit anderen Worten: Die Erzählerin läßt dem im Zaubermärchen so häufig auftretenden jüngsten und verkannten Sohn nicht den

[1] Auf das Märchen der Baronin d'AULNOY gehen bezeichnenderweise zurück BÜSCHING VSML 60 von 1812: *Das Märchen von der Padde*, ab 1824 *Paddegotjen* (ebenfalls mit AT 310, dem Rapunzel- bzw Petersilienmärchen verbunden) und EY HMB 29 von 1862: *Die schöne Prinzessin* (Eys Gewährsmann aus dem Harzer Bergbaugebiet versimpelt seine Dummlingserzählung ein wenig, aber seine Schloßausstattung mit Seidensofas und Goldtapeten stammt aus Versailles). Vgl auch KRÜGER 17–20, 73–75 und WESSELSKI: DMvG 2, 42–49.

geringsten Spielraum, zu sich selbst zu finden. Sie überdeckt durch ihre eigenen Wunschvorstellungen und ihre Auseinandersetzungen mit ihrem eigenen Kindheitskonflikt, »totales Streitobjekt der Eltern zu sein«, die sonst üblichen Entwicklungsrollen.

4. Zu Marie-Catherine d'AULNOY: J. BARCHILON: Madame d'Aulnoy, reine dans la féerie. In: BARCHILON: Le conte merveilleux français de 1690 à 1790. Paris 1975, 37-51. – BP 4, 269-273. – DELARUE/TENÈZE 2, 36-46. – G.-L. FINK: Les conteuses des salons. – Apogée et dédin de la féerie. In: FINK: Naissance et apogée du conte merveilleux en Allemagne. Paris 1966. 25-30. – R. R. HUBERT: L'amour et la féerie chez Madame d'Aulnoy. In: Romanische Forschungen. 75. 1963. 1-10. – R. R. HUBERT: Poetic humor in Madame d'Aulnoy's Fairy tales. In: L'esprit créateur. 3. 1963. 3, 123-129. – R. R. HUBERT: Le sens du voyage dans quelques contes de Mme d'Aulnoy. In: The French review. 46. 1973. 5, 931-937. – K. KAISER in HdM 1, 144-148. – K. K. F. KRÜGER: Die Märchen der Baronin Aulnoy. Diss. Leipzig 1914. – J. T. MITCHELL: A thematic analysis of Mme d'Aulnoy's Contes de fées. University, Mississippi 1978. – J. ROCHE-Mazon: Autour des contes de fées. Paris 1968. – M. SORIANO in EM 1, 1020-1024.

Die weiße Schlange

AT 673 + 554 KHM 17

1. Im Herbst 1812 erzählte die damals 12jährige Amalie HASSENPFLUG (1800–1871) das Märchen von dem jungen Mann, der die Sprache der Tiere lernt und von dankbaren Fischen, Ameisen und Raben Hilfe erhält, um eine schöne und stolze Königstochter zur Frau zu gewinnen. Die Erzählung wurde 1812 in die Erstausgabe der Grimmschen *Kinder- und Hausmärchen* als Nr 17 aufgenommen.

2. Ein allwissender König läßt sich nach dem Mittagessen stets eine verdeckte Schüssel auftragen. Der Diener, der sein Vertrauen besitzt, wird neugierig, öffnet heimlich die Schüssel, findet eine weiße Schlange darin, kostet davon und gewinnt die Gabe, die Sprache der Tiere zu verstehen. Auf diese Weise wird es ihm möglich, der falschen Anschuldigung zu begegnen, den Lieblingsring der Königin entwendet zu haben. Er belauscht das Gespräch der Enten, erfährt daß eine den herabgefallenen Ring

unter dem Fenster der Königin verschluckt hat, läßt die Ente schlachten und soll vom König dafür mit einem Ehrenamt bedacht werden. Bei AARNE und THOMPSON wird dieser Teil als eigener Märchentyp geführt (AT 673). Aber er ist – wie so häufig bei den Erzählungen, die vom Erwerb der zauberischen Fähigkeit berichten, die Sprache der Tiere zu verstehen – mit einem zweiten, anderen Teil verbunden (hier mit AT 554). Während der Held im ersten Teil die Gabe benötigt, um sich einer Anschuldigung zu erwehren, braucht er sie in dem locker angefügten zweiten Teil, um die Freundschaft dreier Tiere aus den Bereichen Wasser, Erde und Luft zu gewinnen und mit ihrer Hilfe die Hand der schönen und stolzen Königstochter zu erringen. Er vernimmt die Klagen dreier im Rohr gefangener Fische, die Klage des Ameisenkönigs, dessen Leute achtlos zertreten werden, und die Klage dreier hungriger junger Raben, die von ihren Eltern aus dem Nest geworfen wurden. Er hilft ihnen allen; sie versprechen, es ihm zu entgelten. Die drei undurchführbaren Aufgaben, die ihm die Königstochter unter Todesdrohung stellt, kann er nur mit der Hilfe der wesentlich größeren Fähigkeiten dieser Tiere vollbringen: der Königstochter Ring aus dem Meer zu holen, zehn Säcke ausgestreuter Hirse zu sammeln und einen Apfel des Lebens vom Rande der Welt zu bringen. Erst der gemeinsame Genuß dieses von den erkenntlichen Raben gebrachten goldenen Apfels erweckt bei der kalten Königstochter, die bisher alle Freier hat töten lassen, herzliche Liebe. So werden die beiden am Ende glücklich miteinander.

3. Die Verbindung der Motive von der magischen Gabe, die Tiersprache zu verstehen, mit den Motiven vom Beistand hilfreicher Tiere ist zufällig. Beide Teile treten oft als selbständige Erzählungen auf – und beide werden auch in übergreifende andere Zusammenhänge eingegliedert. Was die Märchen von den dankbaren Tieren, den Ameisen, Fischen und Bienen, betrifft, so ist einiges beim Artikel von der → *Bienenkönigin* (AT 554) nachzulesen; dort finden sich auch Hinweise auf weitere Zusammenhänge und die notwendigen Literaturangaben. Die Vorstellung dagegen, daß man durch glückliche Umstände die Sprache der Tiere erlernen könne, ist Allgemeingut und rührt wohl aus jener frühen Zeit, als Tiere und Menschen noch als Einheit erlebt und das Herüber- und Hinüberwechseln zwischen Mensch- und Tiergestalt selbstverständlich und mühelos erreichbar schien (man vergleiche die Erzählungen der Eskimo, vor

allem Knud RASMUSSEN: *Die Gabe des Adlers.* Frankfurt 1937).
Die nur durch Zauberkraft überwindbare Schranke zwischen Mensch und Tier gehört einer späteren Vorstellungswelt an und zeigt ihr Wesen am besten in jenen Sagen, in denen jemand einem Zauberer einen Bissen magischer Speise ablistet – die Gabe des Verständnisses der Tiersprache aber nur allzu rasch wieder verliert, weil der Zaubermeister dem Nicht-Berufenen beispielsweise in den Mund spuckt oder ins Ohr bläst.

Doch damit sind wir noch keinen Schritt näher an die Bedeutung dieses Motivs für die Welt der Zaubermärchen gekommen. Auch nicht mit der Feststellung, daß sich den Legenden von bedeutenden Menschen, Wissenden, Sehern, Heilkundigen, über ihre Zeit und Umgebung Hinausschauenden immer wieder Sagen anschließen, wie ihnen die Gabe des Verständnisses der Tiersprachen zuteil wurde – so bei dem Neupythagoräer APOLLONIUS von Tyana in Kappadokien, bei MELAMPUS (der sogar die Sprache der Würmer in den Balken verstand) oder KHIẒR. Im Erzählablauf eines Zaubermärchens hat das Motiv seine eigene Bedeutung.

Gute Beispiele bringen jene Erzählungen, in denen ein Vater seine Söhne etwas lernen läßt – der jüngste aber mit scheinbar völlig nutzlosen Fähigkeiten von der Schule zurückkehrt. Da setzt ihn der ergrimmte Vater vor die Tür. Es geht also darum, daß der jüngste Sohn etwas ganz Ungewöhnliches, dem Vater völlig Unverständliches lernt und daß die Entscheidung für den eigenen Weg auch durch die äußere Austreibung bekräftigt wird (AT 517 bzw 671, beispielsweise in KHM 33: *Die drei Sprachen*).
Verstärkt wird diese Eingangsmotivik noch, wenn dem Sohn träumt oder wenn er durch seine besondere Gabe die Weissagung erfährt, daß sich der Vater eines Tages vor ihm demütigen werde, und wenn der Vater, der ihn zum Bekenntnis dieses Traumes oder dieser erlauschten Weissagung zwingt, ihn nicht nur davonjagt, sondern ihn grausam und gnadenlos verfolgt. Von diesem Austreibungsmärchen ist gewiß die alttestamentarische, auch im *Koran* enthaltene Erzählung von Josef abgeleitet, den seine Brüder in den Brunnen werfen.

Zu weit gehen wohl die Erzähler, die eine solche Motivik in die Märchen vom treuen Diener oder Blutsbruder einführen, der den Königssohn auf der Brautfahrt begleitet und nächtens das Gespräch dreier Raben von den tödlichen Gefahren bei der Heimkehr erlauscht (AT 516 → *Der treue Johannes*). Damit wäre die Zielform dieser im internationalen Ordnungssystem von Antti AARNE und Stith THOMPSON auf mehrere Märchentypen verstreuten Märchen möglicherweise so zu beschreiben, daß in einem ersten Teil von der auf Einander-nicht-mehr-Verstehen fußenden Ablösung erzählt wird und in einem zweiten Teil von Bewährung, endgültiger Selbstfindung und äußerer Bestätigung des erworbenen eigenständigen Ranges – als Erfüllung der geheimen Weissagung, die im ersten Teil zunächst, so schien es jedenfalls, zur Vernichtung führte.

4. BP 1, 131–134. DELARUE/TENÈZE 2, 583. – R. A. J. KÖHLER: Tristan und Isolde und das Märchen von der goldhaarigen Jungfrau und von den Wassern des Todes und des Lebens. In: Germania 11. 1866. 389–406. – LIUNGMAN 190–191, 366. – M. LÜTHI: Deutung eines Märchens: Die weiße Schlange. In: Süddeutsche Zeitung. 102 v. 29. 4./1. 5. 1967.– RANKE 3, 8. – RÖHRICH: MuW 81–102, 265–270; 159–168, 282–284. – W. SCHERF: Bedeutung und Funktion des Märchens. München 1982. – WESSELSKI: MdM 97–98, 221–222.

Die weiße und die schwarze Braut

AT 403 A KHM 135

1. 1815 stand das von Jacob GRIMM erzählte Märchen von der weißen und der schwarzen Braut, das nach seinem die Handlung in Gang setzenden Motiv besser *Das Bild der Schwester* genannt werden sollte, als Nr 49 im zweiten Band der *Kinder- und Hausmärchen* – bezeichnenderweise unter einem Titel, der einen dritten Hauptzug hervorhebt: *Die Ente am Gossenstein,* und mit dem Zusatz, den man nicht übersehen sollte, daß es aus anderen Erzählungen zusammengesetzt sei (aus einer mecklenburgischen und einer paderbörnischen Fassung). Weithin bekannt wurde der Märchentyp jedoch durch die von Ludwig BECHSTEIN dreißig Jahre später veröffentlichte, besonders aufschlußreiche Fassung vom → *Zitterinchen,* das sein Mitarbeiter Ludwig KÖHLER beigesteuert hatte.
Das wesentliche Merkmal des Märchens vom Bild der schönen Schwester ist die Verfolgung durch eine in mancherlei Hexenkünsten erfahrene Stiefmutter – und die treue Liebe des Bruders, der sich zum Mittler der Liebe zwischen dem jungen König und seiner Schwester macht. Freilich, die erste Verbindung des Königs mit der ebenso schönen wie herzensguten Schwester

wird durch die hexenhafte Verfolgerin vereitelt; bereits auf dem Weg zum König unterschiebt sie ihr eigenes, schlimmes Geschöpf und nimmt die wahre Braut aus dem Spiel. Aber die Verdrängte hat sich in eine unscheinbare weiße Ente verwandelt und geht beharrlich den unteren Weg: Nächtens erscheint sie am Gossenstein der Küche des Königs. Sie gibt nicht auf, bis ihre Klage gehört wird und der junge König sie mit herzhafter Entschlossenheit erlöst, sie zur Frau nimmt und dem Betrug ein Ende bereitet.

2. Die Grimmsche Fassung zeigt, wie so viele, bereits im Eingang die Schwierigkeit, von anderen, nahe verwandten Erzählungen zu trennen. Steht nicht die Verfolgung durch die Stiefmutter und die Hilfe des Bruders im Vordergrund, sondern die Auseinandersetzung zwischen zwei Schwestern, von denen die gute verfolgt, die schlimme aber Hilfe durch die ebenso schlimme Mutter erhält, so wird eingangs der Gegensatz der Schwestern als unüberbrückbar begründet – oft ganz ähnlich wie im → *Frau-Holle*-Märchen (AT 480). In der Grimmschen Fassung von der weißen und der schwarzen Braut ist dieser oft reich ausgestattete Eingang knapp zusammengefaßt in eine gleichzeitige Begegnung der beiden Schwestern mit dem nach dem Weg fragenden lieben Gott. Die schlimme Schwester verhöhnt den fragenden Gott Vater und wird zur Häßlichkeit verwünscht; die gute Schwester dagegen wird mit Schönheit belohnt (mit Reichtum auch und der ewigen Seligkeit, aber die Formel von den drei Wünschen ist hier irrtümlich eingefügt). Damit hat aber das Märchen der Brüder GRIMM nacheinander zwei Eingänge erhalten: Erst ist der Eingang von der guten und der bösen Schwester vorgeschaltet, der zum Gang zu den → *Drei Männlein im Walde* gehört (AT 403 B), dann folgt zweitens der Eingang vom treuen Bruder, der seiner Schwester hilft und dafür hart entgelten wird (AT 403 A).
Merkwürdigerweise hat dieser Bruder einen Namen: Reginer. Und merkwürdigerweise trägt ihm die Schwester auf, niemanden ihr Bild sehen zu lassen. Damit ist angezeigt, daß die Übertretung dieses Gebotes der Verfolgerin die Handhabe zur Vernichtung der verhaßten Tochter bieten wird. Aber zunächst bewirkt die Übertretung das Gegenteil: Die mißgünstigen Arbeitskameraden bringen die Sache vor den König. Der König entbrennt vor dem Bild in Liebe zu dem schönen Mädchen und schickt den Bruder aus, die Braut zu holen.

Der Bruder weiß, wie gut und schön die Schwester ist, denn er liebt sie selbstlos. Aber die Hexe versteht es, sowohl ihn als auch die Braut zu täuschen. Sie verdreht die Anweisungen des Bruders, läßt die Schwester die königlichen Gewänder übergeben

Margriet Heymans: Die weiße und die schwarze Braut (Rotterdam. Lemniscaat 1974)

und stürzt, zusammen mit ihrem Ebenbild, der ebenso hexenhaften Tochter, die wahre Braut von einer Brücke in tiefes Wasser. Beim Eintreffen auf dem Königshof wird der Bruder in eine Schlangengrube geworfen. Noch einmal läßt die Hexe ihre Künste spielen und verblendet auch den König so sehr, daß er die häßliche Tochter heiratet.

Die Verwandlung in die weiße Ente leitet den im Zaubermärchen bedeutsamen zweiten Teil der Erniedrigung und des rückhaltlo-

sen Einsatzes für die kaum begonnene und sogleich wieder abgerissene partnerschaftliche Bindung ein. Den Märchenerzählern scheint es wenig Kopfzerbrechen zu bereiten, ob die wahre Braut nachts in der Küche als weiße Ente oder als Mensch auftritt, ob sie die Klage dreimal im Zwiegespräch mit dem Koch, dem Küchenjungen oder einem Bettler vorträgt, und ob die Klage auch eine Anweisung enthält, wie die Erlösung vor sich gehen kann. Der junge König weiß jedenfalls sehr wohl, was zu tun ist. Er schlägt der Ente den Kopf ab oder er schwingt sein Schwert über ihr, ergreift sie ganz einfach oder läßt die weiße Ente eine ganze Kette von Verwandlungen durcheilen, bis sie endlich in der wahren Gestalt vor ihm steht.
Die falsche Braut und die eigentliche Verursacherin aller Verfolgung und allen Betrugs werden gewöhnlich durch den Tod im Nagelfaß aus der Welt geschafft.

3. Das Märchen vom Bild der schönen Schwester hat Kennern wie Paul ARFERT und Warren E. ROBERTS viel Kopfzerbrechen bereitet. P. ARFERT ordnet vierfach: Auf der Reise zum Königshof wird die wahre Braut beim Verlust ihres Talismans verdrängt (→ *Die Gänsemagd,* AT 533); ins Meer gestürzt (wie es in unserem Märchentyp 403 B geschieht oder in der *Princesse Rosette* der Baronin d'AULNOY); durch einen Sonnenstrahl verwandelt (*La biche au bois* der Baronin d'AULNOY); oder verstümmelt bzw geblendet (so bei Josef HALTRICH DVSS 40 nachzulesen: *Die Geschenke der Schönen,* ohne AT-Nummer). Als nächstverwandte Gruppe sieht P. ARFERT die Märchen an, in denen die Verdrängung erst im Wochenbett am Königshof erfolgt (→ *Die drei Männlein im Walde,* AT 403 B; und → *Brüderchen und Schwesterchen,* AT 450); er fügt zwei weitere Märchentypen dieser Gruppe ein: Die Braut wird am Brunnen zurückgelassen und verzaubert (vgl BASILE 5, 9: *Le tre cetre*); und: die Braut erlahmt bei der Erfüllung schwieriger Aufgaben (vgl das Märchen in BASILE: *Introduzione*).
Ganz anders ordnet W. E. ROBERTS, der der bisherigen internationalen Einteilung nach A. AARNE und S. THOMPSON vorwirft, sich ohne Kenntnisnahme der weltweit bisher bekannt gewordenen Aufzeichnungen auf die zufällig in der Grimmschen Sammlung vorzufindenden Texte zu verlassen (KHM 135: *Die weiße und die schwarze Braut,* AT 403 A – und KHM 13: *Die drei Männlein im Walde,* AT 403 B). Er untersucht die zahlreichen skandinavischen Aufzeichnungen und findet die beiden Subty-

pen der Unterschiebung auf dem Weg und der Unterschiebung nach der Hochzeit. Als Einleitungsmotiv sieht er für beide Subtypen lediglich die Aussendung der Stieftochter zu einem gefährlichen Ort, an dem außerweltliche Wesen Lohn und Strafe erteilen (→ *Die drei Männlein im Walde*). Am häufigsten erscheint in seinen Erzählungen die Begegnung des Mädchens mit den drei Häuptern in einer Quelle. Das vom Bruder gemalte Bild beachtet er nicht als ausschließliches Einleitungsmotiv, obgleich doch eine größere Zahl der von ihm untersuchten skandinavischen Texte ohne das Aussende-Motiv der gegensätzlichen Schwestern, wohl aber mit dem Bild im Besitz des treuen Bruders beginnt bzw seinem Bericht gegenüber dem jungen König. Aber es ist schon so, wie P. ARFERT bereits 1896 in seiner Dissertation schrieb, daß es gerade bei diesem Märchentyp aussichtslos ist, ursprüngliche Formen erschließen zu wollen, da → *Aschenputtel-* (AT 510 A), → *Einäuglein-Zweiäuglein-Dreiäuglein-* (AT 511) und → *Frau-Holle*-Formen (AT 480) die Eingänge mitgestalten, → *Die Gänsemagd* (AT 533) und das → *Brüderchen-und-Schwesterchen*-Märchen (AT 450) während der ganzen dramatischen Entwicklung mit hereinspielen, und schließlich insbesondere durch einige bedeutende Balladen und die häufige Ankettung der aus dem Wasser aufsteigenden wahren Braut ein ganz anderer Konflikt mit eingebracht wird: die Braut, die zwischen zwei Männern steht, zwischen einem Überweltlichen und einem Diesseitigen, zwischen dem Wasserdämon und dem jungen König.

4. P. ARFERT: Das Motiv von der unterschobenen Braut in der internationalen Erzählungsliteratur. Diss. Rostock 1896. – BP 1, 79–96; 1, 99–109; 3, 85–94. – DELARUE/TENÈZE 2, 47–58. – W. GOLTHER in HdM 1, 307–311. – HAGEN 1, 6–37; 2, 1–45. – KRÜGER 23–24. – LIUNGMAN 86–88, 360. – M. LÜTHI: Von der falschen und der rechten Braut, vom Tierkind und vom Tiergemahl. In: LÜTHI: So leben sie noch heute. Göttingen 1969. 117–130. – E. MUDRAK in DMDW 169–200. – RANKE 2, 8–18. – W. E. ROBERTS: The black and the white bride, Aa-Th 403, in Scandinavia. In: Fabula. 8. 1966. 64–92. – RÖLLEKE 122–126, 360–361. – SCHERF: Bechstein 818–820. – G. SCHOEPPERLE: Tristan and Isolt. A study of the sources of the romance. 1. 2. Frankfurt; London 1913. – WESSELSKI: Versuch 75–80, 144. – W. WISSER: Die Stiefmuttermärchen in Holstein. In: NdZfV. 2. 1924. 1, 153–158.

Wie aus einem Schweinehirten ein König ward

AT 569+318 Jahn VPR 33

1. In seinen *Volksmärchen aus Pommern und Rügen* (Norden, Leipzig: Soltau 1891) veröffentlichte der bedeutende Erzählforscher Ulrich JAHN (1861–1900) als Nr 33 ein Märchen, das den Auszug eines armen Jungen, die Gewinnung dreier Zaubergegenstände und die Hochzeit mit einer schönen, aber verräterischen Königstochter mit drei Anschlägen dieser Frau und ihres Liebhabers auf sein Leben verbindet. Als Herkunft ist lediglich vermerkt: »mündlich aus Quatzow, Kreis Schlawe«.

2. Einem jungen Schweinehirten, dessen Vater diese Bestallung bereits als großes Glück erscheint, sagt dreimal ein Traum, er werde König von Sibirien. Da wirft er das Tuthorn in den Pfuhl, in dem sich seine Tiere suhlen, bricht auf, entdeckt die Behausung von zwölf Räubern und belauscht sie, als sie ihre Beute rühmen: Siebenmeilenstiefel, ein unwiderstehlicher Säbel, ein unfehlbarer Kanonenhut. Der Schweinehirt bemächtigt sich der Beute, gelangt nach Sibirien und wird Soldat. Als ein Krieg ausbricht und sich das eigene Heer zur Flucht wendet, setzt der Schweinehirt seine beiden wunderbaren Waffen ein, gewinnt den Krieg und wird Feldmarschall. Obendrein trägt ihm der König die Hand seiner Tochter an – die allerdings mit einem General verlobt war und den Umgang mit dem General keineswegs aufgibt. Im Gegenteil, sie verrät, worin die wunderbare Kraft ihres Mannes besteht, der General nimmt Stiefel, Säbel und Kanonenhut und vertreibt den zum Feldmarschall aufgerückten Schweinehirten. Das Märchen weist also klar einen zweiteiligen Aufbau auf. Der junge Mann, der nach seiner Ausfahrt in die Welt und dem Zurücklassen des allzu eng begrenzten Lebens daheim im Sturmschritt das Königreich und die Königstochter gewinnt, bekommt es, weil seine Frau ihn verrät, mit einem mächtigen Widersacher zu tun. Die Königstochter heiratet den General, der vertriebene rechtmäßige König dagegen findet sich einsam und verlassen im wilden Wald wieder. Da ruft ihn eine Schlange an und hilft ihm, sich in einen Schimmel zu verwandeln und einen Zauberwettkampf mit seinem Widersacher zu beginnen, wie er sonst im Märchentyp AT 325 geschildert wird (vgl KHM 68: *Der Gaudieb und sein Meister;* BECHSTEIN DMB 35: *Der Zauber-Wettkampf;*

Haltrich DVSS 14: *Der Erzzauberer und sein Diener*). Der Schimmel läßt sich von einem Bauern fangen, der ihn zu einem außerordentlich hohen Preis verkauft – und gegen das ausdrückliche Gebot auch den Zaum hinzugibt, wodurch der rechtmäßige König ganz in die Gewalt des Generals und des jungen Königs offenbar zauberkundigen früheren Frau gerät. Sie läßt den Schimmel auf der Stelle töten und verbrennen. Aber die Magd, die mit des Königs kleinem Sohn den Schimmel anschauen kommt, taucht nach dem Geheiß ihres Herrn einen Span in des Schimmels Blut und wirft den Span in den Garten. Über Nacht wird ein goldener Birnbaum daraus – und abermals erkennt die falsche Frau, daß sich ihr Mann in dieser Gestalt verbirgt. Sie läßt den Baum umhauen und verbrennen – aber die Magd erscheint mit des Königs kleinem Sohn, nimmt auf ihres im Baum verborgenen Herren Geheiß einen Zweig und wirft ihn in den Teich. Zwar wird der Baum ebenso wie der Schimmel zu Asche verbrannt – doch in der Frühe entdeckt der General einen goldenen Erpel auf dem Teich und läßt sich verleiten, die wunderbaren Waffen abzulegen und hinaus ins Wasser zu waten, um den Erpel zu greifen. Der Erpel aber fliegt auf, verwandelt sich am Ufer in den jungen König, der die Wunderdinge wieder in Besitz nimmt und dem General das Haupt abschlägt. Seine frühere Frau überantwortet der König dem Richter, daß er sie von vier Ochsen zerreißen lasse. Dann aber heiratet er die brave Kindsmagd.

3. Das erste vollständig erhaltene Zaubermärchen der Welt wurde in Ägypten aufgezeichnet. Genauer gesagt: Es wurde im 13. Jahrhundert vor Christo während der 19. Dynastie in eine literarische Bearbeitung mehrerer Volkserzählungen und Mythen eingefügt und ist uns im Papyrus von Orbiney erhalten geblieben. Die wesentlichen Elemente der altägyptischen Erzählung sind – ein besserer Beweis für die Bedeutung des Märchens läßt sich kaum erbringen – noch heute in der mündlichen Überlieferung lebendig: 1. die Geschichte von dem Verführungsversuch der Mutter, Stiefmutter oder Schwägerin, aus dem Alten Testament als Erzählung von der Frau des Potifar bekannt (AT 870 C*); 2. das Märchen von dem Mann, dessen Lebenskraft außerhalb seines Leibes sicher verborgen zu sein scheint, der jedoch von einem um die Frau des Helden werbenden König überlistet und getötet, am Ende freilich von einem übernatürlichen Helfer oder von seinem Freund oder Bruder wiederbelebt

wird (AT 302 B); 3. das Märchen von dem goldenen Haar einer fernen Schönen, das einem König zuschwimmt und ihn zur Entführung mit Hilfe einer listigen Alten veranlaßt (AT 516 B – auch in AT 560 → *Der Hirt* und in dem bei AT nicht geführten Märchen *Der Beg und der Fuchs,* vgl den dritten Abschnitt im Artikel vom *Hirten*); 4. die Motivkette des zauberischen Verwandlungskampfes, den der Held gegen seinen Widersacher und seine mit diesem gemeinsame Sache machende, verräterische Frau führt (AT 318 – auch bei der überflüssigen Klassifikation AT 590 A eingesetzt). Auf den Rat seines Retters verwandelt sich der Held zunächst in ein Pferd, dann in einen Baum, schließlich in einen Erpel - und kann in dieser Gestalt beispielsweise sein Schwert, das Sitz seiner Lebenskraft ist, zurückgewinnen und den Widersacher und die verräterische Frau vernichten.

Der Inhalt des altägyptischen Brüdermärchens ist in kurzen Worten folgender: Die Frau des älteren Bruders versucht vergeblich, den jüngeren zu verführen und verleumdet ihn. Durch eine Kuh gewarnt, flieht der jüngere Bruder und schildert über einen Krokodilfluß hinweg, der ihn auf wunderbare Weise von seinem verfolgenden Bruder getrennt hat, den wahren Sachverhalt. Die Brüder versöhnen sich und verabreden ein magisches Zeichen, falls das Leben des jüngeren einmal bedroht sein sollte. Bata, der jüngere Bruder, findet eine schöne Frau und verbirgt sein Herz in einer Pinienblüte. Gegen eine Schicksalswarnung geht Batas Frau ans Meeresufer, wo ihr eine Haarsträhne ins Wasser fällt. Das Haar gelangt zum Pharao und läßt ihn in Liebe zu der fernen Unbekannten entbrennen. Zweimal werden des Pharaos Ausgesandte von Bata getötet. Aber gegen die List einer alten Frau ist er machtlos. Sie entführt die Schöne (im Märchen vom Beg und dem Fuchs auf einem fliegenden Teppich) und verrät dem Pharao Batas Lebensgeheimnis. Darauf läßt der Pharao die Pinie fällen, und Bata stirbt. Aber das magische Zeichen (der Trank im Becher wird trüb) verrät dem Bruder, was geschehen ist. Anubis, der ältere Bruder, findet Batas Herz und ruft seinen jüngeren Bruder ins Leben zurück. Um Rache zu nehmen, verwandelt sich Bata in einen herrlichen Stier. Der Pharao kauft ihn – aber die verräterische Frau läßt ihn sogleich schlachten und auch die beiden Bäume fällen, die aus dem Stierblut wachsen. Dabei fällt ihr ein Splitter in den Mund. Sie wird davon schwanger und gebiert Bata in Gestalt eines Sohnes, den der Pharao, ohne zu ahnen, wer der Sohn wirklich ist, zu seinem Nachfolger macht. Erst als Nachfolger des Pharaos bestraft Bata die Frau, die ihm mehrfach nach dem Leben getrachtet hat, und bestellt seinerseits seinen älteren Bruder Anubis zum Nachfolger.

Drei wichtige und möglicherweise zu ihrer Zeit auch einflußreiche Zeugnisse einzelner Aufbauelemente des Bata-Märchens sind bekannt, die ihrerseits aus mündlicher Überlieferung schöpfen: ein byzantinischer Roman aus dem 14. Jahrhundert (AT 302 B: *Kallimachos und Chrysorrhoē*), ein türkisches Volksbuch (AT 302 B+516 B: *Mahmûd ile Elif*) und ein russisches Volksbuch (AT 301+318: *Portupej praporščik*, der Portepee-Fähnrich), das aus dem 18. Jahrhundert stammt.

In den Zeugnissen mündlicher Überlieferung ist die Festigkeit der Motivketten im Verwandlungskampf auffällig: Roß, Baum, goldener Erpel. Von der wunderbaren Empfängnis durch den Baumsplitter ist nirgends die Rede. Fest ist aber auch der gleichbleibende Ausgang: daß die Kindsmagd dem vertriebenen oder getöteten König in seinen Verwandlungsgestalten hilft und deshalb am Ende von ihm zu seiner Frau gemacht wird.

Der pommersche Erzähler der Fassung in der Sammlung JAHN hat alle diese Züge im zweiten Teil seines Märchens treu bewahrt, wenn auch das Schwert als Sitz der Lebenskraft durch andere Zaubermittel ersetzt ist, durch Allgemeingut des Märchens, wie es für jeden Erzähler leicht zur Hand ist. Die Zaubermittel Siebenmeilenstiefel, unwiderstehlicher Säbel, unfehlbarer Kanonenhut werden gewöhnlich entweder beim Schlichten eines Erbstreites gewonnen (AT 518) oder sie werden durch trickreichen Austausch erlistet (AT 569) und spielen dann meist ihre Rolle, wenn der Held wieder in sein verlorenes Reich gelangen will (vor allem in den Märchen vom Typ AT 400 → *Der König vom goldenen Berge*, → *Die Rabe*, → *Der Trommler*). Aber sie kommen auch anderwärts als Mittel vor, sich gegen einen unerbittlichen Feind oder betrügerischen Herrscher durchzusetzen – so in dem russischen Zaubermärchen von dem wegen der Schönheit seiner Frau verfolgten Helden (AT 465 A AFANAS'EV NRS 212 → *Geh ich weiß nicht wohin, hol ich weiß nicht was*).

Eine gewisse Selbständigkeit, aber doch mit unbefriedigendem Ausgang, hat die Motivkette in der bei den Brüdern GRIMM vertretenen Form erhalten: *Der Ranzen, das Hütlein und das Hörnlein* (KHM 54) – man vergleiche auch die Erzählung Nr 37 aus dem ersten Band der Erstausgabe von 1812: *Von der Serviette, dem Tornister, dem Kanonenhütlein und dem Horn*, sowie

Johann Karl August MUSÄUS: *Rolands Knappen*. Daß der pommersche Erzähler die drei Zaubergegenstände dem ausziehenden jungen Mann in einer Räuberhöhle zuspielt, steht nicht allein da; das ist ähnlich bei Ludwig BECHSTEIN berichtet (DMB 43: *Des kleinen Hirten Glückstraum*). Aber BECHSTEIN schließt mit einer unangefochtenen Heirat der fernen Königstochter von Spanien. Und es bleibt nur eine vage Erinnerung, daß nach der Heirat noch Schwierigkeiten hätten auftauchen können: BECHSTEINS zu Ansehen gekommener Hirtenjunge verzichtet weislich darauf, der ihm wohlgesonnenen Frau etwas von seiner Herkunft zu erzählen. Was die Märchen bei BECHSTEIN und JAHN jedoch gemeinsam haben, ist das Eingangsmotiv vom dreimaligen Verheißungstraum (möglicherweise mit dem Traum im Märchentyp AT 725 verwandt), ein Traum, der sich bereits mit dem Ende des ersten Teiles zu bewahrheiten scheint – dann aber noch einen zweiten, ungleich härteren Einsatz auf dem Weg zu sich selbst fordert. Aber damit ist er auch dem zweifachen Einsatz im → *Zwei-Brüder*-Märchen verwandt (AT 303), der für den Märchenhörer ja zum Nacheinander-Erleben wird.

4. A. AARNE: Die drei Zaubergegenstände und die wunderbaren Früchte. In: AARNE: Vergleichende Märchenforschungen. Helsingfors 1908. 83–142. – BP 1, 464–485. – P. N. BORATAV in EM 3, 1353–1356. – DELARUE/TENÈZE 2, 450–453. – E. FISCHDICK: Das türkische Volksbuch Elif und Mahmud. Walldorf 1958. – H. GEHRTS: Das Märchen und das Opfer. Bonn 1967. – K. HORÁLEK in EM 2, 925–940. – K. HORÁLEK: Ein Beitrag zur volkskundlichen Balkanologie. In: Fabula. 7. 1964. 1965. 1–32. – K. HORÁLEK: Le conte des deux frères. In: Folklorica Pragensia. 1. 1969. 7–46. – K. HORÁLEK: Le spécimen folklorique du roman byzantin Kallimachos et Chrysorrhoé. In: Laographia. 22. 1965. 175–178. – K. HORÁLEK: Zur slawischen Überlieferung des Märchentyps AaTh 302 B. In: Ethnologia slavica. 4. 1972. 179–197. – B. LÁZÁR: Über das Fortunatus-Märchen. Leipzig 1897. – LIUNGMAN 78–80, 359; 175–176, 365. – W. LIUNGMAN: Sagan om Bata och Anubis och den orientalisk-europeiska sagans ursprung. Djursholm 1946. – L. POLITIS: Kallimachos kai Chrysorrhoe. In: KLL. 5131. – RANKE 2, 262–263. – SCHERF: Bechstein 808; 859–860. – C. W. v. SYDOW: Den fornegyptiska sagan om de två bröderna. In: Årsbok. 1930. 51–89.

Die zertanzten Schuhe

AT 306 KHM 133

1. Im zweiten Band der Erstausgabe von 1815 veröffentlichten Jacob und Wilhelm GRIMM als Nr 47, seit der zweiten Auflage von 1819 als Nr 133 gezählt, unter dem Titel *Die zwölf Prinzessinnen* das Märchen von den Königstöchtern, die nächtens in einer unterirdischen Welt ihre Schuhe zertanzen und deren Geheimnis von einem heimlich folgenden Soldaten entdeckt wird. Die Brüder GRIMM hatten die Erzählung von der Familie v. HAXTHAUSEN aus dem Münsterland erhalten; aber es waren ihnen auch zwei weitere Fassungen bekanntgeworden.

2. Ein König, der seine zwölf Töchter in einem verriegelten Saal schlafen läßt, findet unerklärlicherweise in der Frühe ihre Schuhe stets zertanzt vor. Dem, der das Geheimnis zu ergründen vermag, verspricht er eine seiner Töchter zur Frau. Wer jedoch drei Nächte in der Kammer vor dem Schlafsaal der Mädchen vergeblich wacht, verliert seinen Kopf. Ein armer Soldat wagt es und erhält von einer alten Frau, die ihn vor dem Schlaftrunk warnt, einen Tarnmantel. So folgt er den Zwölfen durch einen silbernen, einen goldenen und einen diamantenen Baumgang zu einem Wasser, über das sie von zwölf verwunschenen Königssöhnen zum Tanz in ein Schloß geführt werden. Die münsterländische Erzählung weiß zwar von der Unruhe und Vorahnung der Jüngsten zu berichten (der unsichtbare Soldat tritt ihr aufs Kleid, ein Krachen fährt aus den zauberischen Bäumen, als er Zweige als Wahrzeichen bricht, auch trinkt er den Königstöchtern den Becher vor dem Munde leer) – aber die Enthüllung des Geheimnisses, die nach der dritten Nacht vor dem König stattfindet, führt nur zu einem halbherzigen Schluß. Der Erzähler konnte offenbar nicht so recht die Schwierigkeiten meistern, die sich aus der Anlage des Märchens ergaben. Wenn statt eines sonst üblichen jungen und gewitzten Freiers ein alter Soldat die Treppe in das unterirdische Reich findet, meinte er wohl, könne er nicht gut ausgerechnet die jüngste Königstochter mit dem altgedienten Mann verheiraten. Verlegenheitslösung ist auch, daß die zwölf nächtlichen Tänzer, die er zu verwunschenen Königssöhnen erklärt hatte, ihre Verwünschung um so viele Tage verlängert erhalten, als sie Nächte mit den Königstöchtern getanzt haben. Dann hätte der alte Soldat ja durch sein Erlö-

sungswerk das der zwölf Königstöchter gestört. Das kann nicht gut sein: Sie haben nicht mit verwunschenen Königssöhnen getanzt, sondern mit Unterirdischen, mit Dämonen.
Mit Hilfe der Wahrzeichen zwingt der Soldat, den die Älteste einmal verächtlich einen »Lümmel« genannt hat, die Königstöchter zum Eingeständnis ihrer nächtlichen Abenteuer und erhält den Lohn, den der König versprochen hat.

3. Allein die Ausgangslage gibt der Erzählung von den im Unterirdischen durchtanzten Nächten einen besonderen Rang unter den Zaubermärchen, die das Durchspielen eines Tochter-Vater-Konfliktes ermöglichen. Vergleichbar sind einerseits die Erzählungen, in denen der Vater die Tochter nicht freigeben will (und sie deshalb einmauert wie in AT 870 → *Jungfrau Maleen*) oder versucht, sie zu seiner Frau zu machen (AT 510 B → *Allerleirauh*), und anderseits diejenigen Erzählungen, in denen dem Vater die drei Töchter von Dämonen entführt werden (AT 301 → *Das Erdmännchen*) oder in denen – durch seine Schuld – die einzige Tochter selbst zu einem Dämon wird (AT 307 → *Hans, der Grafensohn, und die schwarze Königstochter*). Noch näher steht das Zaubermärchen von dem Mädchen, das nachts zu einem Riesen oder Berggeist fliegt, unsichtbar von ihrem Freier verfolgt und mit der Hilfe eines dankbaren Toten aus der Gewalt des Dämons befreit wird (AT 507 A → *Die verwünschte Königstochter*). Aber gerade die Märchen vom dankbaren Toten sind stets aus der Sicht des Helden erzählt, der seinerseits in einem tiefgreifenden Vater-Sohn-Konflikt steht. Unser Märchen, das oft auch von drei oder auch nur von einer einzigen Königstochter erzählt, die gelegentlich in der Gesellschaft von zwei anderen zauberischen Wesen zum nächtlichen Tanz aufbricht, ist in dieser Hinsicht eher unentschieden; es läßt Projektionen auf beide Hauptgestalten zu. Aber es ist nicht nur unentschieden, es ist auch unvollständig, und die Durchsicht zahlreicher anderer europäischen Fassungen zeigt, daß es anderwärts auch nicht besser bestellt ist. Da gibt es tragisch mit der Verdammnis der in den Bann des Dämons geratenen Königstochter endende Fassungen: Fluchend versinkt sie in den Boden. Häufig wird das Märchen auch mit der Handlung des Märchentyps AT 307 von der Wache am Grab der menschenfresserischen einzigen Tochter verbunden, oder es wird, nach der Hochzeit, wie bei AT 507 A, eine besondere, letzte Reinigung und Entdämonisierung angeschlossen. So heißt es in einer slavischen

Fassung, daß sie, die mit den Vilen tanzt, von ihrem Mann so lange geschlagen wird, bis Feuer aus ihr fliegt. All das zeigt das Bedürfnis an, es nicht mit dem Lohn für die Entdeckung des Geheimnisses bewenden zu lassen. Das Mädchen hat schließlich eine geheime Liebesbindung zu einem Dämon unterhalten – und gelegentlich schimmert hindurch, daß dieser Dämon der eigene Vater war (wie in der *Apollonius*-Erzählung). Daß dieses Märchen als ein Zu-sich-selber-Finden und schrittweises Ablegen unbewußter Vaterbindungen erlebt wird, ist für das Geschehen zwischen Erzähler und Zuhörer allerdings wichtiger als die Überlegungen, woher die Vorstellungen vom unterirdischen Tanz genommen sind. Mag sein, daß es Sagen von Elfentänzen waren, ja, daß sogar Gruselgeschichten von heimlich belauschten Hexen-Zusammenkünften dabei eine Rolle gespielt haben und mittelalterlich asketische Gedanken von der Verwerflichkeit des Tanzens, wie geschrieben worden ist. Was jedoch zählt, ist das Erlebnis des Zuhörers.

4. BP 3, 78–84. – A. BRÜCKNER: (Die zertanzten Schuhe.) In: ZfV. 16. 1906. 207. – DELARUE 1, 167–171. – S. LILJEBLAD: Die Tobiasgeschichte und andere Märchen mit toten Helfern. Lund: Lindstedt 1927. – LIUNGMAN 54–56, 357. – J. POLÍVKA: Roztancované střevíce. In: Národopisny sborník českoslovanský. 10. 1904. 2, 107–141.

Der Ziegenhirt

AT 314 A — Zingerle KHMS 2, 27

1. Ignaz Vinzenz ZINGERLE, Edler von Summersberg (1825-1892), Germanist in Innsbruck, gab zusammen mit seinem Bruder Joseph ZINGERLE (1831-1891) eine zweibändige Märchensammlung heraus, den ersten Band 1852 in Innsbruck: *Kinder- und Hausmärchen,* den zweiten Band 1854 in Regensburg: *Kinder- und Hausmärchen aus Süddeutschland* (womit Tirol gemeint ist). Im zweiten Band veröffentlichten die Brüder das Märchen *Der Ziegenhirt* (Nr 27, S. 96-102) nach mündlicher Überlieferung aus dem Zillertal. Es ist ein Zaubermärchen aus dem Kreis des Dienstes bei einem Dämon: Ein Hütejunge dringt in den verbotenen Bereich ein und gewinnt durch die Pferde des Dämons im Wettkampf die Königstochter. Das voraufgehende Märchen, Nr 26: *Der Schafhirt,* gehört zum selben Typ.

2. Ein armer Holzhacker stirbt, und kurz darauf folgt auch seine Frau, so daß der einzige Sohn völlig allein und verlassen in der Welt steht. Zum erstenmal in seinem Leben verläßt er den Wald. In der Königsstadt wird der zerlumpte Junge überall abgewiesen, aber der König ist froh, in ihm einen Ziegenhirten zu gewinnen, denn das Hüten der Ziegen hat schon manchem den Kopf gekostet. Die Ziegen gelüstet es nach der fetten Weide vor dem Schloß eines gefährlichen Riesen. Der Junge verspricht dem König, sich vor dem verbotenen Land zu hüten. Aber die Neugier übermannt ihn schließlich, er schleicht sich in das herrliche Schloß, findet den Riesen schlafend und schlägt ihm mit dessen eigenem Schwert das Haupt ab.
Im selben Augenblick erscheint ein Männchen, begrüßt den Ziegenhirten als Herren des Schlosses und erbittet seine Befehle. Er braucht in Zukunft nur noch in dem Zimmer, wo er den Riesen getötet hat, dreimal aufzustampfen und hat gleich seinen dienstbaren Helfer zur Stelle. Der Junge läßt in aller Stille seine Ziegen auf der fetten Weide gedeihen, wächst zu einem schönen Jüngling heran, und nicht nur der König wird ihm sehr gewogen, sondern auch des Königs schöne Tochter, die ihm zuliebe alle Freier ausschlägt. Da aber der König einen Nachfolger braucht, schreibt er ein Kampfspiel aus – und der heimliche Besitzer des Riesenschlosses läßt sich von seinem Helfer der Reihe nach drei stattliche Rosse und tüchtige Rüstungen beschaffen, mit denen er die Turniere gewinnt. Beim letzten Mal wird er an der Wade verwundet – ein wohlbekanntes Motiv aus dem *Goldener*-Märchen (AT 314 → *Der Eisenhans*) bzw dem Volksbuch von *Robert dem Teufel.*
Der Ziegenhirt hinkt an diesem Tag nach Hause. Der König fragt, und auch die Königstochter bittet, er solle reden. Und so folgt er schließlich und erzählt, wie er den Riesen getötet, sein Schloß in Besitz genommen und dreimal unerkannt im Kampfspiel den Sieg davongetragen hat. Er gewinnt die Königstochter. Alle Bedenken sind zerstreut: Als Besitzer des Riesenschlosses ist der ehemalige Hütejunge durchaus ebenbürtig.

3. Ob das Zaubermärchen von dem Hirten, der furchtlos in den verbotenen Bereich eines oder dreier Riesen, Trolle oder Dämonen eindringt, eigenständig ist, läßt sich bei der derzeitigen Forschungslage nicht sagen. Die meisten bekanntgewordenen Fassungen haben einen zweiten Teil, der motivgleich mit dem Goldener-Märchen (AT 314 → *Der Eisenhans*), dem Glasberg-

märchen (AT 530 → *Simson, tu dich auf!*) oder dem Drachentötermärchen ist (AT 300 → *Die drei Hunde*). Nur der erste Teil ist unverwechselbar und hat seinen ganz besonderen Reiz. Die *Deutschen Volksmärchen aus Schwaben*, die der Tübinger Orientalist Ernst MEIER um die Mitte des vorigen Jahrhunderts aufgezeichnet hat, werden durch eine im ersten Teil besonders gelungene Fassung eingeleitet: *Der Schäfer und die drei Riesen* (DVS 1). Gegen das Gebot seines Herrn treibt ein junger Schäfer seine Herde in drei verbotene Täler, erschlägt drei Riesen und gewinnt drei Schlösser, in denen er nicht nur drei vortreffliche Pferde findet, sondern jeweils auch eine Flasche Wein, ein Schwert und einen Spruch, den er zunächst nicht beachtet. Erst als er erfährt, daß sein Herr die einzige Tochter dem Teufel hat verschreiben müssen, besinnt er sich auf den Spruch: »Wer diese Flasche trinkt und dieses Schwert regiert, der zwingt den Teufel.« Statt an einem Kampfspiel teilzunehmen, kämpft der junge Schäfer Ernst MEIERS, von dem Krafttrunk gestärkt, dreimal mit dem Teufel. Der Teufel aber erscheint beim erstenmal in Schlangengestalt. Unser Märchen leitet also in das Drachentötermärchen über. Beim zweitenmal ist der Teufel dann auch ein richtiger feuerspeiender Drache, beim drittenmal ein Adler.

Auch Franz Xaver von SCHÖNWERTH, Generalsekretär des Bayerischen Finanzministeriums zur Zeit König MAXIMILIAN II., hat eine mit dem Drachentötermärchen verbundene Fassung in Neuenhammer in der Oberpfalz aufgezeichnet, eine urwüchsige, großsprecherisch humorvolle Erzählung, an der man seinen Spaß hat. Aber bei SCHÖNWERTH gewinnt der Hirt, der zuerst in einer Schmiede gelernt hat und wegen seiner Wildheit und Kraft zum Hüten in das verbotene Land geschickt wird, die drei Riesen zu Freunden. Er schlägt dem ersten die Hände, dem zweiten die Arme, dem dritten die Beine ab. Und als ihn die Riesen um Gnade bitten, schlägt er mit seinem alten, merkwürdigen Schwert zurück – und heilt Hände, Arme und Beine wieder an. Als eindrucksvolle Begleitung sorgen die drei dann für die nötige Achtung, als der betrügerische Lakai, der mit den gestohlenen neun Drachenköpfen die Königstochter erlisten will, entlarvt wird. Der Oberpfälzer Schmied hat natürlich die Zungen vorzuweisen (SSO 2, 275–280: *Der Hirt und die Riesen*).

4. BP 3, 112–113 (insbesondere Anm 4). – COSQUIN 2, 89–97. – DELARUE 275–279. – RANKE 1, 175–184. – K. RANKE: (Unholdskampf). In: Ranke: Die zwei Brüder. Helsinki 1934. 197–198 (FFC 114).

Zitterinchen

AT 403 A DMB 61

1. Ludwig KÖHLER (1819–1862), einer der wichtigsten Mitarbeiter Ludwig BECHSTEINS, hat dieses in allen wesentlichen Motiven voll entwickelte Märchen vom Bildnis der Schwester aufgezeichnet (→ *Die weiße und die schwarze Braut,* KHM 135). 1845 erschien es als Nr 61 in L. BECHSTEINS *Märchenbuch* (ab 1853: *Deutsches Märchenbuch,* DMB 61), das im 19. Jahrhundert eine außerordentliche, die Grimmsche Sammlung weit übertreffende Verbreitung erfuhr. Auffällig ist der Name des Hundes: Zitterinchen, denn die Baronin d'AULNOY, deren Märchen im 18. Jahrhundert unter dem deutschen Bildungsbürgertum (neben den Perraultschen Märchen) großen Einfluß besaßen, erzählt in ihrer *Princesse Rosette* von einem Hund namens Frétillon (frétiller = in ständiger Bewegung sein, hüpfen und springen). Außer diesem Namen haben beide Fassungen jedoch lediglich die für diesen Märchentyp üblichen Motive gemeinsam. Sie stammen aus der Volksüberlieferung – woher auch die Zwiesprache-Verse des *Zitterinchens* genommen sind.

2. Ohne die sonst häufige Vorschaltung einer aus anderen Märchen bekannten Einleitung (→ *Die drei Männlein im Walde,* AT 403 B), beginnt das *Zitterinchen* mit der Ausgangslage vom Tod des Taglöhnervaters und der völligen Verlassenheit von Bruder und Schwester. Die Geschwister sind ganz aufeinander angewiesen und lieben einander so sehr, daß der Bruder, als er eine Stelle beim Grafen findet, das Bildnis seiner Schwester malen läßt. Der Graf bemerkt das Bildnis der schönen Schwester und schickt heimlich seine Amme aus, um das Mädchen zu holen. Hier ist also weder von einer Mutter noch einer Stiefmutter die Rede. Die Verfolgerin ist für das Waisenmädchen eine Fremde, und diese Fremde will ihre eigene häßliche Base unterschieben. Das gelingt ihr auf der Fahrt über die Brücke. Sie stürzt das Mädchen ins tiefe Wasser. Nun ist Ludwig KÖHLER bekannt als ein redlich trockener und von aufklärerischer Vernunft geprägter Erzähler. Er läßt die falsche Braut verschleiert auftreten. Der Königssohn zweifelt nicht an seines Dieners Wort, daß die Schwester noch viel schöner als das Bildnis sei und heiratet die Verschleierte. Damit, so meinte KÖHLER vermutlich, seien alle Ungereimtheiten beseitigt. Als der Graf die Täuschung erkennt, wirft er den

unschuldigen Diener ins Gefängnis und hängt das Bildnis, das ihn vermeintlich genarrt hat, in den Rauchfang.
Aber eines Nachts erscheint die wahre Braut als weiße Gestalt im Vorzimmer des Grafen. Sie trägt Ketten und spricht mit ihrem Hund. Das Motiv des begleitenden Hundes tritt häufiger in den Märchen vom Bildnis der Schwester auf, vielleicht als Nachklang vom schützenden, sprechenden Pferd Falada (→ *Die Gänsemagd,* AT 533) – vielleicht aber auch als Nachklang der Gespräche mit dem in ein Reh verwandelten Bruder (AT 450 → *Brüderchen und Schwesterchen*). Die poetischen Reime der Zwiesprache, aus der zugleich hervorgeht, daß die Gestalt nur dreimal erscheinen wird und später nicht mehr erlöst werden kann, hört der Diener des Grafen. Er unterrichtet seinen Herrn, der in der dritten Nacht selber lauscht, die Erscheinung ergreift, ihr die Kette abnimmt und unversehens die wahre Braut vor sich hat. Damit ist nicht nur der Betrug aufgedeckt: Die Braut, die bereits in der Haft der Wassergeister war und eine Nixe werden sollte, ist erlöst. Auf ihre sogleich vorgetragene Bitte wird der geliebte Bruder befreit und natürlich auch das Bildnis aus dem Rauch genommen.

3. 4. Daß sich am Ende das Zitterinchen, also der begleitende kleine Hund, als verwünschte Königstochter erweist, ist überflüssig – aber es unterstreicht die ursprünglich bedeutsame, hier aber in ihrer Tragweite nicht mehr erkannte Rolle des hilfreichen Begleiters, wie sie beispielsweise im Märchen von der → *Gänsemagd* (AT 533) vom sprechenden Pferd Falada übernommen wird. Alle weiteren Angaben über verwandte Fassungen und Hinweise zur Literatur finden sich beim Artikel zu → *Die weiße und die schwarze Braut.*

Die zwei Brüder

AT 567 + 303 KHM 60

1. Das Märchen von den Zwillingsbrüdern war bereits im ersten Band der Erstauflage von Jacob und Wilhelm GRIMMS *Kinder- und Hausmärchen* vertreten – und zwar mit einer von Friederike MANNEL 1808 beigesteuerten Schwälmer Fassung: *Von Johannes-Wassersprung und Caspar-Wassersprung* (als Nr 74). 1819, in der zweiten Auflage, wurde die Erzählung der Pfarrerstochter ersetzt durch eine aus dem Paderbörnischen stammende, von der Familie v. HAXTHAUSEN beschaffte, reich und gelegentlich mit humorvollem Behagen erzählte Fassung, die als Nr 60 unter dem Titel *Die zwei Brüder* zum erstenmal veröffentlicht wurde (üblicherweise als KHM 60 nach der Ausgabe letzter Hand zitiert). Wie der paderbörnische Text ursprünglich ausschaute, wissen wir jedoch nicht; wir kennen lediglich Wilhelm GRIMMS Bearbeitung.

2. Ein armer Mann, ein Besenbinder, findet einen Goldvogel und verkauft ihn seinem reichen Bruder, der ihn für sich braten läßt, weil er das Geheimnis des Goldvogels kennt. Aber die Zwillingssöhne des Armen drehen den Bratspieß und essen Herz und Leber. Seitdem finden sie jeden Morgen Goldstücke unter dem Kopfkissen. Dieser Eingang gehört zum Märchen vom Zaubervogel (AT 567 → *Das Goldhähnchen*) – aber es kommt häufig vor, daß das *Zwei-Brüder*-Märchen auf diese Weise eingeleitet wird. Dann ist es jedoch meist der Liebhaber der Mutter, der sich den Vogel zubereiten läßt und in seiner Gier nach den Goldstükken von der ungetreuen Frau verlangt, ihre Söhne zu töten. Die Söhne fliehen und verlassen das Haus. Auch hier sind die Zwillinge gezwungen, ihr Elternhaus zu verlassen, denn der Bruder des Vaters verleumdet sie: Sie seien mit dem Bösen im Bunde. Der arme Mann folgt dem üblen Rat und setzt seine Zwillingssöhne aus. Sie finden einen Pflegevater, der ihnen wohl will. Sie lernen die Jägerei, und als sie die Schießprobe bestanden haben und freigesprochen worden sind (wohl ein Anklang an AT 304 → *Der gelernte Jäger*, → *Der Hünentöter*), erhalten sie Gewehr und Hund (von dem später freilich nicht mehr die Rede ist) – und ein Messer, das ihnen als Lebenszeichen dienen soll.
Zunächst jagen sie gemeinsam und erhalten von Hase, Fuchs, Wolf, Bär und Löwe je zwei Junge – als Dank, weil sie die Tiere

verschont haben. Dann trennen sie sich und stoßen das Zaubermesser am Scheideweg in einen Baum. Der Jüngste gelangt in eine schwarz verhangene Stadt und erfährt von seinem Wirt, daß einem allesvernichtenden Drachen alljährlich ein Mädchen geopfert werden muß, und daß diesmal die Königstochter an der Reihe ist. Der König hat freilich die Tochter und das Reich dem versprochen, der den Drachen tötet. Ganz ähnlich wie im Drachentötermärchen (AT 300 → *Die drei Hunde*), jedoch anstelle der drei mit übernatürlichen Kräften begabten Hunde von den hilfreichen Zwillingstieren begleitet, geht der Jäger dem Drachen entgegen. Er findet einen magischen Krafttrunk und ein unfehlbares Schwert – unter der Schwelle einer Kirche auf dem Drachenberg, ein Zug, der an die *Georgs*legende erinnert. Der Jäger schlägt dem siebenköpfigen Ungeheuer drei Köpfe im Bodenkampf und drei beim Angriff aus der Luft ab. Als er schließlich nur noch den Schweif abzuschlagen vermag, muß er um die Hilfe der Tiere bitten, die den Drachen zerreißen. Die erlöste Königstochter ist glücklich und dankbar, zeichnet die Tiere mit ihrer Korallenkette aus, gibt dem Jäger ihr Taschentuch (der die ausgeschnittenen Drachenzungen hineinlegt), und da sie müde sind, schlafen sie beide auf dem Kampfplatz ein. Aber auch die Tiere, die Wache halten sollen, sind müde, schieben, recht lustig erzählt, einander den Auftrag zu, jeweils der stärkste dem zweitstärksten bis zum letzten, dem Hasen, und schlafen ebenfalls ein. Damit gewinnt der Betrüger freies Spiel – hier ist es der Marschall, der die Königstochter begleitet und den Kampf aus der Ferne beobachtet hat. Er schlägt dem Drachentöter das Haupt ab, entführt die Königstochter und erpreßt ihre Zustimmung, als er sich vor dem König als Retter ausgibt und ihre Hand verlangt. Aber die Königstochter erwirkt einen Aufschub. Inzwischen sind die Tiere erwacht und finden ihren Herren tot. Der Hase, dem die Schuld angelastet wird, holt eine Zauberwurzel, der Löwe setzt dem Drachentöter anfangs den Kopf verkehrt herum auf (merkwürdigerweise wie bei Gianfrancesco STRAPAROLA im Gruselmärchen, AT 326 → *Von einem, der auszog, das Fürchten zu lernen*), dann richtig. Und beidemal hilft die Wurzel dem Jäger wieder zum Leben. Aber der Jäger zieht traurig fort, weil er glaubt, die Königstochter habe ihn verlassen. Zufällig kehrt er jedoch übers Jahr zurück und erfährt von seinem Wirt, daß sich der Marschall als Drachentöter feiern läßt und im Begriff ist, die Königstochter zu heiraten. Der Jäger wettet mit dem Wirt, daß er an den Tafelfreuden teilhaben und schließlich des Königs Tochter heiraten werde. Nacheinander schickt er seine Tiere aus, Brot, Braten, Zugemüs, Zuckerwerk und Wein zu holen, und wird auf der Königstocher Rat schließlich vom König empfangen. Der Betrüger wird entlarvt – als Beweismittel, sehr geschickt in die Erzählung eingefügt, dienen nicht nur die Drachenzungen, sondern auch das Tuch der Königstochter und die Halsbänder der Tiere. Der Jäger heiratet die Königstochter, wird Statthalter im Reich und lebt glücklich mit seiner Frau – bis er eines Tages im Zauberwald jagt, von einer weißen Hirschkuh in die Irre gelockt wird und genau unter dem Baum sein Lagerfeuer entzündet, auf dem die Unholdin der Wälder auf ihn wartet. Sie behauptet zu frieren, sich aber wegen der wilden Tiere nicht ans Feuer zu trauen. Sie bittet den jungen König, die Tiere mit einer ihm herabgeworfenen Rute zu schlagen, was er aus Höflichkeit tut – womit er seine hilfreichen Tiere aber in Steine verwandelt. Nun hat die Alte es nicht mehr schwer, auch ihn in einen Stein zu verwandeln und in einen Graben zu werfen.

Nicht lange, und der Zwillingsbruder kehrt zur Wegscheide zurück, wo er das früher blanke Messer halb verrostet findet. Das ist ein schlimmes Zeichen, er erreicht die Stadt, in der sein Bruder König ist, wird für den jungen König gehalten, erfährt von der Sorge über das Verschwinden des Bruders im Zauberwald, geht am Abend auch mit der jungen Königin zu Bett, legt aber ein zweischneidiges Schwert zwischen sie und sich. Als er in den Zauberwald kommt, ergeht es ihm genauso wie dem Bruder – aber er bleibt auf der Hut, schlägt seine Tiere nicht mit der Rute und schießt die Hexe mit Silberknöpfen vom Baum. Dann zwingt er sie, die zu Stein Gewordenen wieder lebendig zu machen. Zusammen mit dem geretteten Bruder wirft er die Hexe ins Feuer. Aber als sie auf dem Weg aus dem Wald einander ihre Schicksale erzählen, übermannt den jüngeren die Eifersucht, daß der Bruder bei seiner Frau geschlafen hat, er tötet ihn, bereut es aber sogleich wieder – und abermals muß der Hase einspringen und das Zauberkraut bringen. Dann ziehen die Brüder gleichzeitig in die Stadt ein, jeder durch ein anderes Tor. Beide werden für den jungen König gehalten, nicht einmal die Königin erkennt ihren Mann. Erst als sie das Halsband des Löwen sieht, weiß sie, wer der Rechte ist. Und als sie ihren Mann beim Einschlafen fragt, warum er ein zweischneidiges Schwert zwischen sie und sich gelegt habe, erkennt dieser endgültig die Treue seines Bruders.

3. Das Zaubermärchen von den Abenteuern der beiden einander zum Verwechseln ähnlichen Brüder faßt eine ganze Reihe seit sehr alter Zeit belegter Motive zusammen, ist jedoch in der uns heute bekannten Form möglicherweise nicht älter als 600 Jahre. Das mit einigen Eigentümlichkeiten auch selbständig überlieferte Drachentötermärchen jedoch (AT 300 → *Die drei Hunde*), vermutlich bereits seit der Entstehung des *Zwei-Brüder*-Märchens eines seiner wesentlichen Bestandteile, ist aber erheblich älter.

Mit anderen Worten: AT 303 und AT 300 sind eindeutig voneinander trennbare Märchentypen; das Drachentötermärchen ist das bei weitem ältere (charakteristisch die drei mit besonderen Kräften begabten Hunde); es darf angenommen werden, daß das Drachentötermärchen lange nach seiner Entstehung in etwas veränderter Form und von seiner Eingangsmotivik abgetrennt, wesentlicher Aufbaubestandteil des neuen *Zwei-Brüder*-Märchens wurde.

Es gibt zu denken, daß das *Zwei-Brüder*-Märchen einen anderen Aufbau zeigt als so gut wie alle anderen eigentlichen Zaubermärchen: Von zwei Brüdern zieht zuerst der eine aus, besteht den Drachenkampf und gewinnt die Königstochter. Aber noch in der Hochzeitsnacht läßt er sich durch eine Erscheinung verlocken und verfällt der Mutter des erschlagenen Untiers. Erst jetzt zieht der zweite Bruder aus. Sein Kampf besteht in der Auseinandersetzung mit der im Vergleich zum offen angreifenden Drachen, tückischeren Drachenmutter. Aber er besteht den Kampf und rettet den Bruder. Ist dieser zweite Bruder wirklich ein anderer? Selbst die Königstochter kann die beiden nicht voneinander unterscheiden.

Oder müssen wir es so verstehen, wie es der Zuhörer erlebt: Ich als Zuhörer ziehe zweimal aus, ich muß nach der ersten, tragisch endenden Ausfahrt zum zweitenmal ansetzen. Das Bestehen des ersten Kampfes genügt nicht. Die Mutter des Drachen ist gefährlicher als der Drache.

Wilhelm GRIMM hat an seiner Fassung mit Hingabe gearbeitet. Es ist ein literarischer Text von großer Schönheit daraus geworden – die eigentliche Überlieferung ist anders, vor allem unkindlicher. Entgegen der 1812 veröffentlichten Fassung *Von Johannes-Wassersprung und Caspar-Wassersprung* und entgegen der Erzählung der ebenfalls 1812 zuerst gebrachten → *Goldkinder* (KHM 85; beide AT 303) zog Wilhelm GRIMM eine Einleitung vor, die eigentlich zum Märchen vom Zaubervogel gehört (AT

567 → *Das Goldhähnchen,* dort auch die entsprechenden Literaturangaben). Worauf es beim *Zwei-Brüder*-Märchen ankommt, ist die Bekräftigung der übernatürlichen Herkunft und der wunderbaren Gaben. Es liegt also nahe, die wunderbaren Gaben eines Zaubervogels in Betracht zu ziehen, und das ist ja auch, offenbar unabhängig von der Grimmschen Fassung, sonst geschehen. Aber die eigentliche Überlieferung beginnt mit der wunderbaren Empfängnis durch ein zauberisches Wasser, einen wunderbaren Strahl, der aus einem Fluß bis in einen Turm aufsteigt, eine zauberische Frucht oder einen zauberischen Fisch. In der westeuropäischen Überlieferung (Kurt RANKE, der das *Zwei-Brüder*-Märchen sorgfältig untersucht hat, ist zu dem Ergebnis gekommen, daß es wahrscheinlich im 14. Jahrhundert in Frankreich entstanden ist) heißt es ausdrücklich, daß die wunderbare Empfängnis durch das Verspeisen des Königs der Fische zustande kommt. Aber nicht nur die Frau des armen Fischers wird schwanger und gebiert zwei Söhne, auch Hund und Pferd fressen vom Fisch und werfen Zwillingswelpen und -fohlen, und im Garten, wo die übrigen Teile des Fisches vergraben werden, wachsen zwei Bäume oder Blumen, und sogar die wunderbaren Ausrüstungen erscheinen in doppelter Zahl. Die Ausfahrt der so sehr gleichen Brüder hat manchen Erzählern Schwierigkeiten gemacht. Nicht nur, daß sie zuweilen beide gleichzeitig ausziehen, sich an einem Scheideweg trennen und ihre Messer als Lebenszeichen in einen Baum stoßen (von nun an hört man von den Erlebnissen des zweiten Bruders nicht mehr das geringste) – es gibt auch eine besondere Einleitungsform, in der der zweite Bruder als kleines Kind auf dem Feld bei der Arbeit gefunden wird, oder der zum Verwechseln ähnliche Stiefsohn aus der ersten Ehe des Vaters ist. Was der Erzähler offensichtlich braucht, ist ein deutlicher Anlaß dafür, daß der eine auszieht, auszuziehen gezwungen wird, der andere aber daheim bleibt – daß also das Lebenszeichen daheim im Garten angebracht wird. Hilfreiche Tiere haben die beiden ja von Geburt an: gleiche Hunde, gleiche Pferde. Die bei Wilhelm GRIMM besonders liebevoll ausgesponnenen Episoden von Löwe, Bär, Wolf, Fuchs und Hase sind aus einem anderen Märchen eingedrungen – vielleicht aus der Erzählung von der treulosen Schwester oder Mutter (AT 315, vgl auch AT 590 → *Das weiße Hemd, das schwere Schwert und der goldene Ring*), vielleicht aber auch aus einem ganz anderen Märchentyp (560 D* – im internationalen Typenverzeichnis ist leider die bosnische Erzählung vom Beg, dem Fuchs

und den hilfreichen Tieren[1] nicht vertreten (LESKIEN: *Balkanmärchen* Nr 37). So hübsch es sich ausmacht und so unterhaltsam es ist, wenn der wahre Drachentöter vom Gasthaus der Reihe nach seine Tiere zur Tafel des Königs schickt – es genügt, wenn sein Hund, der beim Drachenkampf dem fast ermatteten Kämpfer geholfen hat, dort erscheint und möglicherweise das Schmuckband der Königstochter trägt. Er macht darauf aufmerksam, daß der Retter vor dem Ablauf der Frist erschienen ist. Die Wette mit dem Wirt ist auch eine nicht unbedingt notwendige Ausschmückung und gehört wohl ins *Bärenhäuter*-Märchen (AT 361). Entlehnt ist gewiß auch die Verlockung des Drachentöters, kurz nach der Hochzeit trotz aller schlimmen Vorahnungen seiner jungen Frau noch einmal auszuziehen und im verbotenen Wald zu jagen. Der verbotene Wald und der auffällige weiße Hirsch stammen wohl aus dem Märchen von der verwunschenen Königstochter, die in Gestalt einer Hinde den Königssohn in den Zauberwald lockt (AT 401 → *Das goldne Königreich;* vgl auch d'AULNOY: Die *Hindin im Wald,* AT 450 + 403). Ursprünglich dürfte die Verlockung durch ein Licht, ein hell erleuchtetes oder gar ein brennendes Schloß erfolgt sein.

Wer sich mit dem *Zwei-Brüder*-Märchen beschäftigt, stößt rasch auf die Frage, in welcher Weise es mit der *Perseus*-Mythe und dem ägyptischen *Bata*-Märchen zusammenhänge. Es gibt viel Verwandtes, aber auch wesentlich Trennendes. Der Perseus-Zyklus hat eben eine andere Funktion als ein Zaubermärchen, die Frage der Abhängigkeit ist also zweitrangig, ganz abgesehen davon, daß sie nie zu klären sein wird, weil aus einer solch weit zurückliegenden Epoche nun einmal keine Zeugnisse mehr über die gleichzeitige mündliche Überlieferung zu erbringen sind. Wie auch immer: Es ist gut denkbar, daß die wunderbare Empfängnis der Mutter des Helden (Danaë wurde wegen einer Weissagung in einem unterirdischen eisernen Gemach von jeder männlichen Annäherung abgeschirmt) ein mündlicher Mär-

[1] Das Märchen *Beg und Fuchs* erschien zuerst 1870 in Sissek als Nr 60 in: *Bosanske narodne pripovjedke* und wurde in deutscher Übertragung sowohl von August LESKIEN als auch von Joseph SCHÜTZ in ihre Sammlungen aufgenommen (Nr 37 in LESKIEN: *Balkanmärchen aus Albanien, Bulgarien, Serbien und Kroatien.* Jena: DIEDERICHS 1915; daraus als Nr 32 in SCHÜTZ: *Volksmärchen aus Jugoslawien.* Düsseldorf, Köln: DIEDERICHS 1960). Es ließe sich am besten unter AT 560 D* einordnen. Vgl AT 560 → *Der Hirt.*

chenüberlieferung entnommenes Motiv darstellt. Ja, es ist sogar denkbar, daß man in dem aus der enthaupteten Medusa hervortretenden Chrysaor und dem wunderbaren Roß Pegasos den zweiten Bruder und das gleichzeitig empfangene Fohlen sehen darf, zumal der Name dieses angeblich von Poseidon empfangenen Chrysaor nichts anderes besagt, als »der mit dem goldenen Schwert«. Dann wäre die Gorgo-Geburt des Chrysaor eine Erinnerung an die Drachenmutter des *Zwei-Brüder*-Märchens, die den Töter ihres Sohnes, des Drachen, nicht versteinert, sondern, wie es in einigen Fassungen heißt, verschlungen hat. Andere Zeichen sprechen jedoch dafür, daß die Perseus-Überlieferungen, die in dem mythografischen Handbuch *Bibliotheca* (fälschlicherweise dem APOLLODOROS zugeschrieben, der etwa von 180 bis 120 v. Chr. in Athen lebte, tatsächlich aus dem 1. oder 2. Jahrhundert n. Chr. stammend) in eine überschaubare Form gebracht und dabei wesentlichen Motiven des Zaubermärchens von der treulosen Mutter aufgesetzt wurden (AT 315 bzw 590 → *Das weiße Hemd, das schwere Schwert und der goldene Ring*), die es mit dem letzten übriggebliebenen Untier oder Dämon hält und den Sohn hinausschickt zu einer tödlichen Aufgabe – angeblich um für sie ein Heilmittel zu holen. Auch Perseus geht nicht zugrunde; er rettet Andromeda.

Wer sich anderseits mit den Beziehungen zum altägyptischen *Bata*-Märchen aus der Zeit um 1300 vor Christi Geburt beschäftigt (AT 318, vgl auch AT 569 + 318 → *Wie aus einem Schweinehirten ein König ward*), der sollte nicht aus dem Auge verlieren, daß dieser literarische, aus mehreren, ganz unterschiedlichen Teilen zusammengefügte Text doch durch einen, dem *Zwei-Brüder*-Märchen fremden Grundzug zusammengehalten wird: Der Erzähler entwickelt die Geschichte einer treulosen Frau und ihres vergeblichen dreifachen Kettenversuchs, den ungeliebten Mann zu vernichten – eingeleitet von der aus dem Alten Testament bekannten Erzählung vom Weib des Potifar (AT 870 C*). Nebenbei spielt auch die Überlieferung von dem Mann, dessen Herz außerhalb verborgen ist, dabei eine wichtige Rolle (AT 302 – mit AT 552 A + 518 → *Die Kristallkugel;* mit AT 303 A → *Vom Mann ohne Herz*). Hingewiesen sei auch auf die aus dem 14. Jahrhundert stammende Erzählung von Bǫdvarr Bjarki (*Hrolfs-saga Kraka*), auf die Fassung im *Türkischen Papageienbuch* und auf die beiden BASILE-Erzählungen *Lo mercante* (1,7) und *La cerva fatata* (1,9). Was die deutschen Aufzeichnungen aus dem 19. Jahrhundert betrifft, so lese man vor allem nach: BUSCH UoW 28: *Die zwei Brüder,* STRACKERJAN ASO 631: *Waterpeter und Waterhinnerk* und GRIMM KHM 85 → *Die Goldkinder.* Ein gutes Beispiel für die von Walter ANDERSON als »Drei-Brüder-Märchen« bezeichnete Erzählung von der wunderbaren Geburt *dreier* Brüder, von denen der jüngste ein Tiergeborener, deshalb zunächst Zurückgesetzter, dann aber der eigentliche Held und Retter der anderen ist (AT 300 A; Kurt RANKE hat zu diesem Typ S. 8–10 und 139–140 das Wesentliche skizziert), ist das Märchen vom → *Königssohn Katt* in Elisabeth LEMKES ostpreußischer Sammlung (LEMKE ViO 28).

4. A. AHLSTRÖM: Brödrasagan. In: Folkminnen och folktankar. 21. 1934. 2, 100–105. – BP 1, 528–556. – BP 2, 204. – J. R. CALDWELL: The origin of the story of Bothvar-Bjarki. In: Arkiv for nordisk filologi. 65. 223–275. – DELARUE 1, 147–161. – H. GEHRTS: Das Märchen und das Opfer. Untersuchgn zum europäischen Brüdermärchen. Bonn 1967. – A. H. KRAPPE: The legend of Amicus and Amelius. In: Modern language review. 18. 1923. 152–161. – S. LILJEBLAD: Perseusmyten. In: Saga och sed. Uppsala 1935. 31–32. – LIUNGMAN 49–53, 357. – M. LÜTHI: Der Drachentöter. Vom Stil d. Märchens. In: LÜTHI: Es war einmal. Göttingen [3]1968. 31–41. – MEYER 39–50. – NITSCHKE 1, 168–188, 214–215, 217. – J. POLÍVKA: O zlatém ptáčku a dvou chudých chlapcích. In: Národopisny sborník českoslovanský. 6. 1900. 94–143. – K. RANKE: Die zwei Brüder. Helsinki 1934 (FFC 114). – RANKE 1, 111–138. – RÖLLEKE 290–295, 386–387. – ŞĂINEANU 312–316. – K. v. SPIESS in DMDW 424–457. – D. WARD: The divine twins. Berkeley, Los Angeles 1968. – Weitere Literatur beim Kapitel vom Drachentötermärchen → *Die drei Hunde* (AT 300).

Die zwölf Brüder

AT 451 KHM 9

1. Das von Jacob GRIMM aufgezeichnete Märchen von den zwölf in Raben verwandelten und von ihrer tapferen Schwester erlösten Brüdern, 1812 im ersten Band der Erstausgabe als Nr 9 veröffentlicht, erhielt zunächst den Vermerk »mündlich« und später »aus Zwehrn«. Heinz RÖLLEKE vermutet, daß Jacob GRIMM das Märchen über die Töchter Julia und Charlotte des französischen Pfarrers Charles François RAMUS in Kassel aus dem Erzählschatz der Dorothea VIEHMANN, geb. PIERSON zugekommen war. Die Familie RAMUS hatte schon lange Verbindung mit der Schneiderin Dorothea VIEHMANN aus Niederzwehren. Von 1813

an wurde sie die wichtigste Beiträgerin für den zweiten Band der Erstausgabe der Grimmschen *Kinder- und Hausmärchen.* Wilhelm GRIMM hat das Märchen von den zwölf Brüdern für den Druck bearbeitet. Es ist aufschlußreich, die Handschrift Jacob GRIMMS, seine Randbemerkungen und Wilhelms Erst- und Letztfassung miteinander zu vergleichen. Zu bedenken ist auch der Weg von der ursprünglichen Erzählerin über das literarische Kränzchen der jungen Leute. Für Jacob GRIMM muß gerade dieses Märchen, aber auch seine kindliche Kurzfassung → *Die sieben Raben,* eine besondere Rolle gespielt haben. Er, der mit 17 Jahren bereits der »Alte« genannt wurde, mit zwölf Jahren den verstorbenen Vater zu ersetzen hatte und der immer wieder zurück an das verlorene Kindheitsparadies dachte, war das Haupt der sechs Brüder und der beim Tod des Vaters noch nicht dreijährigen kleinen Schwester.

2. Ausgangslage des Märchens, von dem außer den von Johannes BOLTE und Jiří POLÍVKA gegebenen, sehr beachtlichen Übersichten keine genaue Untersuchung vorliegt, sind die grausamen Nachstellungen eines Vaters. Um der Tochter willen vertreibt er seine Söhne. In unserer Fassung sind es zwölf, in anderen sieben oder drei. Wie ernst es ihm ist, zeigt der Erzähler mit den zwölf schwarzen Särgen, die der Vater in einer verschlossenen Kammer bereitgestellt hat (das Bild von dem schwarzen Sarg, in dem sein Vater fortgetragen wurde, hat Jacob GRIMM sein Leben lang vor Augen gestanden). Die Mutter offenbart ihrem liebsten Sohn, dem jüngsten, welchen Haß der Vater gegenüber den zwölf Brüdern hegt, und begünstigt die Flucht der Buben. Die Ausgangslage ist jedoch erst mit der zweiten Einleitung vollständig umrissen: als nämlich das Mädchen die im Haus verbliebenen Hemden entdeckt und durch den Bericht der Mutter die geheimen Absichten des Vaters begreift – daß er den Brüdern das Reich nimmt, um es der Tochter zuzuwenden, daß er ihnen nach dem Leben trachtet, weil er nur die Tochter um sich sehen will –, beschließt das Mädchen, ebenfalls das Haus zu verlassen und die vertriebenen Brüder zu suchen. Es ist bemerkenswert, daß die Ablösung der Brüder in zwei Schritten geschieht. Anfangs halten sie sich in der Nähe auf, stellen Wachen und bleiben mit der Mutter verbunden. Sie wird mit einer weißen oder einer roten (manchmal auch einer schwarzen) Fahne anzeigen, ob das nachgeborene Kind ein Junge oder ein Mädchen ist, ob die Söhne bleiben können oder fliehen müssen. Das Zeichen ist eindeutig,

auch wenn in einigen Fassungen der Zufall es will, daß die Söhne nur getäuscht werden. Es geht wirklich um ihr Leben. Und so fliehen sie nicht nur tief in die Wildnis, sondern schwören jedem Mädchen, das ihnen begegnet, den Tod.
Doch was sie nicht wissen können: Die Schwester verwirft, ohne sich zu bedenken, die ausschließliche Zuwendung des Vaters, tröstet die Mutter und wandert ebenfalls in die Wildnis. Und eines Tages findet sie das einsame Haus der Brüder, von dem es heißt, daß es leer und verwünscht sei. Als erstem begegnet die Schwester dem Jüngsten, der haushält, während die anderen Brüder jagen. Der Jüngste erschrickt über die große Schönheit der mit einem goldenen Stern gezeichneten Schwester (AT 707 → *Drei Königskinder*, → *Die drei Vögel*), gewinnt sie herzlich lieb, und eingedenk des Schwures verbirgt er sie zunächst vor den Brüdern. Doch Erzähler und Zuhörer sind sich darüber im klaren, daß dieser Racheschwur nun nicht mehr gilt. Die Schwester ist den gleichen Weg gegangen, sie hat ebenso wie ihre Brüder die Verbindung mit dem Vater bedingungslos gelöst. Was die Erzählerin aus Niederzwehren allerdings nicht sagte, was aber in zahlreichen anderen Fassungen berichtet wird: Auch das Mädchen wird verfolgt. Zuweilen stellt ihm der Besitzer des verwunschenen Hauses nach, ein Riese, ein blinder Menschenfresser, ein Zauberer, der Oheim der Geschwister oder eine Hexe – ein Unhold jedenfalls, welcher Art auch immer. Kein Erzähler spricht es aus, und dennoch schimmert es durch, daß der Verfolger etwas mit dem sonst mit keinem Wort mehr erwähnten, aber gerade in seinem Schweigen drohenden Vater zu tun hat. Als die Buben den Unhold dabei überraschen, wie er versucht, der Schwester das Blut auszusaugen, erschlagen sie ihn.
Doch damit ist das Unheil nicht aus der Welt geschafft. Auf seinem Grab wachsen Kräuter, aus denen die Schwester eine Speise zubereitet, oder es wachsen Blumen, zwölf Lilien wie in der Grimmschen Fassung. Die Schwester will den Brüdern etwas Gutes tun; sie bricht die Lilien und legt sie den Brüdern auf die Mittagstafel. Aber die Brüder sind längst in Raben verwandelt, Haus und Garten sind verschwunden, und eine Alte sagt dem tief erschrockenen Mädchen: »Was hast du getan?« Das Mädchen hat sich zum Werkzeug des Unheils gemacht. Aber es ist bereit, die große Prüfung durchzustehen und, koste es, was es wolle, die Brüder aus ihrer Verwünschung zu erlösen. Sieben Jahre muß das Mädchen darauf verzichten, auch nur ein Wort mit jemandem zu wechseln. Es steigt auf einen hohen Baum (meist jedoch:

in einen hohlen Baum), es lacht nicht mehr und es beginnt zu spinnen. In der Grimmschen Fassung ist das Spinnen ein blindes Motiv. In anderen Fassungen muß das Mädchen Hemden für die Brüder nähen – aber die zwölf Hemden wurden von Wilhelm GRIMM bereits im Eingang benutzt, um auf das Schicksal der Brüder hinzuweisen. Der fremde junge König, der eines Tages in dem Wald jagt, nimmt das wunderschöne Mädchen heim und heiratet es. Aber da es stumm ist, hat die schlimme Schwiegermutter leichtes Spiel. Sie verleumdet es. Möglicherweise hat die Erzählerin aus Niederzwehren vergessen zu berichten, daß die Schwiegermutter der jungen Frau die Kinder weggenommen und sie bezichtigt hat, sie gefressen zu haben (ein Zug, der auch im Parizade-Märchen auftaucht, AT 707 → *Drei Königskinder*, → *Die drei Vögel*). In der Grimmschen Fassung ist nur dürftig begründet, warum sich der junge König von seiner Mutter dazu verleiten läßt, seine geliebte Frau zum Tode zu verurteilen. Aber als sie bereits auf dem Scheiterhaufen steht, eine Szene ganz ähnlich wie in dem Märchen vom → *Marienkind* (AT 710), sind auf den Augenblick genau die sieben Jahre des Schweigens um. Die zwölf Raben erscheinen. Sie nehmen Menschengestalt an (weil ihre Schwester ihnen die gerade fertig gewordenen Hemden überwirft, wie häufig erzählt wird) und reißen das Feuer auseinander. Jetzt ist es leicht, dem König zu erklären, was sich abgespielt hat, warum seine Frau stumm war und niemals lachte. Er läßt seine verleumderische Mutter hinrichten und lebt mit seiner Frau und auch mit deren Brüdern glücklich und einträchtig zusammen.

3. Das Märchen von den Söhnen, die um der Schwester willen vom Vater vertrieben werden, ist häufig in der europäischen Überlieferung belegt, wie die Übersichten von J. BOLTE und J. POLÍVKA zeigen (zu KHM 9: *Die zwölf Brüder;* und zu KHM 25: → *Die sieben Raben*). Aber die Frage, in welcher Weise es mit der anders akzentuierten Erzählung des Mönchs JOHANNES de Alta Silva und den entsprechenden Fassungen der mündlichen Überlieferung zusammenhängt, ist ungelöst. Er schrieb seinen *Dolopathos* 1185, übertrug die *Sieben weisen Meister* ins Lateinische und erzählte von den in Schwäne verwunschenen Kindern, die durch die in völligem Schweigen aus Blumen (bei ANDERSEN aus Nesseln) gewebten Hemden zurückverwandelt werden (→ *Die sechs Schwäne*, KHM 49; ANDERSEN 1838: *De vilde Svaner*). Diese Schwanen-Form des Märchens

wurde sowohl durch die Fassungen der Brüder GRIMM, als auch durch die Hans Christian ANDERSENS und Ludwig BECHSTEINS ausgiebig bekannt und seit dem 19. Jahrhundert zu einem der beliebtesten Kindermärchen.

Die älteste literarische Fassung der Raben-Form, in der freilich von sieben Tauben erzählt wird und die am Ende in ganz andere Märchentypen übergeht, steht bei dem Neapolitaner Giambattista BASILE: *Li sette palommielle* (4.8). BASILE hat bereits den Eingangskonflikt erheblich verändert. Die sieben Söhne drohen ihrer Mutter, auf und davon zu gehen, wenn auch das achte Kind ein Knabe und kein Mädchen ist. Die Mutter gebiert zwar ein Mädchen, aber die törichte Hebamme verwechselt die Zeichen im Fenster. Was die neapolitanische Fassung jedoch so bemerkenswert macht, ist die Erzählung vom wilden Mann im Wald, bei dem die sieben Brüder Unterschlupf finden. Als Menschenfresser verfolgt er ihre Schwester und durch das auf seinem Grab wachsende Rosmarin, das die Schwester entgegen dem Verbot der Brüder pflückt, um einem Verletzten zu helfen, werden die Sieben in Tauben verwandelt.

4. A. BIRNER: Das Motiv der Schwankinder in »Le chevalier au cygne« und »Gran Conquista de Ultramar«. In: Romanisches Mittelalter. 1981. 5–22. – BP 1, 70–75; 227–234; 427–434. – DELARUE/TENÈZE 2, 129–140. – LIUNGMAN 105–107, 361. – M. LÜTHI: Die sieben Raben. In: LÜTHI: So leben sie noch heute. Göttingen 1969. 39–55. – NITSCHKE 1, 51–80, 207–210, 216. – O. RANK: Die Lohengrinsage. Wien 1911. – RANKE 2, 59–75. – RÖLLEKE 64–69, 354–355, 394; 226–233, 377–378. – SCHERF: Bechstein 799; 815. – SINGER 1, 54–63. – WESSELSKI: DMvG 60–62. – WESSELSKI: MdM 173–178, 254–255.

Verzeichnis der Märchentypen

130 B	Die Bremer Stadtmusikanten
210	Herr Korbes
300	Die drei Hunde
300 A	Königssohn Katt
301 A	Das Erdmännchen
302	Die drei Schwestern (mit 552 A)
	Die Kristallkugel (mit 552 A + 518)
	Vom Mann ohne Herz (mit 303 A + 554)
302 C*	Die Königstochter auf dem Baum (mit 317)
	Der unsterbliche Koščej (mit 552 A)
	Marja Morevna (mit 552 A)
303	Die Goldkinder
	Die zwei Brüder (mit 567)
303 A	Vom Mann ohne Herz (mit 302 + 554)
304	Der gelernte Jäger
	Der Hünentöter
306	Die zertanzten Schuhe
307	Hans, der Grafensohn, und die schwarze Königstochter
310	Rapunzel
	Die weiße Katze (mit 402)
311	Fitchers Vogel
	Hasenbraut
312	Der Blaubart
313 A	Der Fundevogel
	Die Wassernixe
313 B	Der goldene Rehbock
313 C	Die beiden Königskinder
	Der liebste Roland (mit 1119 + 592 + 652)
	Der Trommler (mit 400 + 518)
	Die wahre Braut (mit 510 A)
314	Der Eisenhans (mit 502)
314 A	Der Ziegenhirt
317	Die Königstochter auf dem Baum (mit 302 C*)
318	Wie aus einem Schweinehirten ein König ward (mit 569)
326	Märchen von einem der auszog, das Fürchten zu lernen
327 A	Hänsel und Gretel
327 B	Der kleine Däumling (mit 1119)
329	Das Meerhäschen
333	Rotkäppchen
400	Die drei schwarzen Königstöchter
	Der König vom goldenen Berge (mit 518)
	Die Rabe (mit 518)
	Der Trommler (mit 313 C + 518)

401	Das goldne Königreich
402	Der arme Müllerbursch und das Kätzchen
	Die drei Federn
	Die weiße Katze (mit 310)
403 A	Die weiße und die schwarze Braut
	Zitterinchen
403 B	Die drei Männlein im Walde
405	Jorinde und Joringel
410	Dornröschen
	Die schlafende Schöne im Wald
425 A	Der Eisenofen
	Das singende springende Löweneckerchen
425 B	Östlich von der Sonne, westlich vom Mond
425 C	Die Schöne und das Tier
426	Schneeweißchen und Rosenrot
430	Das Eselein
431	Das Waldhaus
432	Der blaue Vogel
433 B	König Lindwurm
440	Der Froschkönig
441	Hans mein Igel
450	Brüderchen und Schwesterchen
	Das Lämmchen und das Fischchen
451	Die sechs Schwäne
	Die sieben Raben
	Die zwölf Brüder
461	Der Teufel mit den drei goldenen Haaren
465 A	Geh ich weiß nicht wohin, hol ich weiß nicht was (mit 569)
480	Die Feen
	Frau Holle
500	Rumpelstilzchen
501	Die drei Spinnerinnen
502	Der Eisenhans (mit 314)
506 A	Der Schiffer und die drei Königstöchter von Engelland
507 A	Der Reisekamerad
	Die verwünschte Königstochter
510 A	Aschenputtel
	Cendrillon
	Die wahre Braut (mit 313 C)
510 B	Allerleirauh
	Die Putenmagd (510 AB mit 923)
511	Einäuglein, Zweiäuglein, Dreiäuglein
	Das Erdkühlein
516	Der treue Johannes
518	Der König vom goldenen Berge (mit 400)
	Die Rabe (mit 400)
	Der Trommler (mit 400 + 313 C)

530 Hirsedieb
Simson, tu dich auf!
531 Ferdinand Getreu und Ferdinand Ungetreu
Das Höckerrößlein
Die Schöne mit den goldenen Haaren
533 Die Gänsemagd
545 B Der gestiefelte Kater
Der Meisterkater
550 Der goldene Vogel
551 Vogel Phönix
Das Wasser des Lebens
552 A Die drei Schwestern (mit 302)
Die Kristallkugel (mit 302 + 518)
Marja Morevna (mit 302 C*)
Der unsterbliche Koščej (mit 302 C*)
554 Die Bienenkönigin
Vom Mann ohne Herz (mit 303 A + 302)
Die weiße Schlange (mit 673)
555 Mann und Frau im Essigkrug
Von dem Fischer und seiner Frau
560 Der Hirt
562 Das blaue Licht
Das Feuerzeug
563 Tischchen deck dich, Goldesel und Knüppel aus dem Sack
566 Der Krautesel
567 Das Goldhähnchen
Die zwei Brüder (mit 303)
569 Geh ich weiß nicht wohin, hol ich weiß nicht was (mit 465 A)
Wie aus einem Schweinehirten ein König ward (mit 318)
570 Der Hasenhirt (mit 610)
571 Die goldene Gans
571 C Das Dukaten-Angele
590 Das weiße Hemd, das schwere Schwert und der goldene Ring
592 Der liebste Roland (mit 313 C + 1119 + 652)
610 Der Hasenhirt (mit 570)
652 Der liebste Roland (mit 313 C + 1119 + 592)
665 Der schnelle Soldat
673 Die weiße Schlange (mit 554)
706 Das Mädchen ohne Hände
707 Drei Königskinder
Die drei Vögel
708 Hans Wunderlich
709 Sneewittchen
710 Das Marienkind
720 Von dem Machandelbaum
780 Der singende Knochen
851 Das Rätsel

870	Jungfrau Maleen
923	Die Gänsehirtin am Brunnen
	Die Putenmagd (mit 510 AB)
955	Der Räuberbräutigam
1119	Der liebste Roland (mit 313 C + 592 + 652)
	Der kleine Däumling (mit 327 B)

Zu den Abbildungen

Umschlagbild: Heinrich VOGELER, *12. 12. 1872 Bremen, †14. 6. 1942 bei Karaganda in Kasachstan. Von 1895 bis zum Spätherbst 1899 schuf H. V. 32 Radierungen. Unser Umschlagbild zum Grimmschen Märchen *Die sieben Raben* entstand, als er noch ganz dem Jugendstil verhaftet war. Mit den Bildern vom *Froschkönig* und den *Sieben Schwänen* gehört es zu seinen liebenswürdigsten und dekorativsten Märchenradierungen. 1894 übersiedelte H. V. nach Worpswede und erwarb den Bakenhoff, der namhaften Künstlern zur Heimat wurde, so Rainer Maria RILKE, Paula BECKER-MODERSOHN, Otto MODERSOHN, Fritz MACKENSEN und vielen anderen. Im Herbst 1920 trennte sich H. V. von seiner Frau und den drei Töchtern; 1923 heiratete er die »Rote Marie«. Sein Leben galt von nun an der Politik. Der Bakenhoff wurde eine sozialistische Kommune. Mit seiner zweiten Frau unternahm H. V. mehrere Reisen in die Sowjetunion. Er lebte dort in bescheidensten Verhältnissen und ist als gebrochener Mann einsam gestorben.

Bild 1 *(Seite 11):* Adolf MÜNZER, *5. 12. 1870 in Pleß in Oberschlesien, †24. 1. 1953 in Landsberg am Lech. Als Leiter einer Malklasse der Düsseldorfer Akademie (1909) illustrierte er für den Verlag Joseph SCHOLZ in Mainz einige der dort herausgegebenen *Künstler-Bilderbücher,* so auch das Märchenbilderbuch Nr 3 vom *Aschenputtel* (1905), das in seiner Stimmung von der neuromantischen Richtung der Jugendstilepoche getragen ist – ein herausragendes Beispiel der durch die Kunsterziehungsbewegung angeregten Kinderbuchillustration.

Bild 2 *(Seite 23):* Franz Graf POCCI, *7. 3. 1807 in München, † das. 7. 5. 1876, war seit 1830 Zeremonienmeister am königlichen Hof. Aus dieser Zeit sind viele Karikaturen überliefert. In unerschöpflicher Fülle schuf er heitere und besinnliche Texte und fantasievolle Illustrationen in unterschiedlichen Techniken – auch zu einzelnen Märchen, zu eigenen Gedichten und zu Puppenspielen. Im Verlag BRAUN und SCHNEIDER in München ist P.s *Blaubart* in den weitverbreiteten *Münchener Bilderbogen* als Nr 95 erschienen, eine Reihe in sich abgeschlossener Bilder von hoher Dramatik.

Bild 3 *(Seite 27):* Otto UBBELOHDE, *5. 1. 1867 in Marburg an der Lahn, †8. 5. 1922 in Goßfelden bei Marburg. Seine hessische Heimat hat er immer wieder gezeichnet, radiert und gemalt – so 1906 *Alt-Marburg*, 1914 *Städte und Burgen an der Lahn*, auch 1921 und 1922 die Kalender *Deutsches Märchenland.* Unvergeßlich sind seine 446 Illustrationen zu der dreibändigen Ausgabe der GRIMMschen Sammlung, die 1907, 1908 und 1909 zuerst im TURM-Verlag in Leipzig veröffentlicht wurden; im zweiten Band erschien *Das blaue Licht.* 1918 und 1935 kam die von U. illustrierte Ausgabe dann bei der N. G. ELWERTschen Verlagsbuchhandlung in Marburg heraus. U.s Märchenillustrationen sind stille, liniensichere, ornamentarme Bilder, reich an realistisch abstrahierenden Fakten, aber auch in der Stimmung überzeugend. Zu seiner Zeit war der alle drei Teile vereinende Sammelband ein wahres Hausbuch der deutschen Familie.

Bild 4 *(Seite 39):* Wilhelm BUSCH, *15. 4. 1832 in Wiedensahl, Hannover, †9. 1. 1908 in Mechtshausen am Harz. Als W. B. zehn Jahre alt war, kam er zu dem Bruder seiner Mutter, dem evangelischen Pastor KLEINE nach Ebergötzen bei Göttingen, der die älteren Kinder seiner Schwester mit seinen eigenen unterrichtete und erzog. Nach einem mißglückten Versuch, Maschinenbau in Hannover zu studieren, ging B. auf die Kunstakademien in Düsseldorf, Antwerpen und München. 1853 erkrankte er schwer an Typhus. Während seiner Krankheit trieb er volkskundliche Studien; er malte und sammelte Volksmärchen. Das Werk der Brüder GRIMM nahm ihm jedoch den Mut, die teils in Niederdeutsch aufgezeichneten Märchen zu veröffentlichen. Sein Neffe gab sie später heraus: *Ut ôler Welt, Volksmärchen, Sagen, Volkslieder und Reime* – im Verlag Lothar JOACHIM in München 1910. B.s *Bremer Stadtmusikanten* wurden im Sommer 1854 aufgezeichnet; die hier vorgestellte Zeichnung fand man in seinen Skizzenbüchern.

Bild 5 *(Seite 53):* Felix HOFFMANN, *18. 4. 1911 in Aarau in der Schweiz, † das. 16. 6. 1975, erhielt seine Ausbildung an den Kunsthochschulen in Karlsruhe und Berlin. In den Jahren 1945–1948 entstanden für seine Kinder ohne Veröffentlichungsabsicht vier Bilderbücher, die H.s Vorliebe für Märchen zeigen. Er hielt sich an die GRIMMschen Texte und vereinfachte sie gelegentlich ein wenig. 1959 kam das *Dornröschen* im Verlag SAUERLÄNDER in Aarau und Frankfurt am Main heraus – wie alle

Bilderbücher H.s erreichte es eine hohe Auflage. Bezeichnend für den Aarauer Künstler ist seinen Hang zu verwirklichen und in unsere Gegenwart zu überführen. Aber er suchte auch die Begegnung mit dem Dämonischen und betonte stets das Sagenhafte. Neben Jugendstilgewändern entdeckt man bei seinen Gestalten mit der gleichen Selbstverständlichkeit auch das heutige Straßengewand.

Bild 6 *(Seite 129):* Reinhard MICHL, *18.6.1948 in Hausen, Landkreis Kelheim in Niederbayern. Nach einer Schriftsetzerlehre besuchte er die Fachhochschule in München, die er als graduierter Designer verließ. Anschließend wurde er in die Akademie der schönen Künste in München aufgenommen. Er liebt das Skurrile, den schwarzen Humor – aber ebenso das Romantische. Unser Bild illustriert *Die beiden Mädchen und die Hexe* nach der Aufzeichnung von Josef *Haltrich* aus Siebenbürgen; es ist aus der von Elisabeth SCHERF herausgegebenen Sammlung nachgrimmscher Zaubermärchen *Der Wunderbaum* entnommen – erschienen in LOEWES Verlag, Bayreuth 1980.

Bild 7 *(Seite 147):* Ludwig Emil GRIMM, *14.3.1790 in Hanau, †4.4.1863 in Kassel, war der jüngere Bruder von Jacob und Wilhelm GRIMM. Seine erste künstlerische Ausbildung im Zeichnen und Radieren erhielt er an der Akademie in Kassel bei W. BÖTTNER. Durch Vermittlung seiner Brüder reiste er 1808 nach Heidelberg zu Achim von ARNIM und Clemens BRENTANO und schuf dort die Illustrationen zu *Des Knaben Wunderhorn.* 1832 wurde er Professor an der Akademie der bildenden Künste in Kassel. Unser Bild, eine Radierung zur *Gänsemagd,* ist entnommen aus den *Kinder- und Hausmärchen,* der sogenannten *Kleinen Ausgabe,* die 1825 in Berlin bei Georg Andreas REIMER erschien. L. G. zeichnet die Gänsemagd umgeben von ihren Tieren. Sie ist damit beschäftigt, ihr goldenes Haar zu kämmen. Der Hütejunge will ihr ein paar Haare ausraufen – aber der Wind weht ihm den Hut vom Kopf. Die Radierung ist voll biedermeierlicher Erzählfreudigkeit.

Bild 8 *(Seite 161):* Otto SPECKTER, *9.11.1807 in Hamburg, † das. 29.4.1871, wurde im selben Jahrzehnt wie Ludwig RICHTER, Theodor HOSEMANN, Franz Graf POCCI und Moriz v. SCHWIND geboren, übernahm die litografische Werkstatt seines Vaters und erreichte sein Können auf handwerklicher Grundlage. Unter den norddeutschen Märchenillustratoren gebührt ihm der erste Platz. Sein Meisterkater aus dem bei BROSCHEK in Hamburg 1860 erschienenen Band *Das Märchen vom gestiefelten Kater in den Bearbeitungen von Straparola, Basile, Perrault und Ludwig Tieck* bezaubert durch die Magie der Hauptgestalt, des Katers; er bezieht den Betrachter unmittelbar ein in das dramatische Geschehen.

Bild 9 *(Seite 187):* Theodor HOSEMANN, *24. 9. 1807 in Brandenburg an der Havel, †15. 10. 1875 in Berlin, mußte als Zwölfjähriger aus finanzieller Not eine Lehrstelle in einer litografischen Anstalt in Düsseldorf annehmen; mit fünfzehn Jahren ernährte er schon die ganze Familie. In Berlin, wohin die litografische Anstalt ihren Geschäftssitz verlegte und Kunstdrucke herauszugeben begann, wurde H. als Zeichner beliebt, besuchte die Akademie und arbeitete mit unermüdlichem Einsatz. Es hat Jahre gegeben, in denen H. an die hundert Jugendschriften, Bücher, Gedichte und Zeitschriftenbeiträge zu illustrieren hatte. Nach dem Ersten Weltkrieg wurde H.s liebenswert realistische Kunst wieder entdeckt. Unser Bild zu *Hänsel und Gretel* wurde dem *Deutschen Bilderbogen für Jung und Alt* Nr 53 entnommen, der ohne Jahresangabe im Verlag Gustav WEISE in Stuttgart erschien.

Bild 10 *(Seite 211):* Marlenka STUPICA, *17. 12. 1927 in Marburg an der Drau, Maribor, Slovenien, lebt heute in Laibach (Ljubljana). Schon in früher Kindheit begann sie zu zeichnen, und das Zeichnen blieb ihre Lieblingsbeschäftigung. Sie studierte an der Akademie der bildenden Künste in Laibach und entwickelte dort ihre große Liebe zum Bilderbuch. Mit klaren, oft pastellfarbenen Tönen malt sie ihre Bilder in einem von der Volksüberlieferung geprägten Stil. Unser Beispiel ist dem Bilderbuch PASTIR (Der Hirt) entnommen – mit dem von Cene VIPOTNIK nach Matija VALJAVEC bearbeiteten Text. Es ist 1958 in Ljubljana beim Verlag Mladinska Knjiga erschienen und erzählt von einem Hirtenjungen, der drei Tieren das Leben rettet und von der Schlangenmutter mit dem Zauberstein beschenkt wird.

Bild 11 *(Seite 235):* Monika LAIMGRUBER, *25. 5. 1946 in Klagenfurt in Kärnten, lebt heute mit ihrer Familie in Bern. Seit einigen Jahren widmet sie sich auch der Märchenillustration. Ihre oft sehr fein gestrichelten und punktierten Bilder sind von besonderer Anmut; filigranartige, fantasiebetonte Ausschmückungen untermalen die Texte. Von 1963–1968 besuchte M. L. die Staatliche Hochschule für bildende Kunst in Hamburg. Seit 1970 ist sie selbständige Grafikerin und Illustratorin. 1976 erschien im Verlag HUBER in Frauenfeld eine Auswahl schönster Schweizer Märchen unter dem Titel *Eule du, Eule ich*, nacherzählt von Fritz SENFT, illustriert von M. L. Unser Bild gehört zu einem Märchen aus dem Schwanjungfrau-Kreis: *Die drei Winde*.

Bild 12 *(Seite 279)*: Ivan Jakovlevič Bilibin, *16. 8. 1876 in St. Peterburg, † das. 7. 2. 1942. Über sein Leben gibt es nur dürftige Mitteilungen. Erste grafische Arbeiten erschienen in der Zeitschrift *Mir iskustva* (Die Welt der Kunst) um 1899. Diese Bilder verraten bereits den ihm eigenen Stil und seine Liebe zum russischen Volk, zur Heimat. Zu den alten russischen Volksmärchen hatte er eine besonders tiefgreifende Beziehung. Er sah seine Illustrationen zu den Texten von AFANAS'EV und den PUŠKIN-Fassungen als seine wichtigsten Arbeiten an. Die kaiserliche Druckerei in St. Peterburg brachte sie in kostbaren Drucken heraus. Im September 1917 flüchtete B. auf die Krim, 1919 verließ er die Sowjetunion und ging nach Paris. Auch in der Fremde blieb er seinem Stil treu. Unser Bild, das 1900 zu *Marja Morevna* geschaffen wurde, ist der AFANAS'EV-Sammlung entnommen, die 1921 beim Verlag Slovo in Berlin herauskam.

Bild 13 *(Seite 283)*: Lilo FROMM, *27. 12. 1928 in Berlin; lebt heute teils in Südfrankreich, teils in Berlin. Sie studierte an den Hochschulen für bildende Kunst in Freiburg, Hamburg und München. Nachdem sie kurze Zeit als Werbegrafikerin gearbeitet hatte, machte sie sich 1956 als Illustratorin selbständig. Dem künstlerischen Bilderbuch galt ihre ganze Hingabe. Ihre Werke zeichnen sich durch kindgemäße und grafisch anspruchsvolle Vielseitigkeit aus. Dem Märchen ist sie besonders zugetan. Mit dem *Goldenen Vogel* eröffnete sie einen neuen Abschnitt der Kunst des Märchenbilderbuchs. Als Beispiel zeigen wir das Titelbild der Sammlung *Das Meerhäschen und sieben andere Märchen*, das 1979 in München im Verlag ELLERMANN erschien. Fisch und Vogel versuchen vergeblich, die beiden vorletzten Freier vor der stolzen Königstochter im Turm mit den zwölf Zauberfenstern zu verbergen.

Bild 14 *(Seite 287)*: Klaus ENSIKAT, *16. 1. 1937 in Berlin, begann seine Ausbildung an der Fachschule für angewandte Kunst in Berlin-Oberschöneweide. Von 1961–1965 war er Lehrer an dieser Schule, seitdem ist er freischaffender Künstler. Von seinen sehr fein und skurril gearbeiteten, oft filigranartig fabulierenden, mit alten Formen und Manierismen spielenden Blättern geht eine geradezu theatralische Wirkung aus, die durch altmodisches Dekor und antiquierte Kleidung gekennzeichnet ist. Entnommen ist unser *Meisterkater*-Bild aus Charles PERRAULT: *Der kleine Däumling und andere Märchen,* das 1977 in Berlin beim KINDERBUCHVERLAG herausgekommen ist.

Bild 15 *(Seite 299):* Alfred ZACHARIAS, *25. 3. 1901 in Regensburg; lebt in Gauting bei München. Seine ersten Arbeiten erschienen 1922 im Verlag Franz Ludwig HABBEL in Regensburg. Mit Holzschnitten begann er, und der Holzschnitt ist immer sein ureigenstes Ausdrucksmittel geblieben. Von seinen Märchenbildern geht eine seltsame Faszination aus, auch von dem kolorierten Bild zum *Rätsel,* einem weniger bekannten Märchen der Brüder GRIMM. Die Holzschnitte von A. Z. sind nicht romantisch und schon gar nicht sentimental oder biedermeierlich verniedlichend. Mit wenigen klaren und kraftvollen Linien und Flächen gelingt es ihm, das Wesentliche herauszuarbeiten und dem Betrachter unmittelbar, oft drastisch zu eröffnen. Das gilt auch für die Auswahl, die er mit seiner Sammlung GRIMMscher Märchen getroffen hat: *Kinder- und Hausmärchen, gesammelt durch die Brüder Grimm,* erstmals 1939 im Münchener Jugendverlag F. J. HABBEL erschienen; die dritte, erweiterte Auflage (darin auch zum erstenmal *Das Rätsel*) kam 1948 heraus.

Bild 16 *(Seite 311):* Alfred KUBIN, *10. 4. 1877 in Leitmeritz (Litoměřice) in Böhmen, †20. 8. 1959 in Zwickledt bei Wernstein am Inn, trat 1903 mit ersten Arbeiten an die Öffentlichkeit. Seine Federzeichnungen sind oft von äußerster Feinheit, oft ausdrucksstark von geradezu explosivem Strich. Seine Visionen mit ihren Fährnissen und Rätselhaftigkeiten, dem Spukhaft-Unheimlichen und Grotesk-Unerwarteten sind durchlebte Prozesse. 1906 kaufte er den kleinen Landedelsitz in Zwickledt. Das Innviertel wurde ihm zur Heimat und zum Rahmen für alle folgenden Werke. Nicht aufzuzählen sind die vielen Bücher, die K. illustrierte, ebenso die Vielzahl der Einzelgrafiken und Mappenwerke zu eigenen Schriften und Aufsätzen. Unsere Illustration ist 1922 im Verlag Bruno CASSIRER in Berlin erschienen. Die

Abdruckerlaubnis verdanken wir dem Verlag SPANGENBERG, München, der die Rechte an allen Illustrationen von K. besitzt.

Bild 17 *(Seite 366):* Vladimir Vasil'evič LEBEDEV, *1. (14.) 5. 1891 in St. Peterburg, † das. 21. 11. 1967, studierte von 1910–1916 an der Akademie der bildenden Künste in seiner Heimatstadt. 1918–1921 war er Leiter an den freien Kunstwerkstätten in Leningrad und von 1924–1933 leitender Redakteur für Illustration in der Kinderabteilung des Leningrader Staatsverlages. L. ist einer der Gründer der modernen sowjetischen Kinderbuchillustration. Sein Anliegen war es, große Kunst für Kleine zu schaffen. Sein stimmungsmächtiger Realismus gründet auf expressionistischer Erfahrung. Er illustrierte zahlreiche Klassiker-Ausgaben, vor allem Texte von S. MARŠAK. Unser Beispiel ist aus dem Bilderbuch *Drei Bären* nach dem Text von Lev N. Graf TOLSTOJ entnommen. Die deutsche Fassung erschien 1951 in Berlin bei Alfred HOLZ.

Bild 18 *(Seite 368):* Nancy Ekholm BURKERT, *16. 2. 1933 in Sterling in Colorado, lebt mit ihrer Familie in Milwaukee. Sie besuchte die Universität von Wisconsin in Madison und erarbeitete ihre Bilder in einem an Einzelheiten überaus reichen, naturalistisch historisierenden Stil – so auch die großformatigen Blätter ihres *Sneewittchen*-Bilderbuches. Unsere Abbildung, ein Ausschnitt aus einer doppelseitigen Tafel, ist dem Buch *Schneewittchen und die sieben Zwerge* entnommen, Text nach der Sammlung der Brüder GRIMM, erschienen im Verlag SAUERLÄNDER in Aarau und Frankfurt am Main 1974.

Bild 19 *(Seite 422):* Sabine FRIEDRICHSON, *1948 in Hamburg, Ausbildung an der Fachhochschule für Gestaltung das. Lebt heute als freie Grafikerin in ihrer Heimatstadt. Ihre vom Surrealismus und vom Jugendstil angeregte, sehr eigenwillige, auf zwei gegenüberliegenden Seiten stehende Zeichnung illustriert *Das Waldhaus* nach dem Text der Brüder GRIMM. Der grafisch ebenso wie typografisch überzeugend gestaltete Band erschien 1979 im Verlag BELTZ & GELBERG in Weinheim und Basel unter dem Titel *Fundevogel und andere Lieblingsmärchen.*

Bild 20 *(Seite 441):* Margriet HEYMANS, *1932 in 's Hertogenbosch in Nordbrabant, zeichnet und erzählt in ihrer in sich gekehrten, eindrücklichen Weise Erlebnisse aus ihrer eigenen

Kindheit. Die Illustration für das Märchen von der *Weißen und der schwarzen Braut* zeigt die stille Zwiesprache des Küchenjungen mit der in eine Ente verwandelten Königin. Sie ist der in Rotterdam bei LEMNISCAAT 1974 in niederländischer Sprache erschienenen GRIMM-Ausgabe *Sprookjes voor kind en gezin* entnommen.

Motivregister

Das Motivregister verweist auf die Artikel vermittels abgekürzter Titel. Ein * bedeutet, daß das Motiv wesentlich zu dem Märchentyp oder zumindest zu der genannten Leitfassung gehört, also in Abschnitt 2 erwähnt ist. Ohne *: in Abschnitt 3 bei einer parallelen Fassung erwähnt.

Ablösung (von den Eltern) → Ausfahrt, Aussetzung, Besuch, Dem Dämon versprochen (überantwortet), Lossagung, Mutter (erniedrigt), Sohn-Mutter-Konflikt, Sohn-Vater-Konflikt, Tochter-Mutter-Konflikt, Tochter-Vater-Konflikt, Vater (irregeleitet), Verstoßen
Abschlagen (von Kopf oder Schwanz)
* *Drei Federn*
* *Drei Männlein*
Eisenhans
Feuerzeug
* *Goldene Vogel*
* *Hans Wunderlich*
* *Weiße Katze*
* *Weiße und die schwarze*
Abschlagen (und Wiederaufsetzen des Kopfes)
* *Ferdinand Getreu*
Märchen von einem
Abschlagen (des Kopfes, der Reihe nach)
Fitchers Vogel
* *Hünentöter*
* *Meerhäschen*
Räuberbräutigam
* *Reisekamerad*
* *Verwünschte Königstochter*
* *Ziegenhirt*
Abschneiden (der Haare)
* *Rapunzel*
* *Weiße Katze*
Abwehr (der Verfolger, allein)
* *Unsterbliche Koščej*
Allwissenheit
* *Meerhäschen*
* *Weiße Schlange*
Alter Mann → Dämon, Mittler
Ameise
* *Teufel*
Amme (des Helden, betrügerische Amme)
* *Zitterinchen*
Zwölf Brüder
Amor-und-Psyche-Kreis → Beilager, Dunkelgestalt, Erlösung
Aneinander-Ketten → Festbannen, Lachen
Dukaten-Angele
* *Goldene Gans*
Anschuldigung (falsche) → Mißgeburt, Verführungsversuch
* *Weiße Schlange*
Wie aus einem Schweinehirten
Arm (Aufstieg aus der Armut) → Letzter Pfennig, Verarmen
* *Gestiefelte Kater*
* *Gevatter Tod*
* *Mann und Frau*
* *Meisterkater*
* *Östlich*
* *Teufel*
Tischchen
* *Von dem Fischer*
* *Wie aus einem Schweinehirten*
* *Ziegenhirt*
* *Zitterinchen*
Armband (zauberkräftig)
* *Weiße Hemd*
Armut →Arm, Letzter Pfennig, Verarmen
Aschenputteldasein
Allerleirauh
* *Aschenputtel*
Aufgaben → Aufgabenkette, Aussen-

dung, Brautfahrt, Freierprobe, Lösbare Aufgaben, Rätsel, Rätsel-Versteckspiel, Unlösbare Aufgaben
Aufgabenkette
* *Goldene Vogel*
* *Teufel*
Aufgabensteller (Helfer und Strafer)
* *Frau Holle*
Aufgebot (des Königs Tochter zur Ehe)
* *Erdmännchen*
Eselein
* *Goldene Gans*
* *Hasenhirt*
* *Königstochter*
Rumpelstilzchen
* *Schnelle Soldat*
* *Singende Knochen*
* *Verwünschte*
* *Zertanzten Schuhe*
* *Ziegenhirt*
Aufgebot (Reich, Erbe) → Aufgebot
* *Vogel Phönix*
Aufgebot (Königssohn zur Ehe)
* *Drei Spinnerinnen*
Aufhucken
* *Gänsehirtin*
Aufschub (unwillkommener Hochzeit) → Frist
Auftrag (des Dämons)
* *Vom Mann*
Ausfahrt → Brautfahrt
* *Drei Hunde*
* *Erdmännchen*
* *Ferdinand*
* *Geh*
* *Gelernte Jäger*
* *Goldkinder*
* *Herr Korbes*
* *Königssohn Katt*
* *Rotkäppchen*
Singende springende
* *Treue Johannes*
* *Unsterbliche Koščej*
* *Verwünschte*
* *Wie aus einem Schweinehirten*
Ausmisten (Verkennung des Sohnes) → Aufgaben (unlösbare), Hüten
* *Simson*
Aussatz (Strafe, Heilung)
* *Treue Johannes*
Aussendung (der drei Söhne)
* *Arme Müllerbursch*
* *Drei Federn*
* *Ferdinand*
* *Goldene Gans*
* *Goldene Vogel*
Goldne Königreich
Hasenhirt
* *Weiße Katze*
Aussendung (der Tochter, bzw der Töchter)
* *Fitchers*
* *Waldhaus*
Aussetzung → Mordanschlag, Verstoßen
* *Drei Königskinder*
* *Hänsel*
* *Hans Wunderlich*
* *Kleine Däumling*
* *König Lindwurm*
* *König vom goldenen*
* *Krautesel*
* *Sechs Schwäne*
Sneewittchen
* *Teufel*
* *Zwei Brüder*
Ausspeien (des Zaubergegenstandes) → Goldvogel, Zaubergabe, Zauberstein
* *Goldhähnchen*
* *Hirt*
* *Krautesel*
Austreibung → Aussetzung, Mordanschlag, Verstoßen
* *Frau Holle*
* *Goldhähnchen*
* *Kristallkugel*
* *Marienkind*
* *Putenmagd*
* *Rabe*
* *Rumpelstilzchen*
* *Sechs Schwäne*
* *Weiße Schlange*

Auszug (aus dem Elternhaus)
* *Mädchen ohne Hände*

Baba Jaga
Bienenkönigin
Eisenofen
* *Geh*
* *Königstochter auf dem Baum*
Bad → Entdämonisierung, Verjüngungsbad
Bärenhäuter → Dunkelgestalt
Zwei Brüder
Ball → Spielwerk
Ball (Fest–Begegnung)
* *Allerleirauh*
* *Aschenputtel*
* *Cendrillon*
* *Eisenhans*
* *Putenmagd*
* *Wahre Braut*
Barbier (Spuk)
Märchen von einem
Bart (einklemmen, ausreißen)
* *Erdmännchen*
* *Märchen von einem*
* *Schneeweißchen*
* *Teufel*
Bauch (aufschneiden)
* *Rotkäppchen*
Baum (als Mittler)
* *Mädchen ohne Hände*
Baum (auf dem Grab) → Goldapfel, Musikinstrument, Verwandlungskette
* *Aschenputtel*
* *Cendrillon*
* *Einäuglein*
* *Erdkühlein*
* *Singende Knochen*
* *Von dem Machandelbaum*
* *Wie aus einem Schweinehirten*
Baum (bis in andere Welt) → Schloß
* *Königstochter auf dem Baum*
Baumversteck
* *Allerleirauh*
* *Königstochter auf dem Baum*
Begegnung → Ball, Einsames Haus, Garten, Wald
Beilager (Erlösung aus der Dunkelgestalt)
Blaue Vogel
Drei Federn
* *Eisenofen*
* *Eselein*
* *Froschkönig*
* *Hans mein Igel*
* *König Lindwurm*
* *Östlich*
* *Rätsel*
* *Schöne und das Tier*
* *Singende springende Waldhaus*
Beilager (keusches) → Nicht berühren, Schlaf
* *Zwei Brüder*
Beilager (im Zauberschlaf)
* *Dornröschen*
* *Gelernte Jäger*
* *Hühnentöter*
* *Schlafende Schöne*
* *Vogel Phönix*
* *Wasser des Lebens*
Beistand im Kindbett (betrügerisch)
* *Drei Königskinder*
* *Drei Männlein*
* *Drei Vögel*
Belagerung (Stadt des Vaters)
* *König vom goldenen Berge*
* *Vogel Phönix*
Belauschen → Dämonenwissen, Mordankündigung
* *Brüderchen*
* *Erdkühlein*
* *Hänsel*
* *Kleine Däumling*
* *Königssohn Katt*
* *Krautesel*
Kristallkugel
* *Rumpelstilzchen*
* *Teufel*
* *Treue Johannes*
* *Unsterbliche Koščej*
* *Vom Mann ohne Herz*
* *Weiße Hemd*

* *Weiße Schlange*
Besänftigen (der Wache) → Frist (Eindringen in bewachten Bereich)
* *Feuerzeug*
Bestechen (der Wache) → Besänftigen
Besuch (im Elternhaus)
* *Aschenputtel*
* *Beiden Königskinder*
* *Cendrillon*
* *Eisenofen*
Froschkönig
* *Goldene Vogel*
* *Hans, der Grafensohn*
* *Hans mein Igel*
* *König vom goldenen Berge*
* *Liebste Roland*
* *Östlich*
* *Schöne und das Tier*
* *Simson*
* *Singende springende*
* *Trommler*
* *Wahre Braut*
Besuch (im Elternhaus) → Braut, Elternhaus, Prahlen, Schuhprobe
* *Vogel Phönix*
* *Wasser des Lebens*
Betrüger (um Braut und Reich) → Gegenspieler, Neidische Brüder
* *Drei Hunde*
* *Gelernte Jäger*
* *Goldhähnchen*
* *Hünentöter*
* *König Lindwurm*
Mädchen ohne Hände
* *Schiffer*
* *Schnelle Soldat*
* *Vogel Phönix*
* *Wasser des Lebens*
* *Weiße und die schwarze*
* *Zwei Brüder*
Betrüger (Jüngster betrügt Vater) → Luderleben
Betrug (unwürdige Braut)
* *Jungfrau Maleen*
* *Krautesel*
Betrug (Geschwister)
* *Schnelle Soldat*
Bett → Beilager, Rollentausch, Spukbett
* *Gevatter Tod*
* *Kleine Däumling*
* *Märchen von einem*
Bett–Tausch → Rollentausch
Beuteteilung
Kristallkugel
Vom Mann ohne Herz
Bewahrung (vor Eigenverantwortung)
* *Dornröschen*
Erdmännchen
Bildnis → Brautfahrt, Stein, Wahrsage
Gänsemagd
* *Treue Johannes*
* *Weiße Katze*
* *Weiße und die schwarze Braut*
* *Zitterinchen*
Blind → Sehkraft
Blume
* *Jorinde*
* *Zwölf Brüder*
Blut (als Entlarvung, Spur) → Rot wie Blut
Singende Knochen
Singende springende
Blut (als Schutzzauber) → Rot wie Blut
* *Gänsemagd*
* *Liebste Roland*
* *Treue Johannes*
* *Unsterbliche Koščej*
Blutfaden → Goldkette
* *Ferdinand Getreu*
* *Treue Johannes*
Blutsbrüderschaft → Beilager, Dankbarer Toter, Diener, Verräter
* *Drei Schwestern*
* *Marja Morevna*
* *Rätsel*
* *Treue Johannes*
* *Unsterbliche Koščej*
Weiße Schlange
* *Zwei Brüder*
Böser Blick
* *Einäuglein*

Braut → Falsche Braut, Unscheinbare Braut, Unterschobene Braut, Vergessene Braut
Braut (getötet)
* *König Lindwurm*
Braut (in der Macht eines Dämons) → Dämon, Fesselung
* *Drei Schwestern*
* *Erdmännchen*
Königssohn Katt
* *Marja Morevna*
* *Rumpelstilzchen*
* *Schiffer*
* *Unsterbliche Koščej*
* *Verwünschte Königstochter*
* *Vom Mann ohne Herz*
* *Weiße Hemd*
* *Zertanzten Schuhe*
Zwölf Brüder
Braut (vom Vater ausgewählt)
Froschkönig
Jungfrau Maleen
Brautfahrt → Bildnis, Braut, Glasberg, Schloß
* *Arme Müllerbursch*
* *Drei Federn*
* *Hans Wunderlich*
* *Königssohn Katt*
* *Marja Morevna*
* *Treue Johannes*
* *Vom Mann ohne Herz*
* *Weiße Katze*
Brauthemd → Hemd, Zauberhemd
* *König Lindwurm*
* *Östlich*
* *Treue Johannes*
Brautnacht (bewacht) → Beilager, Schlaf, Stellvertretung
* *Hans Wunderlich*
* *Reisekamerad*
* *Treue Johannes*
* *Unsterbliche Koščej*
Verwünschte Königstochter
Brautnacht (erkauft)
Allerleirauh
* *Beiden Königskinder*
* *Eisenofen*
* *Jungfrau Maleen*
* *Marja Morevna*
* *Östlich*
* *Singende springende*
* *Treue Johannes*
* *Trommler*
Brief (vertauscht)
* *König Lindwurm*
* *Mädchen ohne Hände*
* *Teufel*
Brot (unerschöpfbar)
* *Vogel Phönix*
* *Wasser des Lebens*
Bruder-Schwester-Beziehung
* *Blaubart*
* *Brüderchen*
* *Drei Schwestern*
Gänsemagd
* *Goldene Rehbock*
* *Hänsel*
* *Kristallkugel*
* *Lämmchen*
* *Marja Morevna*
* *Sechs Schwäne*
* *Sieben Raben*
* *Von dem Machandelbaum*
* *Wassernixe*
* *Weiße Hemd*
* *Weiße und die schwarze*
* *Zitterinchen*
* *Zwölf Brüder*
Brudermord → Eifersucht, Neidische Brüder
* *Singende Knochen*
* *Zwei Brüder*
Brücke (Drachenkampf)
* *Königssohn Klatt*
Brücke (Sturz von der Brücke) → Brunnen
* *Weiße und die schwarze*
* *Zitterinchen*
Brücke (Zauberbrücke aus Tuch)
* *Marja Morevna*
Brüder (gescheiterte) → Neidische (verräterische) Brüder
* *Arme Müllerbursch*
* *Bienenkönigin*

* *Drei Federn*
Brunnen (Schacht) → Brücke
* *Blaue Licht*
Drei Hunde
* *Eisenhans*
* *Erdmännchen*
* *Frau Holle*
* *Froschkönig*
* *Goldene Vogel*
* *Goldne Königreich*
* *Lämmchen*
* *Trommler*
* *Wassernixe*
Brunnen (am Rande der Welt)
Frau Holle
* *Froschkönig*
Schöne mit den goldenen Haaren
Vogel Phönix
Wasser des Lebens
Brust abschneiden
* *Brüderchen*
* *Jungfrau Maleen*
* *Mädchen ohne Hände*

Dach
* *Rumpelstilzchen*
* *Unsterbliche Koščej*
Dämon → Angeschmiedeter Dämon, Baba Jaga, Braut, Dienstbarer Dämon, Drache, Entführung, Fesselung, Fremder, Graumantel, Männlein, Menschenfresser, Monat, Ohne Herz, Pate, Quellen-Dämon, Rabe, Räuber, Riese, Schwiegervater, Teufel, Wilder Mann, Zauberer
Dämon (angeschmiedet)
* *Königstochter auf dem Baum*
* *Marja Morevna*
Dämon (Begegnung)
Von dem Machandelbaum
Dämon (Freund oder Helfer)
* *Beiden Königskinder*
* *Blaue Licht*
Einäuglein
* *Eisenhans*
* *Geh*
* *Gelernte Jäger*
* *Gevatter Tod*
* *Hirt*
Dem Dämon versprochen (überantwortet) → Dunkelgestalt
* *Beiden Königskinder*
* *Drei Männlein*
* *Drei schwarzen*
Drei Schwestern
* *Eisenhans*
Eisenofen
* *Ferdinand*
Fitchers
* *Frau Holle*
Fundevogel
Goldene Vogel
* *Hänsel*
* *Hans, der Grafensohn*
* *Hans mein Igel*
* *König vom goldenen*
Krautesel
* *Kristallkugel*
* *Mädchen ohne Hände*
* *Marienkind*
* *Rapunzel*
* *Reisekamerad*
* *Rotkäppchen*
* *Rumpelstilzchen*
* *Schiffer*
* *Singende springende*
* *Trommler*
* *Waldhaus*
* *Weiße Katze*
Weiße und die schwarze
Ziegenhirt
* *Zitterinchen*
Dämon (als Schwiegervater)
→ Tochter-Vater-Konflikt
* *Beiden Königskinder*
* *Mädchen ohne Hände*
Unsterbliche Koščej
Dämonen-Mutter → Großmutter, Wolf
* *Königssohn Katt*
* *Teufel*
Unsterbliche Koščej
Verwünschte Königstochter
* *Zwei Brüder*

Dämonenwissen → Belauschen, Mordankündigung
* *Königssohn Katt*
* *Teufel*
* *Treue Johannes*
* *Unsterbliche Koščej*
* *Weiße Hemd*

Dankbare Tiere → Beute, Blutsbrüder, Empfängnis, Fuchs, Hilferuf, Hilfreiche Tiere, Pferd, Tierreiche, Tierschwager, Verschonung
* *Bienenkönigin*
Blaue Licht
* *Ferdinand*
* *Hirt*
* *Marja Morevna*
* *Meerhäschen*
Schnelle Soldat
* *Schöne mit den goldenen Haaren*
* *Unsterbliche Koščej*
Vom Mann ohne Herz
* *Weiße Schlange*
* *Zwei Brüder*

Dankbarer Toter → Blutsbrüderschaft, Brautnacht, Letzter Pfennig, Teilen
Gestiefelte Kater
Königssohn Katt
Königstochter auf dem Baum
Marja Morevna
Rätsel
* *Reisekamerad*
* *Schiffer*
Singende springende
Treue Johannes
Unsterbliche Koščej
* *Verwünschte Königstochter*
Vogel Phönix
Zertanzten Schuhe

Dankbare Völker (Könige)
* *Vogel Phönix*
* *Wasser des Lebens*

Diebstahl (des Zaubergegenstandes, des Dämonenschatzes)
* *Dukaten-Angele*
* *Kleine Däumling*
* *Sechs Schwäne*
* *Weiße Hemd*

Diener → Blutsbrüderschaft, Brautnacht, Dankbarer Toter, Stellvertretung, Verräter
* *Ferdinand*
* *Goldne Königreich*
* *Hans Wunderlich*
* *Höckerrößlein*
Königssohn Katt
* *Putenmagd*
* *Rätsel*
* *Schöne mit den goldenen Haaren*
* *Treue Johannes*
* *Unsterbliche Koščej*
* *Weiße Schlange*

Dienst (beim Dämon) → Lehrzeit

Dienstbarer Geist → Dämon, Feuer
* *Blaue Licht*
* *Feuerzeug*
* *Hirt*

Drache, Drachenkampf → Dämonen-Mutter, Schlange
* *Drei Hunde*
Eisenhans
* *Erdmännchen*
Gelernte Jäger
Goldhähnchen
Goldkinder
Goldne Königreich
König Lindwurm
* *Königssohn Katt*
Königstochter auf dem Baum
Mädchen ohne Hände
Rapunzel
Schöne mit den goldenen Haaren
Simson
Singende springende
Sneewittchen
* *Treue Johannes*
Verwünschte Königstochter
Weiße Hemd
* *Weiße Katze*
* *Ziegenhirt*
* *Zwei Brüder*

Dukatenesel → Dukatenpuppe, Geldbeutel, Gold spinnen, Goldvogel
Allerleirauh
* *Tischchen*

Dukatenpuppe → Dukatenesel, Geldbeutel, Gold spinnen, Goldvogel
* *Dukaten-Angele*

Dummling (jüngste Schwester)
* *Dukaten-Angele*

Dummling (jüngster Sohn)
* *Arme Müllerbursch*
* *Bienenkönigin*
* *Drei Federn*
* *Erdmännchen*
* *Gelernte Jäger*
* *Gestiefelte Kater*
* *Goldene Gans*
* *Hans, der Grafensohn*
* *Hasenhirt*
* *Hirsedieb*
* *Höckerrößlein*
* *Hünentöter*
* *Kleine Däumling*
* *Märchen von einem*
* *Meerhäschen*
* *Meisterkater*
* *Sieben Raben*
* *Simson*
* *Singende Knochen*
* *Tischchen*
* *Vogel Phönix*
* *Weiße Katze*

Dunkelgestalt → Blume, Esel, Fell, Grindkappe, Hellgestalt, Schlange, Verwandlung, Verwünschung
* *Allerleirauh*
* *Arme Müllerbursch*
* *Aschenputtel*
* *Blaue Vogel*
* *Brüderchen*
* *Drei Federn*
* *Drei Schwestern*
* *Eisenhans*
* *Eisenofen*
* *Eselein*
* *Froschkönig*
* *Geh*

  Goldene Vogel

  Goldkinder
* *Hans, der Grafensohn*
* *Hans mein Igel*
* *Hans Wunderlich*
* *Jorinde*
* *König Lindwurm*
* *König vom goldenen*
* *Krautesel*
* *Kristallkugel*
* *Mädchen ohne Hände*
* *Marienkind*
* *Marja Morevna*
* *Östlich*
* *Rabe*
* *Schneeweißchen*
* *Schöne und das Tier*
* *Sechs Schwäne*
* *Simson*
* *Singende springende*
* *Trommler*
* *Waldhaus*
* *Weiße Katze*
* *Weiße und die schwarze*

Der Dunkelgestalt versprochen

  Eisenofen

  Östlich

Edelstein → Gold (Lohn), Perlen (weinen)
* *Feen*
* *Frau Holle*
* *Krautesel*
* *Kristallkugel*

  Meerhäschen
* *Schneeweißchen*

  Tischchen
* *Wasser*
* *Weiße Hemd*
* *Zwei Brüder*

Eheversprechen
* *Eisenofen*
* *Froschkönig*

Ei (zauberkräftig oder Sitz des Lebens) → Ohne Herz, Widersacher
* *Blaue Vogel*
* *Fitchers Vogel*

  Goldene Vogel
* *Goldhähnchen*
* *Herr Korbes*
* *Singende springende*

* *Unsterbliche Koščej*
* *Vom Mann ohne Herz*

Eid (erpreßt)
* *Drei Hunde*
* *Erdmännchen*
* *Gänsemagd*
* *Schiffer*
* *Vogel Phönix*
* *Wasser des Lebens*
* *Weiße Hemd*
* *Zwei Brüder*

Eifersucht (Entfremdung der Brüder oder Freunde) → Brudermord
* *Treue Johannes*
* *Unsterbliche Koščej*
Wie aus einem Schweinehirten
* *Zwei Brüder*

Eigenurteil (unwissentlich)
* *Drei Männlein*
* *Gänsemagd*
* *Gelernte Jäger*

Eingeweide vergraben (oder Schwanz, Horn, Huf) → Vergraben
* *Einäuglein*
* *Erdkühlein*

Einmauern → Erdhöhle, Mutter, Turm
* *Drei Königskinder*
* *Drei Vögel*
Hans Wunderlich
* *Jungfrau Maleen*
Sechs Schwäne

Einsames Haus → Dämon, Glasberg, Räuber, Schloß
* *Bremer Stadtmusikanten*
* *Brüderchen*
Drei Hunde
* *Erdkühlein*
* *Erdmännchen*
* *Ferdinand*
* *Fitchers Vogel*
* *Gänsehirtin*
* *Gevatter Tod*
* *Goldne Königreich*
* *Hänsel*
* *Hasenbraut*
* *Jorinde*
* *Königssohn Katt*
* *Lämmchen*
* *Liebste Roland*
* *Mädchen ohne Hände*
Märchen von einem
* *Rätsel*
* *Räuberbräutigam*
* *Rotkäppchen*
* *Sechs Schwäne*
* *Sieben Raben*
* *Sneewittchen*
* *Trommler*
* *Vom Mann ohne Herz*
* *Waldhaus*
* *Zwölf Brüder*

Einschüchterung (der Hirten eines anderen Herrn)
* *Gestiefelte Kater*
* *Meisterkater*
* *Unsterbliche Koščej*

Einsiedel → Wegweisende Instanzen

Einsperren (der Tochter) → Einmauern, Erdhöhle, Glasberg, Schloß, Tochter-Vater-Konflikt, Turm
Dornröschen
Erdmännchen
* *Feuerzeug*
* *Zertanzten Schuhe*
Zwei Brüder

Einziges Kind
* *Ziegenhirt*

Elternhaus (zerstört) → Besuch (im Elternhaus), Prahlen (vor Eltern)
* *Jungfrau Maleen*
* *Schnelle Soldat*

Empfängnis (wunderbare)
* *Goldkinder*
* *Hans, der Grafensohn*
* *Hans Wunderlich*
* *König Lindwurm*
* *Königssohn Katt*
Wie aus einem Schweinehirten
* *Zwei Brüder*

Entdämonisierung → Dunkelgestalt
* *König Lindwurm*
* *Reisekamerad*
* *Verwünschte Königstochter*

Zertanzten Schuhe
Entführung → Brautfahrt, Dämon
* *Fundevogel*
* *Treue Johannes*
* *Weiße Hemd*
Entführung (vom Dämon entführt) → Dämon
* *Erdmännchen*
* *Gelernte Jäger*
* *Königstochter auf dem Baum*
* *Marja Morevna*
* *Unsterbliche Koščej*
Zertanzten Schuhe
Enthaupten → Abschlagen
Entlarvung (des Betrugs) → Wahrzeichen
* *Aschenputtel*
* *Drei Königskinder*
* *Einäuglein*
* *Goldene Vogel*
* *Hans Wunderlich*
* *Hasenhirt*
* *Hünentöter*
* *Jungfrau Maleen*
* *König Lindwurm*
* *Singende Knochen*
Entlaufenes Herdentier → Mittler
Schneeweißchen
Singende springende
Erbe, Erbteilung → Letzter Pfennig, Streitschlichtung
* *Drei Hunde*
* *Gestiefelte Kater*
* *Goldhähnchen*
* *Verwünschte Königstochter*
Erbrechen → Ausspeien
Erbsen streuen → Spuren legen
Erbstreit → Erbe, Letzter Pfennig, Streitschlichtung
Erdhöhle → Einmauern, Einsperren, Glasberg, Schloß, Tochter-Vater-Konflikt, Turm
* *Drei Federn*
* *Jungfrau Maleen*
Erkaufte Nächte → Brautnacht
Erkennen (der Liebsten)
Fundevogel
Erkennungszeichen → Lied, Wahrzeichen
* *Allerleirauh*
* *Geh*
Jungfrau Maleen
* *Schiffer*
* *Sieben Raben*
* *Unsterbliche Koščej*
Erlösung → Abschlagen, Beilager, Haus bestellen, Säugen
Erlösung (gescheitert)
* *Drei schwarzen Königstöchter*
* *Goldne Königreich*
* *Marienkind*
* *Rabe*
Zertanzten Schuhe
Erlösung (die Erlösung erwartende Braut)
* *Arme Müllerbursch*
* *Drei Federn*
Trommler
* *Weiße Katze*
Erniedrigung → Geschirrhandel, Hüten, Knechtsdienst, Küchenjunge, Magddienst
Erste Begegnung daheim → Dämon versprochen
Ertränken
* *Singende Knochen*
Erziehung (durch den Dämon) → Lehrzeit
* *Eisenhans*
Esel (Dunkelgestalt) → Dunkelgestalt
Allerleirauh
* *Eselein*
Esel (Goldscheißer) → Dukatenesel
* *Tischchen*
Esel (Verwandlung in Esel) → Verwandlung, Verwünschung
* *Goldhähnchen*
* *Krautesel*
Eselschrei → Frist
* *Vogel Phönix*

Fährmann
Drei Vögel
* *Teufel*

Fahne → Erkennungszeichen
Schiffer
* *Zwölf Brüder*
Fall (nach Aufstieg)
* *Blaue Licht*
* *Feuerzeug*
* *Hirt*
* *Rumpelstilzchen*
Falle → Schuhprobe, Verräter
* *Aschenputtel*
* *Blaue Vogel*
* *Cendrillon*
Eisenhans
Falle (dämonisches Verderben)
* *Königssohn Katt*
Falsche Braut → Unterschobene Braut, Vergessene Braut
* *Beiden Königskinder*
* *Einäuglein*
* *Gänsemagd*
* *Jungfrau Maleen*
* *Östlich*
* *Rabe*
Fee, Feenpatin → Dämon, Lehrzeit
* *Blaue Vogel*
* *Cendrillon*
* *Dornröschen*
* *Drei Federn*
* *Erdkühlein*
* *Feen*
König vom goldenen Berge
* *Rapunzel*
* *Schlafende Schöne*
* *Schöne und das Tier*
* *Wahre Braut*
* *Weiße Katze*
Fell (Haut, Federkleid ablegen und vernichten) → Dunkelgestalt
Blaue Vogel
* *Eselein*
* *Hans mein Igel*
* *König Lindwurm*
Singende springende
Fesselung (an Unterwelt, Dämon, Tod)
Sechs Schwäne
* *Weiße und die schwarze*
* *Zitterinchen*
Festbannen → Dämon, Freier
Gevatter Tod
* *Goldene Gans*
* *Märchen von einem*
* *Wasser des Lebens*
Feuer, Flamme (zauberkräftig) → Dämon, Dienstbarer Geist, Licht
* *Blaue Licht*
* *Feuerzeug*
Hirt
Feuer (erlischt)
* *Hünentöter*
Feuerfluß
* *Geh*
* *Marja Morevna*
Findling → Pflegeeltern
* *Drei Königskinder*
* *Drei Vögel*
Fundevogel
* *Teufel*
* *Zwei Brüder*
Finger (abgeschlagen) → Wahrzeichen
* *Räuberbräutigam*
* *Sieben Raben*
Fisch (sprechender, König der Fische) → Dankbare Tiere, Hilfreiche Tiere, Tierreiche, Tierschwäger, Verschonung
* *Ferdinand Getreu*
* *Goldkinder*
* *Höckerrößlein*
Königssohn Katt
* *Von dem Fischer*
* *Weiße Schlange*
* *Zwei Brüder*
Flamme → Feuer, Licht
Flicken (aus dem Gewand geschnitten) → Wahrzeichen
Flöte (zauberkräftig)
* *Hans, der Grafensohn*
* *Hasenhirt*
Singende Knochen
Flucht → Magische Flucht
* *Allerleirauh*
* *Eisenhans*
* *Eisenofen*

* *Fitchers Vogel*
Goldene Vogel
* *Hasenbraut*
Rapunzel
* *Singende springende*
* *Unsterbliche Koščej*
* *Wassernixe*
* *Zwei Brüder*
* *Zwölf Brüder*

Flucht (Räuberschwank)
* *Räuberbräutigam*

Flughemd → Schwanbrüder, Schwanjungfrau
* *Sechs Schwäne*
* *Trommler*
Zwölf Brüder

Flugreise → Flugring, Flughemd, Siebenmeilenstiefel
* *Erdmännchen*
* *Geh*
* *König vom goldenen Berge*
* *Kristallkugel*
Rabe
* *Reisekamerad*
* *Schiffer*
* *Schlafende Schöne*
* *Singende springende*
* *Trommler*
* *Verwünschte Königstochter*

Flugring
* *Drei Brüder*
Drei Federn
* *König vom goldenen*
Schöne und das Tier

Frau (zuhilfe gerufen im Sohn-Vater-Konflikt)
* *König vom goldenen*

Frauenfeind → Haß
* *Blaue Vogel*

Frauenschuh → Goldener Schuh, Goldhaar, Schuhe, Schuhprobe
Aschenputtel
Einäuglein
Erdmännchen
Reisekamerad
Zertanzten Schuhe

Freier (im Spielwerk)
Schnelle Soldat
Treue Johannes

Freier (gefesselt)
Königstochter auf dem Baum

Freier (getäuscht)
Drei Spinnerinnen

Freier (unheimlich)
* *Blaubart*
* *Räuberbräutigam*

Freierprobe → Aufgebot, Glasberg, Goldapfel, Nicht-Berühren, Qualnacht, Rätsel, Turnier, Wettkampf, Versteckwette
* *Bienenkönigin*
* *Eisenhans*
* *Marja Morevna*
* *Meerhäschen*
* *Simson*
* *Verwünschte Königstochter*
* *Weiße Schlange*

Freikauf → Dankbare Tote
* *Unsterbliche Koščej*
* *Wasser des Lebens*

Fremder (tauscht oder überreicht Gaben) → Dämon, Graumann
* *Drei Hunde*
* *Schnelle Soldat*
* *Singende Knochen*
* *Teufel*
* *Tischchen*
* *Vogel Phönix*
* *Wasser des Lebens*
* *Weiße und die schwarze*

Freundschaft → Blutsbrüderschaft, Brautnacht, Dankbarer Toter, Diener, Stellvertretung, Teilen, Verräter

Frist (Aufschub unwillkommener Hochzeit) → Hochzeit, Schweigen
* *Drei Hunde*
* *Hünentöter*
* *Schnelle Soldat*
* *Weiße Hemd*
* *Zwei Brüder*

Frist (Eindringen in bewachten Bereich) → Besänftigen (der Wache)
* *Hünentöter*

* *Vogel Phönix*
* *Wasser des Lebens*

Frist (Gebet zu Ende sprechen) → Gebet, List
* *Gevatter Tod*

Fruchtbarkeitszauber → Empfängnis, Verwünschung
Fuchs (als Helfer) → Dankbare Tiere, Hilfreiche Tiere, Pferd
* *Goldene Vogel*
* *Meerhäschen*

Gabe (zur Besänftigung der Wache) → Ei, Nuß
* *Eisenofen*

Garten (des Vaters) → Sohn-Vater-Konflikt, Tochter-Vater-Konflikt, Verschlafen, Wache
Eisenhans
* *Erdmännchen*
* *Goldene Vogel*
* *Hirsedieb*
* *Höckerrößlein*
* *Simson*

Garten (des zukünftigen Mannes)
* *Mädchen ohne Hände*

Gaunerstreich → List
Gebet → List
Hans, der Grafensohn
* *Gevatter Tod*

Gebot → Dämonen-Wissen
* *Aschenputtel*
* *Beiden Königskinder*
* *Blaubart*
Blaue Vogel
* *Cendrillon*
* *Eisenhans*
* *Eisenofen*
* *Erdkühlein*
* *Erdmännchen*
* *Fitchers Vogel*
* *Gevatter Tod*
* *Goldene Rehbock*
* *Goldene Vogel*
* *Goldhähnchen*
Goldkinder
* *Goldne Königreich*
* *Hans, der Grafensohn*
* *Hans mein Igel*
Hasenhirt
* *König vom goldenen*
* *Königstochter auf dem Baum*
* *Marienkind*
* *Östlich*
* *Rabe*
* *Schiffer*
Schnelle Soldat
* *Singende springende*
* *Treue Johannes*
* *Trommler*
* *Unsterbliche Koščej*
* *Wahre Braut*
* *Weiße und die schwarze*
* *Wie aus einem Schweinehirten*
* *Ziegenhirt*

Gebot (gehalten)
* *Schnelle Soldat*

Gedeck (von allen Gedecken etwas essen) → Haushalt, Tisch (gedeckt)
* *Sieben Raben*
* *Sneewittchen*

Gefährte → Blutsbrüderschaft, Dankbarer Toter, Diener
Gefangen (beim Dämon) → Braut
* *Erdmännchen*
* *Weiße Hemd*

Gegenspieler → Widersacher
* *Hasenhirt*
* *Hirt*
* *König Lindwurm*
* *Königstochter auf dem Baum*
* *Marienkind*
* *Marja Morevna*
* *Rabe*
* *Schnelle Soldat*
* *Unsterbliche Koščej*
* *Weiße Hemd*
* *Wie aus einem Schweinehirten*

Geheimnis (erlisten) → List
* *Königstochter auf dem Baum*
* *Krautesel*
* *Kristallkugel*
* *Marja Morevna*
* *Teufel*

* *Weiße Hemd*
* *Wie aus einem Schweinehirten*
* *Vom Mann ohne Herz*

Geldbeutel (unerschöpflich) → Dukatenesel, Dukatenpuppe, Gold spinnen, Goldvogel
* *Goldne Königreich*
Krautesel
* *Weiße Hemd*

Gelüst (der Schwangeren)
* *Rapunzel*
* *Weiße Katze*

Geschirrhandel
* *Gelernte Jäger*

Gesellschafter
Rapunzel
* *Weiße Katze*

Gevatter → Dämon
* *Geh*
Gelernte Jäger
* *Gevatter Tod*

Gewehr (unfehlbar) → Schwert
* *Gelernte Jäger*
* *Hünentöter*
* *Zwei Brüder*

Gift → Mordanschlag
* *Rätsel*
* *Sneewittchen*
* *Treue Johannes*

Glasberg → Dach, Einsperren, Erdhöhle, Schloß, Tochter-Vater-Konflikt, Turm, Wettkampf
* *Hirsedieb*
* *Rabe*
* *Sieben Raben*
* *Simson*
* *Trommler*
Ziegenhirt

Glaspantoffel → Frauenschuh, Schuhprobe

Glückskind
* *Teufel*

Gold (Lohn) → Edelstein, Perlen
* *Drei Männlein*
* *Frau Holle*

Goldapfel → Freierprobe, Garten, Wasser des Lebens
* *Eisenhans*
* *Erdmännchen*
* *Goldene Vogel*
* *Hasenhirt*
* *Simson*
Treue Johannes
* *Weiße Schlange*

Goldäpfel (nur der Heldin zur Verfügung) → Baum
* *Einäuglein*
* *Erdkühlein*

Goldene Glucke (mit Küchlein)
* *Singende springende*

Goldener Schuh → Frauenschuh, Goldhaar, Schuhprobe

Goldhaar → Frauenschuh, Goldener Schuh, Goldkette, Goldstern
* *Allerleirauh*
* *Eisenhans*
Frau Holle
* *Marienkind*
* *Rapunzel*
* *Teufel*
Wie aus einem Schweinehirten

Goldhirsch → Flucht

Goldkette → Goldhaar, Goldstern
* *Sechs Schwäne*
* *Von dem Machandelbaum*

Goldspender → Dukatenesel, Dukatenpuppe, Geldbeutel, Goldvogel, Gold spinnen

Gold spinnen → Dukatenesel, Dukatenpuppe, Geldbeutel, Goldvogel, Spinnen, Unlösbare Aufgaben
* *Drei Spinnerinnen*
* *Rumpelstilzchen*

Goldstern → Goldhaar, Goldkette
* *Drei Königskinder*
* *Drei Vögel*
* *Zwölf Brüder*

Goldvlies → Flucht
Brüderchen
* *Fundevogel*
Goldene Rehbock

Goldvogel → Ausspeien, Dukatenesel, Dukatenpuppe, Geldbeutel, Gold spinnen

Dukaten-Angele
* *Goldene Vogel*
* *Goldhähnchen*
* *Krautesel*
Zwei Brüder
Gott (wie Gott werden)
* *Mann*
* *Von dem Fischer*
Grab → Baum, Sarg
* *Aschenputtel*
* *Cendrillon*
* *Erdkühlein*
* *Hans, der Grafensohn*
* *Von dem Machandelbaum*
Graumann → Fremder
* *Goldene Gans*
* *Hans, der Grafensohn*
* *Hasenhirt*
* *Königssohn Katt*
Marienkind
* *Teufel*
Grindkappe → Dunkelgestalt
Großmutter → Dämonen-Mutter
* *Rotkäppchen*

Habgier (bestraft)
* *Teufel*
* *Tischchen*
Habgier (des Nachbarn)
* *Dukaten-Angele*
Halbhahn
Tischchen
Halsfaden (rot, gold)
* *Ferdinand Getreu*
* *Treue Johannes*
Handwerk (besonderes Handwerk lernen) → Tiersprache
* *Gelernte Jäger*
Hase (Dämon)
* *Hasenbraut*
Haspel → Erkennungszeichen
Haß (Frau haßt Männer) → Frauenfeind
Rapunzel
* *Weiße Katze*
Haushalt → Gedeck
Frau Holle
* *Liebste Roland*
* *Sieben Raben*
* *Sneewittchen*
* *Waldhaus*
Haut (ablegen, verbrennen) → Dunkelgestalt, Fell
Heer (hilft)
* *Vogel Phönix*
Heilkraft (wunderbare)
* *Reisekamerad*
Heilsalbe → Wasser des Lebens
Blaue Vogel
Fitchers Vogel
Heldenjungfrau
* *Marja Morevna*
Helfer → Aufgabensteller, Blutsbrüderschaft, Dämon, Dankbarer Toter, Diener, Fuchs, Graumann, Kater, Kröte, Licht, Magd, Monate, Mittler, Pferd, Spinnhelfer
Helfer (Tiere) → Dankbare Tiere, Fuchs, Hilfreiche Tiere, Kater, Pferd
Helfer (Jenseitiger)
* *Mädchen ohne Hände*
Helfer (von Dämonen erzwungene Hilfe)
* *Gelernte Jäger*
Helfer (mit grotesken Gaben)
Erdmännchen
Goldene Gans
Hellgestalt → Dunkelgestalt
* *Allerleirauh*
* *Aschenputtel*
* *Eisenhans*
* *Goldkinder*
* *Kristallkugel*
* *Marienkind*
Hemd → Brauthemd, Zauberhemd
König Lindwurm
* *Östlich*
* *Sechs Schwäne*
Singende springende
* *Treue Johannes*
* *Weiße Hemd*
* *Zwölf Brüder*
Herr (über drei Tierreiche) → Tierreich

Hexe → Baba Jaga, Dämon
* *Gänsehirtin*
* *Goldhähnchen*
* *Goldkinder*
* *Goldne Königreich*
* *Hänsel*
* *Krautesel*
* *Marja Morevna*
* *Rabe*
* *Rätsel*
* *Sechs Schwäne*
* *Trommler*
Wahre Braut
* *Weiße und die schwarze*
* *Zwei Brüder*
Hilfe (des Dämons)
* *Drei Spinnerinnen*
* *Rumpelstilzchen*
Hilferuf (zauberischer)
Blaubart
* *Meerhäschen*
* *Unsterbliche Koščej*
Hilfreiche Tiere → Dankbare Tiere
* *Aschenputtel*
* *Königstochter auf dem Baum*
Vom Mann ohne Herz
Himmel (stürzt ein)
* *Herr Korbes*
Hinde → Hirsch, Weiße Hinde
Hinderniskette → Verwandlungsflucht
Fundevogel
Hindernishilfe
* *Blaue Vogel*
* *Eisenofen*
Hirsch → Flucht, Vogel, Weiße Hinde
* *Beiden Königskinder*
* *Brüderchen*
* *Geh*
* *Goldene Rehbock*
* *Goldkinder*
* *Goldne Königreich*
Rabe
* *Sechs Schwäne*
Hochzeit (Beinahe-Hochzeit mit einem anderen Mann) → Braut, Frist
* *Drei Hunde*
* *Erdmännchen*
* *König vom goldenen Berge*
* *Östlich*
* *Schöne und das Tier*
* *Zwei Brüder*
Hüten
* *Einäuglein*
* *Gänsemagd*
* *Hans*
* *Jorinde*
* *Königstochter auf dem Baum*
* *Marja Morevna*
* *Wahre Braut*
* *Ziegenhirt*
Hund (Begleiter, Gesellschafter)
* *Weiße Katze*
* *Schöne mit den goldenen Haaren*
* *Zitterinchen*
Hund (mit übernatürlicher Kraft)
* *Drei Hunde*
* *Hirt*

Ichneumon
Treue Johannes
Insel der Seligen
Geh
König vom goldenen Berge
Insel (zum Ausruhen)
* *Geh*
* *Singende springende*
Inzest → Vater (begehrt Tochter), Mutter (begehrt Sohn)

Jäger
* *Geh*
* *Gelernte Jäger*
Jagd → Hirsch, Weiße Hinde
Jenseitiger → Dämon
Jenseitsfahrt
Blaue Vogel
* *Geh*
Singende springende
* *Teufel*
* *Verwünschte Königstochter*
* *Zertanzten Schuhe*
Jephta-Versprechen → Dämon
Jüngste → Nachgeborene Schwester, Dummling

* *Erdmännchen*
* *Fitchers*
* *Gänsehirtin*
Hans Wunderlich
* *Östlich*
* *Putenmagd*
* *Rabe*
* *Schöne und das Tier*
* *Trommler*
* *Waldhaus*
* *Zwölf Brüder*

Jüngster → Dummling, Nachgeborener
* *Vom Mann ohne Herz*

Käfig
* *Eisenhans*
Goldene Gans
* *Weiße Hemd*

Kater (als Helfer) → Fuchs, Pferd
* *Gestiefelte Kater*
* *Meisterkater*

Katze → Dunkelgestalt, Helfer, Verwünschung
* *Arme Müllerbursch*
* *Hirt*
* *Königssohn Katt*
* *Weiße Katze*

Kegelspiel (mit Toten)
* *Märchen von einem*

Kerne (ineinandergeschachtelt)
* *Weiße Katze*

Keusch → Beilager

Kind (fortgenommen, Mordbeschuldigung)
* *Drei Königskinder*
* *Drei Vögel*
Mädchen ohne Hände
* *Sechs Schwäne*
Zwölf Brüder

Kind (bei der falschen Mutter)
* *Brüderchen*

Kind (erkennt Vater) → Wiedererkennen (des Mannes)
* *Mädchen ohne Hände*
* *Vogel Phönix*

Kinderlosigkeit
* *Dornröschen*
* *Eselein*
* *Hans, der Grafensohn*
* *Hans mein Igel*
* *König Lindwurm*
* *Königssohn Katt*
* *Schlafende Schöne*
* *Sneewittchen*
* *Weiße Katze*

Kindesopfer → Tötung (der eigenen Kinder)
* *Schiffer*
* *Treue Johannes*
* *Unsterbliche Koščej*

Kindsmagd (als Helfer) → Magd, Magddienst
* *Wie aus einem Schweinehirten*

Kindestötung (der falschen Braut)
* *Jungfrau Maleen*

Klage (der wahren Braut)
* *Blaue Vogel*
* *Eisenofen*
* *Trommler*

Kleider (ablegen)
* *Rotkäppchen*

Kleider (betrügerischer Erwerb) → List
* *Gestiefelte Kater*
* *Meisterkater*

Kleider (zum Freikauf der Nächte) → Brautnacht

Kleinodien (zum Freikauf der Nächte) → Brautnacht

Kleiner Verlust
* *Sechs Schwäne*
* *Wasser des Lebens*

Kleinod (Ausfahrt zum Erwerb) → Wasser des Lebens
* *Drei Königskinder*
* *Drei Vögel*
Ferdinand Getreu
* *Goldene Vogel*
* *Höckerrößlein*
* *Schöne mit den goldenen Haaren*

Kleinmut (Entfremdung der Freunde) → Eifersucht

Knäuel → Kugel, Tag-Nacht-Knäuel

Knechtsdienst → Hüten, Küchenjunge
* *Arme Müllerbursch*
Knochen (oder Glieder zusammenlegen)
* *Marja Morevna*
* *Von dem Machandelbaum*
Knochenflöte
* *Singende Knochen*
Knüppel (aus dem Sack) → Prügel
König (als Vatergestalt)
* *Blaue Licht*
Königreich (am Rande der Welt) → Schloß (am Rande der Welt)
* *Goldne Königreich*
Königswahl (übernatürliche Bestimmung)
* *Goldhähnchen*
Kopf (abschlagen: zur Verschönerung)
* *Ferdinand Getreu*
Kopf (falsch aufgesetzt)
* *Märchen von einem*
Korb (im Brunnenschacht)
* *Beiden Königskinder*
* *Blaue Licht*
* *Feuerzeug*
Krankheit
* *Allerleirauh*
Blaue Vogel
* *Hasenhirt*
* *Putenmagd*
* *Wasser des Lebens*
* *Weiße Hemd*
Kreis (zauberkräftig)
* *Hans, der Grafensohn*
* *König vom goldenen*
* *Mädchen ohne Hände*
Kröte (Wegweiser zur jenseitigen Welt) → Kugel (oder Knäuel, wegweisend)
* *Geh*
Küchendienst → Küchenjunge, Küchenmädchen, Magddienst
Küchenjunge
* *Brüderchen*
* *Eisenhans*
* *Goldhähnchen*
* *Vogel Phönix*
Weiße und die schwarze
Küchenmädchen
* *Allerleirauh*
Aschenputtel
* *Eisenofen*
Kugel (oder Knäuel, wegweisend) → Spielwerk
* *Drei Königskinder*
Frau Holle
* *Geh*
* *Sechs Schwäne*
Kuh (oder Ziege: Verwandlungsgestalt der Mutter)
Aschenputtel
* *Einäuglein*
* *Erdkühlein*
Kuß (des Vergessens)
* *Beiden Königskinder*
* *Trommler*
* *Wahre Braut*
Kutsche → Wagen

Lachen
* *Goldene Gans*
Landnahme (betrügerische)
* *Gestiefelte Kater*
Meisterkater
Lebensgeschichte
* *Gelernte Jäger*
* *Hünentöter*
* *Schiffer*
* *Weiße Hemd*
Lebenslicht
* *Gevatter Tod*
Lebenszeichen
* *Drei Königskinder*
Froschkönig
* *Goldkinder*
Wie aus einem Schweinehirten
* *Zwei Brüder*
Lehre (besondere Fähigkeiten) → Jäger, Schütze, Tiersprache
* *Gelernte Jäger*
* *Märchen von einem*
* *Tischchen deck dich*
* *Weiße Schlange*
Lehrzeit (oder Dienst beim Dämon) →

Lehre (besondere Fähigkeiten)
* *Eisenhans*
Ferdinand Getreu
* *Frau Holle*
Fundevogel
* *Gelernte Jäger*
* *Gevatter Tod*
Hänsel
* *Königstochter auf dem Baum*
Rapunzel
Simson
Leichenliebe
* *Sneewittchen*
Letzter Pfennig (Gesamt-Vermögen, Erbe)
* *Dukaten-Angele*
* *Gestiefelte Kater*
* *Hirt*
* *Reisekamerad*
* *Schiffer*
* *Schnelle Soldat*
* *Verwünschte Königstochter*
Licht (als Rufer des Helfers)
* *Blaue Licht*
* *Feuerzeug*
Licht (als Wegweiser, Verlockung)
* *Bremer Stadtmusikanten*
Drei Federn
Eisenofen
* *Erdkühlein*
* *Gelernte Jäger*
* *Höckerrößlein*
* *Hünentöter*
* *Kleine Däumling*
* *Waldhaus*
* *Zwei Brüder*
Licht-Tabu
* *Östlich*
* *Singende springende*
Lieb wie Salz → Liebesprobe
Liebe (vorbehaltlos)
* *Eselein*
Liebeskrank → Krankheit
Liebesprobe → Probe
* *Gänsehirtin*
* *Östlich*
* *Putenmagd*
Liebstes Kind
* *Eisenofen*
* *Gänsehirtin*
* *Hans Wunderlich*
Lied (Spruch, Vers)
* *Jungfrau Maleen*
* *Liebste Roland*
* *Rapunzel*
* *Singende Knochen*
* *Von dem Machandelbaum*
* *Wahre Braut*
Lilie (welkt) → Lebenszeichen
List → Frist, Wasser lassen
* *Gestiefelte Kater*
* *Hasenhirt*
* *Kleine Däumling*
* *Königstochter auf dem Baum*
* *Liebste Roland*
* *Marja Morevna*
* *Meerhäschen*
* *Meisterkater*
* *Rabe*
* *Rätsel*
* *Rapunzel*
Rotkäppchen
* *Schlafende Schöne*
* *Unsterbliche Koščej*
* *Vom Mann*
* *Weiße Hemd*
* *Weiße Katze*
Löffel (Teich ausschöpfen)
* *Trommler*
* *Wahre Braut*
Lösbare Aufgaben
* *Blaue Licht*
* *Goldene Vogel*
* *Weiße Katze*
Löwe (Dunkelgestalt)
* *Singende springende*
Löwe (Freund, Begleiter)
* *Goldne Königreich*
* *Zwei Brüder*
Löwe (Pfleger, Retter)
* *Weiße Hemd*
Lohn (und Strafe) → Schreine
* *Drei Männlein*
* *Feen*

* *Frau Holle*
* *Hans mein Igel*

Lohn
* *Tischchen*

Loskauf
* *Reisekamerad*
* *Schiffer*

Lossagung (vom Vater)
* *König vom goldenen Berge*
* *Mädchen ohne Hände*
* *Simson*

Luderleben → Wirtshaus
* *Bienenkönigin*
* *Goldene Vogel*
* *Hans, der Grafensohn*
* *Singende Knochen*
* *Vogel Phönix*

Machtprobe (mit der Betrügerin)
* *Gänsemagd*

Mädchen (betrügerisches, Hexentochter)
* *Goldhähnchen*
* *Krautesel*

Mädchenopfer
* *Drei Hunde*
* *Zwei Brüder*

Männlein → Dämon, Mittler, Monate, Zwerg

Magd (als Helfer) → Magddienst
* *Rätsel*
* *Wie aus einem Schweinehirten*

Magddienst → Hüten, Magd
* *Allerleirauh*
* *Aschenputtel*
* *Beiden Königskinder*
* *Blaue Licht*
* *Eisenofen*
* *Gänsemagd*
* *Gelernte Jäger*
* *Hans Wunderlich*
* *Jungfrau Maleen*
* *Putenmagd*
* *Wahre Braut*

Magische Flucht → Flucht
* *Beiden Königskinder*
Frau Holle
* *Fundevogel*
* *Goldene Rehbock*
Hänsel und Gretel
* *Liebste Roland*
Östlich von der Sonne
Rapunzel
Singende springende
* *Trommler*
* *Wassernixe*

Magischer Gegenstand → Armband

Mahlzeit (Teilen mit Tieren)
Frau Holle
* *Goldene Gans*
* *Vom Mann ohne Herz*

Marktreise
Eisenofen
* *Geh*
* *Hans mein Igel*
* *Schöne und das Tier*

Menschenfresser (riecht Menschenfleisch)
* *Dornröschen*
* *Drei Hunde*
* *Drei Schwestern*
* *Eisenofen*
* *Fundevogel*
* *Goldene Rehbock*
* *Hänsel*
* *Hans, der Grafensohn*
* *Kleine Däumling*
* *Meisterkater*
* *Rotkäppchen*
* *Schlafende Schöne*
* *Sechs Schwäne*
* *Sieben Raben*
Sneewittchen
* *Teufel*
* *Trommler*
* *Unsterbliche Koščej*
Weiße Hemd
Zertanzten Schuhe
Zwölf Brüder

Messebesuch
* *Schöne und das Tier*
* *Singende springende*

Messer (rostet, wird blutig) → Lebenszeichen

Mißgeburt (Anschuldigung, auch Kindstötung)
* *Drei Königskinder*
* *Drei Vögel*
* *Hans Wunderlich*
* *König Lindwurm*
Sechs Schwäne
Mißhandlung (von Tieren)
* *Hirt*
Mittler (Helfer) → Dämon, Helfer, Monate, Zwerg
* *Brüderchen*
* *Drei Vögel*
* *Erdmännchen*
* *Hirsedieb*
* *König Lindwurm*
* *Räuberbräutigam*
* *Schöne und das Tier*
* *Sieben Raben*
* *Simson*
* *Singende springende*
* *Weiße und die schwarze*
* *Zertanzten Schuhe*
* *Ziegenhirt*
* *Zwölf Brüder*
Monate
* *Drei Männlein*
Moral
* *Blaubart*
Mordankündigung → Belauschen, Dämonenwissen
* *Brüderchen*
* *Erdkühlein*
* *Eselein*
* *Hänsel*
* *Kleine Däumling*
* *Königssohn Katt*
* *Treue Johannes*
* *Unsterbliche Koščej*
* *Weiße Hemd*
* *Zwölf Brüder*
Mordanschlag → Aussetzung, Gift
* *Dornröschen*
* *Drei Männlein*
* *Erdmännchen*
* *Fitchers*
* *Fundevogel*
* *Geh*
* *Goldene Vogel*
* *Goldhähnchen*
* *Goldkinder*
* *Hänsel*
* *Hans Wunderlich*
* *Kleine Däumling*
* *Königssohn Katt*
* *Lämmchen*
* *Mädchen ohne Hände*
* *Marienkind*
* *Putenmagd*
* *Rätsel*
* *Räuberbräutigam*
* *Schiffer*
* *Sechs Schwäne*
* *Singende Knochen*
* *Sneewittchen*
* *Teufel*
* *Treue Johannes*
* *Von dem Machandelbaum*
* *Wasser des Lebens*
* *Weiße Hemd*
* *Weiße und die schwarze*
* *Wie aus einem Schweinehirten*
* *Zwei Brüder*
* *Zwölf Brüder*
Mordanschlag (auf Tochterkinder)
* *Mädchen ohne Hände*
Morddrohung (der Brüder)
* *Wasser des Lebens*
Müllerstochter → Abschlagen
* *Räuberbräutigam*
Musikinstrument (Wiederverkörperung)
* *Singende Knochen*
Musizieren
* *Eselein*
* *Hans mein Igel*
* *Treue Johannes*
Mutter (begehrt Sohn)
* *Weiße Hemd*
Wie aus einem Schweinehirten
Mutter (erniedrigt)
* *Drei Königskinder*
* *Drei Vögel*
Sechs Schwäne

Mutter (gestorben oder unerreichbar, hilft der Tochter)
* *Aschenputtel*
Brüderchen
* *Cendrillon*
* *Einäuglein*
* *Erdkühlein*
* *Gänsemagd*
* *Von dem Machandelbaum*
Mutter (haßt die Braut) → Schwiegermutter (haßt die Heldin)
Mutter (schläft)
* *Fundevogel*
Mutter (stirbt oder ist gestorben)
* *Allerleirauh*
* *Aschenputtel*
* *Cendrillon*
* *Dukaten-Angele*
* *Goldene Rehbock*
* *Lämmchen*
* *Marja Morevna*
* *Schnelle Soldat*
* *Vom Mann ohne Herz*
* *Wahre Braut*
* *Ziegenhirt*
Mutter (tötet Sohn)
* *Von dem Machandelbaum*
Mutter (wählt Braut)
* *Trommler*
* *Weiße Katze*
Muttermord (Schuld, Mitschuld am Tod der Mutter)
* *Einäuglein*
Frau Holle
* *Von dem Machandelbaum*
Wahre Braut
* *Weiße Hemd*

Nachbar (stiehlt Zaubermittel)
* *Dukaten-Angele*
Nachgeborene Schwester
* *Sechs Schwäne*
* *Sieben Raben*
* *Zwölf Brüder*
Nachgeborener Bruder
* *Drei Schwestern*
* *Kristallkugel*
Marja Morevna
Nackt
* *Sechs Schwäne*
* *Trommler*
Nächstliegende
* *Meerhäschen*
Nähzeug (gestohlen)
Blaue Vogel
Nagelfaß
* *Gänsemagd*
* *Hünentöter*
* *Jungfrau Maleen*
* *König Lindwurm*
* *Weiße und die schwarze*
Necken (von Dämonen, Riesen, Trollen)
* *Gelernte Jäger*
* *Hünentöter*
Neidische (verräterische) Brüder → Brudermord, Neidische (verräterische) Schwestern, Verräter
* *Erdmännchen*
* *Goldene Vogel*
* *Singende Knochen*
* *Tischchen*
* *Vogel Phönix*
* *Wasser des Lebens*
Neidische (verräterische) Schwestern → Neidische (verräterische) Brüder, Verräter
* *Drei Königskinder*
* *Drei Vögel*
* *Erdkühlein*
* *Frau Holle*
* *Hans Wunderlich*
* *Schöne und das Tier*
Singende Knochen
* *Weiße und die schwarze*
Nest (aus dem Nest geworfen)
* *Weiße Schlange*
Netz (des Königs)
* *Königssohn Katt*
Neugier (bestraft) → Probe
* *Blaubart*
* *Fitchers Vogel*
* *Goldkinder*
* *Hans mein Igel*

* *Marienkind*
Nicht berühren → Beilager (im Zauberschlaf), Beilager (keusches), Freierprobe, Schlaf
* *Beiden Königskinder*
* *Marja Morevna*
Nichtda
* *Geh*
Niesen (Ausspeien des Zaubergegenstandes)
* *Hirt*
Nuß (als Zauberbehältnis oder daraus Rastbaum)
* *Allerleirauh*
* *Beiden Königskinder*
* *Drei Federn*
* *Eisenofen*
Geh
* *Singende springende*
* *Weiße Katze*

Ofenbeichte
* *Gänsemagd*
Offenbarwerden (des Helden)
* *Gelernte Jäger*
Ohne Herz → Ei
* *Königstochter auf dem Baum*
* *Kristallkugel*
* *Unsterbliche Koščej*
* *Vom Mann ohne Herz*
Wie aus einem Schweinehirten
Zwei Brüder

Pate → Dämon
Patin → Fee, Feenpatin
Peitschen
* *König Lindwurm*
* *Königssohn Katt*
* *Reisekamerad*
* *Singende springende*
* *Verwünschte Königstochter*
Perlen (weinen) → Edelstein, Gold (Lohn)
Gänsehirtin
Pferd (zauberkräftiges, sprechendes) → Flugreise, Fuchs
* *Eisenhans*
* *Ferdinand Getreu*
* *Gänsemagd*
Gelernte Jäger
Goldene Vogel
* *Hirsedieb*
* *Höckerrößlein*
* *Königstochter auf dem Baum*
* *Marja Morevna*
Meerhäschen
* *Rabe*
Schöne mit den goldenen Haaren
* *Simson*
Pferd (trägt Sarg fort)
* *Sneewittchen*
Pferd (vergiftet, statt Held)
* *Rätsel*
Pflegeeltern → Findling
* *Drei Königskinder*
* *Drei Vögel*
Fundevogel
* *Teufel*
* *Zwei Brüder*
Prahlen (Schönheit der Frau)
* *König vom goldenen Berge*
Trommler
Probe, Prüfung → Freierprobe, Liebesprobe, Neugier
* *Blaubart*
* *Fitchers*
* *Gänsehirtin*
* *Gänsemagd*
* *Hans Wunderlich*
Hasenbraut
* *Jungfrau Maleen*
* *Marienkind*
* *Putenmagd*
* *Singende Knochen*
* *Vogel Phönix*
* *Waldhaus*
Prophezeiung → Wahrsage
Prügel
* *Blaue Licht*
* *Tischchen*
Puppe → Goldspender
* *Dukaten-Angele*
* *Fitchers Vogel*
* *Hasenbraut*

Qualnächte
Beiden Königskinder
* *Goldne Königreich*
* *Hans, der Grafensohn*
* *König vom goldenen Berge*
* *Märchen von einem Rabe*
* *Trommler*
Quelle → Brunnen, Quellen-Dämonen, Wasser des Lebens
Quellen-Dämonen → Brunnen, Wasser des Lebens
* *Feen*
Frau Holle
Weiße und die schwarze

Rabe
* *Königstochter auf dem Baum*
* *Rabe*
* *Weiße Hemd*
Rätsel
* *Allerleirauh*
Goldene Vogel
Hasenhirt
* *Rätsel*
* *Reisekamerad*
* *Rumpelstilzchen*
* *Teufel*
* *Verwünschte Königstochter*
* *Weiße Hemd*
Räuber, Mordbuben, Räuberhöhle (auch Riesen, Dämonenbehausung)
* *Drei Hunde*
* *Fitchers*
* *Goldkinder*
* *Hans, der Grafensohn*
* *Hans Wunderlich*
* *Höckerrößlein*
* *Hünentöter*
* *Rabe*
* *Rätsel*
* *Räuberbräutigam*
* *Sechs Schwäne*
* *Simson*
* *Sneewittchen*
* *Teufel*
* *Treue Johannes*
Waldhaus
Weiße Hemd
* *Wie aus einem Schweinehirten*
Rastbaum (aus Nuß)
* *Geh*
* *Singende springende*
Ratgeber → Betrüger, Gegenspieler, Widersacher
* *Geh*
* *Goldene Gans*
Goldhähnchen
* *Hans, der Grafensohn*
* *Hasenhirt*
Reichtum verspielt → Spielschuld (sich selbst an den Dämon verkauft)
Drei Schwestern
König vom goldenen Berge
Reifen (um das Herz, den Leib)
* *Froschkönig*
König Lindwurm
Reisebegleiter → Blutsbrüderschaft, Dankbarer Toter, Diener
Riese
Goldne Königreich
* *Hünentöter*
* *Simson*
* *Trommler*
* *Ziegenhirt*
Ring (Erkennungszeichen) → Erkennungszeichen
* *Allerleirauh*
* *Sieben Raben*
* *Unsterbliche Koščej*
* *Wasser des Lebens*
Rivalität (der Frauen) → Falsche Braut, Unterschobene Braut, Vergessene Braut
* *Blaue Vogel*
Rollentausch
* *Gänsemagd*
* *Hans Wunderlich*
* *Kleine Däumling*
Rosmarin
Zwölf Brüder
Rot wie Blut → Verwünschung, Wunsch
* *Sneewittchen*
* *Von dem Machandelbaum*

Säugen
* *König Lindwurm*
* *Weißes Hemd*
Säugen (Hirschkuh)
* *Sechs Schwäne*
* *Teufel*
Sarg
* *Hans, der Grafensohn*
* *Sneewittchen*
* *Zwölf Brüder*
Schatz (des Dämons)
* *Hänsel*
* *Rätsel*
* *Schneeweißchen*
Schatzhaus-Einbruch
Eisenhans
Scheiterhaufen
* *Marienkind*
* *Sechs Schwäne*
Schicksalskündung → Belauschen, Dämonenwissen, Traum, Weissagung
Schicksalswende (Reicher wird arm)
* *Blaue Licht*
* *Ferdinand Getreu*
* *Feuerzeug*
* *Hans, der Grafensohn*
* *Hirt*
* *König vom goldenen Berge*
* *Mädchen ohne Hände*
* *Schiffer*
* *Von dem Fischer*
Schiff (zu Wasser und zu Lande) → Unlösbare Aufgaben
Goldene Gans
Schiff (morsch, leck)
* *Geh*
Schlacht-Entscheider
* *Eisenhans*
Schlaf → Beilager (im Zauberschlaf), Beilager (keusches), Freierprobe, Leichenliebe, Nicht berühren, Stelldichein, Zauberschlaf
* *Goldne Königreich*
* *Königssohn Katt*
* *Rätsel*
* *Schlafende Schöne*
* *Sneewittchen*
* *Wasser des Lebens*
* *Weiße Hemd*
* *Zwei Brüder*
Schlag (mit einer Rute: Erlösung)
* *Drei Vögel*
Schlange → Drache, Dunkelgestalt
* *Hirt*
* *König Lindwurm*
* *König vom goldenen Berge*
Treue Johannes
* *Verwünschte Königstochter*
* *Weiße Schlange*
* *Wie aus einem Schweinehirten*
Zwei Brüder
Schlangengrube
* *Schlafende Schöne*
* *Weiße und die schwarze*
Schlimmes Weib
Gevatter Tod
Schloß (am Rande der Welt) → Königreich (am Rande der Welt)
* *Arme Müllerbursch*
Blaue Vogel
* *Dornröschen*
* *Drei schwarzen*
* *Drei Schwestern*
* *Eisenofen*
Feuerzeug
* *Geh*
* *Goldne Königreich*
* *Hirt*
* *Hünentöter*
* *König Lindwurm*
* *König vom goldenen*
* *Königstochter auf dem Baum*
* *Märchen von einem*
* *Östlich*
* *Rabe*
Rapunzel
* *Schlafende Schöne*
* *Schöne und das Tier*
* *Sieben Raben*
* *Vogel Phönix*
* *Waldhaus*
* *Weiße Hemd*
* *Weiße Katze*

* *Zertanzten Schuhe*
* *Ziegenhirt*
Schlüssel (Gleichnis vom wiedergefundenen Schlüssel) → Hochzeit
* *Eisenofen*
* *König vom goldenen*
Schlüssel (zauberkräftig) → Ei
* *Blaubart*
* *Ferdinand Getreu*
* *Fitchers*
Schmiede (Vernichtung des Dämons)
* *Königssohn Katt*
Schnupftabaksdose
* *Drei Hunde*
Schöne im Wald (unbekannter Herkunft, von König gefunden)
* *Brüderchen*
* *Marienkind*
* *Zwölf Brüder*
Schönes und häßliches Mädchen
* *Aschenputtel*
* *Blaue Vogel*
* *Brüderchen*
* *Drei Männlein*
* *Feen*
* *Frau Holle*
Schreckgestalt → Dämon
* *Herr Korbes*
Rapunzel
Rotkäppchen
Schreine (Lohn und Strafe) → Lohn
Frau Holle
Schütze → Lehre
* *Gelernte Jäger*
* *Hünentöter*
Schuhe (zertanzt) → Frauenschuh, Schuhprobe, Tanzschuhe
* *Von dem Machandelbaum*
* *Zertanzten Schuhe*
Schuhprobe → Falle, Frauenschuh, Goldener Schuh
* *Aschenputtel*
* *Cendrillon*
* *Putenmagd*
Schuldangst
* *Von dem Machandelbaum*
Schutzkraft → Mutter, Schwert, Stärke, Vater
* *Gänsemagd*
* *Gelernte Jäger*
* *Sieben Raben*
Weiße Hemd
Schwanbrüder → Dunkelgestalt, Flughemd, Schwanjungfrau
* *Sechs Schwäne*
Sieben Raben
Zwölf Brüder
Schwanjungfrau → Dunkelgestalt, Flughemd, Schwanbrüder
* *Geh*
* *Trommler*
Schwanz vergolden
* *Meisterkater*
Schwarz → Dunkelgestalt, Fell (Haut verbrennen) Weiß werden
Schweigen → Belauschen, Dämonenwissen, Gebot übertreten
* *Hans, der Grafensohn*
* *Marienkind*
* *Sechs Schwäne*
* *Treue Johannes*
* *Unsterbliche Koščej*
* *Zwölf Brüder*
Schwert (unfehlbar, oft mit Krafttrunk) → Stärke
* *Erdmännchen*
* *Gelernte Jäger*
Goldene Vogel
* *Goldne Königreich*
* *Hünentöter*
* *König vom goldenen Berge*
* *Schnelle Soldat*
* *Simson*
* *Vogel Phönix*
* *Wasser des Lebens*
* *Weiße Hemd*
* *Wie aus einem Schweinehirten*
* *Ziegenhirt*
* *Zwei Brüder*
Schwester-Bruder-Beziehung → Bruder-Schwester-Beziehung
Schwiegermutter (haßt den Helden)
* *Blaue Vogel*
* *Hans mein Igel*

* *Sechs Schwäne*
Schwiegermutter (haßt die Heldin, bzw Mutter haßt die Braut)
* *Allerleirauh*
Beiden Königskinder
* *Brüderchen*
* *Dornröschen*
* *Drei schwarzen*
* *Hans Wunderlich*
* *König Lindwurm*
* *Mädchen ohne Hände*
* *Marienkind*
Sneewittchen
* *Zwölf Brüder*
Schwiegersohn (hilft dem Vater der Braut)
* *Putenmagd*
Schwiegervater (haßt den Helden)
Goldene Vogel
* *Goldkinder*
* *Hans mein Igel*
Hasenhirt
* *Teufel*
* *Weiße Hemd*
Schwiegermutter (hilft dem Helden)
* *Geh*
Schwiegervater (heißt den Helden willkommen)
* *Eselein*
* *Froschkönig*
* *Hans mein Igel*
Sehkraft (genommen, wiedererlangt) → Tau
* *Rapunzel*
Verwünschte Königstochter
* *Weiße Hemd*
Selbstbestätigung (in überlebter Welt)
* *König vom goldenen Berge*
Selbstmord, Selbstzerstörung → Zerspringen
* *Dornröschen*
* *Königssohn Katt*
* *Marienkind*
* *Rumpelstilzchen*
* *Schlafende Schöne*
* *Teufel*
Sohn-Mutter-Konflikt → Aussetzung, Dämon, Lossagung, Mordanschlag, Mutter, Sohn-Vater-Konflikt, Stiefmutter, Tochter-Mutter-Konflikt, Vater, Verstoßen
* *Brüderchen*
Drei Hunde
* *Eisenhans*
* *Fundevogel*
* *Goldhähnchen*
* *Hänsel*
* *Hirt*
* *Hünentöter*
* *Kleine Däumling*
* *Kristallkugel*
* *Lämmchen*
* *Mädchen ohne Hände*
Östlich
* *Schlafende Schöne*
* *Sechs Schwäne*
* *Sieben Raben*
Simson
Treue Johannes
* *Trommler*
* *Von dem Machandelbaum*
* *Weiße Hemd*
Wie aus einem Schweinehirten
* *Zwei Brüder*
* *Zwölf Brüder*
Sohn-Vater-Konflikt
* *Arme Müllerbursch*
* *Blaue Licht*
* *Drei Federn*
* *Drei Hunde*
* *Drei schwarzen*
* *Eisenhans*
* *Erdmännchen*
* *Geh*
* *Gelernte Jäger*
* *Goldene Vogel*
* *Hans, der Grafensohn*
* *Hans mein Igel*
* *Hirsedieb*
Jungfrau Maleen
* *Kleine Däumling*
* *König vom goldenen Berge*
* *Reisekamerad*

* *Schiffer*
Sechs Schwäne
* *Sieben Raben*
* *Simson*
* *Teufel*
* *Treue Johannes*
* *Vogel Phönix*
* *Wasser des Lebens*
Zertanzten Schuhe
* *Zwölf Brüder*

Soldat (davongeschickt, fahnenflüchtig)
* *Blaue Licht*
* *Feuerzeug*
* *Geh*
Rabe
* *Trommler*
Weiße Hemd
* *Zertanzten Schuhe*

Speichel → Spucke

Sperre (des Selbstentwicklungsweges) → Dummling, Einmauern, Einsperren
* *Erdmännchen*

Spiegel (zauberkräftig)
* *Kristallkugel*
* *Meerhäschen*
* *Schöne und das Tier*
* *Sneewittchen*

Siebenmeilenstiefel → Flughemd, Flugreise, Flugring
* *Kleine Däumling*
* *König vom goldenen Berge*
* *Kristallkugel*
* *Rabe*

Spielleidenschaft → Dämon
* *Trommler*

Spielschuld (sich selbst an den Dämon verkauft) → Reichtum verspielt
Beiden Königskinder

Spielwerk (als Mittler) → Mittler
* *Eisenhans*
* *Froschkönig*
* *Marja Morevna*
Schnelle Soldat

Spielwerk (zum Freikauf der Brautnacht) → Brautnacht

Spinnen → Spinngerät, Spinnhelfer
* *Drei Spinnerinnen*
Einäuglein
* *Frau Holle*
* *Rumpelstilzchen*
* *Wassernixe*

Spinngerät (zum Freikauf der Brautnacht) → Brautnacht, Spinnen
* *Eisenofen*
* *Östlich*

Spinnhelfer (übernatürlicher) → Spinnen
* *Drei Spinnerinnen*
* *Einäuglein*
* *Rumpelstilzchen*

Sprechendes Pferd → Pferd

Spucke (zauberische Stellvertretung)
* *Fundevogel*
* *Liebste Roland*

Spukbett (fliegendes) → Bett
* *Märchen von einem*

Spur legen → Kugel (oder Knäuel, wegweisend), Vogel (als Wegweiser)
* *Blaue Licht*
* *Erdkühlein*
* *Feuerzeug*
* *Hänsel*
* *Räuberbräutigam*
* *Singende springende*
* *Waldhaus*

Stärke (übernatürliche) → Schwert
Erdmännchen
* *Hans Wunderlich*
* *Simson*
* *Weiße Hemd*

Stein (zu Stein werden)
* *Beiden Königskinder*
* *Bienenkönigin*
* *Drei Königskinder*
* *Goldkinder*
* *Schöne und das Tier*
* *Treue Johannes*
* *Unsterbliche Koščej*
Vogel Phönix
* *Vom Mann ohne Herz*
* *Zwei Brüder*

Stelldichein (durch Zauberschlaf versäumt) → Schlaf, Zauberschlaf
Goldne Königreich
* *Rabe*
Stellvertretung (in der Schlafkammer) → Beilager, Brautnacht, Schlaf, Spucke
* *Eisenofen*
* *Jungfrau Maleen*
Königssohn Katt
* *Rätsel*
* *Treue Johannes*
* *Unsterbliche Koščej*
* *Zwei Brüder*
Stickerei → Erkennungszeichen
Stiefel → Frauenschuh, Schuhe, Schuhprobe, Siebenmeilenstiefel
* *Allerleirauh*
* *Gestiefelte Kater*
König vom goldenen Berge
* *Meisterkater*
* *Sneewittchen*
Stiefmutter (grausame) → Tochter-Mutter-Konflikt
* *Aschenputtel*
* *Blaue Vogel*
* *Brüderchen*
* *Cendrillon*
* *Drei Männlein*
* *Einäuglein*
* *Erdkühlein*
* *Feen*
* *Frau Holle*
Gänsemagd
* *Hans Wunderlich*
Jungfrau Maleen
Kleine Däumling
* *Lämmchen*
* *Liebste Roland*
* *Östlich*
* *Rätsel*
* *Sechs Schwäne*
* *Sneewittchen*
* *Tischchen*
* *Von dem Machandelbaum*
* *Wahre Braut*
* *Weiße und die schwarze*
Stiefschwester
* *Aschenputtel*
* *Blaue Vogel*
* *Cendrillon*
* *Drei Männlein*
* *Einäuglein*
* *Erdkühlein*
* *Feen*
* *Frau Holle*
Gänsemagd
* *Liebste Roland*
* *Weiße und die schwarze*
Stolz, überheblich, spröde
* *Meerhäschen*
* *Rätsel*
* *Reisekamerad*
* *Weiße Schlange*
Streitschlichtung
* *König vom goldenen Berge*
* *Krautesel*
* *Kristallkugel*
* *Rabe*
Wie aus einem Schweinehirten
Stumm → Schweigen
Suchwanderung
* *Blaue Vogel*
* *Eisenofen*
* *Goldne Königreich*
* *Hans mein Igel*
Jungfrau Maleen
* *König Lindwurm*
* *König vom goldenen Berge*
* *Königstochter auf dem Baum*
* *Mädchen ohne Hände*
* *Östlich*
* *Rabe*
* *Sechs Schwäne*
* *Sieben Raben*
* *Singende springende*
* *Trommler*
* *Zwölf Brüder*

Tabu verletzt → Gebot übertreten
Tafel-Inschrift
* *Bienenkönigin*
Drei Schwestern
Tag-Nacht-Knäuel

* *Gelernte Jäger*
Tag und Nacht (Herr über Tag und Nacht)
* *Hünentöter*
Tanzschuhe
* *Von dem Machandelbaum*
* *Zertanzten Schuhe*
Taschentuch → Wahrzeichen
Tau (heilt Geblendeten) → Sehkraft
* *Weiße Hemd*
Tausch → Letzter Pfennig
* *Drei Hunde*
* *Geh*
Teer (Zergehen zu Teer)
* *Königssohn Katt*
Teich (ausschöpfen)
* *Trommler*
* *Wahre Braut*
Teppich (zeigt alle Reiche der Welt)
* *Geh*
Teppich-Probe → Wiedererkennen
* *Vogel Phönix*
Teufel → Dämon
Drei Hunde
Gevatter Tod
* *König vom goldenen*
* *Mädchen ohne Hände*
* *Märchen von einem Meerhäschen*
* *Rumpelstilzchen*
* *Schiffer*
* *Teufel*
* *Tischchen*
Ziegenhirt
Teufel (gibt Rätsel auf)
Rumpelstilzchen
Teufels Großmutter → Dämonenmutter, Großmutter
Tier → Dankbare Tiere, Dunkelgestalt, Fisch, Fuchs, Hase, Hilfreiche Tiere, Hund, Ichneumon, Kater, Katze, Löwe, Pferd, Schlange, Tierreich, Tierschwäger, Vogel, Wanderschaft
Tier (Probe)
* *Waldhaus*
Tiergeboren
* *Königssohn Katt*
Zwei Brüder
Tiergefolge (als Mittler)
* *Zwei Brüder*
Tierreiche (drei Tierreiche) → Fisch
* *Geh*
* *König vom goldenen Berge*
* *Königstochter auf dem Baum*
* *Kristallkugel*
* *Marja Morevna*
* *Schnelle Soldat*
* *Weiße Schlange*
Tierschwäger
* *Drei Schwestern*
Gelernte Jäger
* *Kristallkugel*
* *Marja Morevna*
Vom Mann ohne Herz
Tiersprache → Handwerk, Lehre
* *Treue Johannes*
* *Weiße Hemd*
* *Weiße Schlange*
Tisch (Dunkelgestalt zu Tisch gebeten)
* *Eselein*
* *Froschkönig*
* *Hans mein Igel*
Tisch (gedeckt) → Brot
* *Erdmännchen*
* *Geh*
* *Königssohn Katt*
* *Tischchen*
Tochter (einer zauberkundigen Mutter)
* *Hirt*
* *Krautesel*
* *Rätsel*
Rapunzel
* *Weiße und die schwarze*
Tochter-Mutter-Konflikt → Ablösung, Aussetzung, Besuch (bei der Mutter), Dämon, Lossagung, Mordanschlag, Mutter, Schwiegermutter, Sohn-Mutter-Konflikt, Stiefmutter, Tochter-Vater-Konflikt, Vater, Verstoßen
Allerleirauh
* *Aschenputtel*

Blaubart
* *Blaue Vogel*
* *Cendrillon*
* *Drei Männlein*
* *Drei Spinnerinnen*
* *Einäuglein*
* *Erdkühlein*
* *Feen*
* *Frau Holle*

Gänsemagd
Hänsel
Hans mein Igel
* *Hans Wunderlich*

Kleine Däumling
* *Liebste Roland*
* *Östlich*
* *Rabe*
* *Rapunzel*
* *Rotkäppchen*

Schneeweißchen
* *Sneewittchen*
* *Von dem Machandelbaum*
* *Wahre Braut*
* *Weiße Katze*
* *Weiße und die schwarze*

Tochter-Vater-Konflikt → Ablösung, Aufgebot, Dämon, Dunkelgestalt, Einmauern, Einsperren, Erdhöhle, Freierprobe, Glasberg, Lieb wie Salz, Schloß, Turm, Vater
* *Allerleirauh*

Aschenputtel
Beiden Königskinder
Blaue Vögel
* *Drei Königskinder*
* *Eisenofen*
* *Erdkühlein*
* *Erdmännchen*
* *Feuerzeug*
* *Gänsehirtin*
* *Gelernte Jäger*

Goldene Vogel
* *Hans, der Grafensohn*
* *Hans Wunderlich*
* *Hasenhirt*

Hirsedieb
Hünentöter
* *Jungfrau Maleen*
* *Mädchen ohne Hände*
* *Marja Morevna*

Meerhäschen
* *Östlich*
* *Putenmagd*
* *Rapunzel*
* *Rumpelstilzchen*
* *Schöne und das Tier*

Sechs Schwäne
Simson
* *Singende springende*
* *Sneewittchen*

Treue Johannes
* *Unsterbliche Koščej*
* *Verwünschte Königstochter*
* *Vogel Phönix*
* *Waldhaus*
* *Wasser des Lebens*
* *Weiße Katze*
* *Zertanzten Schuhe*
* *Zwölf Brüder*

Tod
* *Gevatter Tod*

Tod des Zwölften
* *Weiße Hemd*

Todesengel
Gevatter Tod

Töchterwünsche
Eisenofen
* *Schöne und das Tier*
* *Singende springende*

Tötung (des Dämons)
* *Herr Korbes*

Tötung (der eigenen Kinder)
* *Kleine Däumling*
* *Liebste Roland*
* *Treue Johannes*
* *Unsterbliche Koščej*

Traum
* *Feuerzeug*
* *Goldkinder*
* *Jorinde*
* *Rätsel*
* *Räuberbräutigam*
* *Schöne und das Tier*

Treue Johannes

Weiße Schlange
* *Wie aus einem Schweinehirten*
Trennung → Suchwanderung
* *Froschkönig*
* *König Lindwurm*
Treue → Beilager, Blutsbrüderschaft, Brautnacht, Dankbarer Toter, Diener, Stellvertretung, Teilen, Verräter
Treulose Braut
* *Krautesel*
Treulose Frau
Hasenhirt
* *Wie aus einem Schweinehirten*
Zwei Brüder
Treulose Mutter
* *Goldhähnchen*
* *Weiße Hemd*
Zwei Brüder
Treulose Schwester
Drei Hunde
Weiße Hemd
Treuloser Diener
* *Goldne Königreich*
Tuch (zum Sammeln)
* *Von dem Machandelbaum*
Singende Knochen
* *Zwölf Brüder*
Turm (eingeschlossen) → Dach, Einmauern, Einsperren, Erdhöhle, Glasberg, Mutter, Schloß, Tochter-Vater-Konflikt
* *Blaue Vogel*
* *Gelernter Jäger*
* *Jungfrau Maleen*
* *Königstochter auf dem Baum*
* *Meerhäschen*
* *Rapunzel*
Simson
* *Unsterbliche Koščej*
* *Weiße Katze*
Turnier → Freierprobe, Wettkampf
Eisenhans
Simson

Überlisten → Tod, Traum
* *Gevatter Tod*
* *Räuberbräutigam*
Übernatürliches Wissen → Allwissenheit, Dämonenwissen, Tiersprache
Unfehlbar → Gewehr, Prügel, Schwert
Unlösbare Aufgaben → Schiff
* *Aschenputtel*
* *Beiden Königskinder*
* *Bienenkönigin*
* *Cendrillon*
* *Drei Männlein im Walde*
* *Drei Spinnerinnen*
* *Einäuglein*
Frau Holle
Fundevogel
* *Geh*
* *Goldene Gans*
* *Goldene Vogel*
* *Hirt*
* *Höckerrößlein*
* *Königstochter auf dem Baum*
* *Rumpelstilzchen*
* *Schöne mit den goldenen Haaren*
* *Teufel*
* *Trommler*
* *Wahre Braut*
* *Wassernixe*
* *Weiße Schlange*
Unscheinbare Braut
* *König Lindwurm*
Unsichtbar
* *König vom goldenen Berge*
* *Rabe*
* *Zertanzten Schuhe*
Unterschobene Braut → Falsche Braut
* *Brüderchen*
* *Drei Männlein*
* *Eisenofen*
Hans mein Igel
* *Rabe*
* *Weiße und die schwarze*
* *Zitterinchen*
Unterweltfahrt → Jenseitsfahrt
Untier (erlegen, fangen) → Drache, Wildschwein
Untreue → Betrüger, Diener, Treulose Braut, Treuloser Diener, Treulose

Frau, Treulose Mutter, Treulose Schwester, Verräter
Urias-Brief → Brief (vertauscht)
Urteil (Verurteilung des Gegenspielers) → Eigentod, Eigenurteil, Nagelfaß, Todesurteil

Vampir → Menschenfresser
Vater (krank, altert)
* *Arme Müllerbursch*
* *Wasser des Lebens*
* *Weiße Katze*
Vater (stirbt oder ist tot) → Letzter Pfennig
* *Drei Hunde*
* *Gänsemagd*
Gelernte Jäger
* *Gestiefelte Kater*
* *Goldene Rehbock*
* *Goldhähnchen*
* *Hünentöter*
* *Jungfrau Maleen*
* *Marja Morevna*
* *Meisterkater*
* *Reisekamerad*
* *Schnelle Soldat*
Simson
* *Treue Johannes*
Verwünschte Königstochter
* *Vom Mann ohne Herz*
* *Wahre Braut*
Weiße Hemd
* *Ziegenhirt*
* *Zitterinchen*
Vater (begehrt Tochter) → Einmauern, Einsperren, Erdhöhle, Glasberg, Schloß, Turm
* *Allerleirauh*
* *Mädchen ohne Hände*
Zertanzten Schuhe
Vater (irregeleitet oder machtlos)
Aschenputtel
* *Drei Königskinder*
* *Erdkühlein*
Sechs Schwäne
* *Sneewittchen*
Vater (ißt sein Kind)
* *Von dem Machandelbaum*
Vaterlos
* *Mädchen ohne Hände*
Vatermord
Zwölf Brüder
Vatersuche (Vater unbekannt)
* *Drei Königskinder*
* *Drei Vögel*
* *Hans Wunderlich*
* *Vogel Phönix*
* *Wasser des Lebens*
Verarmen → Arm, Letzter Pfennig, Reichtum verspielt, Schicksalswende
Drei Schwestern
* *Ferdinand Getreu*
* *König vom goldenen Berge*
* *Marienkind*
* *Schöne und das Tier*
Verbotene Kammer
* *Blaubart*
* *Eisenhans*
* *Fitchers*
* *Goldene Rehbock*
Hasenbraut
* *König vom goldenen Berge*
* *Königstochter auf dem Baum*
* *Marienkind*
* *Marja Morevna*
* *Treue Johannes*
Verbotener Bereich (Wald, Garten)
* *Eisenhans*
* *Rapunzel*
* *Singende Knochen*
* *Weiße Katze*
* *Ziegenhirt*
* *Zwei Brüder*
Verbrennen (der Hexe, des Dämons)
* *Hänsel*
* *Königssohn Katt*
Marienkind
Trommler
* *Zwei Brüder*
Verbrennen (der Tierhaut)
Blaue Vogel
* *Hans mein Igel*
Verderberin (verkleidet) → Verkleidung

* *Drei Königskinder*
Drei Vögel
Sneewittchen
Verfolgte Frau
* *Hans Wunderlich*
* *Mädchen ohne Hände*
Verfolgung (bis zur Schwelle)
Fitchers
Fundevogel
Hasenbraut
* *Kleine Däumling*
Rotkäppchen
Verfolgung
* *Königstochter auf dem Baum*
Lämmchen
* *Unsterbliche Koščej*
* *Zwölf Brüder*
Verführungsversuch
* *Geh*
* *Weiße Hemd*
Wie aus einem Schweinehirten
Vergessene Braut
* *Beiden Königskinder*
* *Froschkönig*
* *Jungfrau Maleen*
* *Liebste Roland*
* *Singende springende*
* *Trommler*
* *Wahre Braut*
Vergiften (Pferd anstatt Helden)
* *Rätsel*
Verirrt (auf der Jagd im Wald)
Drei Schwestern
* *Eisenofen*
* *Königssohn Katt*
* *Sechs Schwäne*
Singende springende
Verjüngungsbad
* *Ferdinand Getreu*
* *Höckerrößlein*
Verkannter Jüngster → Dummling
Verkennung (des Helden)
* *Eisenhans*
* *Hans, der Grafensohn*
* *Herr Korbes*
* *Simson*
Verkleidung → Dunkelgestalt, Verderberin
* *Feen*
* *Fitchers*
* *Goldene Vogel*
* *Treue Johannes*
Verkleidung (als Mann)
* *Froschkönig*
Verlassene Braut → Vergessene Braut
Verlust (kleiner)
Fitchers
Verlocken → Hirsch, Vogel, Weiße Hinde
Verräter (oder Verleumder) → Bestechung, Betrüger, Gegenspieler, Neidische (verräterische) Brüder, Neidische (verräterische) Schwestern
* *Erdmännchen*
* *Ferdinand Getreu*
* *Goldene Gans*
Goldene Vogel
* *Goldne Königreich*
* *Höckerrößlein*
* *König Lindwurm*
* *Schiffer*
* *Schöne mit den goldenen Haaren*
Weiße und die schwarze
Versalzen (Essen)
* *König Lindwurm*
Verscharren
* *Singende Knochen*
Verschlafen → Garten, Schlaf, Stelldichein, Wache, Zauberschlaf
Goldne Königreich
* *Hirsedieb*
* *Höckerrößlein*
* *Königstochter auf dem Baum*
* *Rabe*
* *Simson*
* *Trommler*
* *Unsterbliche Koščej*
* *Zertanzten Schuhe*
Verschonung (des Gegenspielers)
* *Königstochter auf dem Baum*
* *Unsterbliche Koščej*
* *Weiße Hemd*
Verschonung (Mitleid)→Wahrzeichen

* *Hans Wunderlich*
* *Mädchen ohne Hände*
* *Putenmagd*
* *Schlafende Schöne im Wald*
* *Sechs Schwäne*
* *Sneewittchen*
* *Wasser des Lebens*

Verschonung (Tiere, Tierjunge)
* *Marja Morevna*
* *Meerhäschen*
* *Unsterbliche Koščej*
  Vom Mann ohne Herz
* *Weiße Hemd*
* *Zwei Brüder*

Versprechen (am Sterbebett)
* *Allerleirauh*
  Froschkönig
  Gelernte Jäger
* *Hünentöter*

Versteckwette → Freierprobe
* *Meerhäschen*

Versteinerung → Stein

Verstoßen → Aussetzung, Austreibung, Mordanschlag
* *Gänsehirtin*
* *Mädchen ohne Hände*
* *Schiffer*
  Sneewittchen
* *Tischchen*

Verstümmelung → Mordanschlag, Verlust
* *Mädchen ohne Hände*

Vertauschung der Kinder
* *Drei Königskinder*
  Drei Vögel
* *Mädchen ohne Hände*
* *Sechs Schwäne*

Vertauschung (Wasser des Lebens)
* *Goldhähnchen*
* *Schöne mit den goldenen Haaren*
  Vogel Phönix
* *Wasser des Lebens*

Vertauschen, Verdrehen
* *Weiße und die schwarze*

Vertrag (jeden Gewinn teilen)
* *Schiffer*

Verwandlung
* *Krautesel*
* *Kristallkugel*
* *Liebste Roland*
* *Von dem Machandelbaum*
* *Weiße und die schwarze*
* *Zitterinchen*
* *Zwölf Brüder*

Verwandlung (und Rückwandlung)
* *Blaue Vogel*
* *Geh*
* *Königssohn Katt*
* *Schnelle Soldat*

Verwandlungsflucht → Hinderniskette, Verwandlungskette
* *Beiden Königskinder*
* *Fundevogel*
* *Goldene Rehbock*
* *Liebste Roland*

Verwandlungskette → Verwandlungsflucht
* *Drei Schwestern*
* *Einäuglein*
* *Erdkühlein*
* *Königstochter auf dem Baum*
* *Kristallkugel*
  Reisekamerad
* *Schnelle Soldat*
* *Verwünschte Königstochter*
* *Vom Mann ohne Herz*
* *Weiße und die schwarze*
* *Wie aus einem Schweinehirten*
  Zwei Brüder

Verwünschung → Verwandlung
* *Arme Müllerbursch*
* *Dornröschen*
* *Eisenofen*
* *Erdmännchen*
  Eselein
* *Hans, der Grafensohn*
* *Hans mein Igel*
* *Jorinde*
* *Lämmchen*
* *Schlafende Schöne*
* *Sieben Raben*
  Treue Johannes
  Trommler
  Von dem Fischer

* *Waldhaus*
* *Weiße Katze*
Verwüsteter Garten → Garten
Verwunschenes Schloß → Schloß
Vogel → Ei, Flugreise, Weissagung
* *Blaue Vogel*
* *Geh*
* *Schlafende Schöne*
* *Schnelle Soldat*
* *Von dem Machandelbaum*
Vogel (als Entlarver, Künder der Wahrheit)
* *Aschenputtel*
* *Drei Königskinder*
* *Drei Vögel*
Gevatter Tod
* *Vogel Phönix*
Vogel (als Helfer)
* *Aschenputtel*
* *Weiße Hemd*
Vogel (Gold spendender) → Goldvogel
Vogel (als übernatürlicher Mittler) → Fisch (sprechender, König der Fische)
* *Mann und Frau*
Vogel (als Warner)
* *Räuberbräutigam*
Vogel (als Wegweiser, verlockt zum Haus des Dämons) → Kugel (oder Knäuel als Wegweiser), Spur legen
Fitchers
* *Hänsel*
Waldhaus
Voreiligkeit
* *Rumpelstilzchen*
Vorläufige Vereinigung → Gebot, Suchwanderung
Allerleirauh

Wach bleiben
* *Goldne Königreich*
Wache (bei Töchtern)
* *Beiden Königskinder*
* *Hans*
* *Zertanzten Schuhe*
Wache (besänftigt, überlistet)
* *Goldene Vogel*
* *Vogel Phönix*
* *Wasser des Lebens*
Wache (Garten oder Feld des Vaters)
* *Goldene Vogel*
* *Hirsedieb*
* *Höckerrößlein*
* *Simson*
* *Zertanzten Schuhe*
Wachstropfen
* *Östlich*
Wagen
* *Cendrillon*
* *Drei Federn*
* *Drei Hunde*
* *Goldene Rehbock*
König vom goldenen Berge
Marienkind
* *Rabe*
Rapunzel
Wagen (Zaubergefährt)
* *Cendrillon*
* *Goldene Rehbock*
Wahrsage → Bildnis
* *Marja Morevna*
Wahrzeichen → Abschlagen, Entlarvung, Erkennungszeichen, Finger, Lebenszeichen, Lied, Verschonung
* *Drei Hunde*
* *Gelernte Jäger*
* *Hünentöter*
* *Mädchen ohne Hände*
* *Putenmagd*
* *Sneewittchen*
* *Verwünschte Königstochter*
* *Vogel Phönix*
* *Wasser des Lebens*
Zertanzten Schuhe
Ziegenhirt
* *Zwei Brüder*
Wald (aus Kupfer, Silber, Gold) → Welt
Waldhaus → Einsames Haus, Räuber
Wanderschaft (Tiere, Gegenstände)
* *Bremer Stadtmusikanten*
* *Herr Korbes*
Warnung (Menschen- oder Galgenfleisch zu kaufen) → Weissagung

* *Goldene Vogel*
Schiffer
Wasser (Tränen: Augenlicht zurück)
* *Rapunzel*
Wasser des Lebens → Brunnen, Goldapfel, Quellen-Dämonen
* *Drei Königskinder*
* *Drei Vögel*
* *Ferdinand*
* *Froschkönig*
Goldene Vogel
* *König vom goldenen Berge*
* *Mädchen ohne Hände*
* *Marja Morevna*
* *Meerhäschen*
Schöne mit den goldenen Haaren
* *Sieben Raben*
Singende Knochen
Treue Johannes
* *Vogel Phönix*
* *Wasser des Lebens*
* *Zwei Brüder*
Wasser lassen (List, Dämonenflucht)
Rotkäppchen
Wegnahme der Kinder
Allerleirauh
* *Drei Königskinder*
* *Drei Vögel*
* *Mädchen ohne Hände*
* *Marienkind*
Wegweisende Instanzen
* *Eisenofen*
Erdmännchen
* *König vom goldenen Berge*
* *Östlich*
* *Rabe*
* *Sieben Raben*
* *Singende springende*
Wegweiser → Kugel (oder Knäuel als Wegweiser), Spur legen, Vogel (als Wegweiser)
Weissagung (Warnung) → Dämonenwissen, Warnung
* *Teufel*
* *Treue Johannes*
* *Unsterbliche Koščej*
Weiße Hemd
Weiße Schlange
Wie aus einem Schweinehirten
Zwei Brüder
Weiß werden
* *Drei schwarzen Königstöchter*
* *Hans, der Grafensohn*
Hans mein Igel
* *Marienkind*
* *Östlich*
* *Rabe*
Weiße Hinde
Beiden Königskinder
* *Zwei Brüder*
Welt (aus Kupfer, Silber, Gold)
* *Königstochter auf dem Baum*
* *Zertanzten Schuhe*
Werbung (durch Spielwerk) → Nicht berühren
* *Marja Morevna*
Schnelle Soldat
Wette (mit dem Wirt: Hochzeit mit Königstochter)
Drei Hunde
* *Zwei Brüder*
Wettkampf → Freierprobe
Eisenhans
* *Marja Morevna*
* *Simson*
* *Ziegenhirt*
Widersacher (Tod des Widersachers) → Gegenspieler
* *Beiden Königskinder*
* *Bienenkönigin*
* *Blaue Vogel*
* *Drei Männlein*
* *Drei Schwestern*
* *Eisenhans*
* *Ferdinand Getreu*
* *Gänsemagd*
* *Geh*
* *Gelernte*
* *Goldene Vogel*
* *Goldne Königreich*
* *Hasenhirt*
* *Höckerrößlein*
* *Hünentöter*
* *Jungfrau Maleen*

* *Königstochter auf dem Baum*
* *Kristallkugel*
* *Marja Morevna*
* *Schneeweißchen*
* *Schnelle Soldat*
* *Schöne mit den goldenen Haaren*
Singende Knochen
Trommler
* *Unsterbliche Koščej*
* *Verwünschte*
* *Vom Mann ohne Herz*
* *Von dem Machandelbaum*
* *Wahre Braut*
* *Weiße Hemd*
* *Wie aus einem Schweinehirten*
* *Zitterinchen*
* *Zwölf Brüder*

Wiederbelebung → Wasser des Lebens, Zerstückelung
* *Drei Königskinder*
* *Schnelle Soldat*
Singende Knochen
* *Treue Johannes*
Vogel Phönix
* *Vom Mann ohne Herz*
* *Von dem Machandelbaum*
* *Zwei Brüder*

Wiedererkennen (des Mannes) → Lebensgeschichte, Ring, Teppich-Probe
* *Gelernte Jäger*
* *Hünentöter*
König Lindwurm
* *Mädchen ohne Hände*
* *Schiffer*
* *Vogel Phönix*
* *Wasser des Lebens*
* *Weiße Hemd*
* *Zwei Brüder*

Wiedererlangung (des Zaubergegenstandes)
* *Hirt*
* *Krautesel*
* *Tischchen*
* *Weiße Hemd*

Wiedergänger
Hans, der Grafensohn
* *Märchen von einem*

Wilder Mann
* *Eisenhans*
Zwölf Brüder

Wildnis
* *Hans Wunderlich*

Wildschwein (fangen und binden)
* *Singende Knochen*

Windorakel
* *Drei Federn*

Wirtshaus (die Brüder bringen ihr Geld durch) → Luderleben
* *Goldene Vogel*
Singende Knochen
* *Vogel Phönix*

Wirtshaus (oder Herberge, Bad, Spital führen, um Lebensgeschichten zu hören) → Gasthaus, Luderleben
Blaue Vogel
* *Gelernte Jäger*
* *Hünentöter*
* *Weiße Hemd*

Wochentage
Drei Männlein
* *Königstochter auf dem Baum*

Wolf (als Großmutter) → Dämonenmutter
* *Rotkäppchen*

Wünsche (drei)
Weiße und die schwarze

Wünsche (nichtige)
* *Schöne und das Tier*
* *Singende springende*
Von dem Fischer

Wunsch (nach einem Kind) → Empfängnis (wunderbare), Rot wie Blut, Verwünschung
* *Dornröschen*
* *Hans, der Grafensohn*
* *Hans mein Igel*
* *Sneewittchen*
* *Von dem Machandelbaum*
* *Weiße Katze*

Wunschring → Zaubergabe

Zahn (ausgebrochen) → Wahrzeichen

Zauberaxt (schafft Schiff)

* *Geh*
Zauberblume → Empfängnis (wunderbare), Verwünschung
* *Hans, der Grafensohn*
* *Jorinde*
Zauberbuch
* *Geh*
Zauberer → Dämon
Zauberfenster
* *Meerhäschen*
Zaubergabe → Ei, Kugel, Nuß
* *Drei Königskinder*
* *Hirt*
* *König vom goldenen Berge*
* *Krautesel*
* *Singende springende*
* *Tischchen*
* *Wie aus einem Schweinehirten*
Zaubergarten
* *Drei Königskinder*
* *Drei Vögel*
* *Geh*
Zaubergeige
* *Liebste Roland*
Zaubergesang → Lied
Blaubart
Zauberhelfer
* *Blaue Licht*
* *Feuerzeug*
* *Geh*
* *Hirt*
Zauberhemd (unverwundbar) → Geheimnis, Schwert
* *Weiße Hemd*
Zauberhorn (schafft Soldaten)
* *Geh*
Zauberkundige Eltern der Braut
* *Beiden Königskinder*
* *Geh*
Zauberkraut
* *Goldhähnchen*
* *Hans, der Grafensohn*
Zaubermittel → Brot, Feuer, Helfer, Hindernishilfe, Schwert, Tischchen
Zauberquelle → Brunnen, Quellen-Dämonen, Wasser des Lebens
Zauberschlaf → Schlaf, Stelldichein, Verschlafen
* *Dornröschen*
* *Drei Schwestern*
* *Gelernte Jäger*
* *Goldne Königreich*
* *Hünentöter*
* *Rabe*
* *Schlafende Schöne*
* *Vogel Phönix*
* *Wasser des Lebens*
Zauberspruch, Zauberstab
Allerleirauh
Zauberstein → Edelstein
* *Hirt*
* *Weiße Hemd*
Zauber-Wettkampf
* *Gestiefelte Kater*
* *Meisterkater*
* *Wie aus einem Schweinehirten*
Zauberwurzel → Wasser des Lebens
Zerplatzen
Rotkäppchen
Zerreißen (durch vier Ochsen)
* *Wie aus einem Schweinehirten*
Zerschlagen (des Eis als Sitz des Lebens)
* *Vom Mann ohne Herz*
Zerspringen (Selbstzerstörung des Dämons) → Selbstmord (Selbstzerstörung)
* *Östlich*
* *Rumpelstilzchen*
Zerstörung (des Zaubermittels)
* *Meerhäschen*
Zerstückelung (und Wiederbelebung) → Knochen (zusammenlegen)
* *Fitchers*
* *Königstochter auf dem Baum*
* *Märchen von einem*
* *Marja Morevna*
* *Räuberbräutigam*
Zeuge (des Erscheinens der getöteten Frau)
* *Drei Männlein*
Ziege (Verwandlungsgestalt der Mutter) → Kuh
* *Tischchen*

Zoll (Hand oder Fuß)
* *Goldne Königreich*

Zuflucht → Einsames Haus

Zunge (ausgeschnitten) → Wahrzeichen

Zunge (der Drachenmutter)
Königssohn Katt

Zusammenstoß (mit bürgerlicher Ordnung)
* *Schiffer*

Zweigesichtigkeit
* *Frau Holle*

Zweikampf → Nicht berühren

Zwerg → Dämon, Mittler
* *Erdmännchen*
* *Rumpelstilzchen*
* *Sieben Raben*
* *Sneewittchen*
* *Wasser des Lebens*

Zwiesprache (Mutter und Kind)
* *Drei Männlein*
* *Lämmchen*
* *Rotkäppchen*
* *Wahre Braut*
* *Weiße und die schwarze*
* *Zitterinchen*

Zwillinge → Blutsbrüderschaft, Tiergeboren
* *Treue Johannes*
* *Zwei Brüder*

Zwölf (von zwölfen überlebt einer)
* *Weiße Hemd*

Register der Personen, anonymen Werke, Gattungen und Formen

Aarne, Antti Amatus, *5. 12. 1867 Pori, †5. 2. 1925 Helsinki 28, 30, 38, 40, 42, 86, 97, 121, 141, 178 ff., 208 f., 213 f., 251, 253, 337, 374, 379, 437 f., 442, 448
Abenteuerfolge verschränkt 176, 369
Adamo, Max, *3. 11. 1837 München, †31. 12. 1901 München 59
ätiologische Sage 222
Afanas'ev, Aleksandr Nikolaević, *11.(23.) 7. 1826 Bogučar, Gouv. Voronež, †23. 9.(5. 10.) 1871 Moskva 33, 59, 150, 155 f., 243, 248, 277, 279 ff., 391 f., 396, 447
Afzelius, Arvid August, *6. 5. 1785 Fjällåkra, Västergötland, †25. 9. 1871 Enköping 231, 233, 358, 400
Ahlström, Axel 42, 354, 358, 387, 400, 463
Aisopos, 6. Jh. v. Chr., von Samos 40
Aladdin 28, 110
Álavi, Bozorg 302
Albertus Magnus 29
Albrecht, Sophie, *1757 Erfurt, †16. 11. 1840 Hamburg 322
Albr. v. Scharfenberg, *um 1280, 239
Alchimie 404
Alexander der Große 404
Alf laila wa-laila 25, 56, 65, 82, 160, 211, 234, 260, 273, 387, 427
Ali Baba 30
Allegorie 270
Almquist, Carl Johan Love, *28. 11. 1793 Stockholm, †26. 9. 1866 Bremen 276
Alte Marie (d. i. Marie Müller, geb. Clar), *24. 9. 1747 Rauschenberg b. Kirchhain, †19. 1. 1826 Ziegenhain b. Kassel 313
Altes Testament 400, 438, 445, 462
Aly, Wolf 141
Amaltheia 89, 91
Amicus und Amelius 386, 396
Andersen, Hans Christian, *2. 4. 1805 Odense, †4. 8. 1875 København 27, 30, 110, 121, 123 f., 155, 206, 212, 253, 310, 312, 328, 347, 386, 393, 397 f., 404, 466 f.
Anderson, Walter, *10. 10. 1885 Minsk, †23. 8. 1962 Kiel 243, 363
Andromeda 462
Animismus 357
Antimärchen 223, 411, 412, 414
Aphrodite 171
Apollo 110
Apollodorus, *um 180 v. Chr., †um 120 (110?) v. Chr. Athen 462
Apollonius von Tyana 438
Apollonius v. Tyrus 206, 285, 301, 400, 451
Apuleius, Lucius, *um 124 n. Chr. Madaura, Numidien, †um 180 n. Chr. Karthago 102
Ares 171
Arfert, Paul, aus Schwerin 46, 150, 224, 442 f.
Argirus 185
Argonauten 141, 172
Argos 89
Arme Seelen 328
Árnason, Jón, *17. 8. 1819 Skagaströnd, Island, †4. 9. 1888, 223
Arnim, Friedmund von, *9. 2. 1815 Wiepersdorf b. Jüterbog, †das. 24. 7. 1883, 91, 253
Arnim, Ludwig Joachim, *26. 1. 1781 Berlin, †21. 1. 1831 Wiepersdorf 409, 415
Arnold, Britta 150
Arwidsson, Adolf Ivar, *7. 8. 1791 Padasjoki, †21. 6. 1858 Viborg 32, 231
Asbjørnsen, Peter Christen, *15. 1.

1812 Christiania, †6. 1. 1885 Christiania 14, 17, 102, 223, 280, 289, 333, 353, 362
Askese 451
Aslög 5
Asmodi 400
Atterbom, Per Daniel Amadeus, *19. 1. 1790 Åsbo, Östergötland, †21. 7. 1855 Stockholm 33
Aufbau (zweifacher Ansatz) 354, 456
Aufhauser, Joh. B. 64
Aufklärungszeit 342
Aulnoy, Marie-Catherine Le Jumel de Barneville, Comtesse, *um 1650 Barneville, Seine Maritime, †14. 1. 1705 Paris 6 ff., 12, 30, 33 f., 46, 50, 56 f., 59 f., 68 f., 77, 89, 100, 119 f., 141, 144, 186, 188, 198, 216, 231, 306 ff., 338 f., 433, 435, 442, 454
Auswahlsammlungen 314
Ayrer, Jakob d. Ä., *März 1544 Nürnberg, †26. 3. 1605 (1625?) Nürnberg 167

Backer, Franz de 145
Bacon, Janet Ruth 141
Ballade 24 f., 30, 126, 304, 313, 357, 397, 443
Balzac, Honoré de, *20. 5. 1799 Tours, †18. 8. 1850 Paris 49
Banu Guštasp 249
Barag, Leo 244
Barakat, Robert A. 111
Barbeau, M. 111
Barbin (Verlag) 21, 115, 224, 286, 330
Barchilon, Jacques 132, 164, 198, 309, 363 f., 436
Basile, Giambattista, *1575 bei Napoli, †23. 2. 1632 Giugliano 3, 4, 12, 46, 49, 51 f., 74, 81, 84 f., 89, 116, 120, 130, 141, 148, 163, 189, 214, 223, 231, 250, 259, 266, 276, 288, 309, 321, 331 f., 362, 369, 378, 386, 442, 462, 467
Bata 446 f., 461 f.
Baumann, Richard 64
Baumeistersage 320
Baurnfeind, Lena, *31. 8. 1875 Wien, †29. 10. 1953 Innsbruck 333
Bausinger, Hermann, *17. 9. 1926 Aalen 13
Bechstein, Ludwig, *24. 11. 1801 Weimar, †14. 5. 1860 Meiningen 4, 20, 25, 40, 61 ff., 69, 74, 83 ff., 105, 129, 131, 144, 167, 169, 171, 177 f., 190 f., 198, 207, 210, 220, 227, 231, 267, 270 ff., 288, 296, 315, 347, 406, 412 f., 432, 439, 444, 448, 454, 467
Becker, Gottfried 350
Beckwith, Martha Warren 42
Beispiel 128, 142, 208, 250, 260, 271, 303, 313, 317, 340, 369, 375, 380, 397, 409
Belgrader, Michael 418
Benary, Walter 400
Bense, Marianne 292
Berendsohn, Walter Arthur, *10. 9. 1884 Hamburg 70, 136, 138
Bergmann, B. 213
Bernard, Cathérine, *1662 Rouen, †1712, 150
Berta (Frau des Pippin) 150
Bertuch, Friedrich Justin, *30. 9. 1747 Weimar, †3. 4. 1822 Weimar 55, 163, 331
Berze Nagy, János, *23. 8. 1879 Bessenyö, †6. 4. 1946 Pécs 249
Bettelheim, Bruno 150
Beyschlag, Siegfried 387
Bibel 340, 462
Bierling, Konrad Friedrich Ernst, *15. 9. 1709 Rinteln, †das. 14. 2. 1755, 433
Bignon, Jean-Paul, *Sept. 1662 Paris, †14. 5. 1743 Isle-Belle 251
Bilderbogen 59, 162, 276, 286, 314, 329, 340
Bilderbuch 276, 340, 364, 414
Bilibin, Ivan Jakovlevič, *16. 8. 1876 St. Peterburg, †7. 2. 1942 Leningrad 59, 69, 248, 277, 279, 477
Bilz, Josephine 322
Bîrlea, Ovidiu, *13. 8. 1917 Bîrleşti-Mogoş 64, 177

Birner, Angela 467
Bladé, Jean-François, *15. 11. 1827 Lectoure, Dep.Gers, †30. 6. 1900 Paris 145, 292
Blaue Bibliothek 30, 55, 330
Blümner, Hugo 364
Boberg, Inger Margrethe, *23. 7. 1900 Vordingborg, †9. 5. 1957 København 97, 322, 353 f., 364
Boddhisatva 369
Bode, Emil 145
Bǫdvarr Bjarki 462
Böhme, Franz Magnus, *11. 3. 1827 Willerstedt b. Weimar, †18. 10. 1898 Dresden 32
Böklen, Ernst 369
Bolte, Johannes, *11. 2. 1858 Berlin, †25. 7. 1937 Berlin 6, 13, 18, 20, 30, 37, 42, 46, 55, 60, 70, 97, 104, 111 f., 115, 121, 127, 132, 138, 141, 145, 150, 160, 164, 168, 171, 177, 180, 195, 198, 202, 207, 209, 214, 219, 224, 228, 240, 253, 256, 266, 271, 276, 286, 302, 309, 316, 322, 334, 354, 364, 369, 374, 379, 387, 400, 414, 418, 423, 432, 436, 439, 443, 448, 451, 453, 463 f., 466 f.
Bondeson, August, *2. 2. 1854 Vessige, Halland, †23. 9. 1906 Göteborg 223
Boratav, Pertev Naili 111, 448
Bossard, Eugène 127
Bossi Fedrigotti, Carlotte Gräfin XVI
Brauch 57
Brentano, Clemens, *8. 9. 1778 Ehrenbreitstein, †28. 7. 1842 Aschaffenburg 18, 42, 51, 56, 189, 343, 409, 415
Breul, Karl 97
Brewster, Paul G. 358
Briggs, Katharine Mary, *8. 11. 1898 London, †15. 10. 1980 Southolme b. Dover 322
Brissoneto 20
Brommer, Frank 64
Brückner, Alexander 451
Brüggemann, Theodor, *15. 3. 1921 Werne a. d. Lippe 364, 410
Brunhild 55, 244, 249, 280
Buchan, Peter, *1790 Peterhead b. Aberdeen, †1854 London 301
Buchmärchen 409
Buddhismus 373, 413
Büsching, Johann Gustav Gottlieb, *19. 9. 1783 Berlin, †4. 5. 1829 Breslau 60, 87, 409 f., 415 f., 435
Bugiel, Włodzimierz 358
Burkert, Nancy Ekholm, *16. 2. 1933 Sterling, Colorado 368, 479
Busch, Wilhelm, *15. 4. 1832 Wiedensahl, Hannover, †9. 1. 1908 Mechtshausen am Harz 27, 39, 65 ff., 69, 83, 95, 118 f., 123, 138, 170, 233, 304, 379, 404, 463, 474
Byline 243

Cabinet des fées 338, 433
Calderón de la Barca, P., *17. 1. 1600 Madrid, †25. 5. 1681 Madrid 329
Caldwell, J. R. 463
Calmo, Andrea, *1510? Venezia, †das. 1571, 68
Cammann, Alfred, *7. 8. 1909 Hannoversch Münden 108
Campe (Verlag) 333
Castillon, Jean, *9. 3. 1719 Aix-en-Provence, †24. 2. 1800 Brignolles 330
Çatapatha-Brâhmana 391
Caterinella 316
Cerha, Friedrich 302
Chanson de geste 386
Chap book 244 f., 228
Charadrios 167
Child, Francis James, *1. 2. 1825 Boston, †das. 11. 9. 1896, 32
Christensen, Søren 418
Christenverfolgung 64
Christiansen, Reidar Thoralf, *27. 1. 1886 Nes, Romerike, †22. 7. 1971 Oslo 13, 127, 132, 141, 168, 194 f., 240
Christliche Frömmigkeit 234, 261, 273, 323, 369, 387, 392, 409
Christophersen, Paul 127

Christus 73 f., 274
Chrysaor 462
Claudel, Calvin 111
Clodd, Edward 322
Cocchiaria, Giuseppe 358
Cocteau, Jean, *5. 7. 1889 Maison-Lafitte b. Paris, †11. 10. 1963 Milly-la-Forêt 340
Colbert, Jean Baptiste, Marquis de Torcy, *14. 9. 1665 Paris, †2. 9. 1746, 86
Colgrave, Bertram 111
Colshorn, Carl, *24. 11. 1812 Gravenhorst, †13. 2. 1855 Gifhorn 5, 60, 64, 70, 421
Colshorn, Theodor, *13. 1. 1821 Ribbesbüttel bei Gifhorn, †1. 9. 1896 Hannover 5, 60, 64, 70, 421
Cosquin, Emmanuel, *25. 6. 1841 Vitry-le-François (Marne), †18. 4. 1919 Vitry-le-François 70, 157, 228, 232 f., 374, 453
Cox, Marian Emily Roalfe, *30. 8. 1860 London, †30. 11. 1916 London 6, 13, 104
Curtze, Louis Friedrich Christian, *14. 1. 1807 Korbach, †das. 1. 4. 1870, 191

Dähnhardt, Oskar, *21. 11. 1870 Kiel, †25. 4. 1915 Flandern 121
Däumling, Heinrich 266
Danaë 461
Dégh, Linda 177, 249
Delarue, Paul, *1889 Saint-Didier, Nièvre, †das. 1956, 6, 13, 20, 24, 30, 37, 46, 49 f., 55, 60, 64, 68, 70, 86, 97, 104, 111, 121, 127, 132, 138, 141, 160, 163 f., 168, 171, 177, 180, 195, 202, 207, 214, 227 f., 233, 240, 253, 256, 271, 276, 286, 309, 315 f., 322, 330, 332, 364, 387, 400, 413, 432, 436, 439, 443, 448, 451, 453, 463, 467
Denecke, Ludwig, *26. 2. 1905 Hameln 96, 387
Deulin, Charles 6, 13, 50, 55, 127, 132, 164, 228, 316
Dickens, Charles, *7. 2. 1812 Landport auf Portsea b. Porthmouth, †9. 6. 1870 Landhaus Gadshill b. Rochester 270
Dinges, Ottilie 240
Diokletian 64
Diószegi, V. 249
Hl. Diphna 3
Disney, Walter Elias, *5. 12. 1901 Chicago, †15. 12. 1966 Burbank 50
Djurklou, Nils Gabriel Frhr., *24. 7. 1829 Sörbysätesgård, Norrbyåssokken, Örebrolän, †31. 3. 1904 Örebro 155
Dobbertin, August 400
Döring, Heinrich, *8. 4. 1789 Danzig, †14. 12. 1862 Jena 177
Dohrenburg, Thyra (d. i. Thyra Jakstein), *26. 1. 1898 Berlin 123
Doni, Anton Francesco, *16. 5. 1513 Firenze, †Sept. 1574 Venezia? 59
Dovre (Riese) 94
Draak, Amalia Maartje Elisabeth, *25. 3. 1907 Venlo 177
Dragomanov, Michael 374
Dramatisierung 263, 289, 300, 314
Drei-Brüder-Märchen 241
Dreifaltigkeit 274
Dubois, Kardinal Guillaume, *6. 9. 1656 Brive-la-Gaillarde, Auvergne, †10. 8. 1723 Cambrai? 86
Dukova, Ute 64, 111
Dundes, Alan 145
Dutz, Hans 400

Edda 171
Edsman, Carl-Martin 111
Ehebruch-Schwank 170
Ehlers, August 350
Einschalterzählung 308, 383, 433
Elfensage 451
Elisabeth Charlotte, Herzogin von Orléans (Liselotte von der Pfalz), *27. 5. 1652 Heidelberg, †8. 12. 1722 Saint-Cloud 21, 84, 86

Ellekilde, Hans 240
Engelbrechten, Erika v. XVI
Engelhard (geb. Gatterer), Magdalene Philippina, *21. 10. 1756 Altdorf b. Nürnberg, †29. 9. 1831 Blankenburg am Harz 267
Ensikat, Klaus, *16. 1. 1937 Berlin 287, 477 f.
Epos 40, 238, 374, 385, 391, 405
Erdész, Sándor 64
Erk, Ludwig Christian, *6. 1. 1807 Wetzlar, †26. 11. 1883 Berlin 32
Erotik 17, 169, 253, 280, 314
Eršov, Pëtr Pavlovič, *22. 2.(6. 3.) 1815 Besrukovo, Sibirien, †18. (30.) 8. 1869 Tobol'sk 96, 118, 214, 339
Erzählerkonflikt 33, 227, 306, 339, 361, 435
Escarpit, Denise 163 f., 288
Espinosa, Aurelio 70
Etymologie 359
Exempel →Beispiel
Ey, August, *28. 3. 1810 Clausthal, †21. 8. 1870 Zellerfeld 60, 270, 276, 312, 321, 335 f., 397, 400, 408, 435

Fabel 369, 375
Fahnenflucht 191, 204, 295
Fasnachtsspiel 167
Faust 417
Feenmärchen 30, 50, 218, 305, 358, 419, 433
Feilberg, H. F. 400
Feist, Alfred 150
Fernsehen 314
Film 50, 96, 314, 340
Findeisen, Hans 111, 240
Fink, Gonthier-Louis 79, 219, 309, 319, 322, 436
Finn (Riese) 320
Fiocchi, Adelaide 240
Fischdick, Edith 448
Fischer, Adam 379
Flateyrbók 94
Floerke, Hanns, *25. 3. 1875 Weimar, †30. 8. 1944 Bad Tölz 68, 96
Flutre, L.-F. 55
Foerster, W. 400
Fortunatus 251, 327
Francia, Letterio di 302
Frank, Emma 233, 240
Freierprobe 204, 298, 380
Frenzel, E., *28. 1. 1915 Naumburg a.d. Saale 145, 150, 266, 302, 364
Friedrich von Schwaben 184
Friedrichson, Sabine, *1948 Hamburg 422, 479
Frobenius, Leo, *1873 Berlin, †1938 Verbania-Biganzolo Selasca 45
Fromm, Lilo, *27. 12. 1928 Berlin 283, 477

Galland, Jean-Antoine, *4. 4. 1646 Rollot bei Montdidier, †17. 2. 1715 Paris 59, 68, 163, 251, 300
Garnier, Jean (Verlag) 330
Gegenreformation 55
Gehrts, Heino 448, 463
Geijer, Erik Gustaf, *12. 1. 1783 Ransäter, †23. 4. 1847 Stockholm 231, 233, 358, 400
Geiler von Kaisersberg, Johann, *16. 3. 1445 Schaffhausen, †10. 3. 1510 Straßburg 10
Geistlicher 234, 238
Genovefa 199, 262
Geoffrey of Monmouth, *1100? Monmouth – 1154, 145, 294
Georg 63, 457
Gerould, Gordon Hall 400
Gerstner-Hirzel, Emily 84
Gesellschaftskritik 41 f., 164, 252, 272, 327, 412
Gesta Romanorum 251
Glaubensvorstellungen 356
Goebel, Franz Maria 64, 160
Goedeke, Karl Ludwig Friedrich, *15. 4. 1814 Celle, †28. 10. 1887 Göttingen 295, 387, 421
Goethe, Johann Wolfgang von, *28. 8. 1749 Frankfurt a.M., †22. 3. 1832 Weimar 104, 218, 417

Gogol', Nikolaj Vasil'evič, *31. 3. 1809 Soročincy, Gouv. Poltava, Ukraine, †4. 3. 1852 Moskva 194
Goldmann, Georg August Friedrich 1785–1855, 128
Golther, Wolfgang, *25. 5. 1863 Stuttgart, †14. 12. 1945 Rostock 46, 55, 121, 150, 224, 443
Gomez (geb. Poisson), Magdelaine-Angélique de, *22. 11. 1684 Paris, †1770 Saint-Germain-en-Laye 329
Goswami, P. 13
Gott Vater 73, 274
Gottesgericht 356, 383
Gough, A. B. 266
Gozzi, Carlo Graf, *13. 12. 1720 Venezia, †das. 4. 4. 1806, 301
Graelent 182
Graumantel 276
Grausen 315
Gredt, N., *18. 2. 1834 Luxemburg, †das. 20. 6. 1909, 316, 430, 432
Grétry, André Ernest Modeste, *8. 2. 1741 Liège, †24. 9. 1813 Montmorency 340
Grimm, Albert Ludwig, *19. 7. 1786 Heimgarten-Schluchtern, †1. 12. 1872 Baden-Baden
Grimm, Jacob Ludwig Karl, *4. 1. 1785 Hanau, †20. 9. 1863 Berlin
Grimm, Ludwig Emil, *14. 3. 1790 Hanau, †4. 4. 1863 Kassel 147, 475
Grimm, Wilhelm Karl, *24. 2. 1786 Hanau, †16. 12. 1859 Berlin 1, 3 f., 9, 12, 18, 20, 24 f., 30, 37, 42, 44, 47 ff., 53, 55 ff., 58 f., 65, 69, 71, 75 f., 87 ff., 91, 96 f., 104, 110 ff., 115, 117 f., 124, 127, 129 ff., 138 f., 141 f., 146, 157 f., 160 ff., 165, 168, 173, 176, 180 f., 184, 187, 189, 190 f., 193, 196, 203, 205, 208, 213, 218, 220 f., 225 ff., 245, 250, 254, 256, 258, 260, 268, 273 f., 277, 282, 295, 303 ff., 312 ff., 317, 323, 325, 332 f., 334, 343, 347 ff., 354 f., 358 f., 364 f., 367 f., 372, 375 ff., 380, 383, 387, 397, 403, 406, 409 f., 412, 415, 419, 421, 423, 426, 439 f., 447, 449, 456, 459, 463 f., 466 f.
Grimmelshausen, Hans Jakob Christoffel von, *um 1622 Gelnhausen, Hessen, †17. 8. 1676 Renchen, Baden 270
Grün, Anastasius (d.i. Anton Alexander Graf Auersperg), *11. 4. 1806 Ljubljana, Slovenien, †12. 9. 1876 Graz 231
Grünbart 304
Gründungssage 369
Grundtvig, Svend Hersleb, *9. 9. 1824 København, † das. 14. 7. 1883, 32, 114, 223, 228, 230 ff., 265, 318
Gubitz, Friedrich Wilhelm, *27. 2. 1786 Leipzig, †5. 6. 1870 Berlin 190
Gudrun 385
Günther, Christoph Wilhelm, *1755 Cospeda bei Jena, †1826 Weimar? 173
Günther, Hans 253
Güting, Ernst-Dietrich 70
Gutter, Agnes, *8. 8. 1917 Zürich, †21. 4. 1982 Solothurn 138, 379
Gyergyai, Albert 185

Haavio, Martti 141
Habicht, Christian Maximilian, *8. 3. 1775 Breslau, †25. 10. 1839 Breslau? 69
Habis 373
Haemmerling, Konrad, *11. 10. 1888 Köln a. Rhein, †29. 5. 1957 Berlin 301
Hagen, Friedrich Heinrich von der, *19. 2. 1780 Schmiedeberg, Uckermark †11. 6. 1856 Berlin 69, 409, 415
Hagen, Rolf, *14. 4. 1922 Sonderhausen 6, 9, 13, 25, 48, 50, 55, 73, 127, 132, 161, 164, 189 f., 228, 313, 316, 443
Hain, Mathilde 400
Halewijn 24, 126, 304, 357
Halfdan 94

Halldórsson, Jón, gest. 1339, 166
Hallowell, A. Irving 111
Halpert, Herbert 55
Haltrich, Josef, *22. 7. 1822 Sächsisch-Regen, †17. 5. 1886 Schaas bei Schäßburg 70, 74, 89 f., 101, 120, 131, 157, 159, 163, 180, 197 ff., 201 f., 209, 214, 216 f., 246, 249, 282, 353, 355, 363, 381, 432, 442
Hamilton, Antoine Anthony Comte d', *1646 Roscrea, Tipperary, Irland, †21. 4. 1720 Saint-Germain-en-Laye 55
Hanika, Josef, *30. 10. 1900 Mies, Böhmen, †29. 7. 1963 München 76, 240
Harald Haarschön 94
Hartland, Edwin Sidney 64, 145
Hartmann, Elisabeth 399 f.
Hartmann, Ingrid, *23. 6. 1926 Reval 284, 286
Harva, Uno 249
Hassenpflug, Amalie, *30. 1. 1800 Kassel, †11. 7. 1871 Meersburg 370 f., 436
Hassenpflug, Familie (Töchter) 4, 51, 91, 161, 317, 348, 427
Hassenpflug (geb. Droume), Maria Magdalena, *1767, †1840, 313, 375, 427
Hassenpflug, Johanna Isabella (Jeanette, später Hanne genannt), *28. 6. 1791 Hanau, †12. 6. 1860 Marburg 24, 80, 135 f., 160, 208, 313 f., 375
Hassenpflug, Marie (verh. v. Dalwigk), *27. 12. 1788 Altenhaßlau, †10. 11. 1856 Hoof bei Kassel 42, 50, 53, 133 f., 227, 260, 303, 313, 365, 426
Haupt, Karl 87
Haupt, Moriz, *27. 7. 1808 Zittau, †5. 2. 1874 Berlin 347, 419
Haxthausen, Anna Elisabeth von (verh. v. Arnswaldt), *6. 1. 1801 Bökendorf, †1. 10. 1877 Göttingen? 256
Haxthausen, August Franz Ludwig Maria von, *3. 2. 1792, †31. 12. 1866 Hannover 256
Haxthausen, Familie von 14, 75, 91, 105, 117, 133, 135, 168, 191, 325, 449, 456
Haxthausen, Fernandine von (verh. Heeremann v. Zuydtwick), *24. 8. 1781, †29. 4. 1851 Kassel? 256
Haxthausen, Karoline von, 1790–1861, 256
Haxthausen, Ludowine von, *1795, †1. 10. 1877 Hannover 256
Haxthausen, Marianne von (geb. v. Wendt aus d. Hause Papenhausen), *15. 5. 1755 Papenhausen, Lippe-Detmold, †24. 9. 1829 Bökendorf 256 f.
Haxthausen, Sophie von, *24. 8. 1788, †2. 3. 1862 Bökendorf 256
Haxthausen, Werner Moritz Maria Graf von, *17. 7. 1780, †30. 4. 1842 Köln? 256
Hebel, Johann Peter, *10. 5. 1760 Basel, †22. 9. 1826 Schwetzingen 413
Heckmann, Emil 127
Heiligendorff, W. 97
Hl. Geist 73, 274
Heimir 5
Heinzl, J. 362
Heldensage 54
Helena 3, 263
Helle 46, 141, 172
Hemmerdinger, Bertrand 164
Hempel, Hans 132
Henschel 375
Henßen, Gottfried, *10. 6. 1889 Jülich, †26. 1. 1966 Marburg a.d. Lahn 191, 226, 228, 316, 358
Hentze, Carl 302
Hephaistos 54, 171
Hera 54, 90
Herder, Johann Gottfried, *25. 8. 1744 Mohrungen, Ostpreußen, †18. 12. 1803 Weimar 219
Hermes 89
Herodotos, *um 485 v. Chr. Halikarnassos, Karien, †um 425 v. Chr. Thurioi, Süditalien 5
Hertel, Johannes 70, 387

Hertz, Wilhelm 233, 401
Herzog, Josef 127
Hexenzusammenkunft 451
Heyden, Franz 219
Heymans, Margriet, *1932 s'Hertogenbosch 441, 479 f
Hibbard, Laura A. 240
Hierse, Wolfgang 64
Hippe, Max 401
Hippodameia 285
Hirlanda 199
His, Marie 141
Hochzeitsbrauch 285
Hock, Stefan 195
Hoefer, Albert 418
Hörfunk 314
Hoffmann, Adolf 364
Hoffmann (gen. von Fallersleben), August Heinrich, *2. 4. 1798 Fallersleben, †19. 1. 1874 Corvey a.d. Weser 347
Hoffmann, Ernst Theodor Amadeus (d.i.E.T. Wilhelm Hoffmann), *24. 1. 1776 Königsberg, Ostpreußen, †25. 6. 1822 Berlin 312
Hoffmann, Felix, *18. 4. 1911 Aarau, †16. 6. 1975 Aarau 53, 474 f.
Hokusai, Katsushika, *1760 Tokyo, †das. 1849, 69
Holbek, Bengt 124
Holland, Wilhelm Ludwig, *11. 8. 1822 Stuttgart, †23. 8. 1891 Tübingen 86
Holmström, Helge 76, 156 f., 184, 239 f., 296 f., 391
Holz, Friedrich 127
Holzschnitt 406
Honti, Hans 171
Horálek, Karel, *4. 11. 1908 Rajhrad 141, 160, 247, 249, 256, 448
Hosemann, Theodor *24. 9. 1807 Brandenburg a. d. Havel, †15. 10. 1875 Berlin 187, 476
Hrolfs-saga Kraka 462
Hubert, Renée Riese 436
Hühnerkopf, R. 414
Hüsing, Georg 240, 316
Huet, Gédéon 70, 266, 364
Hundesohn 243
Huth, O. 13
Hyltén-Cavallius, Gunnar Olof, *18. 5. 1818 Vislanda socken i Värend, †1889 Sunnanvik, Skatelöv 223, 318

Identifikation 173, 277, 282, 380
Identifikationswechsel 35, 106, 459
Ikone 273
Ilja von Murom 243
Ipsen, Johannes 111
Ivan Kuhsohn 243
Izdubal 372, 374

Jack Horner 171
Jacobs, Christian Friedrich Wilhelm, *6. 10. 1764 Gotha, † das. 30. 3. 1847, 433
Jacobs, Joseph, *29. 8. 1854 Sydney, †30. 1. 1916 Yonkers, New York 134, 225
Jacobus de Varagine, *1228/1230 Varazze b. Genova, †14. 7. 1298 Genova 64
Jahn, Erwin 79
Jahn, Ulrich, *15. 4. 1861 Züllchow b. Stettin, †20. 3. 1900 Berlin 64, 76, 79, 98 f., 120, 138, 167, 171, 191, 195, 199, 207, 234, 238, 244 f., 247 f., 278, 280, 296, 323, 325 ff., 386, 389, 393, 430 ff., 444, 447
Jaina 74
Janka, Irmgard XVI
Jason 141
Jātaka 270, 413
Jean de Calais 329
Jellinek, Arthur L. 195
Jenssen-Tusch, Georg Friedrich von *28. 10. 1789 Kotzenbüll in Eiderstedt, †15. 3. 1888 Hamburg 121, 310
Johannes de Alta Silva, 12. Jh. 67, 343, 345 ff., 466
Johannes Gobii Junior, um 1300, 328, 405

Joseph und seine Brüder 438
Jung-Stilling, Johann Heinrich, *12. 9. 1740 Grund bei Hilchenbach, †2. 4. 1817 Karlsruhe 218 f.
Justinus, Marcus Junianus, 3. Jh. n. Chr. 373

Kaiser, Karl 436
Kalaf und die schöne Turandot 301
Kallenberger, Pierre 412, 414
Kallimachos kai Chrysorrhoē 446
Kapełus', Elena 244
Karl der Große 29, 150, 194, 436
Karlinger, Felix, *17. 3. 1920 München 45, 223 f., 266, 334
Kasernenerzählungen 25, 182, 204, 234, 250, 295, 387
Katharina 74
Kathāsaritsāgara 178, 383
Keilschrifttext 372, 374
Kemppinen, Iivar 127
Kennedy-Frazer, Marjory 358
Kettenerzählung 313
Khiẓr 404, 438
Kindermärchen 18, 83, 128, 138, 168, 171, 186, 203, 208, 210, 224, 256, 313, 344, 349, 351, 415, 421, 427
Kinderreim 50
Kinderspiel 315
Kirchenfromm 193, 219
Kirchhoff, Hans Wilhelm, *um 1525 Kassel, †um 1603 Spangenberg 165
Klein, Robert 155
Kletke, Hermann, *14. 3. 1813 Breslau, †2. 5. 1886 Berlin 142
Klima, Josef R. 141
Knapp, Grace 141
Knedler, J. W. 266
Kobylieński, Krysztof, †1565, 46
Kochem, Martin von, *12. 12. 1634 Cochem a.d. Mosel, †10. 9. 1712 Waghäusl b. Bruchsal 262
Köhler, Ines 46
Köhler, Ludwig, *6. 3. 1819 Meiningen, †4. 8. 1862 Hildburghausen 61, 70, 439, 454
Köhler, Reinhold Adalbert Johannes, *24. 6. 1830 Weimar, †das. 15. 8. 1892, 70, 97, 111, 121, 141, 145, 168, 224, 322, 358, 364, 387, 401, 418, 439
Kölbing, E. 387
Kolportage 3, 21, 30, 228, 330, 340
Kolster (Konrektor) 22
Konon, 1. Jh. v. Chr. 110
Konstanze 263
Koran 438
Kovács, Ágnes 249
Krack, Otto 127
Krag-Juel-Wind, Elisa Baronesse 114
Krappe, Alexander Haggerty, 1894–1947, 46, 104, 141, 265 f., 387, 401, 463
Krause, Johann Friedrich, *um 1760, †2. 11. 1851, 234
Kristensen, Evald Tang, *24. 1. 1843 Nørre Bjaert b. Kolding, †8. 4. 1929 Mølholm b. Vejle 223
Krohn, Kaarle Leopold, *10. 5. 1863 Helsinki, †19. 6. 1933 Sammatti 30, 156, 214, 323, 354, 375, 379, 387
Krüger, Kurt Karl Franz 37, 46, 50, 70, 198, 233, 435, 436, 443
Krzyzanowski, Julian 46
Kubin, Alfred, *10. 4. 1877 Litoměřice, Böhmen, †20. 8. 1959 Zwickledt, Oberösterreich 311, 478 f
Küffner, Werner, *16. 8. 1950 Ebersberg 397
Kuhn, Ernst 375
Kuhsohn 243
Kunsterziehungsbewegung 276
Kunstlied 51
Kunstmärchen 333, 401
Kuz'ma Dem'jan 244
Kyros 373

La Fontaine, Jean de, *8. 7. 1621 Château-Thierry, Champagne, †14. 4. 1695 Paris 3
La Force, Charlotte-Rose de Caumont de, *um 1650 Schloß Casenove bei Bazane, †1724, 305, 306, 307
Lachmann, Vera R. 369

Ladendorf, Otto 364
Laimgruber, Monika, *25. 5. 1946 Klagenfurt 235, 476 f
Lang, Andrew, *31. 3. 1844 Selkirk, †20. 7. 1912 Banchory 2, 228
Lange, Wolfgang 64
Langosch, Karl, *11. 4. 1903 Berlin 112, 115
Lanval 184
Larivey, Pierre (d.i. Pietro Giunti), *um 1540 Troyes, †das. 12. 2. 1619, 287 f.
Laudy 401
Lázár, Béla 253, 448
Lazarillo de Tormes 288
Leach, MacEdward 387
Lebedev, Vladimir Vasil'evič, *1. (14.) 5. 1891 St. Peterburg, †21. 11. 1967 Leningrad 366, 479
Lecau 32
Lecouteux, Claude 240
Lefler, Heinrich, *7. 11. 1863 Wien, †das. 14. 3. 1919, 276
Legende 74, 95, 96, 265, 328, 329, 369, 373, 386, 438
Le Maître, Henri 364
Lemire, Ch. 127
Lemke, Elisabeth, *5. 6. 1849 Rombitten, Ostpreußen, †11. 8. 1925 Zoppot 181, 241 ff., 463
Le Noble, Eustache, *1643 Troyes, †31. 1. 1711 Paris 69
Lenz, Rodolfo 266
Leprince de Beaumont, Jeanne Marie, *26. 4. 1711 Rouen, †1780 Chavanod b. Annecy? Paris? 37, 60, 102, 321, 340, 342, 359, 362
Lesage, Alain-René, *8. 5. 1668 Sarzeau, Bretagne, †17. 11. 1747 Boulogne-sur-Mer 301
Leskien, August, *1840 Kiel, †1916 Leipzig 461
Levinsen, Niels 229
L'Héritier de Villandon, Marie-Jeanne, *Okt. 1664 Paris, †das. Febr. 1734, 115, 320 ff., 330
Liebrecht, Felix, *13. 3. 1812 Namslau, †3. 8. 1890 St. Hubert 364, 378
Lied 5, 51, 149, 231
Lied im Märchen 355, 356, 417, 418
Liljeblad, Sven, *1899, 60, 64, 121, 141, 172, 387, 399, 401, 451, 467
Lindahl, Carl 20
Liombruno 76, 185, 238
Literarische Quelle 111, 218, 298, 305, 333, 380
Liungman, Waldemar, *27. 1. 1883 Stockholm, †das. 31. 10. 1978, 6, 13, 20, 30, 37, 42, 46, 55, 60, 64, 70, 97, 104, 111, 121, 127, 132 f., 145, 148, 150, 160, 164, 168, 176 f., 180, 195, 198, 202, 207, 209, 219, 222 ff., 228, 233, 240, 253, 256, 266, 271, 275 f., 286, 300, 302, 316, 323, 354, 364, 369, 375, 379, 387, 401, 414, 419, 439, 443, 448, 451, 463
Llyr 145
Lods, Jeanne 55
Löwis of Menar, August 244, 401
Louise, Raugräfin 86
Louveau, Jean, *Anfang 16. Jh. Orléans, †2. Hälfte 16. Jh. Lyon? 287 f.
Ludwig XIV. 21
Lüdeke, Hedwig 13
Lügenmärchen 409
Lüthi, Max, *11. 3. 1909 Bern 13, 20, 55, 64, 104, 150, 250, 301 f., 307, 309, 318, 323, 326, 354, 358, 364, 369, 375, 401, 439, 443, 463, 467
Lukatu, Demetriu S. 13
Lukentus 108

Mackensen, Lutz, *15. 6. 1901 Bad Harzburg 357 f.
MacLeod, Kenneth 358
Macquisten, A. S. 369
Mädchenräuber 204
Märchenspiel 33, 219, 289, 314
Magazin des enfans 340
Magelone 158, 429
Mahābhārata 413
Mahmûd ile Elif 447
Mai und Beaflor 266
Manekine 4, 263

Mannel, Friederike, *13. 7. 1783 Hilmes, †19. 3. 1833 Rodenbach? 124, 138, 181, 273 f., 456
Marburger Märchenfrau 9, 173
Maria 85, 89, 116, 273, 274 ff.
Marie de France, *um 1130, †um 1200, 32
Marner, *urkundlich zwischen 1231 und 1267, †um 1270, 29
Marold, Edith 224
Martyrer 6, 263
Martzolff, Georg, *um 1900, 62
Marx, August, *15. 1. 1875 Steinberg 20, 214, 256
Marzell, Heinrich 86
Masing, Uku. 256
Massenmedien 364
Mathisdatter, Maren 229
Matičetov, M. 249
Maurer, Konrad 369
Maurer, Theodor 276
Mayer, Karl Otto 323
Medea 141
Medusa 462
Megas, Giorgios Anastasiu, *1883, †um 1976, 45, 121, 157, 364, 375
Meier, Ernst Heinrich, *17. 5. 1813 Rusbendt, Schaumburg-Lippe, †2. 3. 1886 Tübingen 25, 40, 64, 70, 145, 453
Meier, Fritz 302
Meier-Branecke, Marlis 401
Meinel, Gertraud 219
Meisterlied 29, 167, 185
Melampus 438
Meleagros, *um 140 v. Chr. Gadara, †70 v. Chr. Kos 166
Melusine 184
Memmer, Karl Adolf 150
Mensch-Tier-Verhältnis 437
Mensing, Otto, *28. 7. 1868 Lütjenburg, †19. 8. 1939 Kiel 220, 406
Menzel, W. 83
Meraklis, Michael 228
Méraville, Marie-Aimée, *Condat-en-Féniers, Cantal, †1963, 207
Merlin 96, 414
Messerschmid, Georg, †um 1559, 20
Meyer, Gustav Friedrich 401
Meyer, Maurits de 111, 228, 364, 379, 414, 463
Meyer, Paul 56
Michael 373
Michaelsen, Wilhelm 406
Michl, Reinhard, *18. 6. 1948 Hausen b. Kelheim a. d. Donau 129, 475
Midas 94
Mitchell, Jane Tucker 436
Mittelalter 91, 95, 238, 285, 374, 391, 405, 451
Moe, Jørgen Engebretsen, *22. 4. 1813 Hole på Ringerike, †27. 3. 1882 Kristiansand 14, 17, 223, 280, 289, 333, 353, 362
Moe, Moltke 224
Molière (d.i. Jean Baptiste Poquelin), *15. 1. 1622 Paris, †das. 17. 2. 1673, 3
Mone, Franz Joseph 115, 387
Monseur, Eugène 358
Montanus, Martin, nach 1530 Straßburg 87, 89, 103 f.
Moór, Elemér 240
Moral 273, 333, 338, 409, 421, 449
Moritat 224
Moser-Rath, Elfriede 160
Mudrak, Edmund, *27. 10. 1894 Wien, † das. 12. 12. 1965, 21, 70, 97, 104, 111, 127, 150, 245, 249, 256, 336, 338, 364, 443
Müllenhoff, Karl, *8. 9. 1818 Marne, Dithmarschen, †19. 2. 1884 Berlin 134, 220, 362, 394, 406 ff., 430
Müller, Helmut 124
Müller, Johann Gottwerth, *17. 5. 1743 Hamburg, †23. 6. 1828 Itzehoe 322
Münzer, Adolf, *5. 12. 1870 Pleß, Oberschlesien, †24. 1. 1953 Landsberg am Lech 11, 473
Mundart 14, 91, 105, 117, 142, 210, 211, 220, 228, 271, 335, 375, 401, 409, 415
Musäus, Johann Karl August, *29. 3. 1735 Jena, †28. 10. 1787 Weimar 5, 77, 79, 270, 310, 312, 364, 448

Mylius, Wilhelmine, *23. 1. 1823 Themar b. Meiningen, †1852 oder 1853 Roane County, Tennessee 129 f., 172, 210
Myrtilos 286
Mythologie 46, 54, 89, 90, 126, 141, 145, 171, 263, 352, 391, 417, 446 f., 461 f.

Nachshabī, Scheich Żiyā'od-Dīn, geb. in Nachshab, Nasaf (Bochara), †1350 Badaun, Indien 41
Nehrlich, Johann Carl, *11. 10. 1773 Eisenach, †1849 Karlsruhe? 1
Němcová (geb. Barbora Panklová), Božena, *4. 2. 1820 Wien, †21. 1. 1862 Praha 96
Neẓāmī (d.i. Neẓāmo'd-Dīn Ilyās ben Yūsof), *1141 Gandje, †das. 12. 3. 1209, 300
Nibelungen 381
Nicolai (Verlag) 162
Nikolaus 316, 329
Nilsson, Nils Aage 177
Nitschke, August 104, 177, 334, 358, 364, 387, 419, 427, 463, 467
Nivardus (Magister), 12. Jh. Gent 41
Nöldeke, Otto, *5. 12. 1867 Wiedensahl, Hannover, †5. 1. 1948 Bückeburg 65
Novelle 374
Novellenmärchen 298
Novikov, N. V. 249
Nygard, Holger Olof 127

Obszöne Erzählung 14, 168, 253
Odilia 276
Odin 54
Offa 265
Oinomaos 285
Olrik, Axel, *3. 7. 1864 København, †das. 17. 2. 1917, 222 ff., 229, 233, 316
Oper 340
Ortutay, Gyula, *24. 3. 1910 Szabadka, †22. 3. 1978 Budapest? 45
Ovidius Naso, Publius, *20. 3. 43 v. Chr. Sulmo, †um 18 n. Chr. Tomis, Konstanza 112

Paliken 54
Pañcatantra 41, 114, 231, 383
Pancritius, Marie 141
Panzer, Friedrich 97, 111
Pao Kan 108, 110
Papyrus 445
Paris, Gaston 228
Parizade 69, 83
Parodie 267
Parthenopex von Blois 184
Parzival 367
Paulus 74
Paunonen, Matinpoika Heikki, *10. 3. 1946 Helsinki 17, 256
Pech, Klaus-Ulrich 334
Pecher, R. 37
Peele, Georges, *1558(?) London, †das. Nov. 1596(?) 132
Pegasos 462
Pelops 286
Perceforest 51, 331
Perrault, Charles, *12. 1. 1628 Paris, † das. 16. 5. 1703
Perrault, Pierre (gen. Darmancour), *21. 3. 1678 Paris, †März 1700, 3 f., 9, 12, 21 f., 24 f., 32 f., 47 ff., 55, 73, 89, 115 f., 126, 130, 144, 161 ff., 188 f., 191, 224 ff., 286, 288 f., 294, 313 ff., 322, 330 ff., 340, 367, 378, 413, 433
Perrault, Claude 116
Perrett, Wilfrid 145
Perseus 461 f.
Perspektive-Änderung 30, 196, 267, 295, 433
Peschek (oder Pescheck), Theodor 87 f., 104
Peters, E. 168
Pétis de la Croix, *1653 Paris, †4. 12. 1713, 300
Petrus 74
Petsch, Robert 56
Peuckert, Will-Erich 37, 111, 338

Pfennigdruck 286, 313, 323
Pfister, Manfred 133
Phaedrus, *um 15 v. Chr. Makedonien, †um 50 n. Chr. 40
Philippe de Remi, Sire de Beaumanoir, *Ende 1246/Anfang 1247 Remy b. Compiègne, †7. 1. 1296 Moncel? 266
Phrixos 46, 141, 172
Pickford, R. W. 369
Pierson, Isaak Johann, *1734 Schöneberg-Knallhütte bei Kassel, †das. 1798, 146
Pietismus 271, 409
Pippin (König) 150
Plenzat, Karl, *22. 7. 1882 Groß-Warningken bei Pillkallen, verschollen nach d. 10. 2. 1945, †Schneidemühl? 243
Ploennies, Ludwig Wilhelm von, *7. 9. 1828 Darmstadt, †das. 21. 8. 1871, 182, 204, 296, 325
Plutarchos, *um 46 n. Chr. Chaironeia, Böotien, †nach 120 n. Chr. 167
Pocci, Franz Graf, *7. 3. 1807 München, †das. 7. 5. 1876, 23, 190, 473
Poisson, Philippe, *Febr. 1682 Paris, †4. 8. 1743 St. Germain 329
Polain, Eugène 42
Politis, Linos 448
Politisches Beispiel 41 f.
Polívka, Jiří, *6. 3. 1858 Enns, †21. 3. 1933 Praha 6, 13, 18, 21, 30, 37, 42, 46, 56, 60, 70, 97, 104, 111 f., 115, 121, 127, 133, 138, 141, 145, 150, 160, 164, 168, 171, 177 f., 180, 195, 198, 202, 207, 209, 214, 219, 224, 228, 240, 244, 253, 256, 266, 271, 276, 286, 302, 309, 316, 323, 334, 354, 358, 364, 369, 375, 379, 387, 401, 414, 419, 423, 432, 436, 439, 443, 448, 451, 453, 463 f., 466 f.
Polo, Marco, *um 1254 Venezia, †das. 8. 1. 1324, 270
Popović, Pavle 266
populäre Drucke 260, 273
Portupej proporščik 447
Poseidon 462
Potifar (Frau des) 445, 462
Pourrat, Henri, *7. 5. 1887 Ambert, Puy-de-Dôme, †das. 17. 7. 1959, 207
Praetorius, Johannes (d.i. Hans Schultze), *22. 10. 1630 Zethlingen, Altmark, †25. 10. 1680 Leipzig 80, 321
Predigtmärlein 142, 260, 401
Propp, Vladimir Jakovlevič 157, 244
Pschmadt, Carl 240
Puccini, Giacomo, *2. 9. 1858 Lucca, †29. 9. 1924 Bruxelles 301
Puppenspiel 219
Purûravas und Urvaçi 239, 391
Puškin, Aleksandr Sergeevič, *6. 6. 1799 Moskva, †10. 2. 1837 Peterburg 68 f., 214, 414
Puymaigre, Théodore de 266

Radierung 162
Rael, Juan Battista 13
Rätsel 282, 298, 317, 397
Räubersage 303
Räuberschwank 303
Rafael 400
Ragnar-Lodbrok-Saga 5
Ramondt, Marie 127
Rampsinit 30
Ramus (Familie) d.i.
Ramus, Charlotte, *1793 Kassel, †1858
Ramus, Julia, *1792 Kassel, †1862, 463
Rank, Otto 467
Ranke, Kurt, *14. 4. 1908 Blankenburg 6, 13, 30, 46, 56, 60, 62, 64, 70, 97, 104, 121, 127, 133, 141, 150, 160, 164, 168, 171, 177, 180, 195, 202, 207, 214, 219, 221, 224, 228, 233, 240, 244, 253, 256, 266, 271, 276, 309, 316, 323, 337 f., 350, 354, 358, 364, 369, 375, 379, 387, 401 f., 412, 414, 419, 423, 432, 439, 443, 448, 453, 460, 463, 467
Rasmussen, Knud Johan Victor, *7. 6. 1879 Jakobshavn, Grönland, †21. 12. 1933 Gentofte 438
Rausmaa, Pirkko-Liisa 85

Regression 375
Reifungsritus 75
Reimchronik 142
Reimer, Georg Andreas, *27. 8. 1776 Greifswald, †26. 4. 1842 Berlin 410, 415
Reinald das Wunderkind 77
Reinhold, Joachim 150
Reinigungsritus 260
Reitzenstein, Richard 364
Renaissance 20
Renart (Roman de) 41
Requisitenverschiebung 354
Reynaud, Marie-Antoinette 434
Rialle, Girard de 240 f.
Ribadeneira, Pedro de (auch Pedro de Rivadeneyra), 1524–1611 Madrid 3
Richter, Adrian Ludwig, *28. 9. 1803 Dresden, †19. 6. 1884 Loschwitz b. Dresden 61, 177, 210, 271, 304, 406
Rig Veda 110
Ritterroman 157, 182, 343, 387
Ritus 75, 244, 260, 354, 415
Robert der Teufel 95, 452
Roberts, Warren E. 73, 130 f., 133, 423, 442 f.
Roche-Mazon, Jeanne 436
Rochholz, Ernst Ludwig 228
Röhrich, Lutz, *9. 10. 1922 Tübingen 21, 64, 97, 133, 137 f., 165, 241, 286, 319, 323, 375, 401, 439
Rölleke, Heinz, *6. 11. 1933 Düsseldorf 1, 6, 13, 18, 21, 42, 46, 56, 60, 138, 168, 171, 177, 180 f., 187, 209, 228, 266 f., 271, 276, 313, 323, 369, 409 f., 414, 416, 419, 432, 463, 467
Rösch, Erich 384, 385, 387
Röth (Verlag) 155
Rolandslied 149
Rollenhagen, Georg, *22. 4. 1542 Bernau, †20. 5. 1609 Magdeburg 41
Romain, Alfred 56
Roman 204, 298, 323, 369, 397, 401
Roman de Renart 41
Romantik 218, 415, 423
Romanze 105
Rommel, Margarete Elisabeth Agnes Leonore 412, 414
Romulus (röm. Fabeldichter), 400 n. Chr. 40
Romulus und Remus 373
Rooth, Anna Birgitta, *15. 5. 1919, 6, 11 ff., 89 f., 104, 231, 233
Rose und Zypresse 301
Rosenfeld, Hellmut 387
Rother (König) 381
Rouger, Gilbert 6, 13, 50, 56, 164, 228, 316
Rua, Giuseppe 141
Rudbeck, Olof, getauft 12. 12. 1630 Västerås, †17. 9. 1702 Uppsala 405
Rudolf von Ems, *um 1200 Hohenems, Vorarlberg, †1250/1254 Italien 329
Rückkehrmöglichkeit 316
Rumpf, Marianne, *4. 6. 1921 Guben, Niederlausitz 226, 315 f.
Runge, Daniel, *29. 11. 1767 Wolgast, †1856 Hamburg? 410, 416
Runge, Gustav 409, 415
Runge, Philipp Otto, *23. 7. 1777 Wolgast, †2. 12. 1810 Hamburg 271 f., 409 f., 415 f., 418
Rymer 126

Sachs, Hans, *5. 11. 1494 Nürnberg, †das. 19. 1. 1576, 41, 167, 185
Saga 5
Sage 25, 75, 83, 91, 138, 142, 165, 171, 182, 191, 220, 224, 244, 260, 267, 277, 292, 303, 317, 343, 354, 358, 364, 369, 409, 415, 436, 449
Sagen der böhmischen Vorzeit 9
Şăineanu, Lazăr, *23. 4. 1859 Ploieşti, †11. 5. 1934 Paris 6, 13, 21, 64, 121, 133, 145, 168, 177, 266, 432, 463
Saintyves, Paul 6, 13, 50, 56, 127, 133, 164, 228, 316, 323
Salmalainen, Eero (d.i. Erik Rudbeck), *17. 4. 1830 Iisalmi, †29. 6. 1867 Kuopio 155
Sandkühler, Konrad, *15. 1. 1886 Würzburg 292
Saxo Grammaticus, *um 1140, †um 1220, 222

Schall, Karl, *24. 2. 1780 Breslau, †das. 18. 8. 1833, 69
Schatzsage 267
Schelmenroman 286
Schenkl, Karl 115
Scherb, Hans 111
Scherf, Elisabeth 241, 362
Scherf, Walter 6, 13, 21, 42, 50, 56, 64, 70, 86, 111, 121, 127, 133, 138, 141, 145, 164, 168, 171, 177, 180, 207, 224, 228, 233, 241, 253, 256, 271, 316, 354, 358, 364, 369, 379, 414, 419, 439, 443, 448, 467
Scherzformel 228
Schick, Josef, *21. 12. 1859 Rißtissen, †13. 2. 1944 München 267, 376
Schiller, Johann Christoph Friedrich von, *10. 11. 1759 Marbach a. Nekkar, †9. 5. 1805 Weimar 301
Schilling, Friedrich Gustav, *25. 11. 1766 Dresden, †das. 30. 7. 1839, 165
Schlaraffenlanderzählung 375
Schlauch, Margaret 267
Schlosser, Alfred 86
Schmaus, Alois, *28. 10. 1901 Maiersreuth, †27. 7. 1970 München 241
Schmidt, Leopold, *15. 3. 1912 Wien 64, 104, 356, 358
Schmitz 124
Schneider, Rolf-Rüdiger 64
Schöll, Fritz 177
Schönbach, Anton E. 387
Schöne Helena 3
Schönwerth, Franz Xaver von, *16. 7. 1810 Amberg, †26. 5. 1886 München 271, 453
Schoepperle, Gertrude 443
Scholz (Verlag) 276
Schoof, Wilhelm 138, 141, 323, 369
Schreckmärchen 224, 313
Schreiner, Elisabeth 401
Schroeder, Hildegard 364
Schulbuch 314
Schulz, Joachim Christoph Friedrich, *1. 1. 1762 Magdeburg, †27. 9.(9. 10.)1798 Mitau 305
Schulz oder Schulze 409, 415
Schumacher, Andreas, *27. 1. 1803 Wien, †das. 3. 3. 1868, 142 f.
Schwank, Schwankmärchen 80, 83, 165, 168, 204, 267, 277, 282, 313, 317, 335, 375, 380, 401
Schweickert, Hanna 276
Schwertzell, Wilhelmine von, *1794 Willingshausen, †das. 1849, 165
Schwieger, Paul 387
Schwind, Moriz von, *21. 1. 1804 Wien, †8. 2. 1871 München 162
Sébillot, Paul 364
Seifart, Karl, *24. 9. 1821 Hildesheim, †28. 3. 1885 Lüneburg 138
Seifert, Edeltraut K. 276
Selbstfindung 224
Sendak, Maurice Bernard, *10. 6. 1928 Brooklyn 115
Shakespeare, William, getauft 26. 4. 1564 Stratford-upon-Avon, †das. 23. 4. 1616, 145, 294, 305
Shamburger, Mary I. 369
Siddhi-Kür 114, 177, 213, 362
Sieben weisen Meister 343, 466
Siebert, Ferdinand, *1791 Treysa, †1847 Mörshausen? 267
Simrock, Karl 141, 145, 369, 401
Singer, Samuel, *12. 7. 1860 Wien, †4. 12. 1948 Bern 10 f., 13, 64, 111, 133, 145, 270 f., 358, 467
Sing-Erzählung 30
Sinhâsana-Dvâtrinçikâ 270
Skáldskaparmál 171
Smith, Victor 127
Snook, Lynn 302
Solymossy, Sándor, *1864 Pest, †1945 Budapest 249, 358
Somadeva, 11. Jh. Kaśmīr 178, 383
Soriano, Marc, *7. 7. 1918 Kairo 4, 6, 13, 50, 55 f., 127, 133, 164, 225, 228, 316, 323, 436
Southey, Robert, *12. 8. 1774 Bristol, 21. 3. 1843 Keswick 367
Speckter, Otto, *9. 11. 1807 Hamburg, †das. 29. 4. 1871, 161, 162, 475 f.
Spielmannsdichtung 282, 380
Spieß, Karl von 13, 127, 141, 241, 286, 302, 354, 463

Spiller, Reinhold 56
Spottlied 196
Spruch 87, 220, 271, 305, 350, 375
Spuksage 267
Stahl (geb. Dumpf), Karoline, *4. 11. 1776 Gut Ohlenhof, Livland, †1. 4. 1837 Dorpat 333 f.
Stahlsohn 243
Stecher, Gotthilf 219
Stefanović, Svetislav, *1. 11. 1874 Novi Sad, †Nov. 1944 Beograd 266 f.
Steig, Reinhold 414, 419
Stein (geb. v. Schardt), Charlotte Albertine Freiin von, *25. 12. 1742 Weimar, †das. 6. 1. 1827, 104
Steinzeit 415
Stephens, George, 1813–1895, 223, 318
Stiefel, A. Ludwig 302
Stöber, Daniel August Ehrenfried, *9. 7. 1808 Straßburg, †das. 19. 3. 1884, 189 f., 271 f.
Storch (Mamsell) 375
Storia di Liombruno 76, 185, 238
Strabo (d.i. Walahfrid gen. Strabo), *um 808 Schwaben, †18. 8. 849 in der Loire 13
Strackerjan, Peter Friedrich Ludwig, *2. 8. 1825 Jever, †4. 3. 1881 Oldenburg 27, 64, 268, 328, 354, 378, 463
Straparola, Gianfrancesco, *um 1480 Caravaggio b. Cremona, †das. nach 1557, 3, 68 f., 84 ff., 96, 120, 167, 198, 231, 269 f., 287, 328, 457
Strauß, Manfred 302
Stützel, Ingeborg 219
Stumfall, Balthasar 364
Stupica, Marlenka, *17. 12. 1927 Maribor 211, 476
Suchier, Hermann 267
Śukasaptati 41
Sumcov, N. F. 375
Sutermeister, Otto, *27. 9. 1832 Degerfelden, †17. 8. 1901 Bern 40, 206
Swahn, Jan-Öjvind, *15. 5. 1925 Lund 97, 340, 358, 364
Sydow, Carl Wilhelm von, 1878–1952, 60, 64, 322, 323, 448
Szűcs, Sándor, *23. 10. 1903 Biharnagybajom 249

Tanz 449
Tegethoff, Ernst 97, 364
Tenèze, Marie-Louise, *1922 Longeville-les-Saint Avold, Moselle 6, 13, 21, 30, 46, 50, 56, 60, 70, 86, 97, 104, 121, 133, 138, 163 f., 168, 171, 177, 180, 202, 207, 214, 233, 241, 253, 256, 267, 323, 332, 364, 387, 401, 414, 432, 436, 439, 443, 448, 467
Thaleia 54
Thompson, Stith, *7. 3. 1885 Bloomfield, N.J., †10. 1. 1976 Columbus, Ind. 97, 337, 437 f., 442
Thürschemann 130
Tieck, Ludwig, *31. 5. 1773 Berlin, †das. 28. 4. 1853, 24, 162, 163
Tiermärlein 208
Tiersohn 243
Tille, Václav 375
Ting, Nai-tung 13, 109, 111
T'ing, Pei 110
Tipiṭaka 413
Tobias 400
Tobit 400
Tolstoj, Lev Nikolaevič, Graf, *9. 9. 1828 Jasnaja Poljana, Gouv. Tula, †20. 11. 1910 Astapovo, Gouv. Tambov 367
Topsøe-Jensen, Helge 124
Torec 105
Tragischer Ausgang 165, 220, 433, 449
Trancoso, Gonçalo Fernandes, *um 1520 Trancoso, †vor 1596 Lisboa 69
Tristan und Isolde 120, 176
Trogus, Pompeius, 1. Jh. v. Chr./n. Chr. aus Gallien 373
Tscharner, Ed. Horst v. 302
Tüschele-Marüschele 316
Turandot 206, 301
Ṭūṭī-Nāmé 20, 41, 178, 456

Ubbelohde, Otto, *5. 1. 1867 Marburg a. d. Lahn, †8. 5. 1922 Goßfelden b. Marburg 27, 474

Uhsadel-Gülke, Christina 358
Umschmelzung 323
Ungerer 21, 126
Urvaci, 239
Ussher, Arland 13
Uysal, Ahmet E. 34, 432

Valjavec, Matija, *17. 2. 1831 Srednja Bela, Preddvor b. Kranj, †15. 3. 1897 Zagreb 211 ff.
Vaviovka 209
Vega Carpio, Lope Félix de, *25. 11. 1562 Madrid, †das. 27. 8. 1635, 329
Velie, Allen R. 64, 97
Verdrängung 427
Vermarktung 133, 313
Versailles 65
Verserzählung 182, 211, 214, 234, 260, 330, 409
Vetter, Ferdinand 64
Viehmann (geb. Pierson), Dorothea, *8. 11. 1755 auf der Knallhütte zwischen Niederzwehren und Kirchbauna, †17. 11. 1815 Niederzwehren 6 f., 9, 56, 58, 71, 97, 99 f., 146, 173, 196, 370, 380, 463
Villeneuve (geb. Barbot), Gabrielle Suzanne de, *1695, †29. 12. 1755 Paris 340
Vogeler, Heinrich, 12. 12. 1872 Bremen–14. 6. 1942 bei Karaganda, Kasachstan Umschlagbild
Vogelhochzeit-Lied 204
Vogt, Friedrich 56
Volksbuch 18, 75, 76, 91, 105, 157, 168, 182, 191, 234, 250, 273, 323, 401, 433, 444, 452
Volkslied 196, 203, 260, 354, 397, 409
Voretzsch, Karl, *17. 4. 1867 Altenburg, †15. 1. 1947 Naumburg 6, 127
Voß, Johann Heinrich, *20. 2. 1751 Sommersdorf b. Waren in Mecklenburg, †29. 3. 1826 Heidelberg 4
Vries, Jan de 56, 302

Wagner, Fritz, *14. 7. 1934 Aachen 115
Wagner, Reinhard 133
Waldemarson-Rooth, Anna Birgitta 233
Walewein 176, 405
Waley, Arthur 13
Walker, Warren Stanley, *19. 3. 1921 Brooklyn 34, 432
Wallensköld, A. 150, 202, 267
Ward, Donald 111, 463
Warnmärchen 409
Wasserweibsage 343
Weber, Albrecht 375
Wechselrede 133, 313, 401, 421, 439, 455
Wehse, Rainer 13
Weil, Gustav, *25. 4. 1808 Sulzburg, Baden, †29. 9. 1889 Freiburg i. Br. 59, 65, 69, 239
Wesselofsky, Alexandre N. 375
Wesselski, Albert, *3. 9. 1871 Wien, †2. 2. 1939 Praha 18, 21, 60, 74, 97, 102, 104, 115, 138, 141, 164, 168, 180, 233, 267, 276, 302, 364, 369, 387, 414, 419, 435, 439, 443, 467
Wetter, H. 104
Wickert, Maria 267
Wiederholzwang 317
Wielandslied 391
Wigand, Georg, *13. 2. 1808 Göttingen, †9. 2. 1858 Leipzig? 61
Wild (gen. Dortchen, verh. Grimm), Henriette Dorothea, *23. 5. 1793 Kassel, †22. 8. 1867 Eisenach
Wild (verh. Eschwege) Lisette, *11. 7. 1782 Kassel, †30. 8. 1858 Wolfsanger
Wild (gen. Gretchen, verh. Schmerfeld), Margarete Marianne, *11. 4. 1787 Kassel, †9. 1. 1819 Kassel
Wild (gen. Mie), Marie Elisabeth, *6. 12. 1794 Kassel, †3. 3. 1867, 1, 71, 101, 124, 128 f., 133, 189, 258, 273, 317, 343, 354, 358, 370, 376
Williamson, Marjorie 267
Winstedt, E. O. 387
Winter, Elisabeth 228
Wirklichkeit 350, 354

Wisser, Wilhelm, *27. 8. 1843 Klenzau b. Eutin, †13. 10. 1935 Oldenburg in Holstein 2, 60, 62, 99, 158, 171, 193, 207, 210, 220 f., 268, 270 f., 350 f., 354, 401, 403 f., 424, 426, 443
Wittgenstein, Ottokar Graf 369
Witz 137
Wolf, Ferdinand 224
Wolf, Johann Wilhelm, *23. 5. 1817 Köln, †28./29. 6. 1855 Hofheim in Hessen 15 f., 70, 166, 182, 184, 191, 198, 204, 207, 234, 237, 260, 296 f., 325 ff., 381, 386, 389 ff., 427, 430 f.
Wünsche, August 177

Yonec 32

Zacharias, Alfred, *25. 3. 1901 Regensburg 299, 478
Zaunert, Paul, *20. 10. 1879 Bielefeld, †24. 2. 1959 Kassel-Wilhelmshöhe 191, 244
Zeus 89, 141
Zimmer, Johann Georg, *11. 1. 1777 Homburg v.d. Höhe, †6. 2. 1853 Frankfurt a. M. 409, 415
Zingerle, Edler v. Summersberg, Ignaz Vinzenz, *6. 6. 1825 Meran, †17. 9. 1892 Innsbruck
Zingerle, Joseph, *25. 1. 1831 Meran, †14. 4. 1891 Trient 5, 64, 145, 191, 231, 318, 353, 451
Zwergensage 317, 333
Zwiefaltener Martyriolog 6